FSHHHH
TOYO-HISA!!

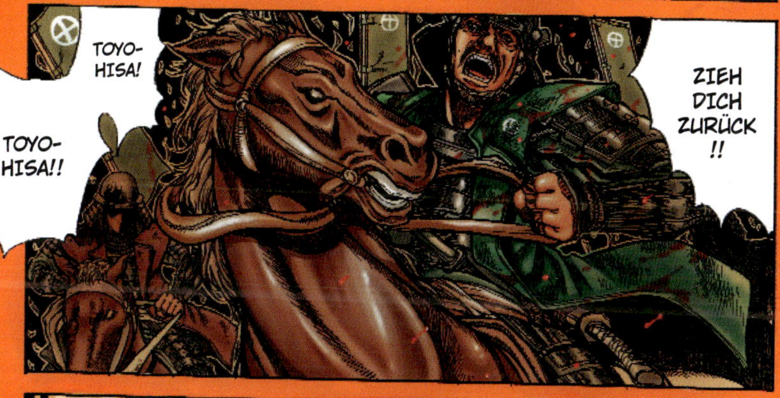
ZIEH DICH ZURÜCK !!
TOYO-HISA!
TOYO-HISA!!

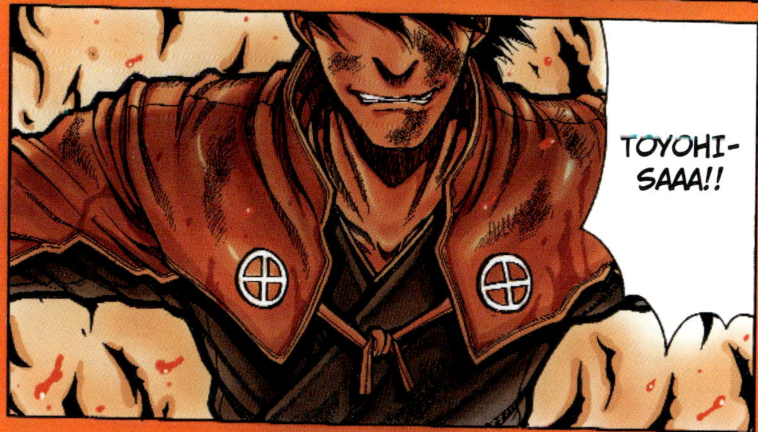
TOYOHI-SAAA!!

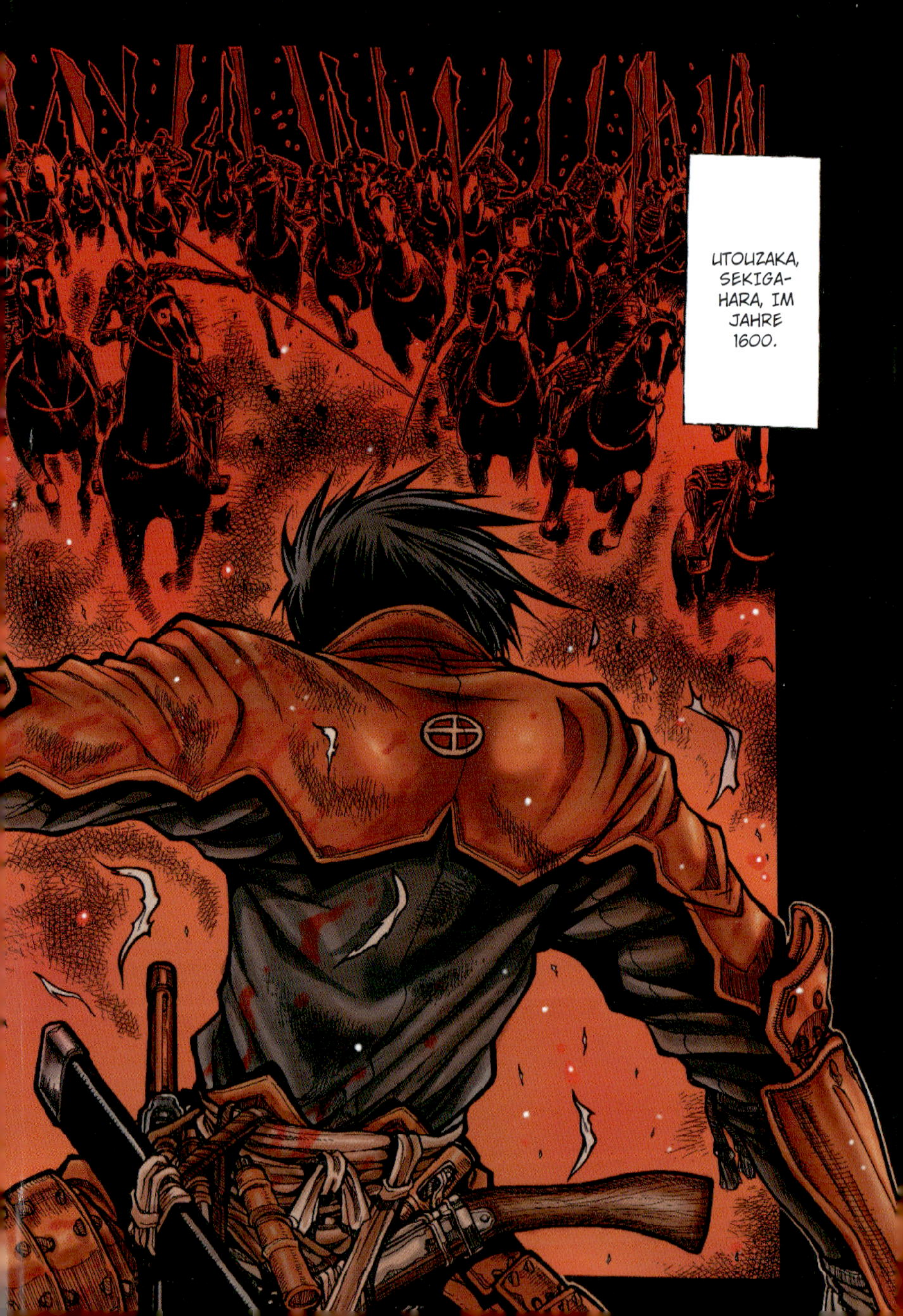
UTOUZAKA, SEKIGA-HARA, IM JAHRE 1600.

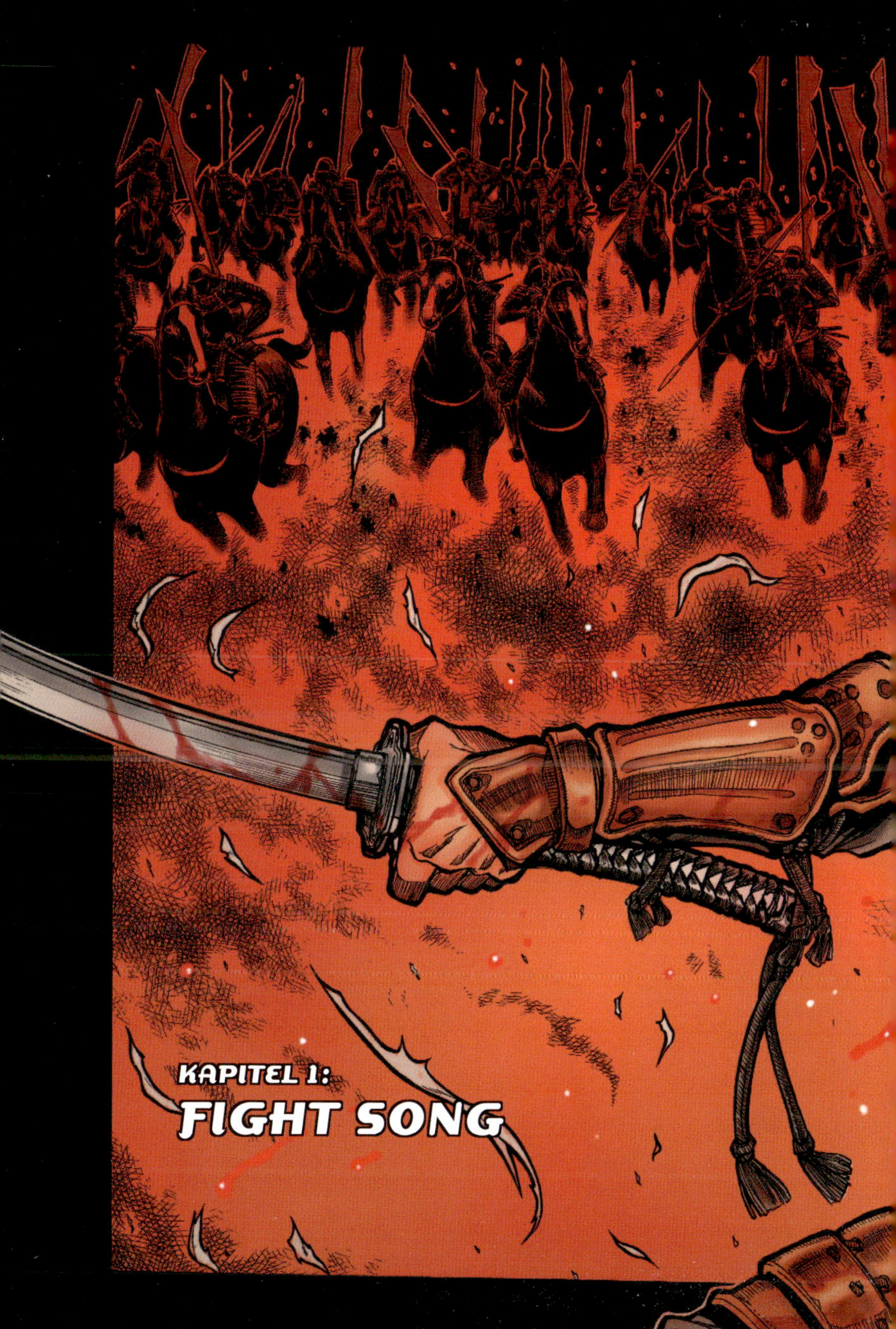
KAPITEL 1:
FIGHT SONG

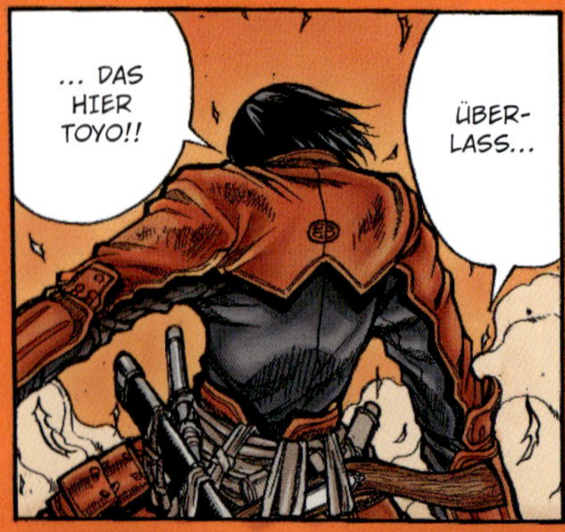
ÜBER-
LASS...
... DAS
HIER
TOYO!!

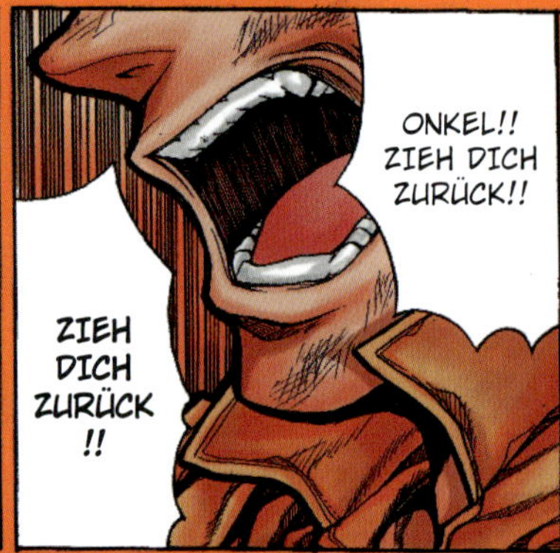
ONKEL!! ZIEH DICH ZURÜCK!!
ZIEH DICH ZURÜCK !!

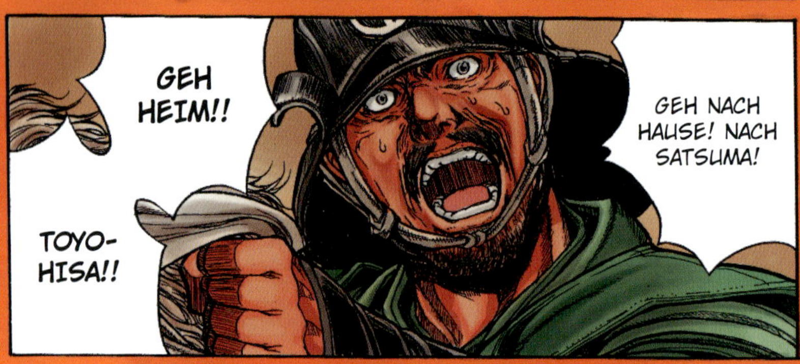
GEH NACH HAUSE! NACH SATSUMA!
GEH HEIM!!
TOYO-HISA!!

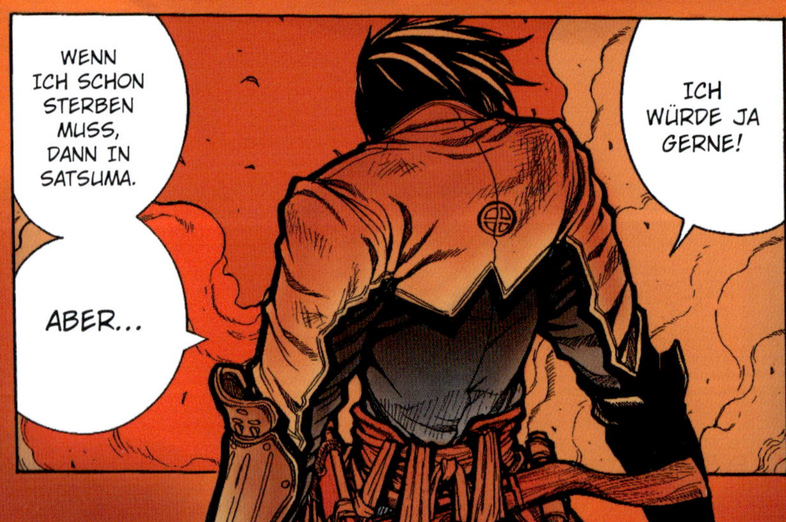
ICH WÜRDE JA GERNE!
WENN ICH SCHON STERBEN MUSS, DANN IN SATSUMA.
ABER...

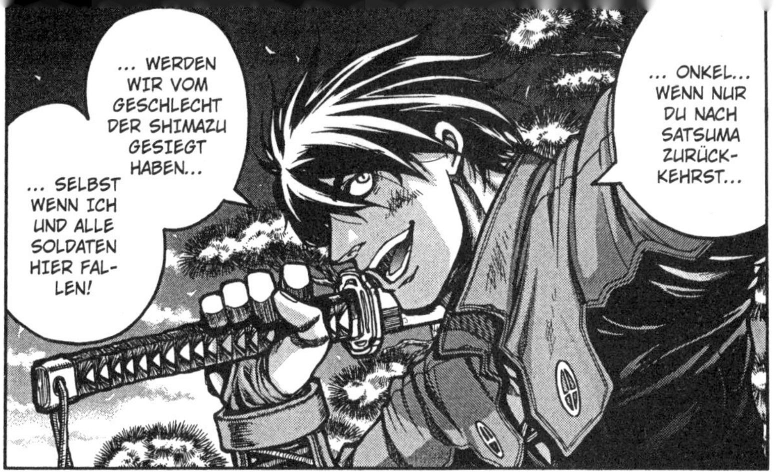

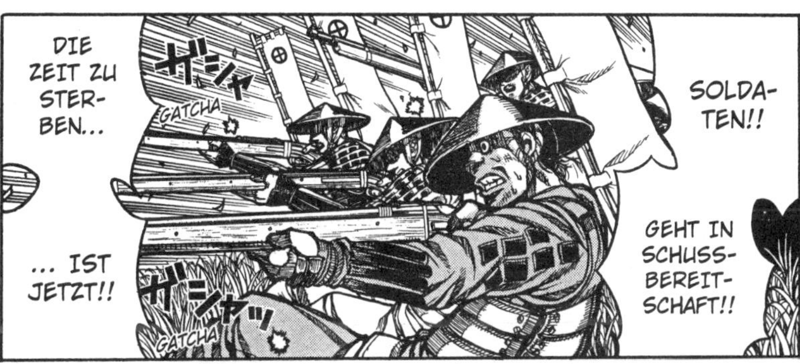

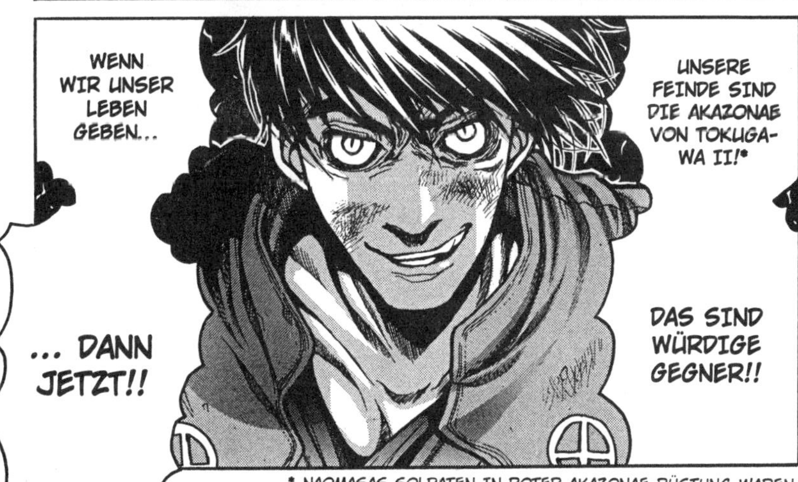

* NAOMASAS SOLDATEN IN ROTER AKAZONAE-RÜSTUNG WAREN AUCH UNTER DEM NAMEN "ROTE TEUFEL" GEFÜRCHTET.

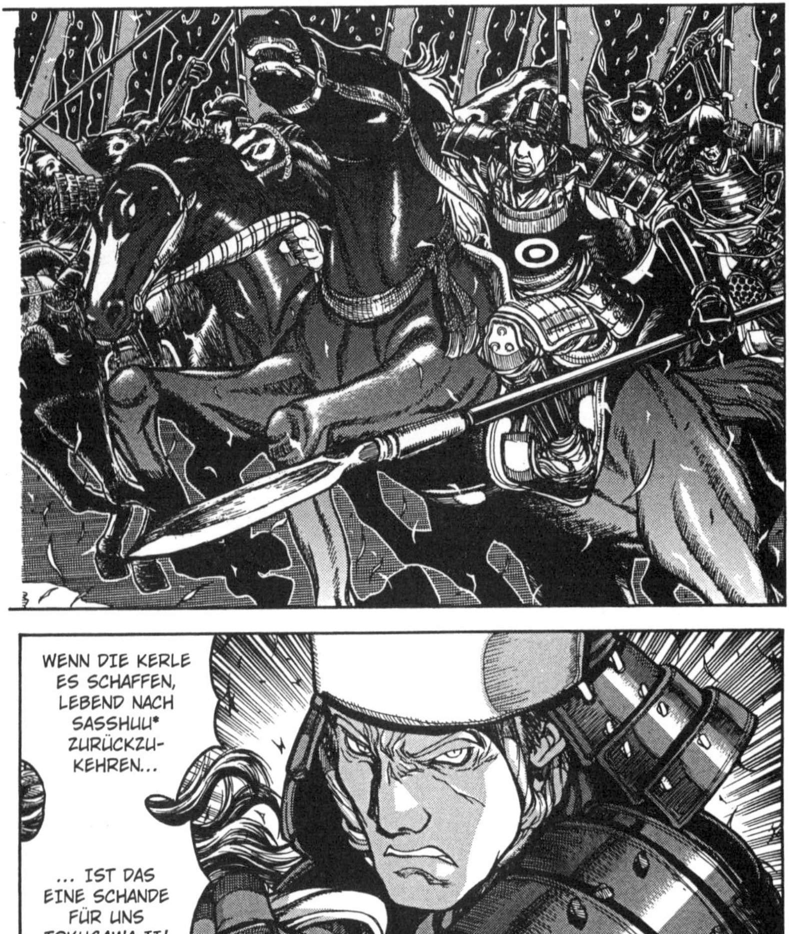

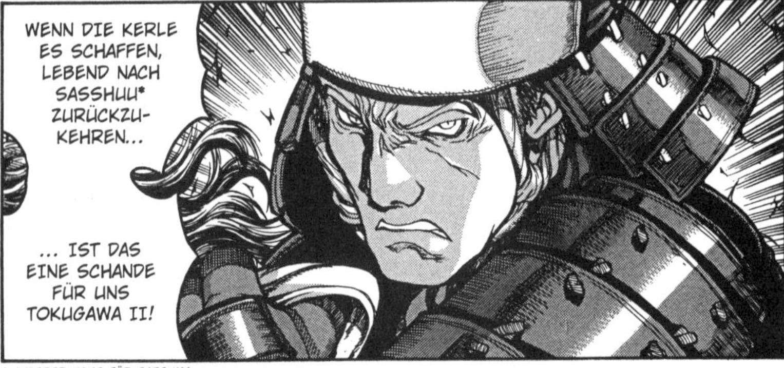

* ANDERER NAME FÜR SATSUMA

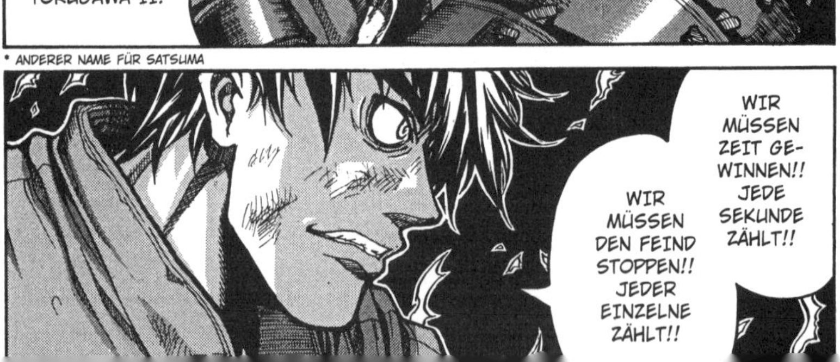

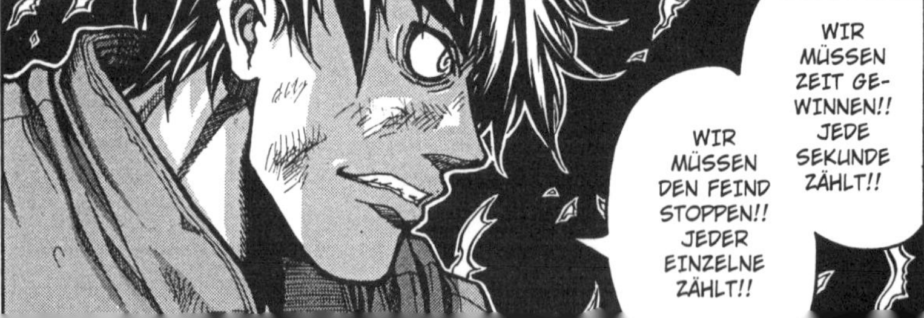

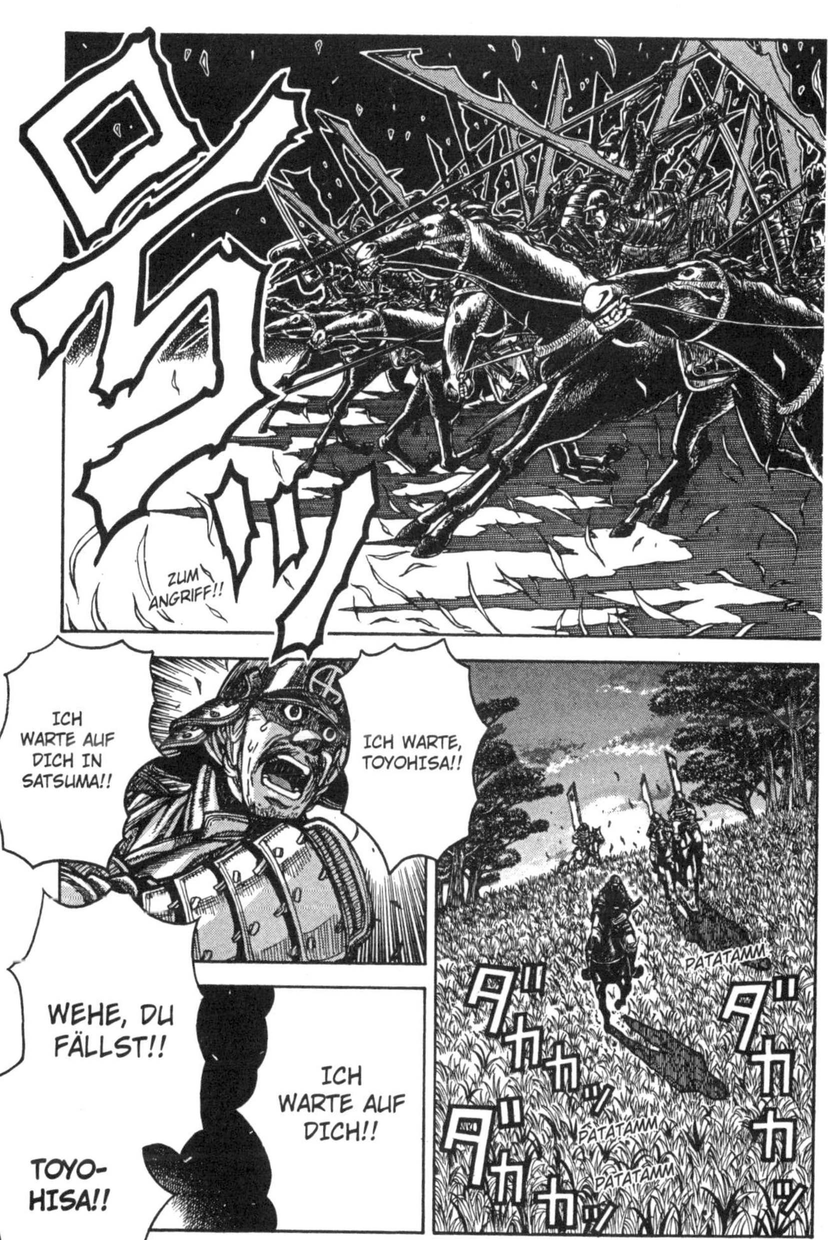

ZUM ANGRIFF!!
ICH WARTE, TOYOHISA!!
ICH WARTE AUF DICH IN SATSUMA!!
PATATAMM
PATATAMM
PATATAMM
ICH WARTE AUF DICH!!
WEHE, DU FÄLLST!!
TOYO-HISA!!

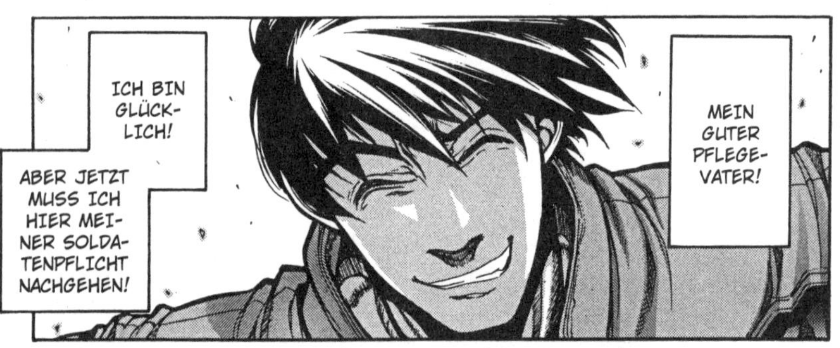
MEIN GUTER PFLEGE-VATER!
ICH BIN GLÜCK-LICH!
ABER JETZT MUSS ICH HIER MEI-NER SOLDA-TENPFLICHT NACHGEHEN!

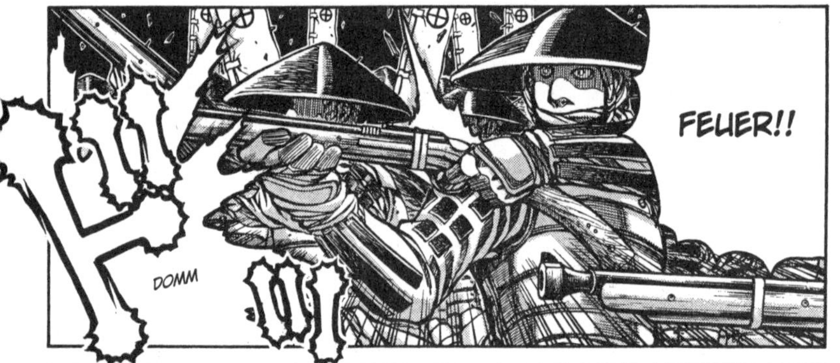
FEUER!!
DOMM

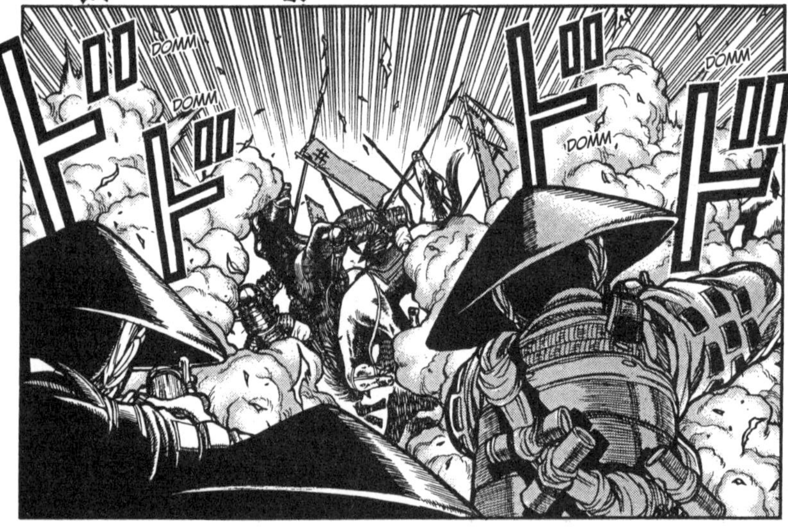
DOMM
DOMM
DOMM
DOMM

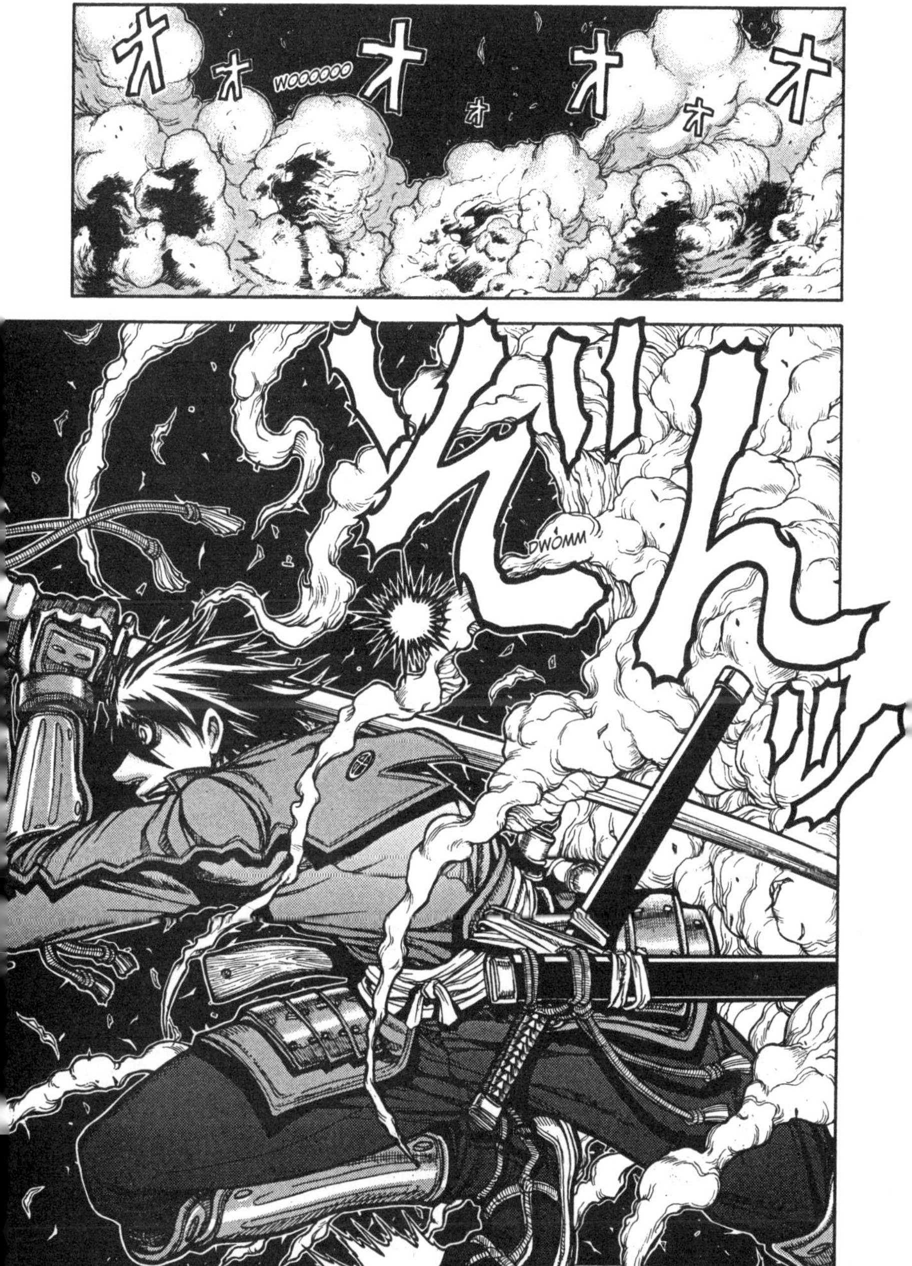

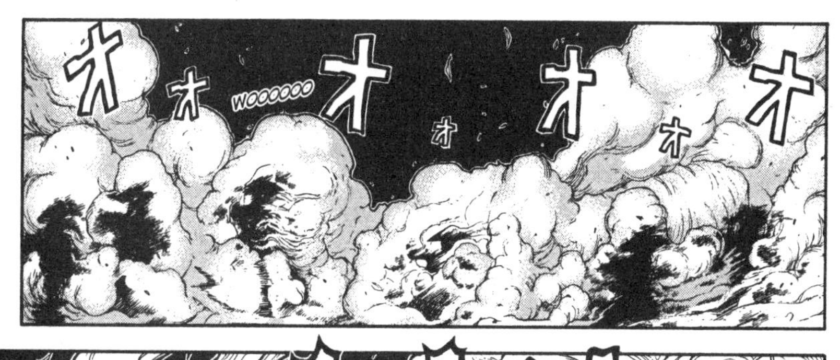

DWOMM

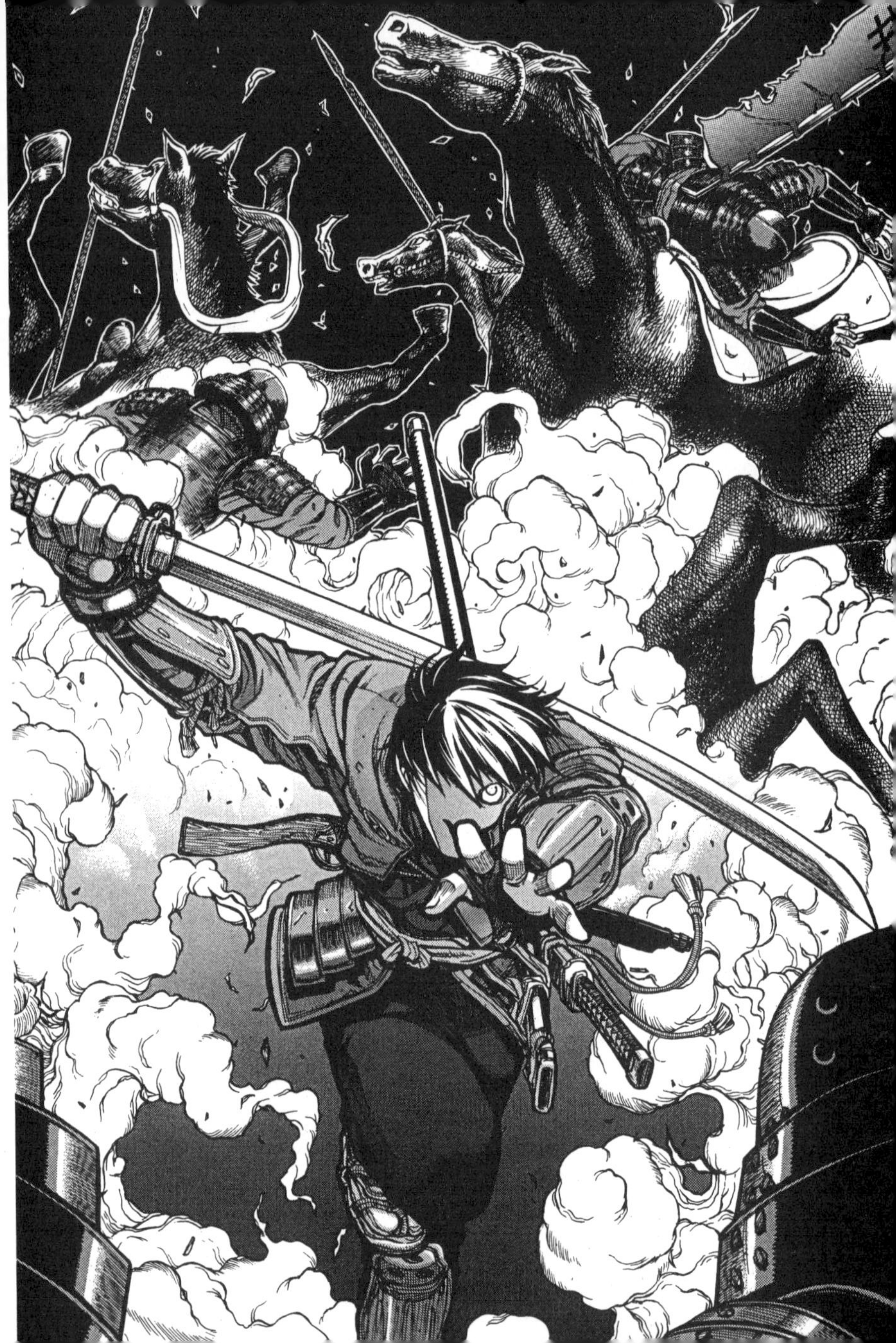

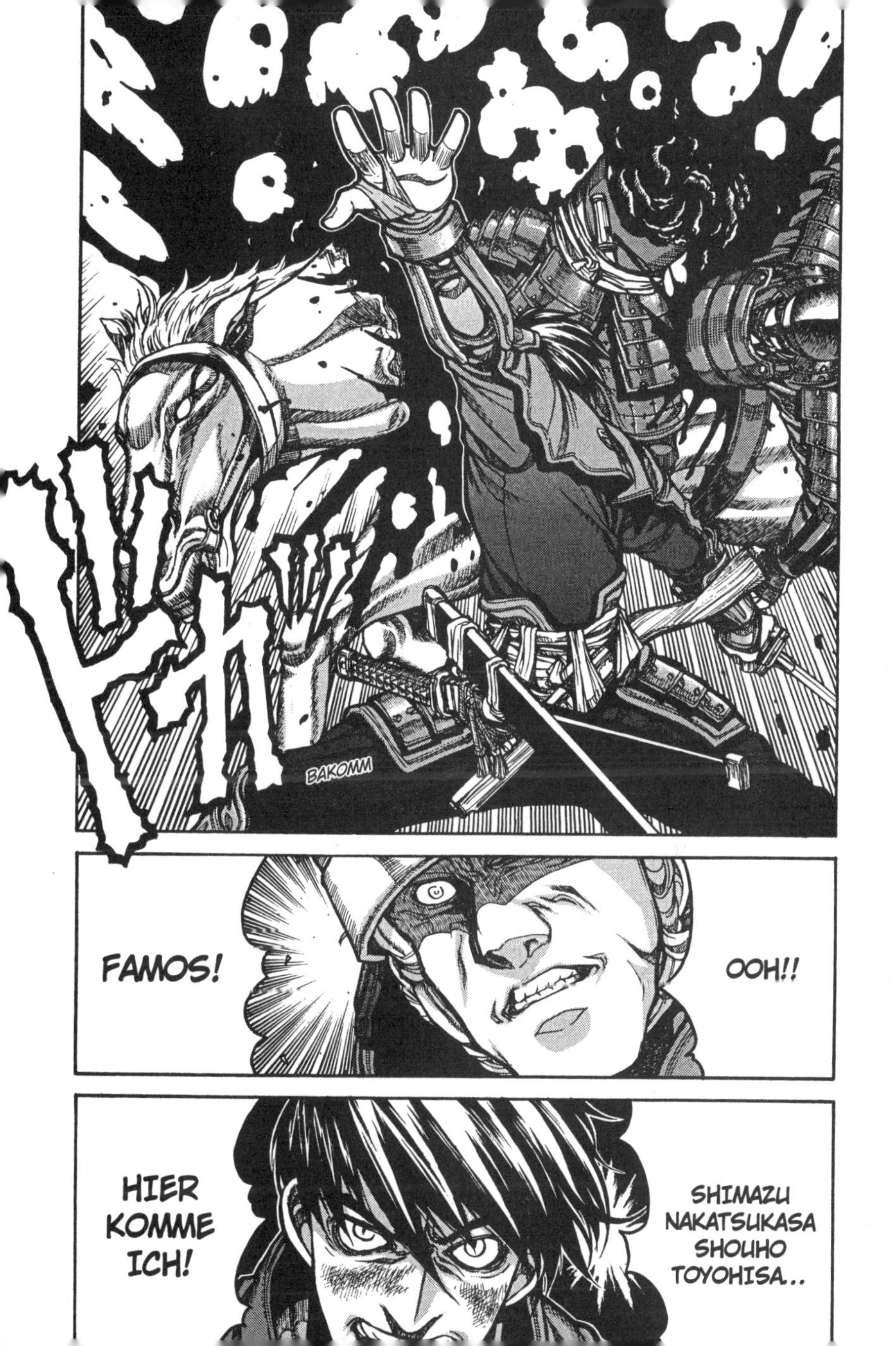

BAKOMM

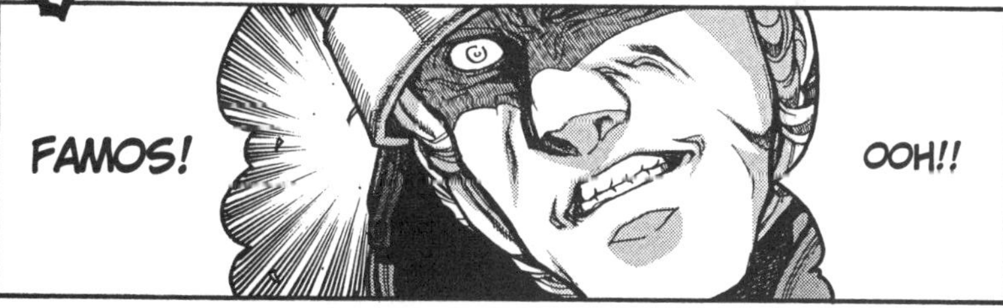
OOH!!
FAMOS!

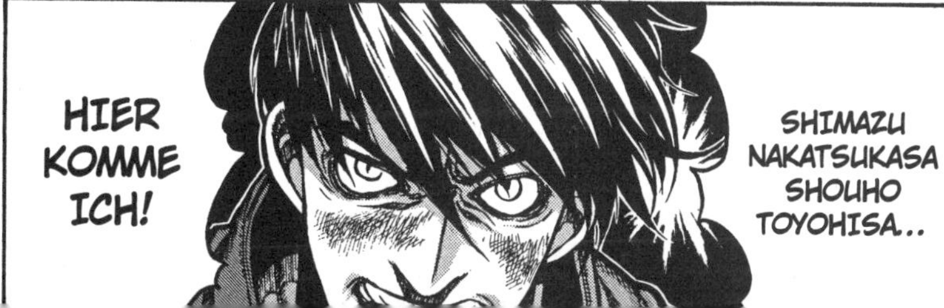
SHIMAZU NAKATSUKASA SHOUHO TOYOHISA..
HIER KOMME ICH!

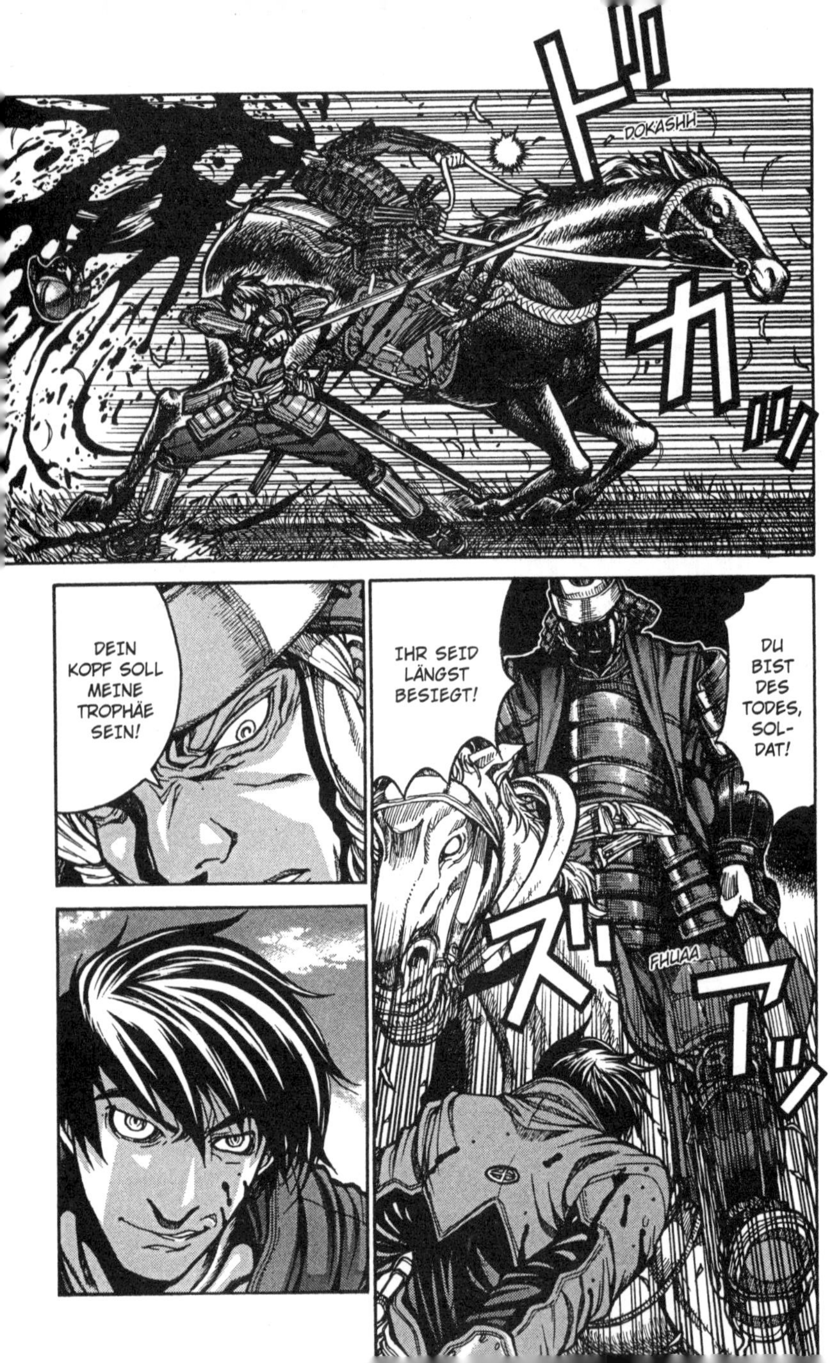

DOKASHH

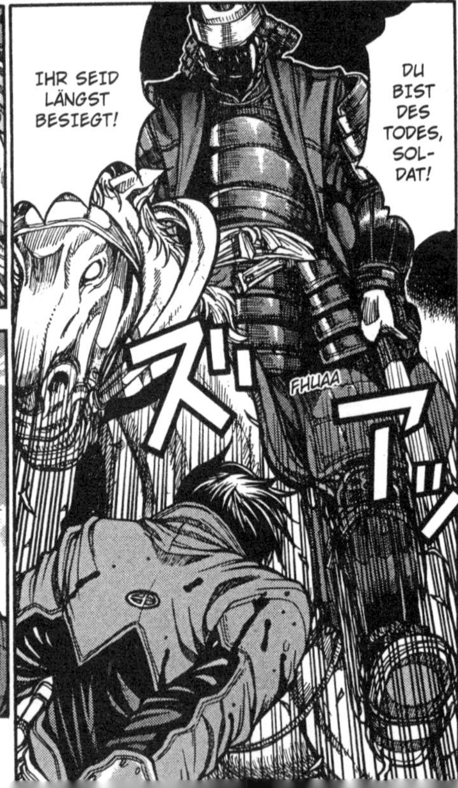
DU BIST DES TODES, SOL-DAT!
IHR SEID LÄNGST BESIEGT!
FHUAA

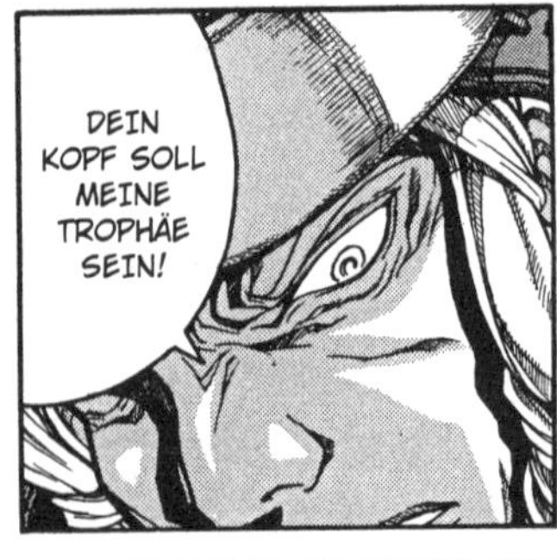
DEIN KOPF SOLL MEINE TROPHÄE SEIN!

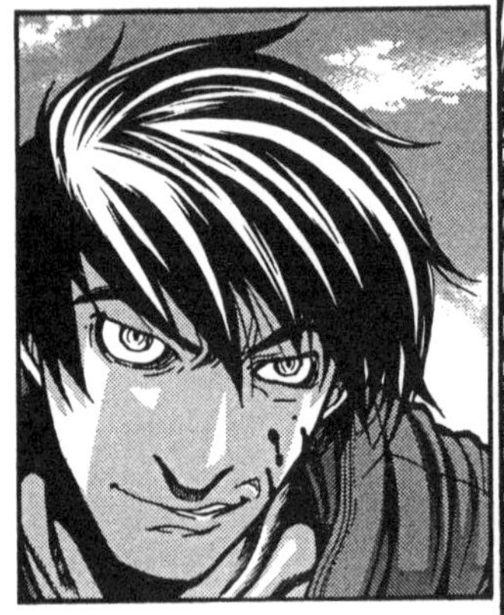

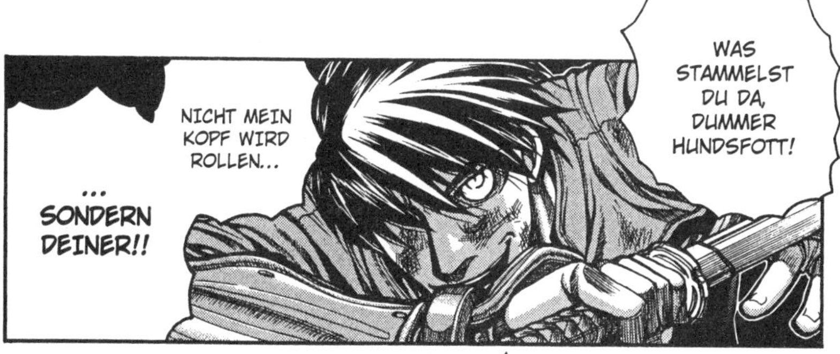
WAS STAMMELST DU DA, DUMMER HUNDSFOTT!
NICHT MEIN KOPF WIRD ROLLEN...
... SONDERN DEINER!!

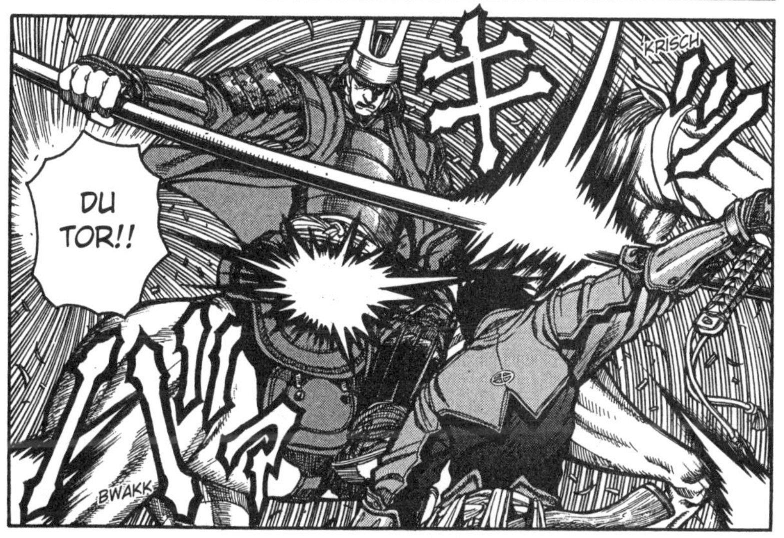
KRISCH
DU TOR!!
BWAKK

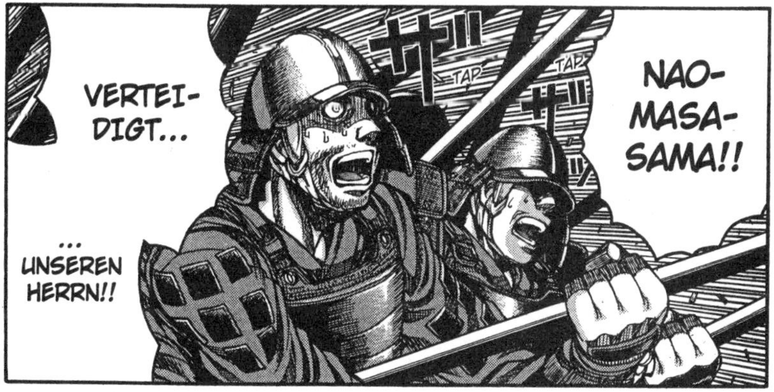
NAO-MASA-SAMA!!
TAP
TAP
VERTEI-DIGT...
... UNSEREN HERRN!!

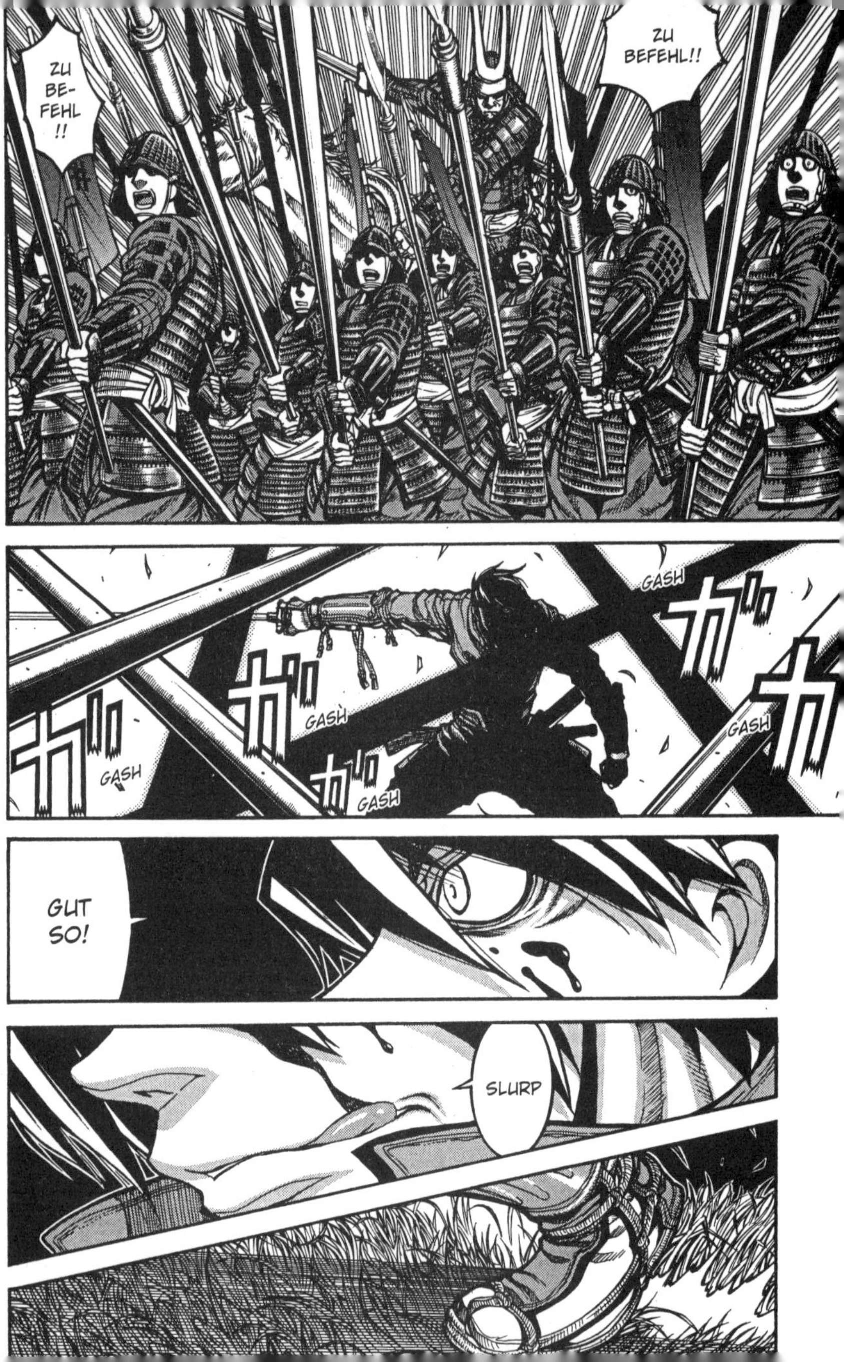

ZU BEFEHL!!
ZU BE- FEHL !!

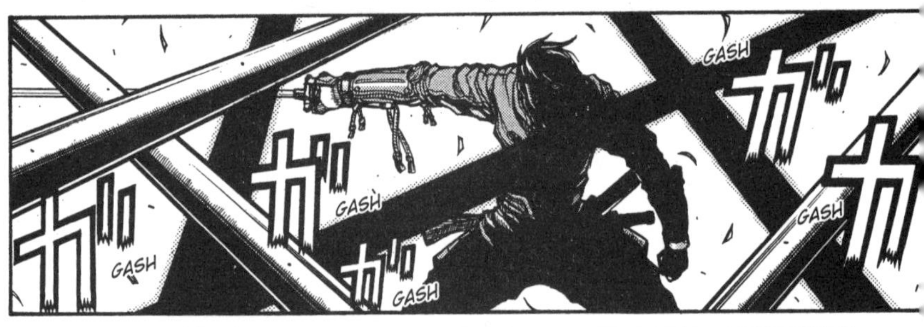
GASH
GASH
GASH
GASH
GASH

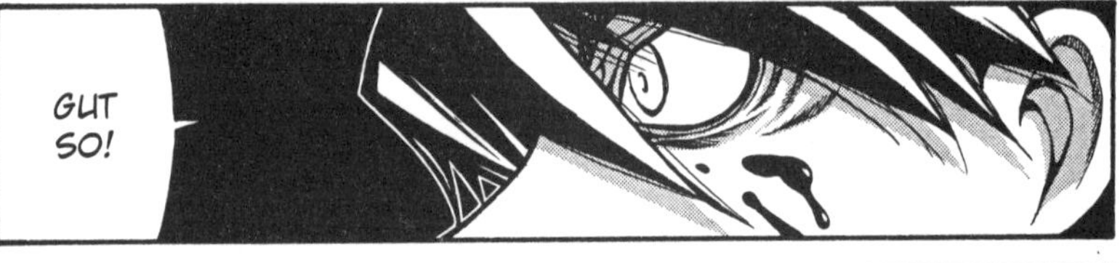
GUT SO!

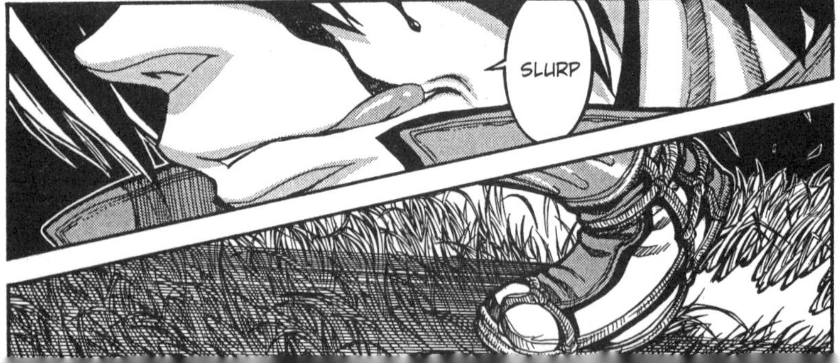
SLURP

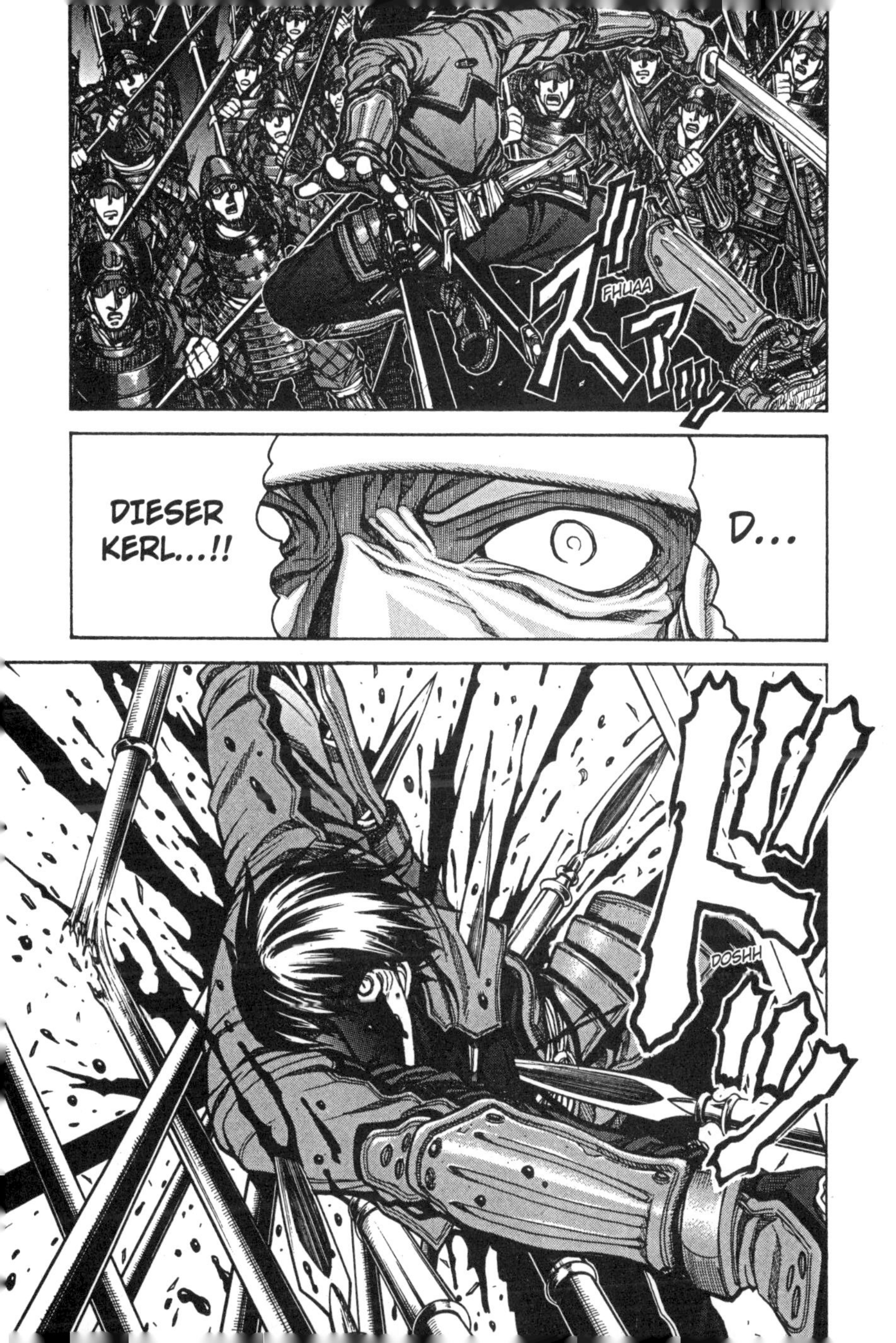

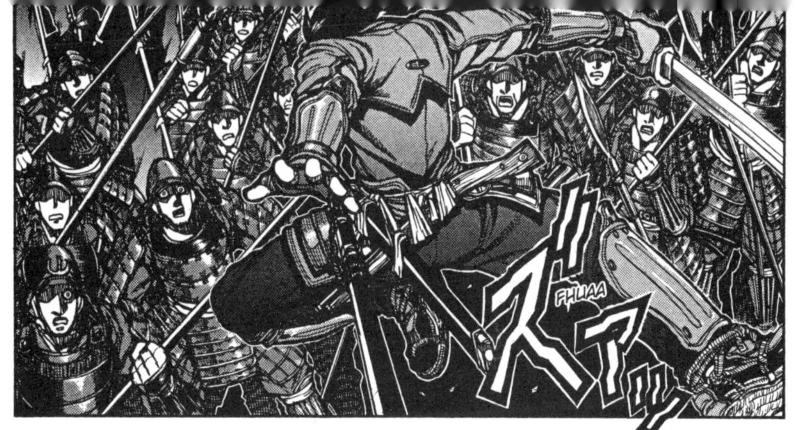

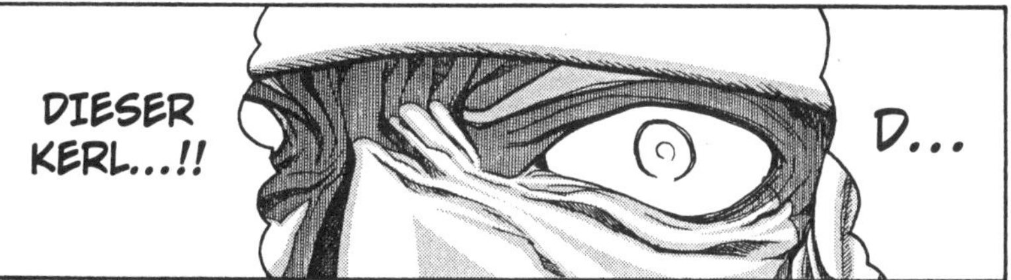

DOSHH

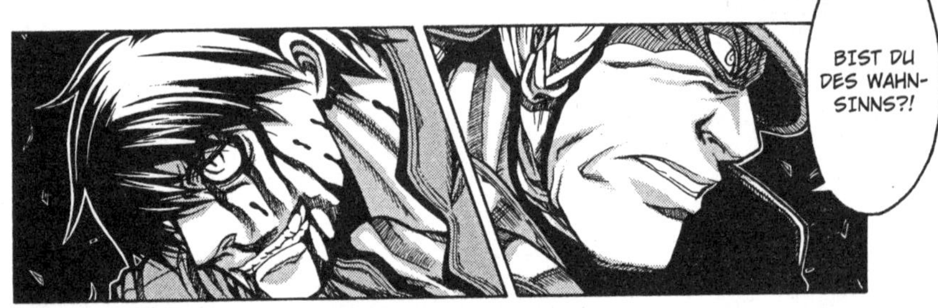

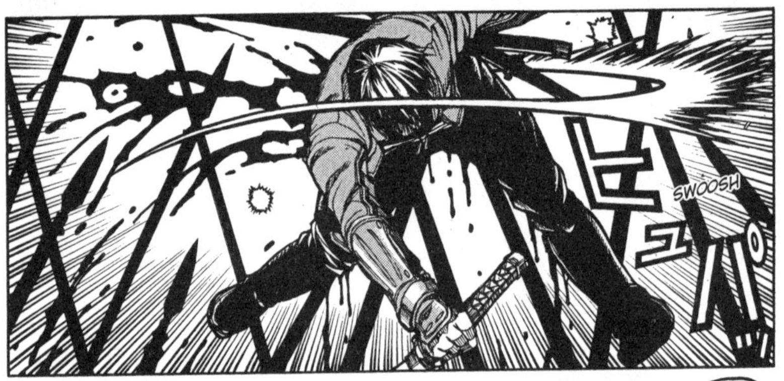

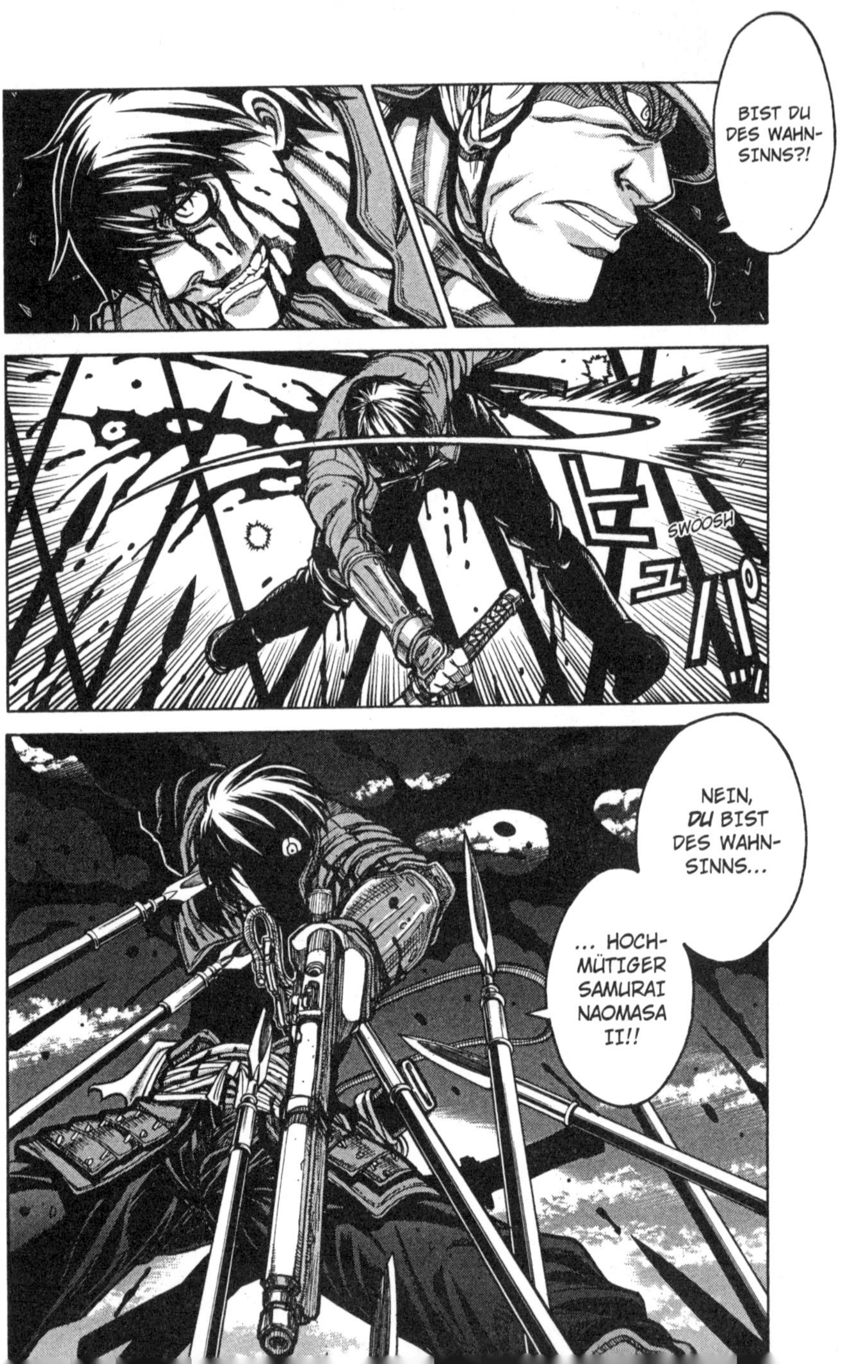

NEIN, *DU* BIST DES WAHN-SINNS...

... HOCH-MÜTIGER SAMURAI NAOMASA II!!

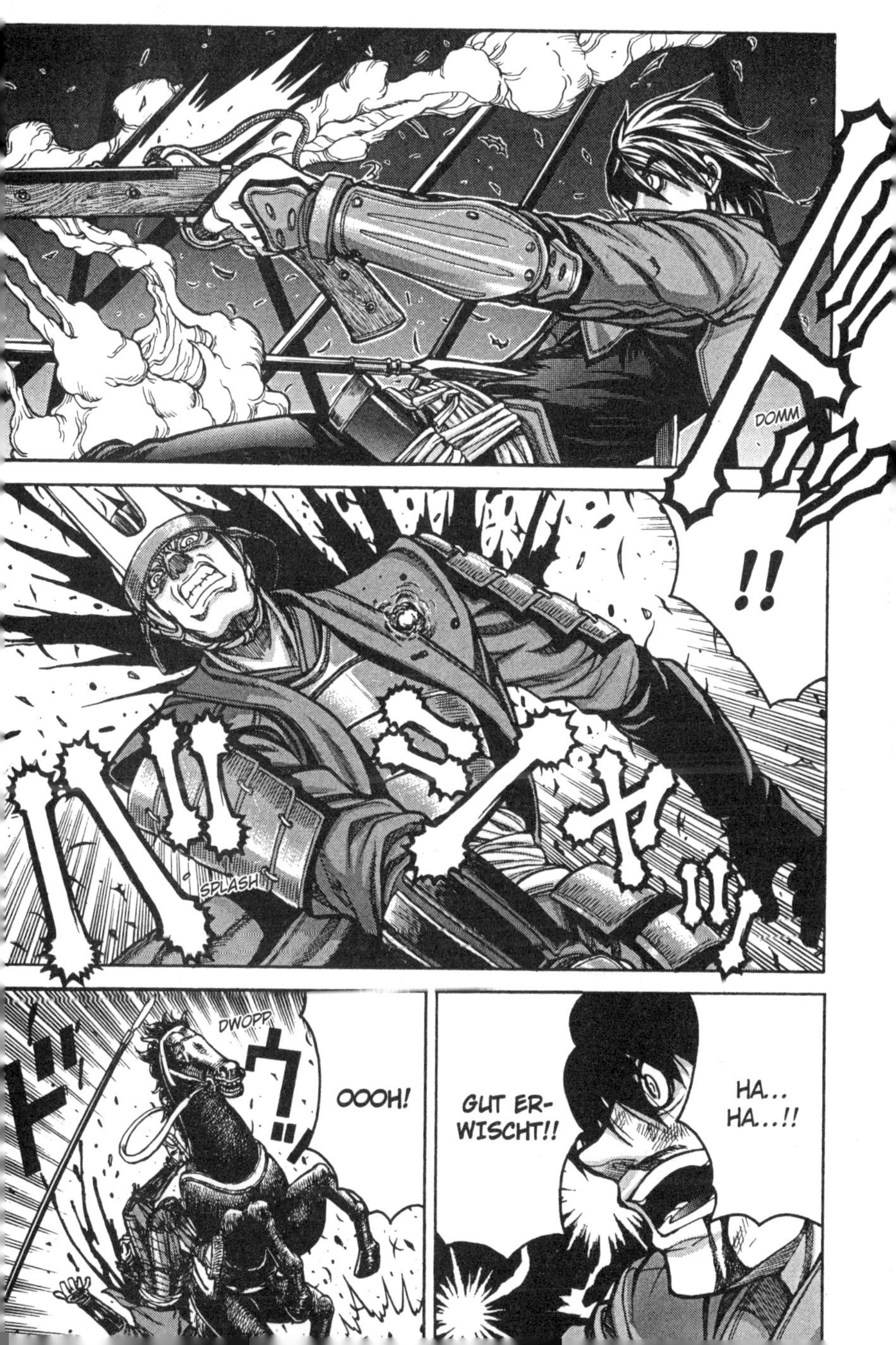

DOMM

!!

SPLASH

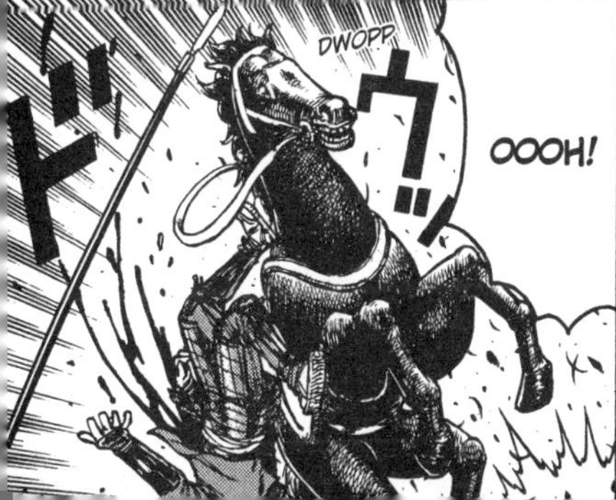

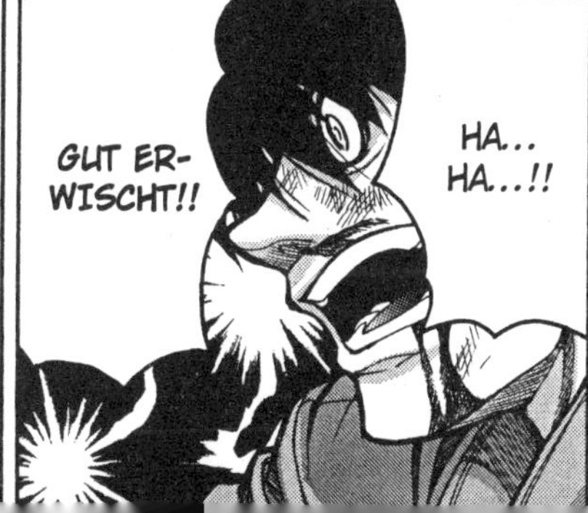

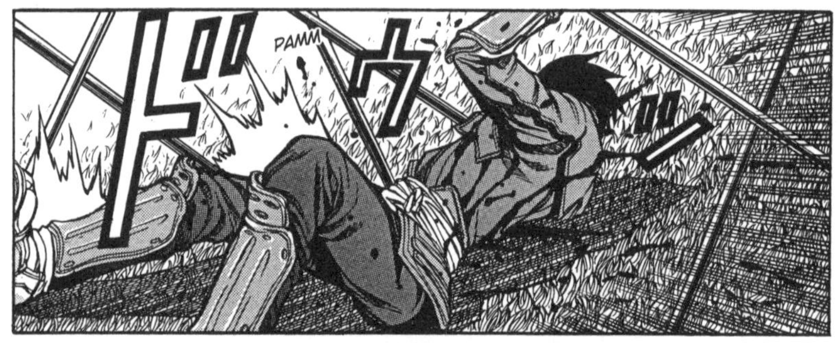
PAMM

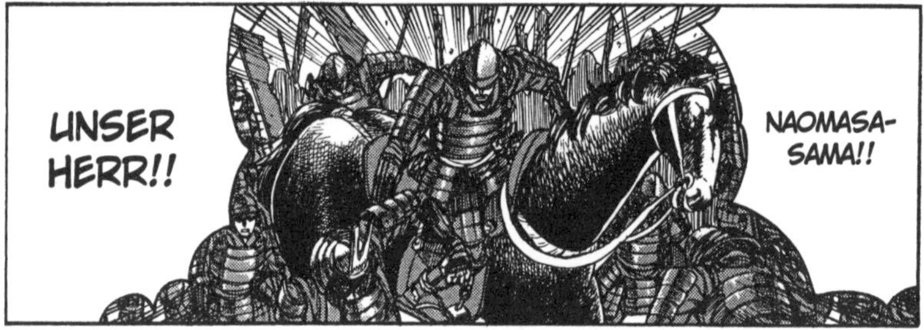
NAOMASA-SAMA!!
UNSER HERR!!

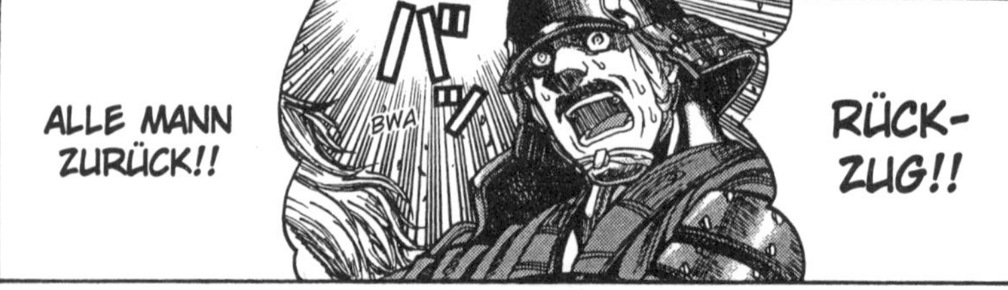
RÜCK-ZUG!!
BWA
ALLE MANN ZURÜCK!!

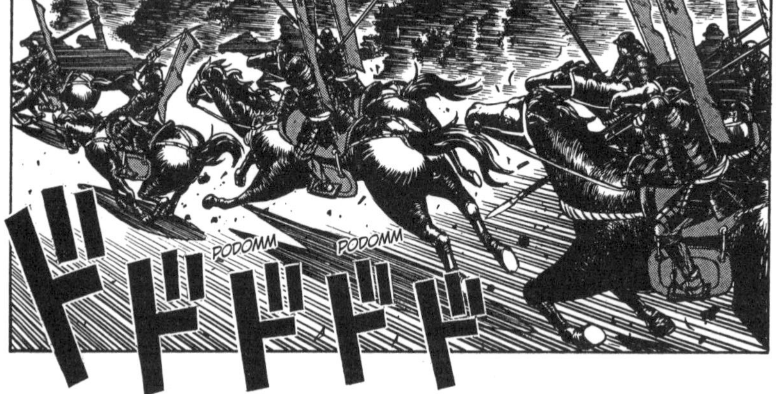
PODOMM
PODOMM

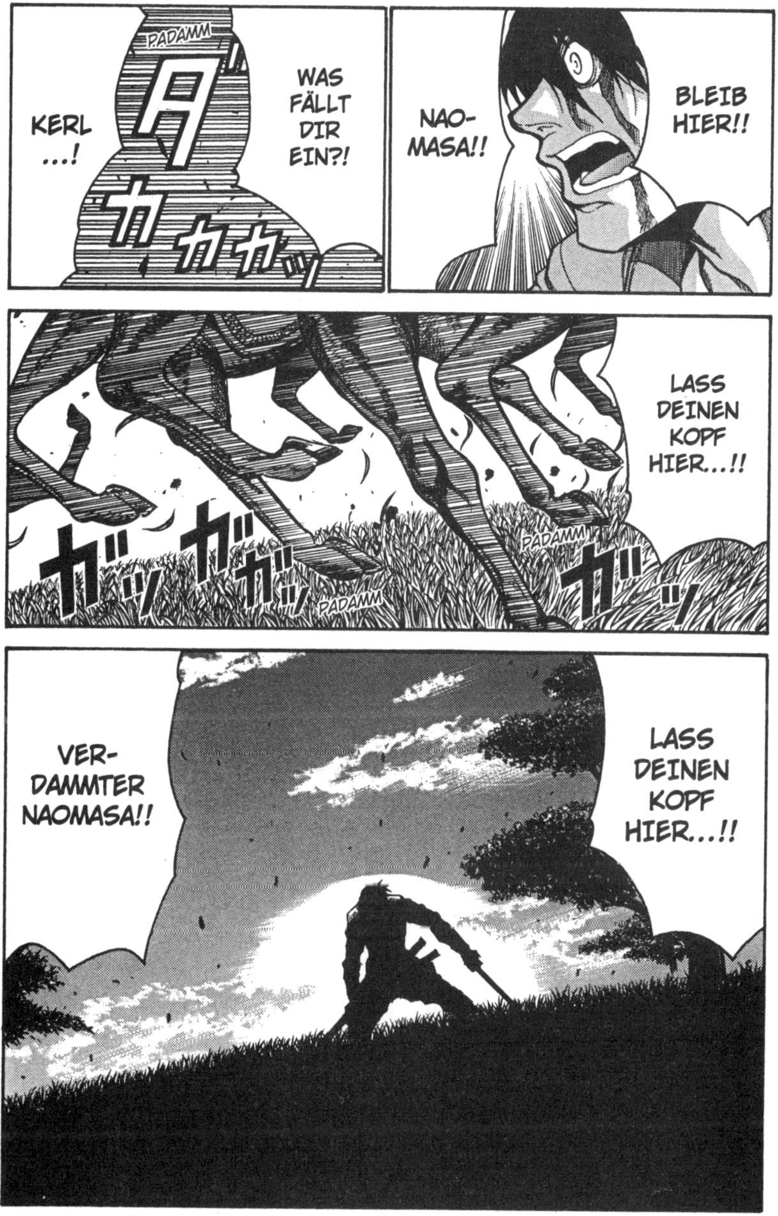

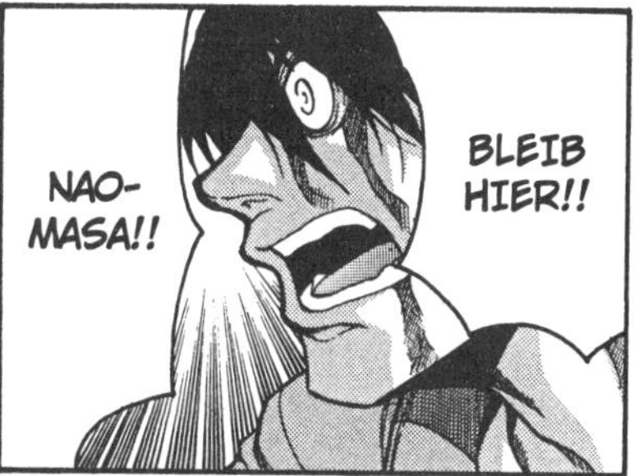

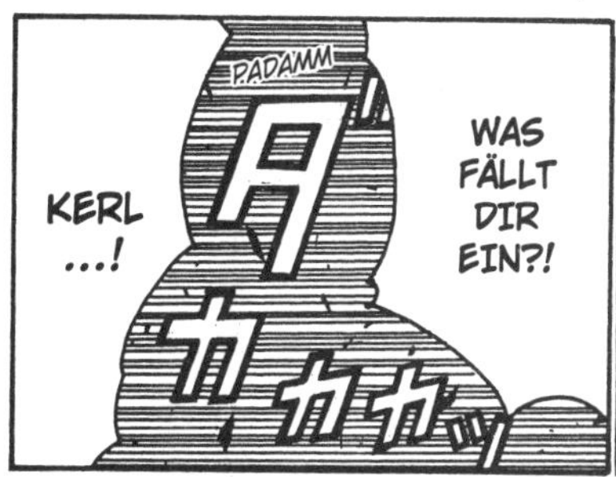

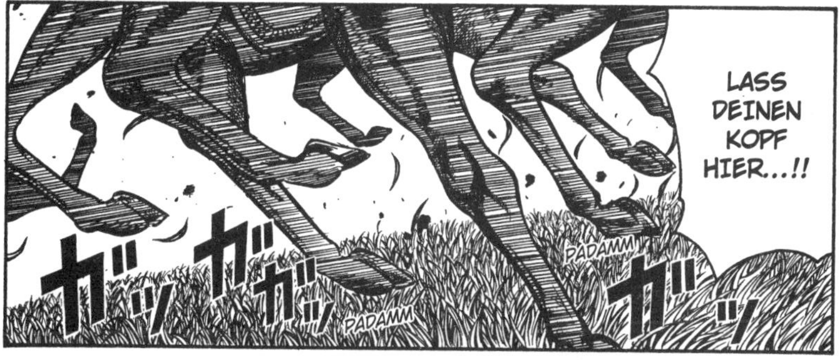

LASS DEINEN KOPF HIER...!!

VER-DAMMTER NAOMASA!!

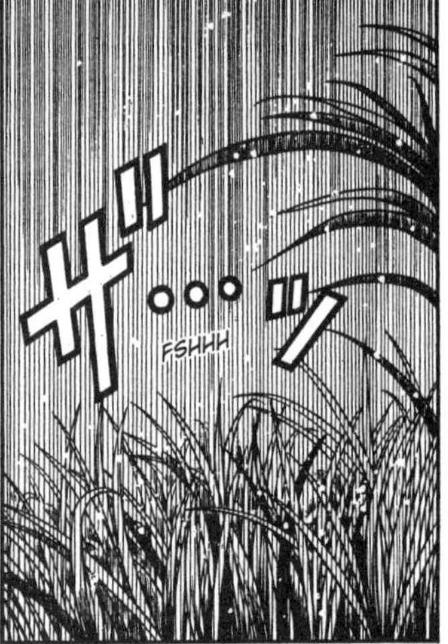
ザ…ザッ
FSHHH

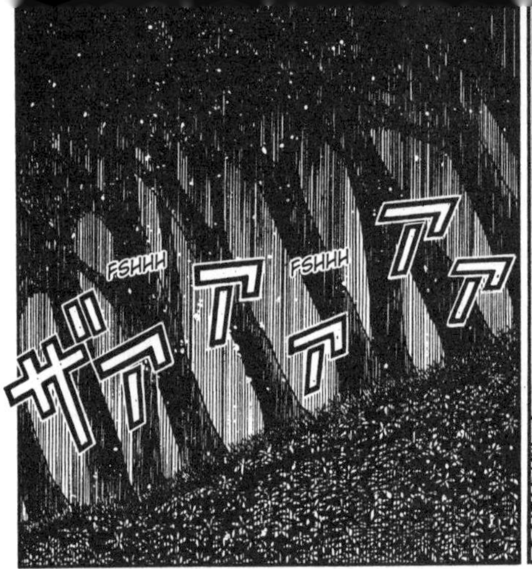
ザアアアア
FSHHH
FSHHH

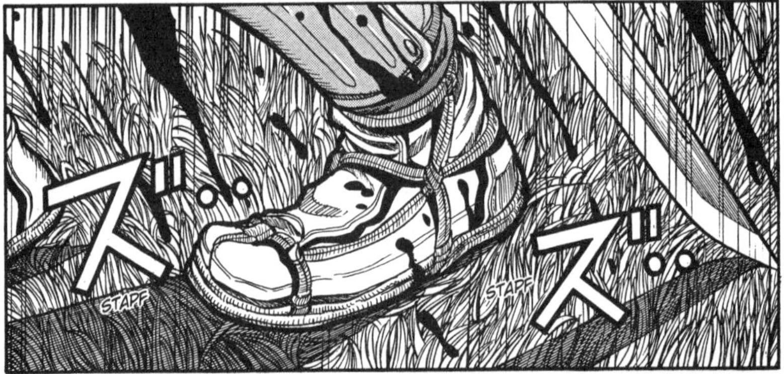
ズ…
STAPF
ズ…
STAPF

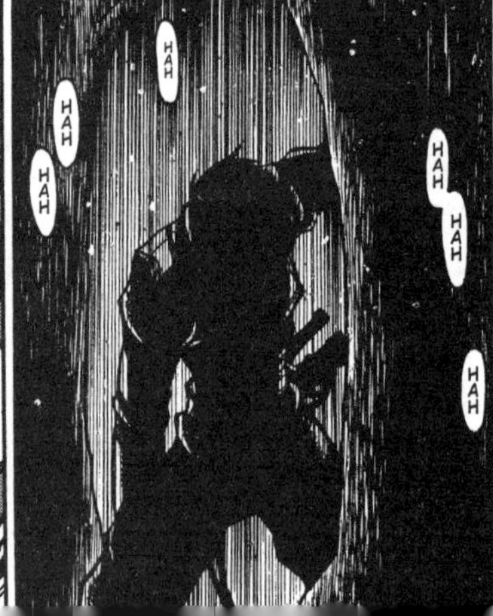
HAH
HAH
HAH
HAH
HAH
HAH

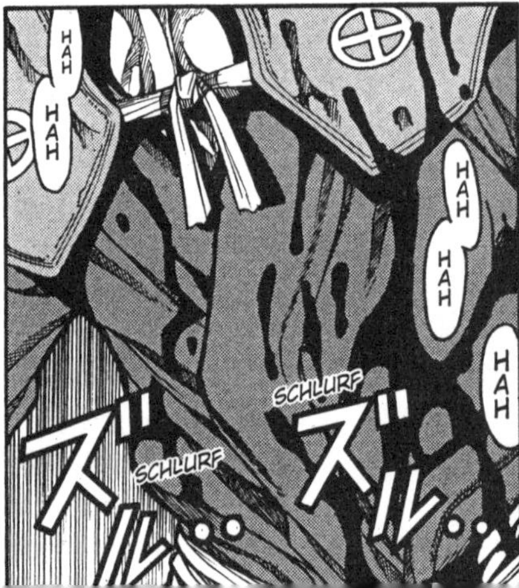
HAH
HAH
HAH
HAH
HAH
ズル…
SCHLURF
ズル…
SCHLURF

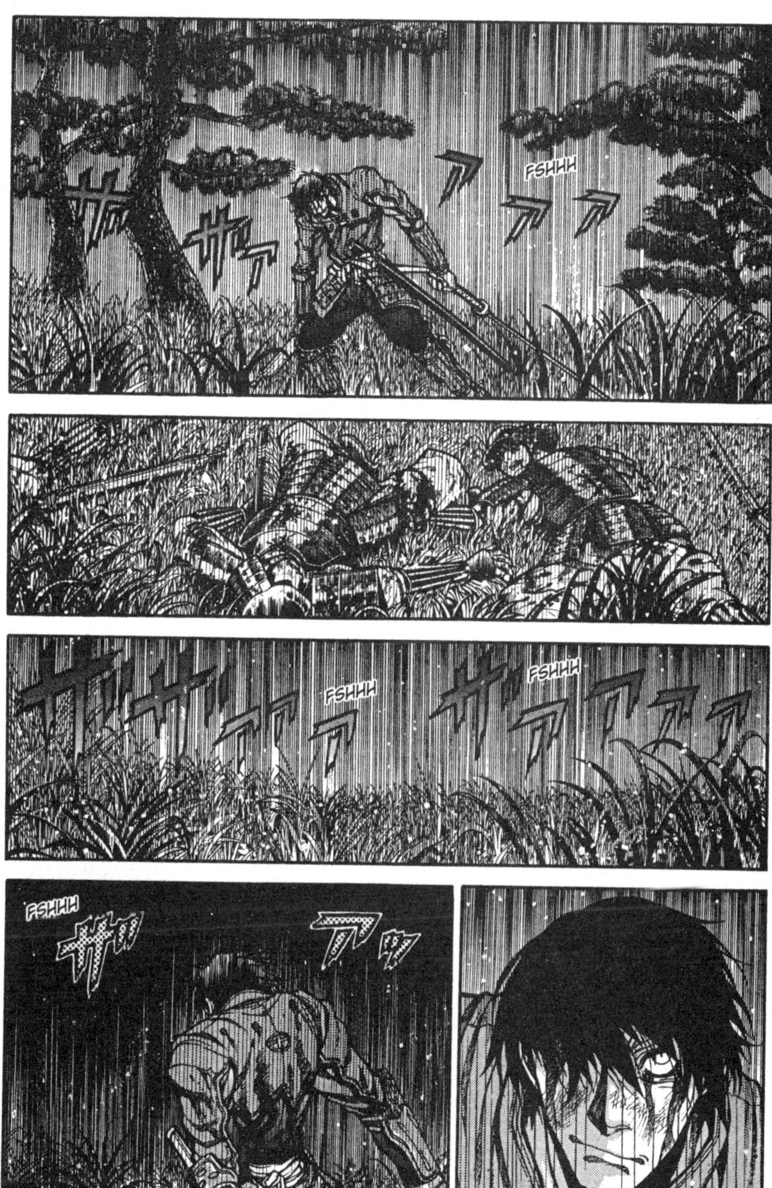
FSHHH
FSHHH
FSHHH
FSHHH

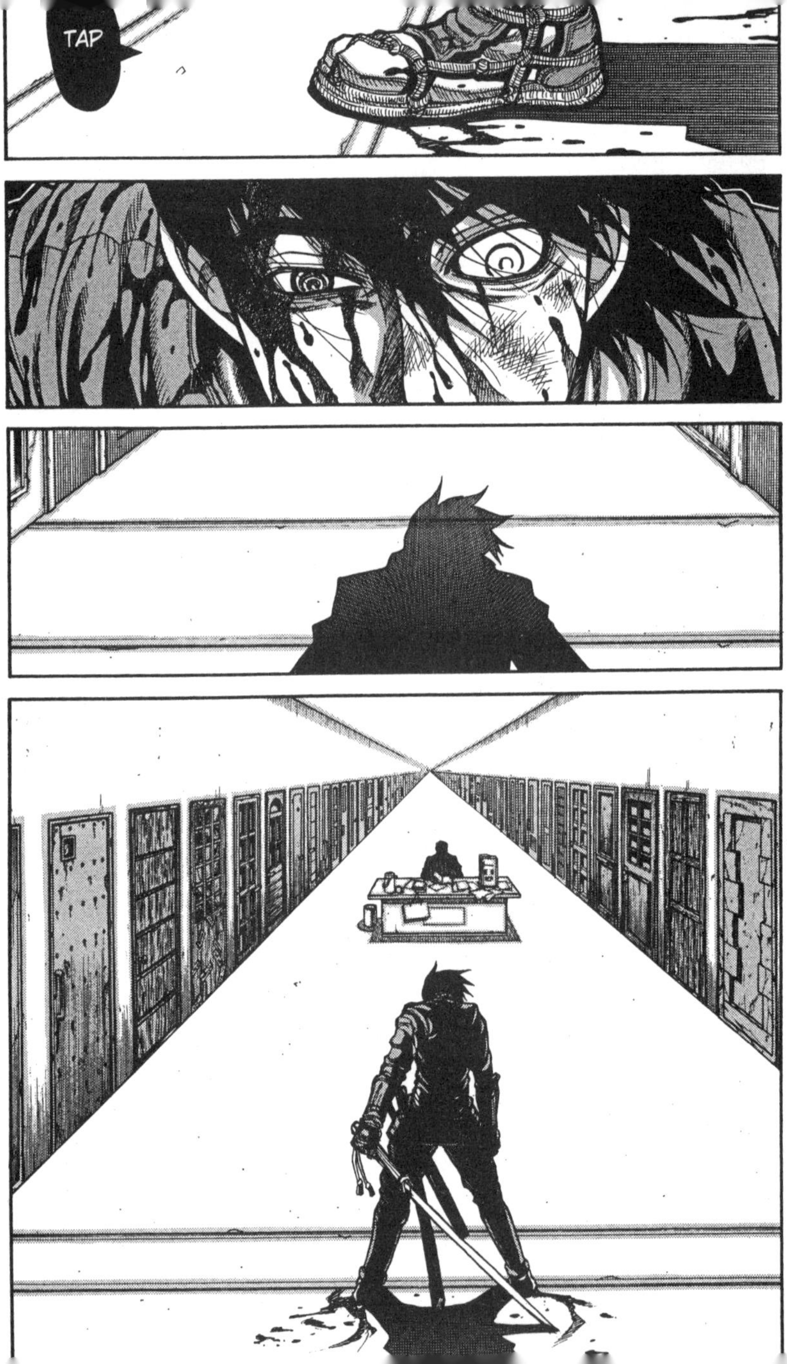

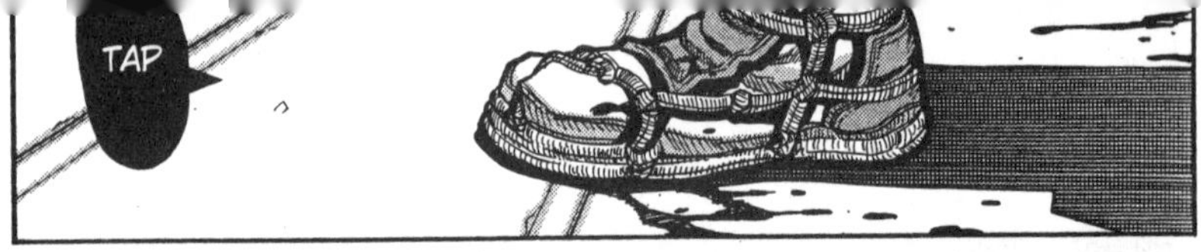
TAP
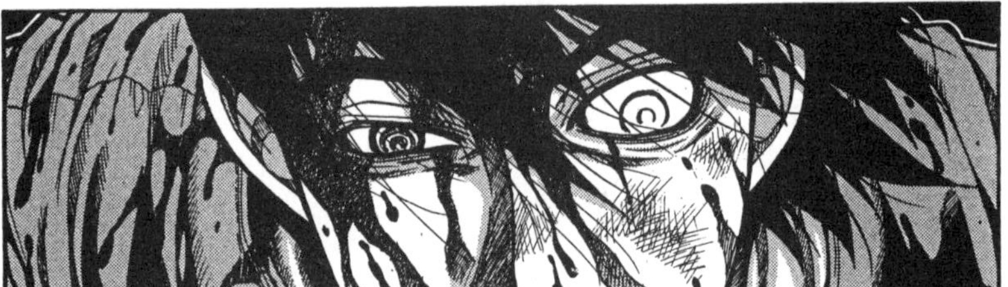
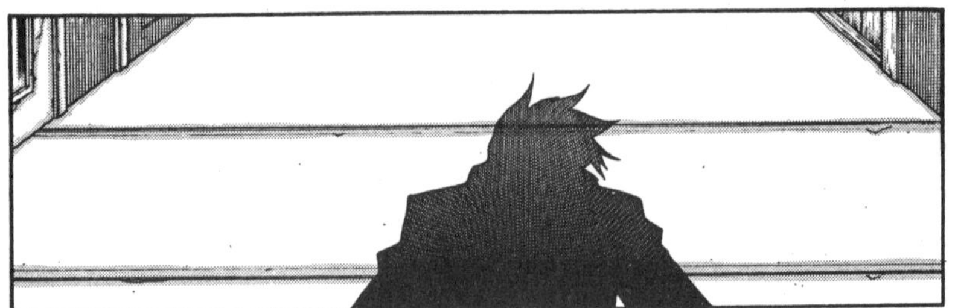

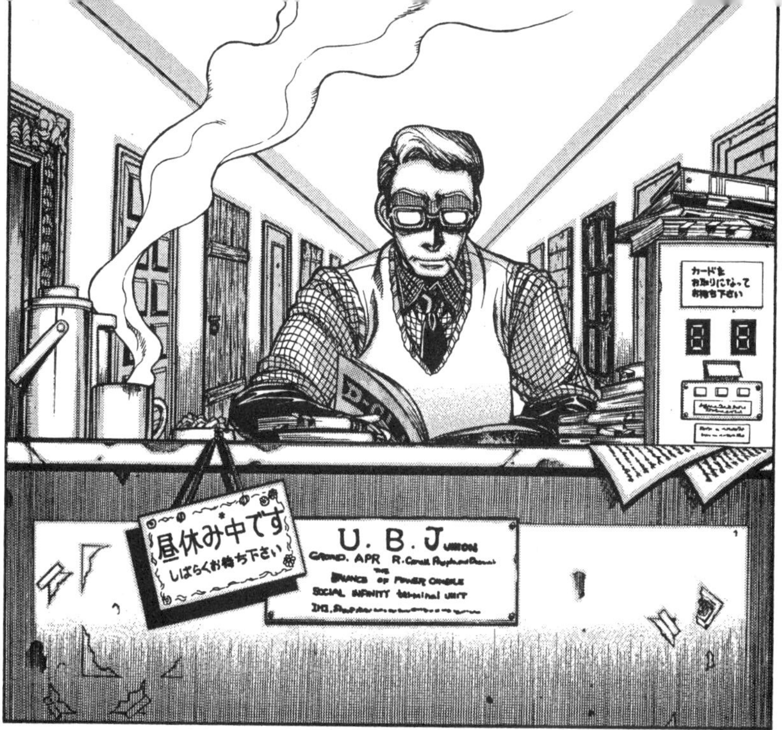

昼休み中です*
しばらくお待ち下さい

U. B. J

カードをお取りになってお待ち下さい

* MITTAGSPAUSE - WIR SIND GLEICH WIEDER FÜR SIE DA

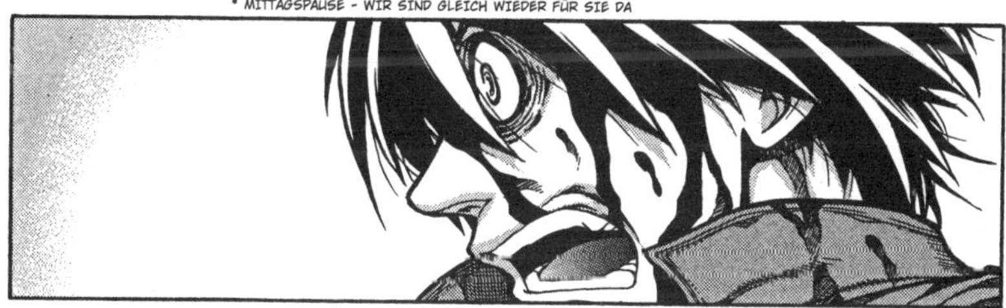

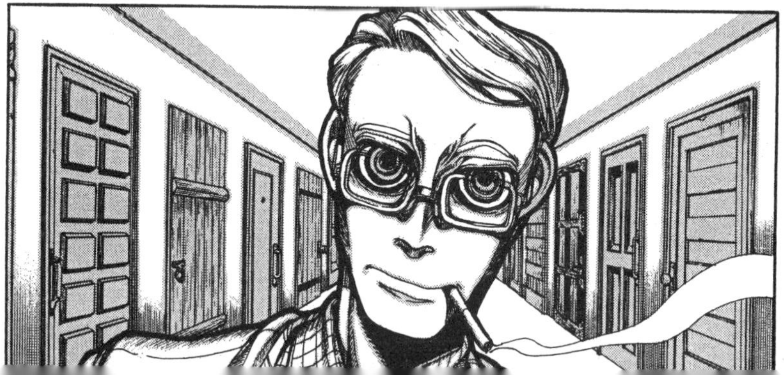

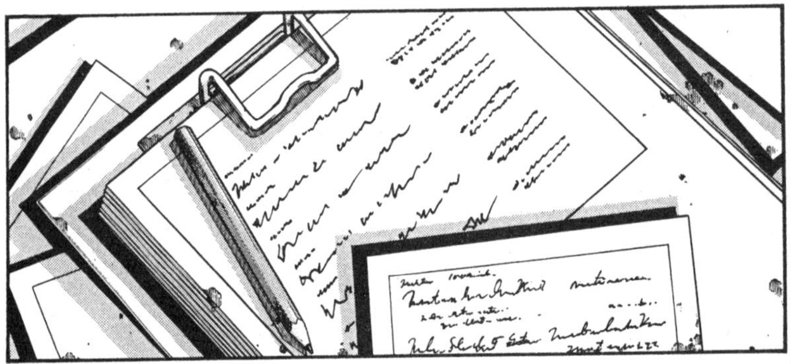

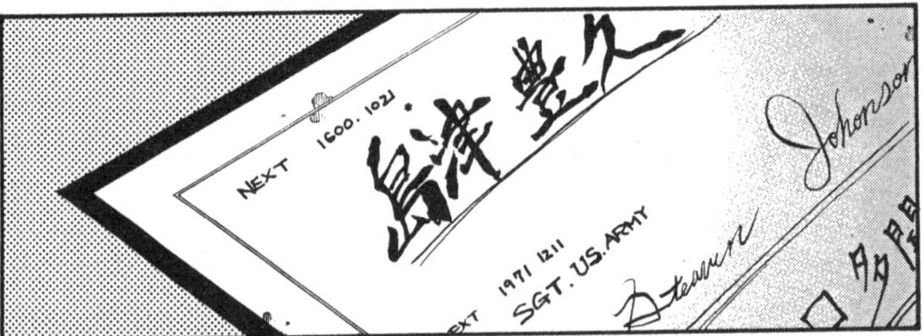

* SHIMAZU TOYOHISA

ENDE DES ERSTEN KAPITELS

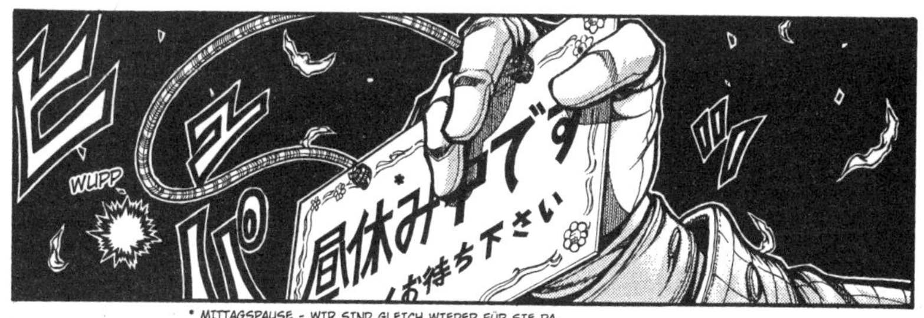

* MITTAGSPAUSE - WIR SIND GLEICH WIEDER FÜR SIE DA

FHUP

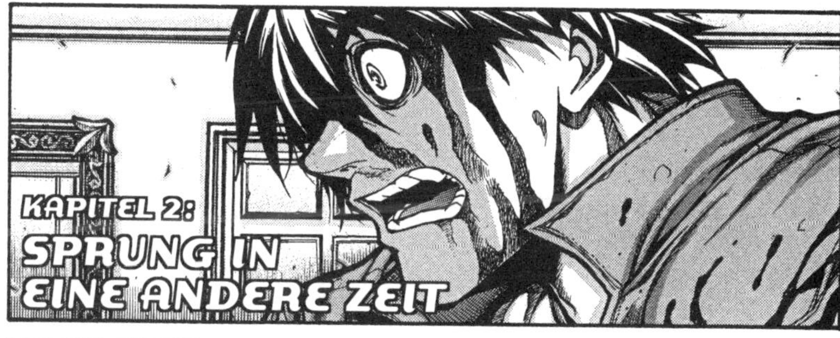

KAPITEL 2: SPRUNG IN EINE ANDERE ZEIT

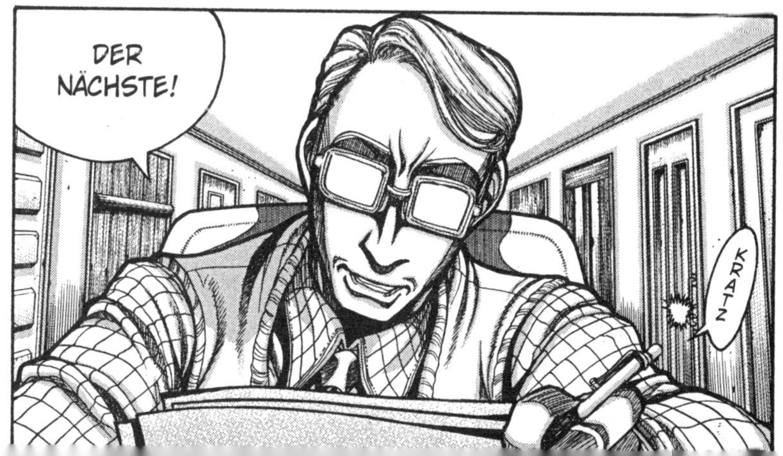

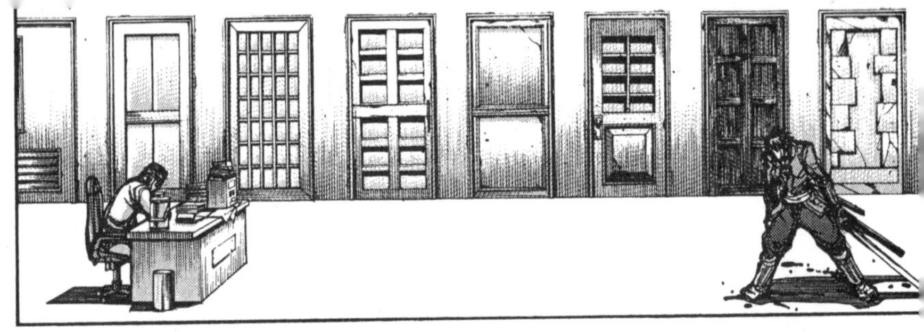

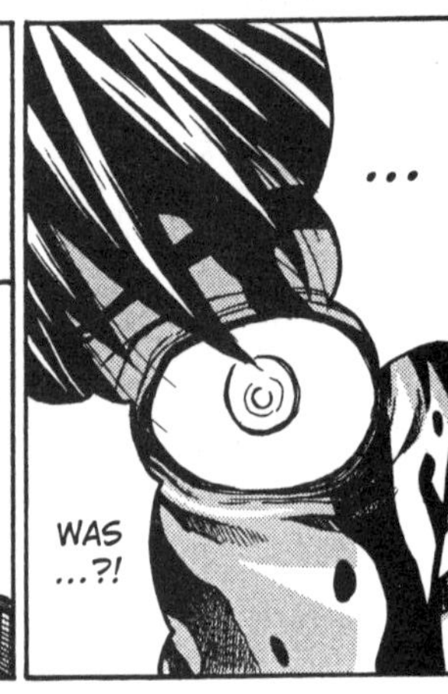
...
WAS ...?!

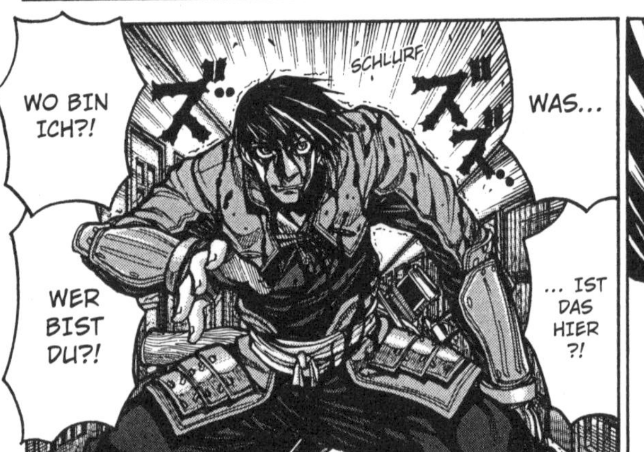
ズズ..
SCHLURF
ズ..
WAS...
... IST DAS HIER ?!
WO BIN ICH?!
WER BIST DU?!

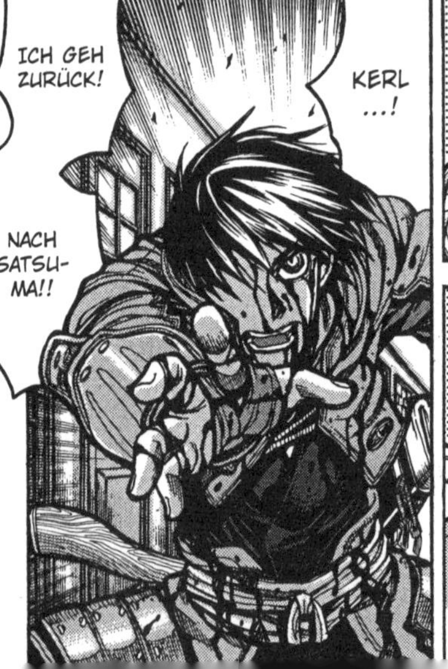
KERL ...!
ICH GEH ZURÜCK!
NACH SATSU-MA!!

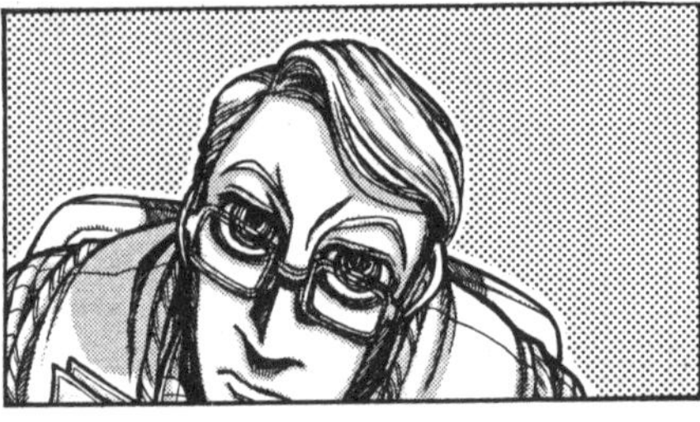

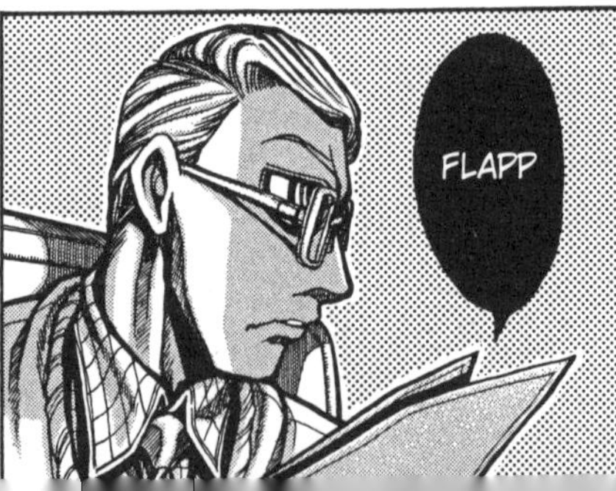
FLAPP

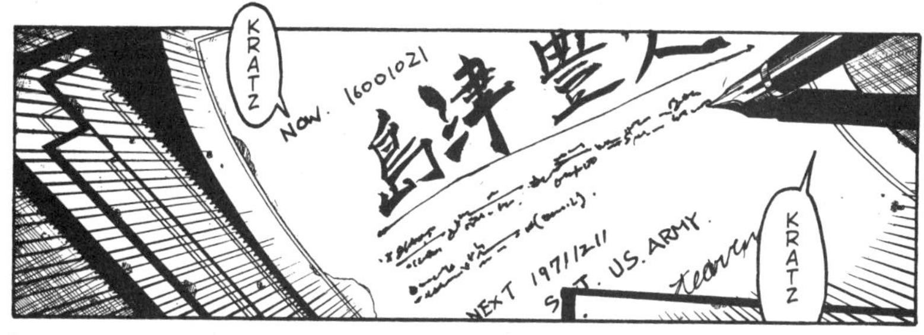
KRATZ
NOW. 1600(021
島津豊久
NEXT 1971/2/1
US. ARMY.
KRATZ

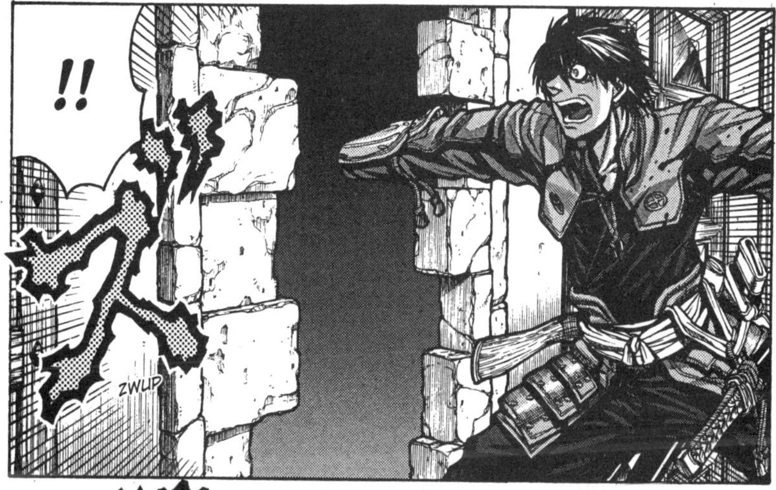
!!
ZWUP

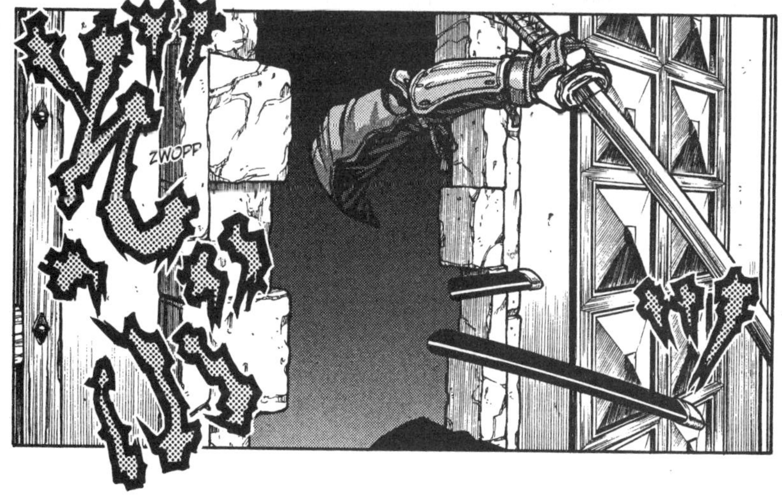
ZWOPP

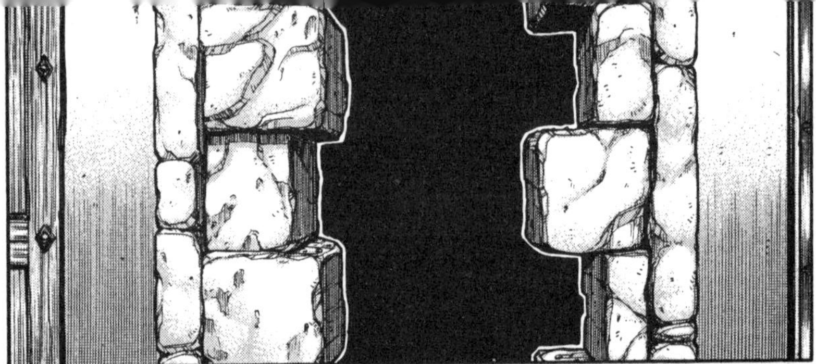
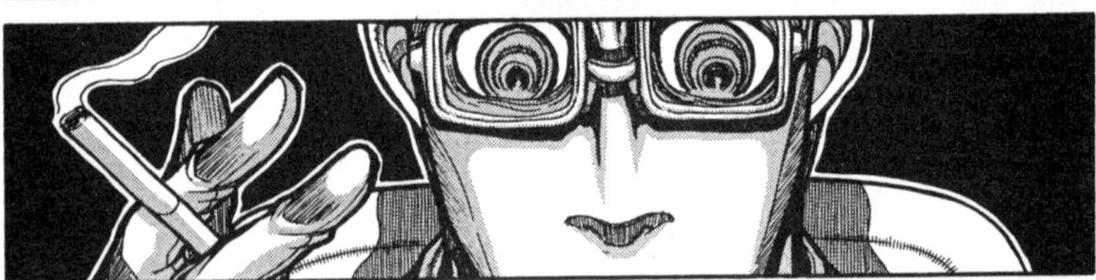
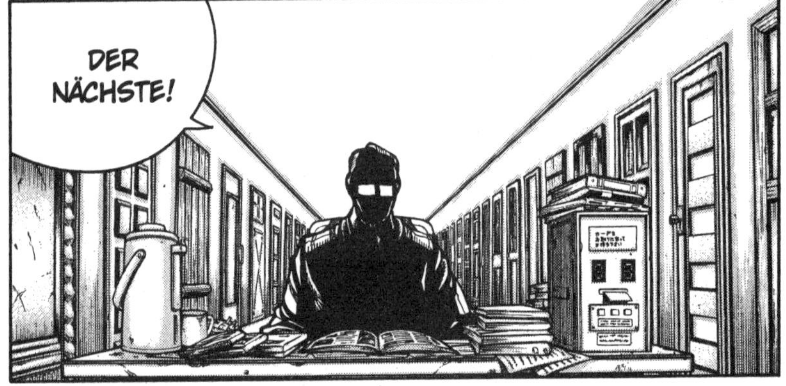
DER NÄCHSTE!
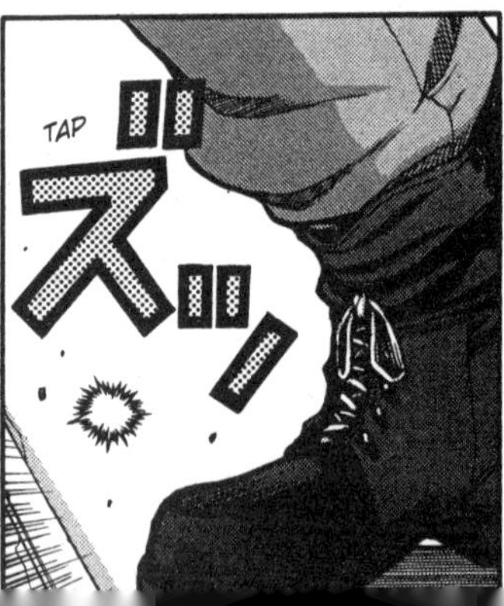
TAP
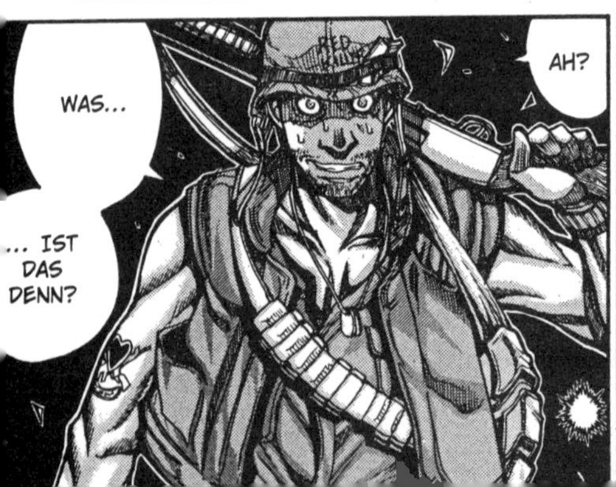
AH?
WAS...
... IST DAS DENN?

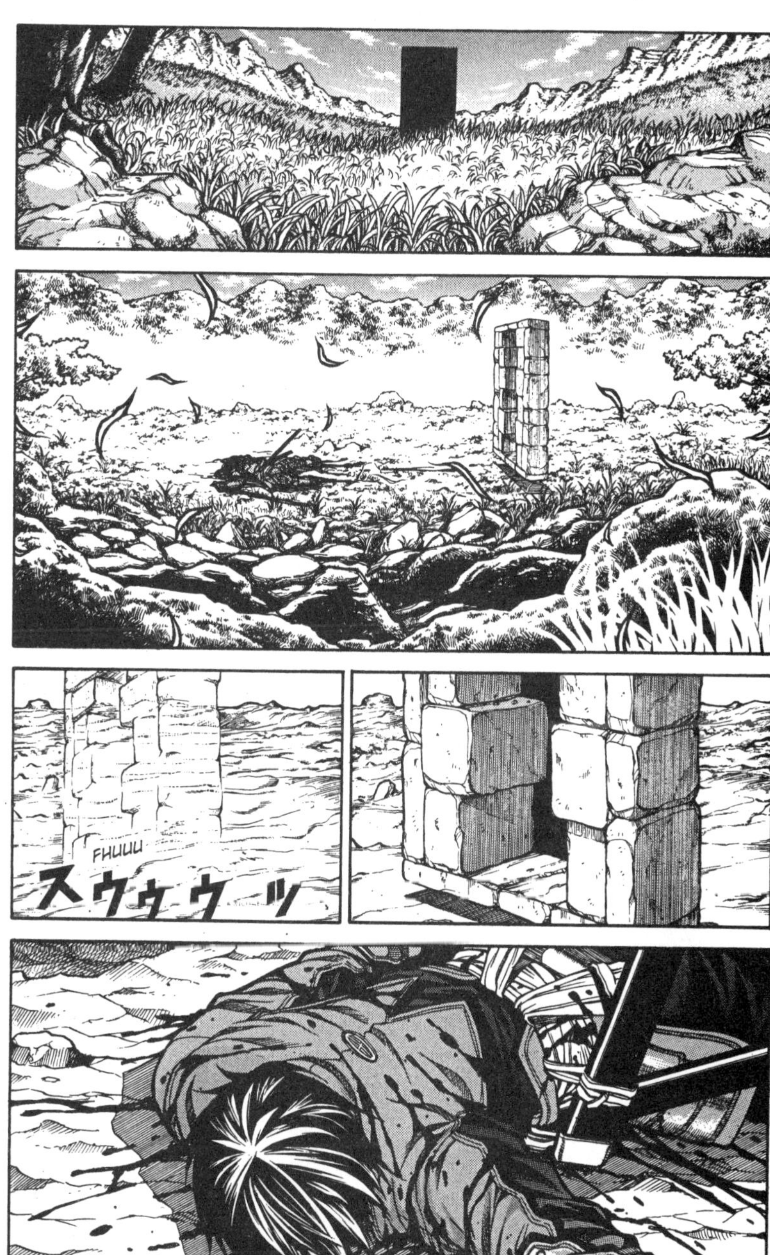
FHUUU
スウゥウッ

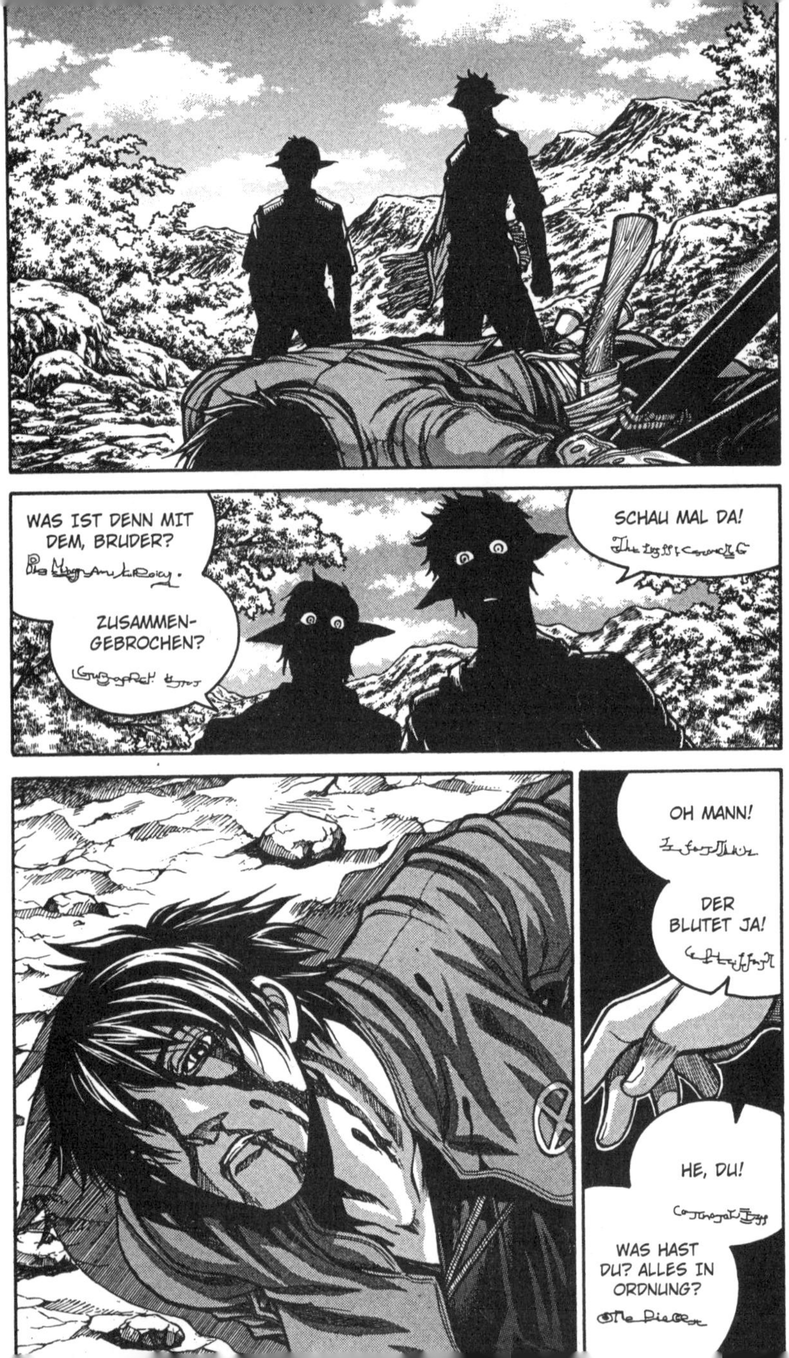

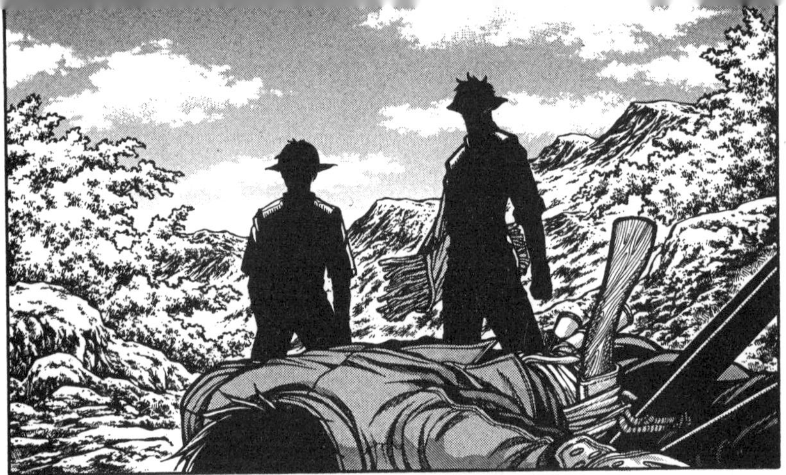

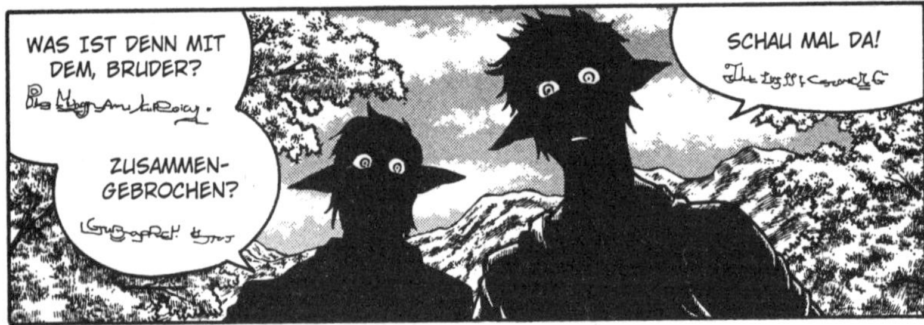

OH MANN!

DER BLUTET JA!

HE, DU!

WAS HAST DU? ALLES IN ORDNUNG?

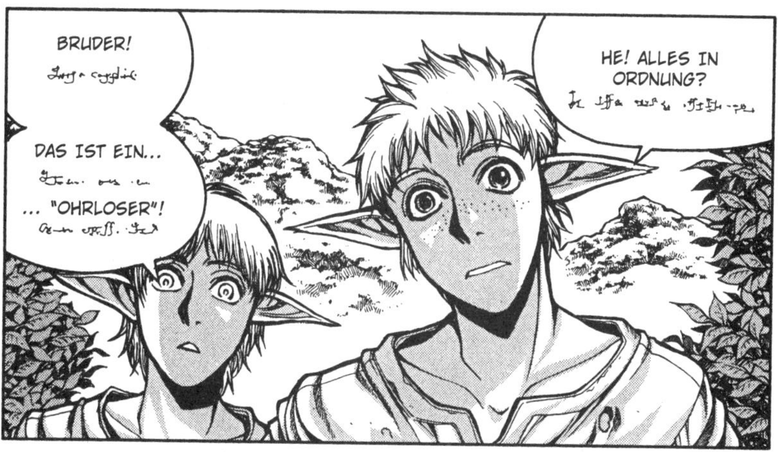
HE! ALLES IN ORDNUNG?
BRUDER!
DAS IST EIN...
... "OHRLOSER"!

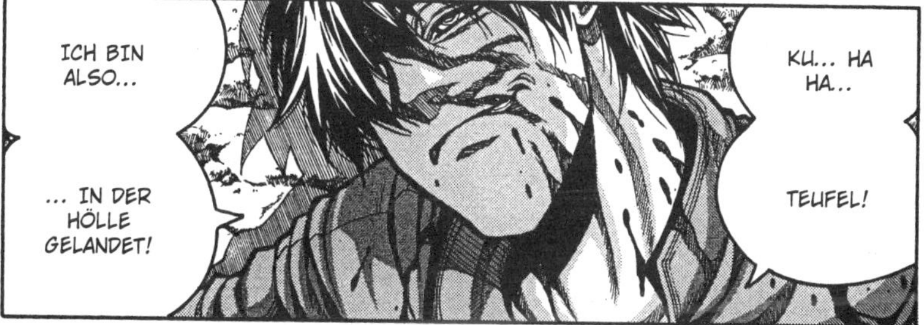
KU... HA HA...
TEUFEL!
ICH BIN ALSO...
... IN DER HÖLLE GELANDET!

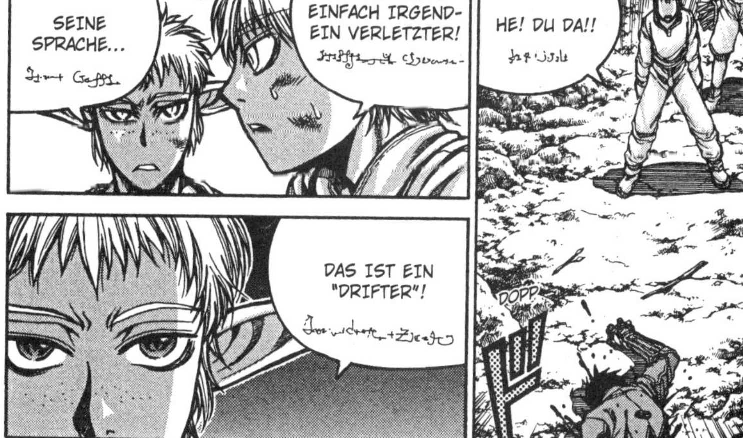
HE! DU DA!!
DOPP
DAS IST NICHT EINFACH IRGEND-EIN VERLETZTER!
SEINE SPRACHE...
DAS IST EIN "DRIFTER"!

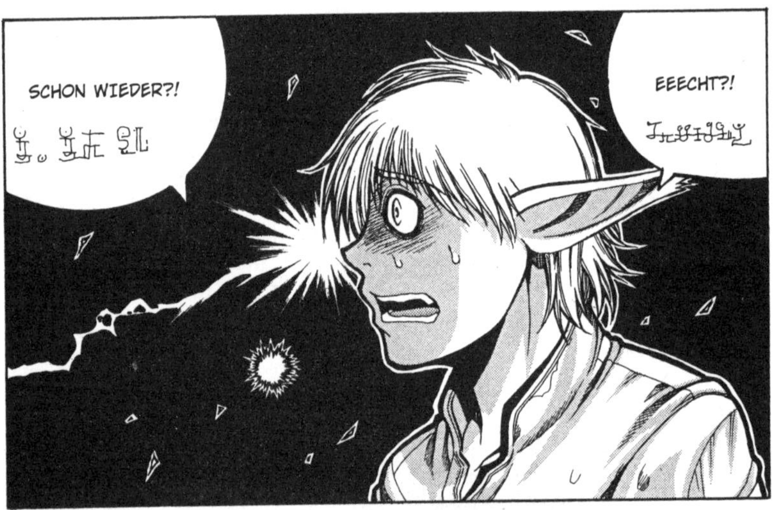
EEECHT?!
SCHON WIEDER?!

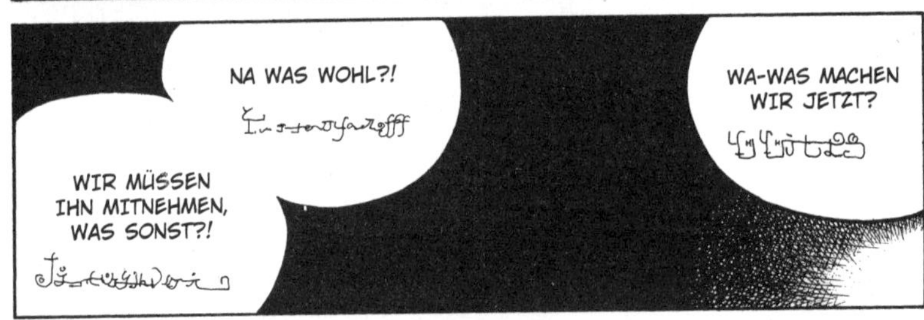
WA-WAS MACHEN WIR JETZT?
NA WAS WOHL?!
WIR MÜSSEN IHN MITNEHMEN, WAS SONST?!

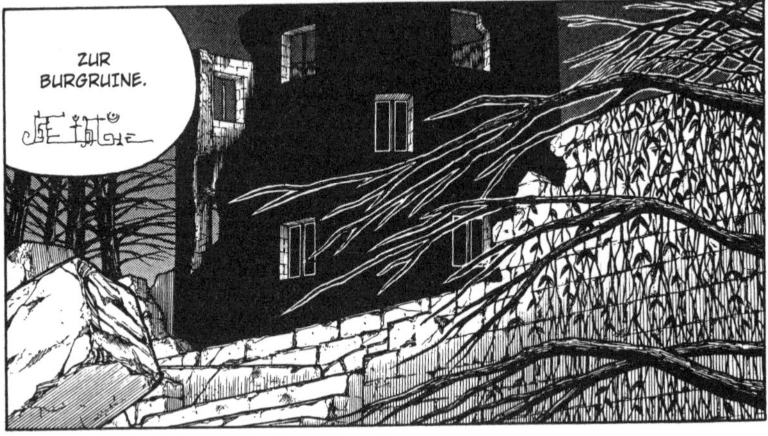
ZUR BURGRUINE.

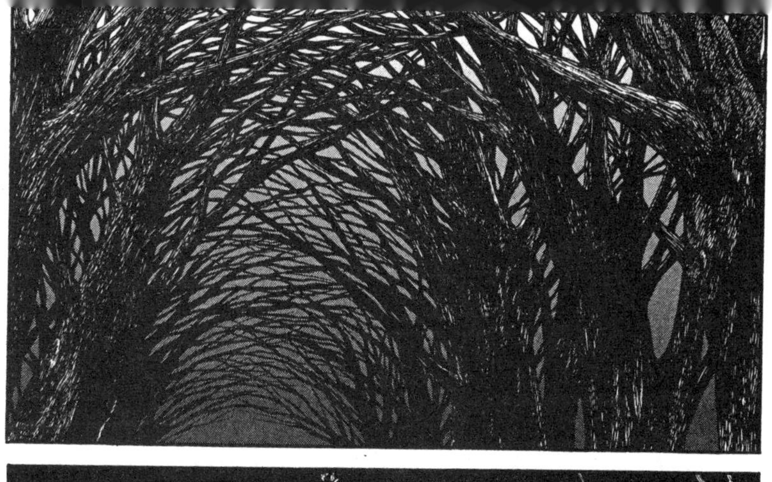
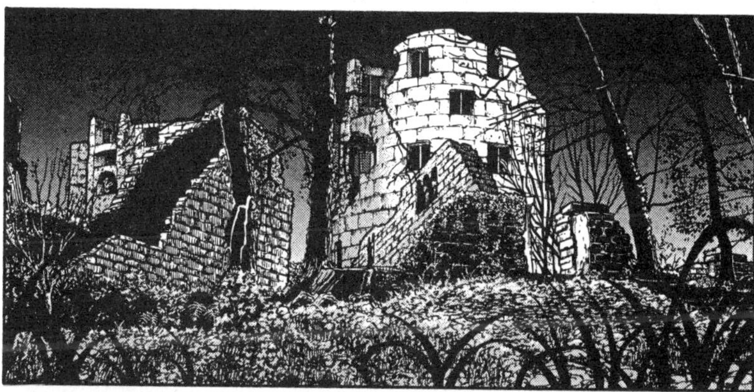
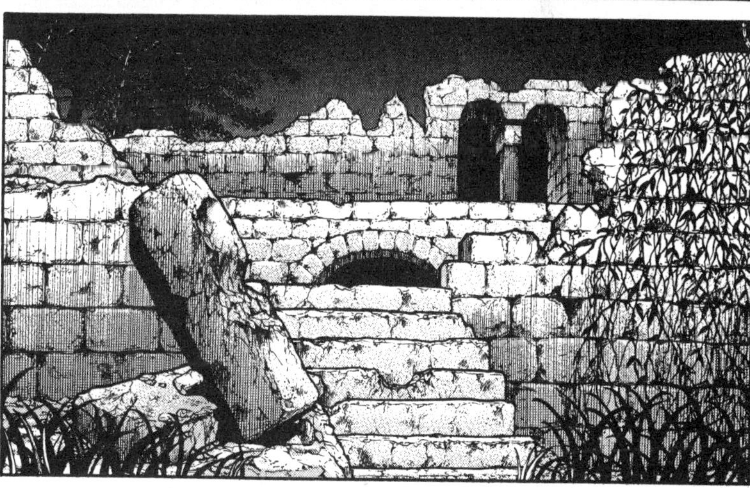

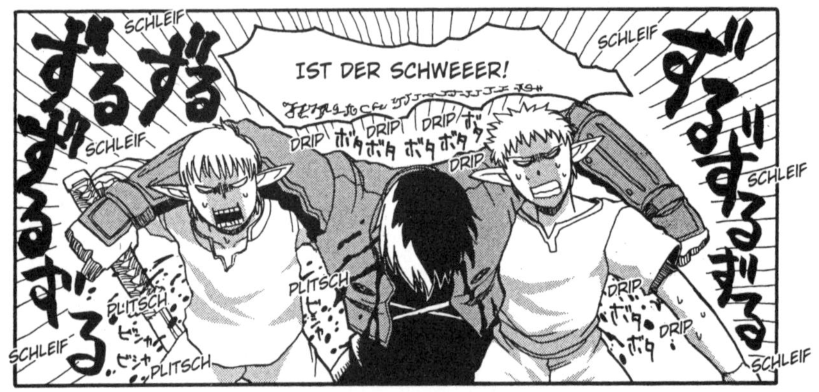
SCHLEIF
SCHLEIF
IST DER SCHWEEER!
DRIP
DRIP
DRIP
DRIP
SCHLEIF
SCHLEIF
PLITSCH
PLITSCH
PLITSCH
DRIP
DRIP
SCHLEIF
SCHLEIF

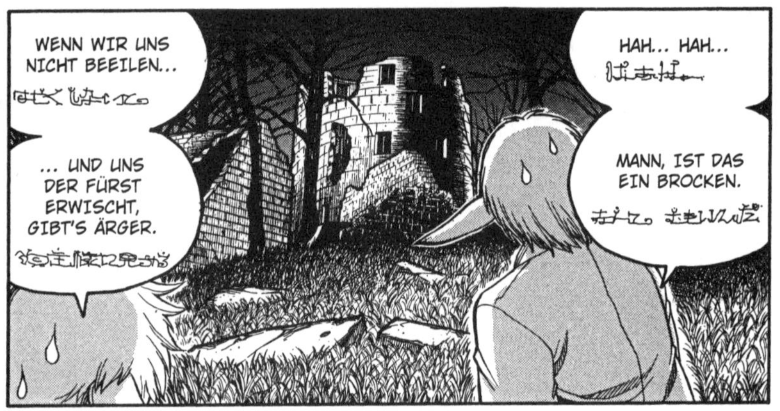
HAH… HAH…
MANN, IST DAS EIN BROCKEN.
WENN WIR UNS NICHT BEEILEN…
… UND UNS DER FÜRST ERWISCHT, GIBT'S ÄRGER.

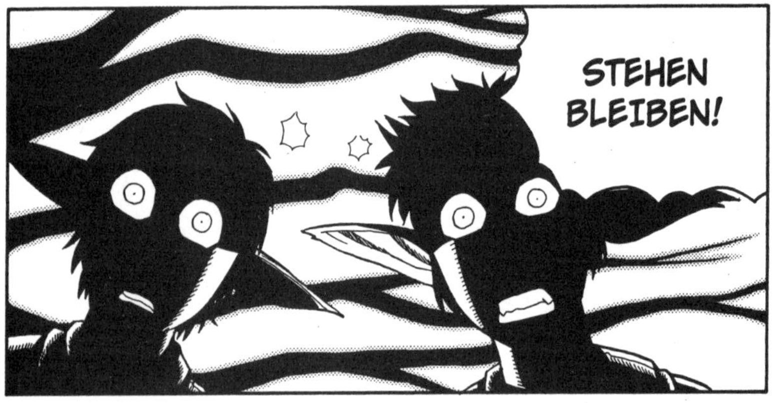
STEHEN BLEIBEN!

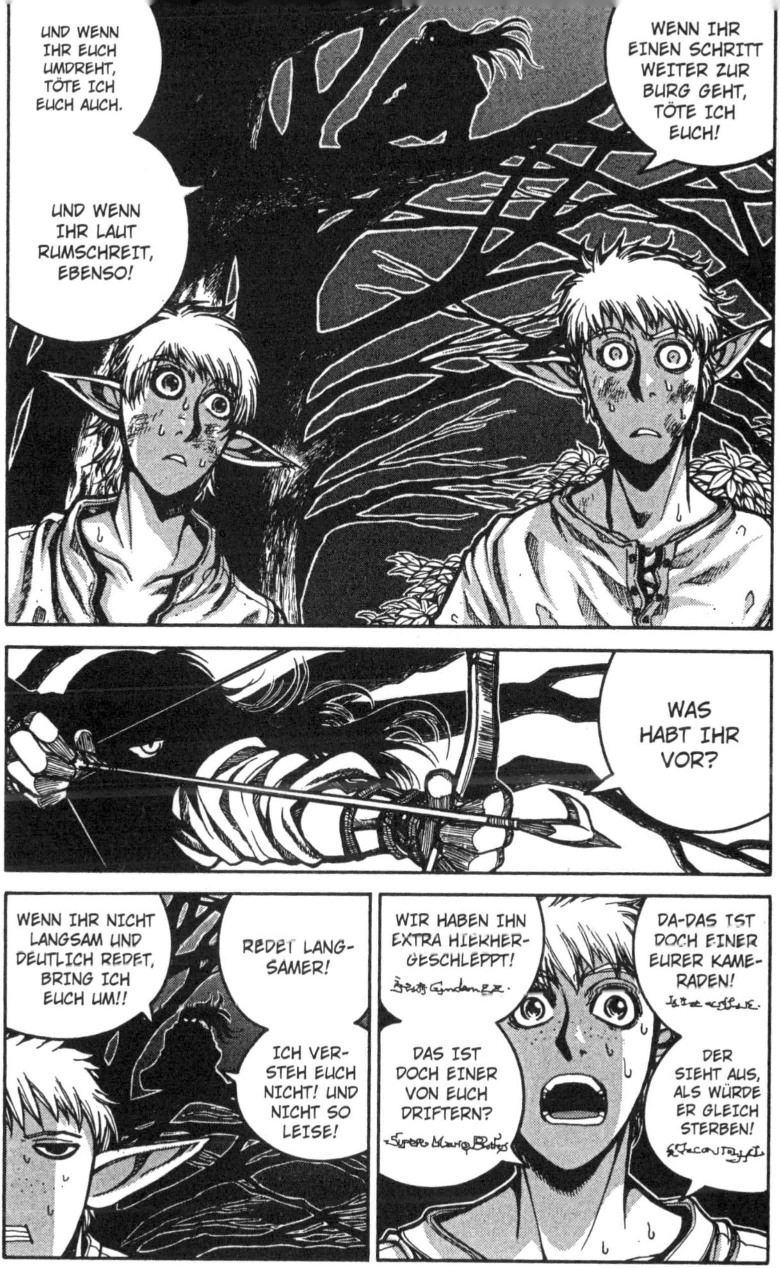

WENN IHR EINEN SCHRITT WEITER ZUR BURG GEHT, TÖTE ICH EUCH!
UND WENN IHR EUCH UMDREHT, TÖTE ICH EUCH AUCH.
UND WENN IHR LAUT RUMSCHREIT, EBENSO!

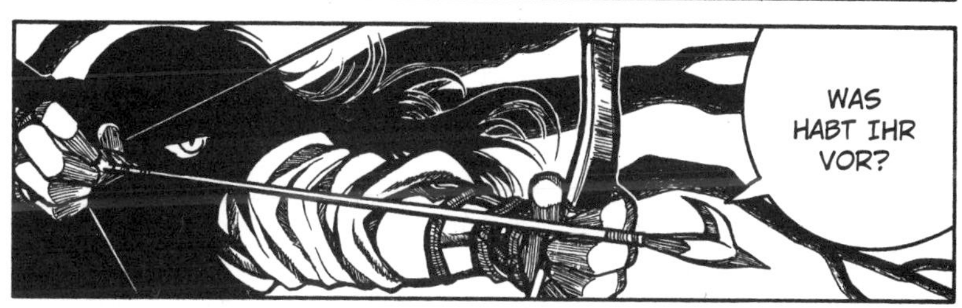

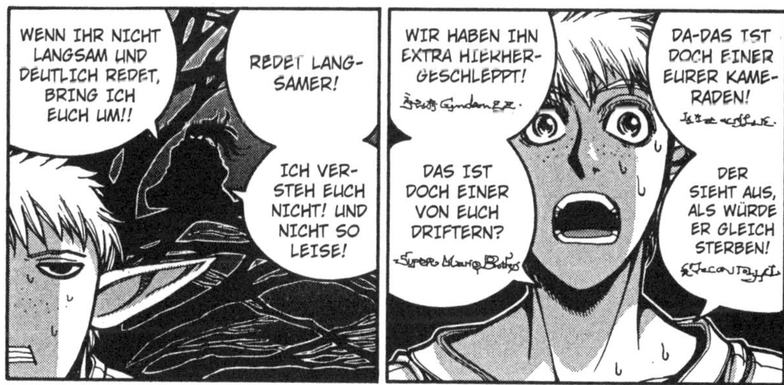

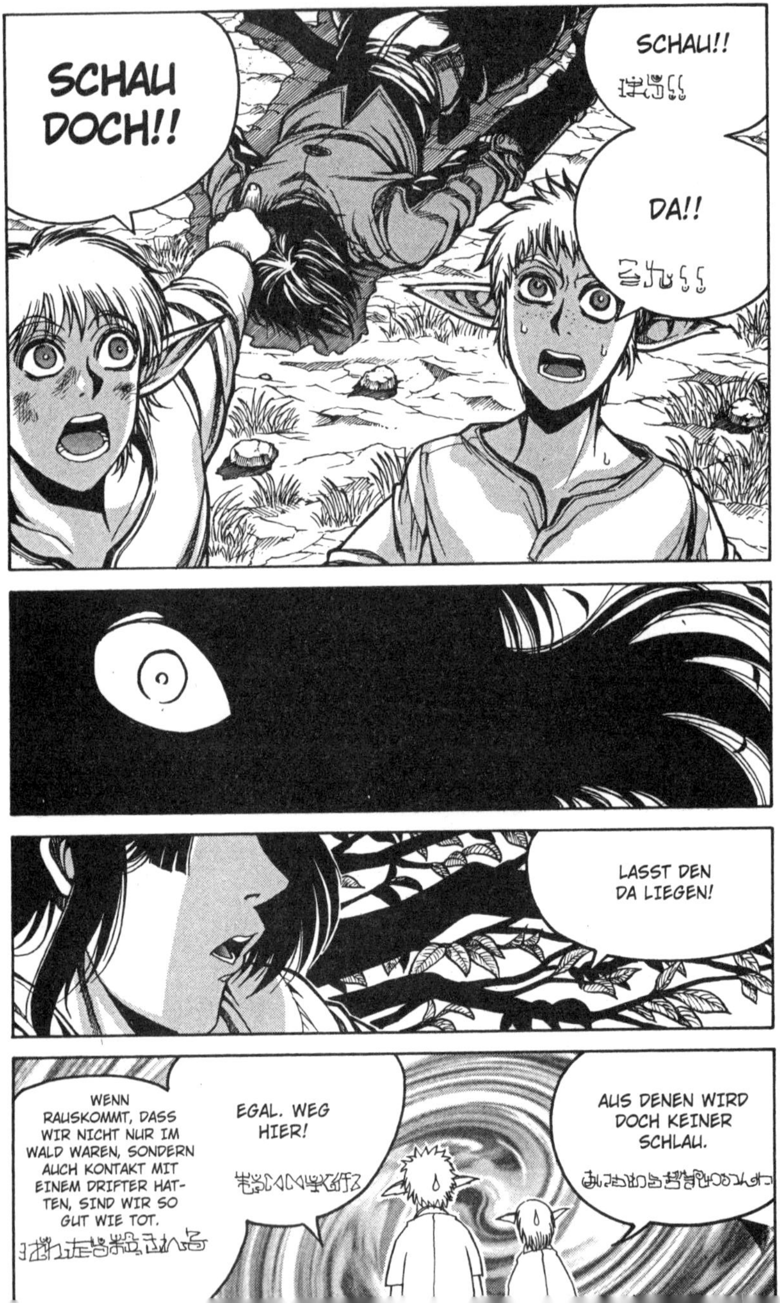

SCHAU!!

DA!!

SCHAU DOCH!!

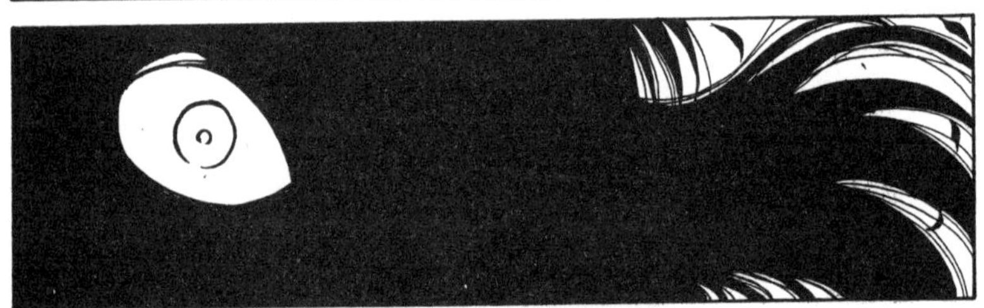

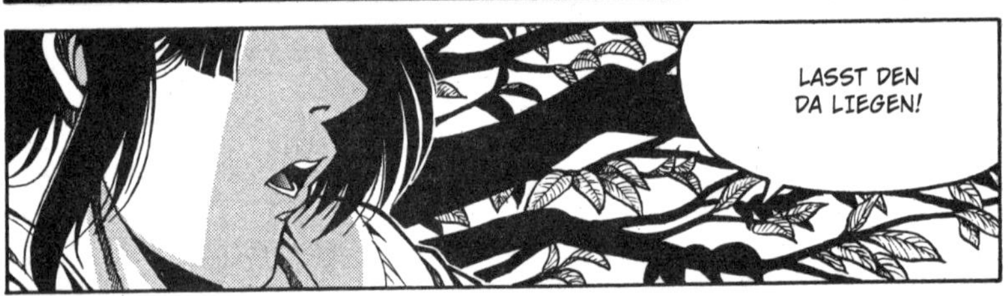

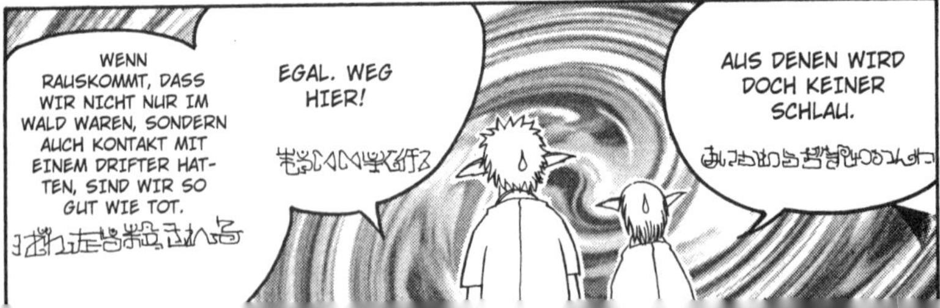

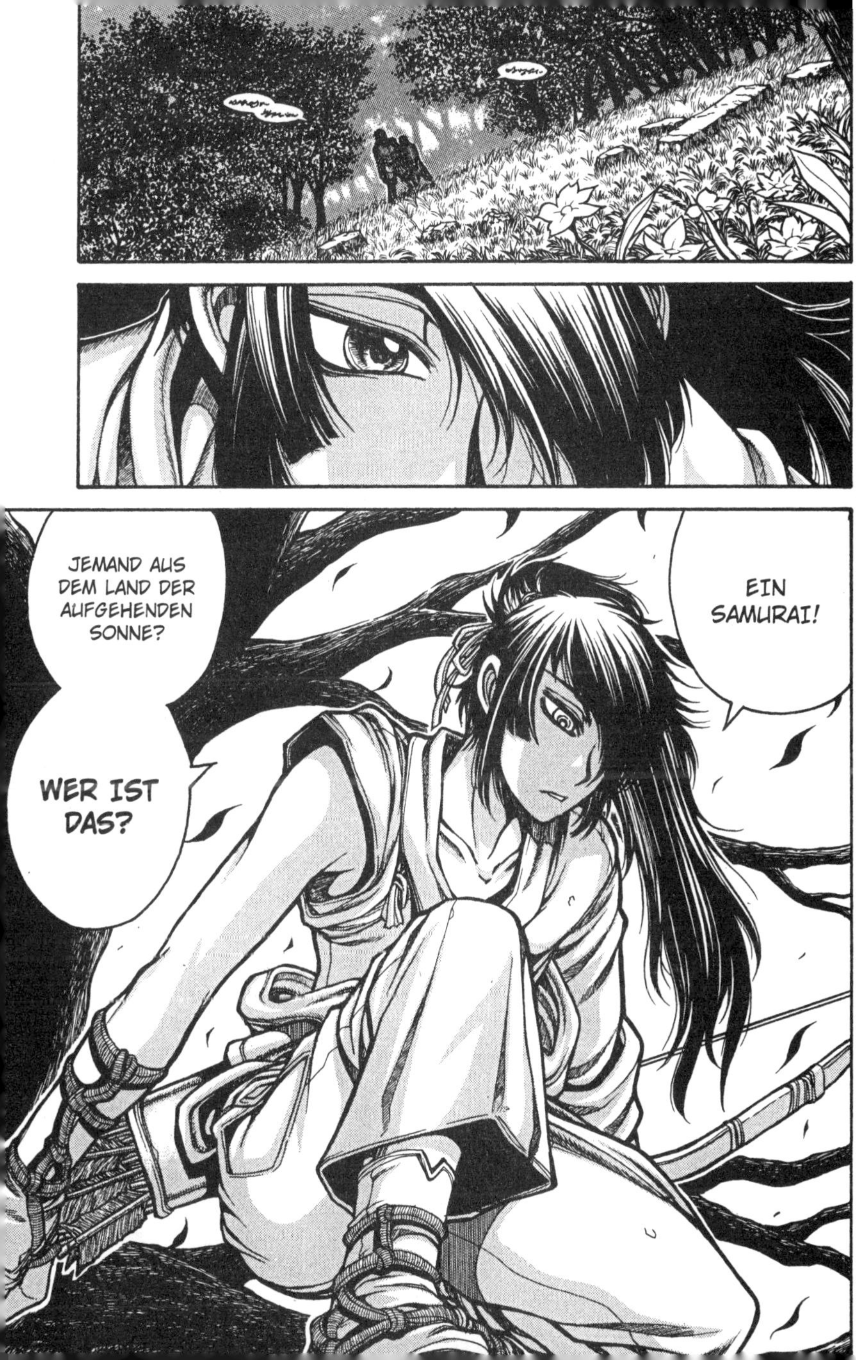

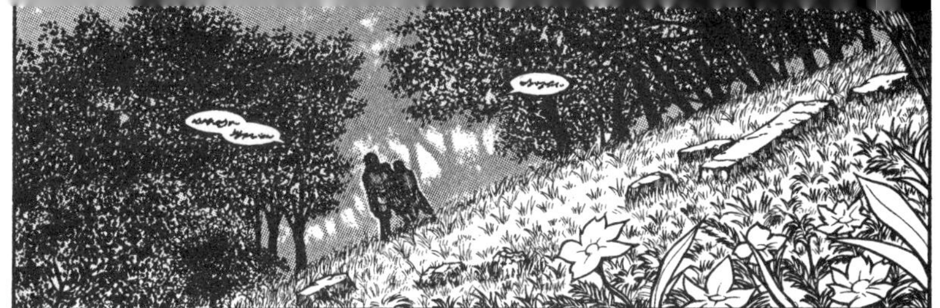

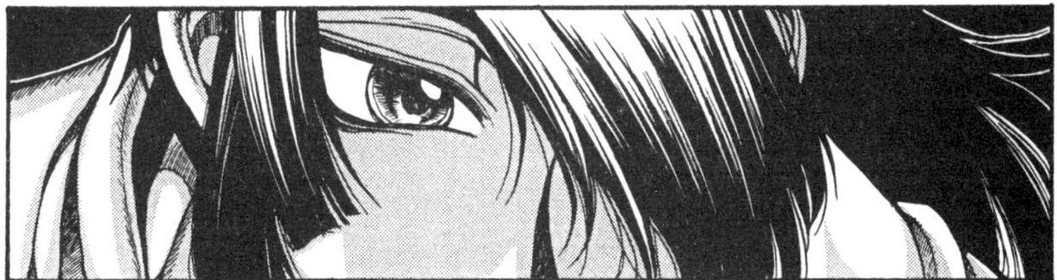

EIN SAMURAI!

JEMAND AUS DEM LAND DER AUFGEHENDEN SONNE?

WER IST DAS?

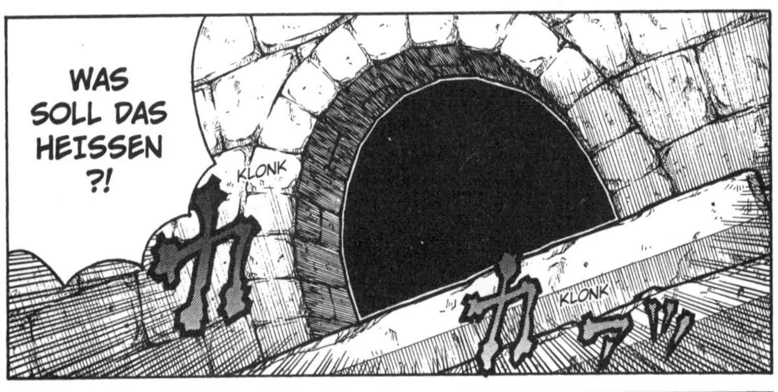
WAS SOLL DAS HEISSEN ?!
KLONK
KLONK

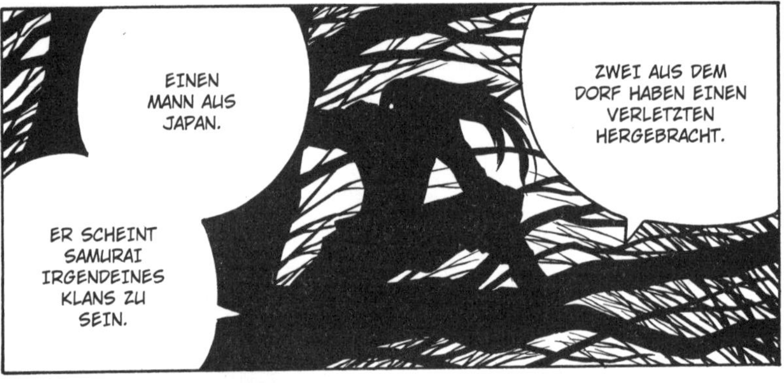
ZWEI AUS DEM DORF HABEN EINEN VERLETZTEN HERGEBRACHT.
EINEN MANN AUS JAPAN.
ER SCHEINT SAMURAI IRGENDEINES KLANS ZU SEIN.

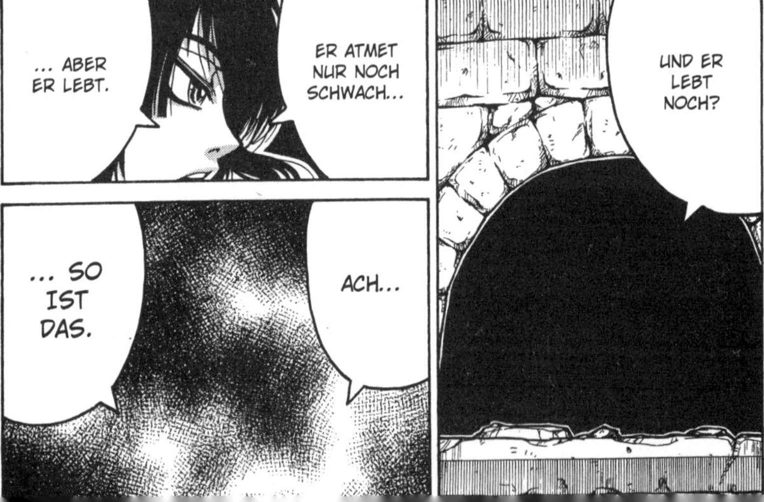
UND ER LEBT NOCH?
ER ATMET NUR NOCH SCHWACH...
... ABER ER LEBT.
ACH...
... SO IST DAS.

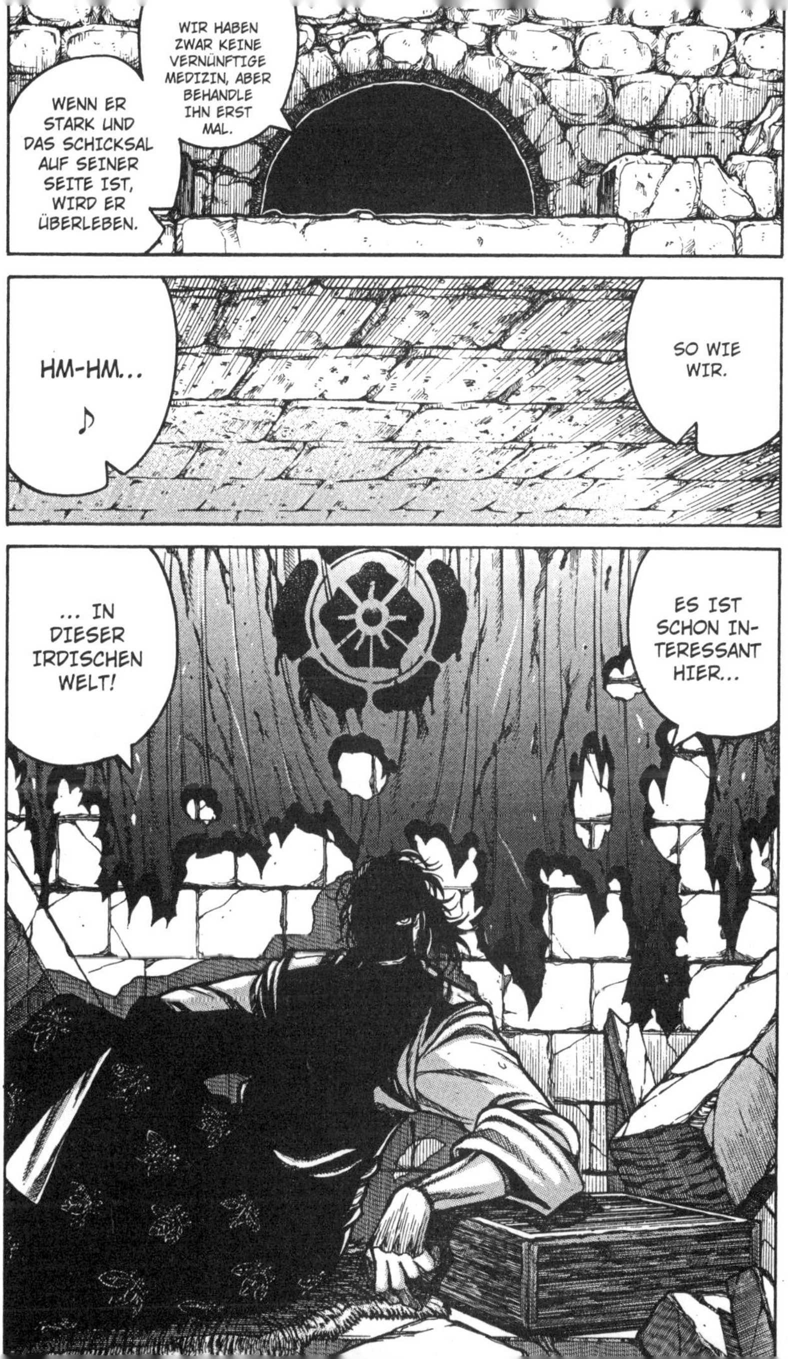

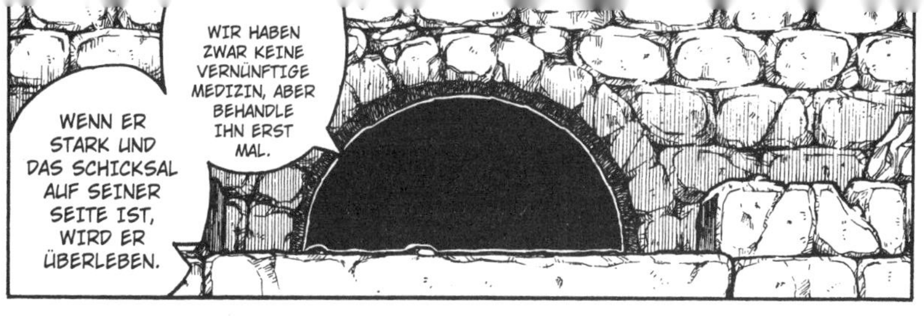

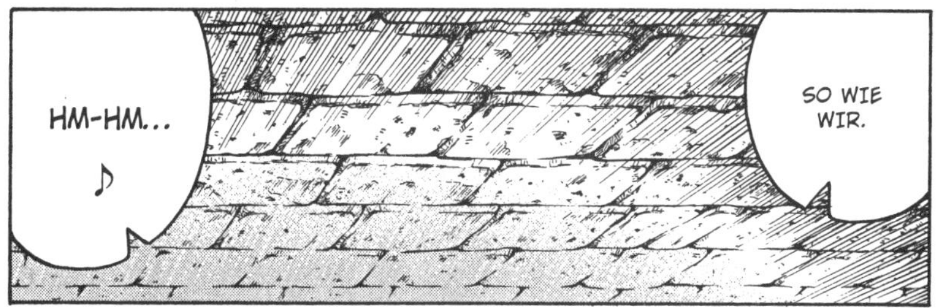

ES IST SCHON INTERESSANT HIER...

... IN DIESER IRDISCHEN WELT!

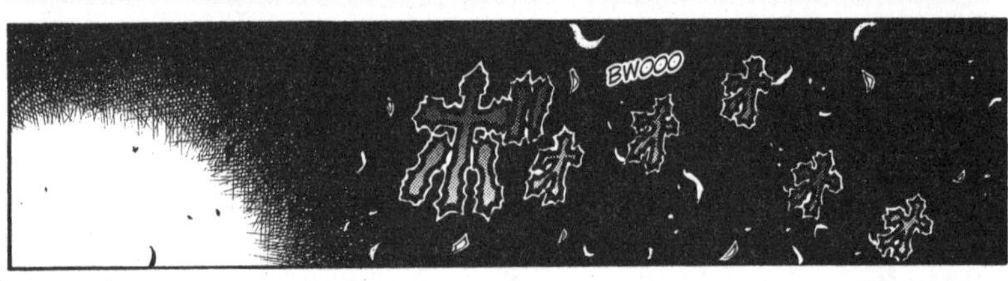

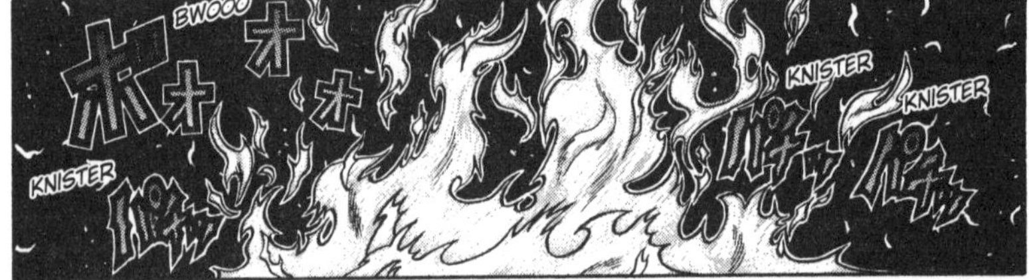

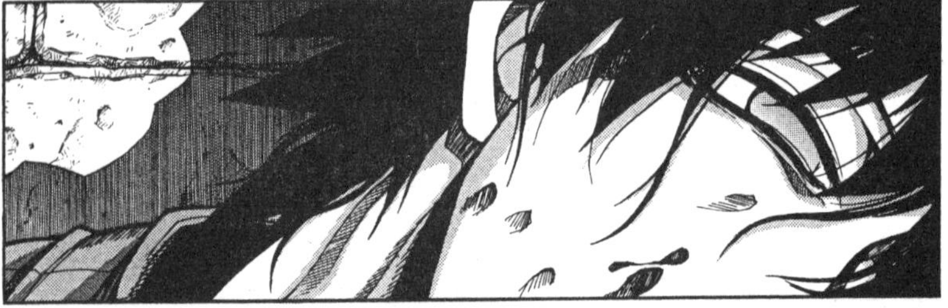

ENDE DES ZWEITEN KAPITELS

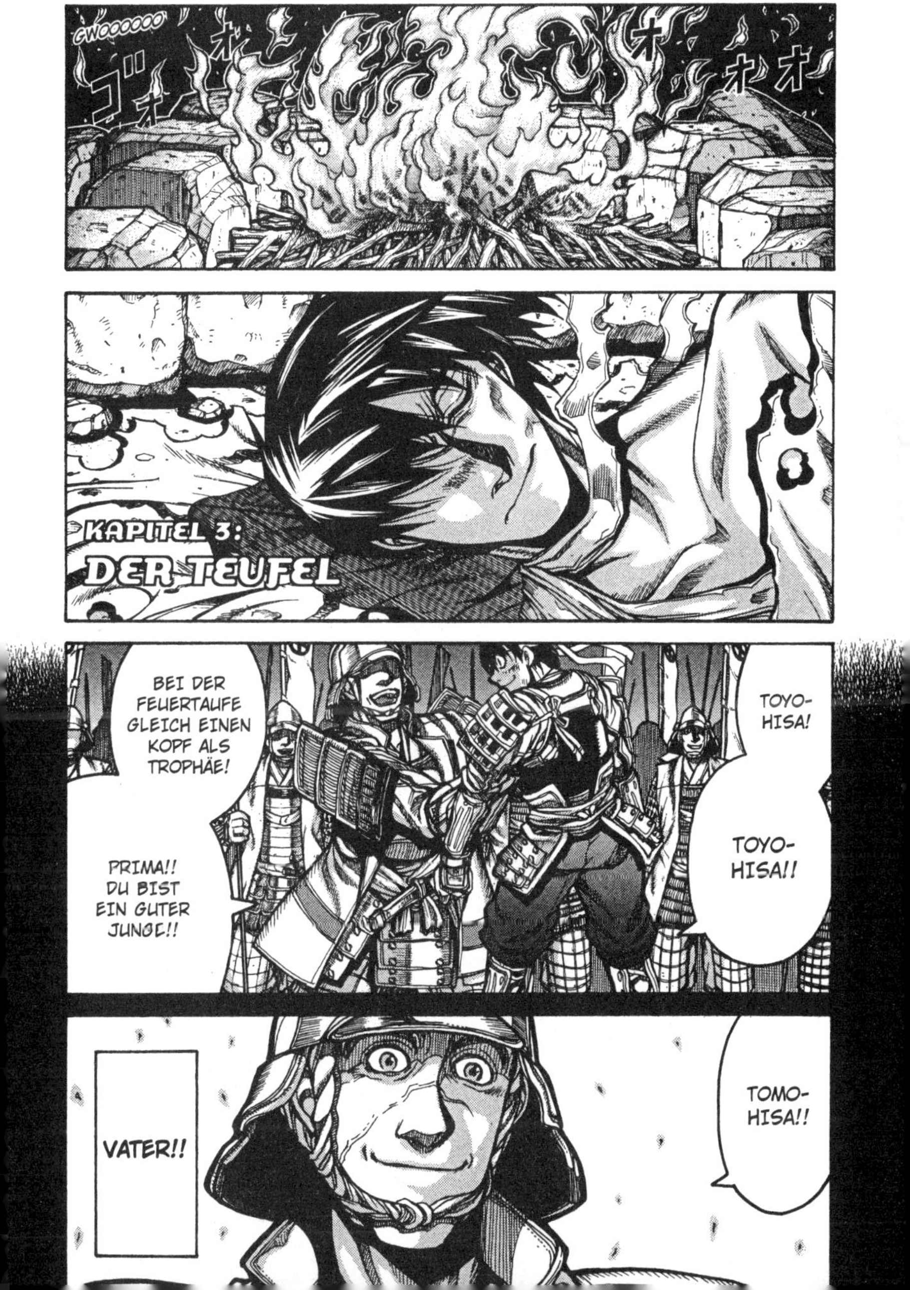

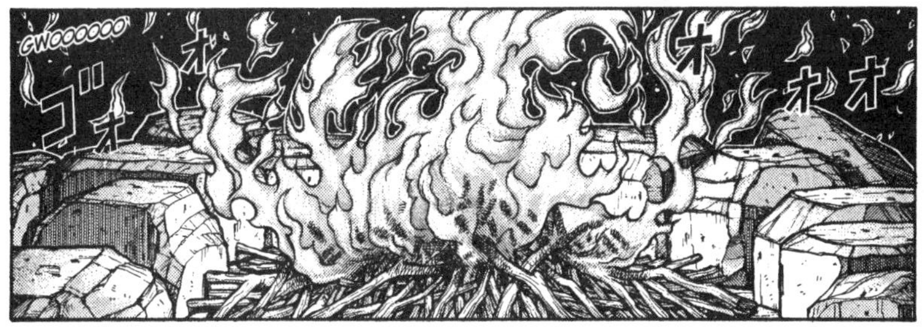

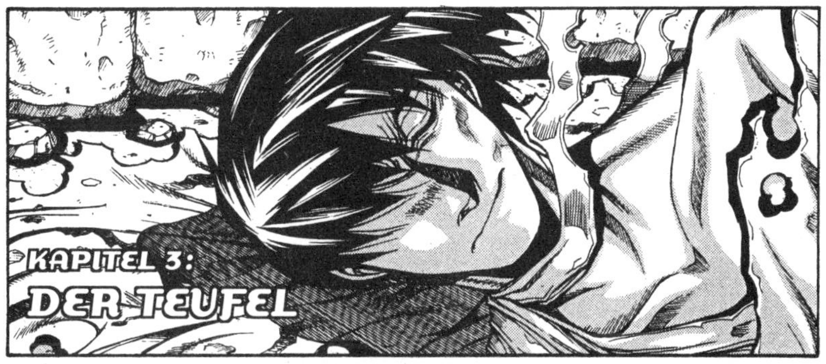

TOYO-HISA!

TOYO-HISA!!

BEI DER FEUERTAUFE GLEICH EINEN KOPF ALS TROPHÄE!

PRIMA!! DU BIST EIN GUTER JUNGE!!

TOMO-HISA!!

VATER!!

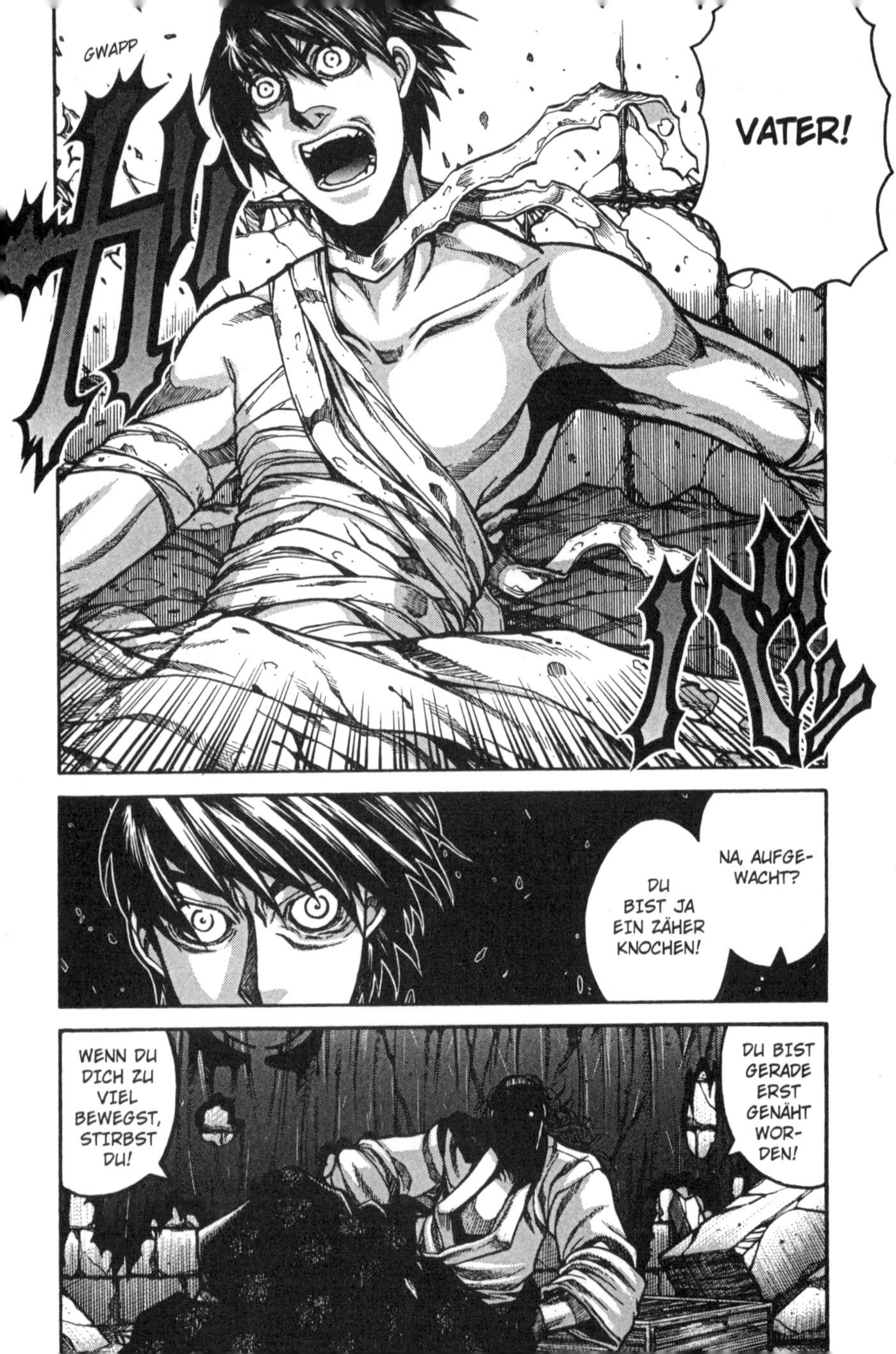

GWAPP

VATER!

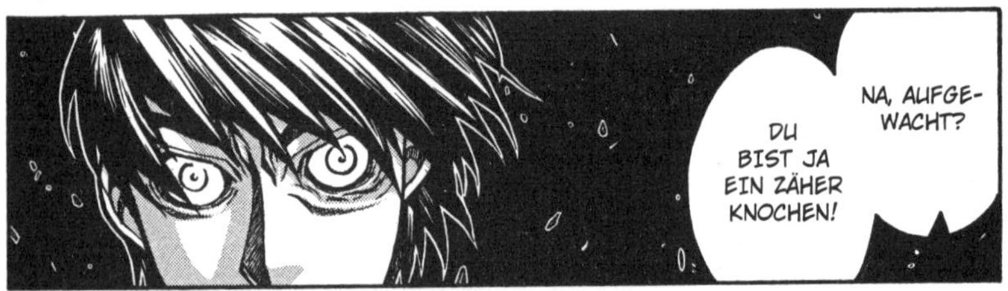
NA, AUFGE-WACHT?
DU BIST JA EIN ZÄHER KNOCHEN!

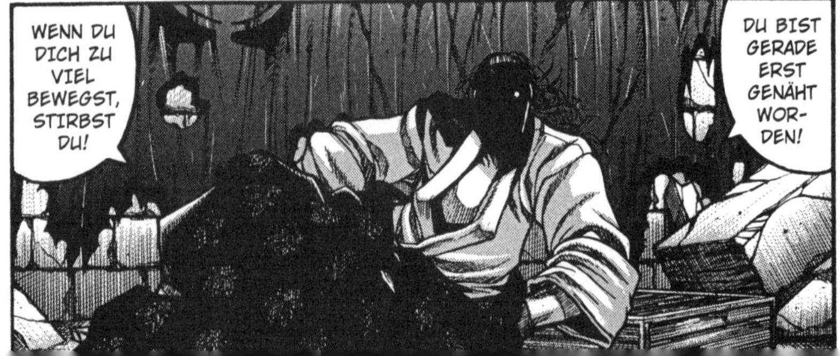
DU BIST GERADE ERST GENÄHT WOR-DEN!
WENN DU DICH ZU VIEL BEWEGST, STIRBST DU!

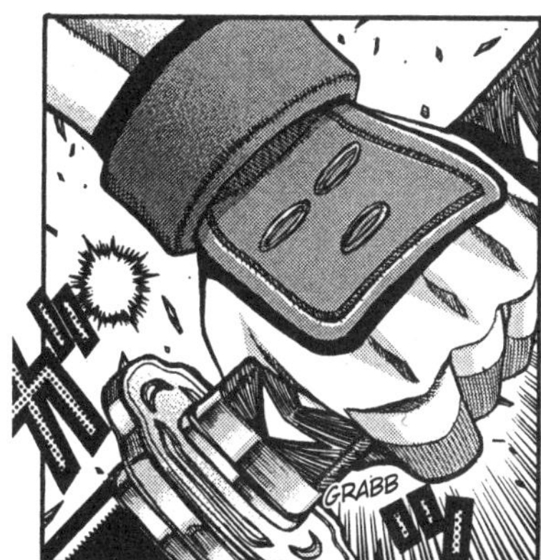
GRABB

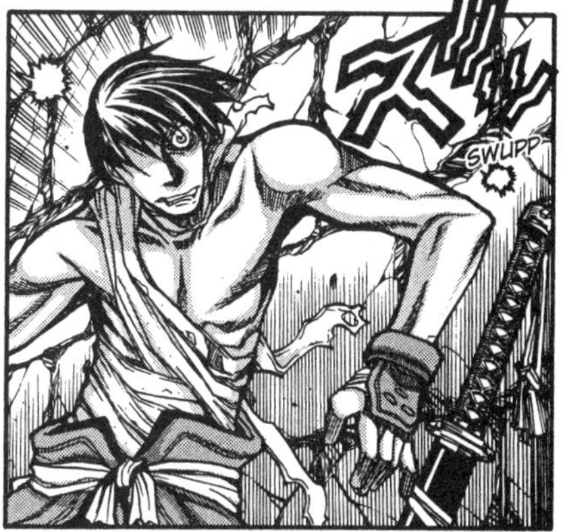
SWUPP

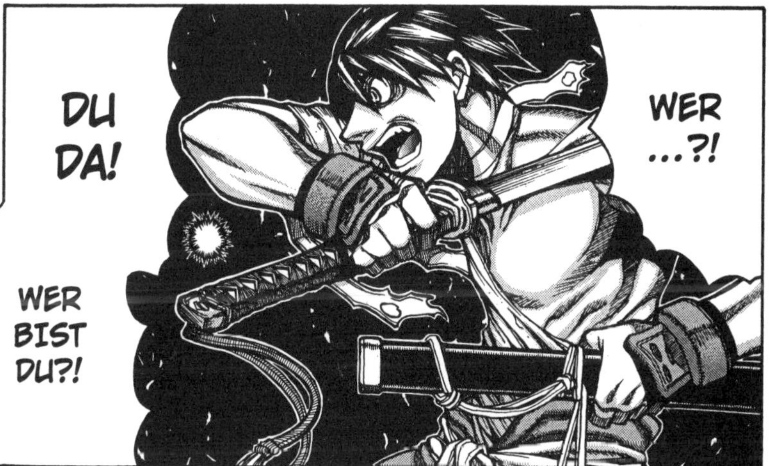
WER ...?!
DU DA!
WER BIST DU?!

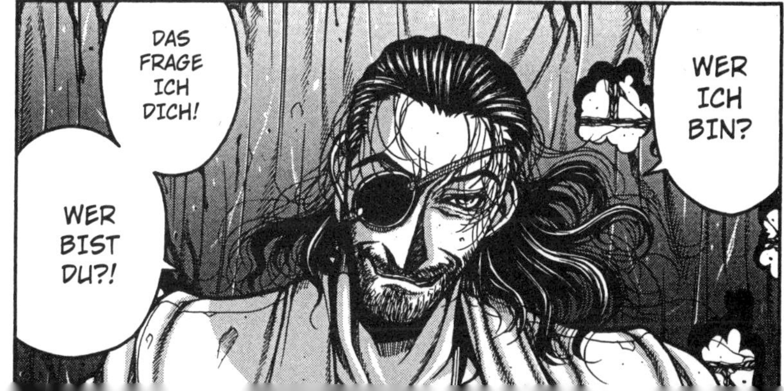
WER ICH BIN?
DAS FRAGE ICH DICH!
WER BIST DU?!

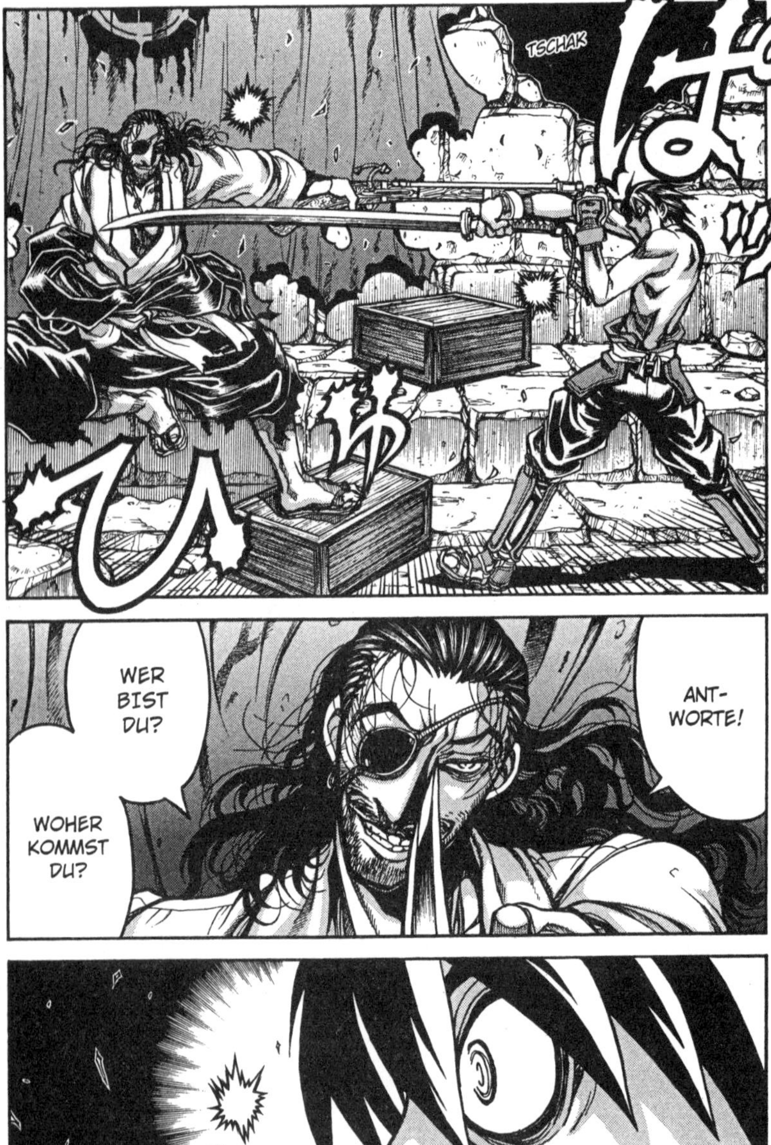

TSCHAK

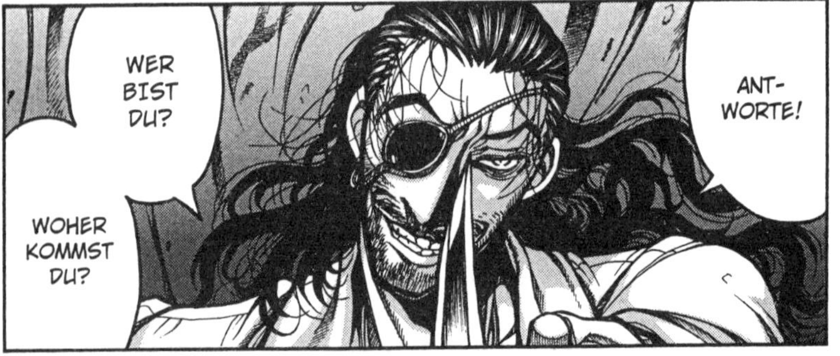

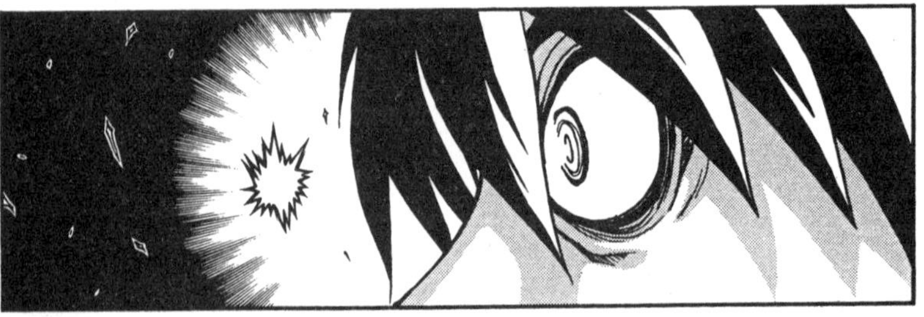

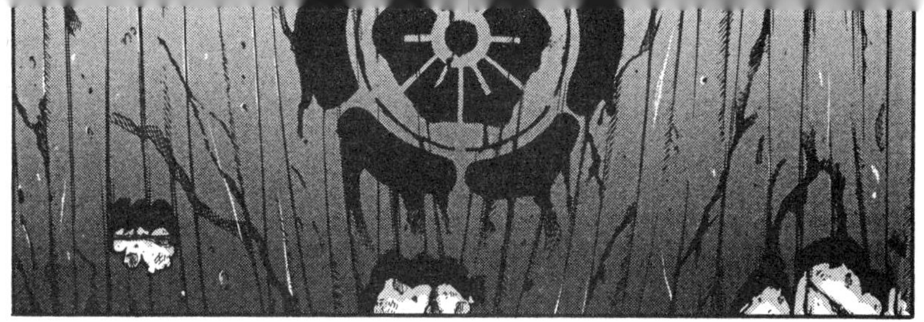

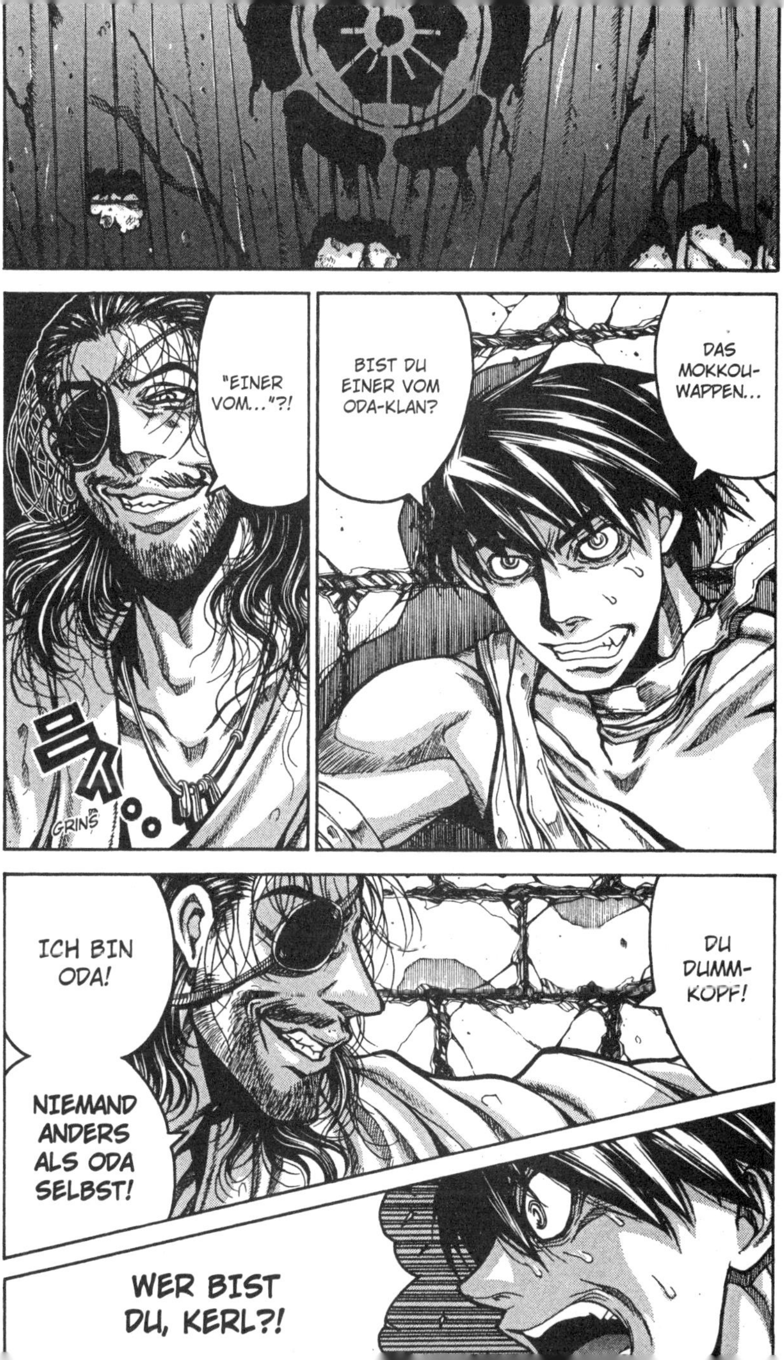

DAS MOKKOU-WAPPEN...
BIST DU EINER VOM ODA-KLAN?
"EINER VOM..."?!
GRINS

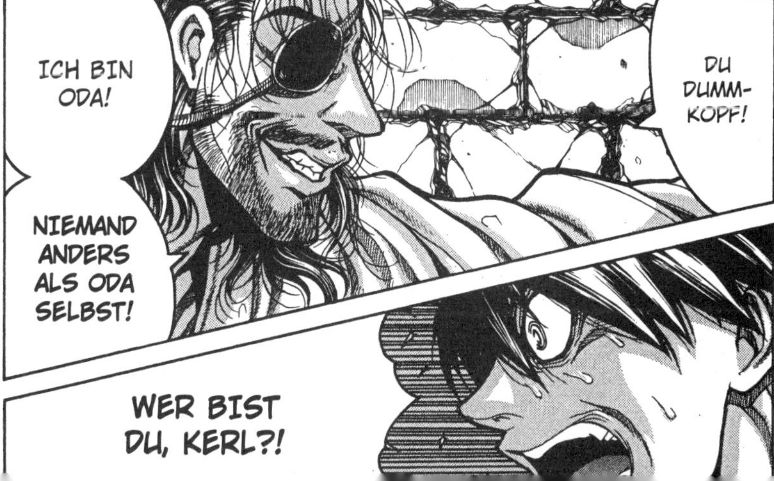

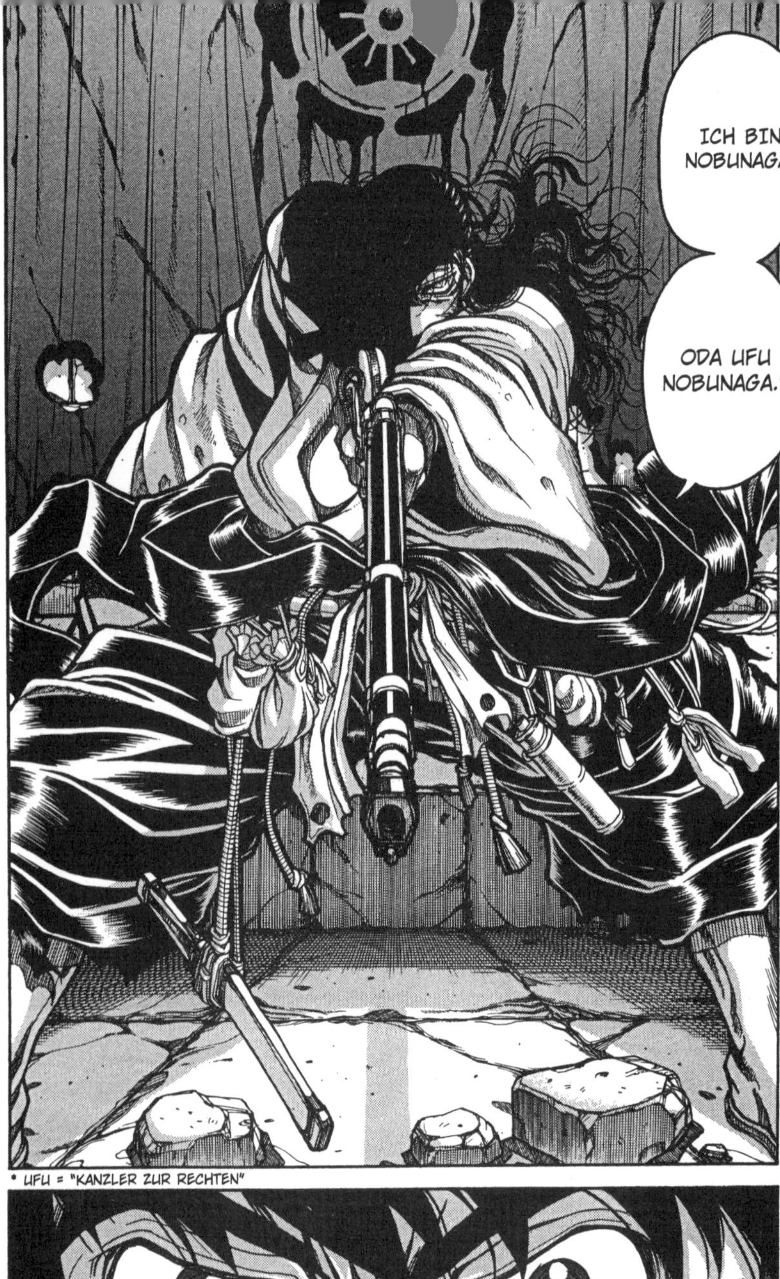

ICH BIN NOBUNAGA.

ODA UFU NOBUNAGA.*

* UFU = "KANZLER ZUR RECHTEN"

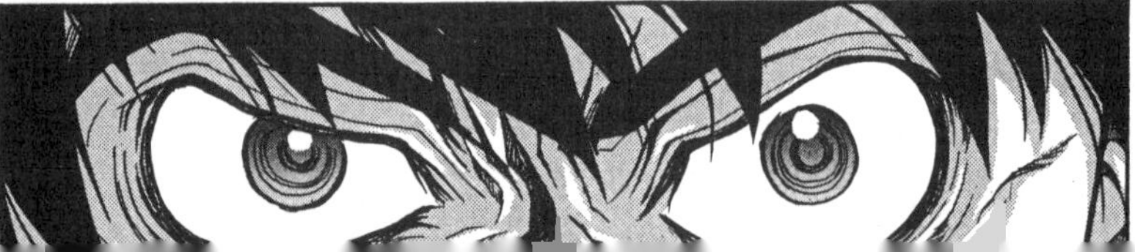

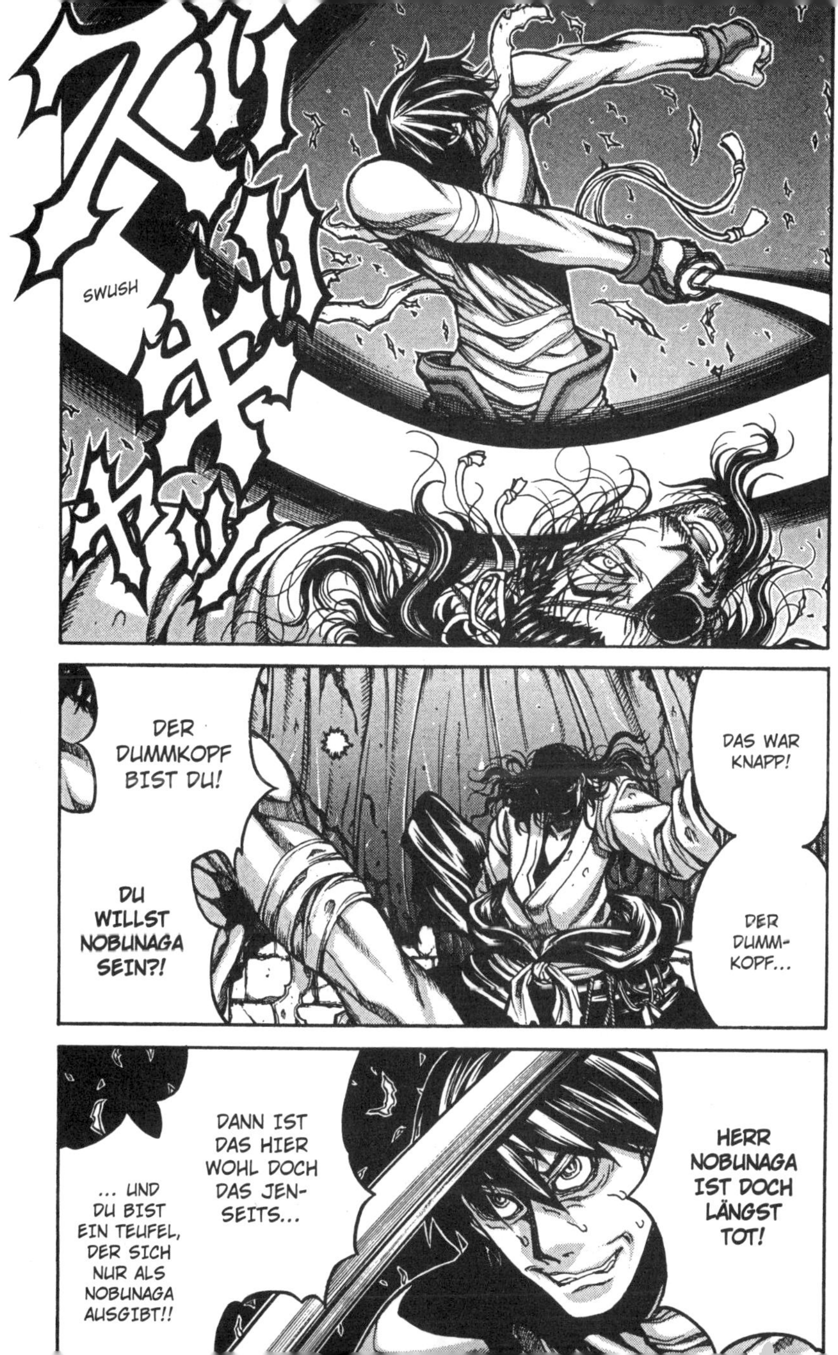

SWUSH

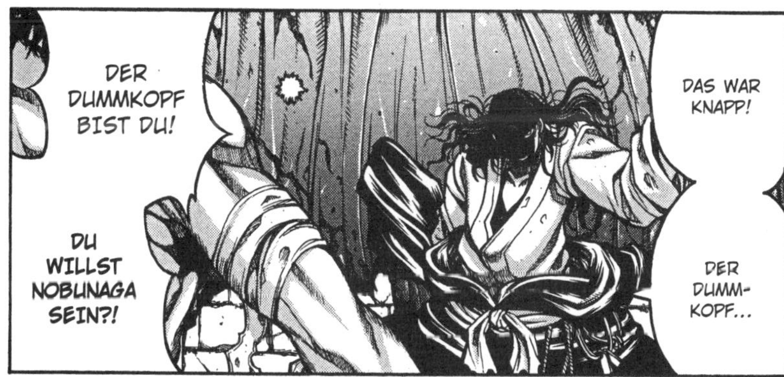

DAS WAR KNAPP!
DER DUMM-KOPF...
DER DUMMKOPF BIST DU!
DU WILLST NOBUNAGA SEIN?!

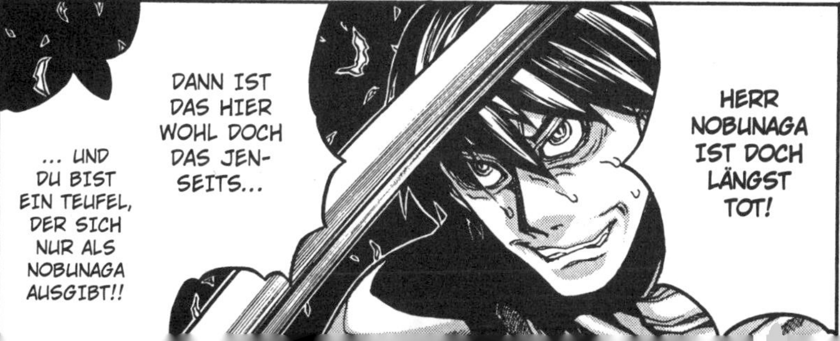

HERR NOBUNAGA IST DOCH LÄNGST TOT!
DANN IST DAS HIER WOHL DOCH DAS JEN-SEITS...
... UND DU BIST EIN TEUFEL, DER SICH NUR ALS NOBUNAGA AUSGIBT!!

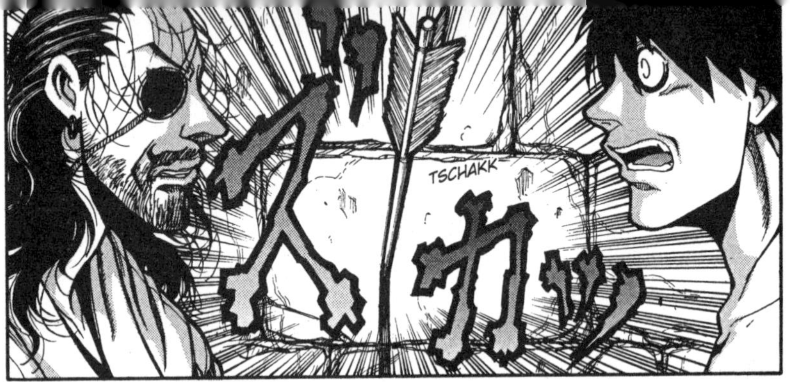

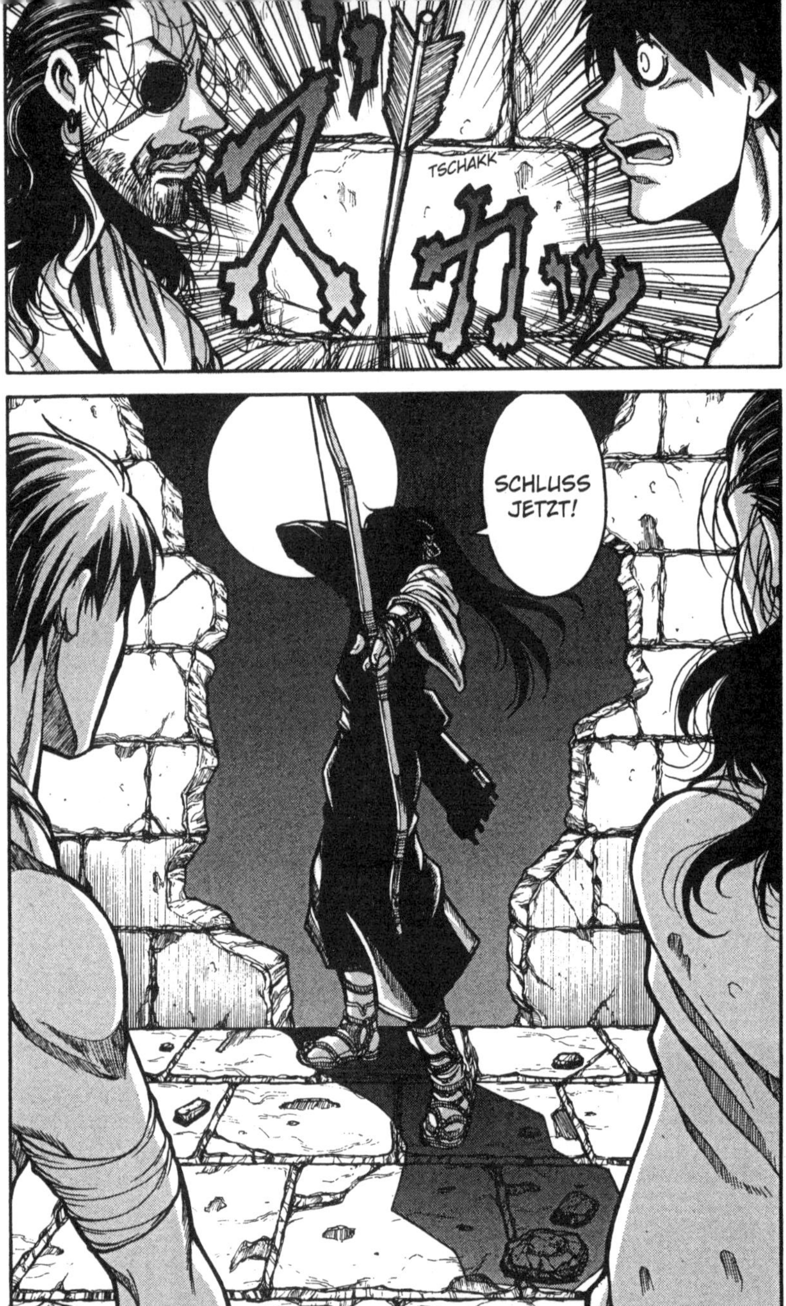

SCHLUSS JETZT!

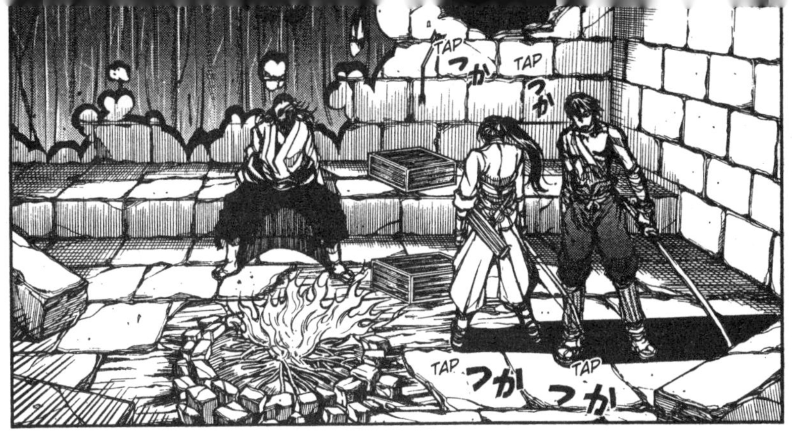
TAP
つか
TAP
つか
TAP
つか
TAP
つか

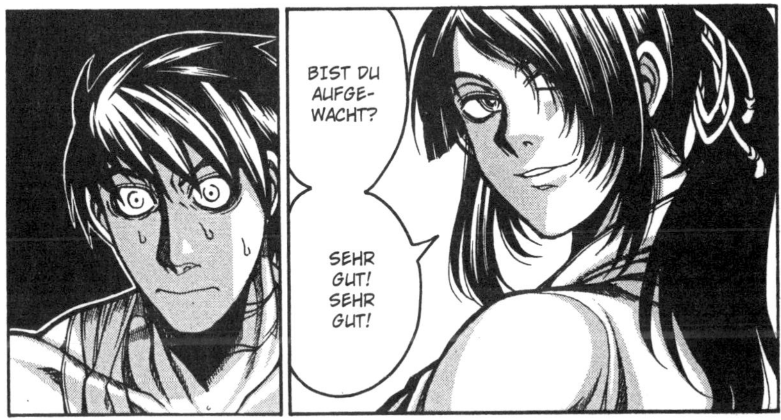
BIST DU AUFGE-WACHT?
SEHR GUT! SEHR GUT!

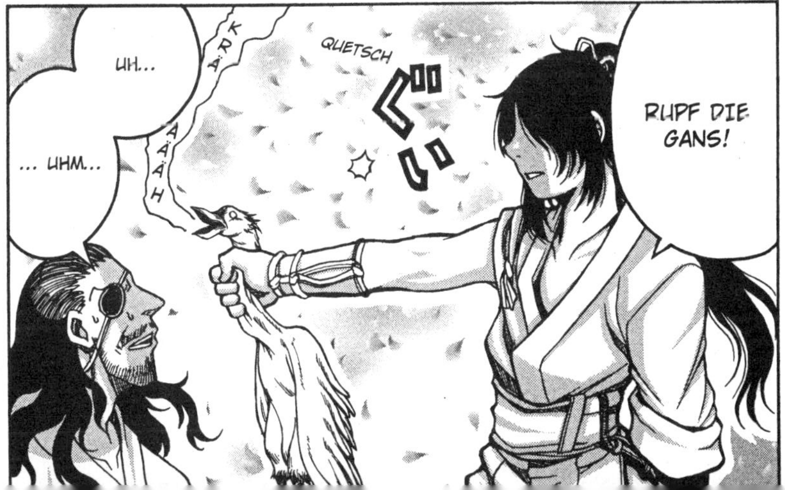
RUPF DIE GANS!
QUETSCH
ぐい
KRÄ ÄÄÄH
UH...
... UHM...

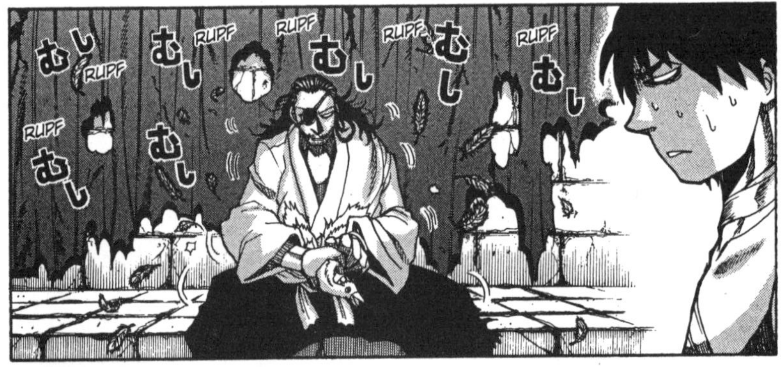

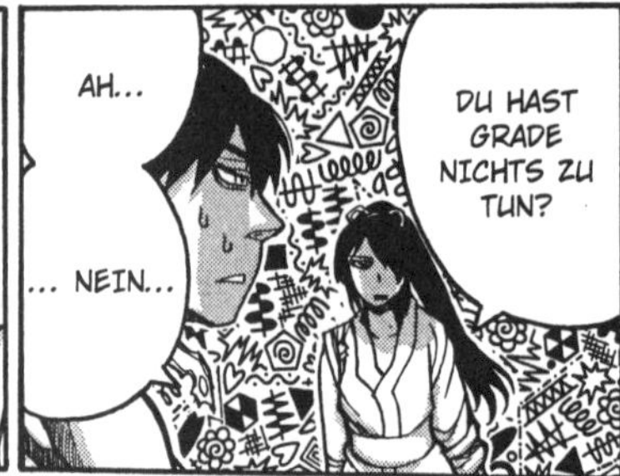

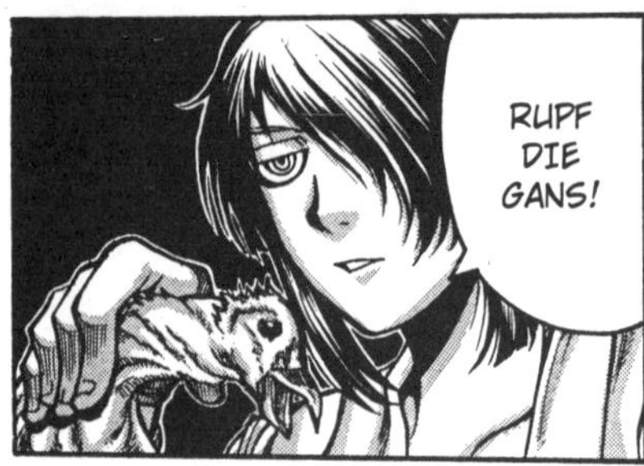

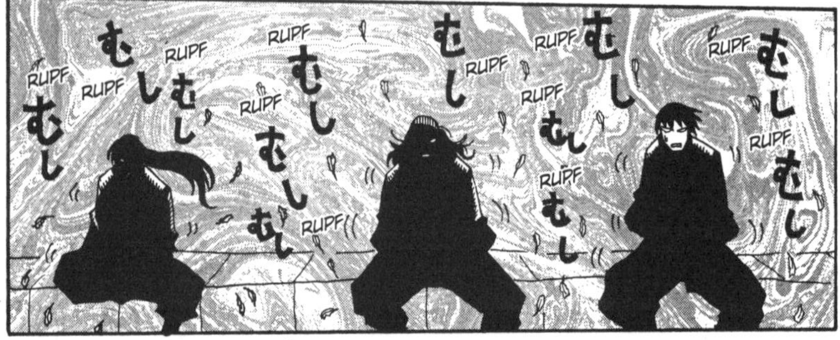

WAS IST DAS DENN JETZT?!

ENDE DES DRITTEN KAPITELS

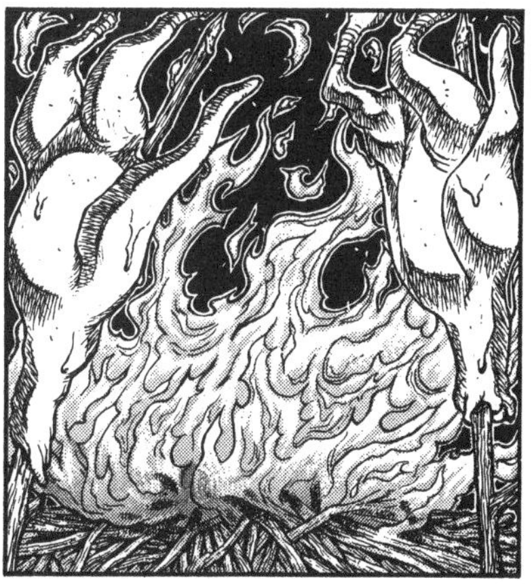
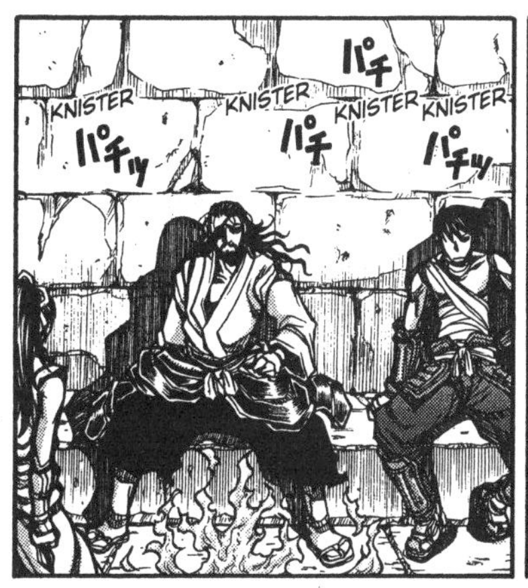
パチ
KNISTER
パチッ
KNISTER
パチ
KNISTER
パチッ
KNISTER
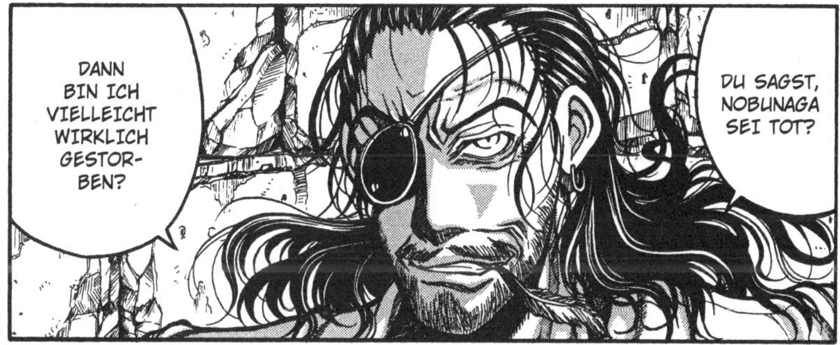
DU SAGST, NOBUNAGA SEI TOT?
DANN BIN ICH VIELLEICHT WIRKLICH GESTORBEN?
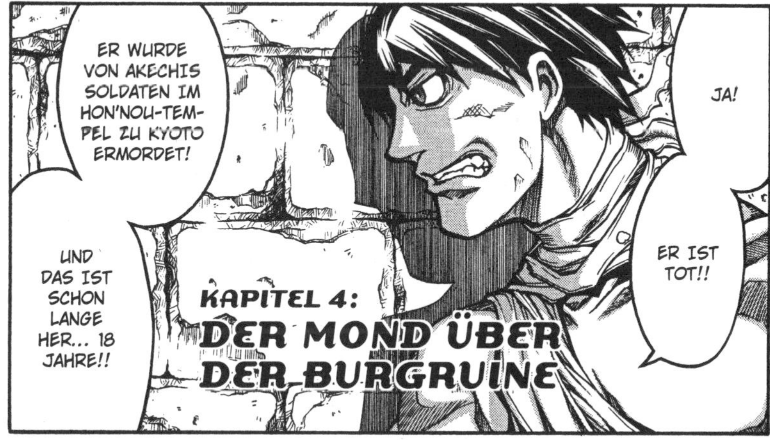
JA!
ER IST TOT!!
ER WURDE VON AKECHIS SOLDATEN IM HON'NOU-TEMPEL ZU KYOTO ERMORDET!
UND DAS IST SCHON LANGE HER… 18 JAHRE!!
KAPITEL 4:
DER MOND ÜBER DER BURGRUINE

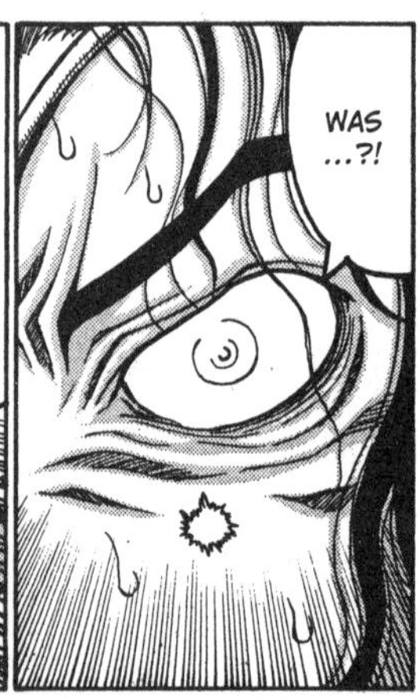
WAS ...?!

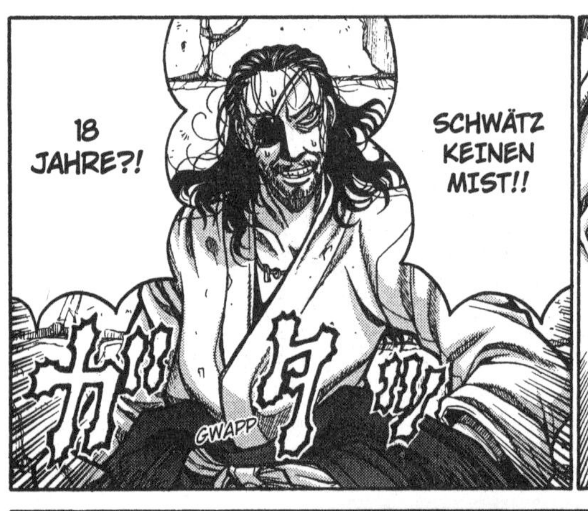
SCHWÄTZ KEINEN MIST!!
18 JAHRE?!
GWAPP

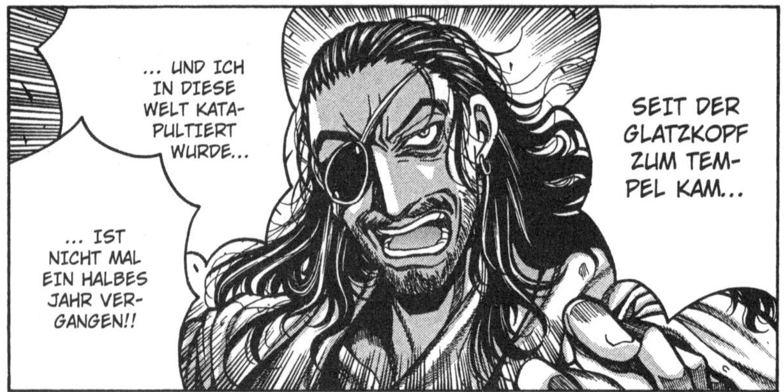
SEIT DER GLATZKOPF ZUM TEMPEL KAM...
... UND ICH IN DIESE WELT KATAPULTIERT WURDE...
... IST NICHT MAL EIN HALBES JAHR VERGANGEN!!

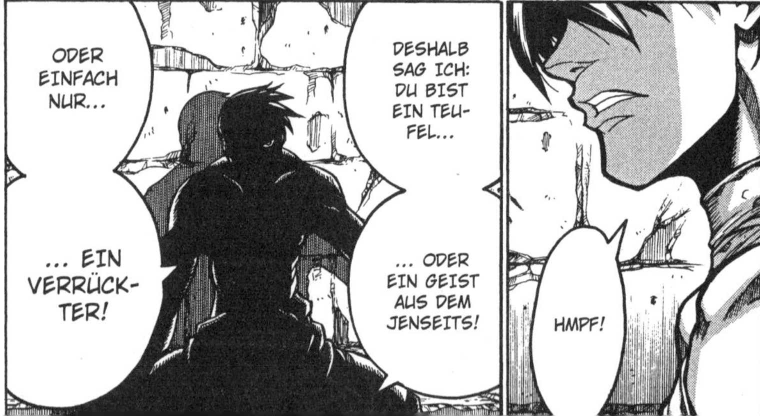
HMPF!
DESHALB SAG ICH: DU BIST EIN TEUFEL...
... ODER EIN GEIST AUS DEM JENSEITS!
ODER EINFACH NUR...
... EIN VERRÜCKTER!

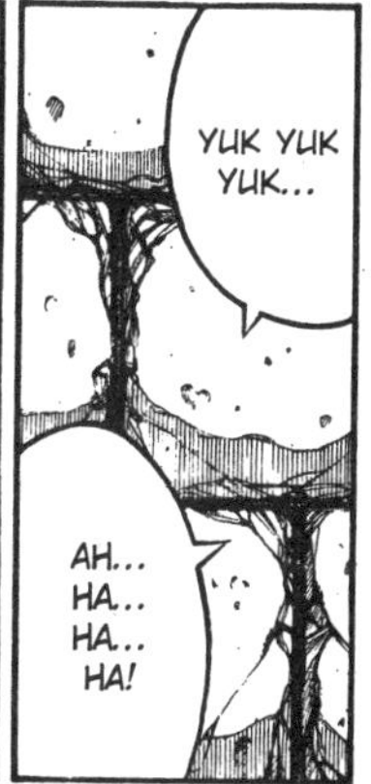
YUK YUK YUK...
AH... HA... HA... HA!

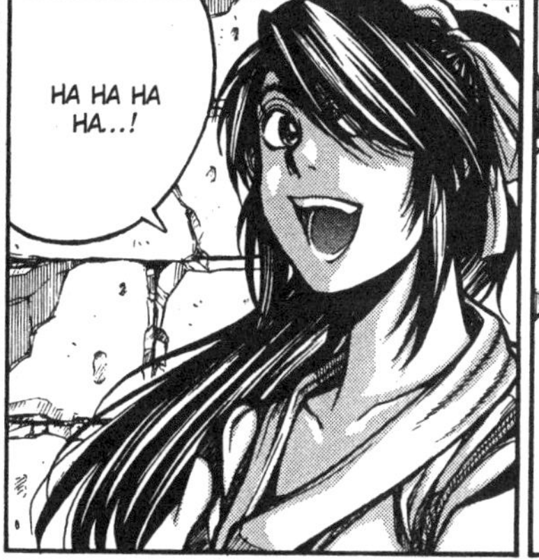
HA HA HA HA...!

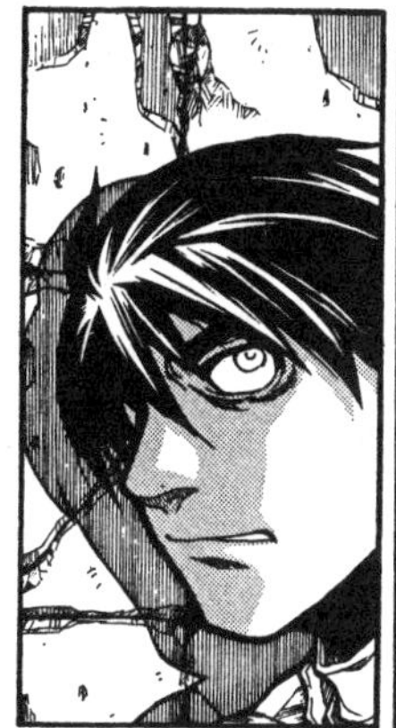

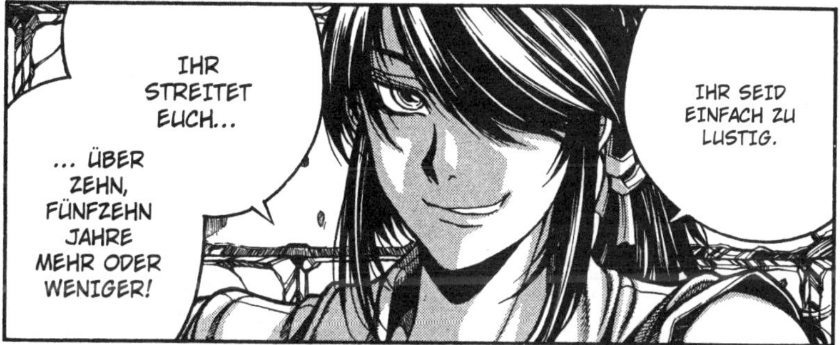
IHR SEID EINFACH ZU LUSTIG.
IHR STREITET EUCH...
... ÜBER ZEHN, FÜNFZEHN JAHRE MEHR ODER WENIGER!

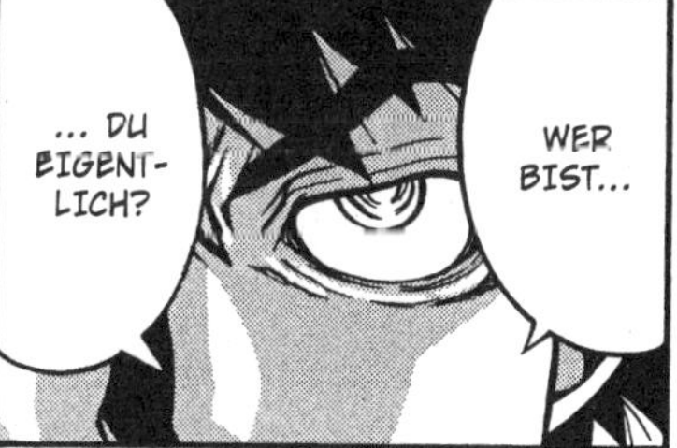
WER BIST...
... DU EIGENT-LICH?

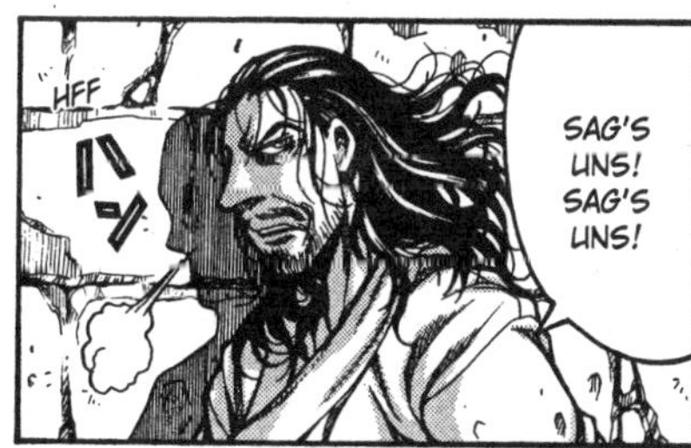
SAG'S UNS! SAG'S UNS!
HFF

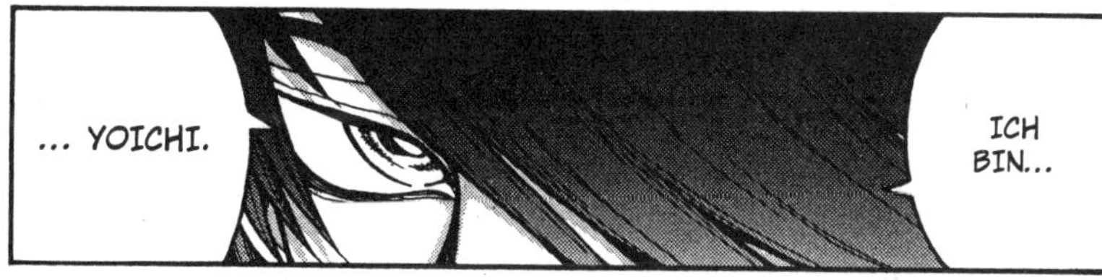
ICH BIN...
... YOICHI.

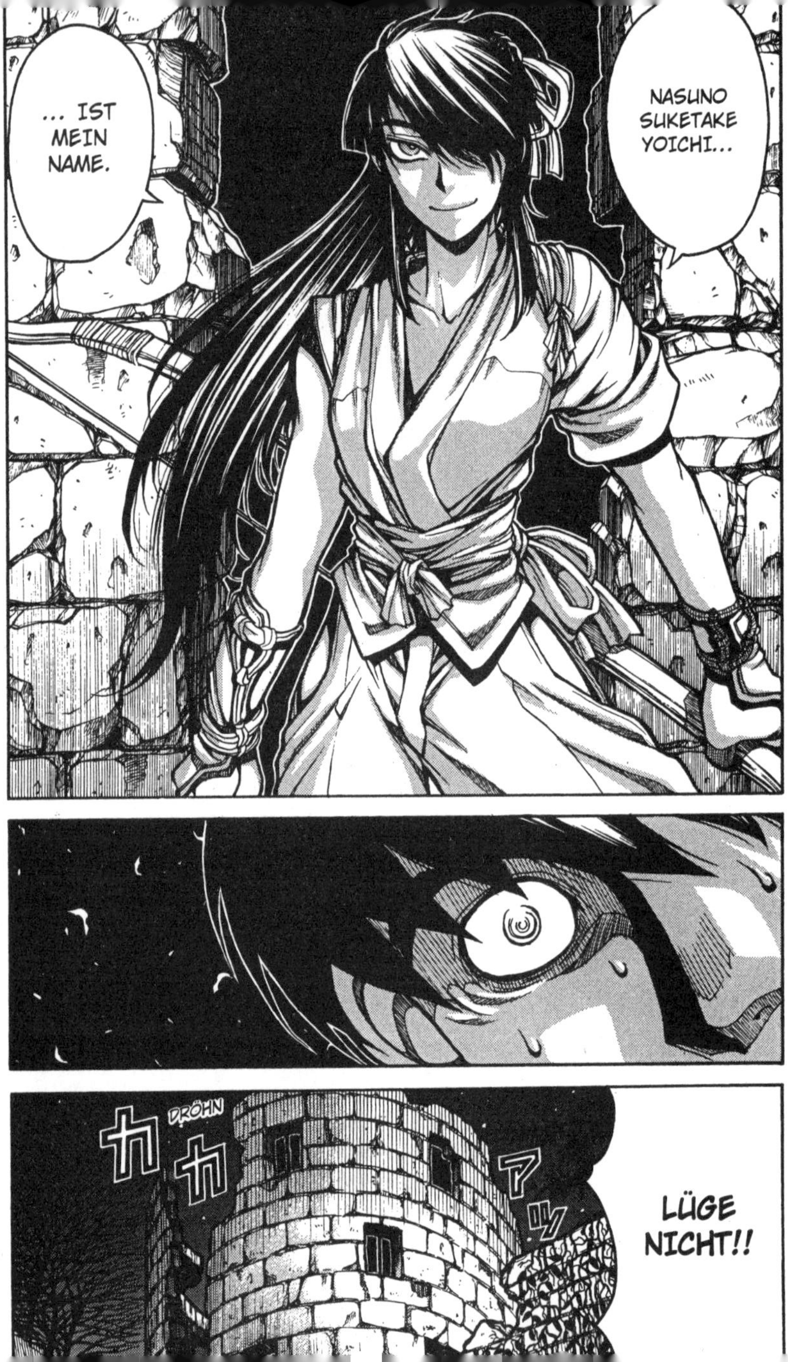

NASUNO SUKETAKE YOICHI...

... IST MEIN NAME.

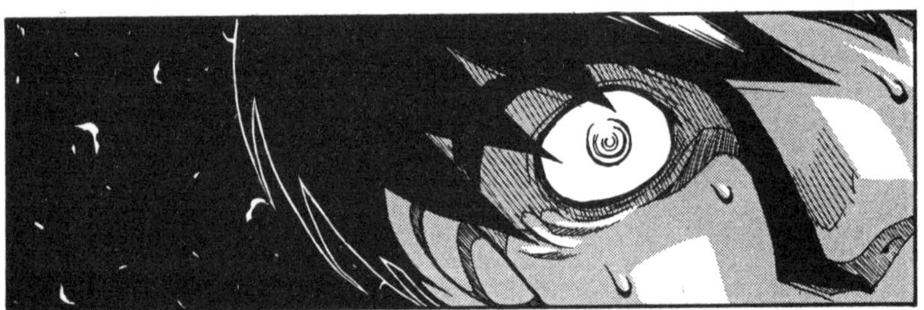

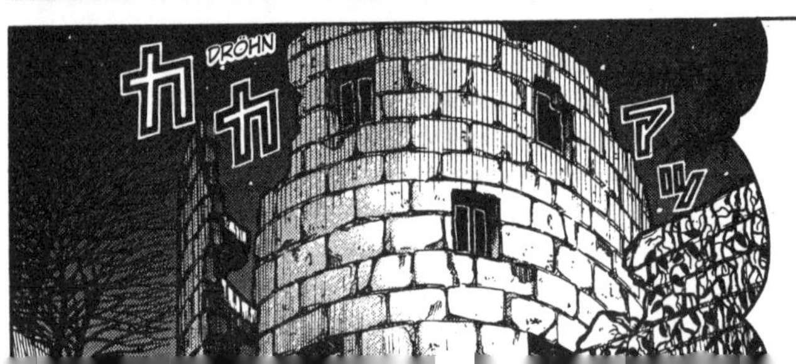

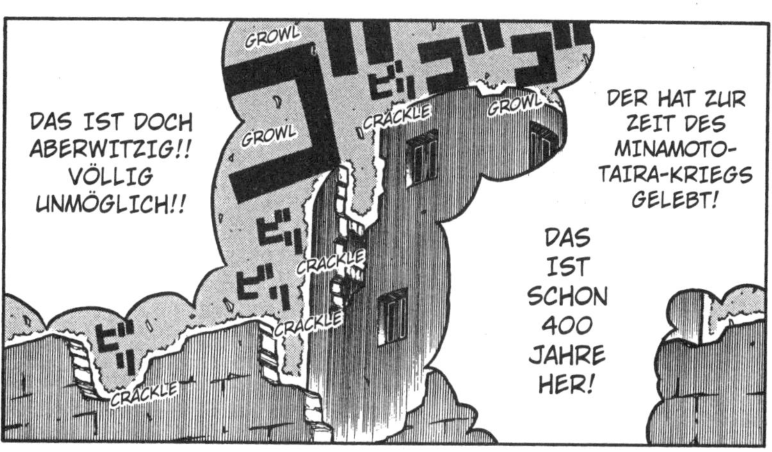
DER HAT ZUR ZEIT DES MINAMOTO-TAIRA-KRIEGS GELEBT!
DAS IST SCHON 400 JAHRE HER!
GROWL
GROWL
CRACKLE
GROWL
CRACKLE
CRACKLE
CRACKLE
DAS IST DOCH ABERWITZIG!! VÖLLIG UNMÖGLICH!!

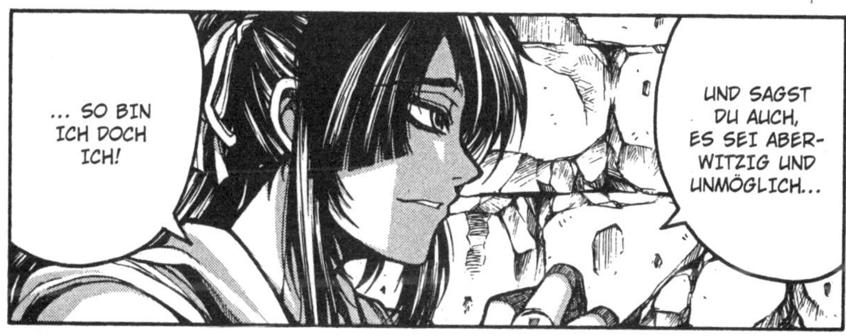
UND SAGST DU AUCH, ES SEI ABER-WITZIG UND UNMÖGLICH...
... SO BIN ICH DOCH ICH!

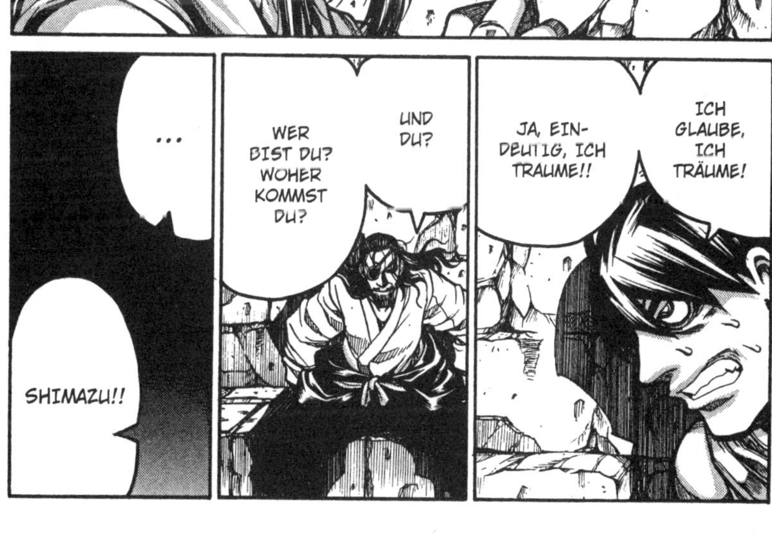
ICH GLAUBE, ICH TRÄUME!
JA, EIN-DEUTIG, ICH TRÄUME!!
UND DU?
WER BIST DU? WOHER KOMMST DU?
...
SHIMAZU!!

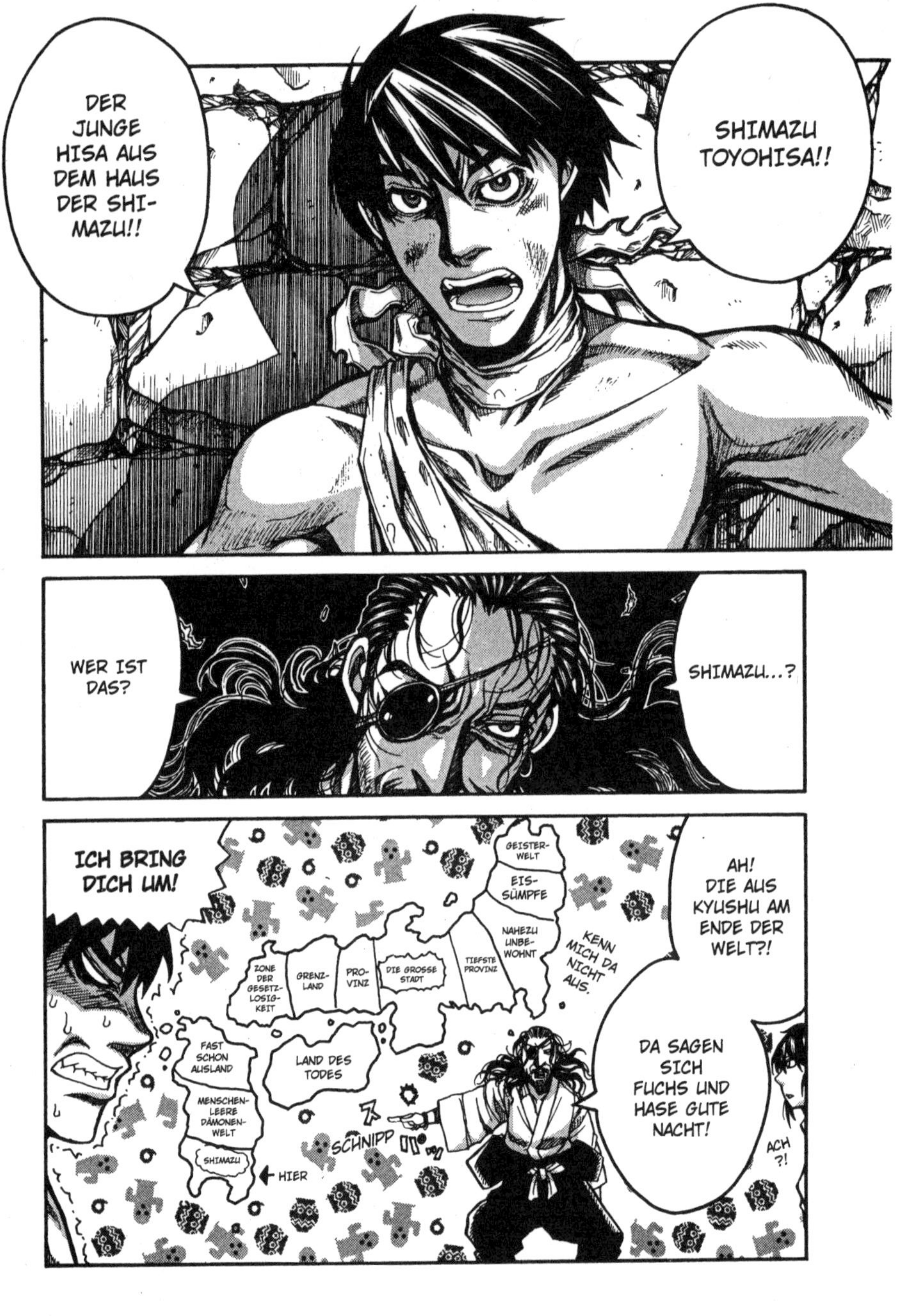

SHIMAZU TOYOHISA!!

DER JUNGE HISA AUS DEM HAUS DER SHIMAZU!!

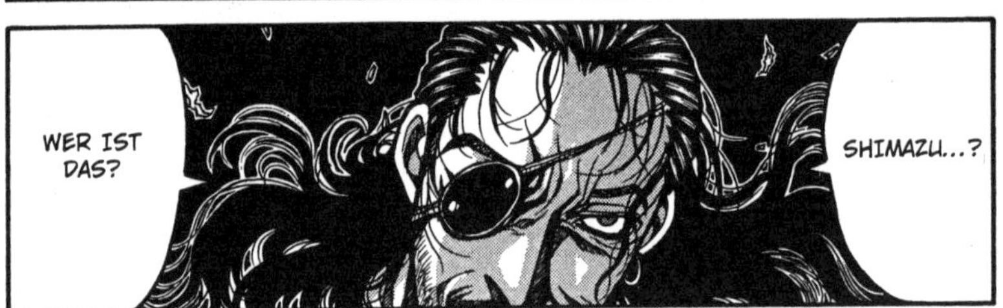

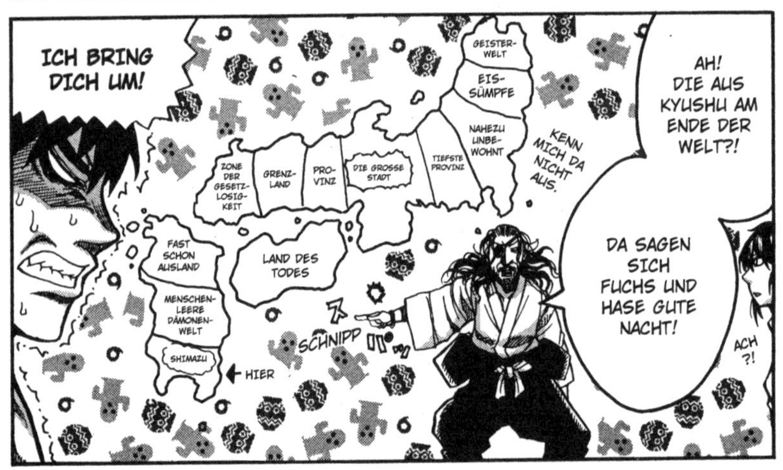

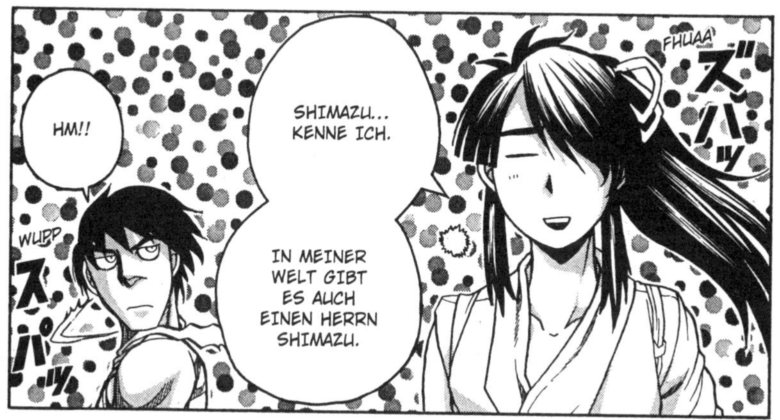
FHUAA
SHIMAZU... KENNE ICH.
IN MEINER WELT GIBT ES AUCH EINEN HERRN SHIMAZU.
HM!!
WUPP
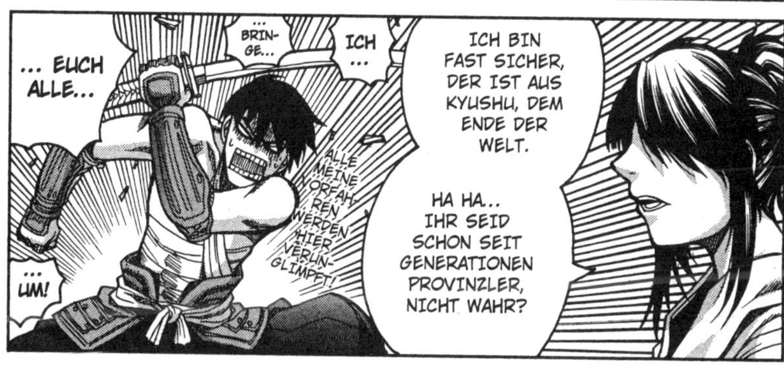
ICH BIN FAST SICHER, DER IST AUS KYUSHU, DEM ENDE DER WELT.
HA HA... IHR SEID SCHON SEIT GENERATIONEN PROVINZLER, NICHT WAHR?
ICH ...
... BRIN-GE...
... EUCH ALLE...
... UM!
ALLE MEINE VORFAH-REN WERDEN HIER VERUN-GLIMPFT!
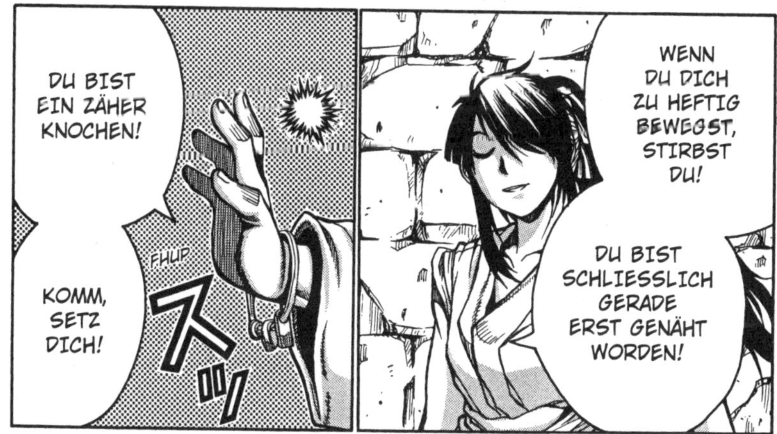
WENN DU DICH ZU HEFTIG BEWEGST, STIRBST DU!
DU BIST SCHLIESSLICH GERADE ERST GENÄHT WORDEN!
DU BIST EIN ZÄHER KNOCHEN!
KOMM, SETZ DICH!
FHUP

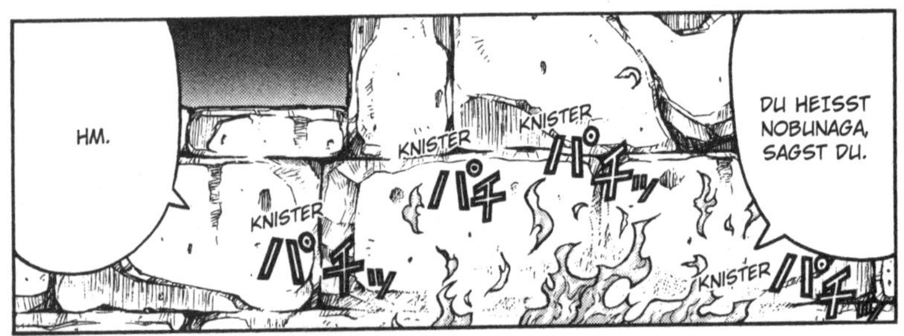
DU HEISST NOBUNAGA, SAGST DU.
KNISTER
KNISTER
KNISTER
KNISTER
HM.

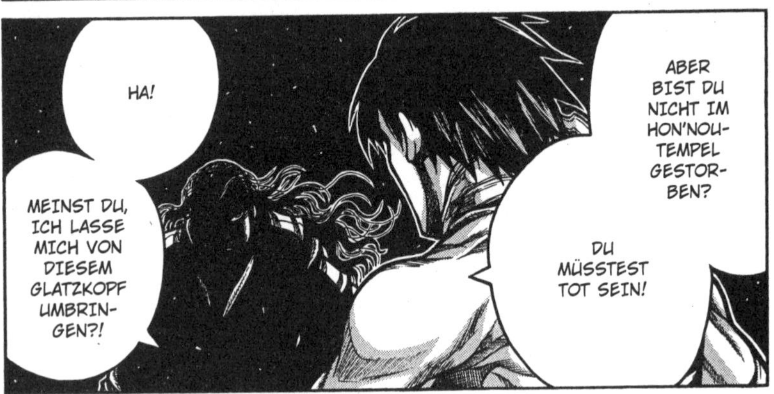
ABER BIST DU NICHT IM HON'NOU-TEMPEL GESTORBEN?
DU MÜSSTEST TOT SEIN!
HA!
MEINST DU, ICH LASSE MICH VON DIESEM GLATZKOPF UMBRINGEN?!

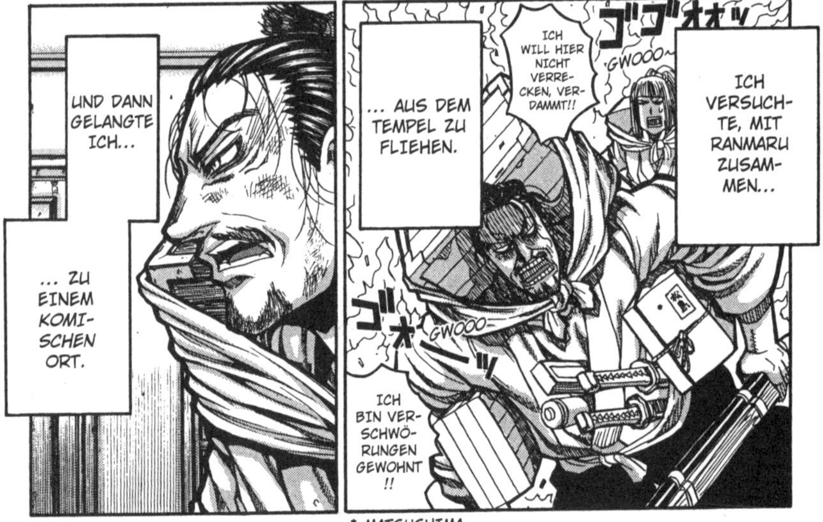
ICH VERSUCHTE, MIT RANMARU ZUSAMMEN...
GWOOO
ICH WILL HIER NICHT VERRECKEN, VERDAMMT!!
... AUS DEM TEMPEL ZU FLIEHEN.
GWOOO
ICH BIN VERSCHWÖRUNGEN GEWOHNT!!
UND DANN GELANGTE ICH...
... ZU EINEM KOMISCHEN ORT.

* MATSUSHIMA

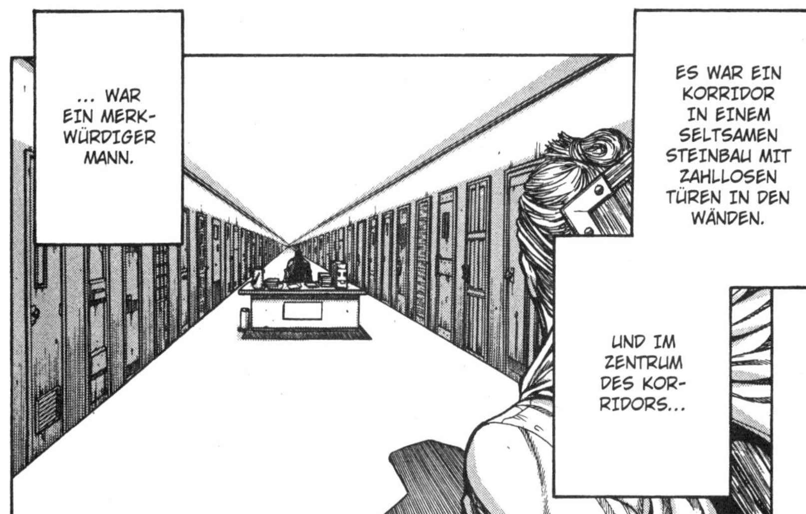
ES WAR EIN KORRIDOR IN EINEM SELTSAMEN STEINBAU MIT ZAHLLOSEN TÜREN IN DEN WÄNDEN.
UND IM ZENTRUM DES KORRIDORS...
... WAR EIN MERKWÜRDIGER MANN.

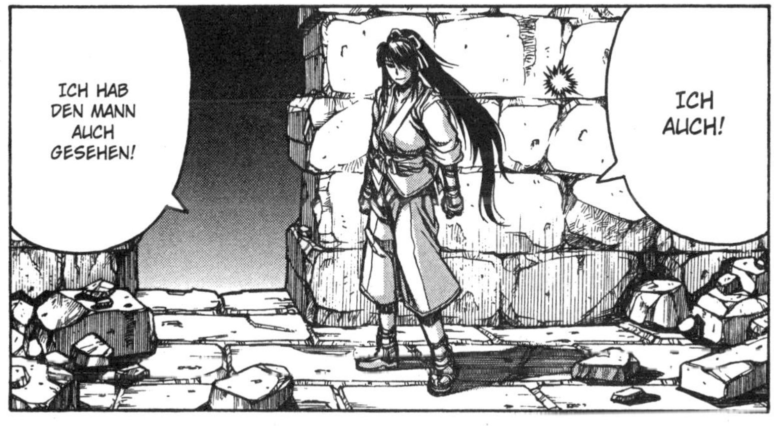
ICH AUCH!
ICH HAB DEN MANN AUCH GESEHEN!

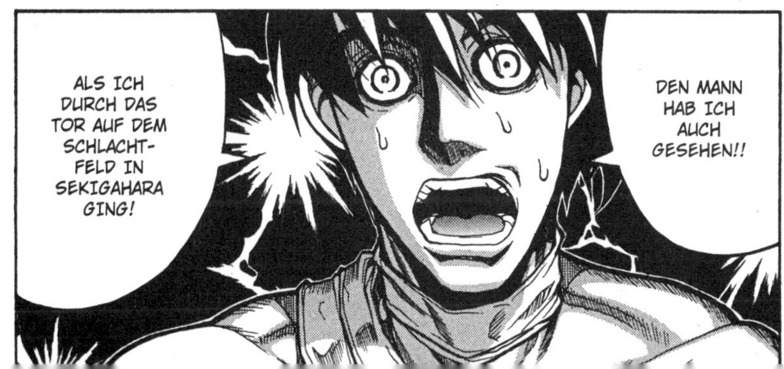
DEN MANN HAB ICH AUCH GESEHEN!!
ALS ICH DURCH DAS TOR AUF DEM SCHLACHTFELD IN SEKIGAHARA GING!

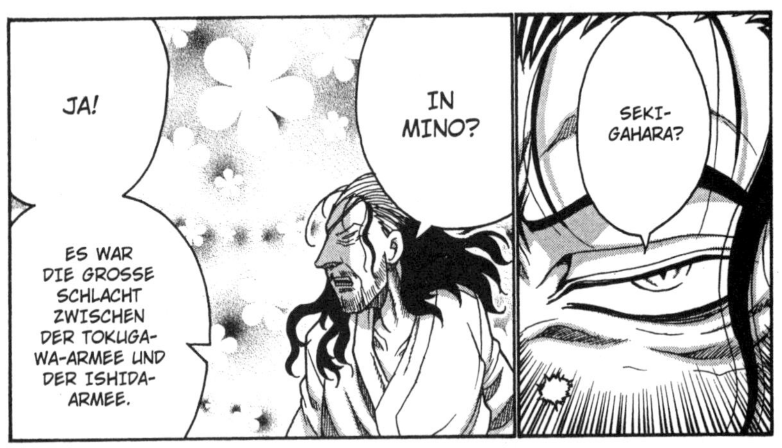
SEKI-GAHARA?
IN MINO?
JA!
ES WAR DIE GROSSE SCHLACHT ZWISCHEN DER TOKUGA-WA-ARMEE UND DER ISHIDA-ARMEE.

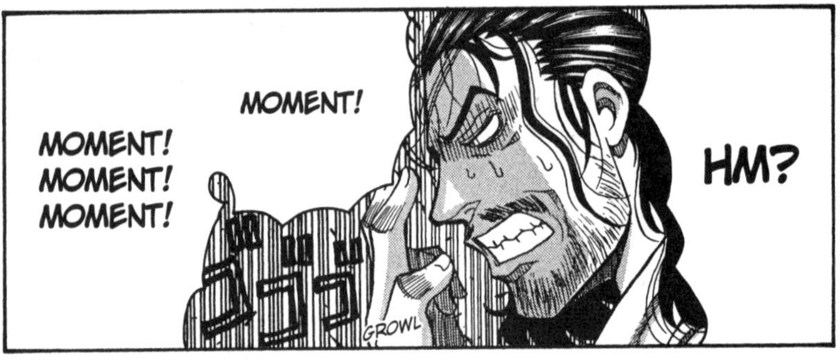
HM?
MOMENT!
MOMENT! MOMENT! MOMENT!
GROWL

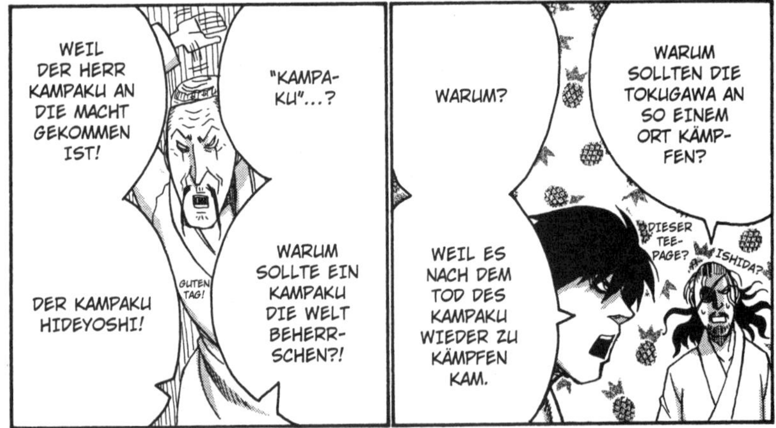
WARUM SOLLTEN DIE TOKUGAWA AN SO EINEM ORT KÄMP-FEN?
WARUM?
DIESER TEE-PAGE?
ISHIDA?
WEIL ES NACH DEM TOD DES KAMPAKU WIEDER ZU KÄMPFEN KAM.
"KAMPA-KU"...?
WEIL DER HERR KAMPAKU AN DIE MACHT GEKOMMEN IST!
WARUM SOLLTE EIN KAMPAKU DIE WELT BEHERR-SCHEN?!
GUTEN TAG!
DER KAMPAKU HIDEYOSHI!

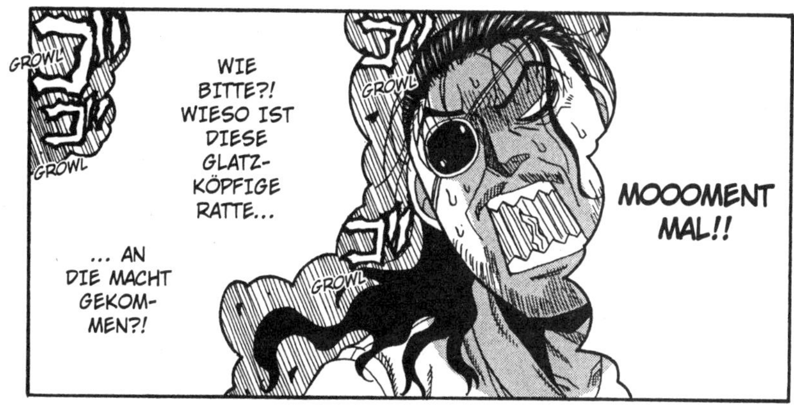

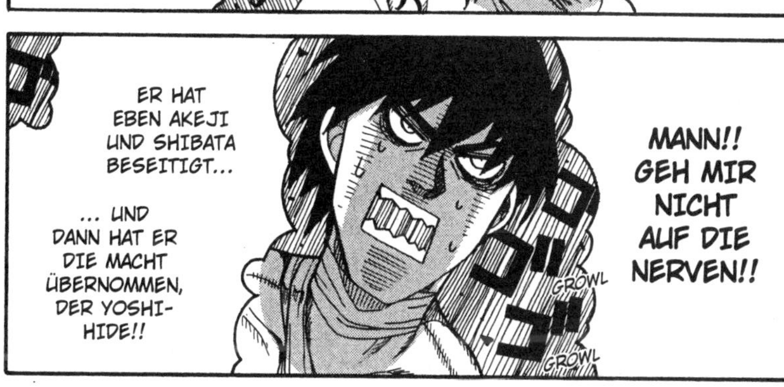

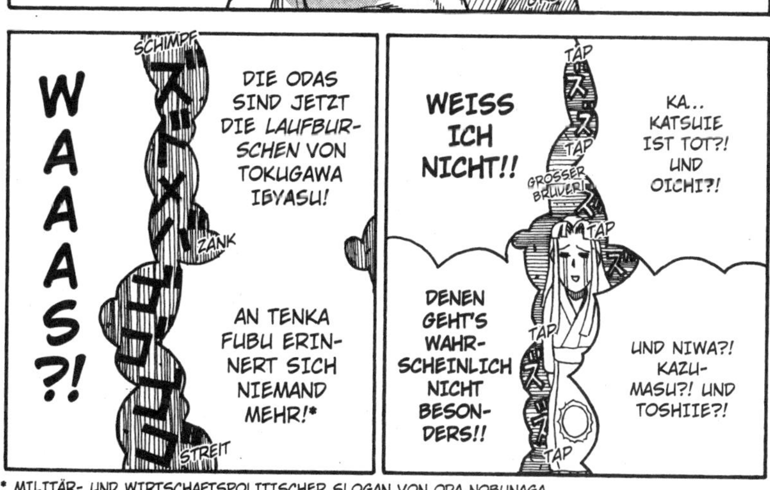

* MILITÄR- UND WIRTSCHAFTSPOLITISCHER SLOGAN VON ODA NOBUNAGA

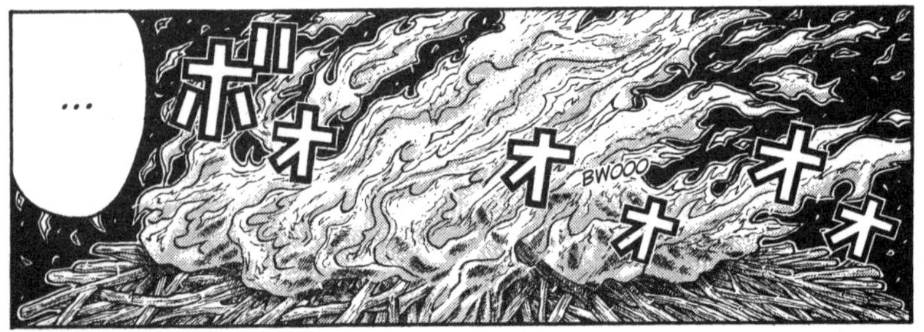
ボオオオオオ
BWOOO
...

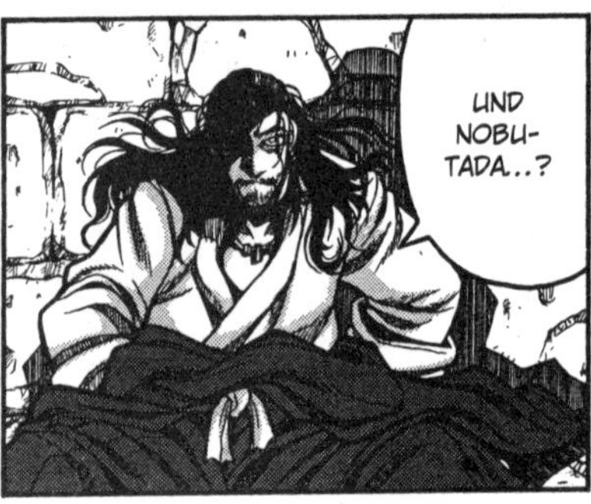
UND NOBU-TADA...?

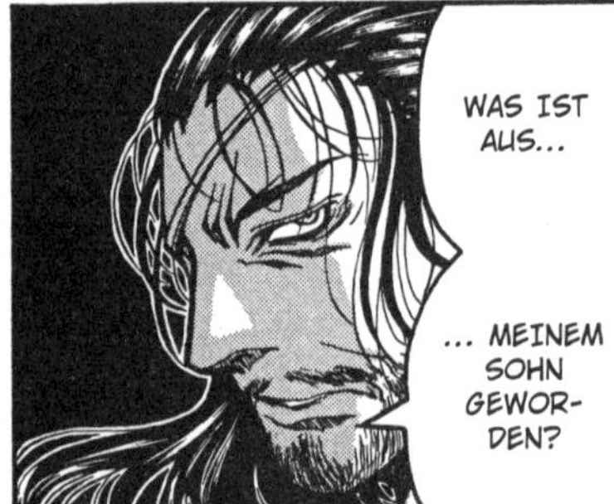
WAS IST AUS...
... MEINEM SOHN GEWOR-DEN?

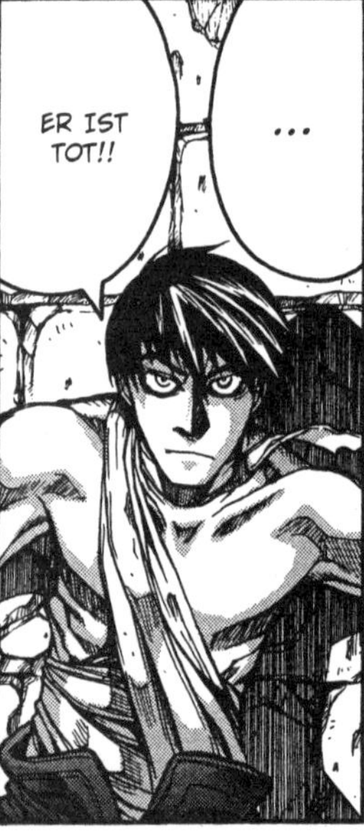
...
ER IST TOT!!

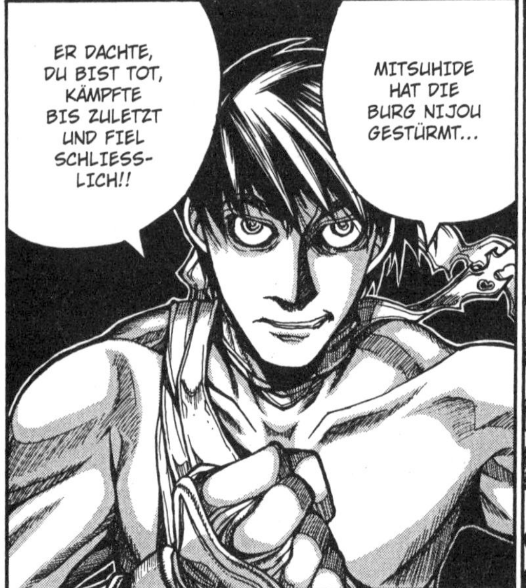
MITSUHIDE HAT DIE BURG NIJOU GESTÜRMT...
ER DACHTE, DU BIST TOT, KÄMPFTE BIS ZULETZT UND FIEL SCHLIESS-LICH!!

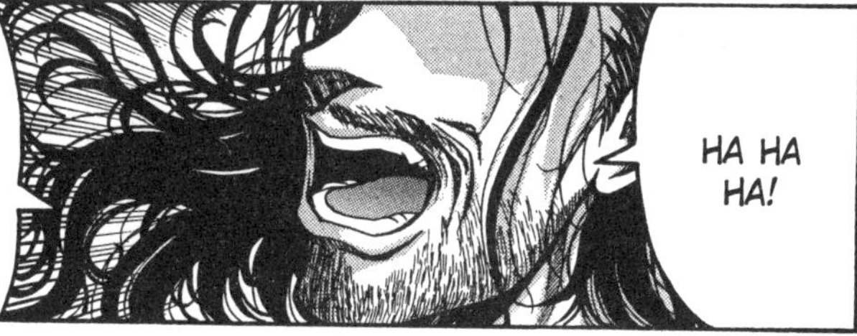
HA HA HA!

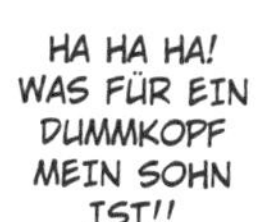
HA HA HA! WAS FÜR EIN DUMMKOPF MEIN SOHN IST!!

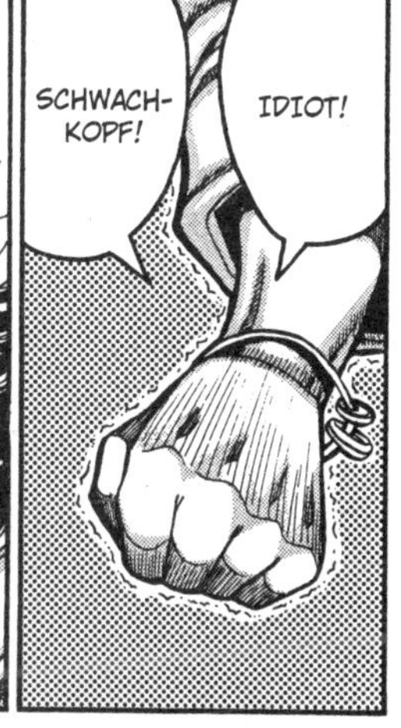
IDIOT!
SCHWACH-KOPF!

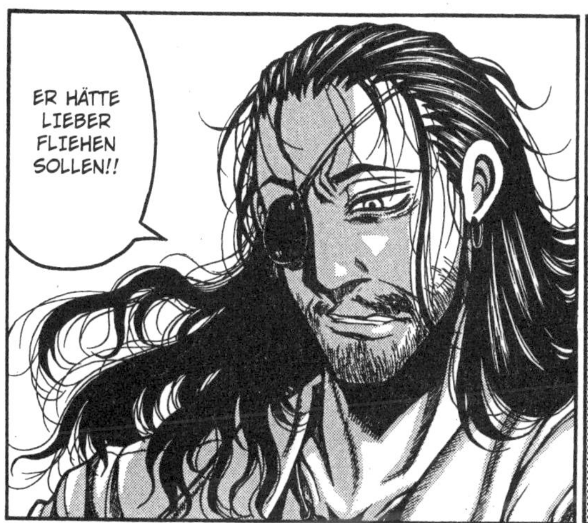
ER HÄTTE LIEBER FLIEHEN SOLLEN!!

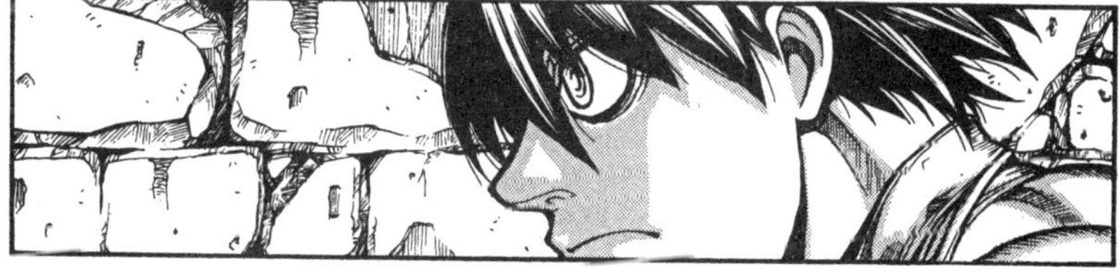

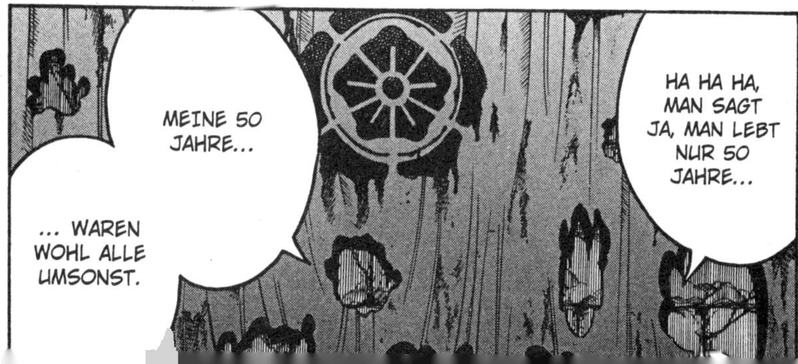
HA HA HA, MAN SAGT JA, MAN LEBT NUR 50 JAHRE...
MEINE 50 JAHRE...
... WAREN WOHL ALLE UMSONST.

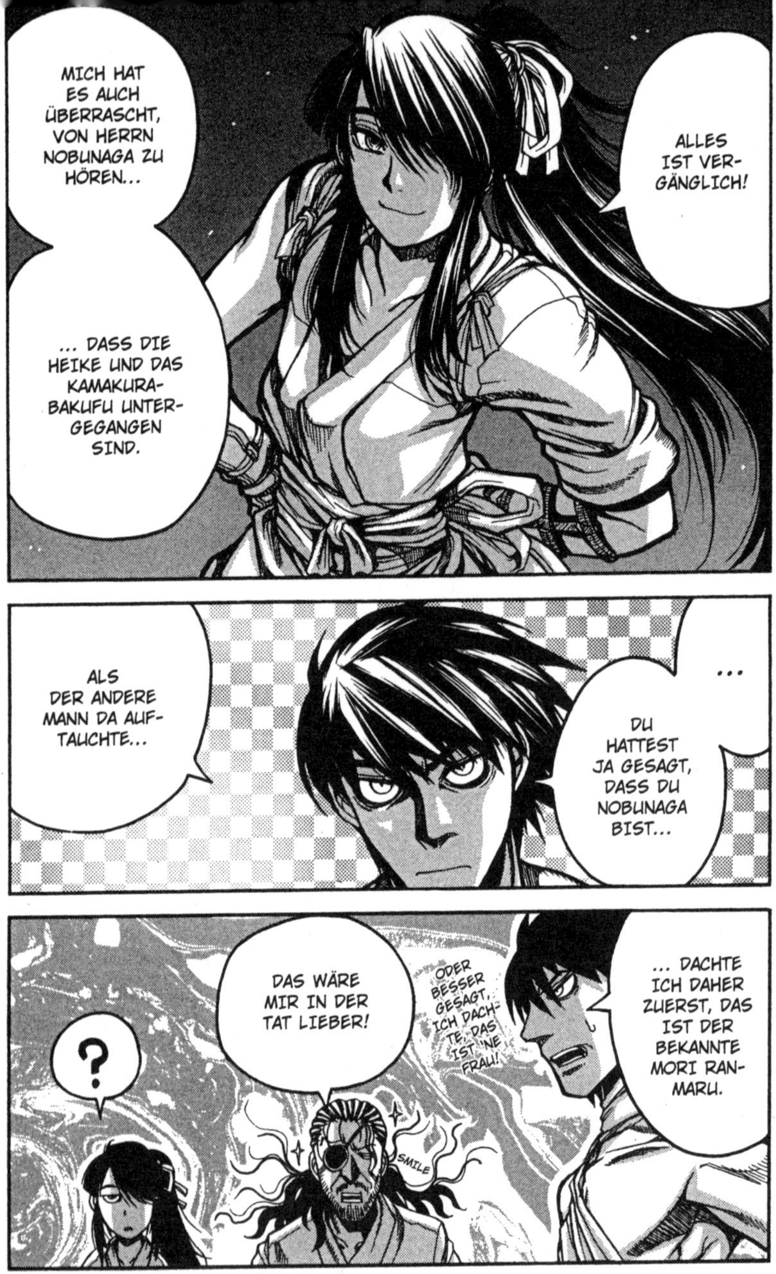

ALLES IST VERGÄNGLICH!

MICH HAT ES AUCH ÜBERRASCHT, VON HERRN NOBUNAGA ZU HÖREN...

... DASS DIE HEIKE UND DAS KAMAKURA-BAKUFU UNTERGEGANGEN SIND.

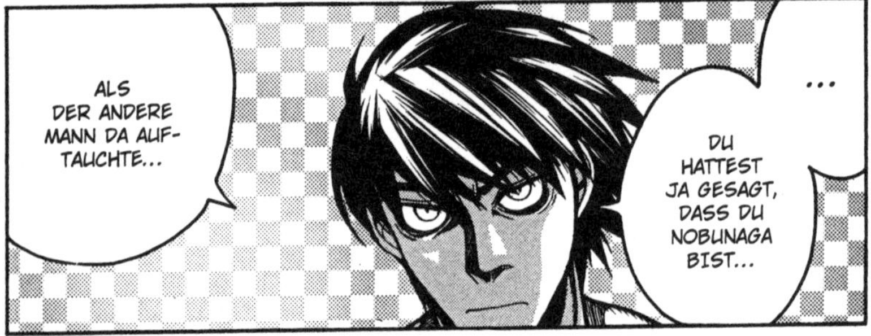

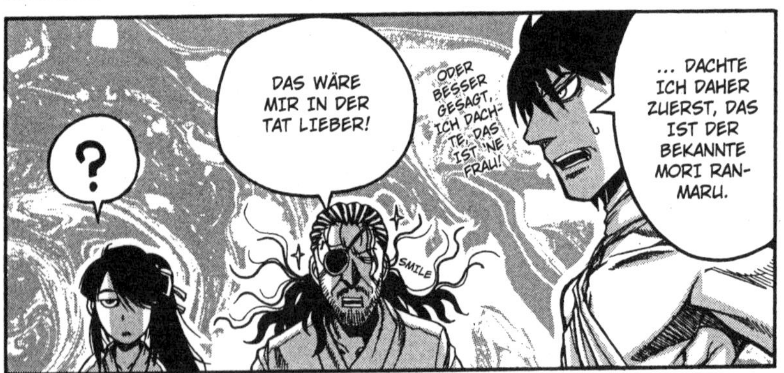

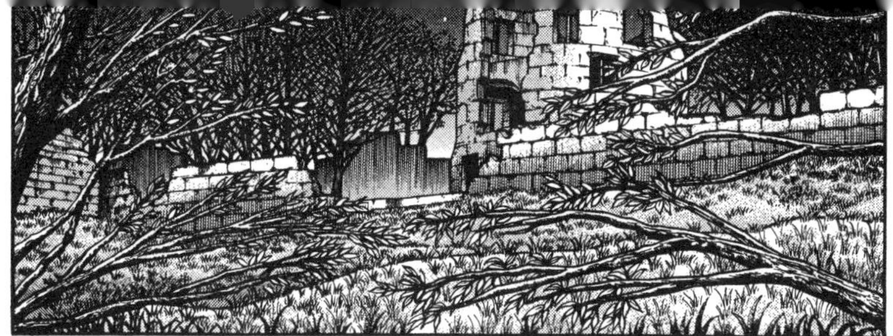

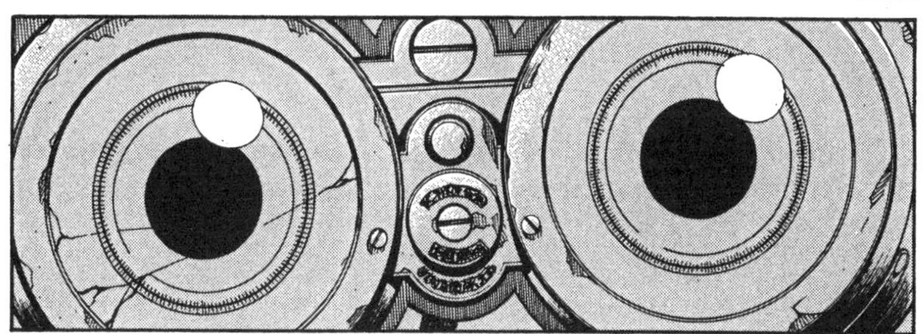

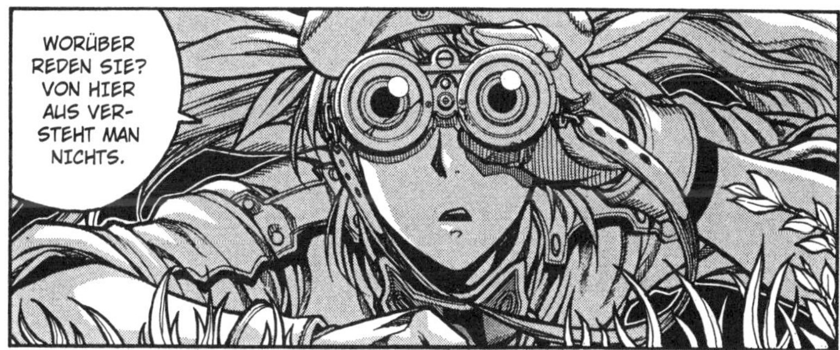
WORÜBER REDEN SIE? VON HIER AUS VER-STEHT MAN NICHTS.

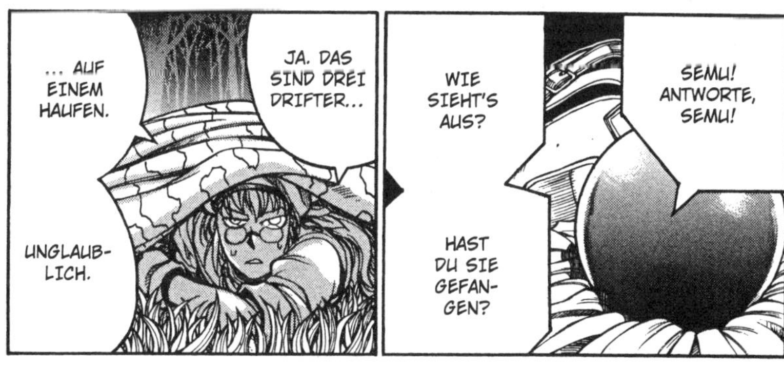
SEMU! ANTWORTE, SEMU!
WIE SIEHT'S AUS?
HAST DU SIE GEFAN-GEN?
JA. DAS SIND DREI DRIFTER…
… AUF EINEM HAUFEN.
UNGLAUB-LICH.

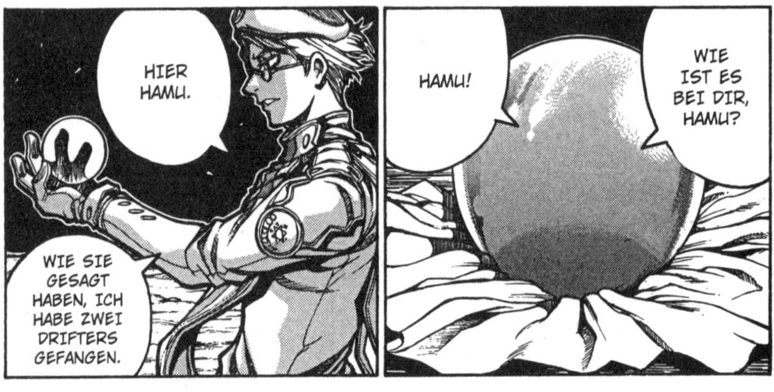
WIE IST ES BEI DIR, HAMU?
HAMU!
HIER HAMU.
WIE SIE GESAGT HABEN, ICH HABE ZWEI DRIFTERS GEFANGEN.

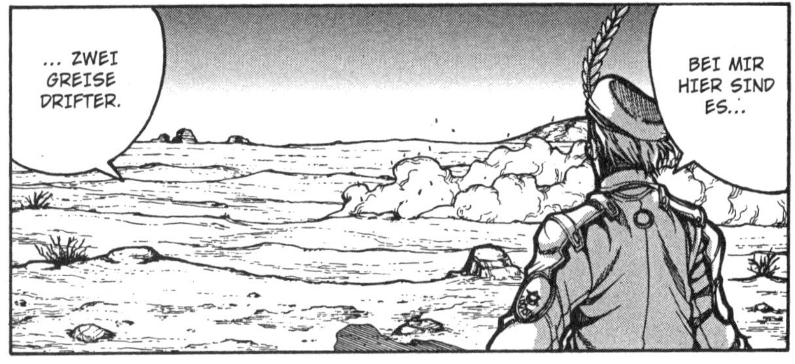
BEI MIR HIER SIND ES...
... ZWEI GREISE DRIFTER.

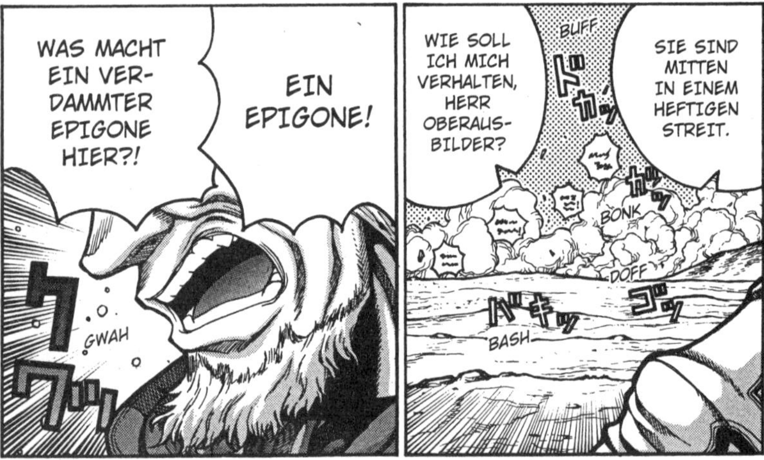
SIE SIND MITTEN IN EINEM HEFTIGEN STREIT.
WIE SOLL ICH MICH VERHALTEN, HERR OBERAUS-BILDER?
BUFF
BONK
DOFF
BASH
EIN EPIGONE!
WAS MACHT EIN VER-DAMMTER EPIGONE HIER?!
GWAH

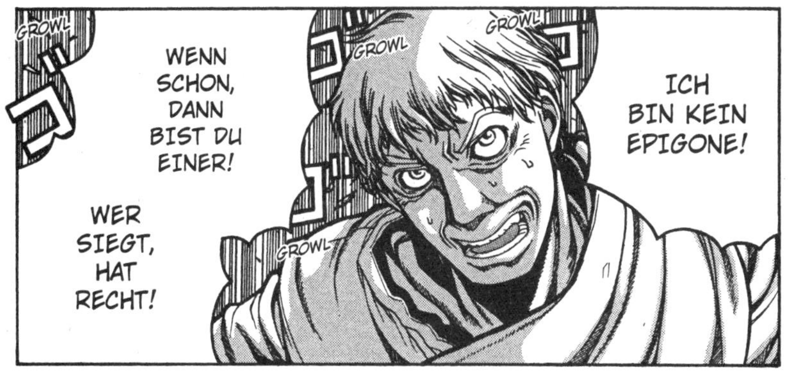
GROWL
ICH BIN KEIN EPIGONE!
GROWL
GROWL
WENN SCHON, DANN BIST DU EINER!
WER SIEGT, HAT RECHT!
GROWL

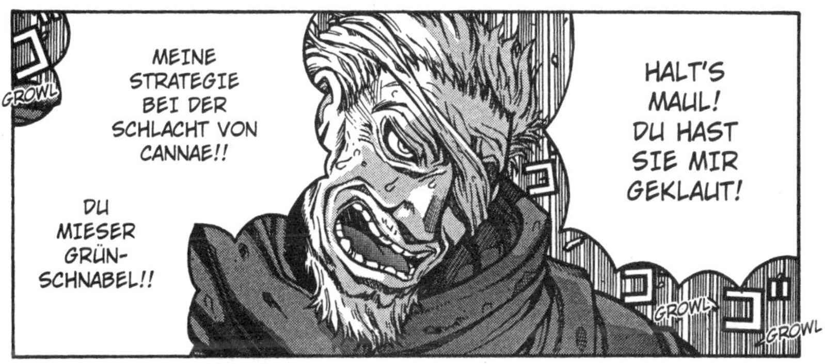
HALT'S MAUL! DU HAST SIE MIR GEKLAUT!
MEINE STRATEGIE BEI DER SCHLACHT VON CANNAE!!
GROWL
DU MIESER GRÜN-SCHNABEL!!
GROWL
GROWL

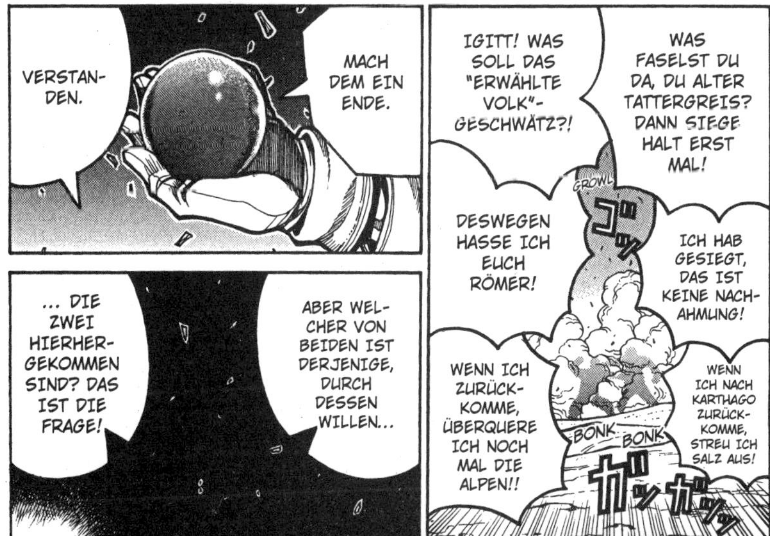
WAS FASELST DU DA, DU ALTER TATTERGREIS? DANN SIEGE HALT ERST MAL!
IGITT! WAS SOLL DAS "ERWÄHLTE VOLK"-GESCHWÄTZ?!
GROWL
ICH HAB GESIEGT, DAS IST KEINE NACH-AHMUNG!
DESWEGEN HASSE ICH EUCH RÖMER!
WENN ICH NACH KARTHAGO ZURÜCK-KOMME, STREU ICH SALZ AUS!
WENN ICH ZURÜCK-KOMME, ÜBERQUERE ICH NOCH MAL DIE ALPEN!!
BONK
BONK
MACH DEM EIN ENDE.
VERSTAN-DEN.
ABER WEL-CHER VON BEIDEN IST DERJENIGE, DURCH DESSEN WILLEN...
... DIE ZWEI HIERHER-GEKOMMEN SIND? DAS IST DIE FRAGE!

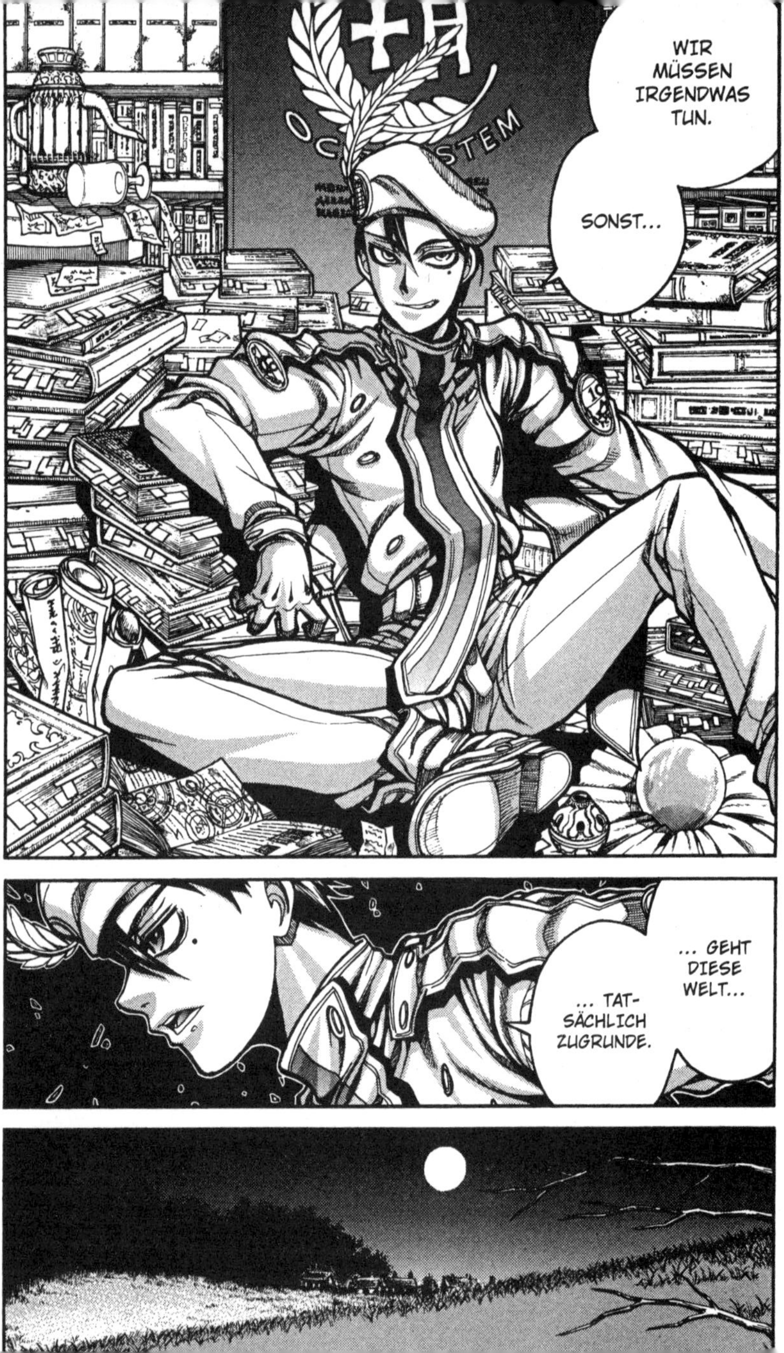

WIR MÜSSEN IRGENDWAS TUN.

SONST...

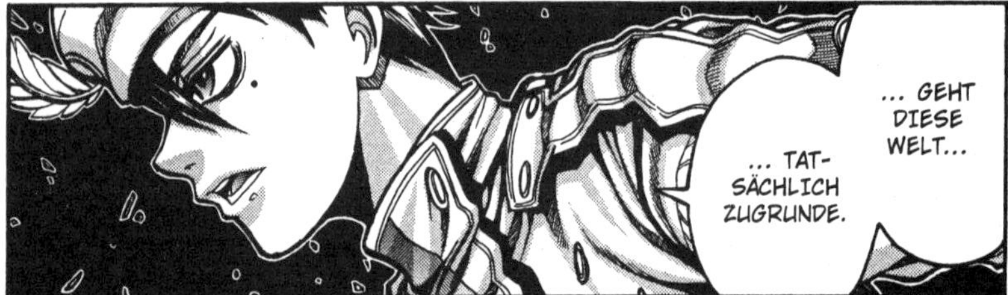

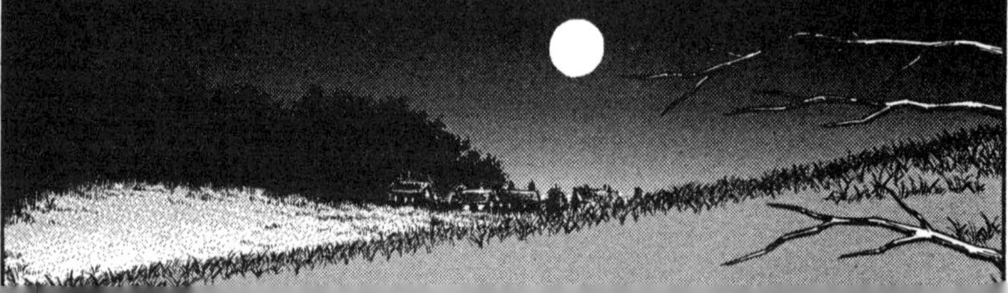

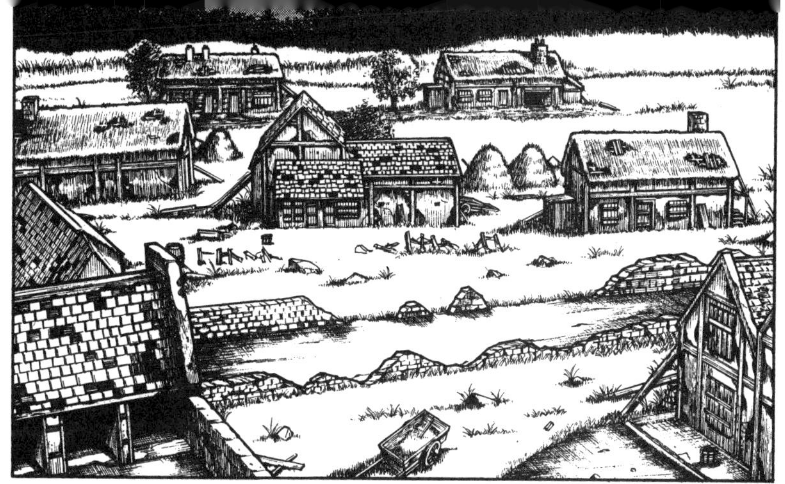
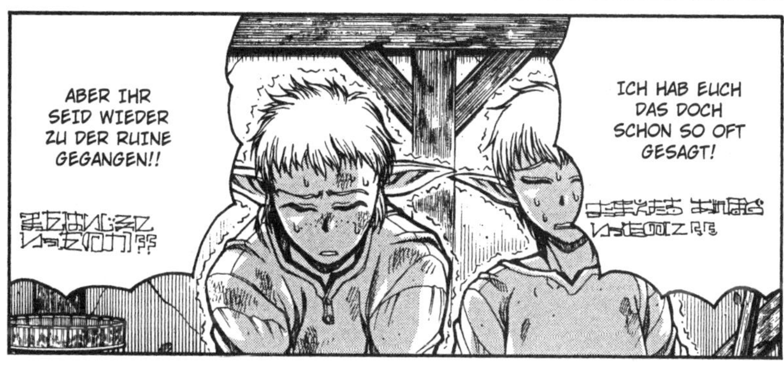
ICH HAB EUCH DAS DOCH SCHON SO OFT GESAGT!
ABER IHR SEID WIEDER ZU DER RUINE GEGANGEN!!
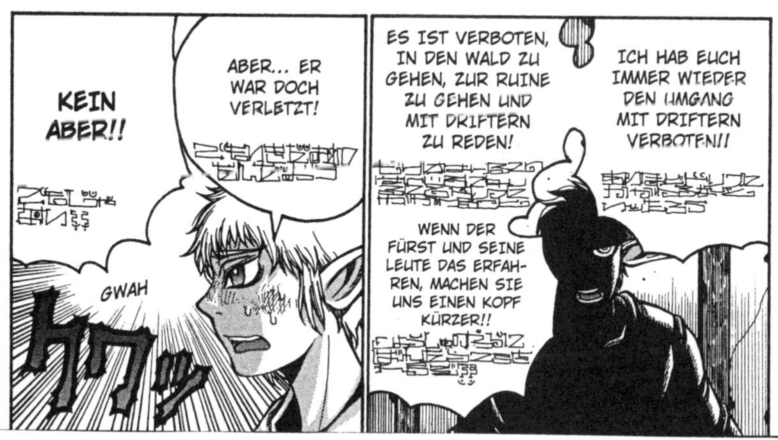
ICH HAB EUCH IMMER WIEDER DEN UMGANG MIT DRIFTERN VERBOTEN!!
ES IST VERBOTEN, IN DEN WALD ZU GEHEN, ZUR RUINE ZU GEHEN UND MIT DRIFTERN ZU REDEN!
WENN DER FÜRST UND SEINE LEUTE DAS ERFAHREN, MACHEN SIE UNS EINEN KOPF KÜRZER!!
ABER... ER WAR DOCH VERLETZT!
KEIN ABER!!
GWAH

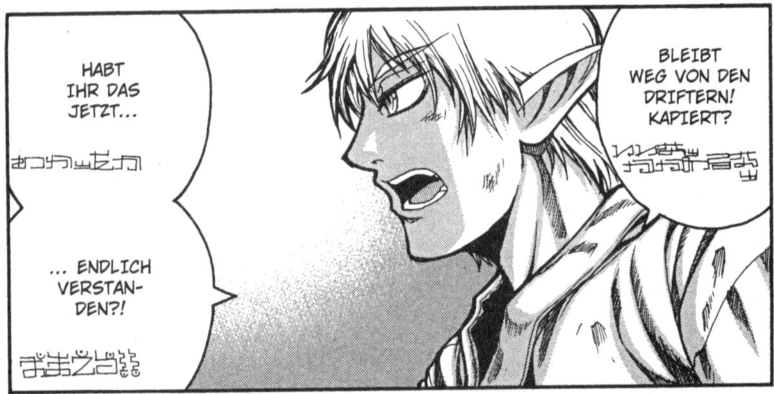
BLEIBT WEG VON DEN DRIFTERN! KAPIERT?
HABT IHR DAS JETZT...
... ENDLICH VERSTAN-DEN?!

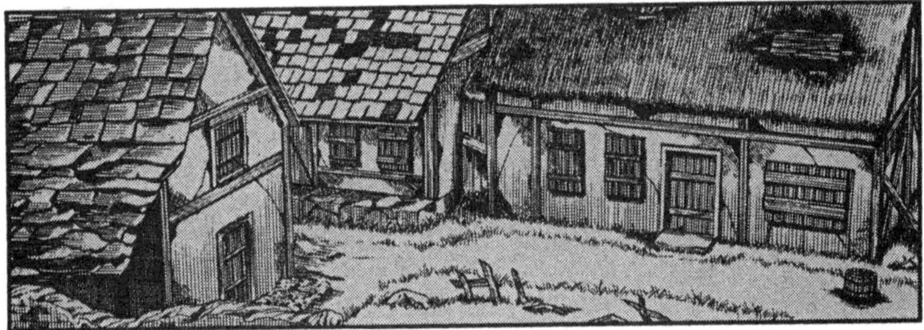

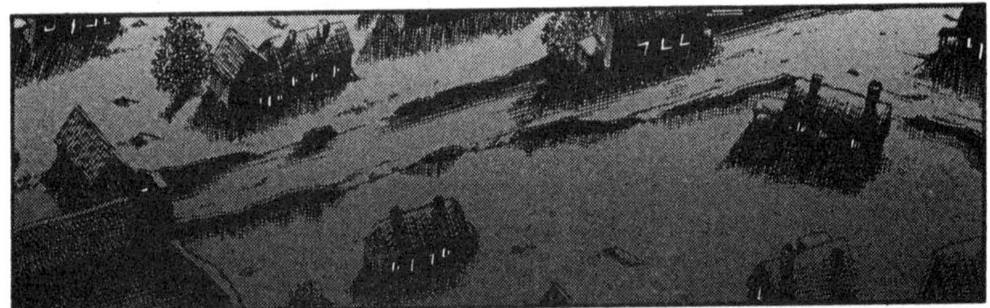

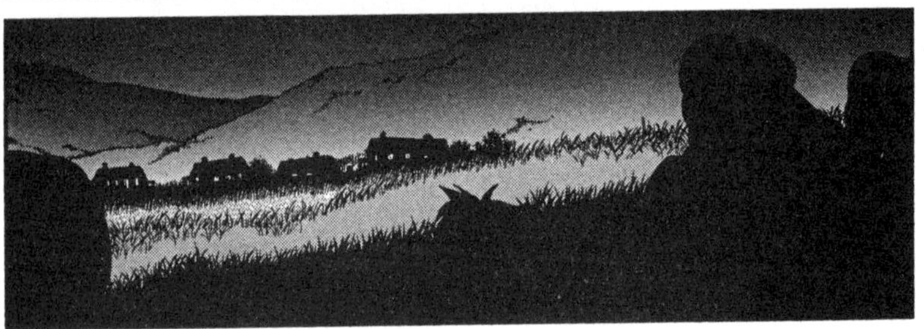

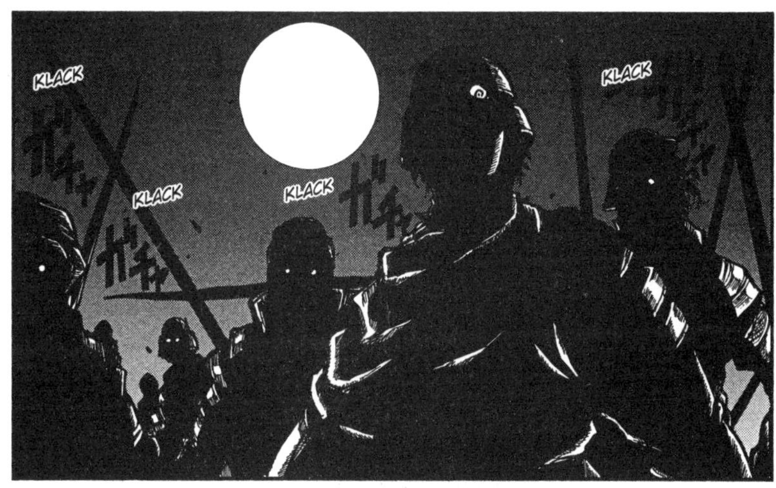
KLACK
KLACK
KLACK
KLACK

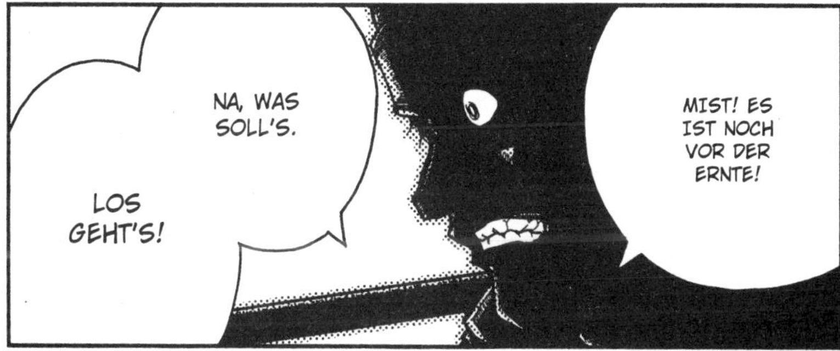
MIST! ES IST NOCH VOR DER ERNTE!
NA, WAS SOLL'S.
LOS GEHT'S!

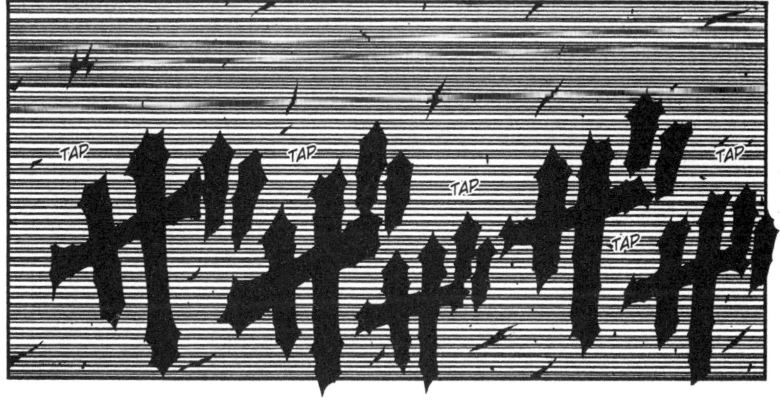
TAP
TAP
TAP
TAP
TAP

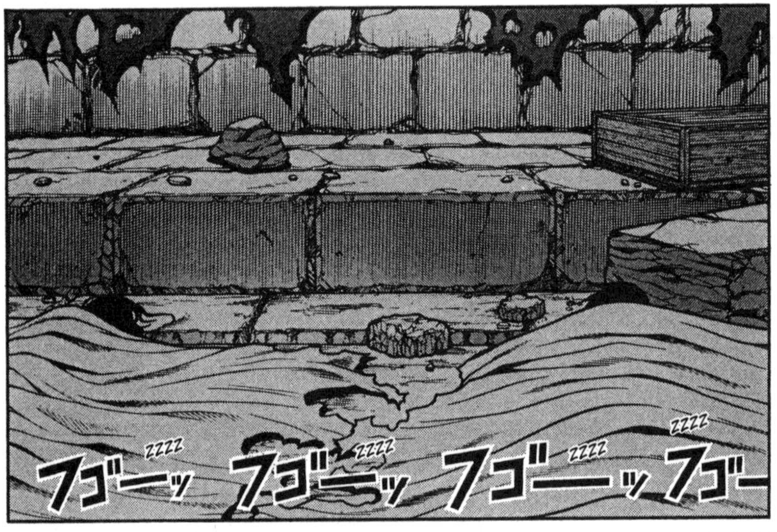

ZZZZ
フゴーッ
ZZZZ
フゴーッ
ZZZZ
フゴーッ
ZZZZ
フゴー

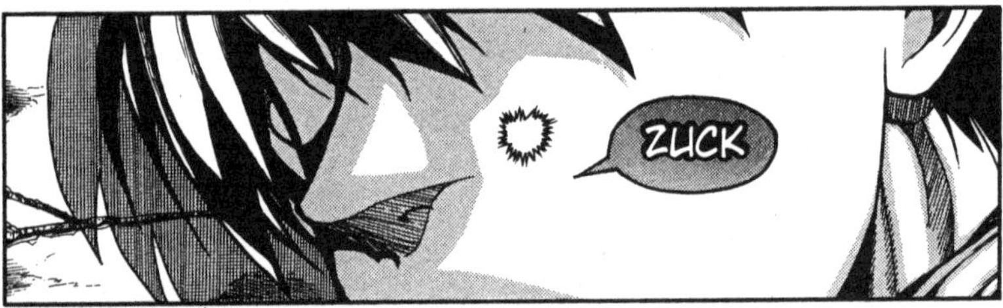

ZUCK

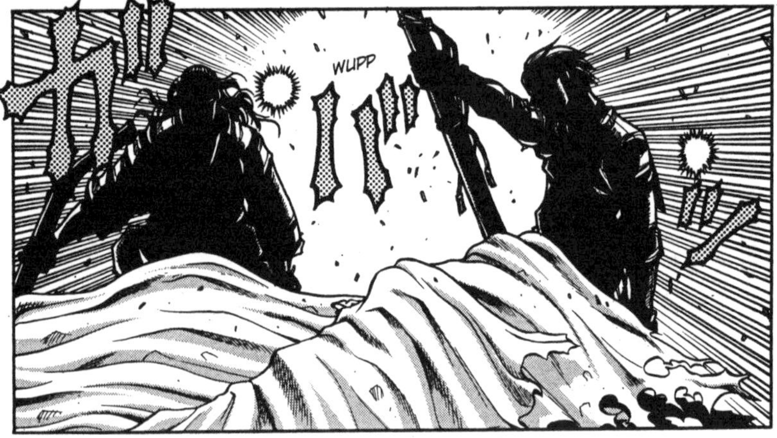

WUPP

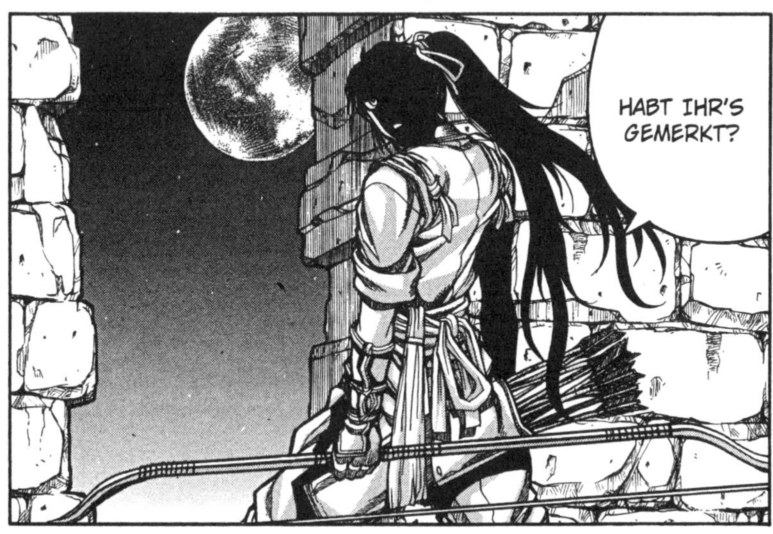
HABT IHR'S GEMERKT?

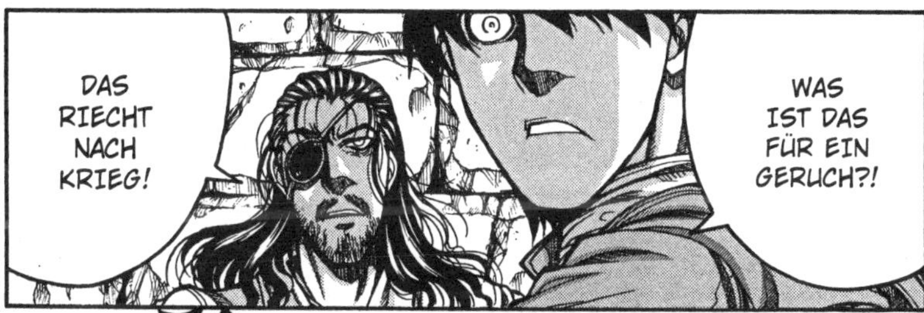
WAS IST DAS FÜR EIN GERUCH?!
DAS RIECHT NACH KRIEG!

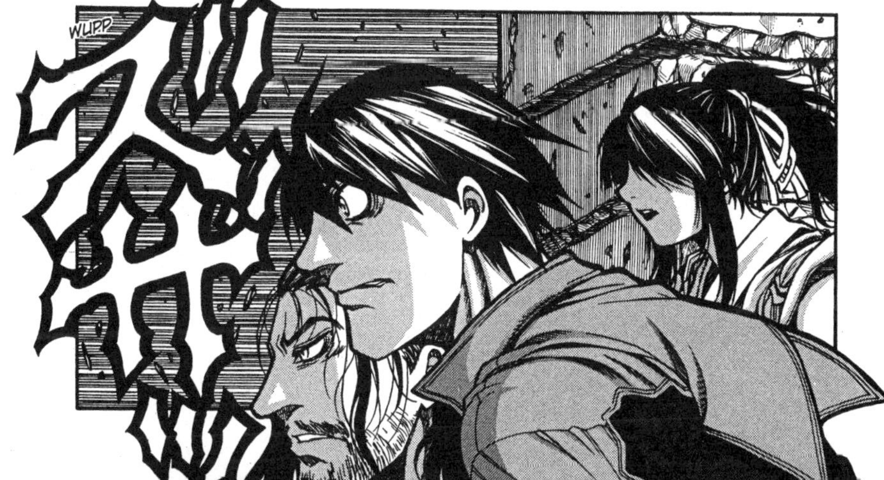
WUPP

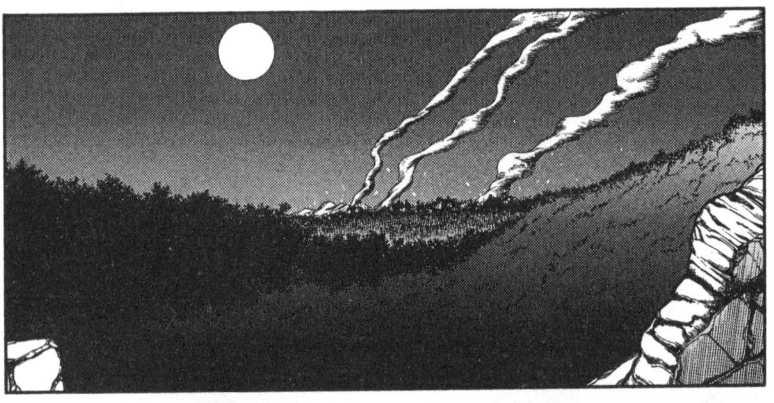

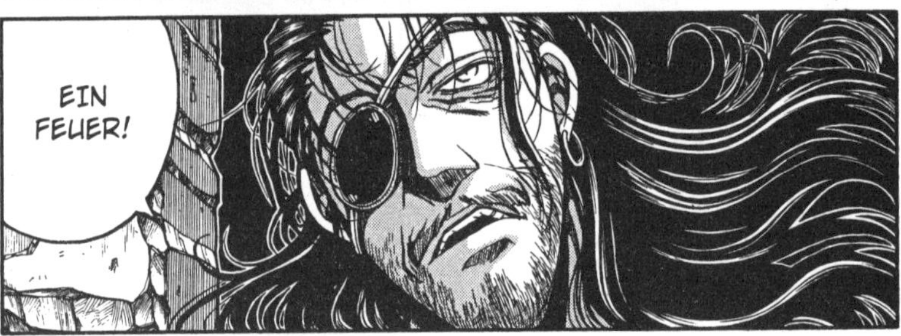

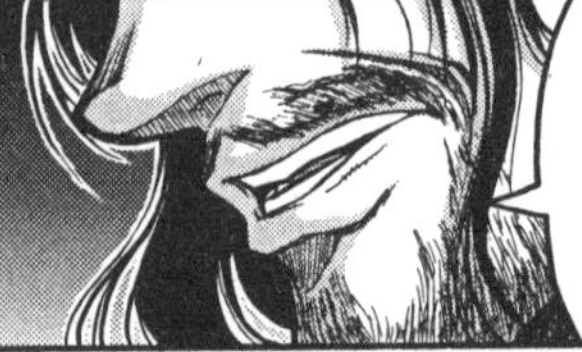

ENDE DES VIERTEN KAPITELS

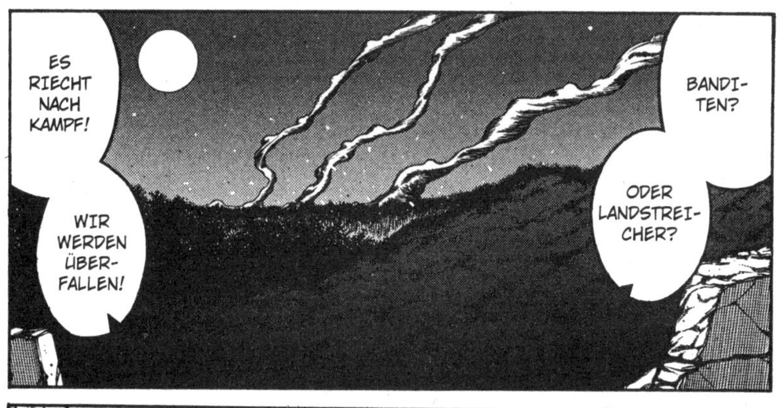
BANDI-
TEN?
ODER
LANDSTREI-
CHER?
ES
RIECHT
NACH
KAMPF!
WIR
WERDEN
ÜBER-
FALLEN!

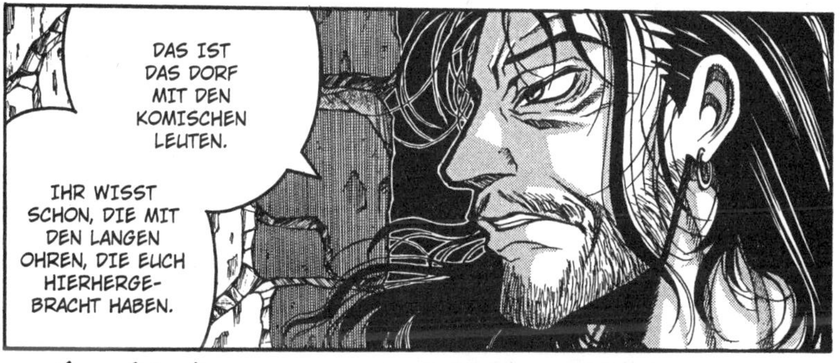
DAS IST
DAS DORF
MIT DEN
KOMISCHEN
LEUTEN.
IHR WISST
SCHON, DIE MIT
DEN LANGEN
OHREN, DIE EUCH
HIERHERGE-
BRACHT HABEN.

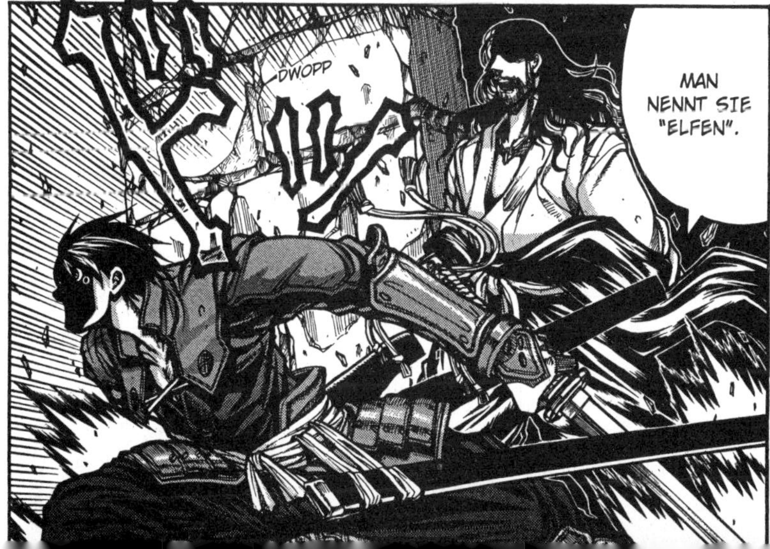
MAN
NENNT SIE
"ELFEN".
DWOPP

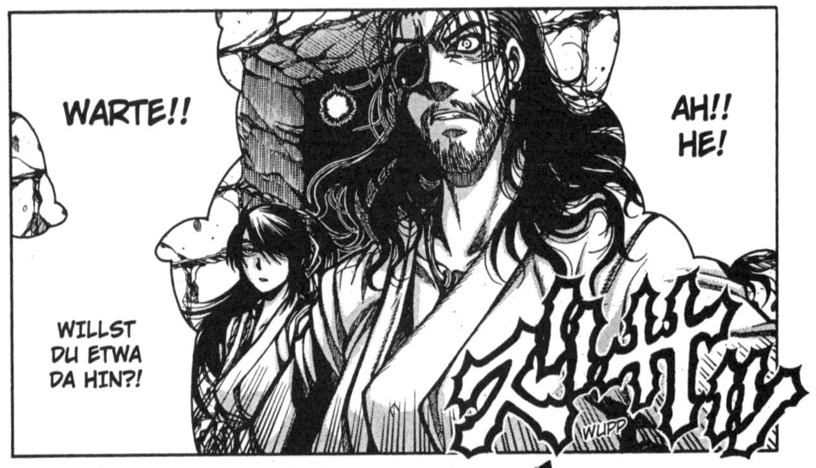
AH!!
HE!
WARTE!!
WILLST DU ETWA DA HIN?!
WUPP

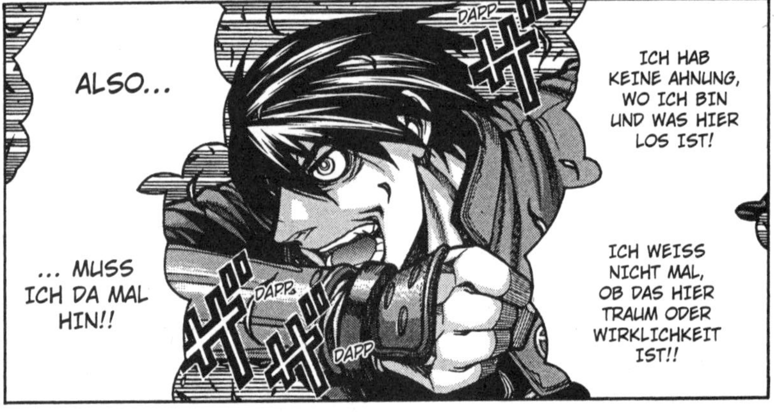
DAPP
ICH HAB KEINE AHNUNG, WO ICH BIN UND WAS HIER LOS IST!
ICH WEISS NICHT MAL, OB DAS HIER TRAUM ODER WIRKLICHKEIT IST!!
ALSO...
... MUSS ICH DA MAL HIN!!
DAPP
DAPP

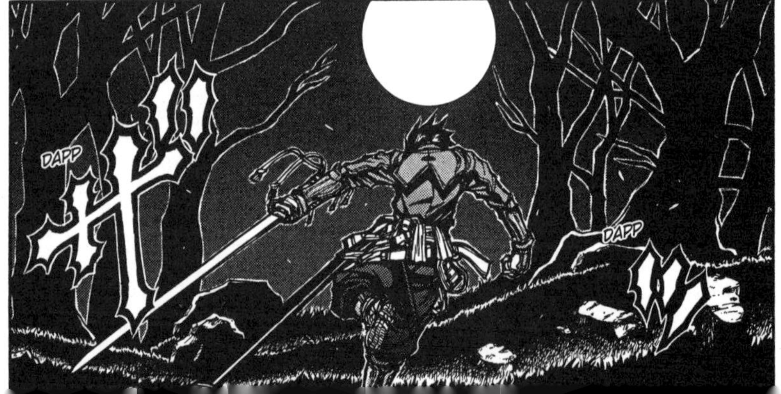
DAPP
DAPP

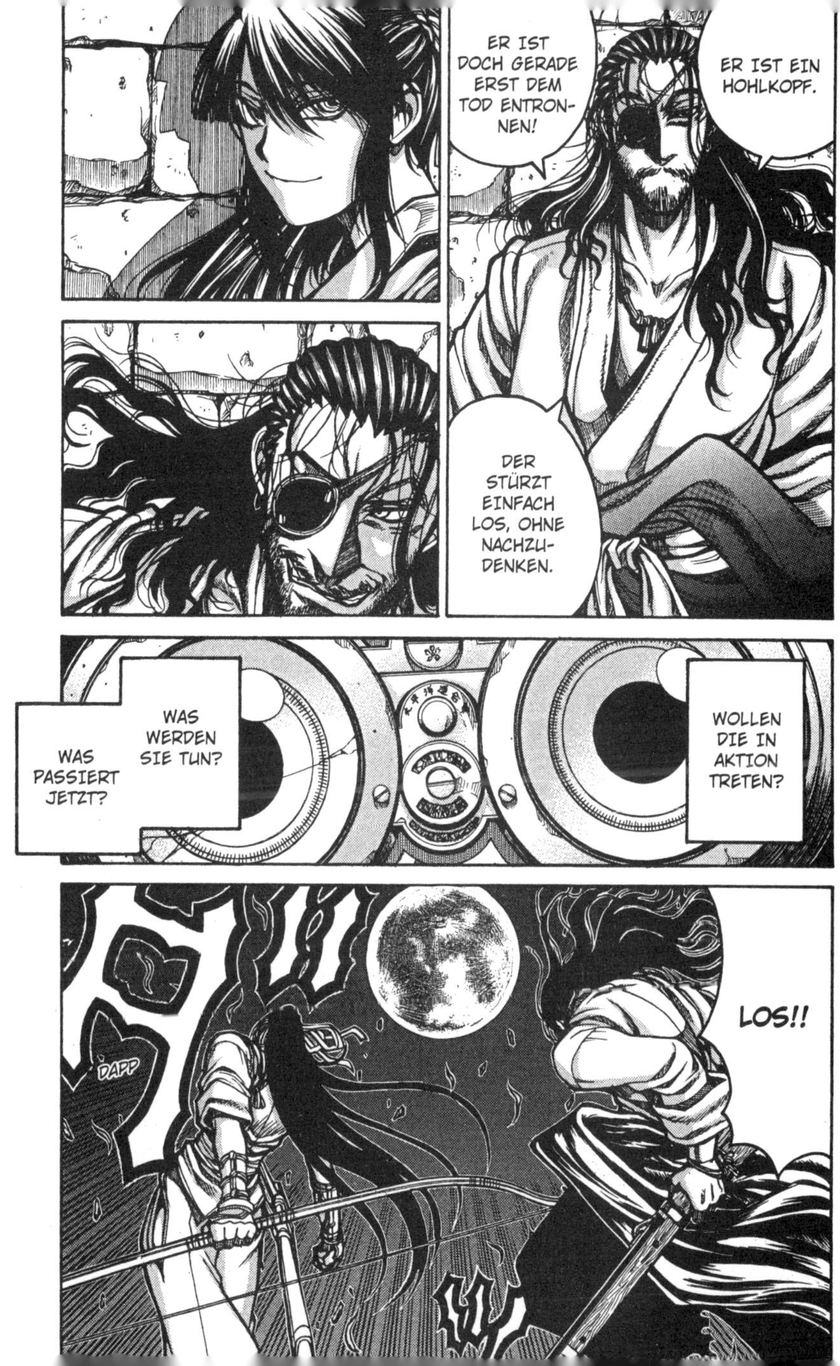

ER IST EIN HOHLKOPF.
ER IST DOCH GERADE ERST DEM TOD ENTRONNEN!
DER STÜRZT EINFACH LOS, OHNE NACHZUDENKEN.

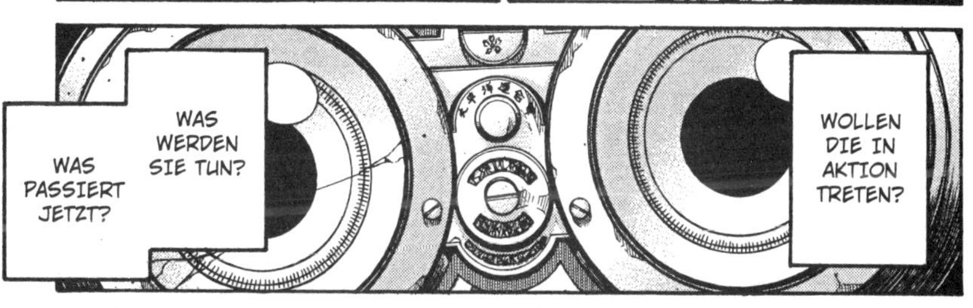

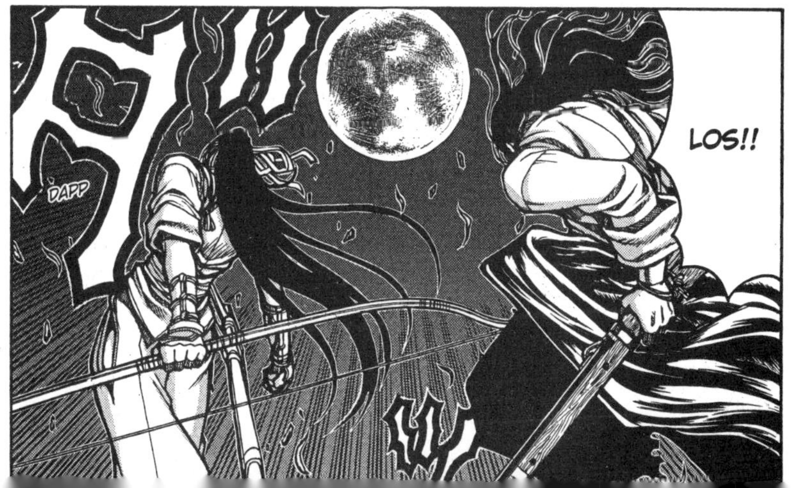

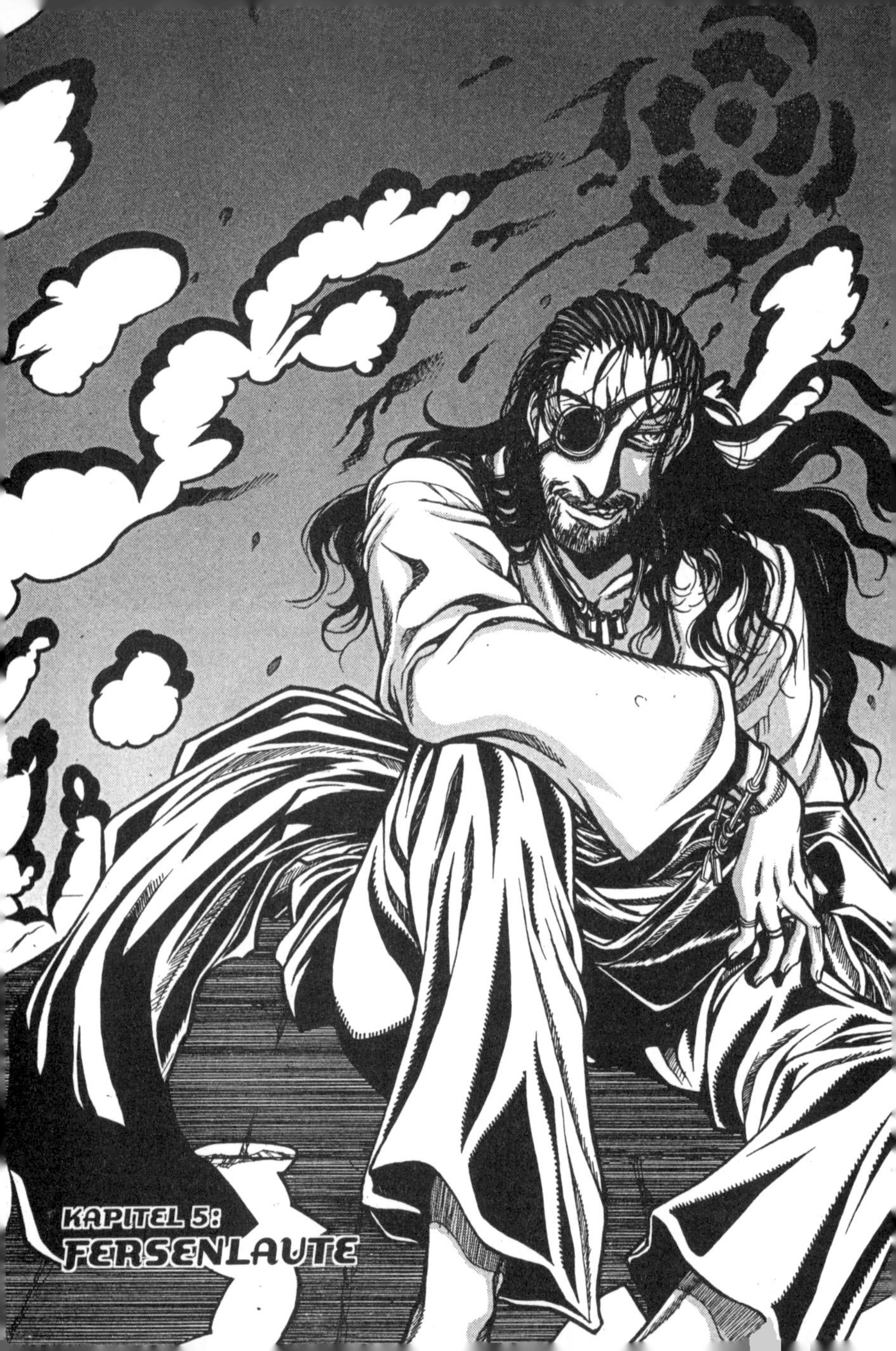
KAPITEL 5:
FERSENLAUTE

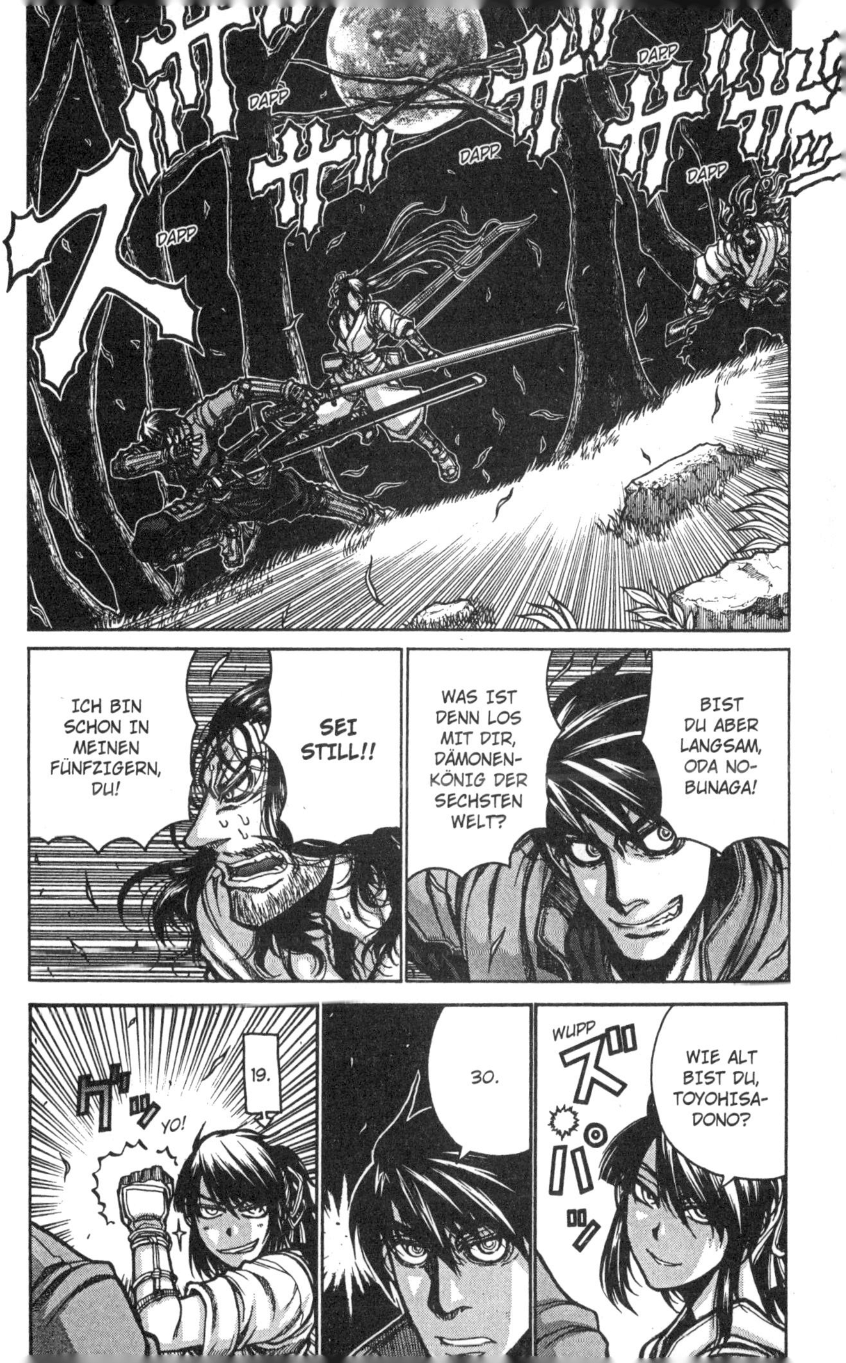

DAPP
DAPP
DAPP
DAPP
DAPP

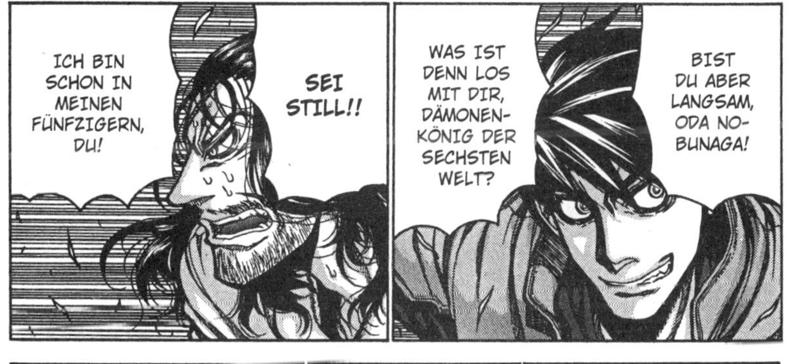

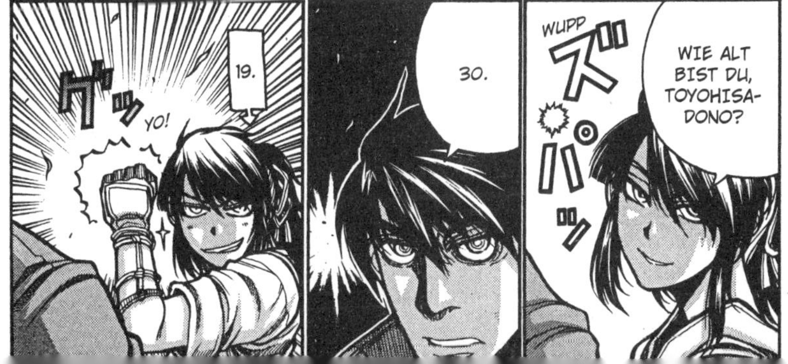

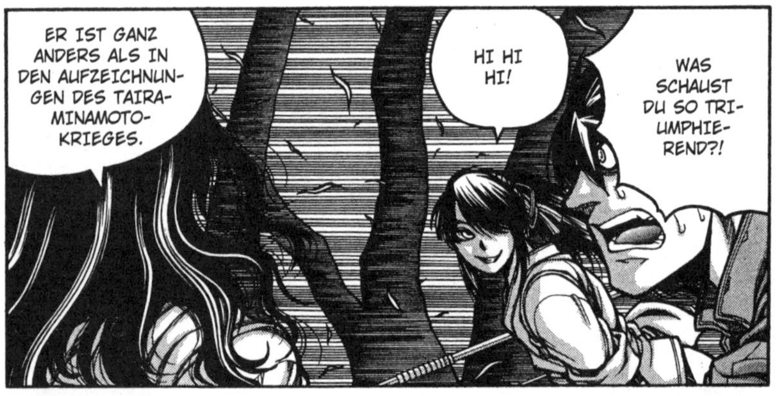
WAS SCHAUST DU SO TRI-UMPHIE-REND?!
HI HI HI!
ER IST GANZ ANDERS ALS IN DEN AUFZEICHNUN-GEN DES TAIRA-MINAMOTO-KRIEGES.

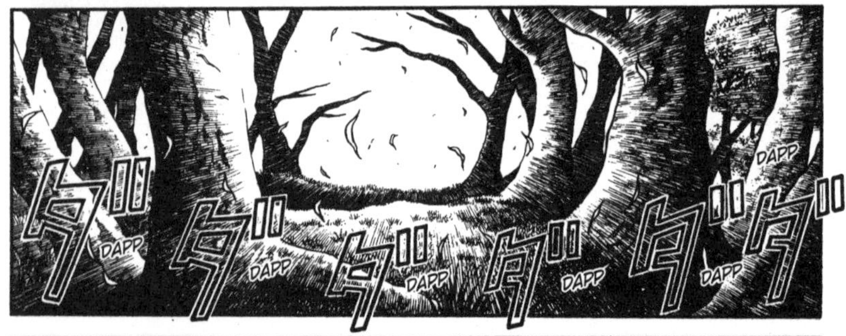
DAPP
DAPP
DAPP
DAPP
DAPP
DAPP

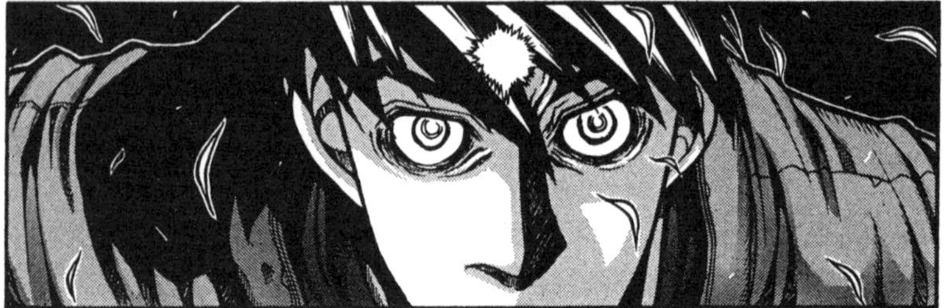

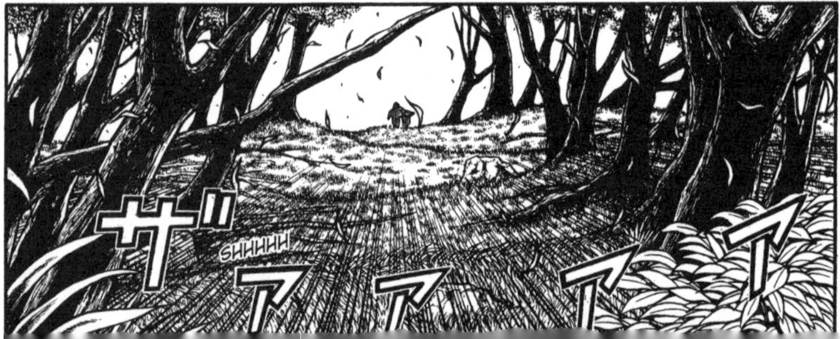
SHHHHH

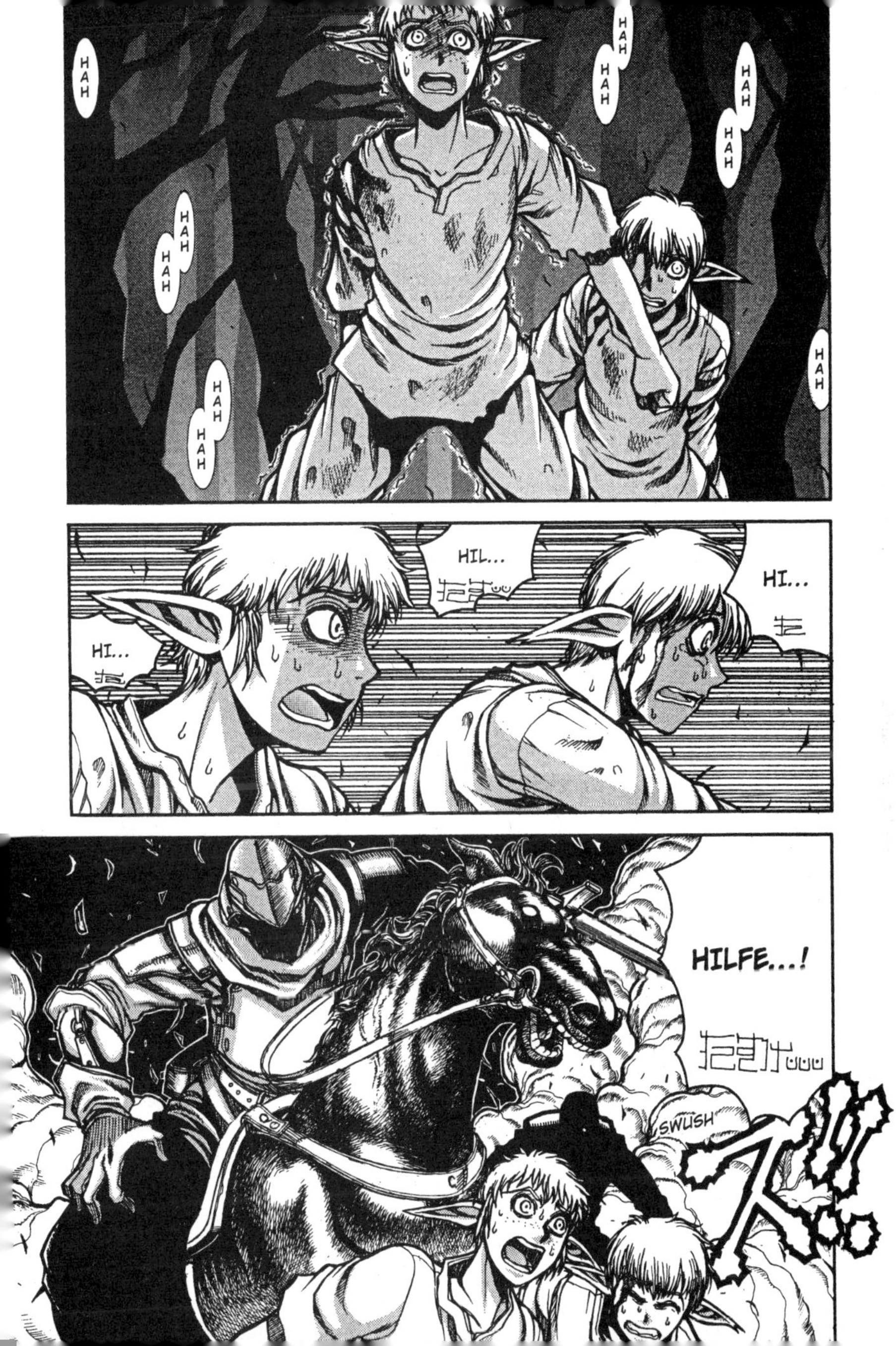

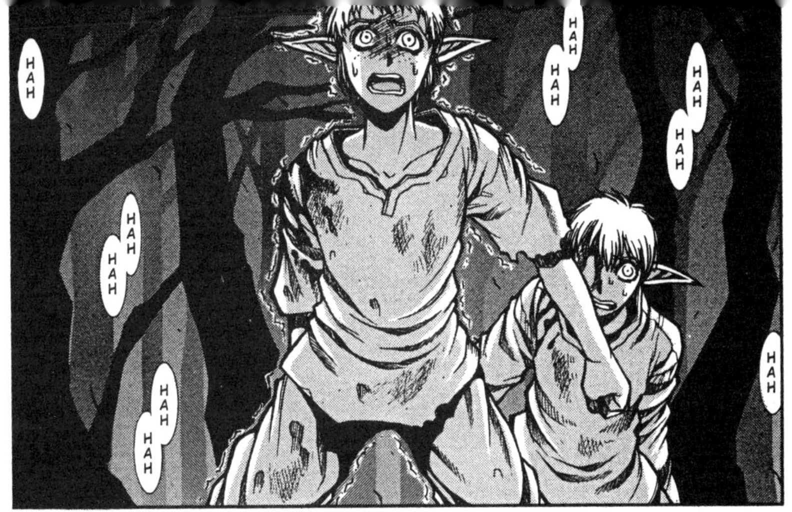

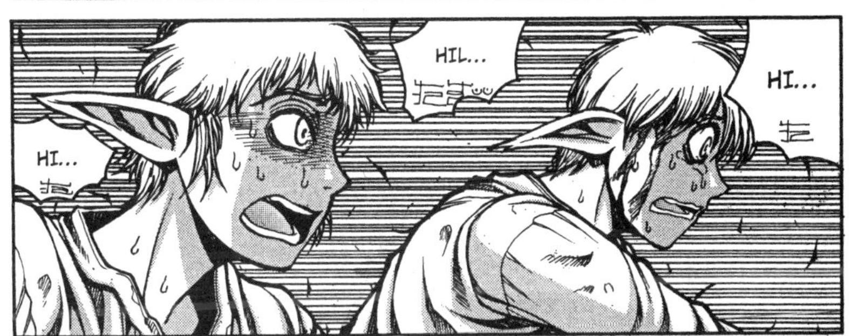

HILFE...!

SWUSH

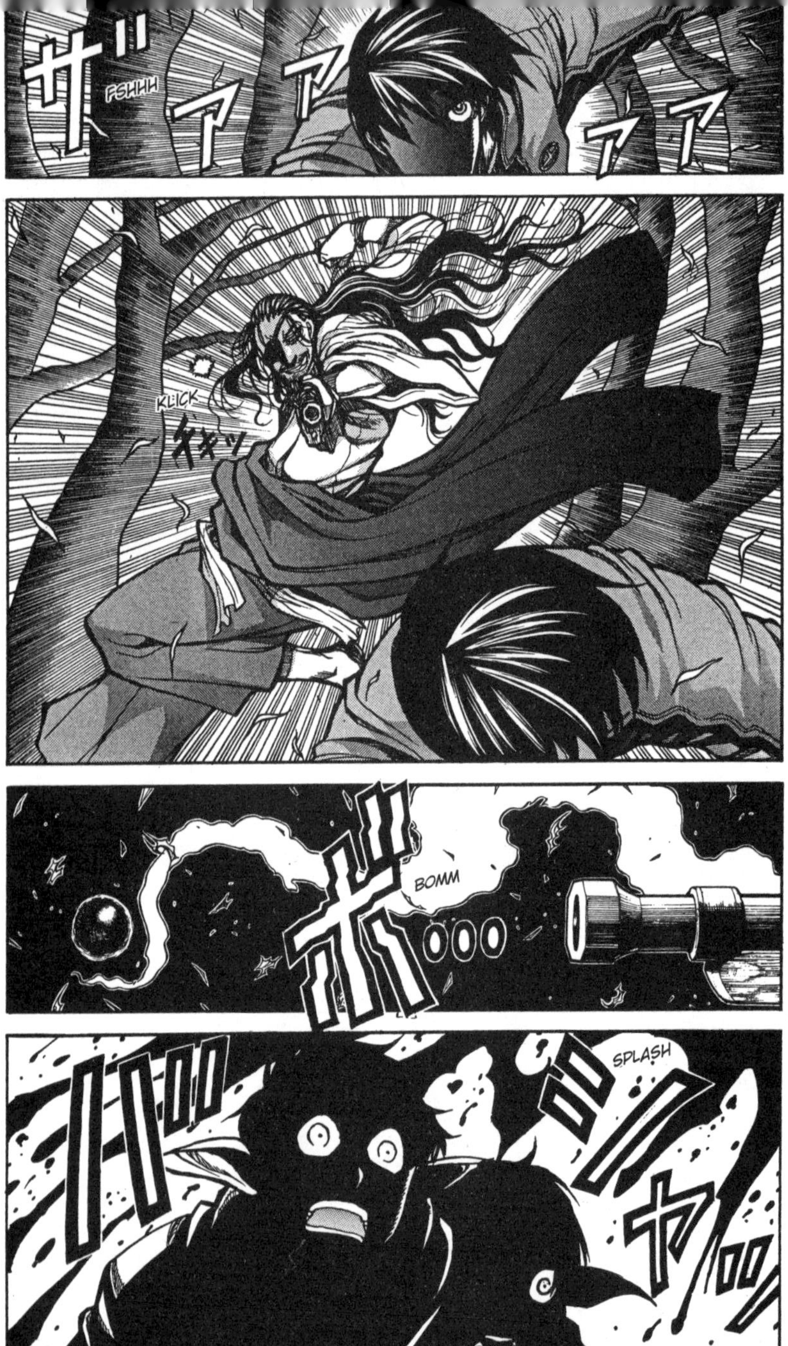

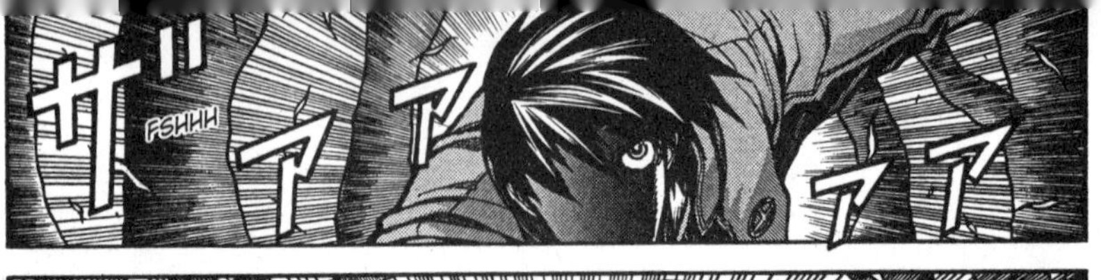
FSHHH
KLICK

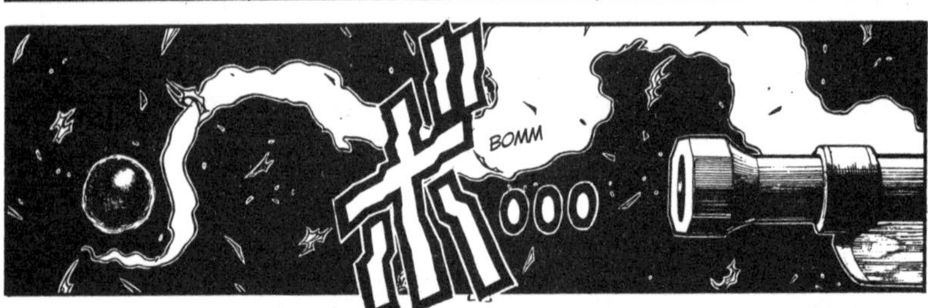
BOMM

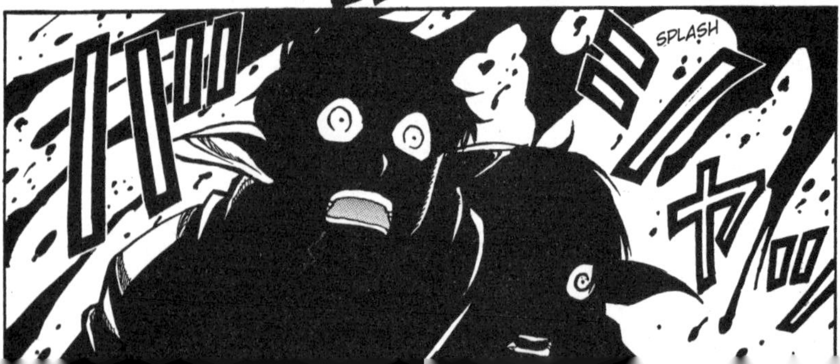
SPLASH

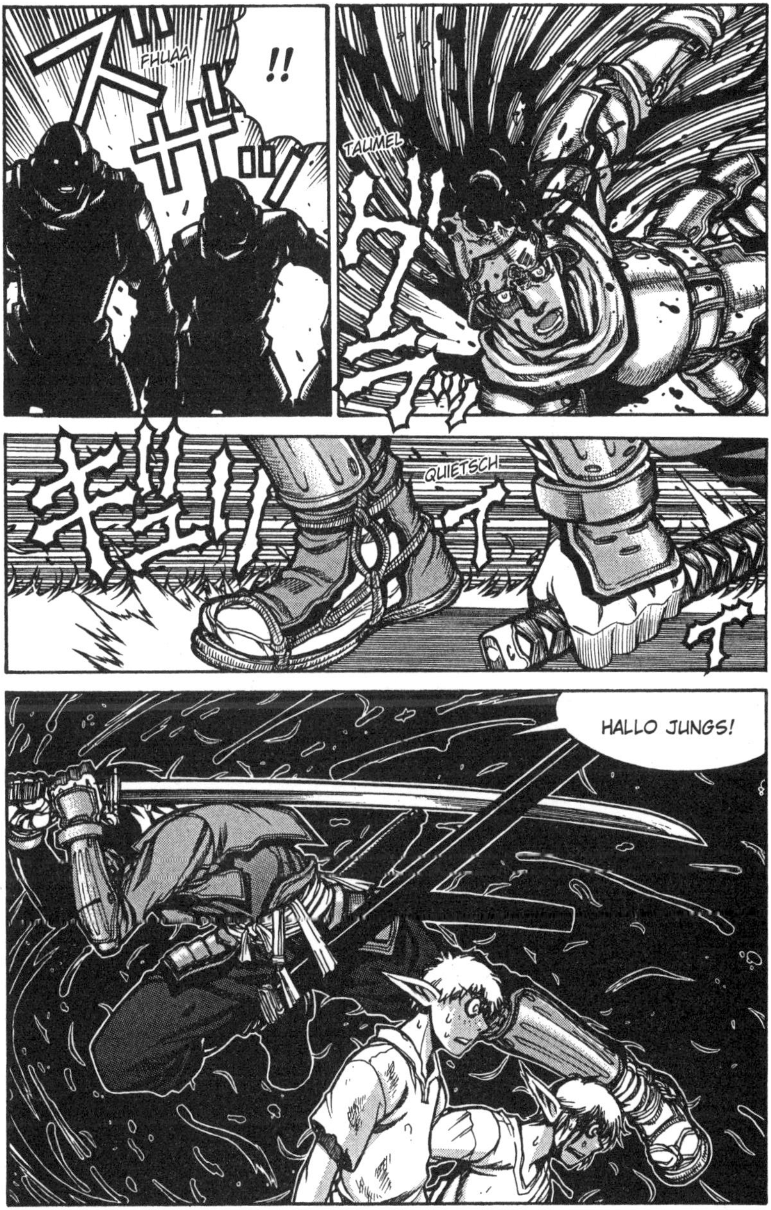

TAUMEL

FHUAA

!!

QUIETSCH

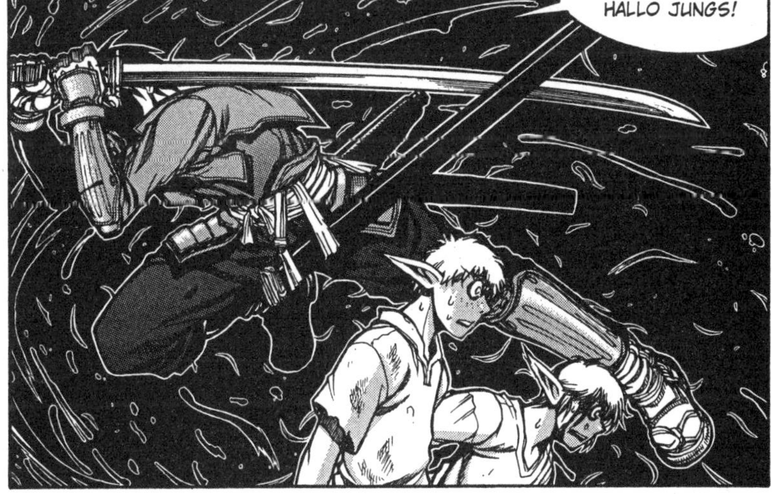

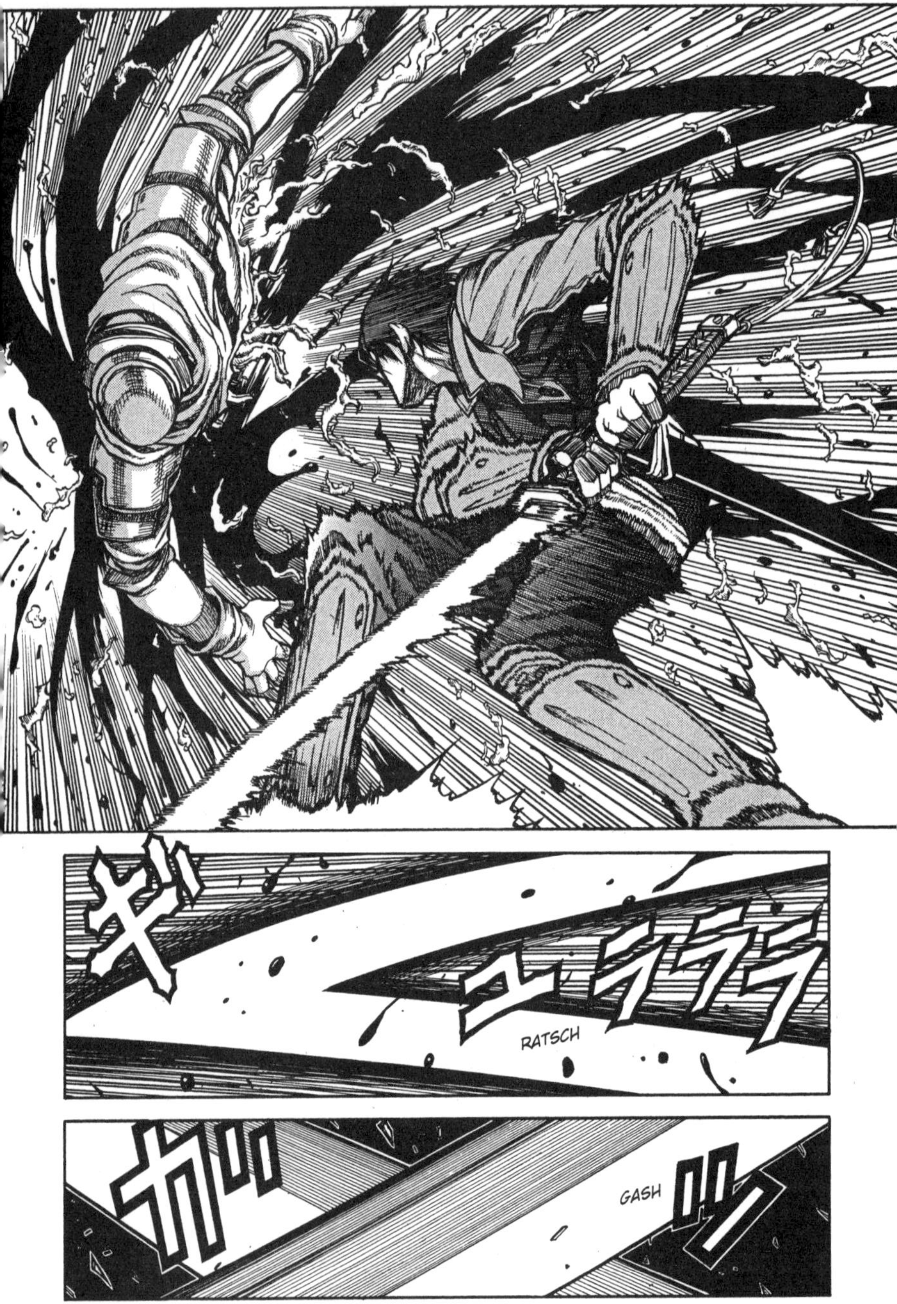

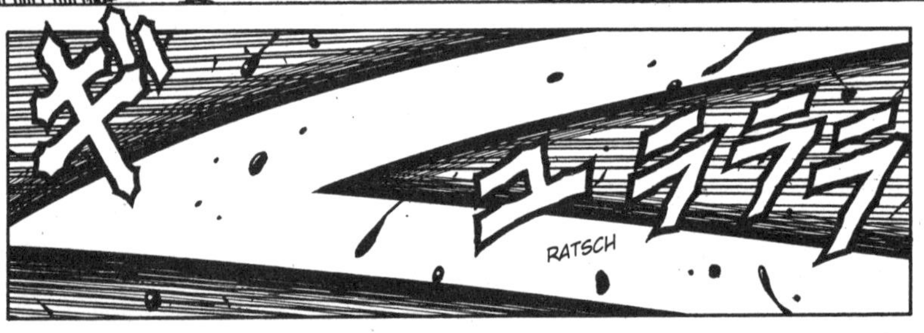
RATSCH

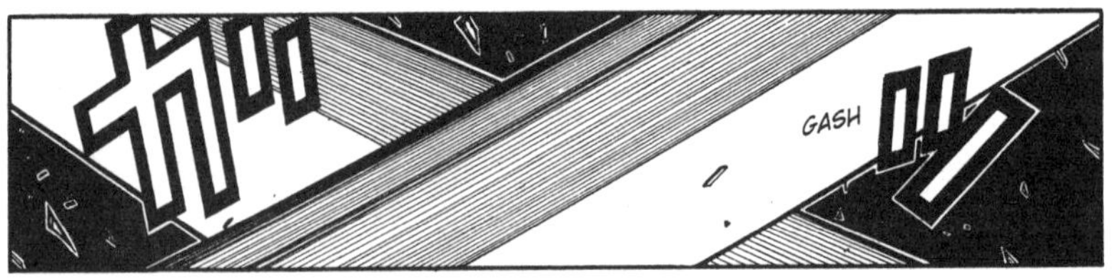
GASH

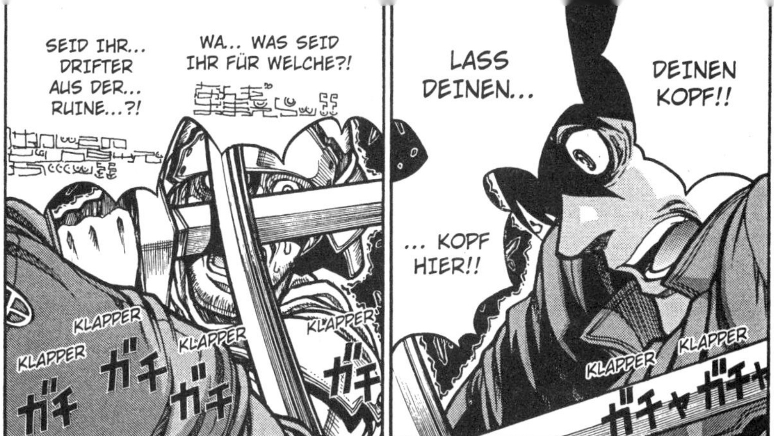
DEINEN KOPF!!
LASS DEINEN...
... KOPF HIER!!
KLAPPER KLAPPER
ガチャガチャ
WA... WAS SEID IHR FÜR WELCHE?!
SEID IHR... DRIFTER AUS DER... RUINE...?!
KLAPPER KLAPPER KLAPPER KLAPPER
ガチ ガチ ガチ ガチ

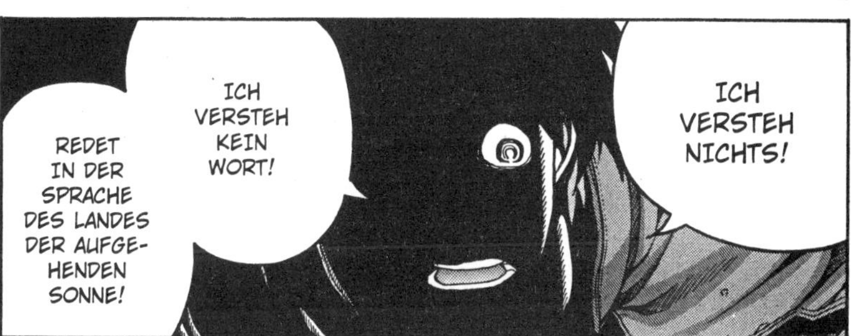
ICH VERSTEH NICHTS!
ICH VERSTEH KEIN WORT!
REDET IN DER SPRACHE DES LANDES DER AUFGE-HENDEN SONNE!

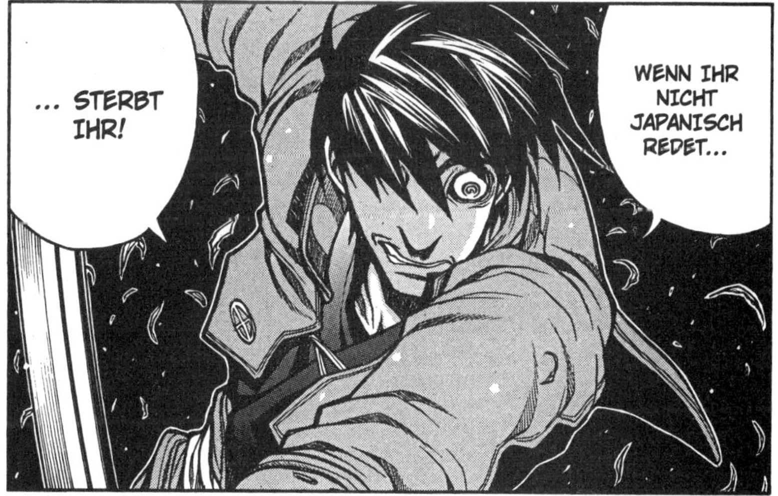
WENN IHR NICHT JAPANISCH REDET...
... STERBT IHR!

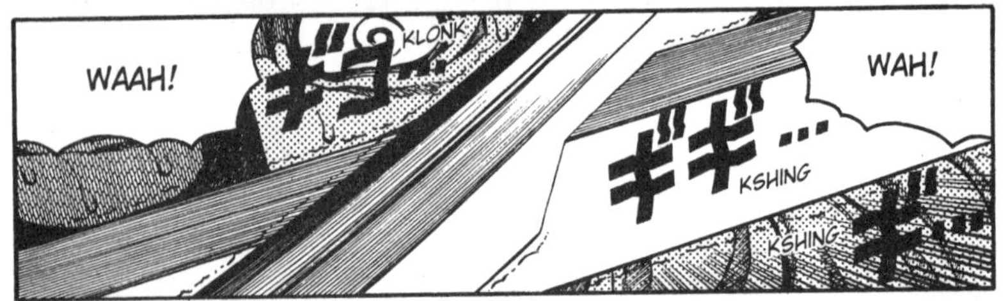

WAH!
KLONK
WAAH!
KSHING
KSHING

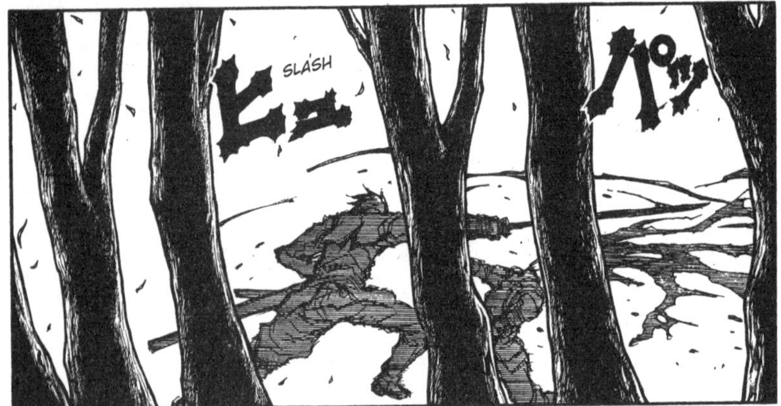

SLASH

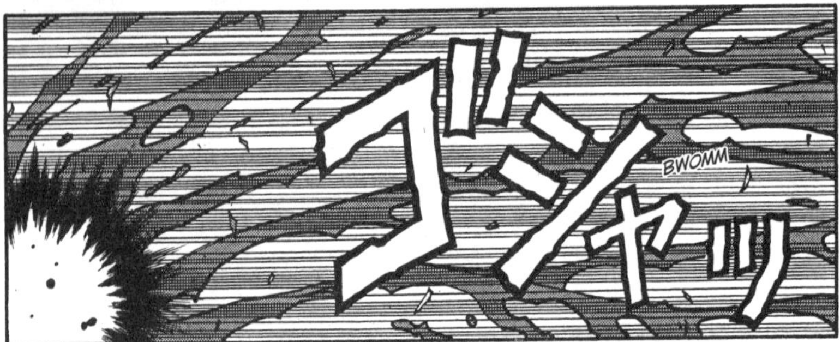

BWOMM

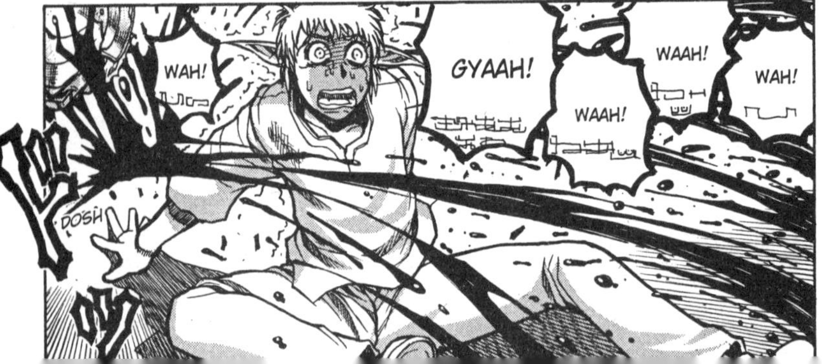

WAH!
WAAH!
WAAH!
GYAAH!
WAH!
DOSH

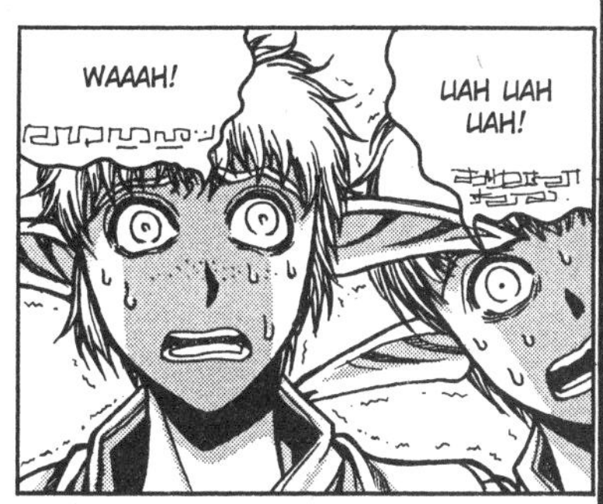
UAH UAH UAH!
WAAAH!

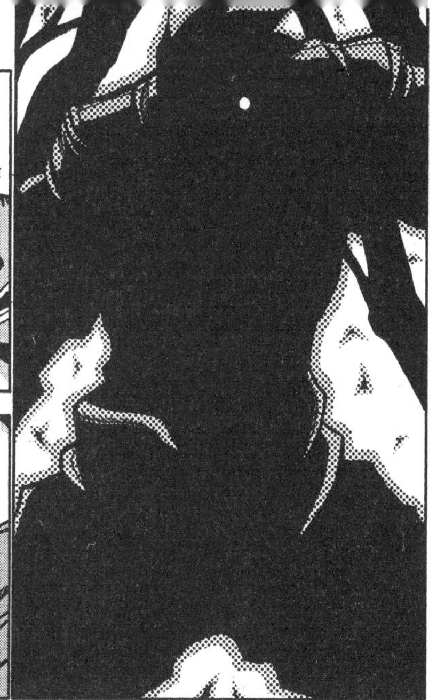

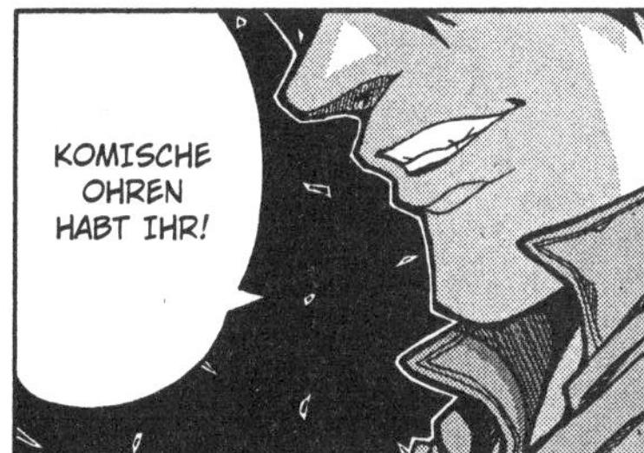
KOMISCHE OHREN HABT IHR!

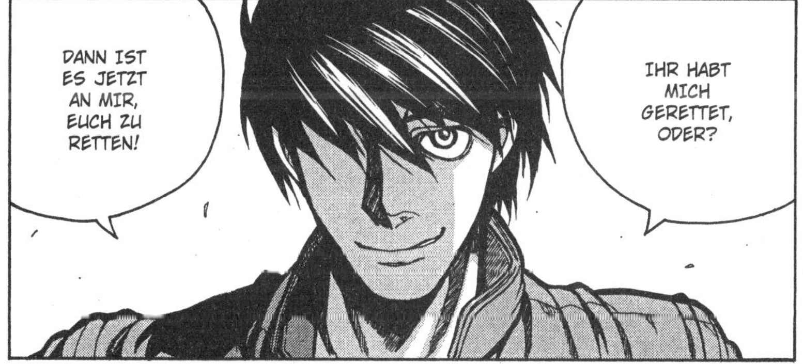
IHR HABT MICH GERETTET, ODER?
DANN IST ES JETZT AN MIR, EUCH ZU RETTEN!

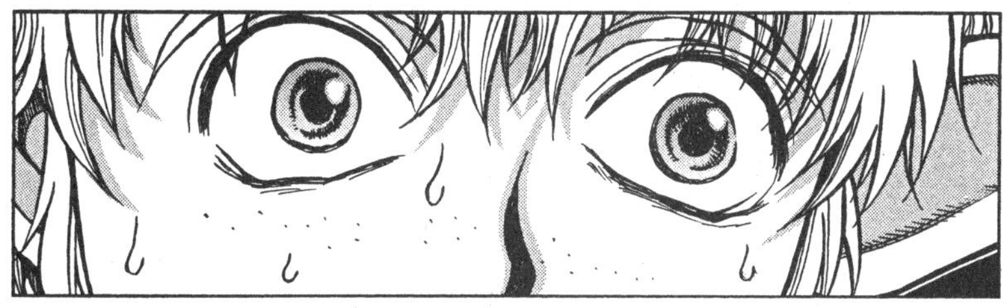

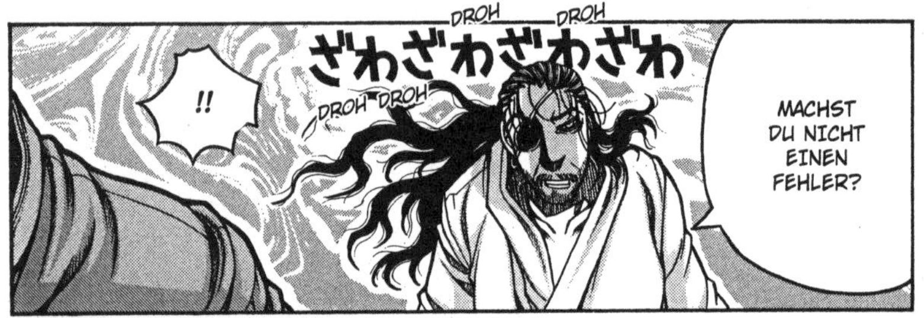
MACHST DU NICHT EINEN FEHLER?
ざわざわざわざわ
DROH DROH
DROH DROH
!!

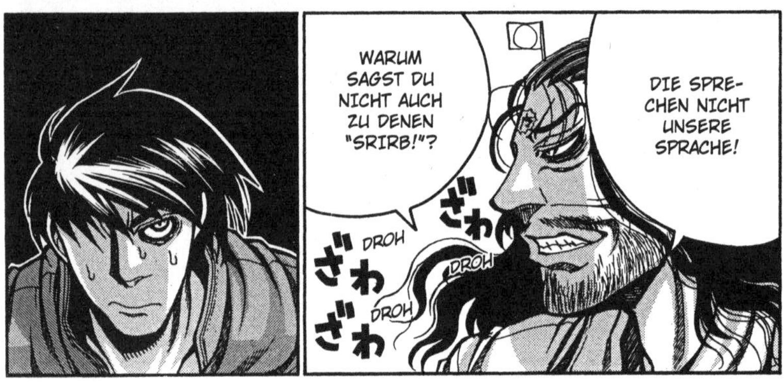
DIE SPRE-CHEN NICHT UNSERE SPRACHE!
WARUM SAGST DU NICHT AUCH ZU DENEN "SRIRB!"?
ざわ
DROH
ざわ
DROH
ざわ
DROH

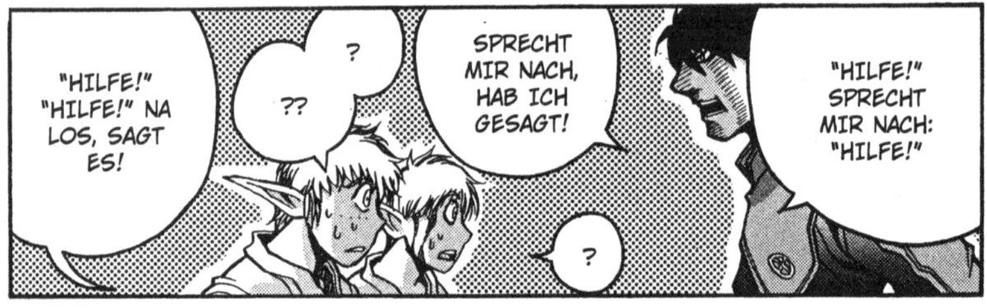
"HILFE!" SPRECHT MIR NACH: "HILFE!"
SPRECHT MIR NACH, HAB ICH GESAGT!
?
??
?
"HILFE!" "HILFE!" NA LOS, SAGT ES!

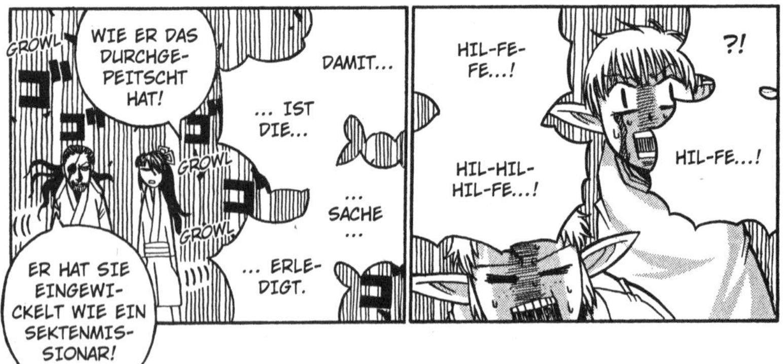
?!
HIL-FE-FE...!
HIL-FE...!
HIL-HIL-HIL-FE...!
DAMIT...
... IST DIE...
... SACHE ...
... ERLE-DIGT.
WIE ER DAS DURCHGE-PEITSCHT HAT!
GROWL
GROWL
GROWL
ER HAT SIE EINGEWI-CKELT WIE EIN SEKTENMIS-SIONAR!

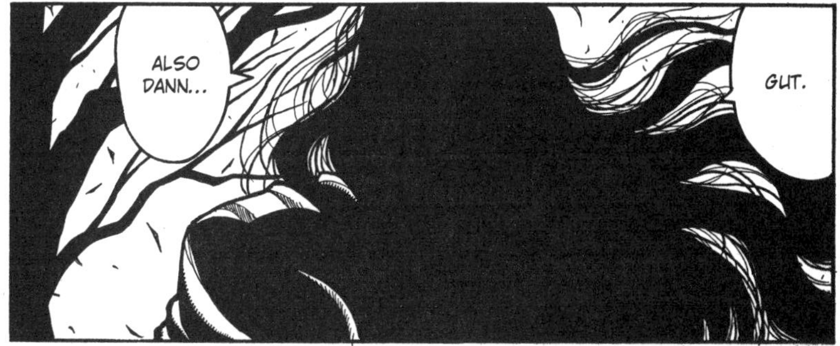

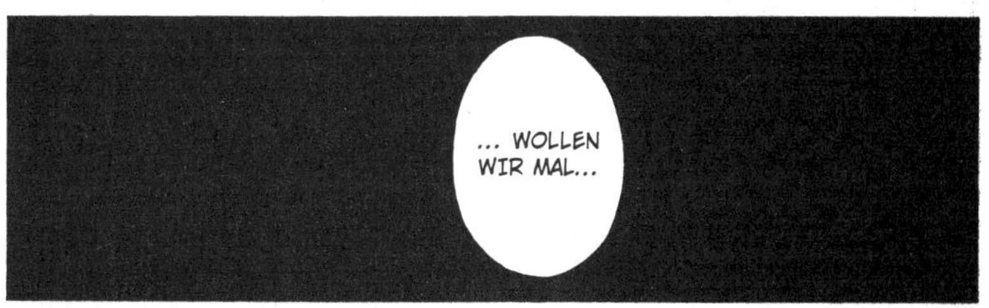

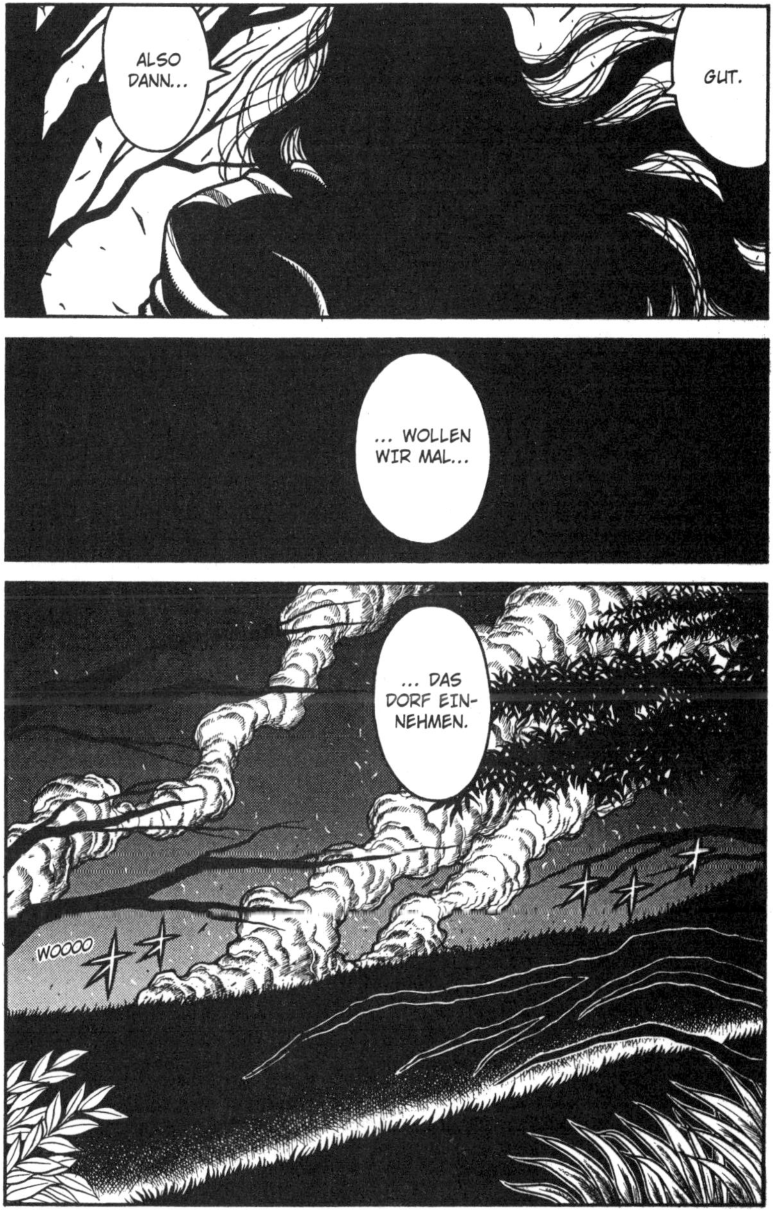

... DAS DORF EIN-NEHMEN.

WOOOO

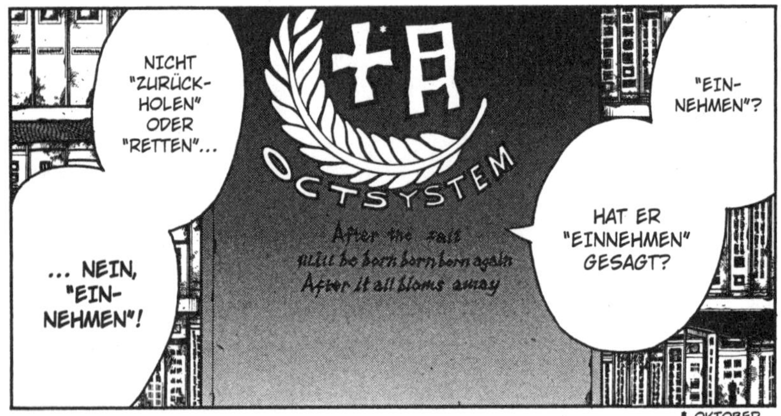

* OKTOBER

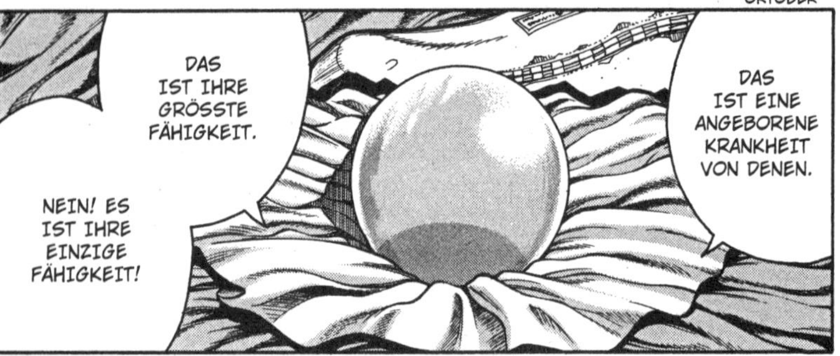

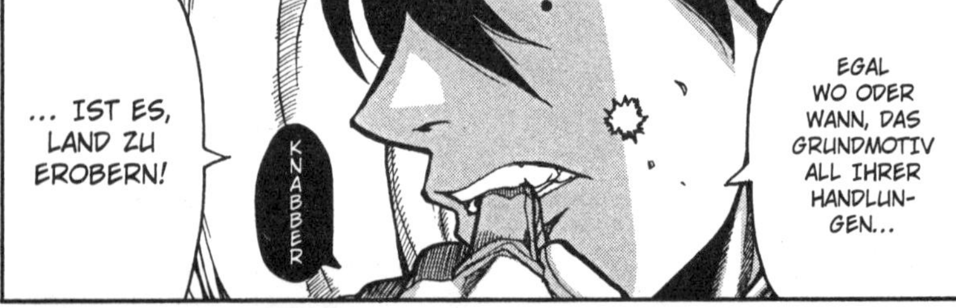

ENDE DES FÜNFTEN KAPITELS

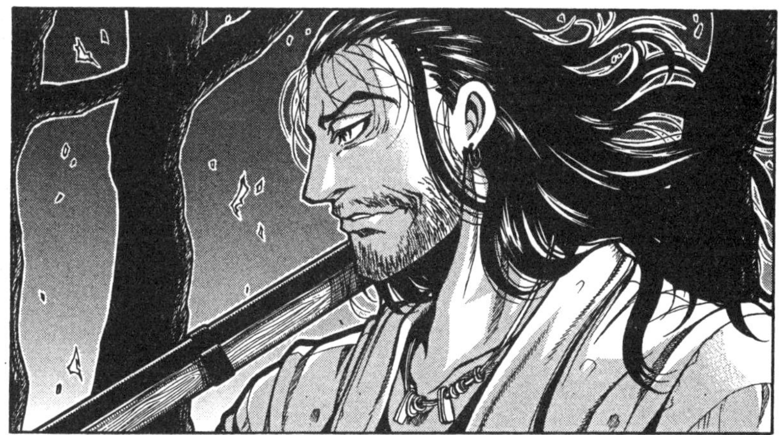

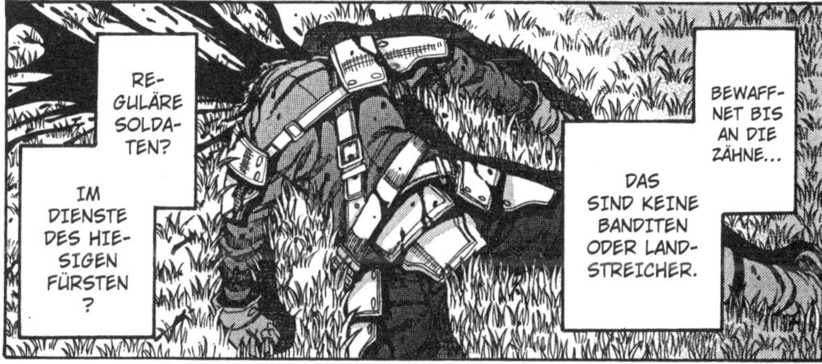
BEWAFFNET BIS AN DIE ZÄHNE…
DAS SIND KEINE BANDITEN ODER LANDSTREICHER.
REGULÄRE SOLDATEN?
IM DIENSTE DES HIESIGEN FÜRSTEN?

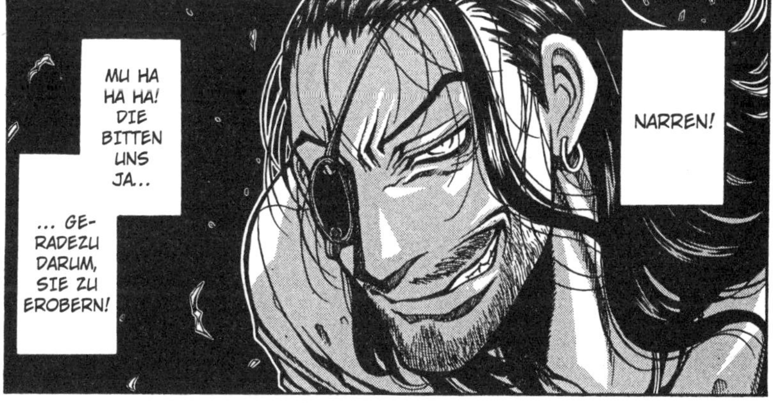
NARREN!
MU HA HA HA! DIE BITTEN UNS JA…
… GERADEZU DARUM, SIE ZU EROBERN!

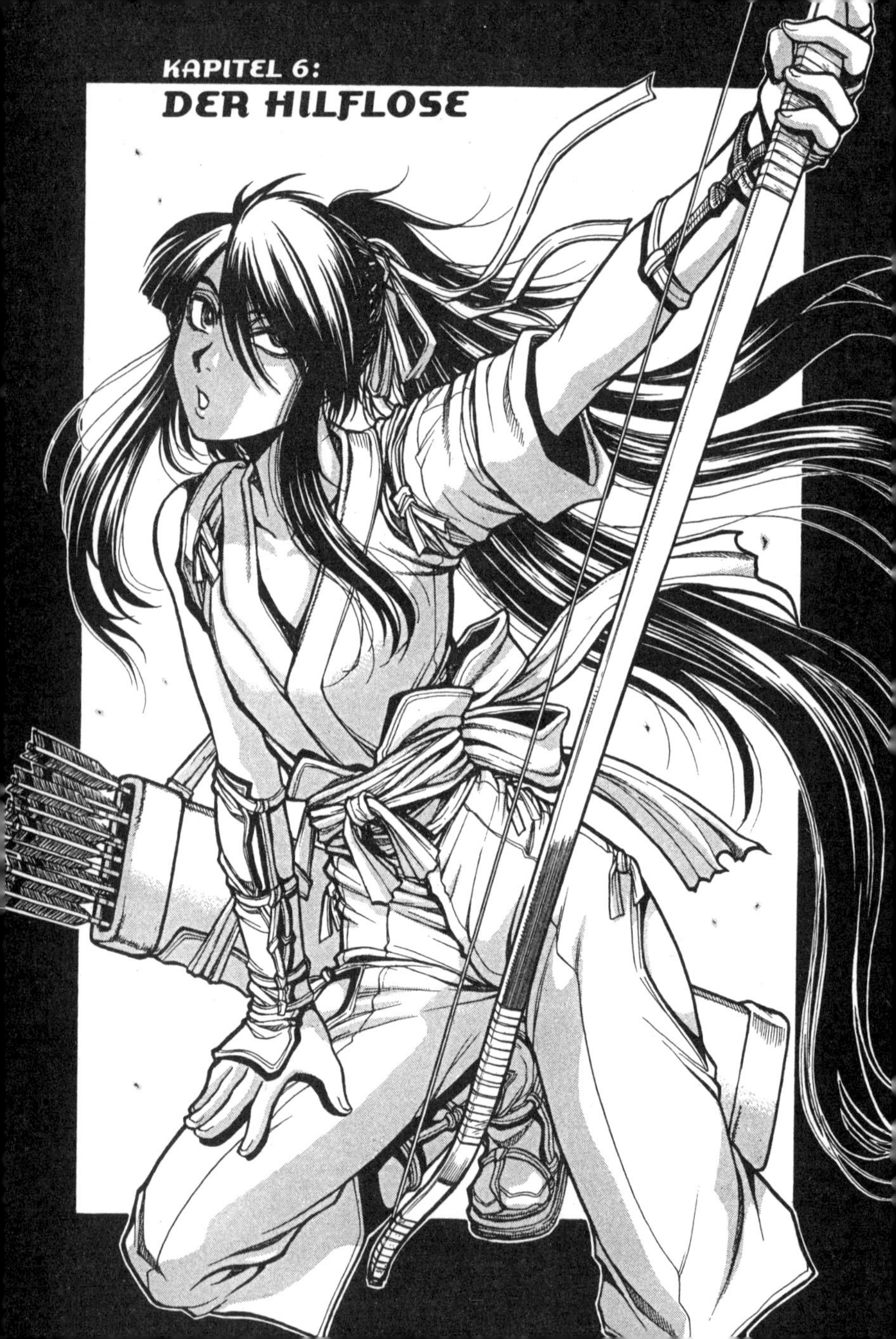
KAPITEL 6:
DER HILFLOSE

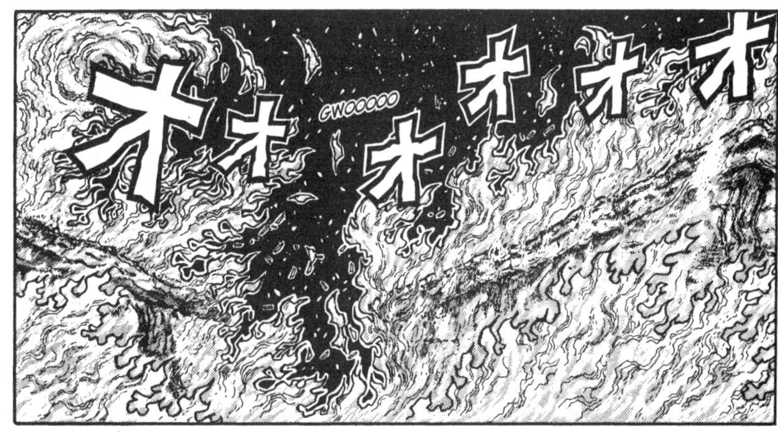
オオオオオオ
GWOOOOO

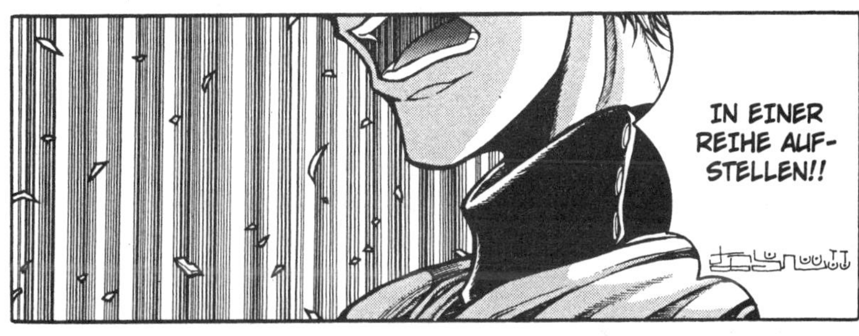
IN EINER REIHE AUF-STELLEN!!

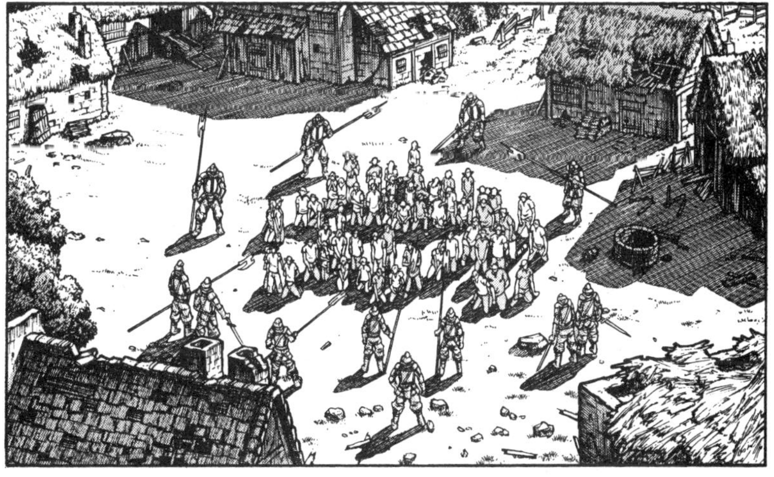

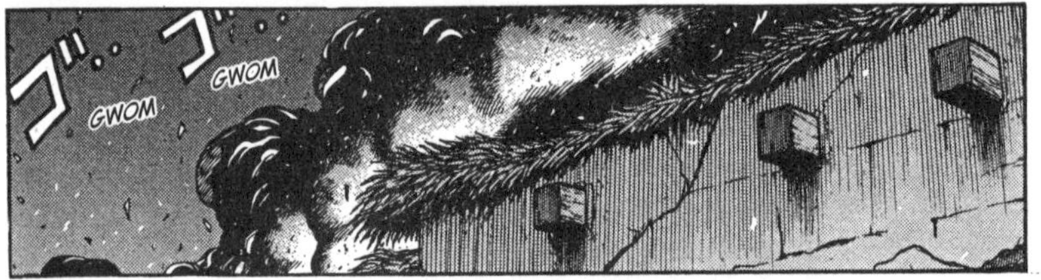
GWOM
GWOM

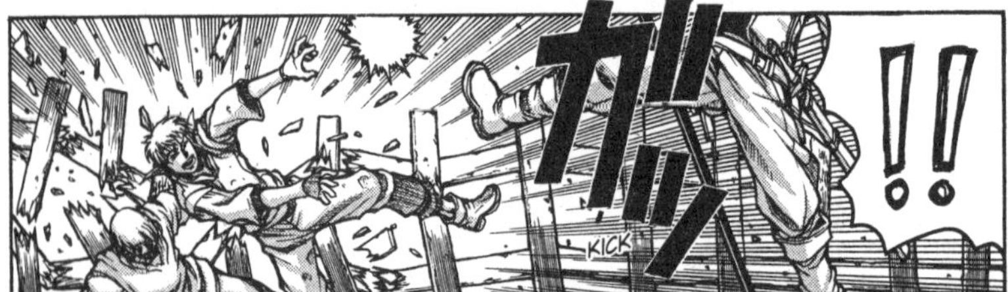
KICK
!!

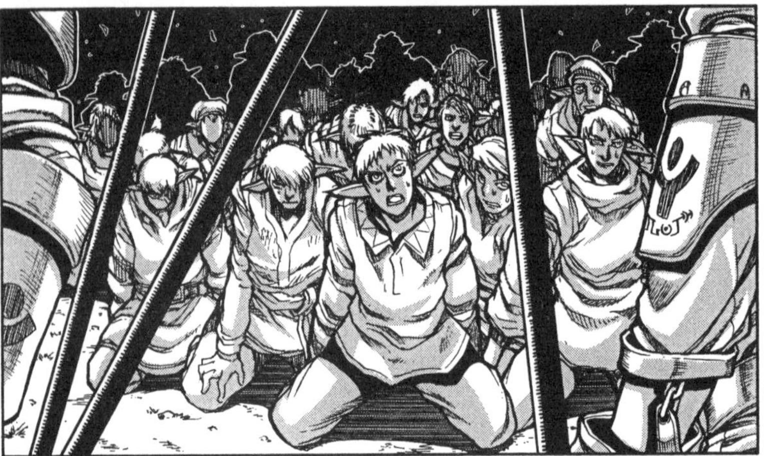

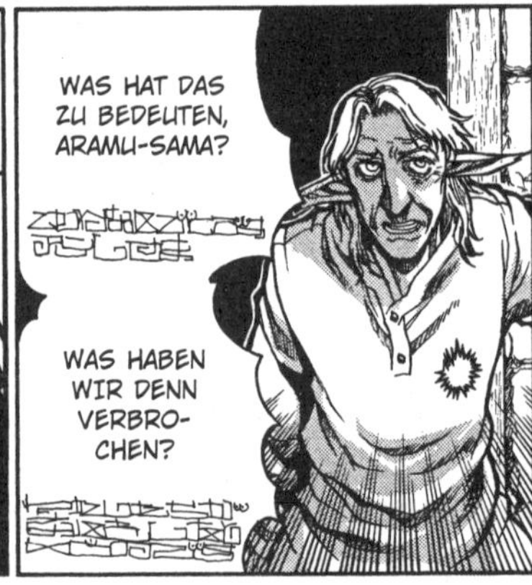
WAS HAT DAS ZU BEDEUTEN, ARAMU-SAMA?
WAS HABEN WIR DENN VERBROCHEN?

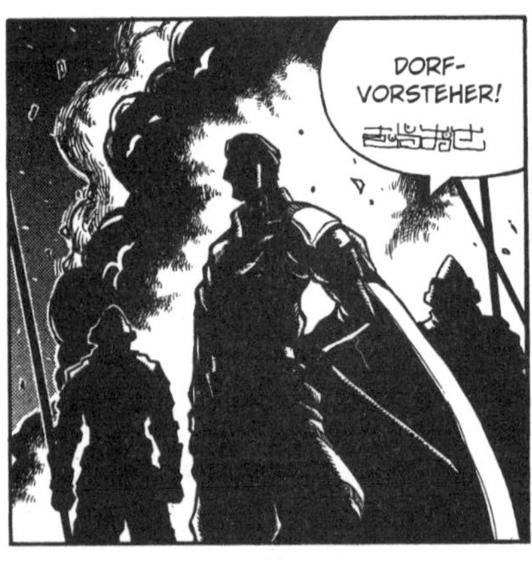
DORF-VORSTEHER!

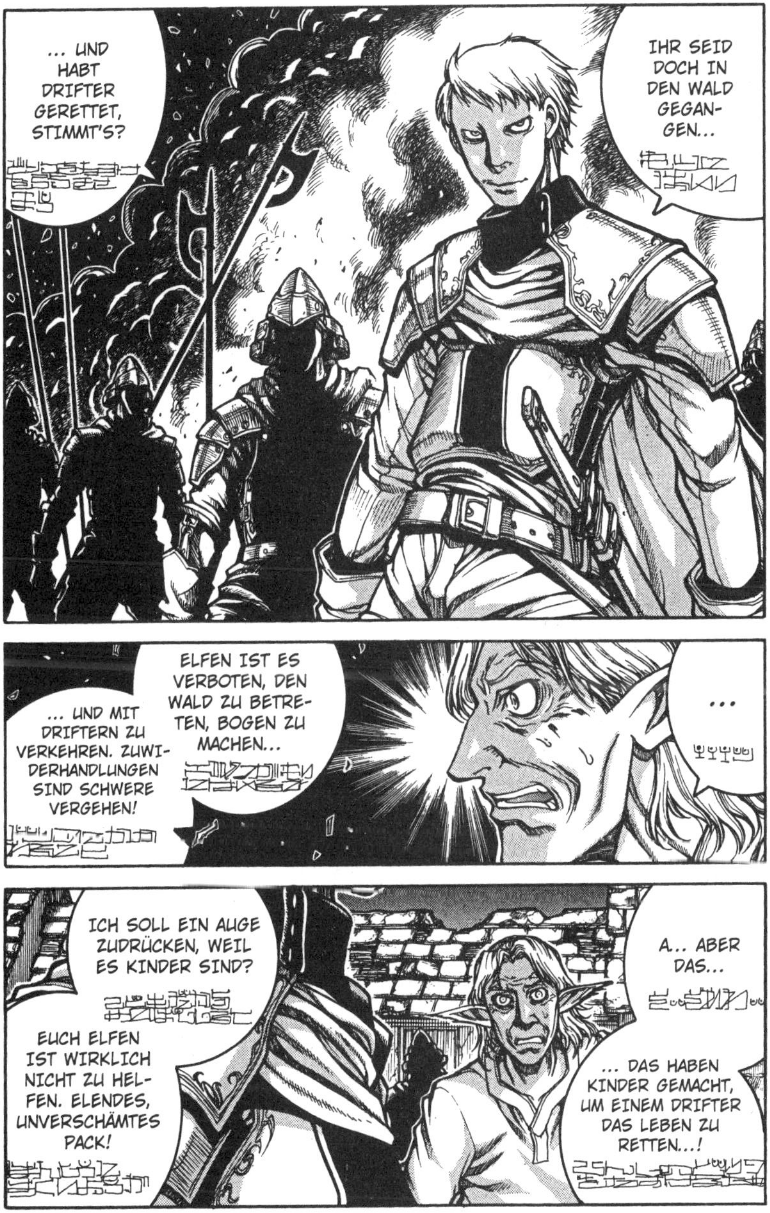

IHR SEID DOCH IN DEN WALD GEGANGEN...
... UND HABT DRIFTER GERETTET, STIMMT'S?

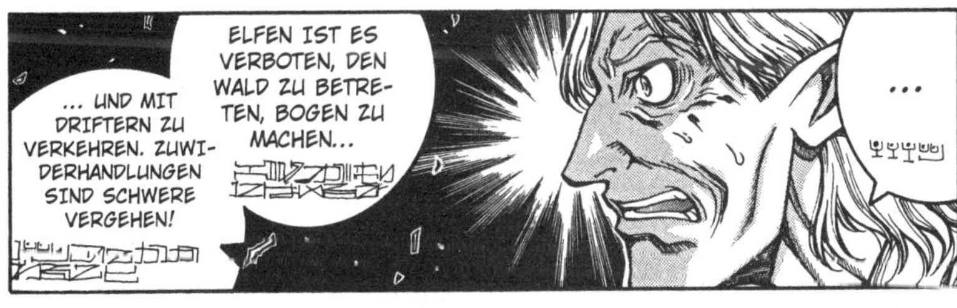

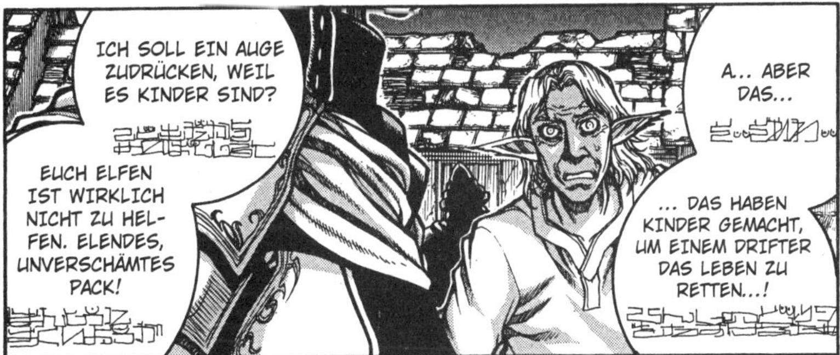

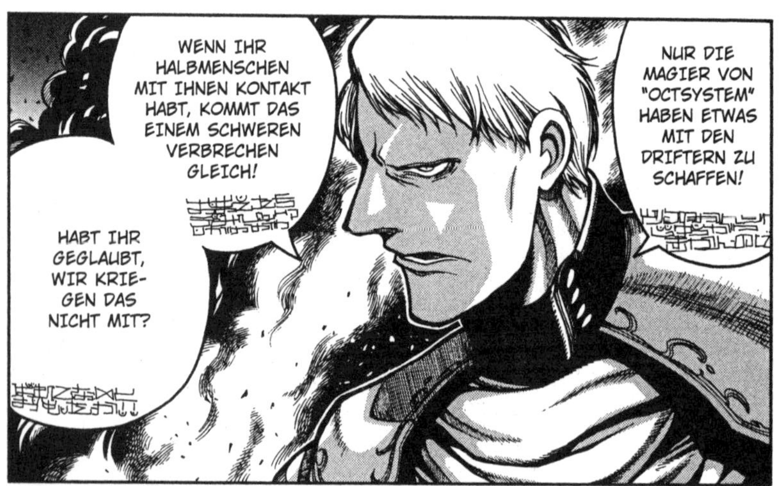
NUR DIE MAGIER VON "OCTSYSTEM" HABEN ETWAS MIT DEN DRIFTERN ZU SCHAFFEN!
WENN IHR HALBMENSCHEN MIT IHNEN KONTAKT HABT, KOMMT DAS EINEM SCHWEREN VERBRECHEN GLEICH!
HABT IHR GEGLAUBT, WIR KRIE-GEN DAS NICHT MIT?

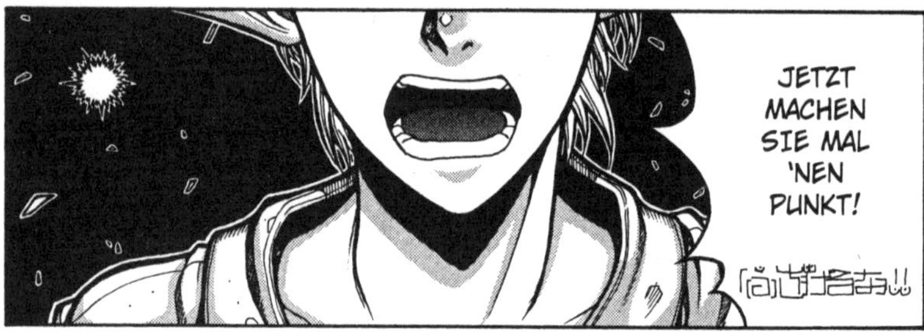
JETZT MACHEN SIE MAL 'NEN PUNKT!

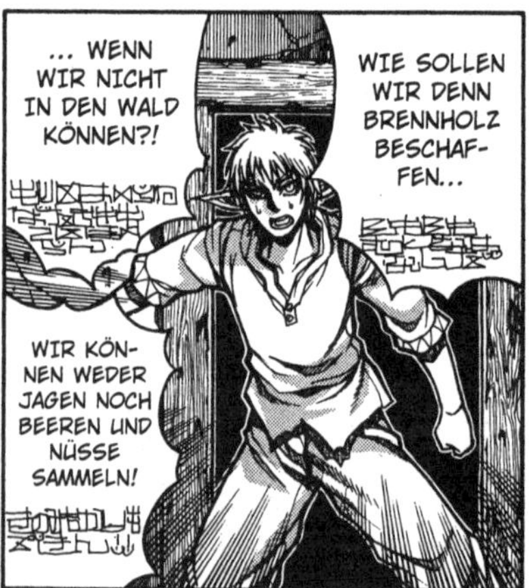
WIE SOLLEN WIR DENN BRENNHOLZ BESCHAF-FEN...
... WENN WIR NICHT IN DEN WALD KÖNNEN?!
WIR KÖN-NEN WEDER JAGEN NOCH BEEREN UND NÜSSE SAMMELN!

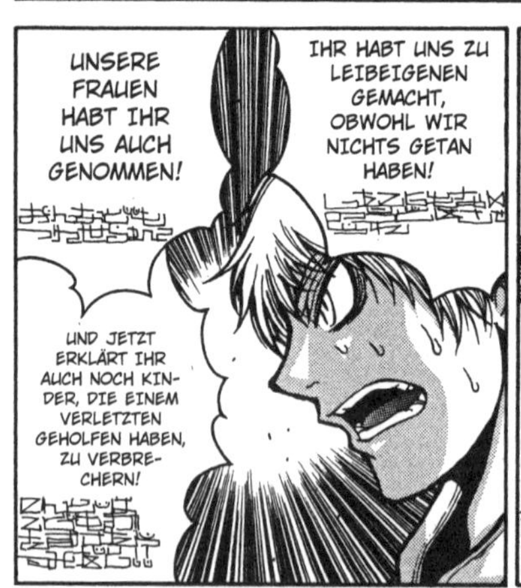
IHR HABT UNS ZU LEIBEIGENEN GEMACHT, OBWOHL WIR NICHTS GETAN HABEN!
UNSERE FRAUEN HABT IHR UNS AUCH GENOMMEN!
UND JETZT ERKLÄRT IHR AUCH NOCH KIN-DER, DIE EINEM VERLETZTEN GEHOLFEN HABEN, ZU VERBRE-CHERN!

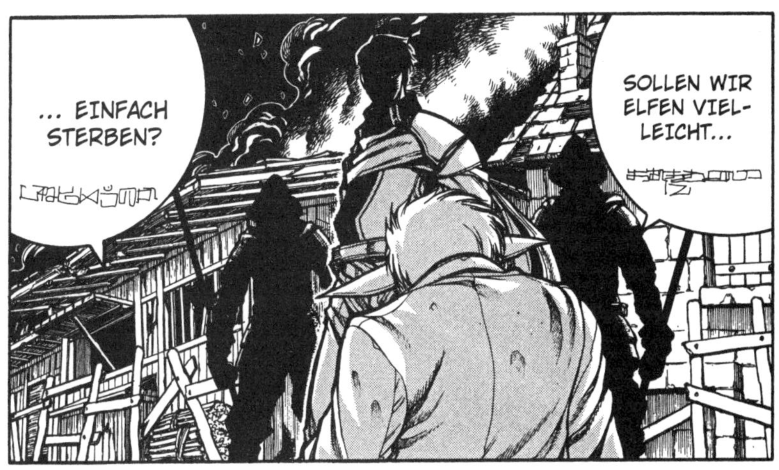
SOLLEN WIR ELFEN VIELLEICHT…
… EINFACH STERBEN?

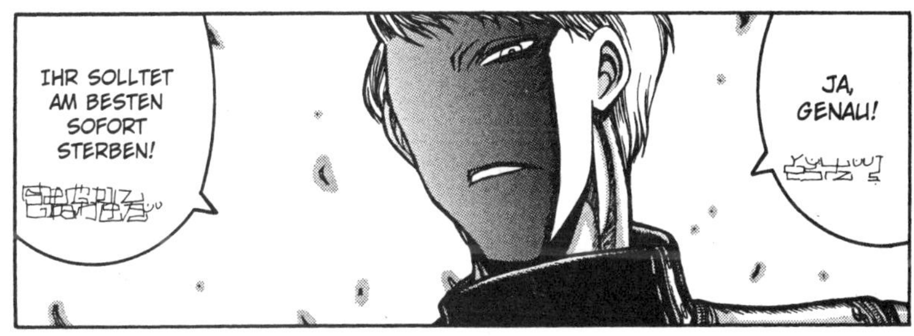
JA, GENAU!
IHR SOLLTET AM BESTEN SOFORT STERBEN!

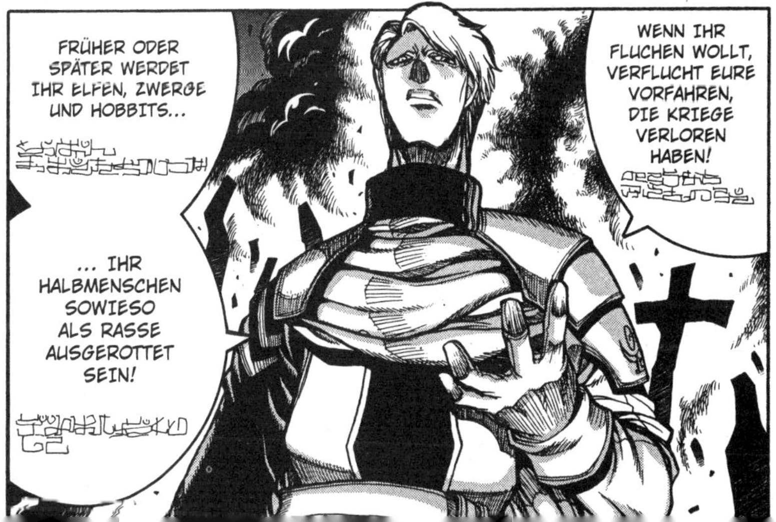
WENN IHR FLUCHEN WOLLT, VERFLUCHT EURE VORFAHREN, DIE KRIEGE VERLOREN HABEN!
FRÜHER ODER SPÄTER WERDET IHR ELFEN, ZWERGE UND HOBBITS…
… IHR HALBMENSCHEN SOWIESO ALS RASSE AUSGEROTTET SEIN!

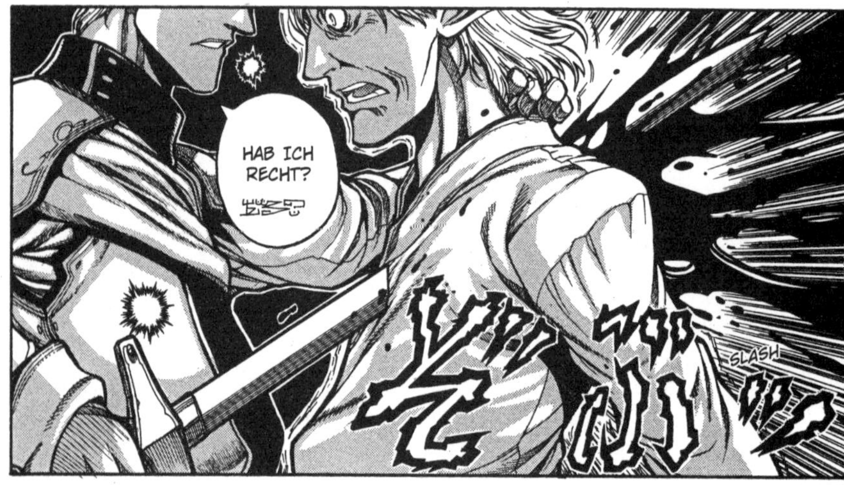
HAB ICH RECHT?
SLASH

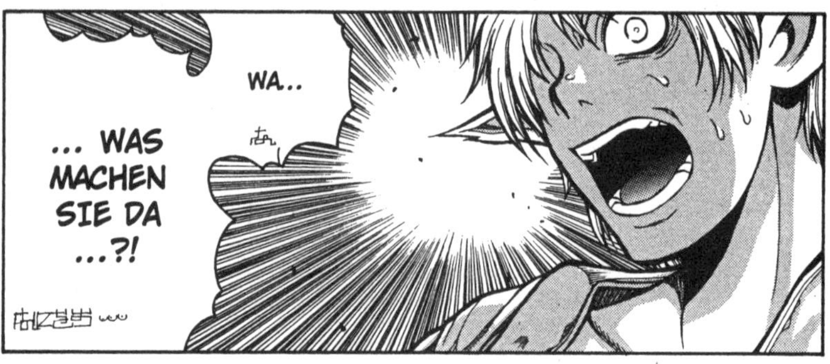
WA...
... WAS MACHEN SIE DA ...?!

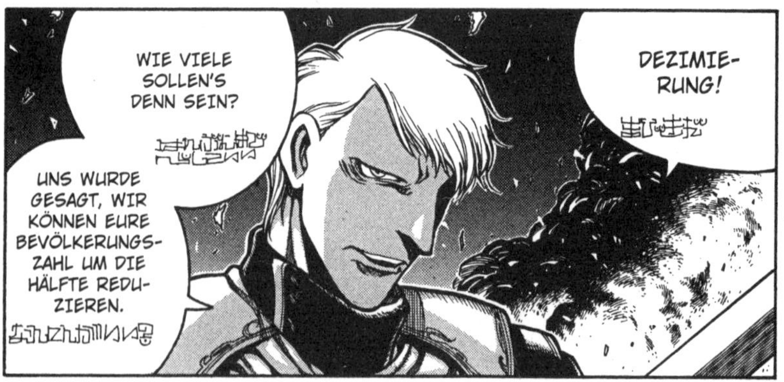
DEZIMIE-RUNG!
WIE VIELE SOLLEN'S DENN SEIN?
UNS WURDE GESAGT, WIR KÖNNEN EURE BEVÖLKERUNGS-ZAHL UM DIE HÄLFTE REDU-ZIEREN.

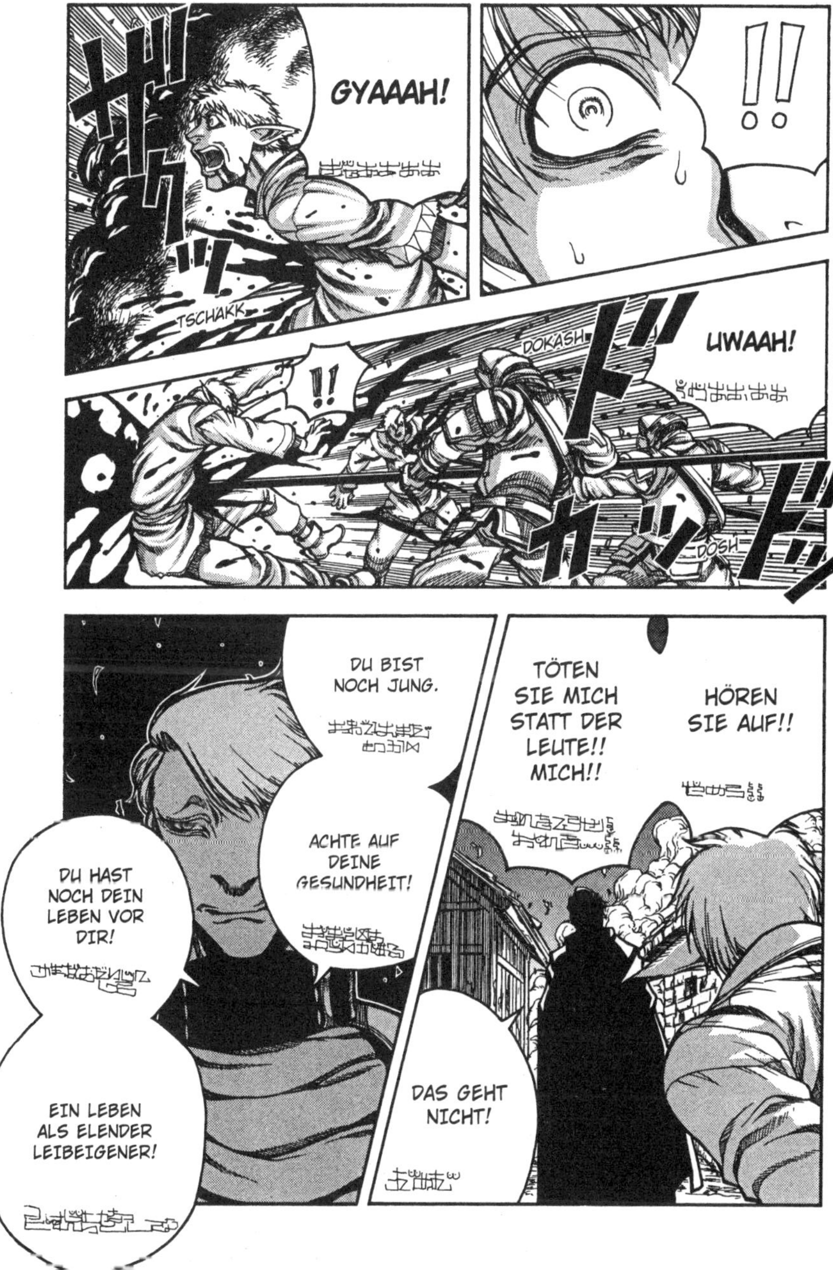

!!

GYAAAH!

TSCHAKK

UWAAH!

DOKASH

DOSH

!!

HÖREN SIE AUF!!

TÖTEN SIE MICH STATT DER LEUTE!! MICH!!

DAS GEHT NICHT!

DU BIST NOCH JUNG.

ACHTE AUF DEINE GESUNDHEIT!

DU HAST NOCH DEIN LEBEN VOR DIR!

EIN LEBEN ALS ELENDER LEIBEIGENER!

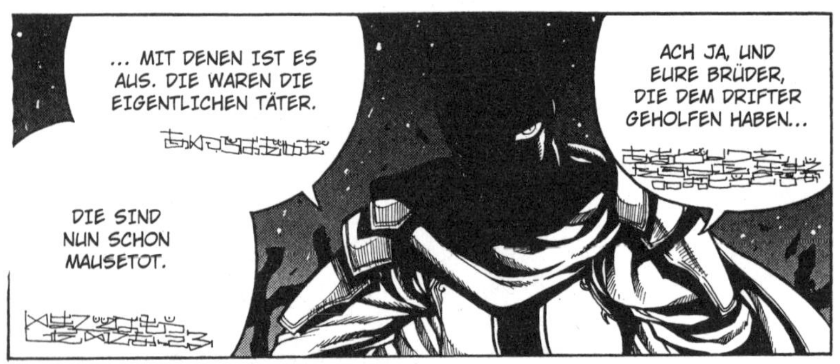
ACH JA, UND EURE BRÜDER, DIE DEM DRIFTER GEHOLFEN HABEN...
... MIT DENEN IST ES AUS. DIE WAREN DIE EIGENTLICHEN TÄTER.
DIE SIND NUN SCHON MAUSETOT.

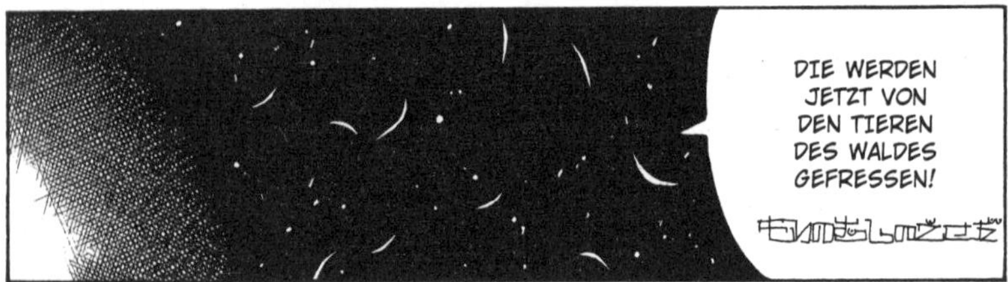
DIE WERDEN JETZT VON DEN TIEREN DES WALDES GEFRESSEN!

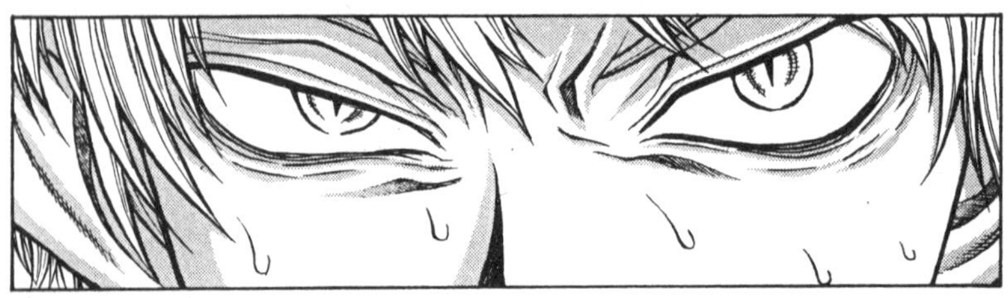

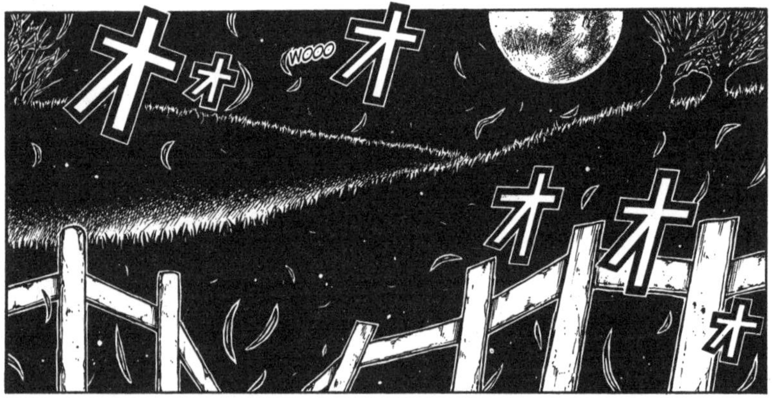
オォ
WOOO
オ
オオォ

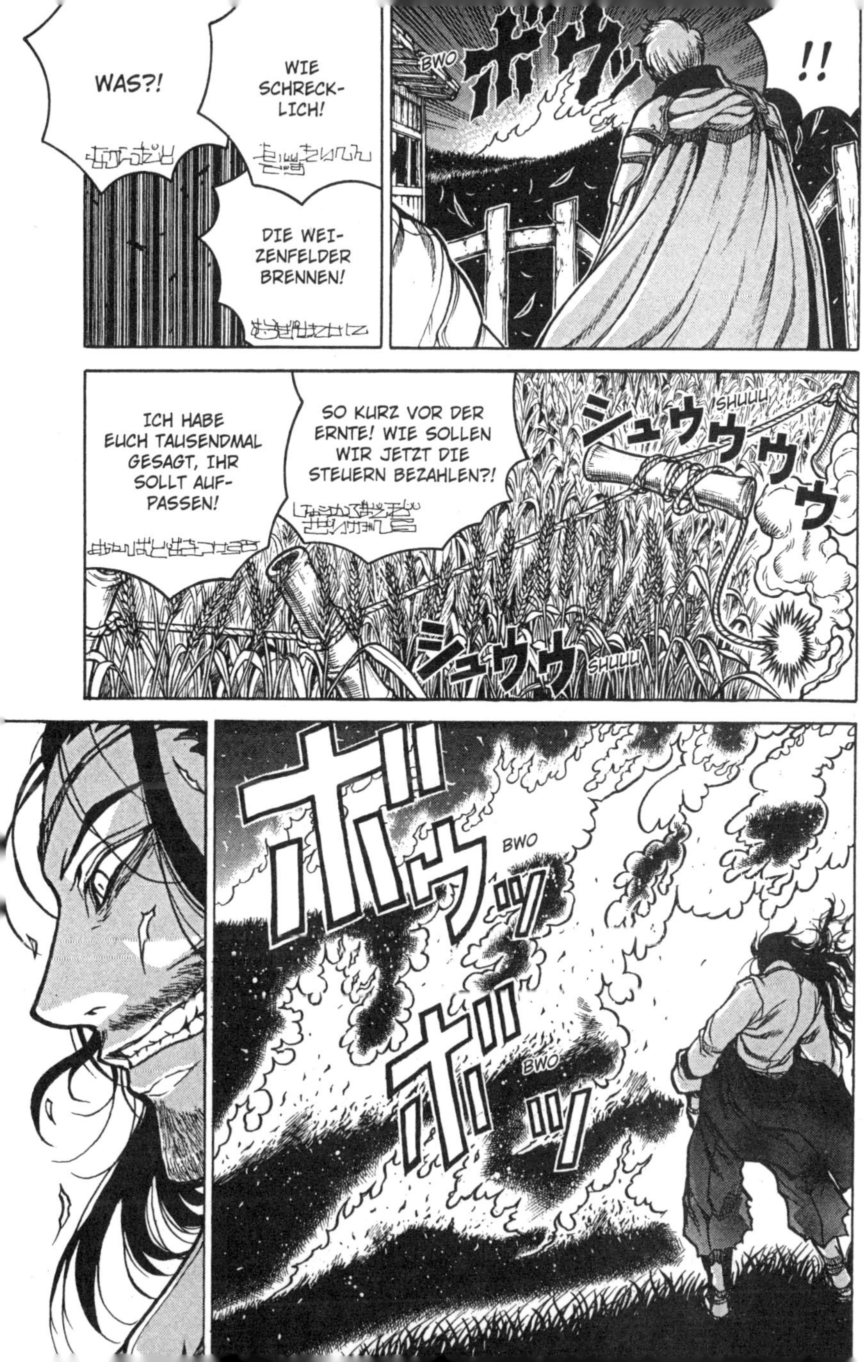

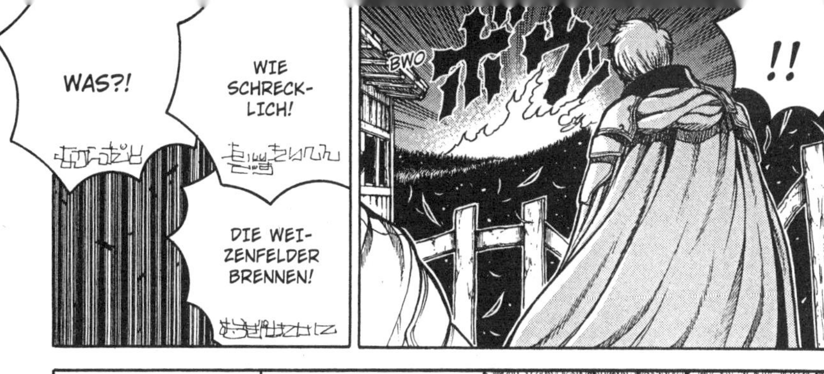
BWO
!!
WIE SCHRECK-LICH!
DIE WEI-ZENFELDER BRENNEN!
WAS?!

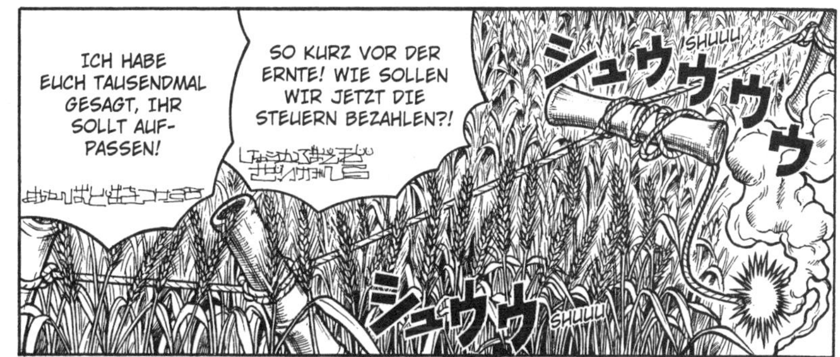
SHUUU
SHUUU
SO KURZ VOR DER ERNTE! WIE SOLLEN WIR JETZT DIE STEUERN BEZAHLEN?!
ICH HABE EUCH TAUSENDMAL GESAGT, IHR SOLLT AUF-PASSEN!

BWO
BWO

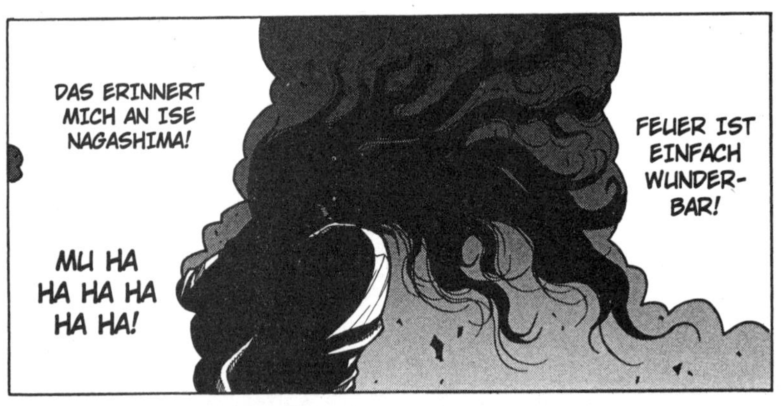

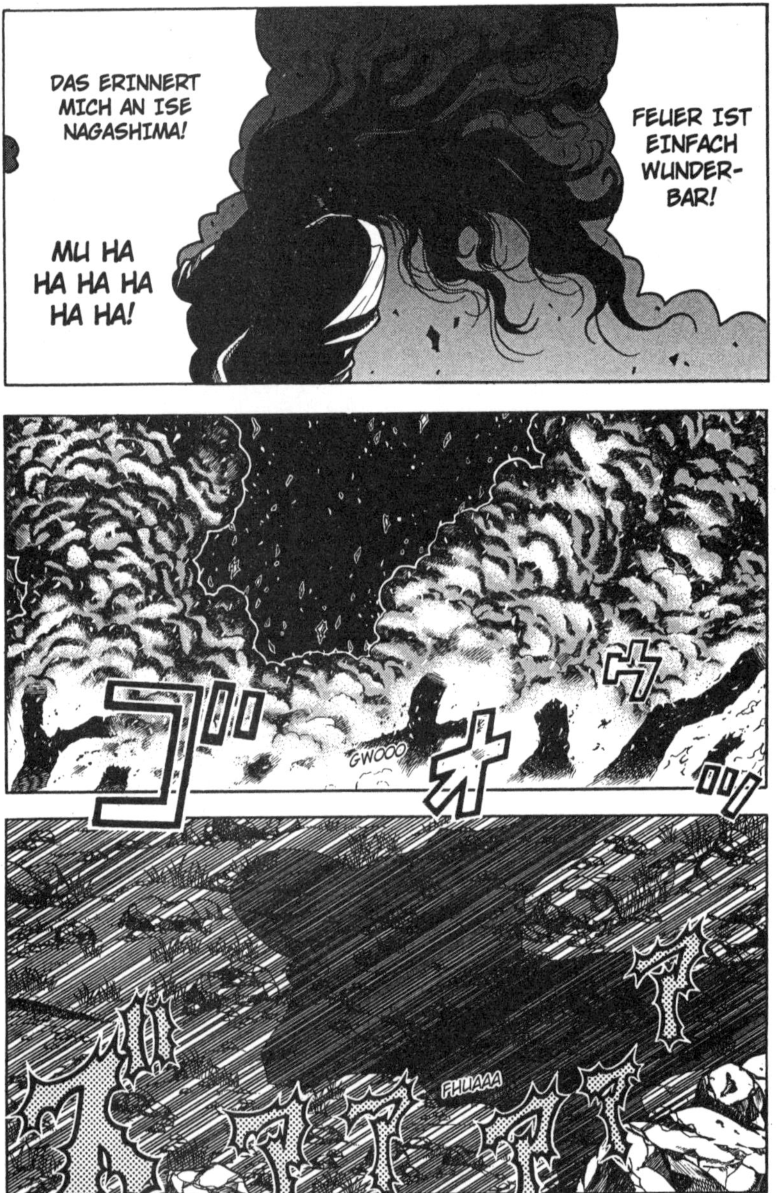

GWOOO

FHUAAA

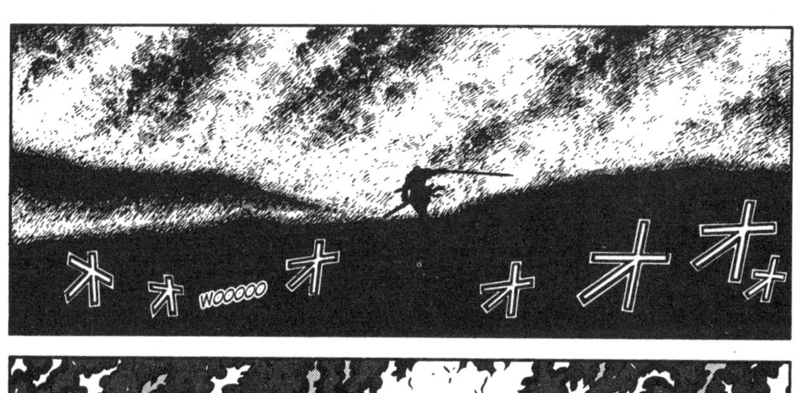

ォオオォ
オォ
WOOOOO
オ

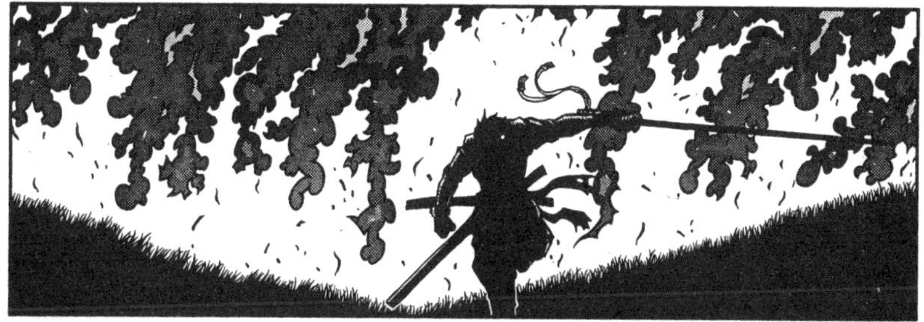

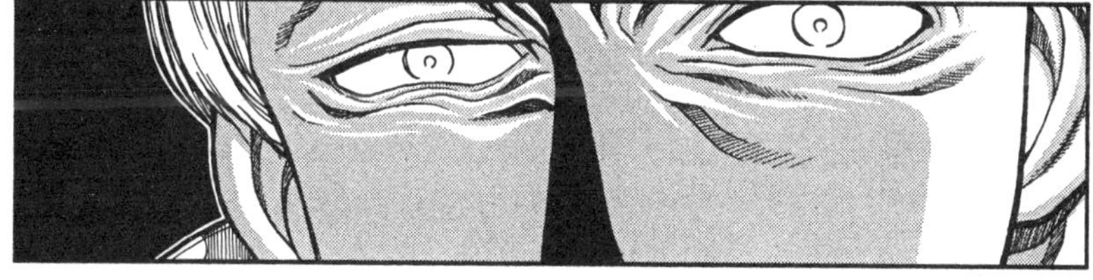

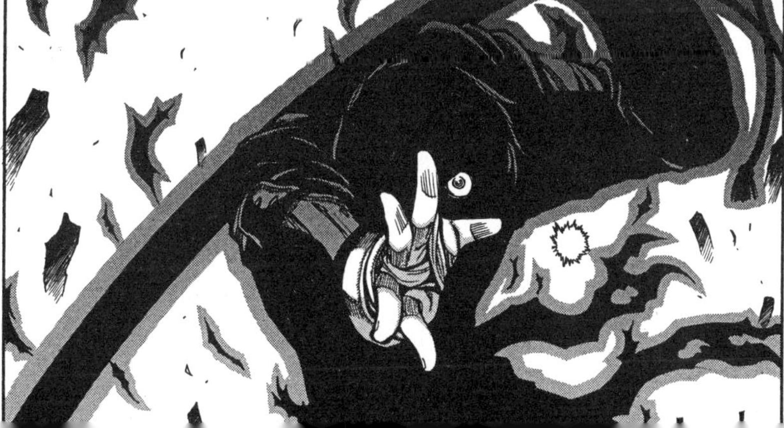

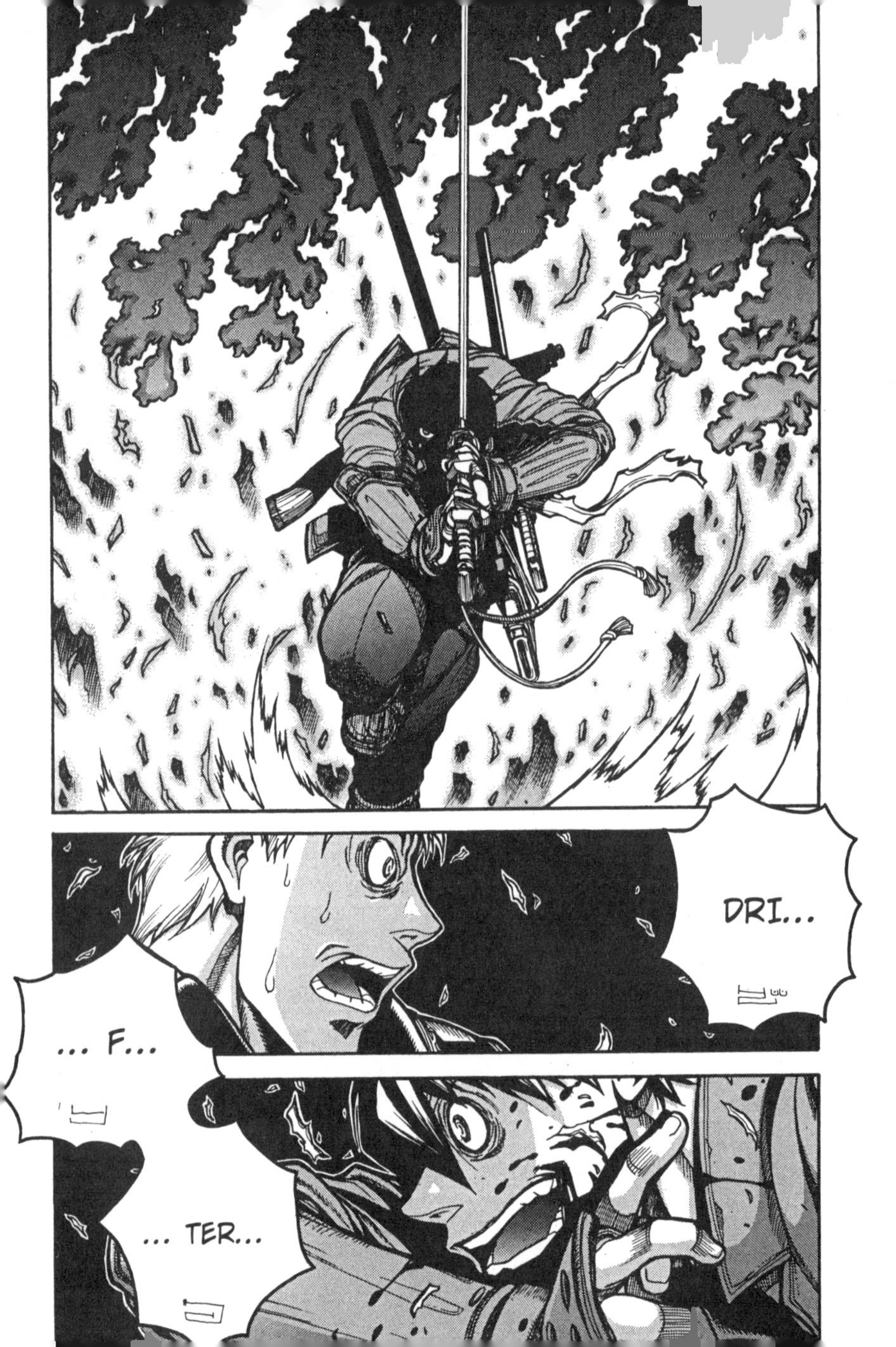

DRI...

... F...

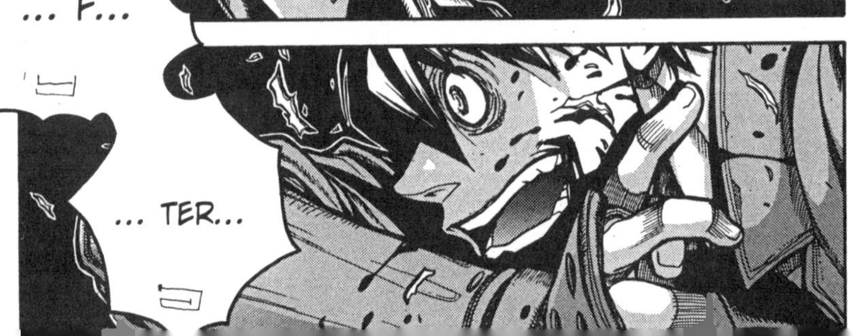

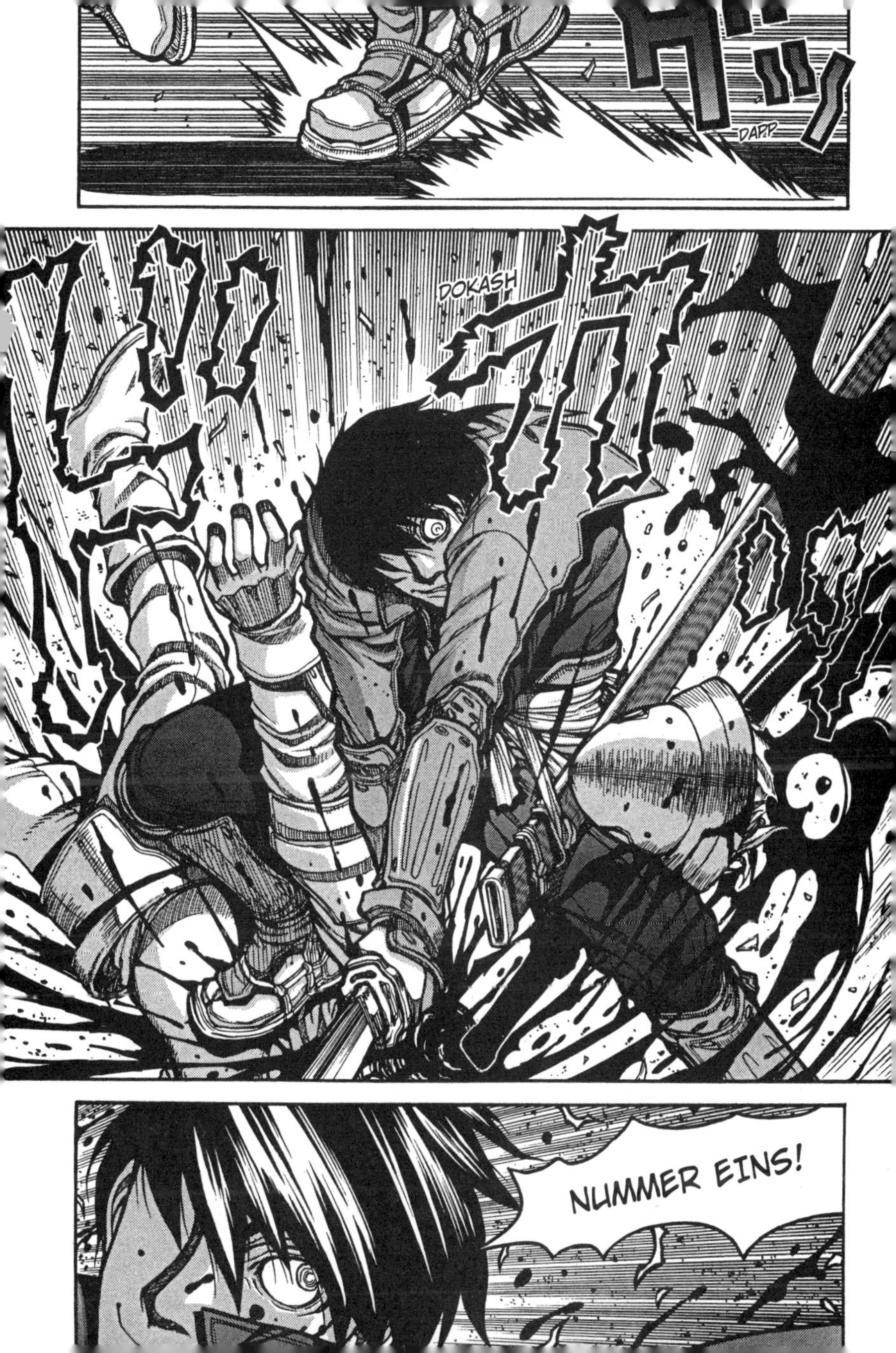

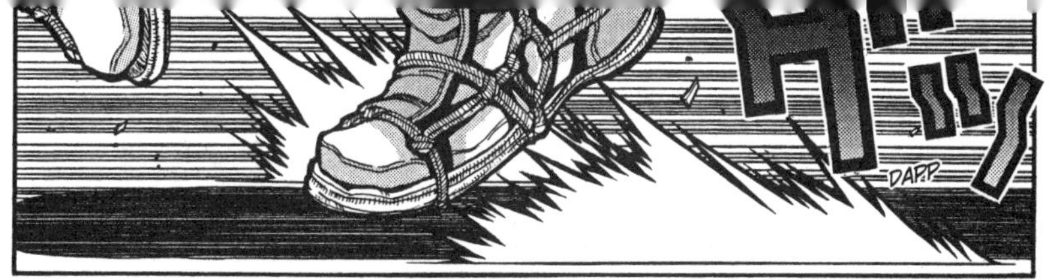
DAPP
DOKASH

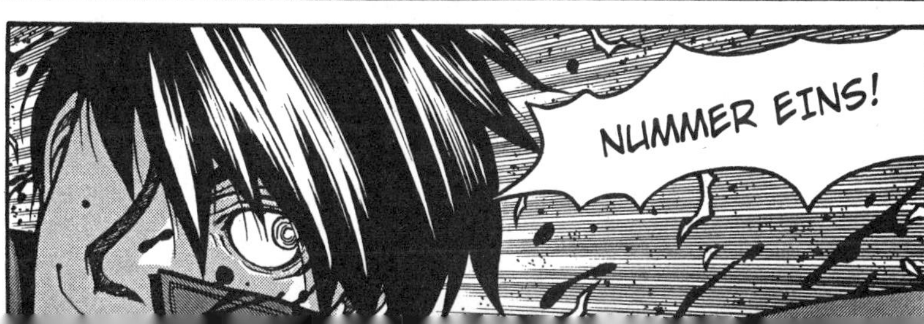
NUMMER EINS!

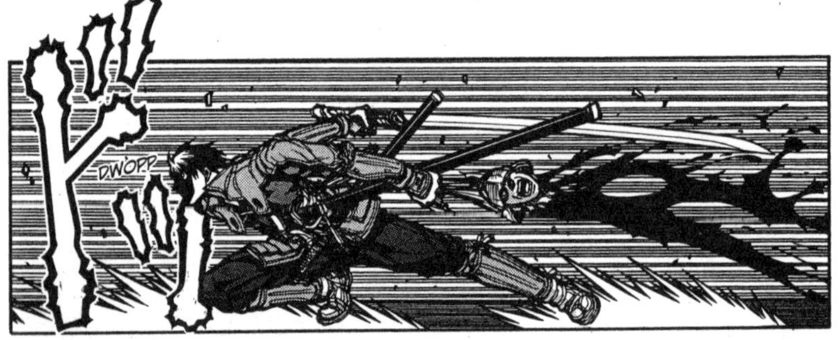
DWOPP
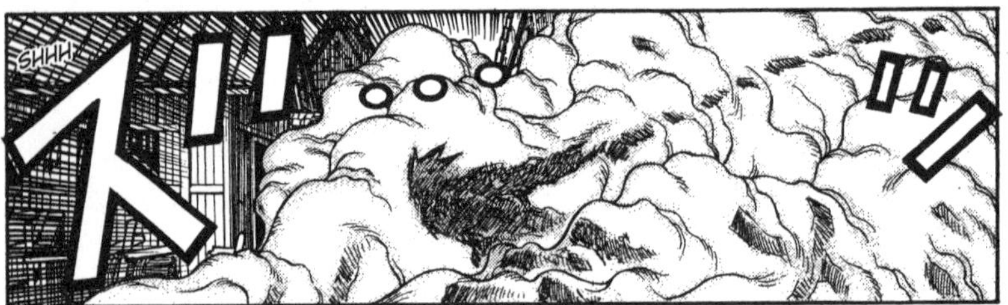
SHHH
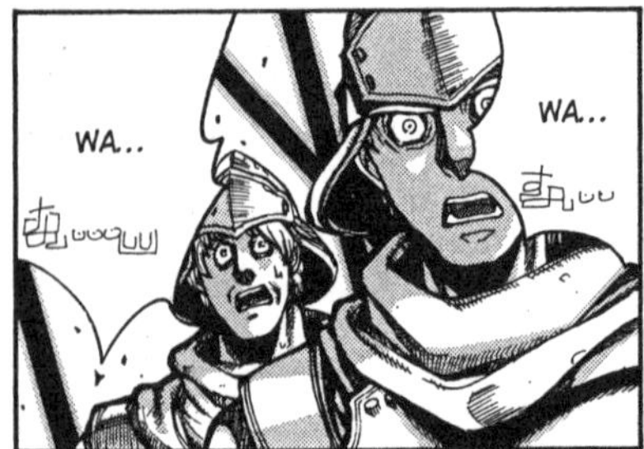
WA...
WA...
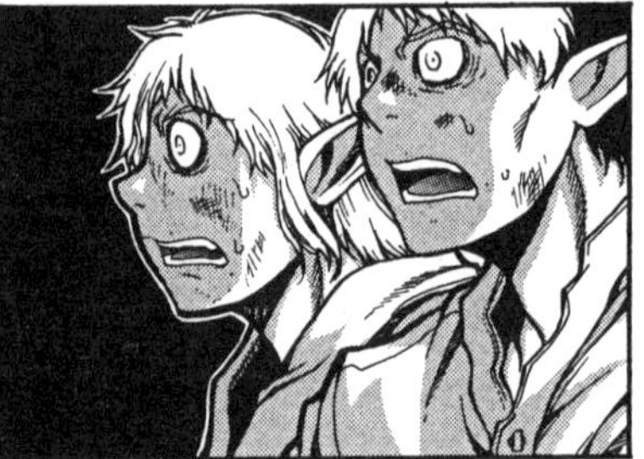
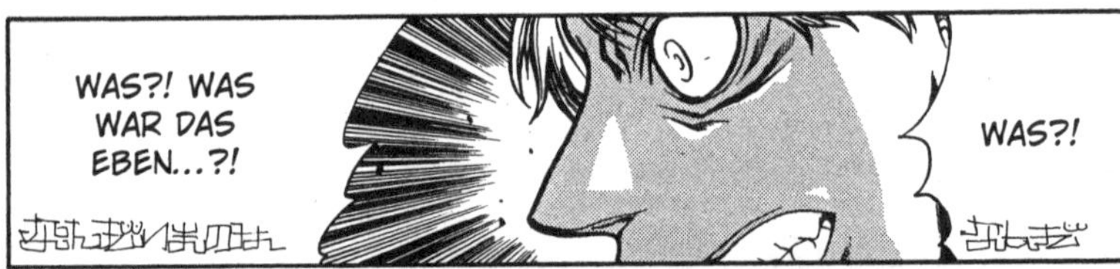
WAS?!
WAS?! WAS WAR DAS EBEN...?!
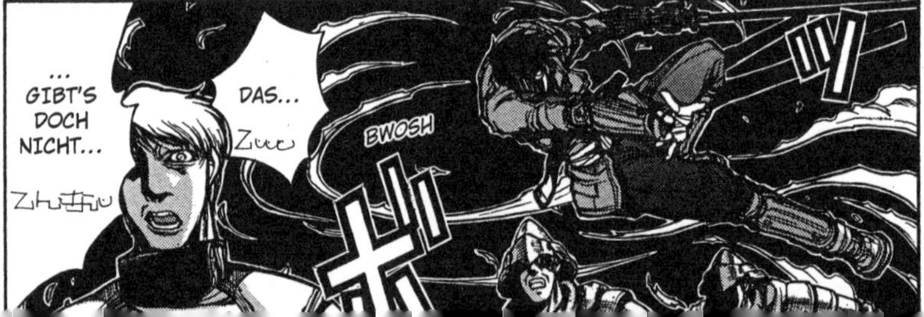
DAS...
... GIBT'S DOCH NICHT...
BWOSH

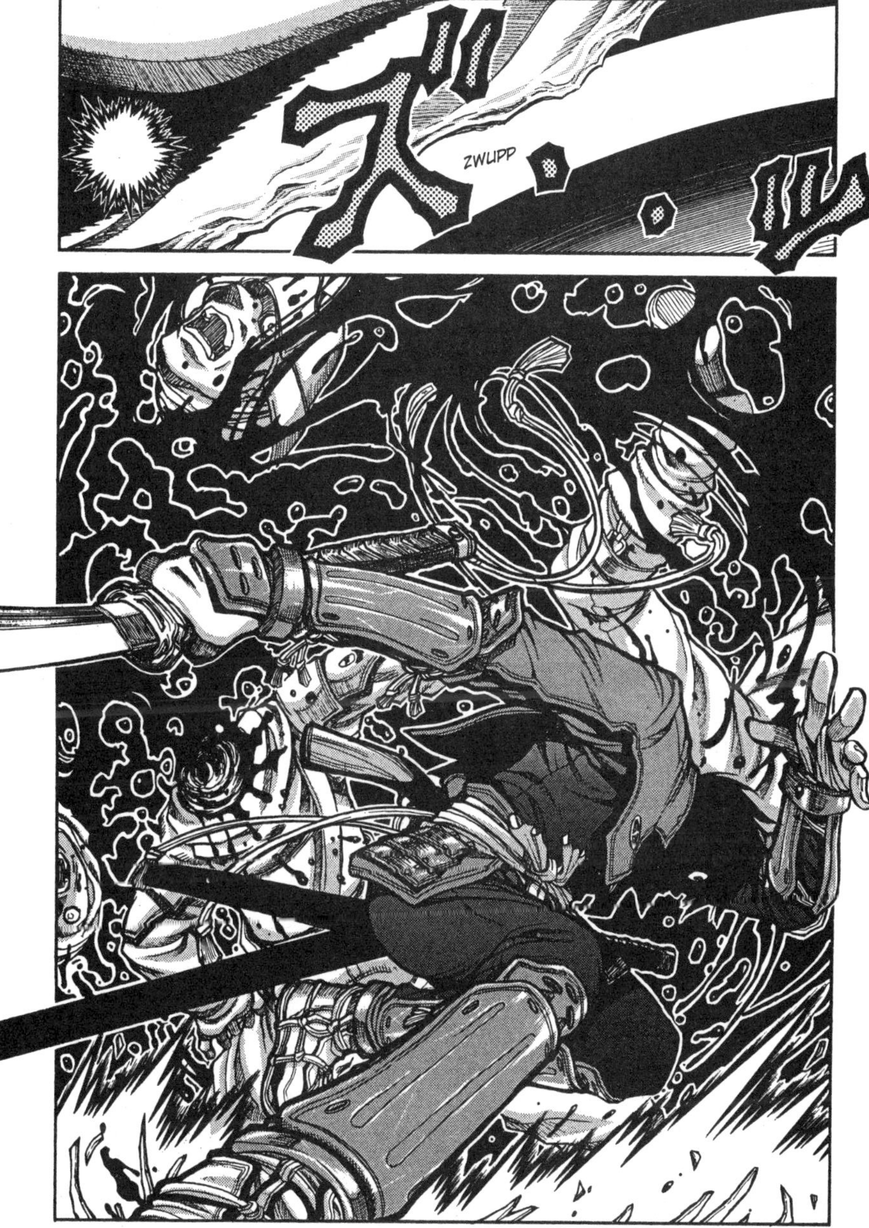
ZWUPP

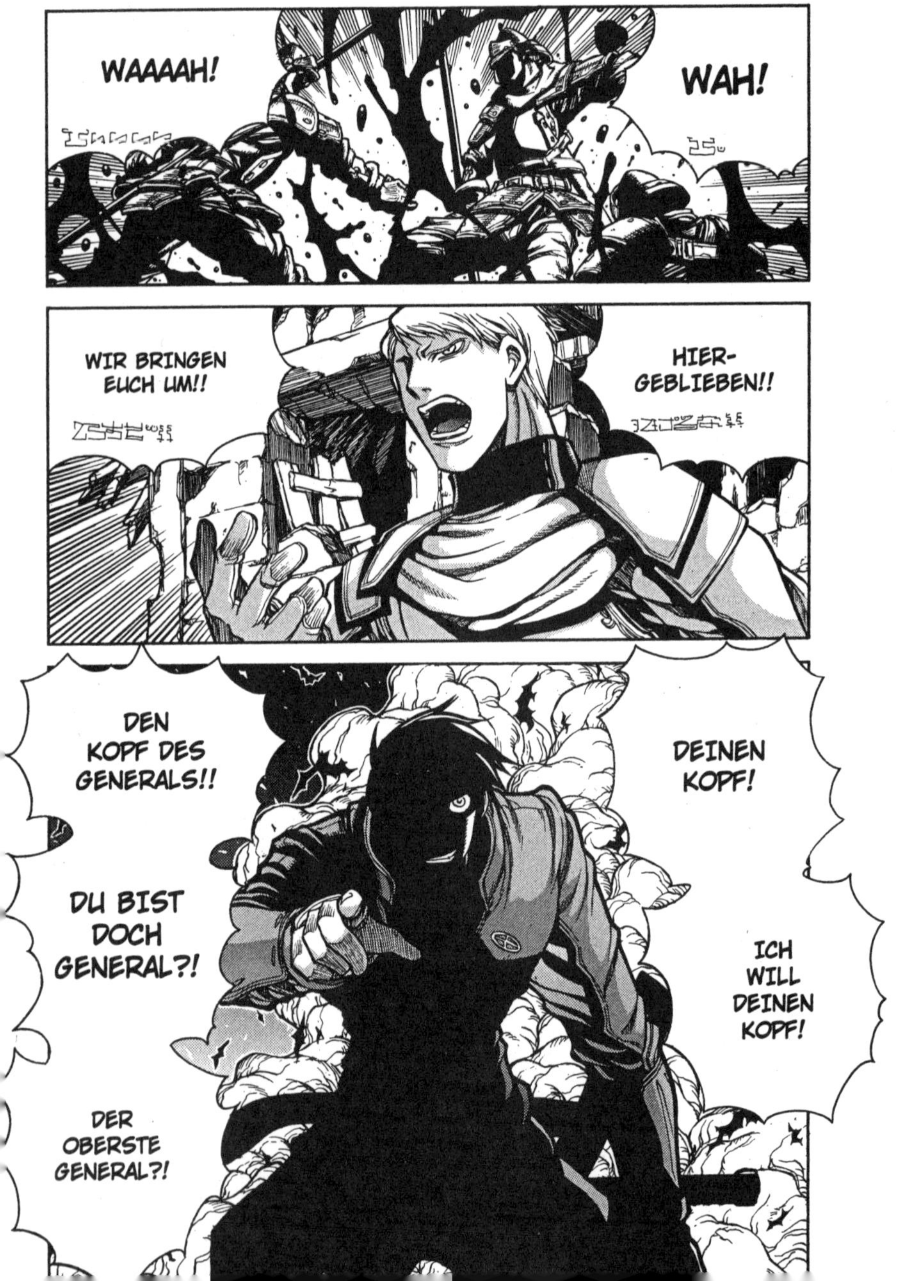

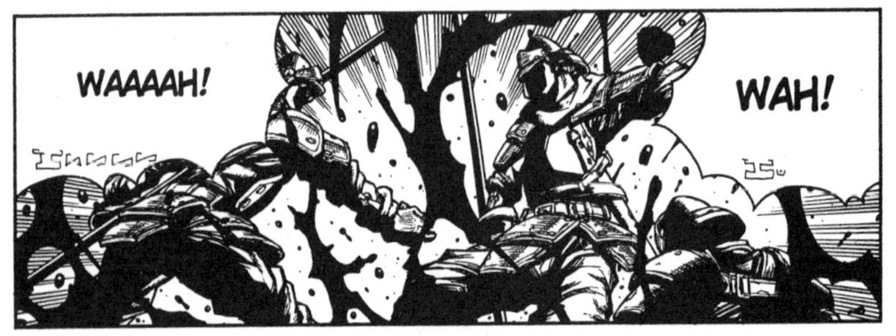

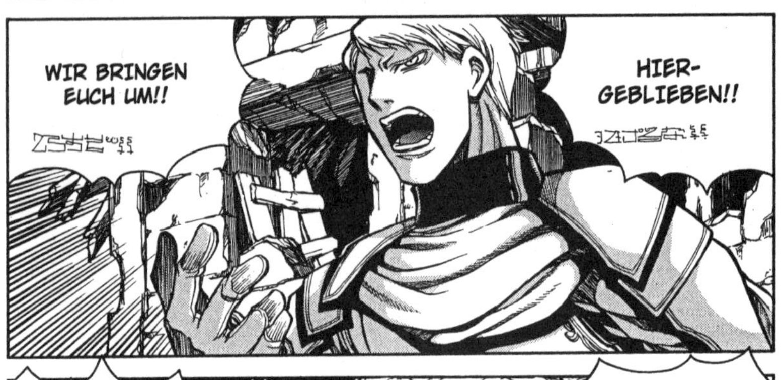

DEINEN KOPF!

ICH WILL DEINEN KOPF!

DEN KOPF DES GENERALS!!

DU BIST DOCH GENERAL?!

DER OBERSTE GENERAL?!

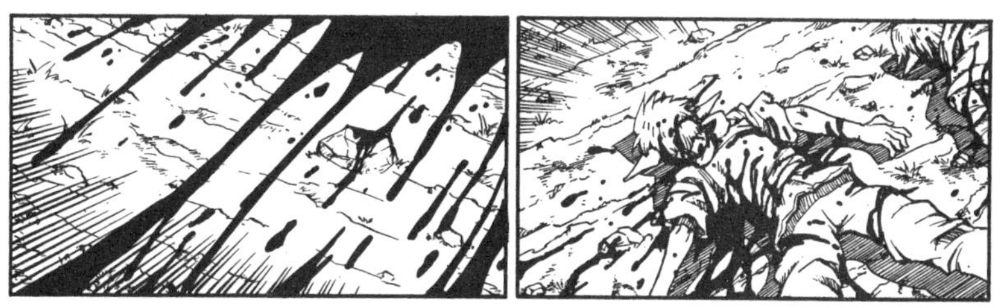

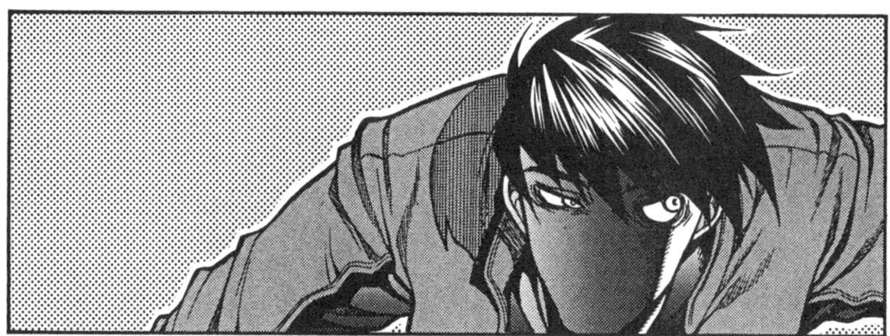

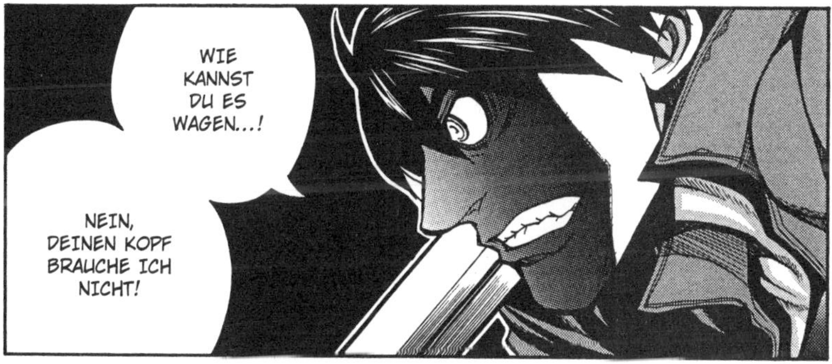
WIE KANNST DU ES WAGEN...!
NEIN, DEINEN KOPF BRAUCHE ICH NICHT!

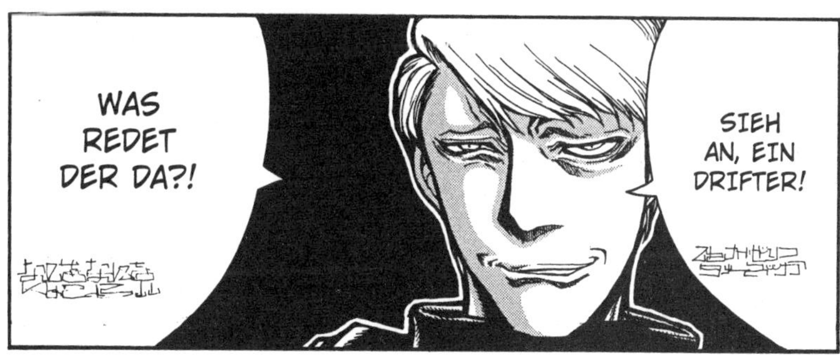
SIEH AN, EIN DRIFTER!
WAS REDET DER DA?!

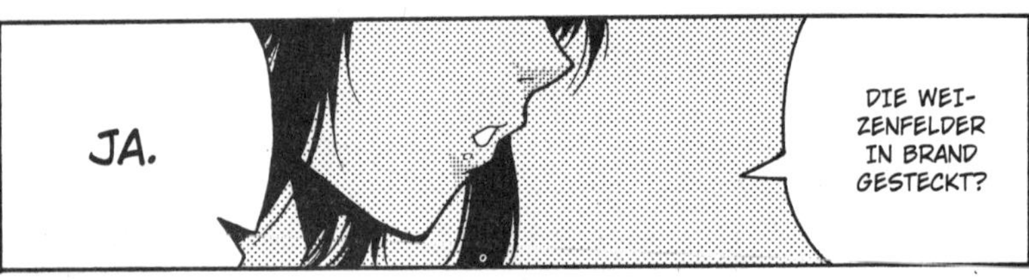

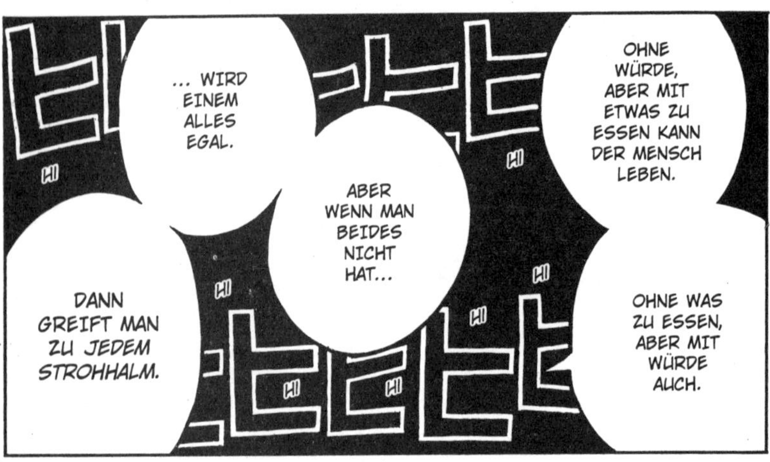

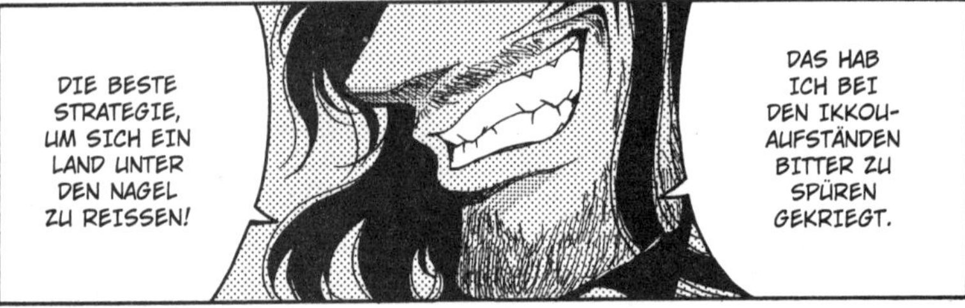

ENDE DES SECHSTEN KAPITELS

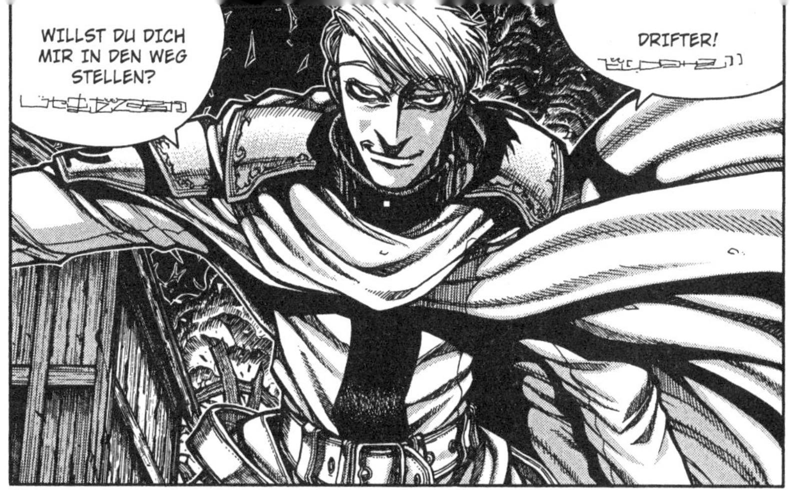
DRIFTER!
WILLST DU DICH MIR IN DEN WEG STELLEN?
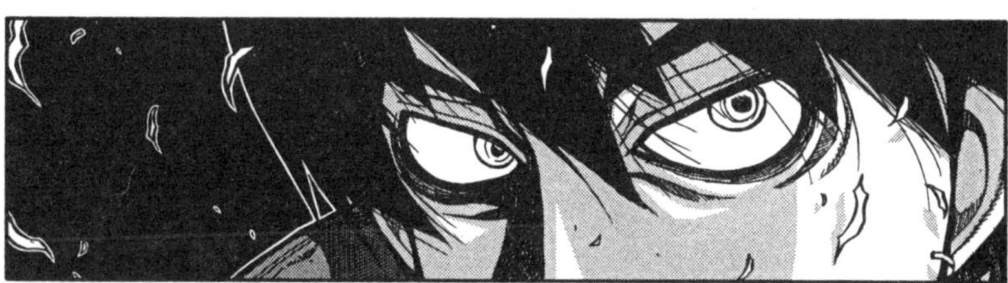
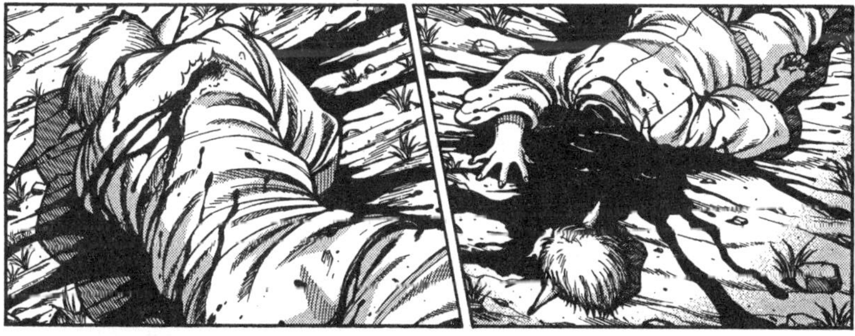
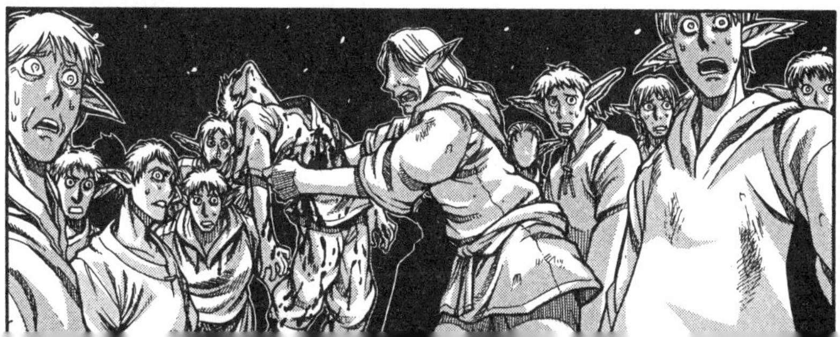

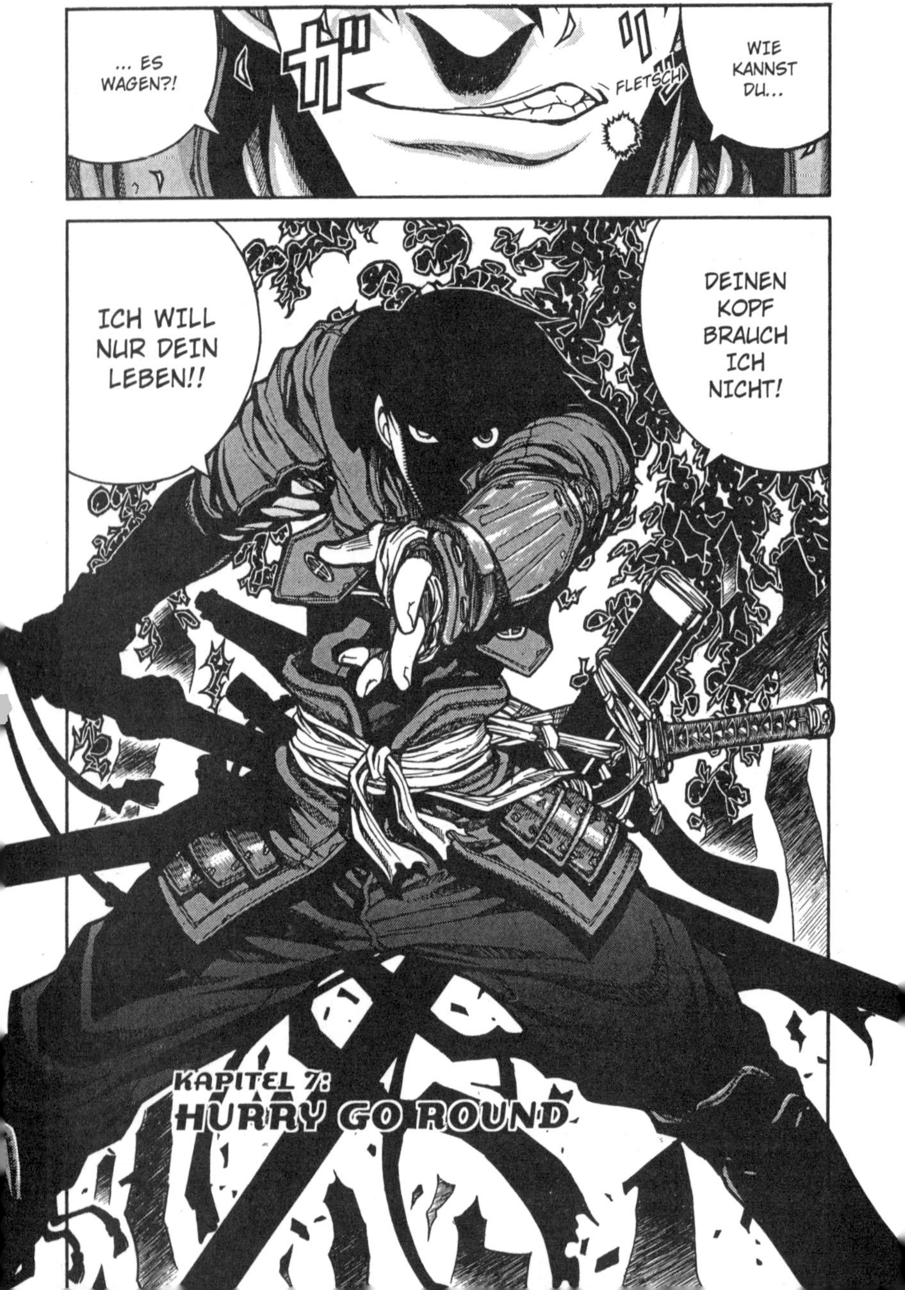

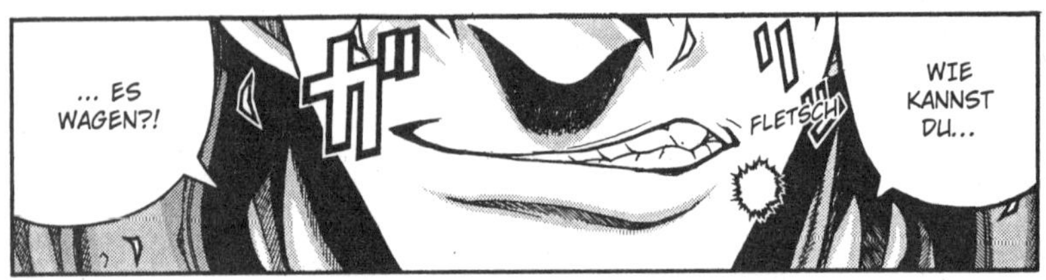

DEINEN KOPF BRAUCH ICH NICHT!

ICH WILL NUR DEIN LEBEN!!

KAPITEL 7: HURRY GO ROUND

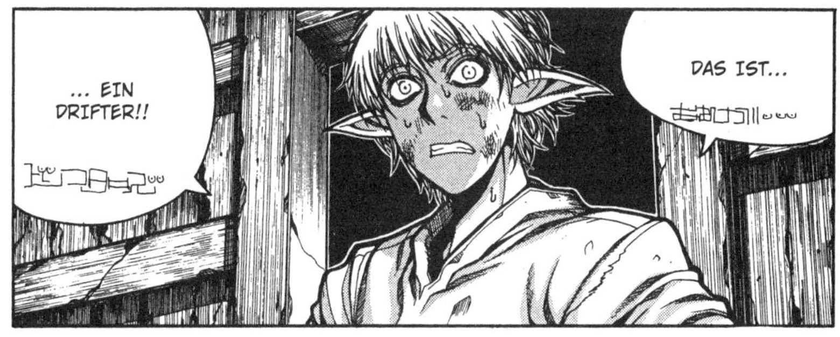
DAS IST...
... EIN DRIFTER!!
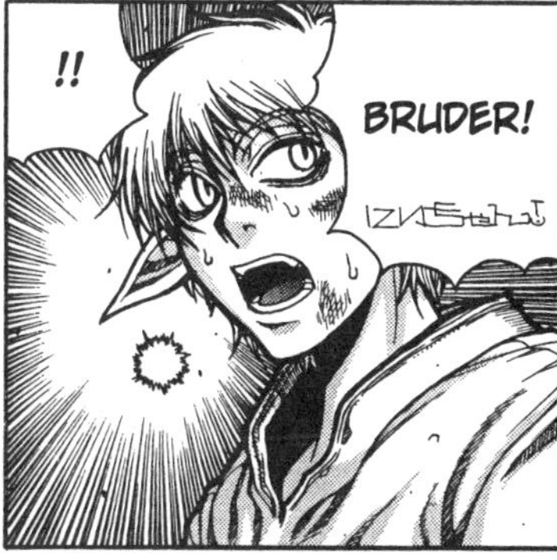
!!
BRUDER!
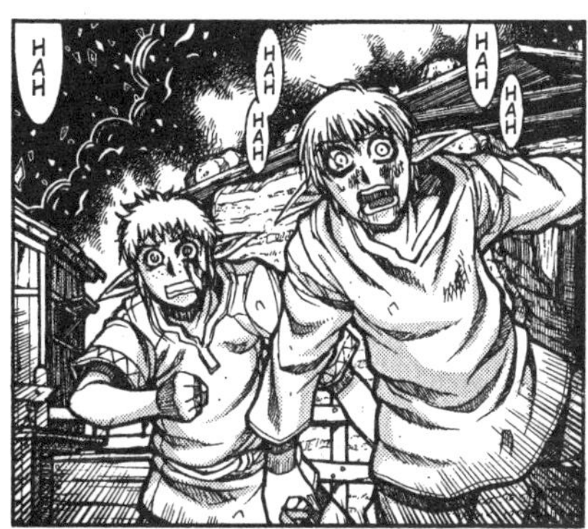
HAH HAH
HAH HAH
HAH
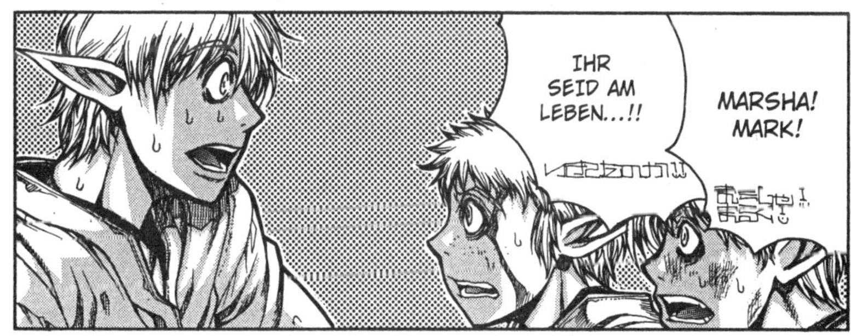
MARSHA! MARK!
IHR SEID AM LEBEN...!!
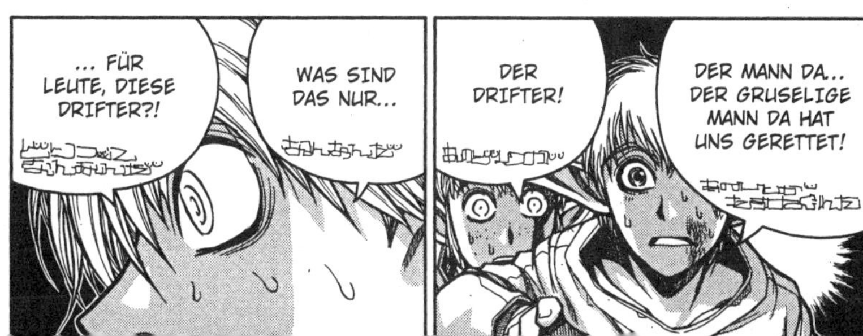
DER MANN DA... DER GRUSELIGE MANN DA HAT UNS GERETTET!
DER DRIFTER!
WAS SIND DAS NUR...
... FÜR LEUTE, DIESE DRIFTER?!

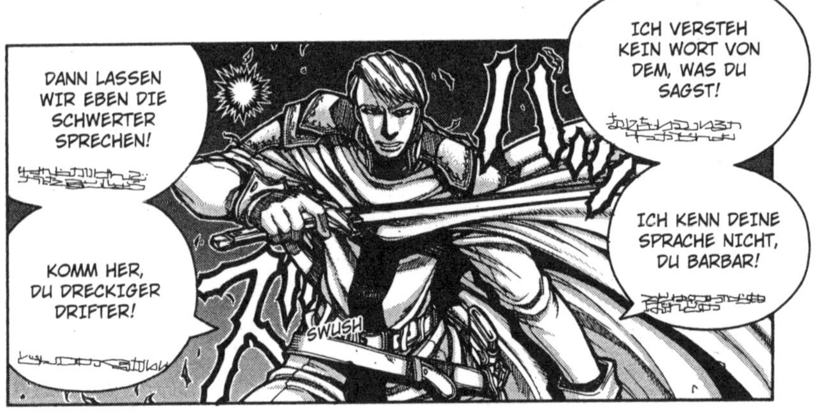
ICH VERSTEH KEIN WORT VON DEM, WAS DU SAGST!
ICH KENN DEINE SPRACHE NICHT, DU BARBAR!
DANN LASSEN WIR EBEN DIE SCHWERTER SPRECHEN!
KOMM HER, DU DRECKIGER DRIFTER!
SWUSH

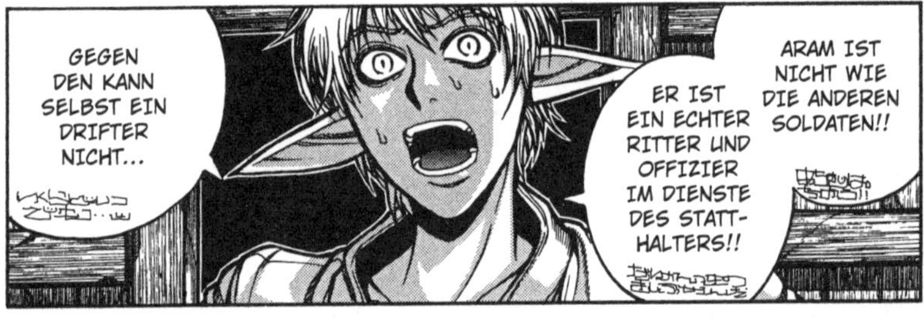
ARAM IST NICHT WIE DIE ANDEREN SOLDATEN!!
ER IST EIN ECHTER RITTER UND OFFIZIER IM DIENSTE DES STATT-HALTERS!!
GEGEN DEN KANN SELBST EIN DRIFTER NICHT…

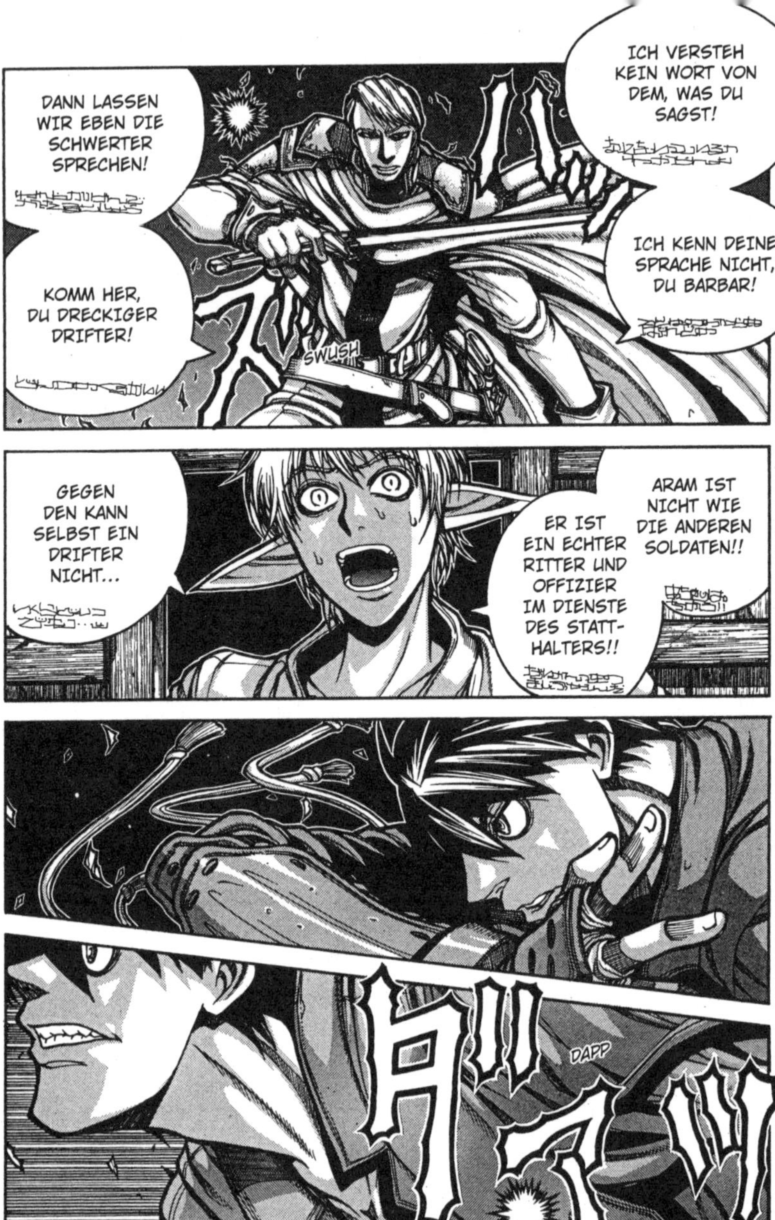

DAPP

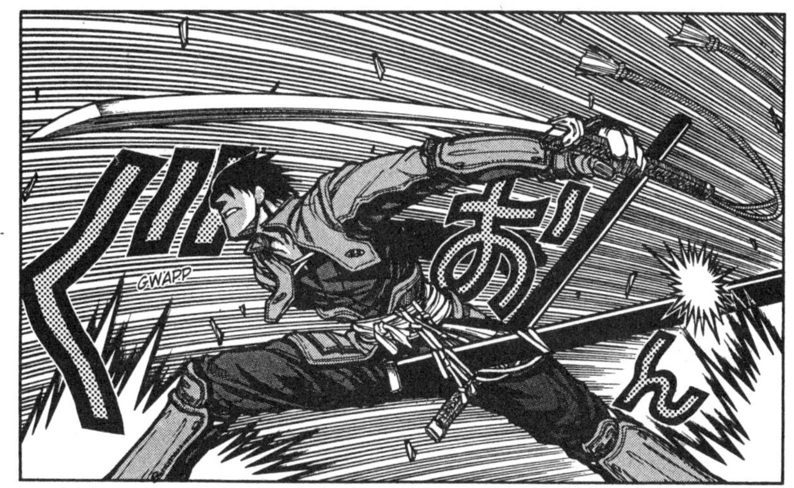
GWAPP
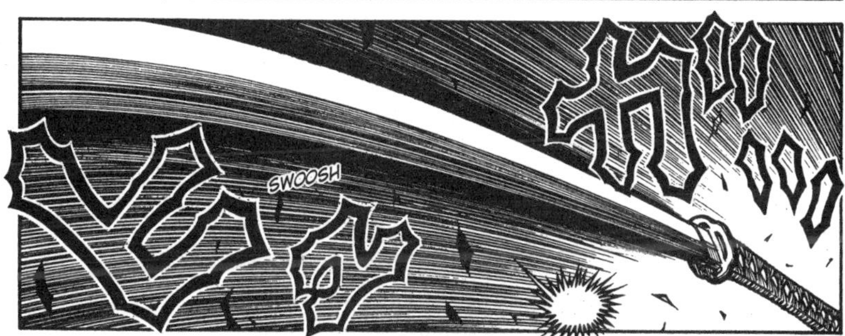
SWOOSH
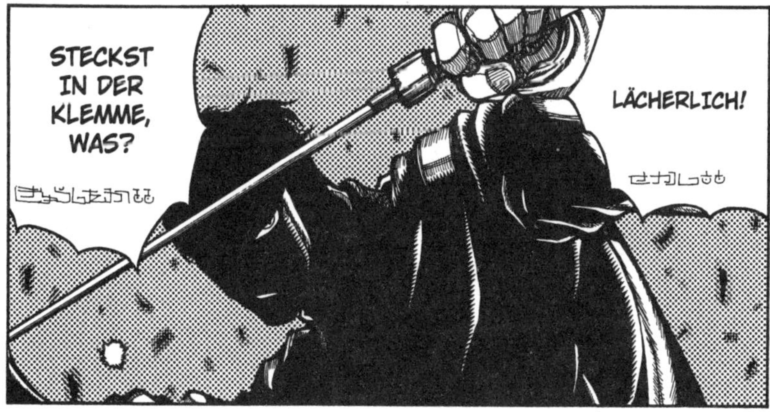
STECKST IN DER KLEMME, WAS?
LÄCHERLICH!

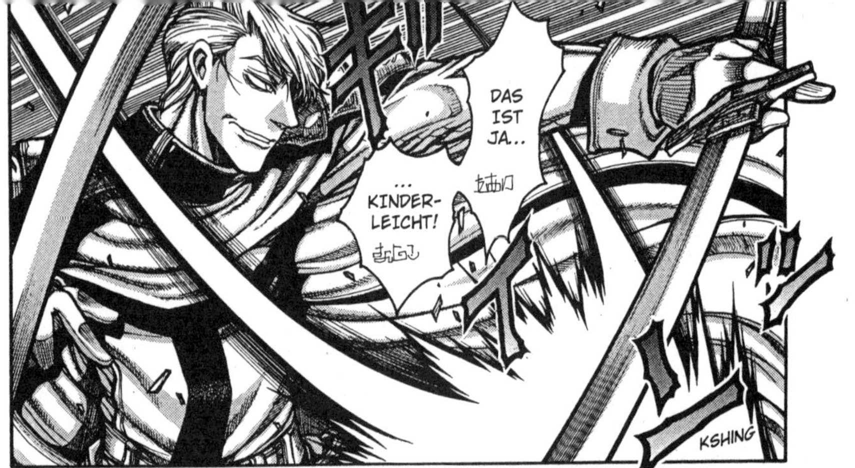
DAS IST JA...
...KINDER-LEICHT!
KSHING

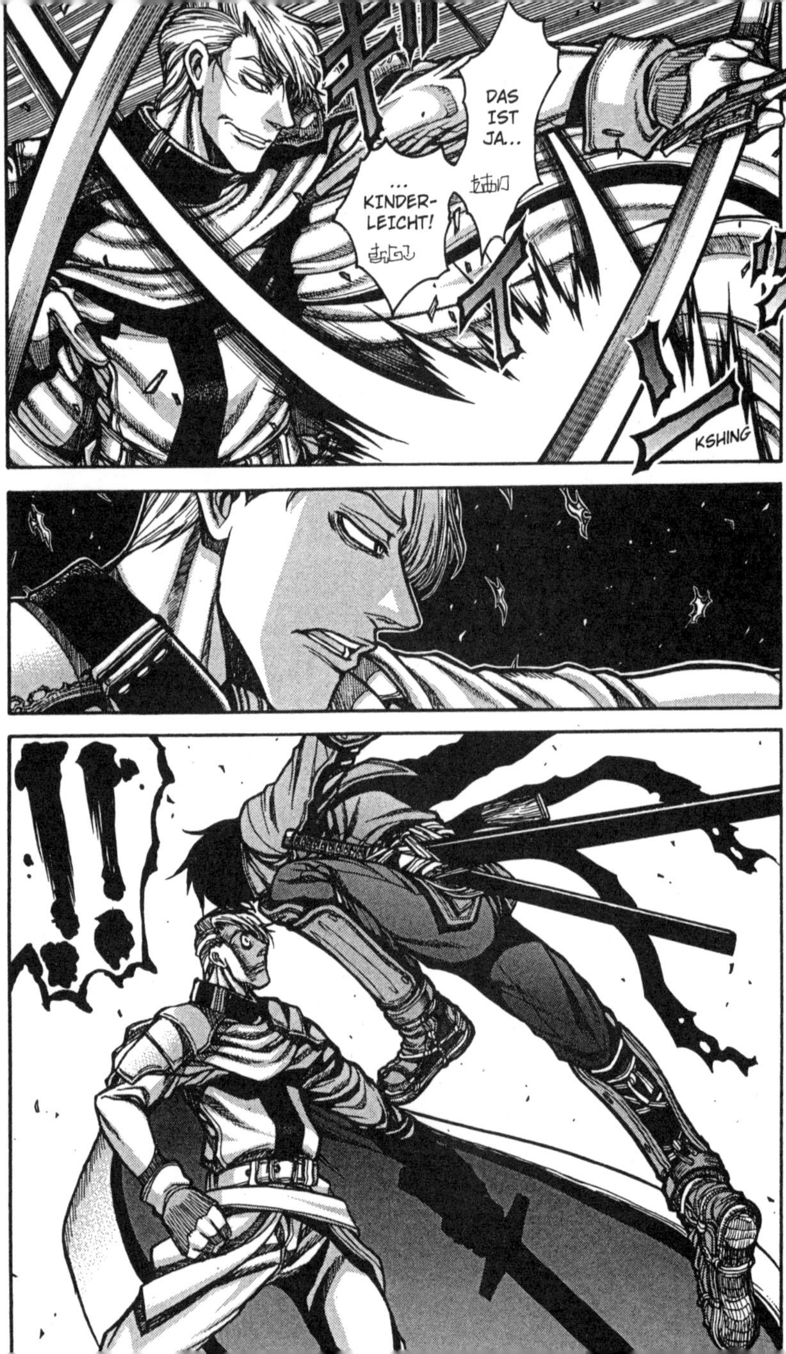

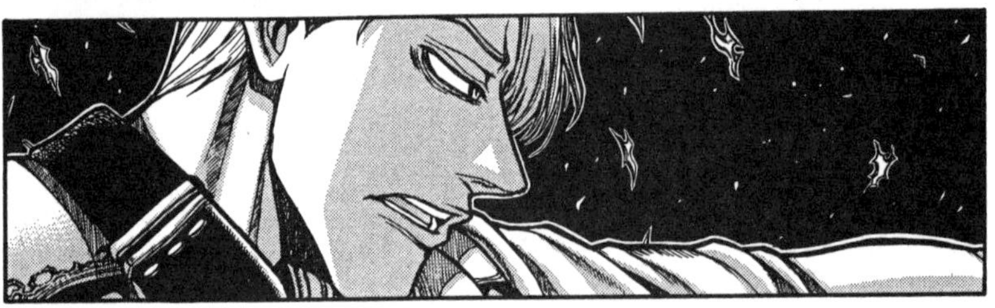

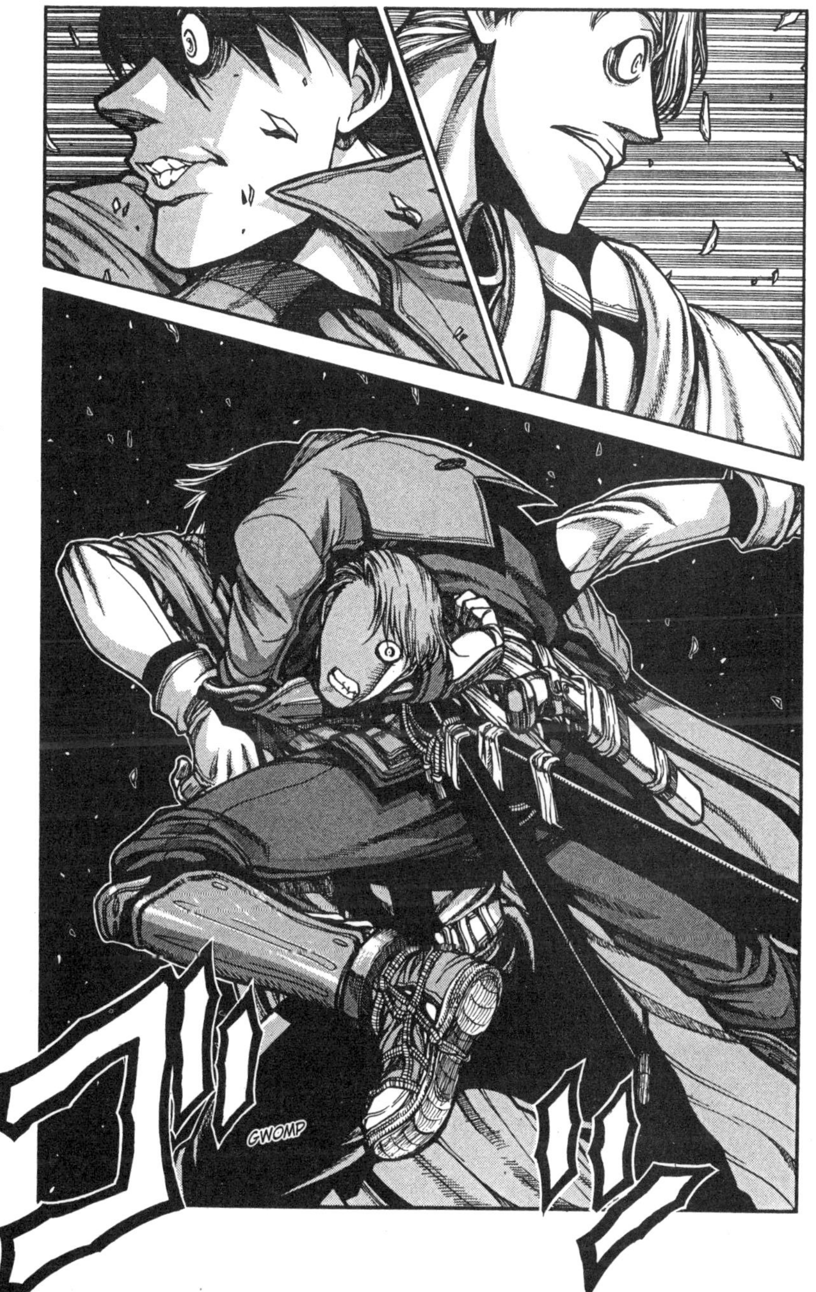
GWOMP

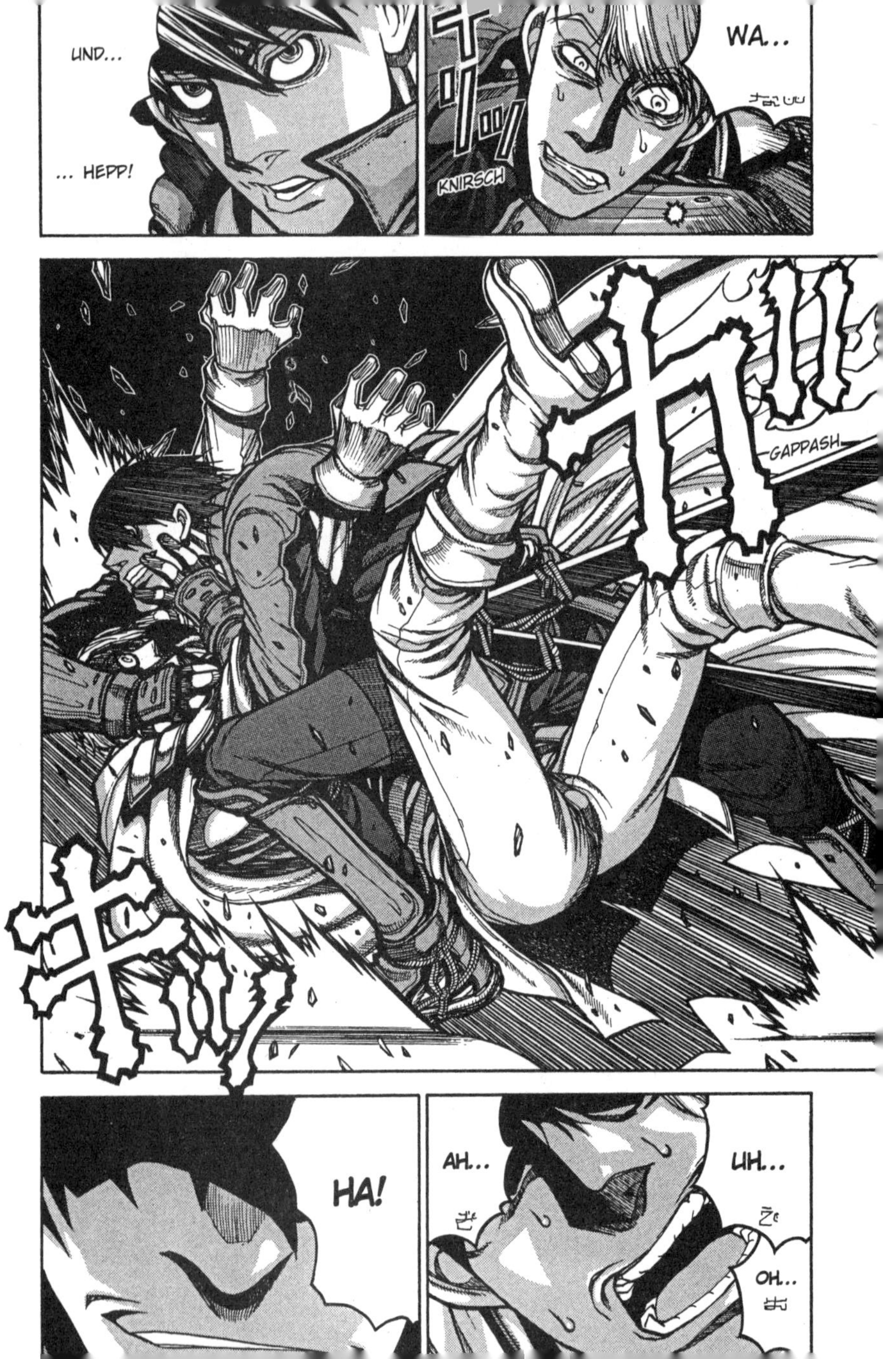

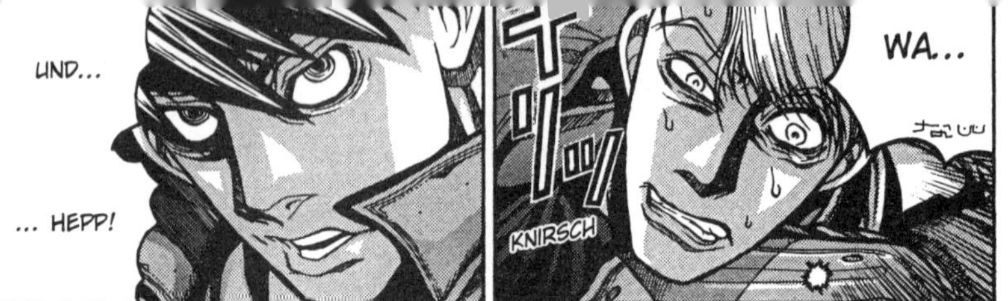

GAPPASH

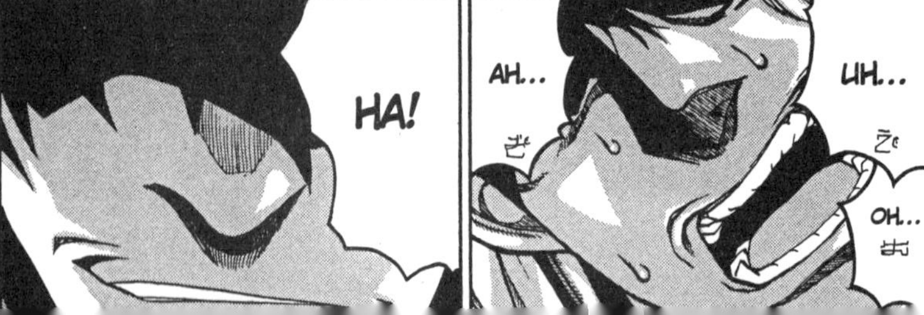

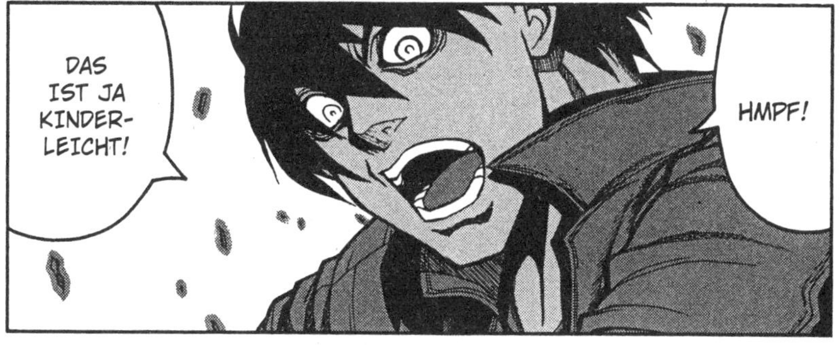
HMPF!
DAS IST JA KINDER-LEICHT!
SWUSH

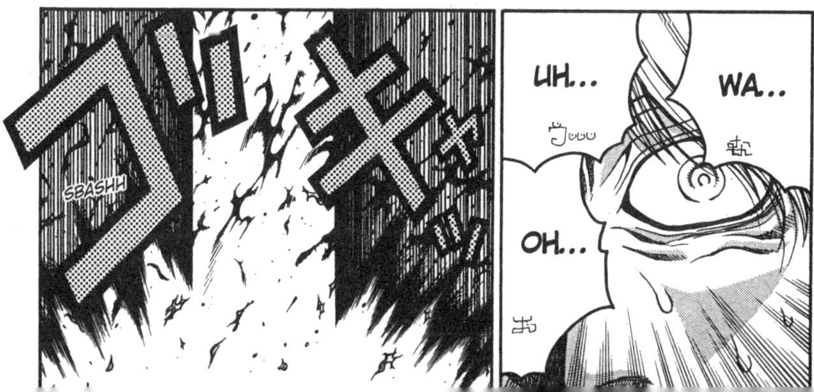
WA...
UH...
OH...
SBASH

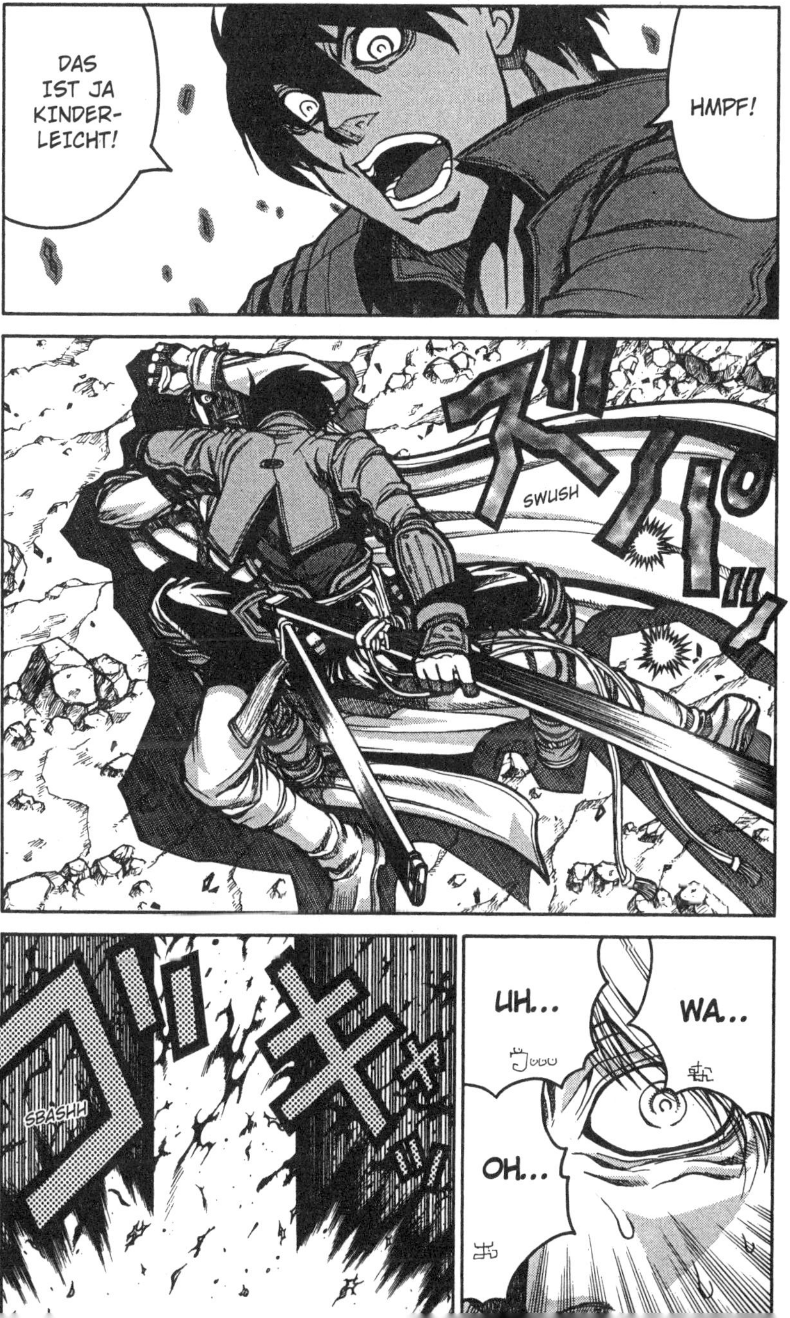

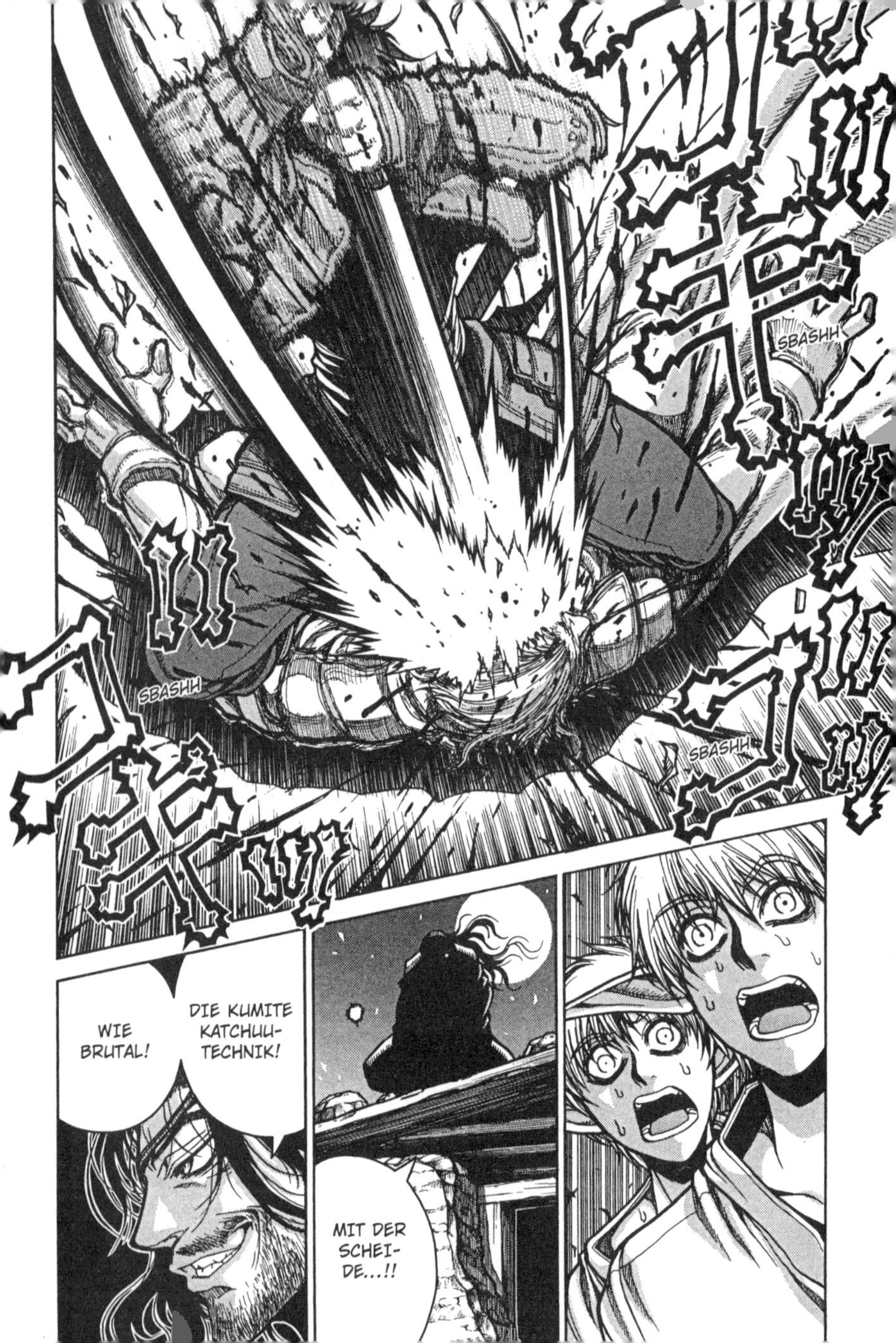
SBASHH
SBASHH
SBASHH
MIT DER SCHEIDE...!!
DIE KUMITE KATCHUU-TECHNIK!
WIE BRUTAL!

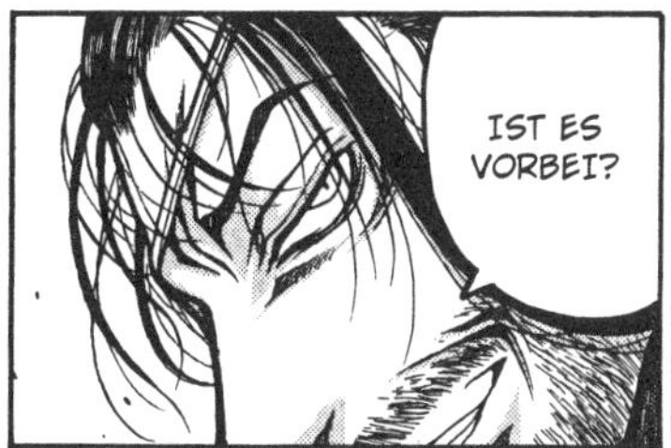
IST ES VORBEI?
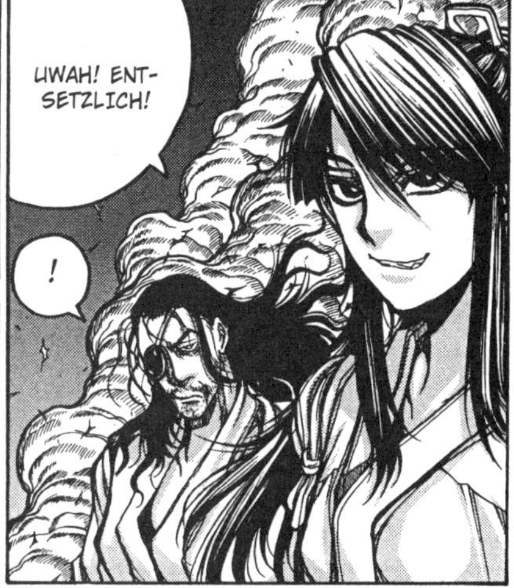
UWAH! ENT-SETZLICH!
!
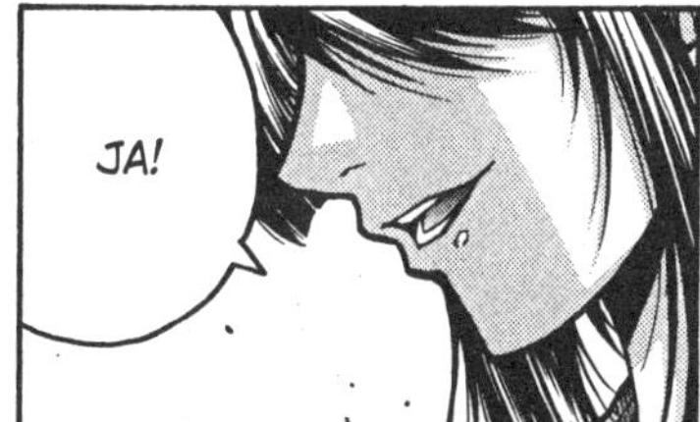
JA!
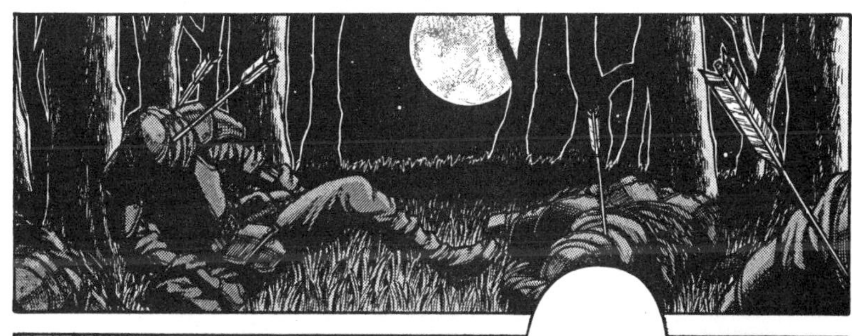
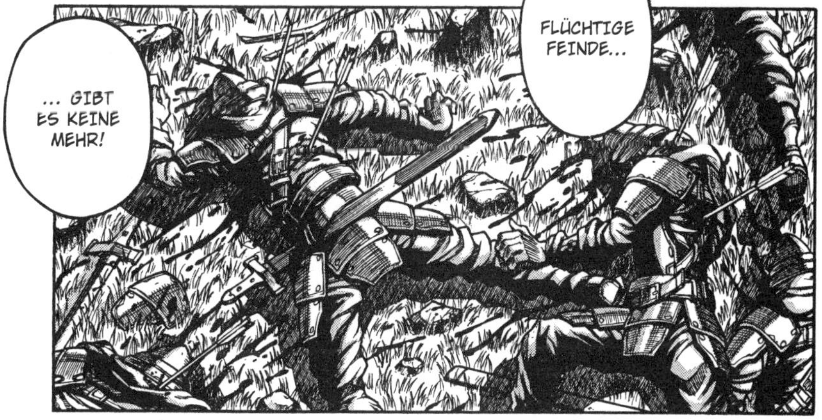
FLÜCHTIGE FEINDE...
... GIBT ES KEINE MEHR!

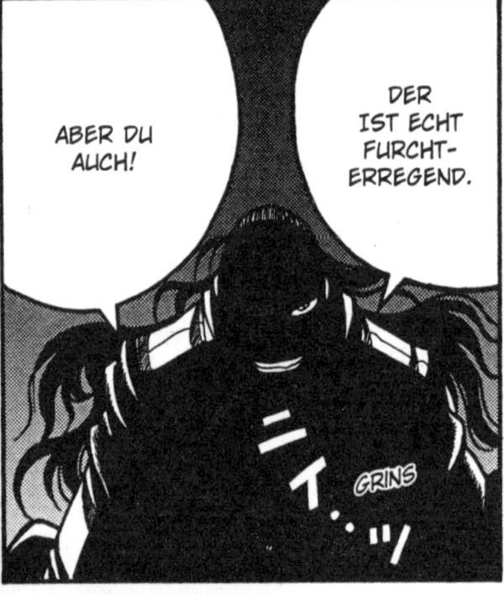
DER IST ECHT FURCHT-ERREGEND.
ABER DU AUCH!
GRINS

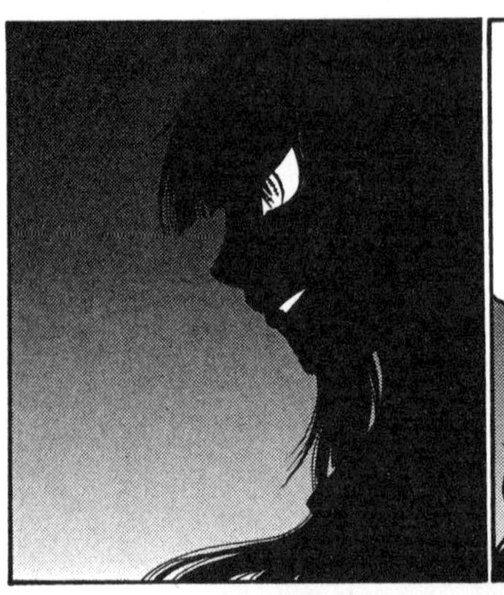

JETZT BIN ICH...
... GESPANNT.

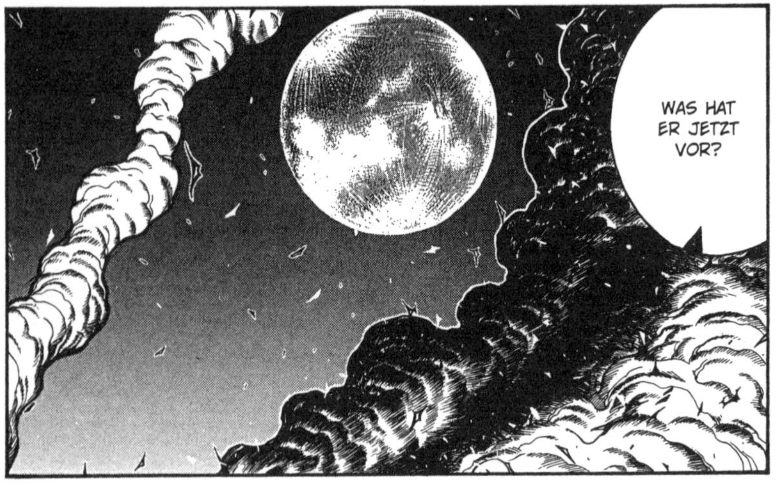
WAS HAT ER JETZT VOR?

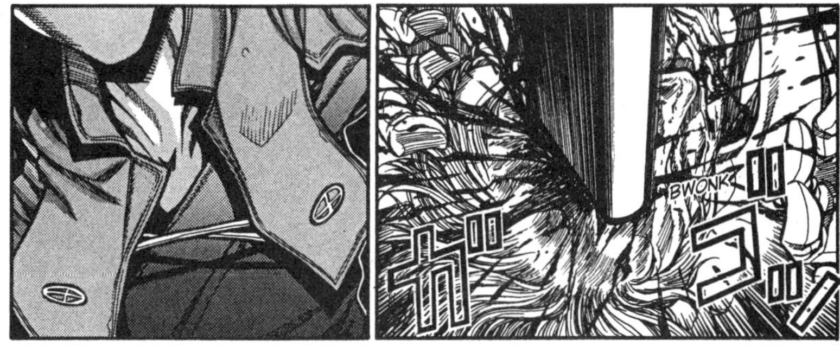
BWONK

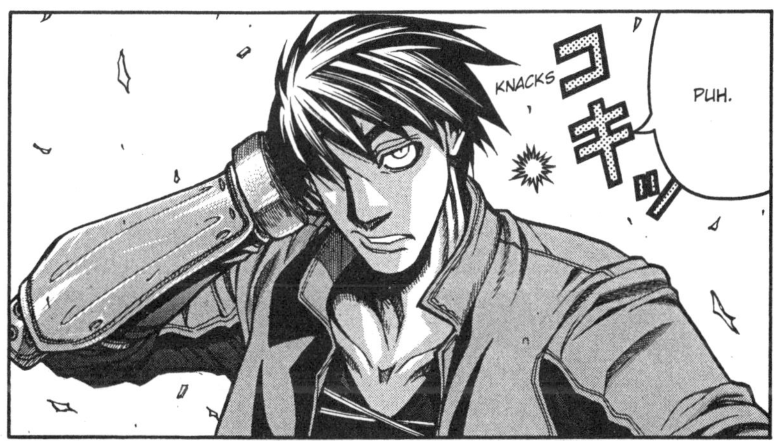
PUH.
KNACKS

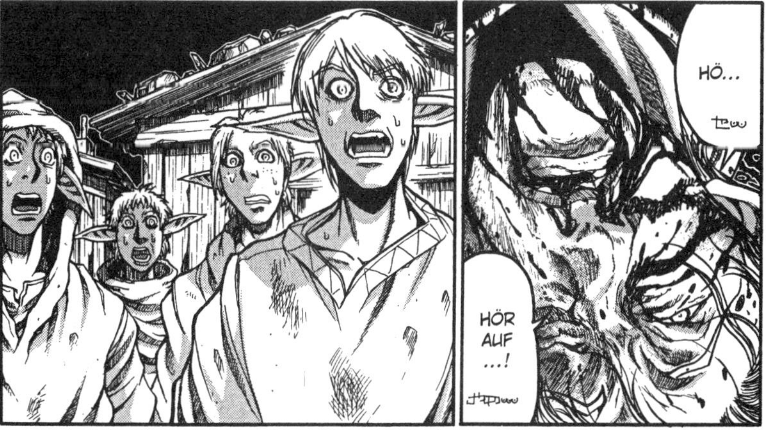
HÖ...
HÖR AUF ...!

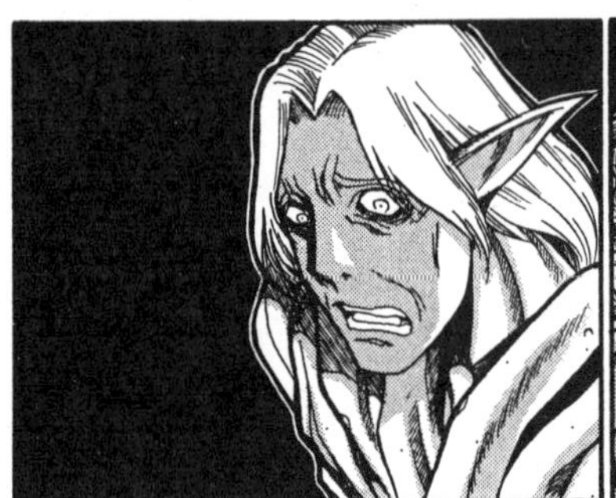
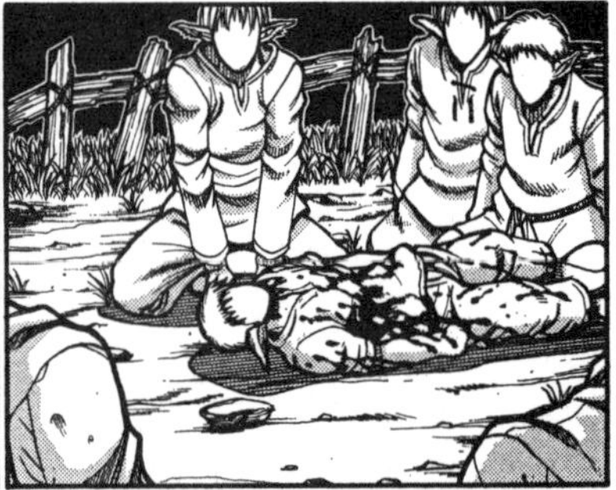
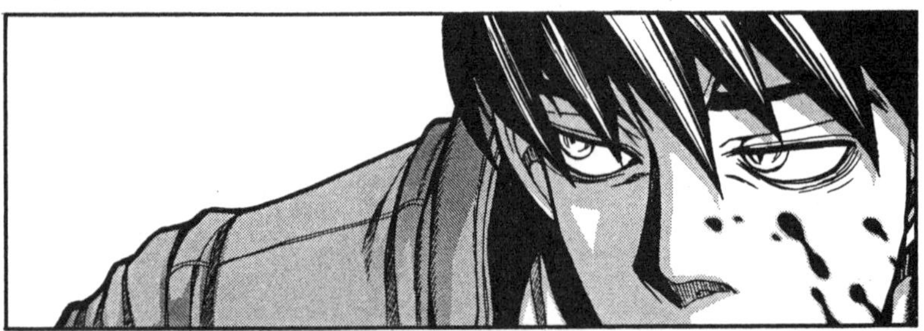
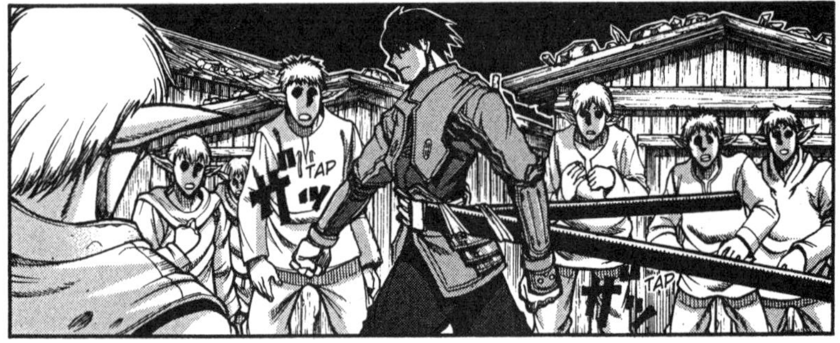
TAP
TAP
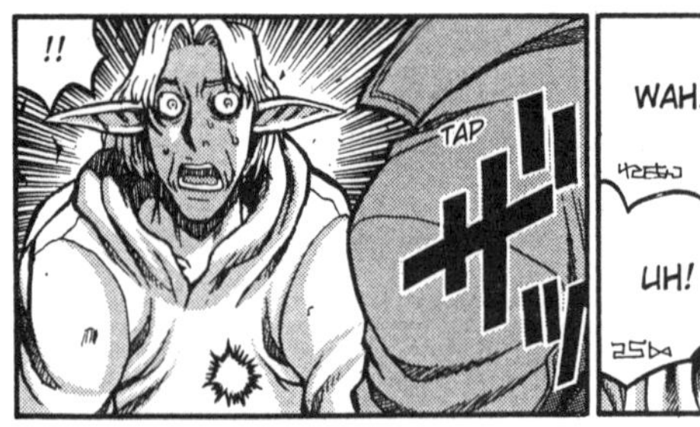
!!
TAP
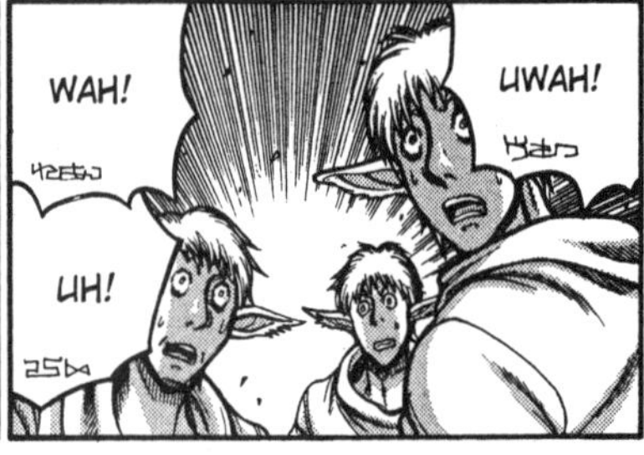
UWAH!
WAH!
UH!

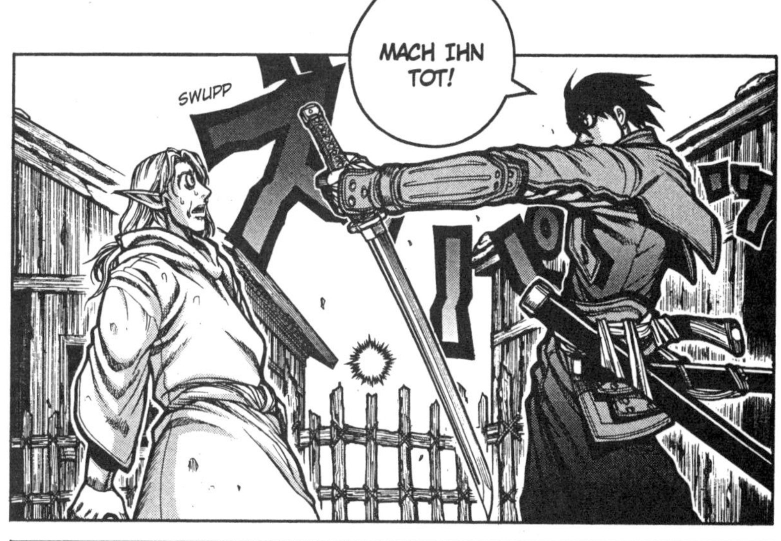
MACH IHN TOT!
SWUPP

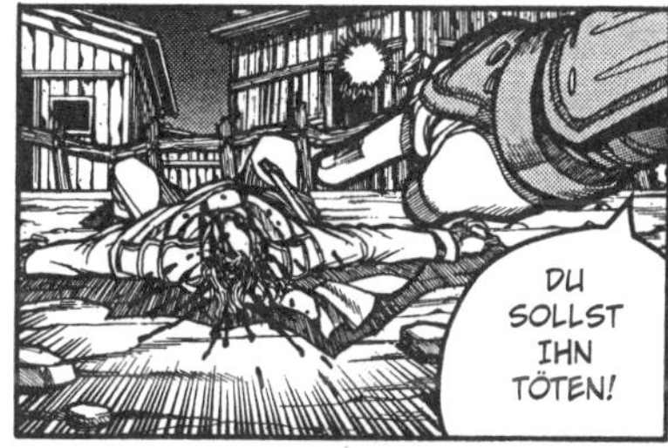
DU SOLLST IHN TÖTEN!

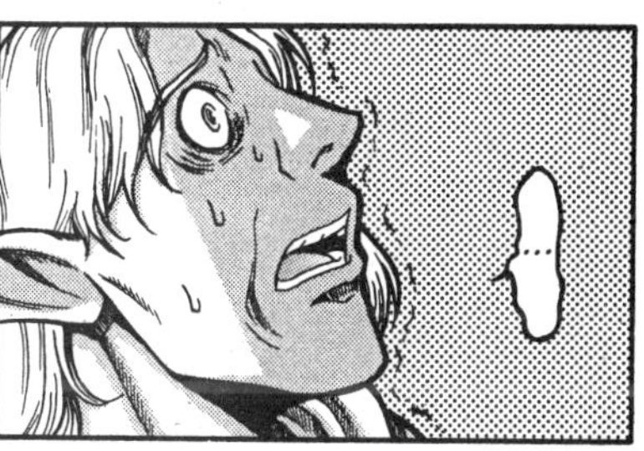
......

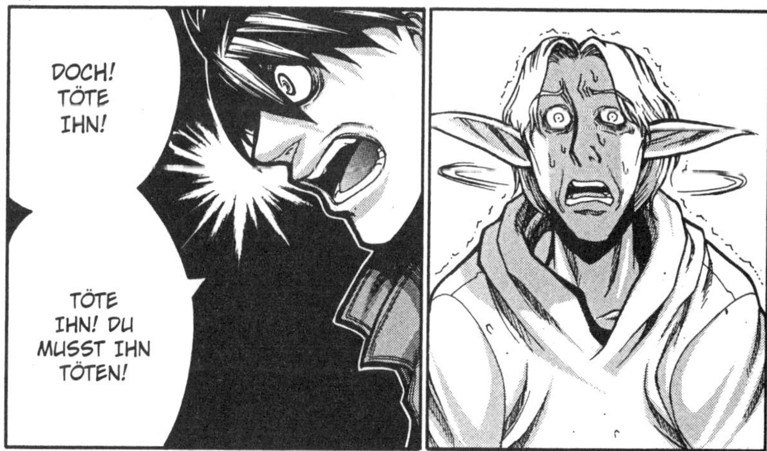
DOCH! TÖTE IHN!
TÖTE IHN! DU MUSST IHN TÖTEN!

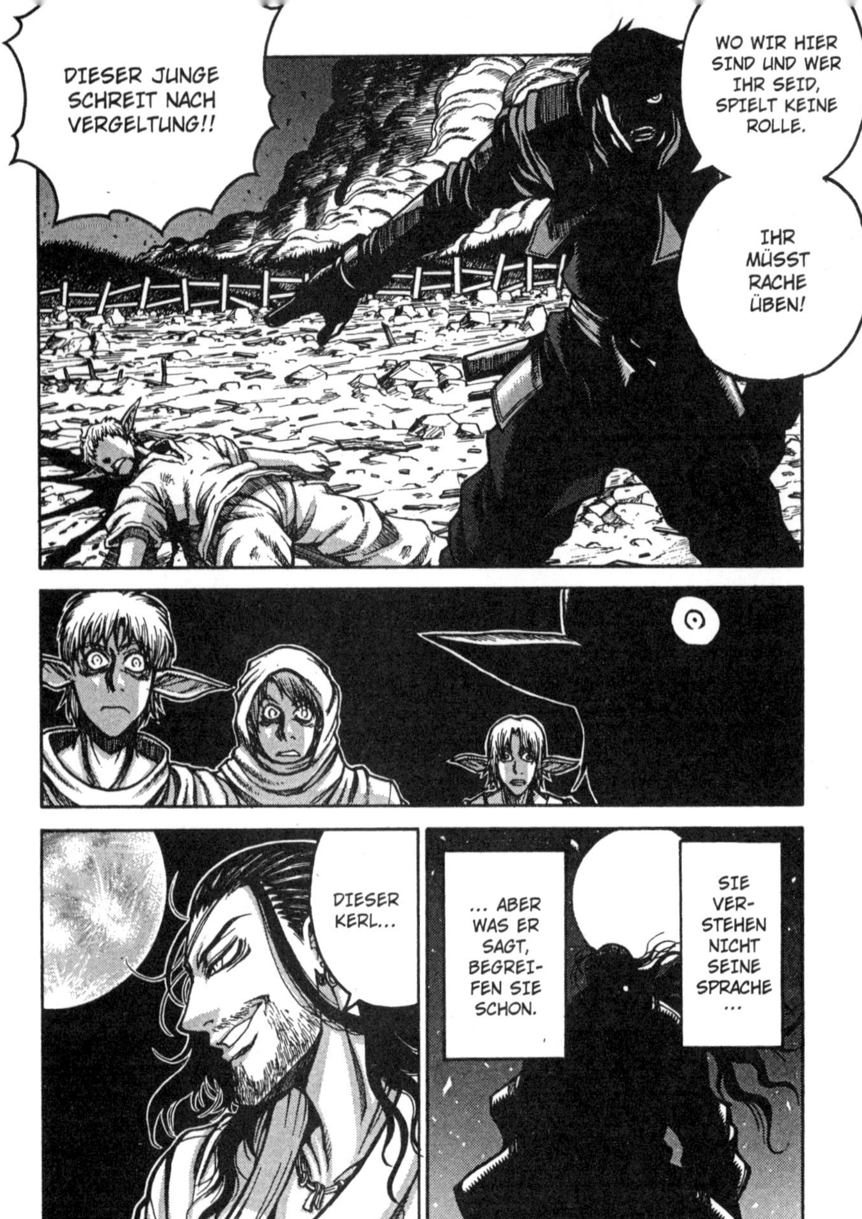

WO WIR HIER SIND UND WER IHR SEID, SPIELT KEINE ROLLE.
IHR MÜSST RACHE ÜBEN!
DIESER JUNGE SCHREIT NACH VERGELTUNG!!

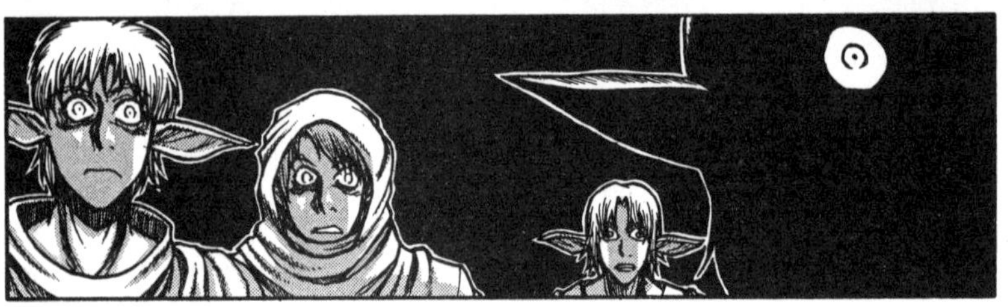

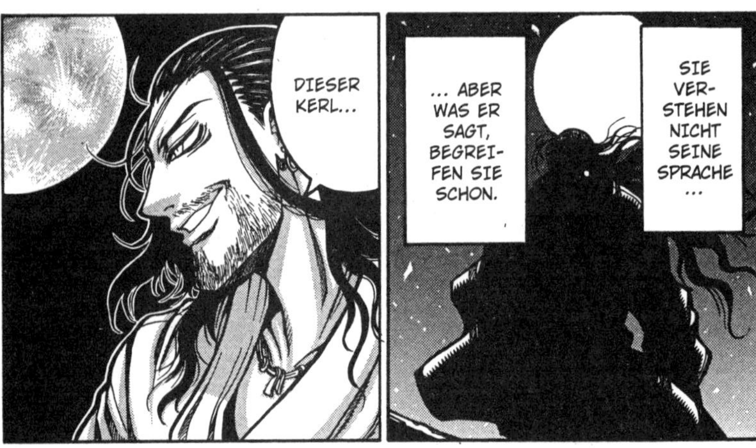

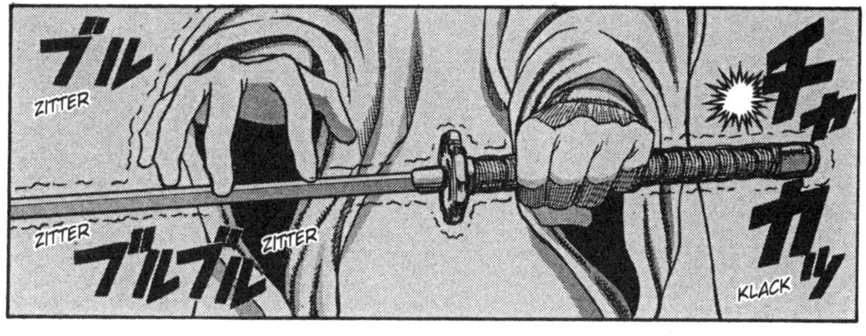
KLACK
ZITTER
ZITTER
ZITTER

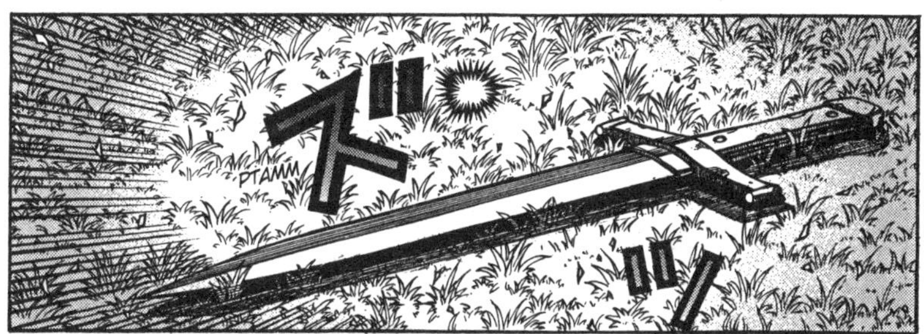
PTAMM

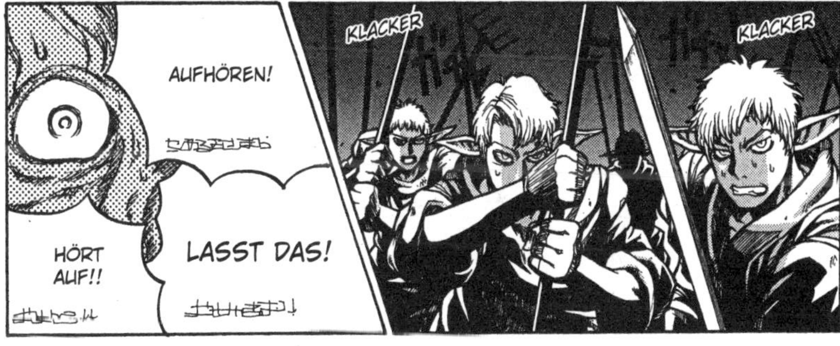
KLACKER
KLACKER
AUFHÖREN!
LASST DAS!
HÖRT AUF!!

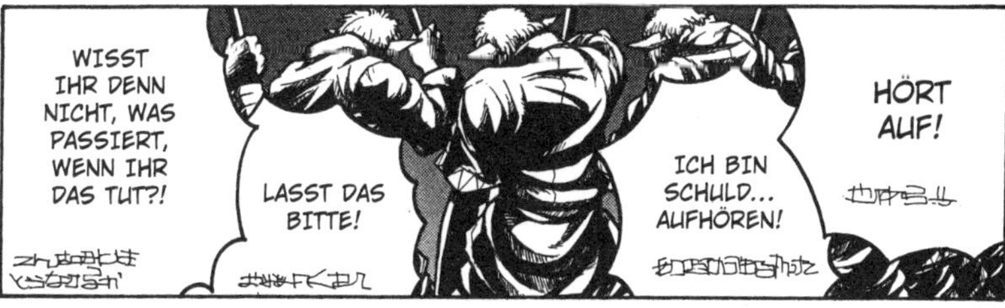
HÖRT AUF!
ICH BIN SCHULD... AUFHÖREN!
LASST DAS BITTE!
WISST IHR DENN NICHT, WAS PASSIERT, WENN IHR DAS TUT?!

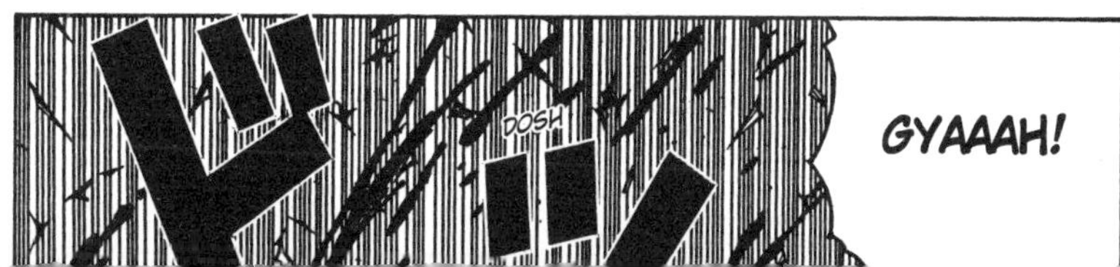
GYAAAH!
DOSH

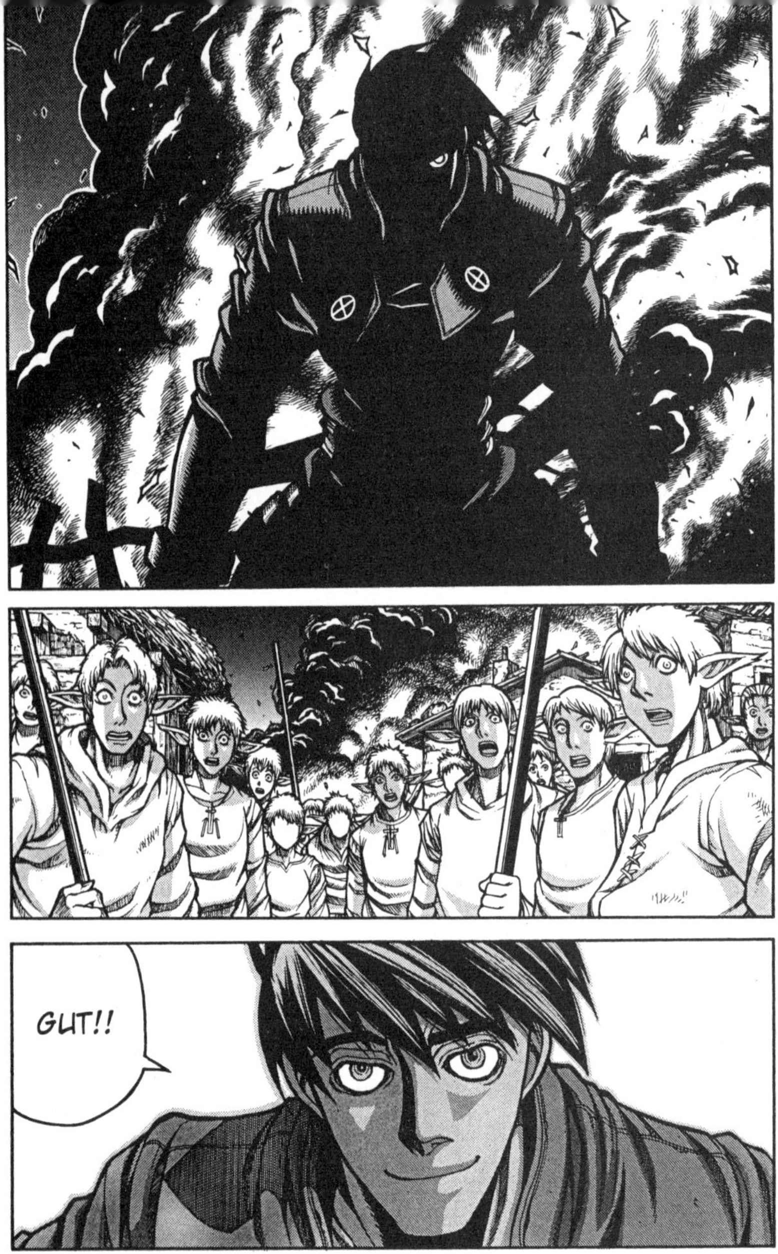

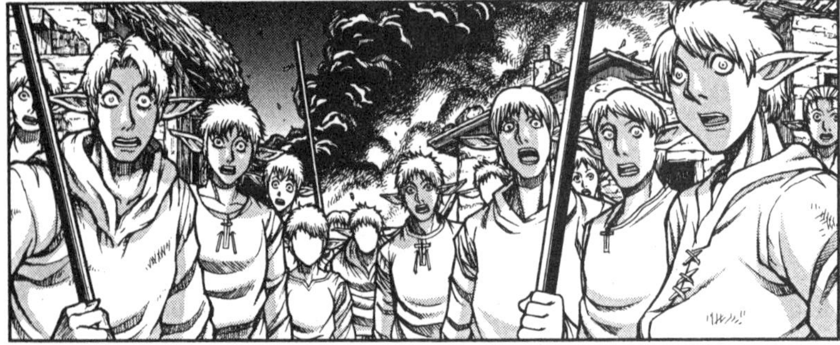

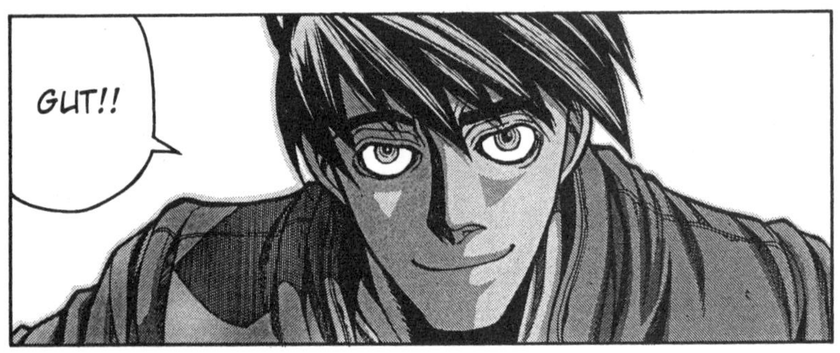

GUT!!

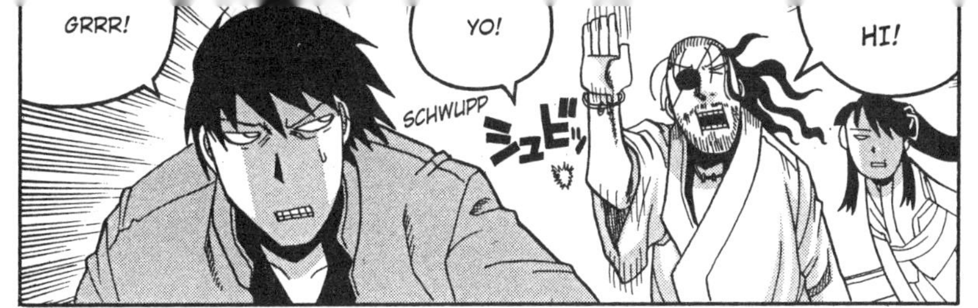
HI!
YO!
SCHWUPP
シュビッ
GRRR!

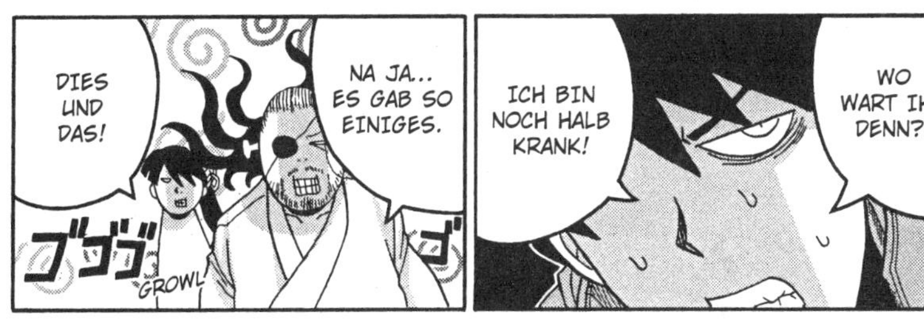
WO WART IHR DENN?!
ICH BIN NOCH HALB KRANK!
NA JA... ES GAB SO EINIGES.
DIES UND DAS!
ゴゴゴ
GROWL!

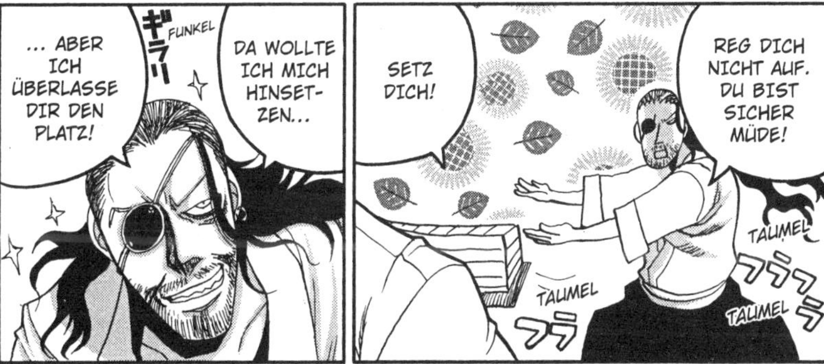
REG DICH NICHT AUF. DU BIST SICHER MÜDE!
SETZ DICH!
TAUMEL
TAUMEL
TAUMEL
DA WOLLTE ICH MICH HINSET-ZEN...
... ABER ICH ÜBERLASSE DIR DEN PLATZ!
FUNKEL

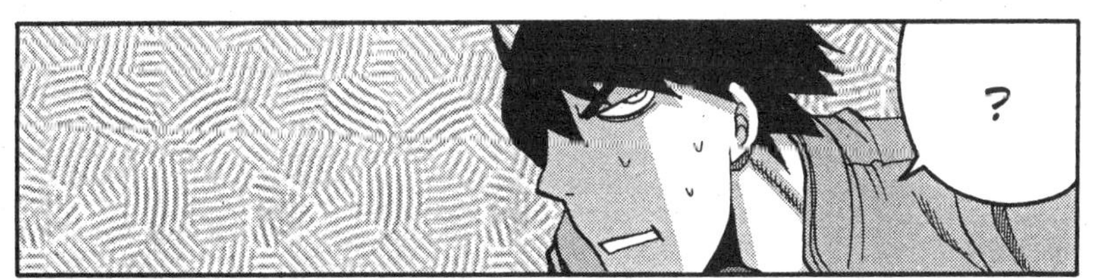
?

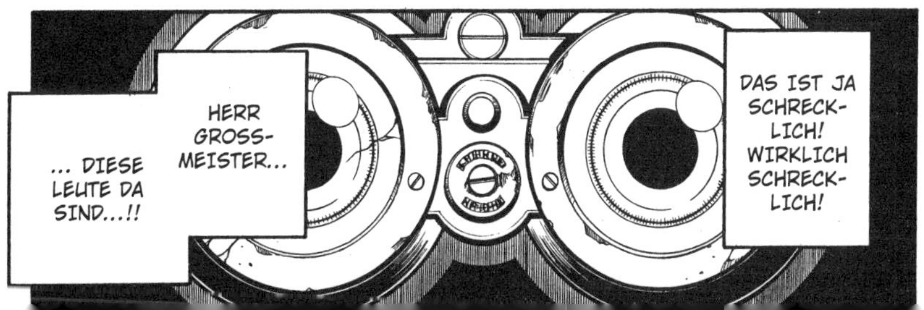
DAS IST JA SCHRECK-LICH! WIRKLICH SCHRECK-LICH!
HERR GROSS-MEISTER...
... DIESE LEUTE DA SIND...!!

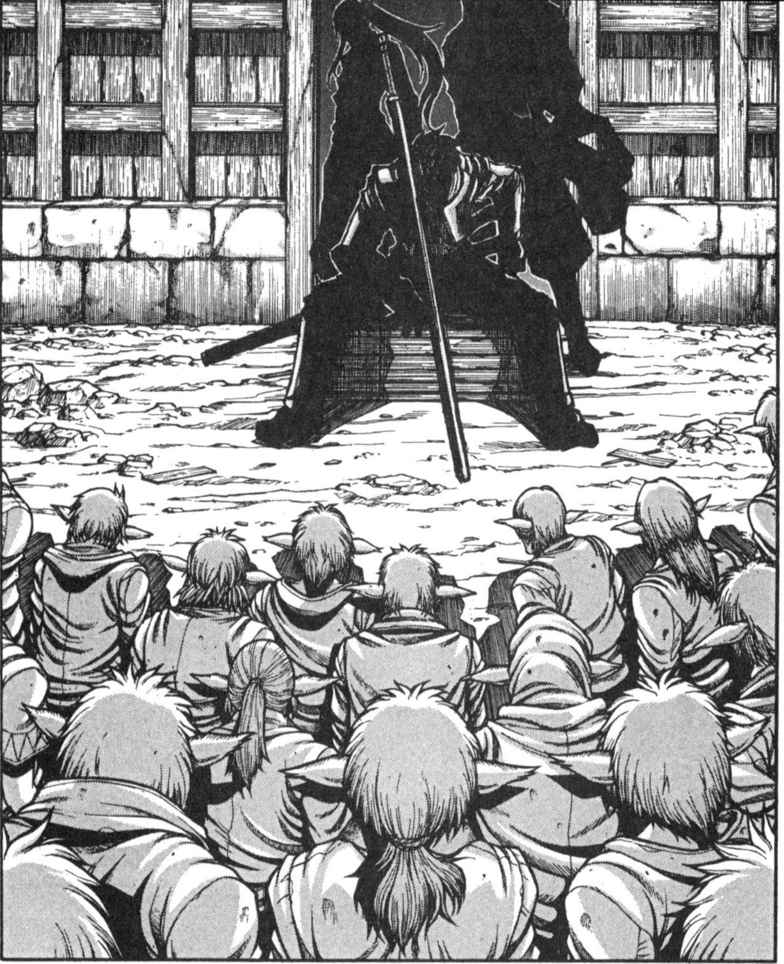

HMPF!

ENDE DES SIEBTEN KAPITELS

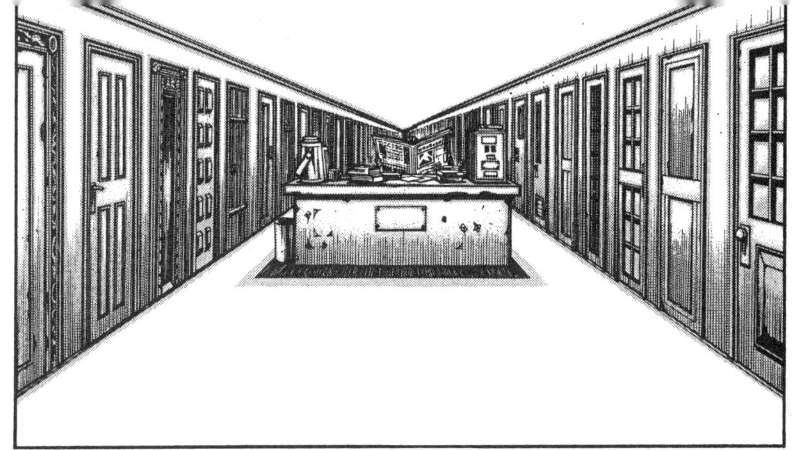

* ODA NOBUNAGA - NASUNO YOICHI ** HAT ER EIN ELFENDORF EINGENOMMEN?! *** SHIMAZU TOYOHISA

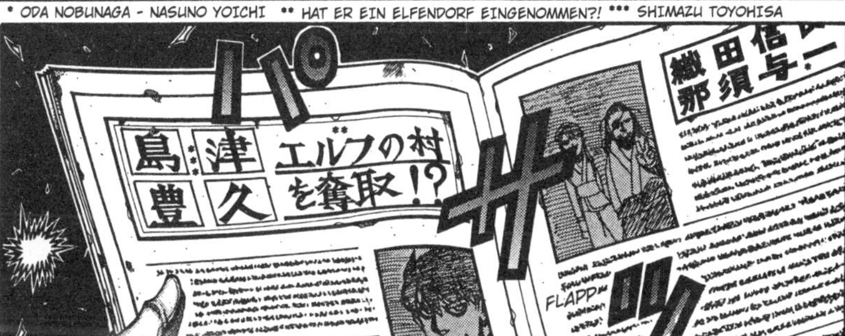

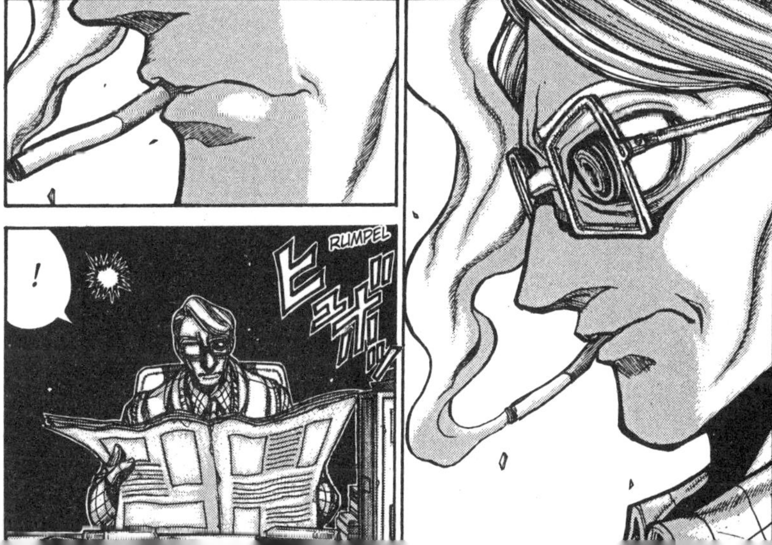

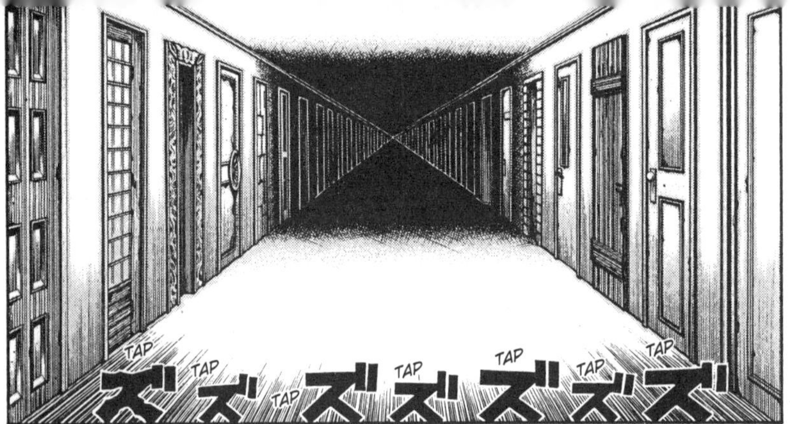
TAP
TAP
TAP
TAP
TAP
TAP
TAP
ズズズズズズズ
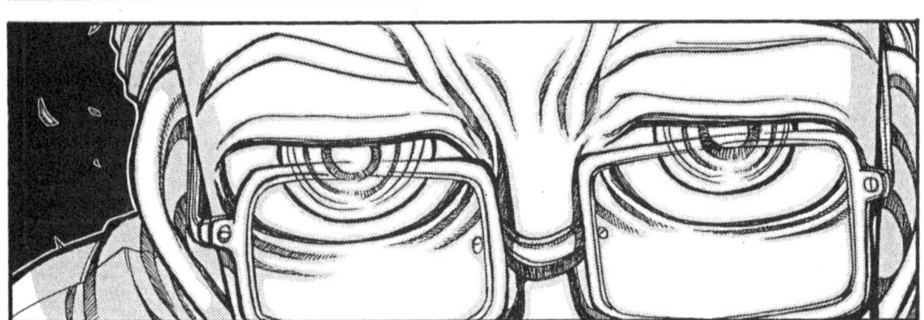
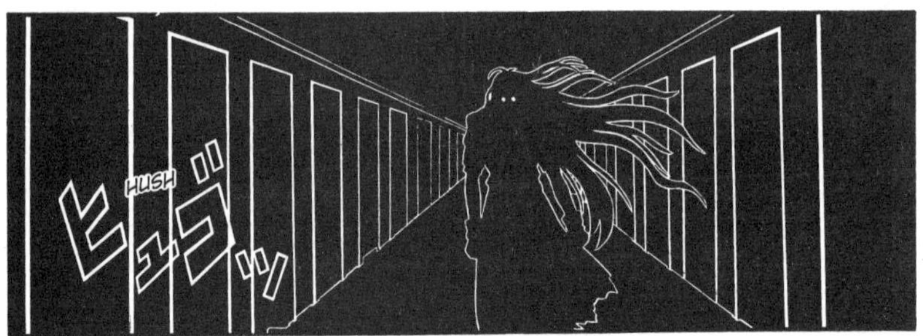
HUSH
ヒュゴッ
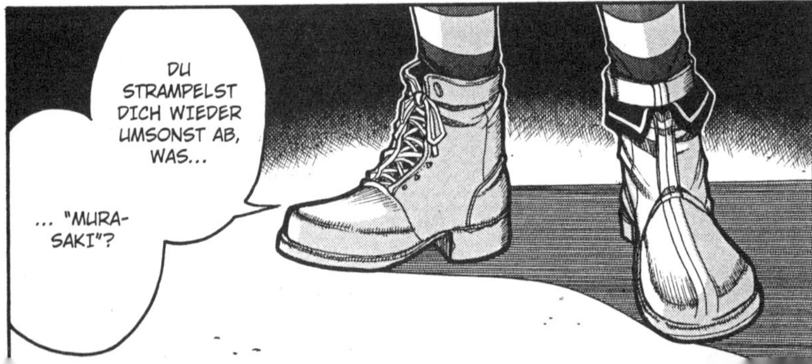
DU STRAMPELST DICH WIEDER UMSONST AB, WAS…
… "MURA-SAKI"?

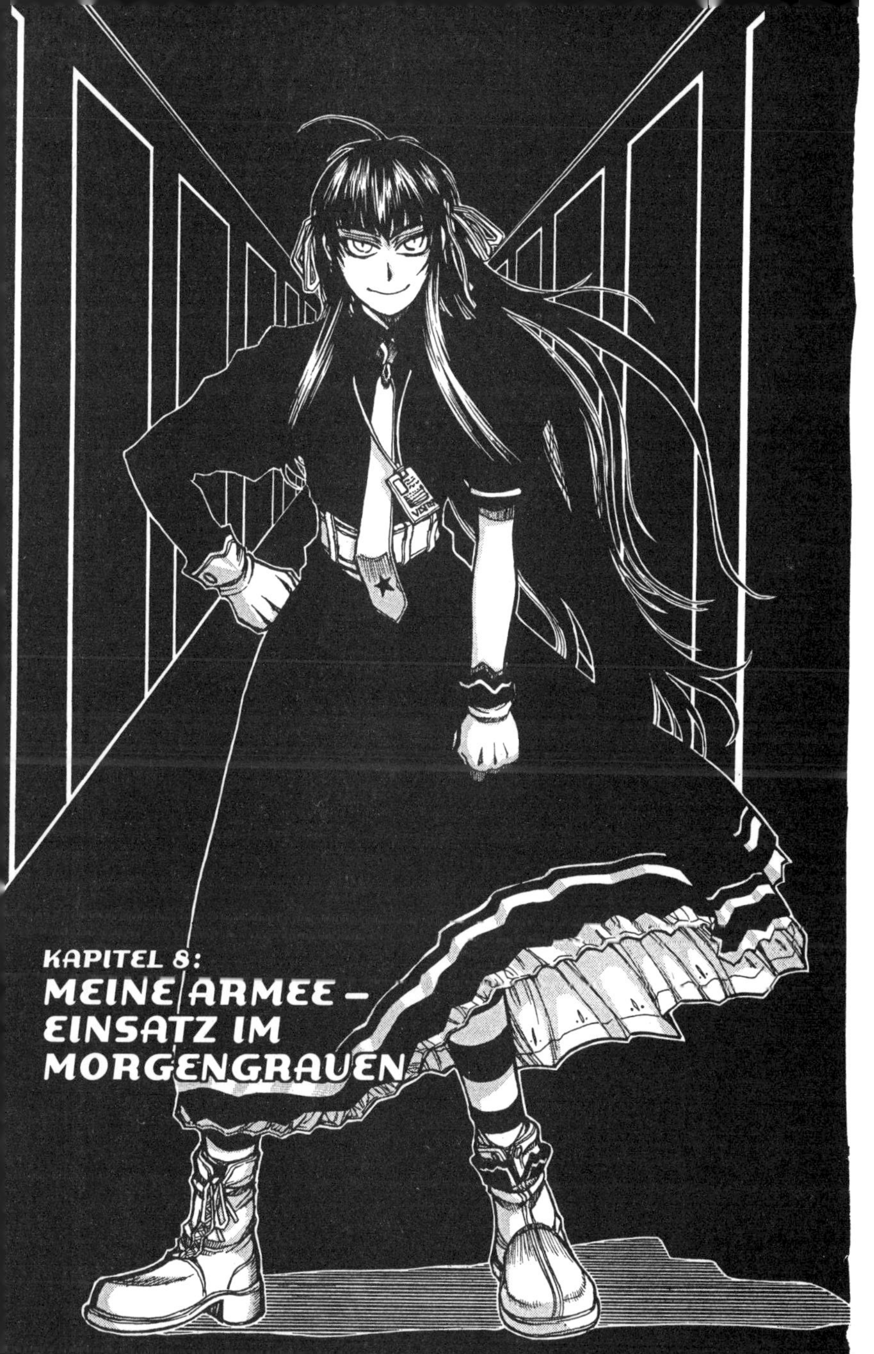
KAPITEL 8:
MEINE ARMEE –
EINSATZ IM
MORGENGRAUEN

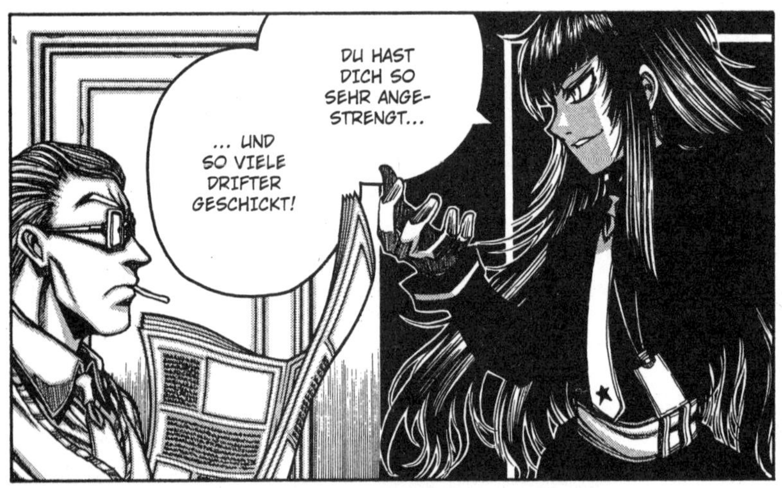
DU HAST DICH SO SEHR ANGESTRENGT...
... UND SO VIELE DRIFTER GESCHICKT!

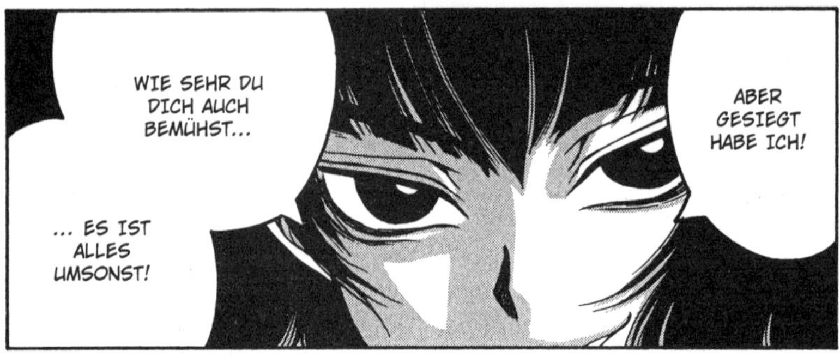
ABER GESIEGT HABE ICH!
WIE SEHR DU DICH AUCH BEMÜHST...
... ES IST ALLES UMSONST!

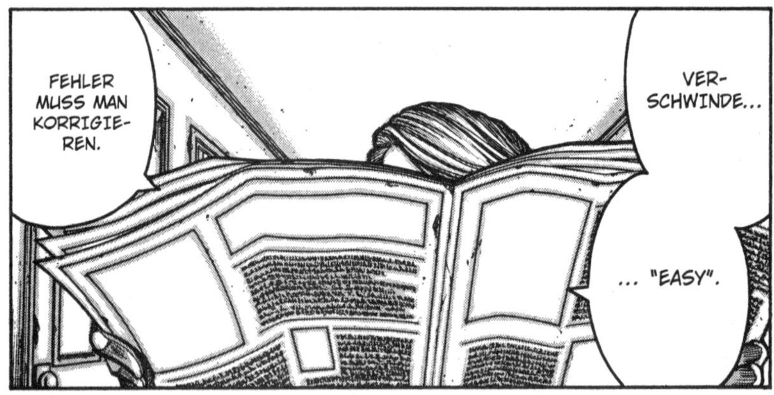
VERSCHWINDE...
FEHLER MUSS MAN KORRIGIEREN.
... "EASY".

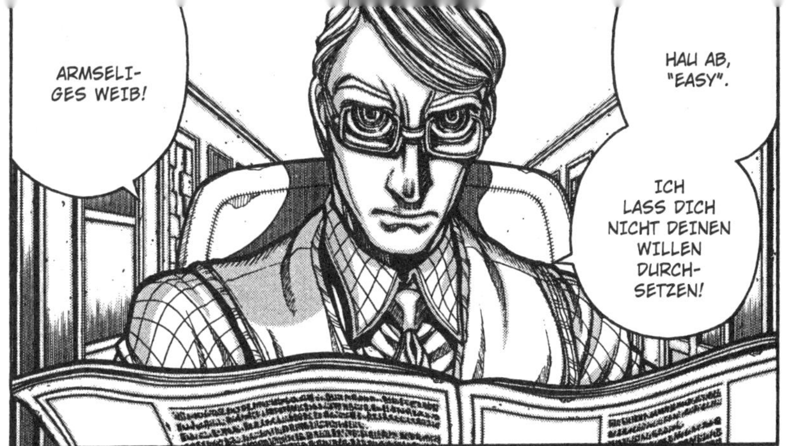
HAU AB, "EASY".
ICH LASS DICH NICHT DEINEN WILLEN DURCH-SETZEN!
ARMSELI-GES WEIB!

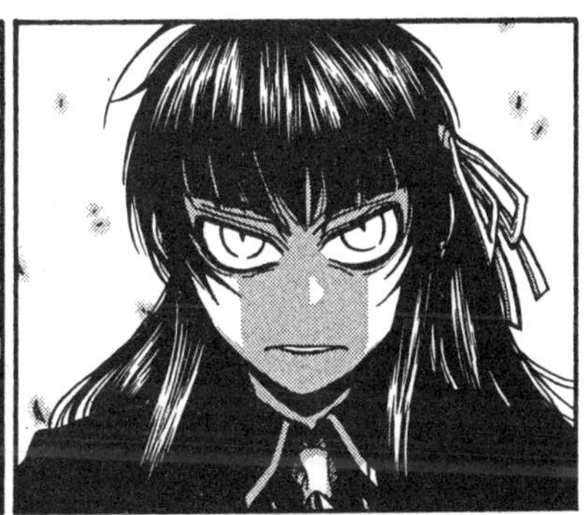

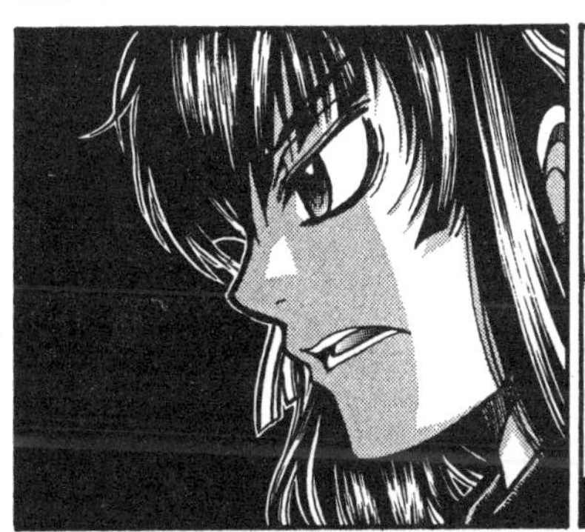

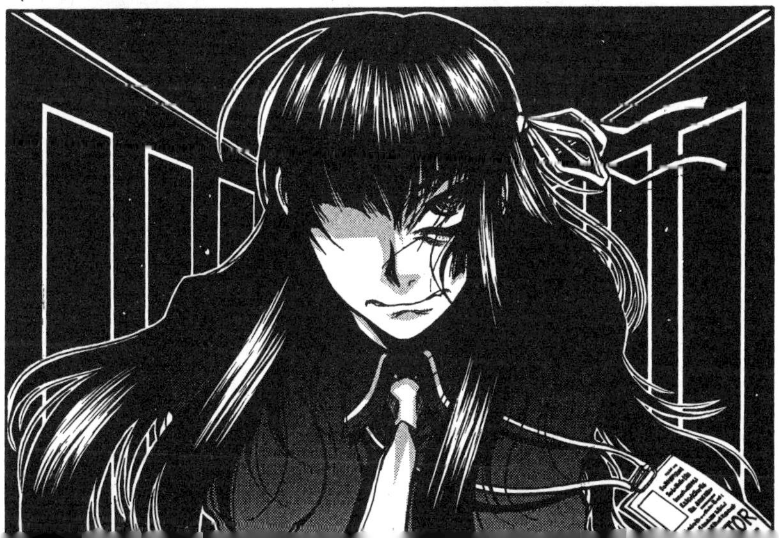

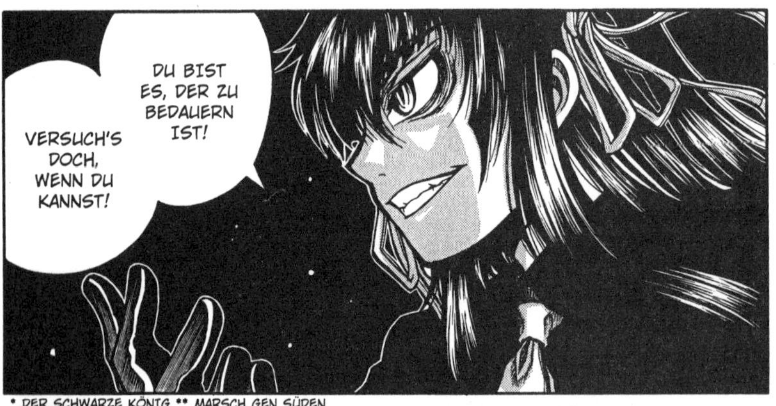

* DER SCHWARZE KÖNIG ** MARSCH GEN SÜDEN

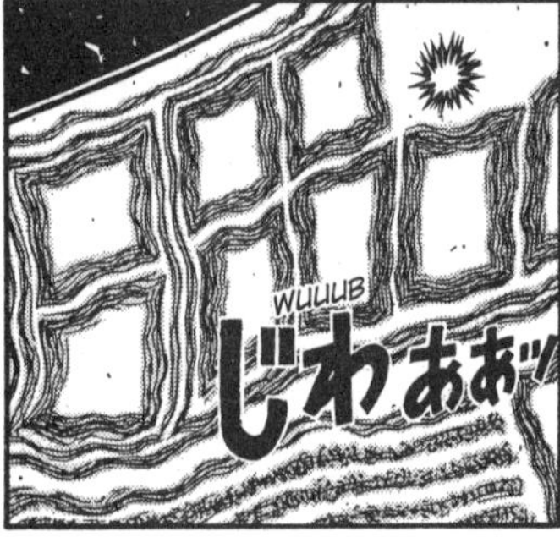

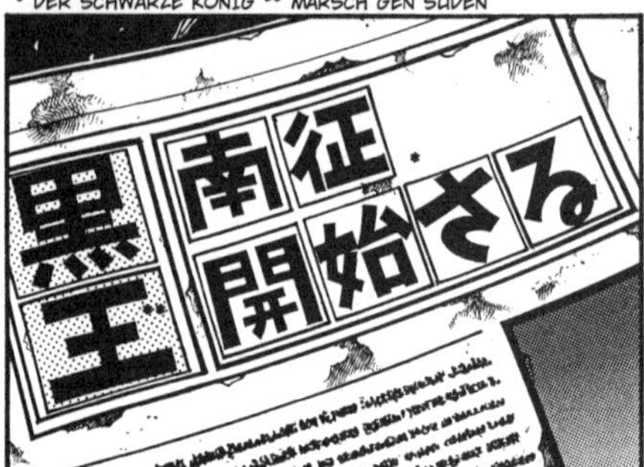

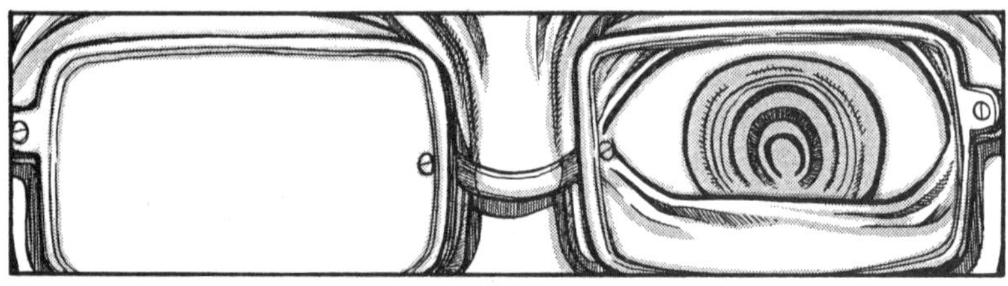

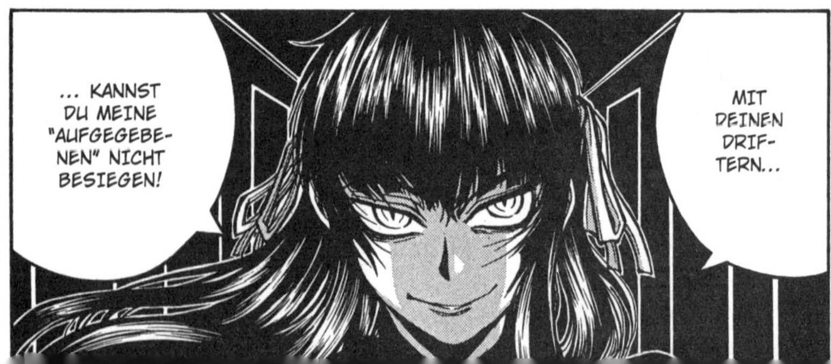

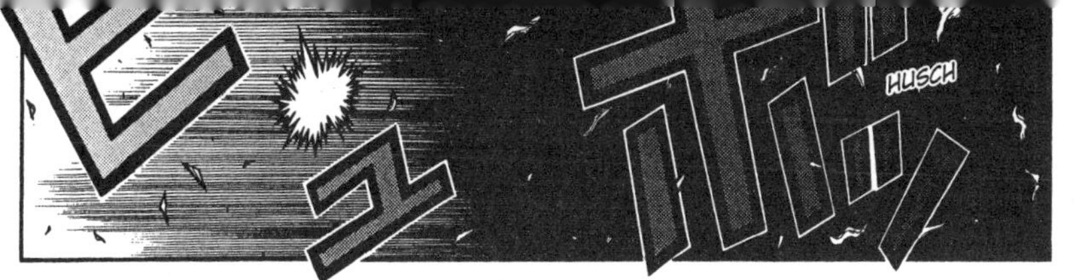
HUSCH

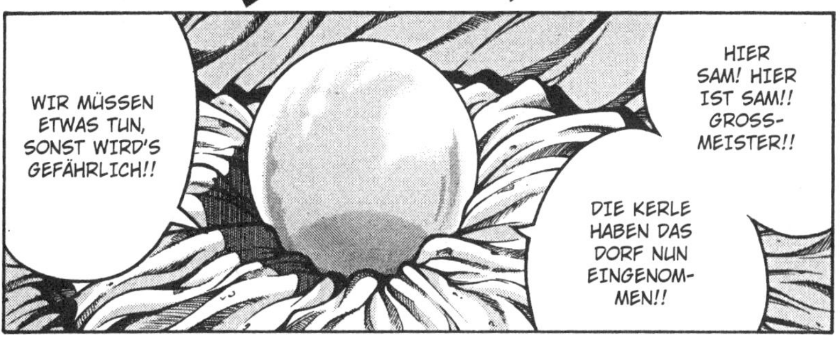
HIER SAM! HIER IST SAM!! GROSS-MEISTER!!
DIE KERLE HABEN DAS DORF NUN EINGENOM-MEN!!
WIR MÜSSEN ETWAS TUN, SONST WIRD'S GEFÄHRLICH!!

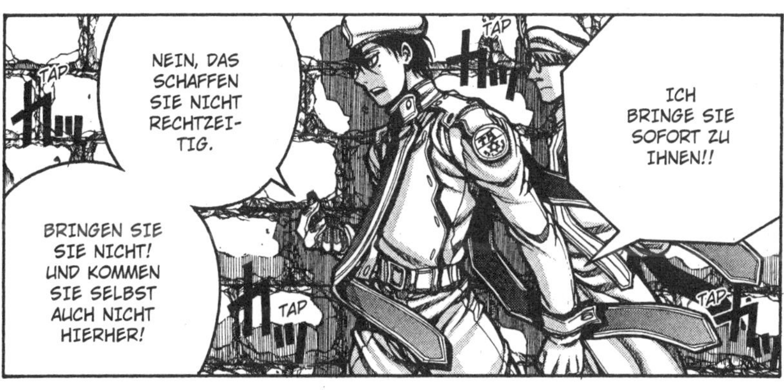
TAP
ICH BRINGE SIE SOFORT ZU IHNEN!!
NEIN, DAS SCHAFFEN SIE NICHT RECHTZEI-TIG.
TAP
BRINGEN SIE SIE NICHT! UND KOMMEN SIE SELBST AUCH NICHT HIERHER!
TAP
TAP

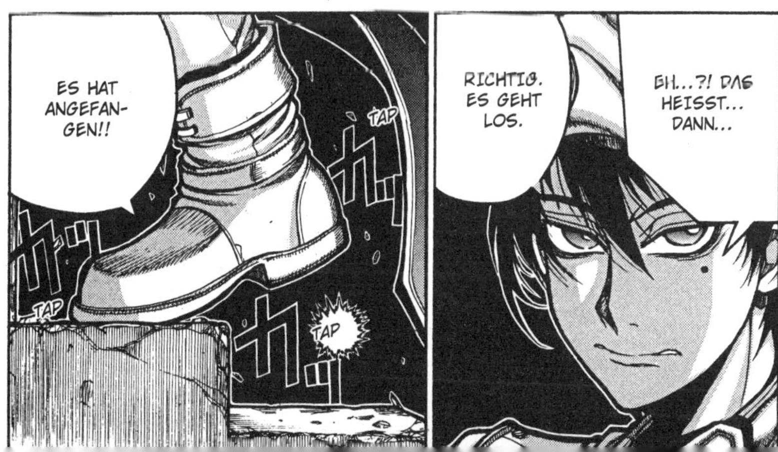
EH...?! DAS HEISST... DANN...
RICHTIG. ES GEHT LOS.
ES HAT ANGEFAN-GEN!!
TAP
TAP
TAP

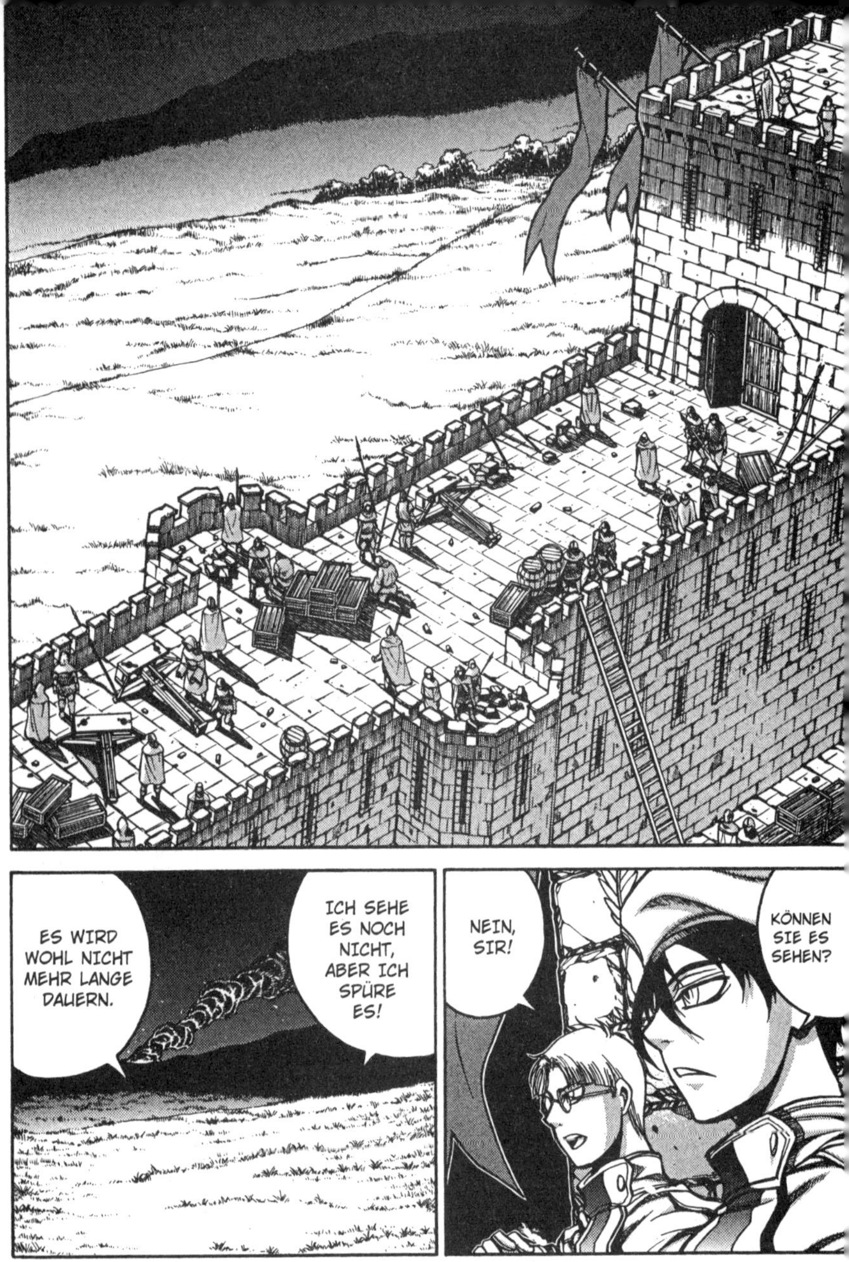

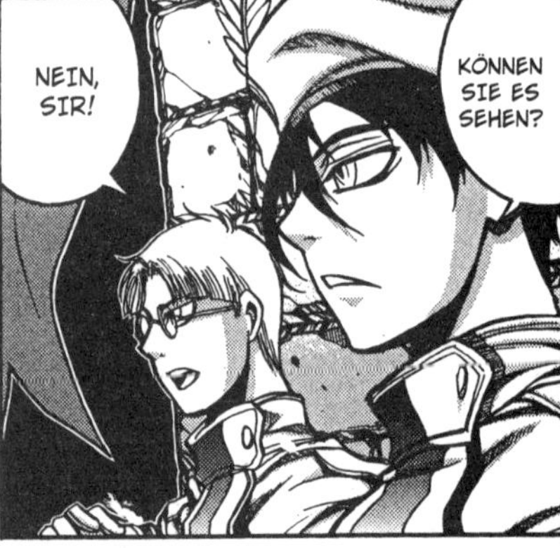
KÖNNEN SIE ES SEHEN?
NEIN, SIR!

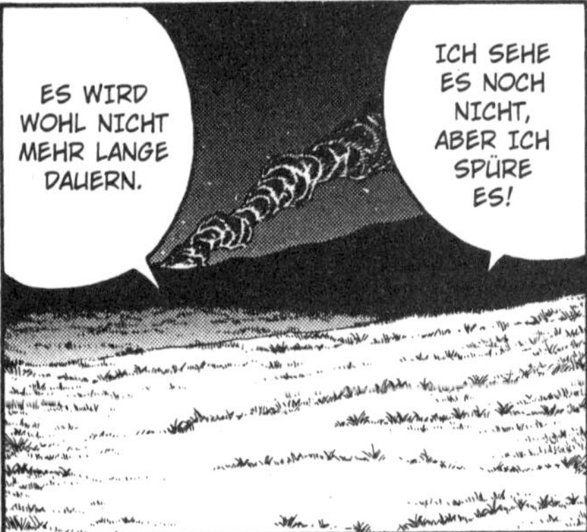
ICH SEHE ES NOCH NICHT, ABER ICH SPÜRE ES!
ES WIRD WOHL NICHT MEHR LANGE DAUERN.

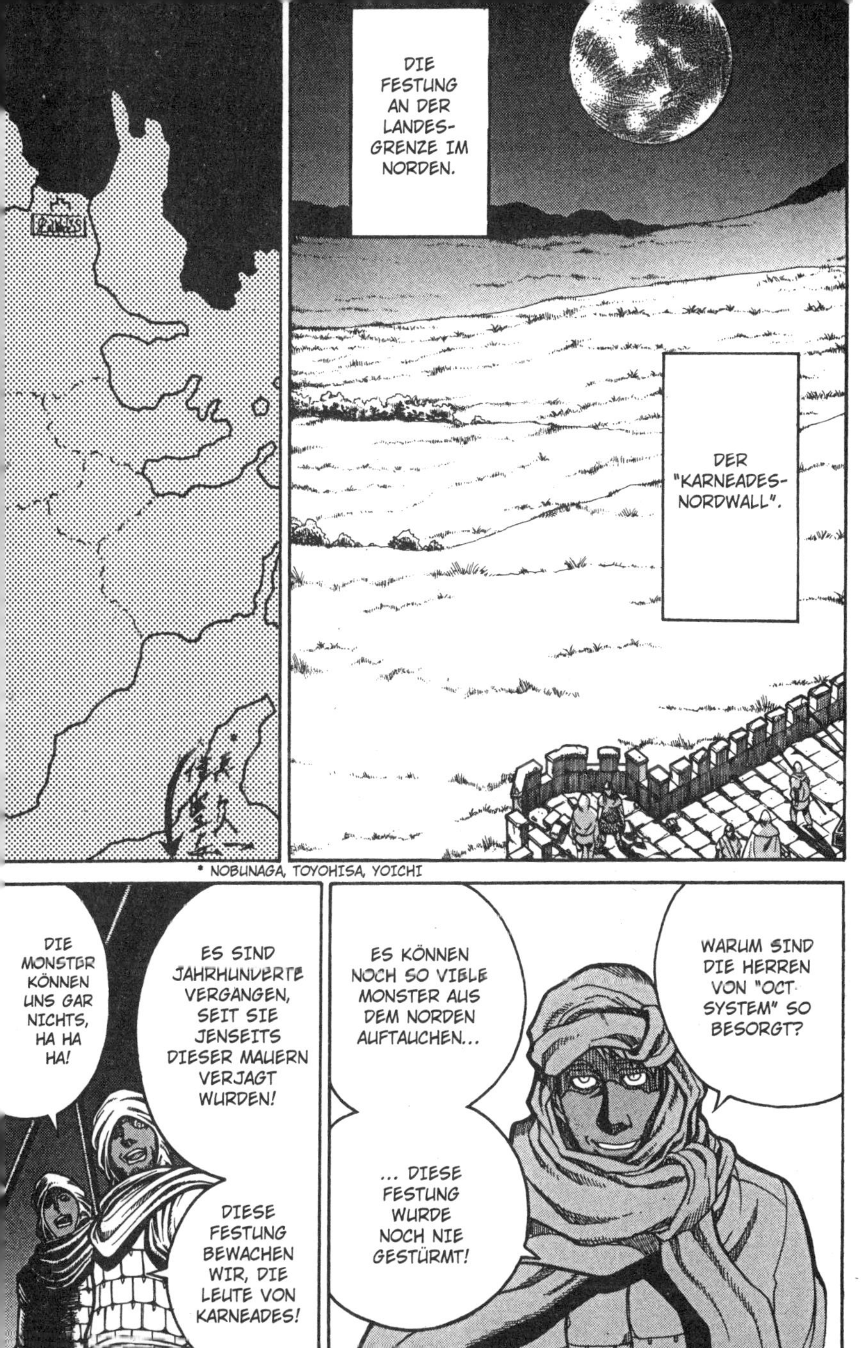

* NOBUNAGA, TOYOHISA, YOICHI

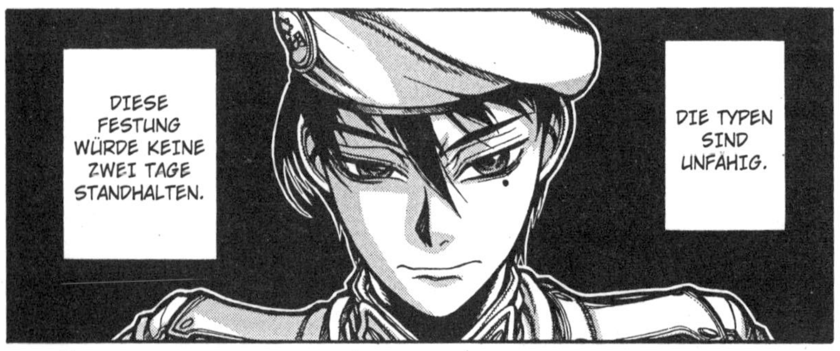
DIE TYPEN SIND UNFÄHIG.
DIESE FESTUNG WÜRDE KEINE ZWEI TAGE STANDHALTEN.

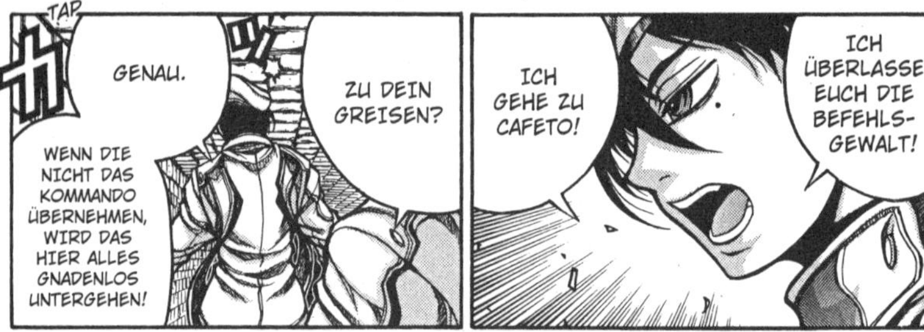
ICH ÜBERLASSE EUCH DIE BEFEHLS-GEWALT!
ICH GEHE ZU CAFETO!
ZU DEIN GREISEN?
GENAU.
TAP
WENN DIE NICHT DAS KOMMANDO ÜBERNEHMEN, WIRD DAS HIER ALLES GNADENLOS UNTERGEHEN!

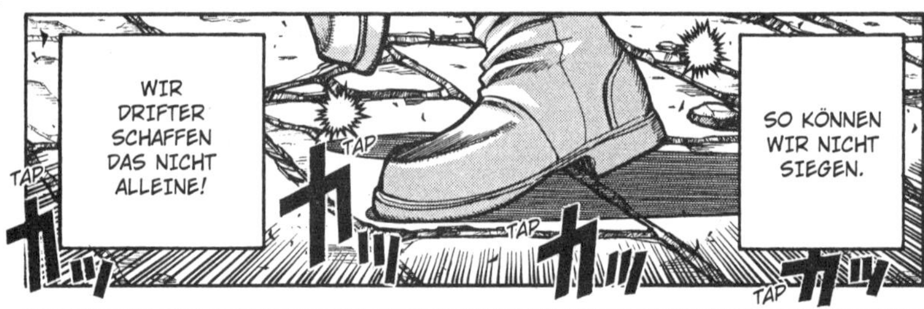
SO KÖNNEN WIR NICHT SIEGEN.
TAP
TAP
TAP
WIR DRIFTER SCHAFFEN DAS NICHT ALLEINE!
TAP

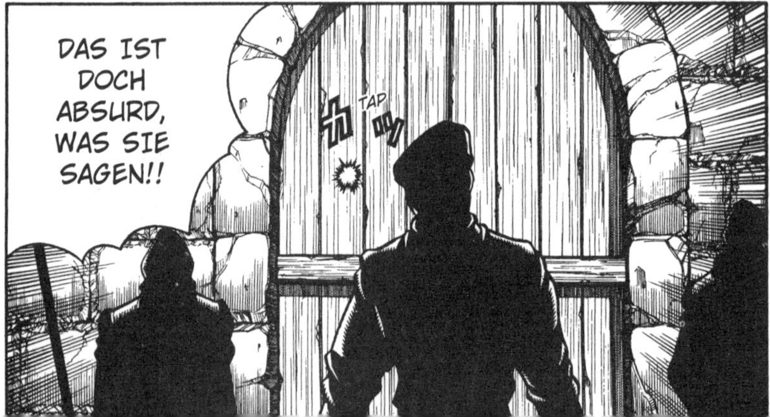
TAP
DAS IST DOCH ABSURD, WAS SIE SAGEN!!

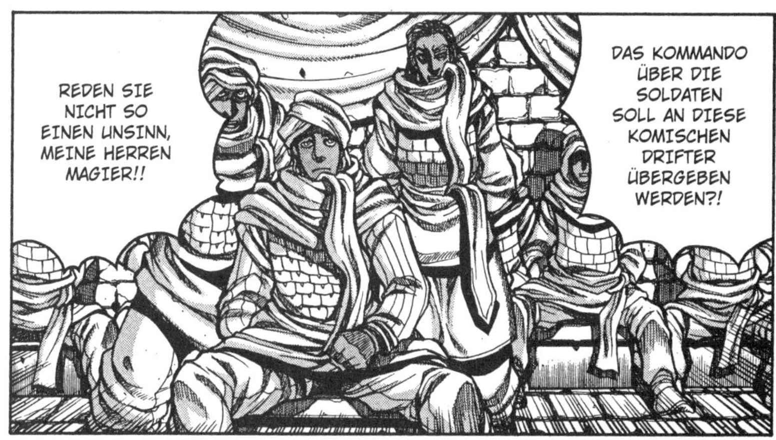
DAS KOMMANDO ÜBER DIE SOLDATEN SOLL AN DIESE KOMISCHEN DRIFTER ÜBERGEBEN WERDEN?!
REDEN SIE NICHT SO EINEN UNSINN, MEINE HERREN MAGIER!!

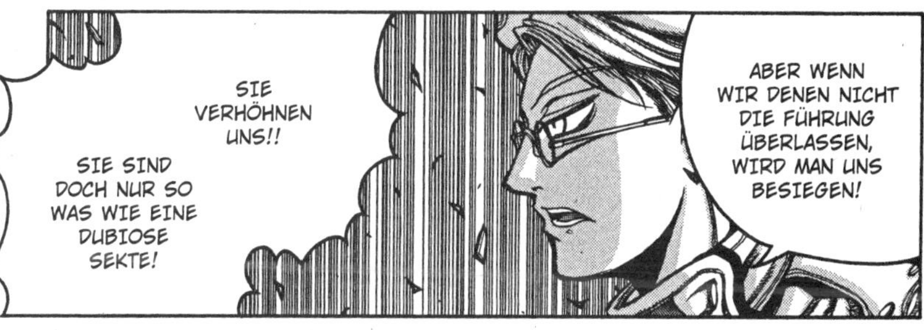
ABER WENN WIR DENEN NICHT DIE FÜHRUNG ÜBERLASSEN, WIRD MAN UNS BESIEGEN!
SIE VERHÖHNEN UNS!!
SIE SIND DOCH NUR SO WAS WIE EINE DUBIOSE SEKTE!

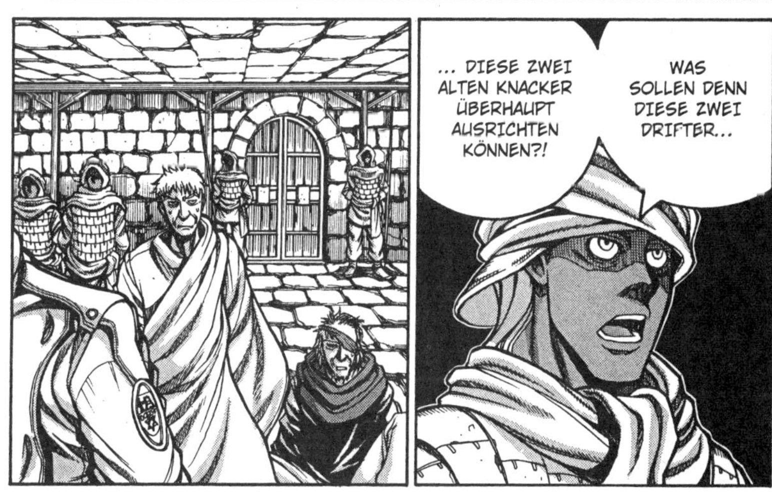
WAS SOLLEN DENN DIESE ZWEI DRIFTER...
... DIESE ZWEI ALTEN KNACKER ÜBERHAUPT AUSRICHTEN KÖNNEN?!

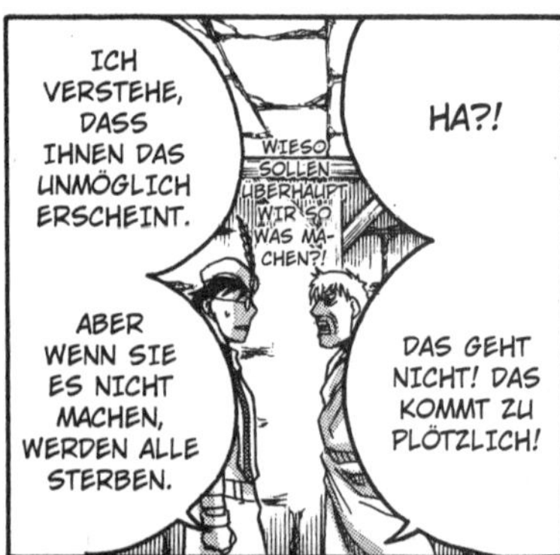
HA?!
ICH VERSTEHE, DASS IHNEN DAS UNMÖGLICH ERSCHEINT.
WIESO SOLLEN ÜBERHAUPT WIR SO WAS MACHEN?!
DAS GEHT NICHT! DAS KOMMT ZU PLÖTZLICH!
ABER WENN SIE ES NICHT MACHEN, WERDEN ALLE STERBEN.

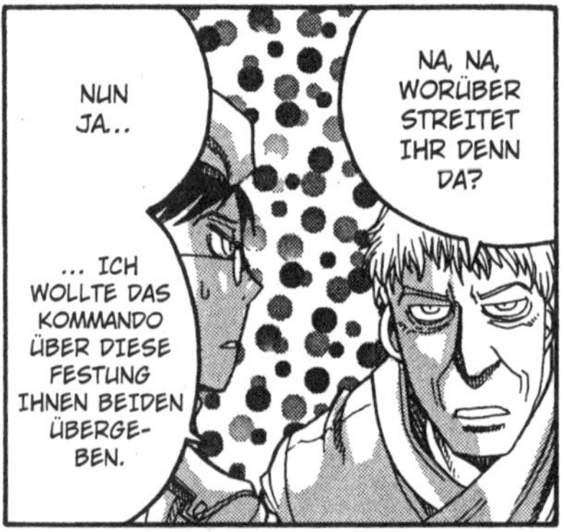
NA, NA, WORÜBER STREITET IHR DENN DA?
NUN JA...
... ICH WOLLTE DAS KOMMANDO ÜBER DIESE FESTUNG IHNEN BEIDEN ÜBERGEBEN.

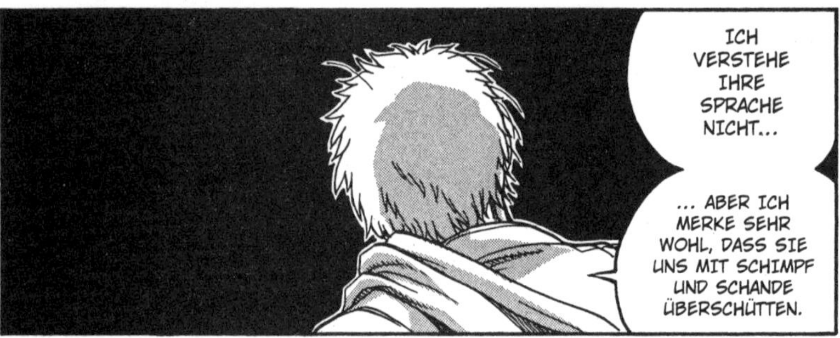
ICH VERSTEHE IHRE SPRACHE NICHT...
... ABER ICH MERKE SEHR WOHL, DASS SIE UNS MIT SCHIMPF UND SCHANDE ÜBERSCHÜTTEN.

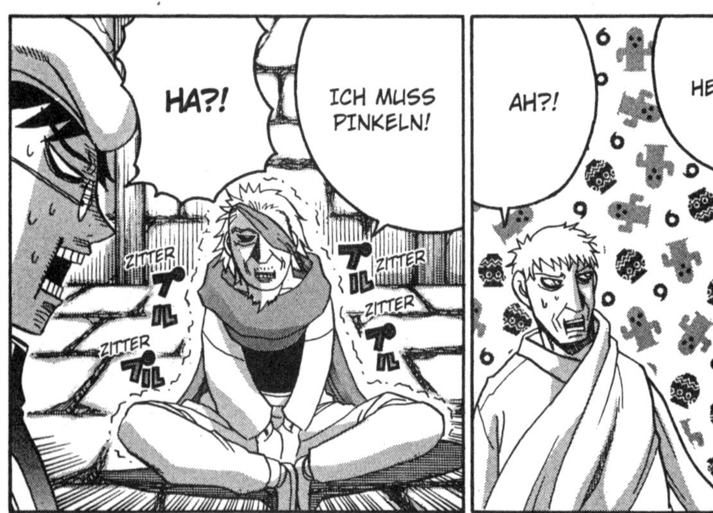
HEY!
AH?!
ICH MUSS PINKELN!
HA?!
ZITTER
ZITTER
ZITTER
ZITTER

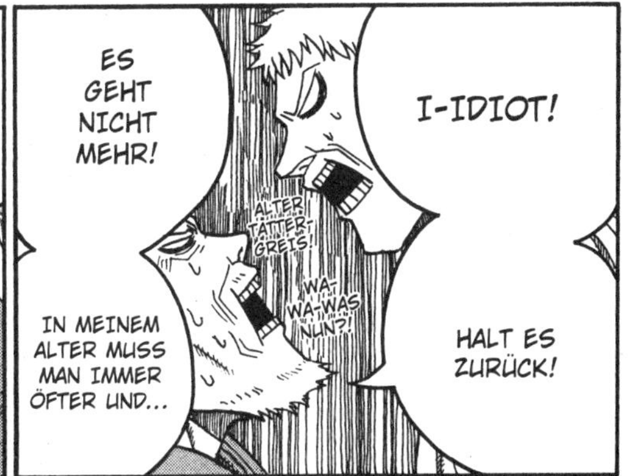
I-IDIOT!
HALT ES ZURÜCK!
WA-WA-WAS NUN?!
ALTER TATTERGREIS!
ES GEHT NICHT MEHR!
IN MEINEM ALTER MUSS MAN IMMER ÖFTER UND...

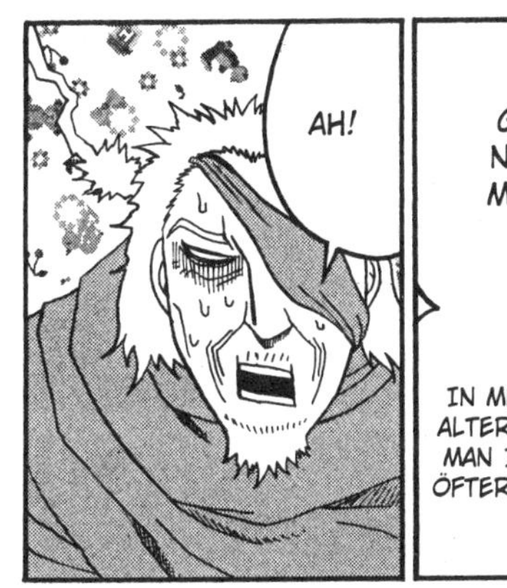
AH!

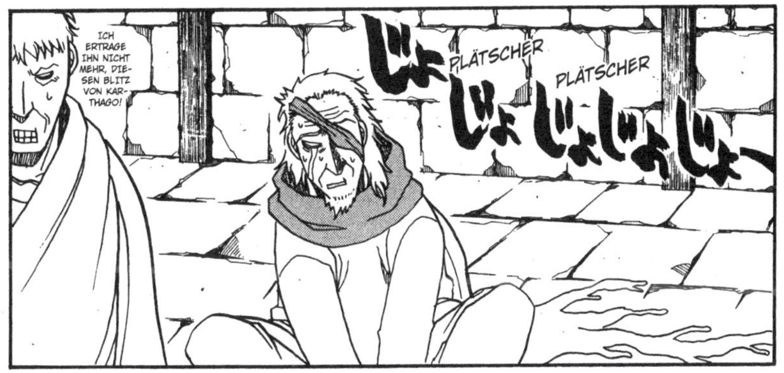
PLÄTSCHER
PLÄTSCHER
ICH ERTRAGE IHN NICHT MEHR, DIESEN BLITZ VON KARTHAGO!

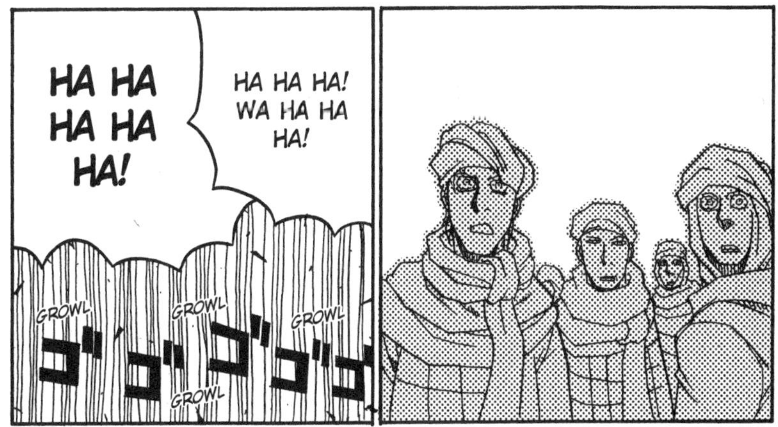
HA HA HA! WA HA HA HA!
HA HA HA HA HA!
GROWL
GROWL
GROWL
GROWL

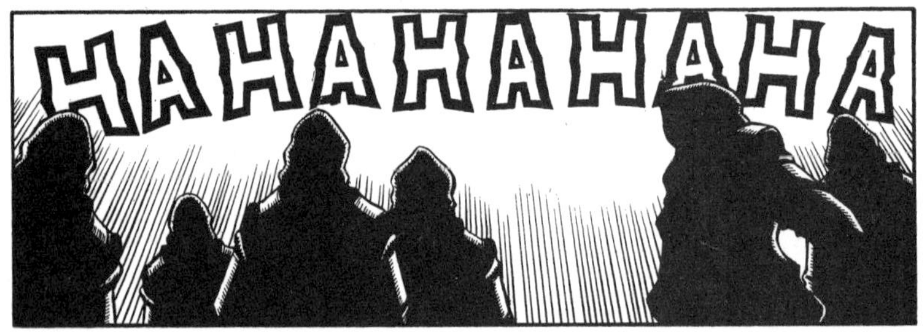
HAHAHAHAHAHAHAHA

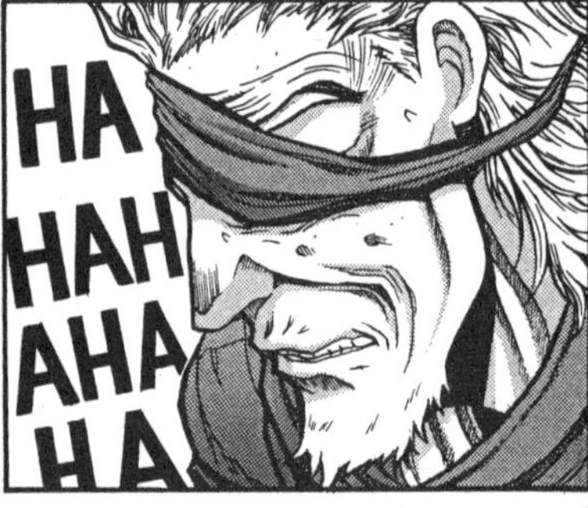
HA HAH AHA HA

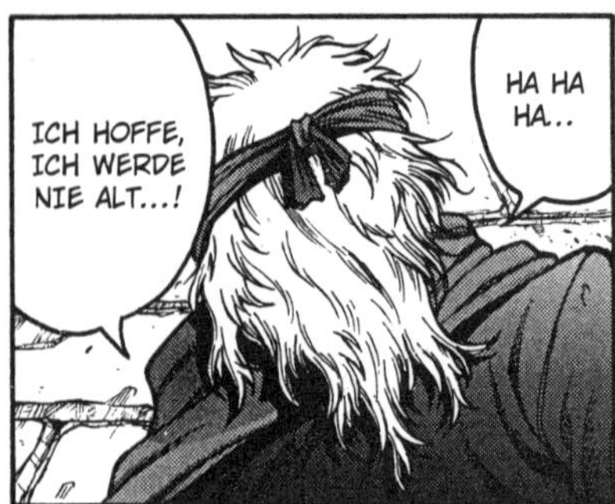
HA HA HA...
ICH HOFFE, ICH WERDE NIE ALT...!

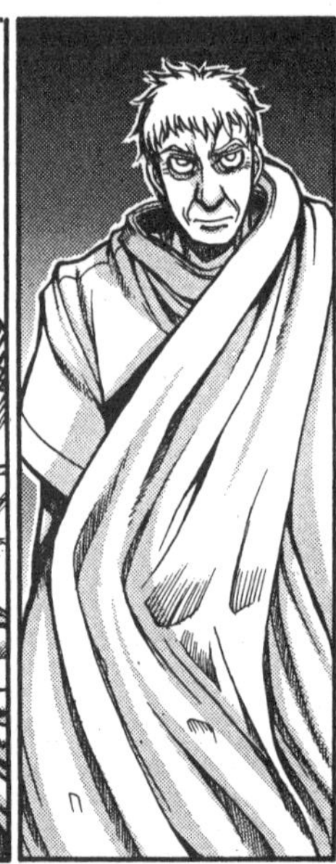

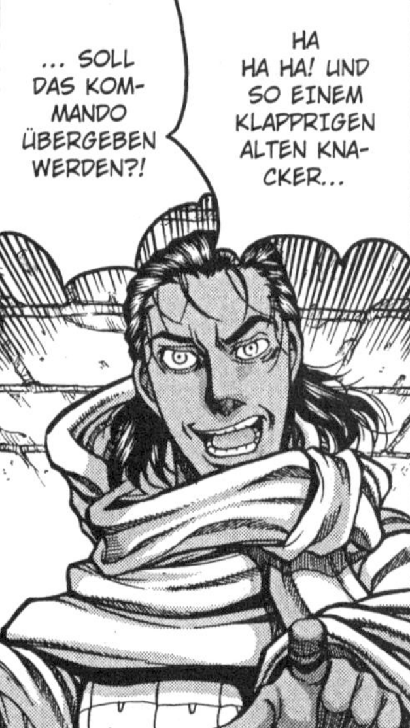
HA HA HA! UND SO EINEM KLAPPRIGEN ALTEN KNA-CKER...
... SOLL DAS KOM-MANDO ÜBERGEBEN WERDEN?!

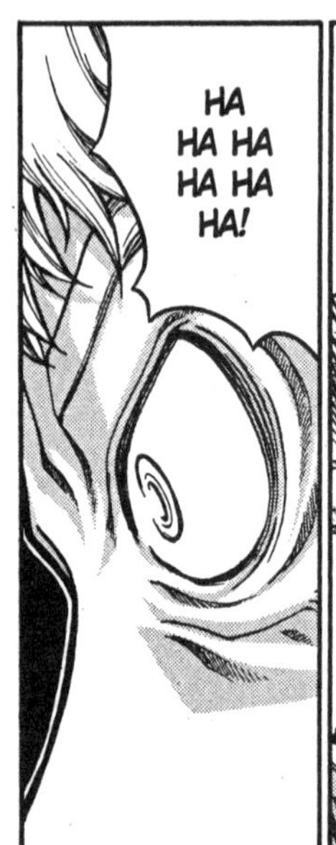
HA HA HA HA HA HA!

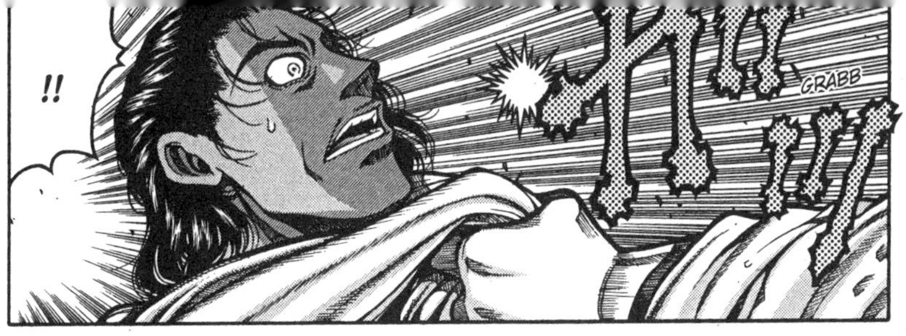

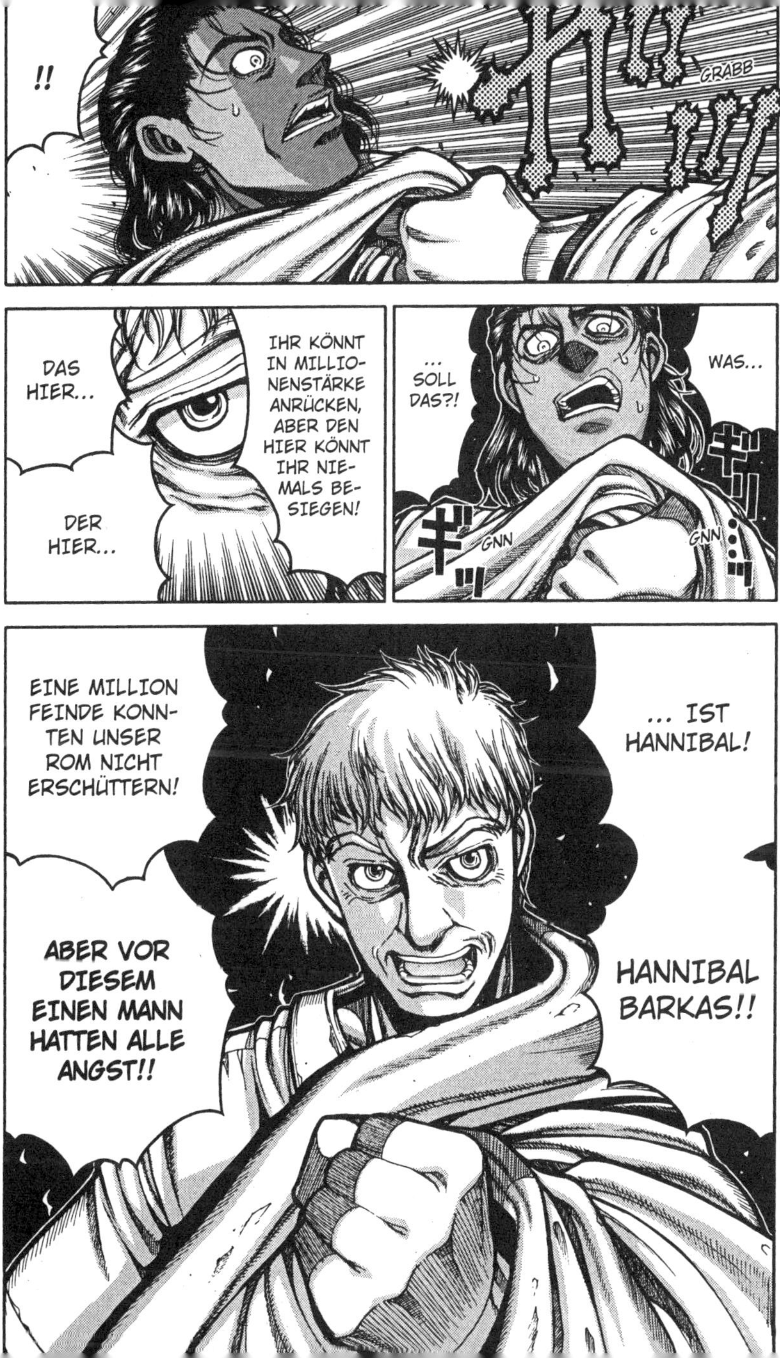

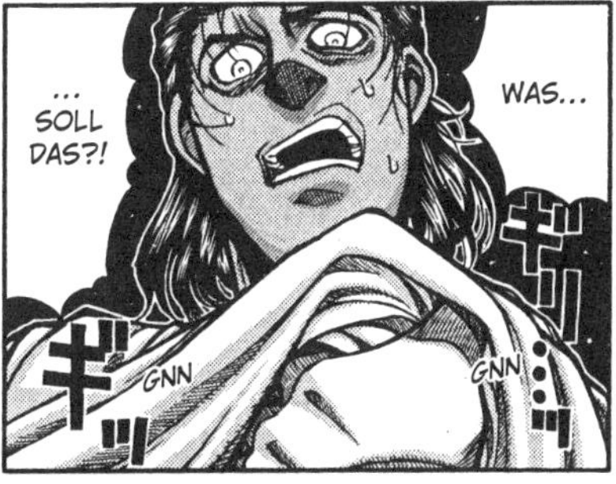

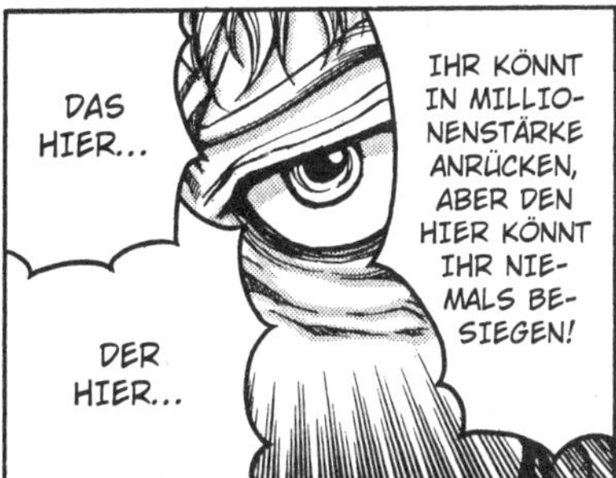

... IST HANNIBAL!

EINE MILLION FEINDE KONNTEN UNSER ROM NICHT ERSCHÜTTERN!

HANNIBAL BARKAS!!

ABER VOR DIESEM EINEN MANN HATTEN ALLE ANGST!!

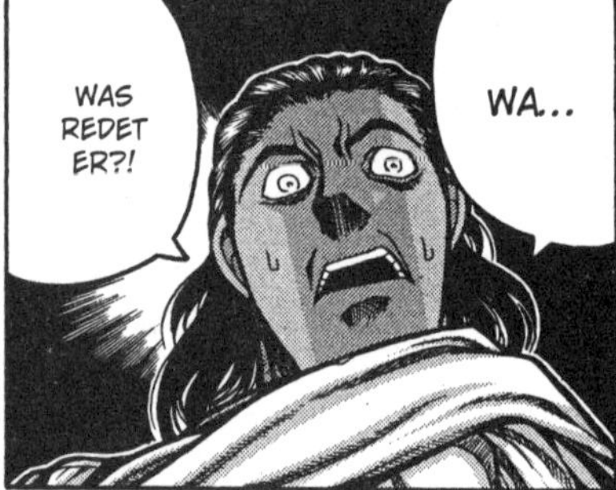
WA...
WAS REDET ER?!

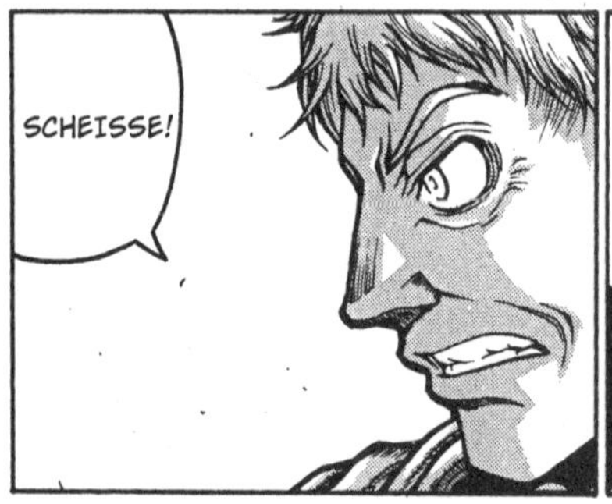
SCHEISSE!

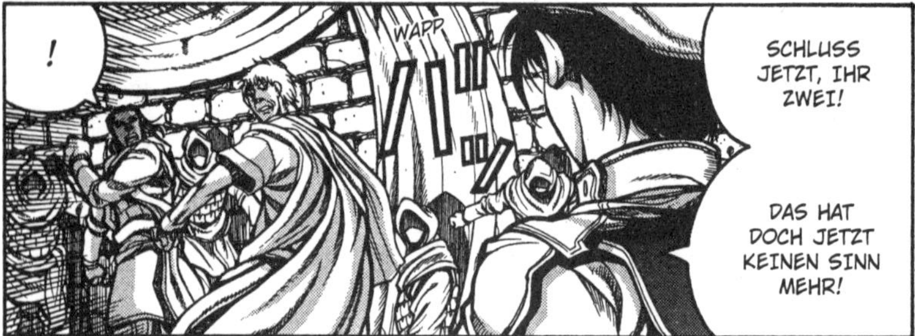
SCHLUSS JETZT, IHR ZWEI!
DAS HAT DOCH JETZT KEINEN SINN MEHR!
WAPP
!

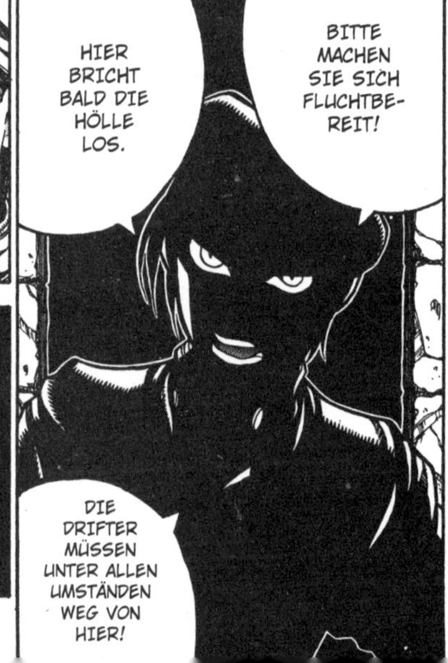
BITTE MACHEN SIE SICH FLUCHTBEREIT!
HIER BRICHT BALD DIE HÖLLE LOS.
DIE DRIFTER MÜSSEN UNTER ALLEN UMSTÄNDEN WEG VON HIER!

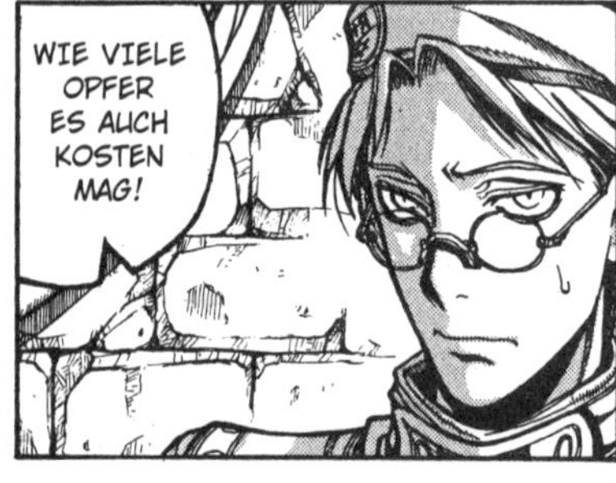
WIE VIELE OPFER ES AUCH KOSTEN MAG!

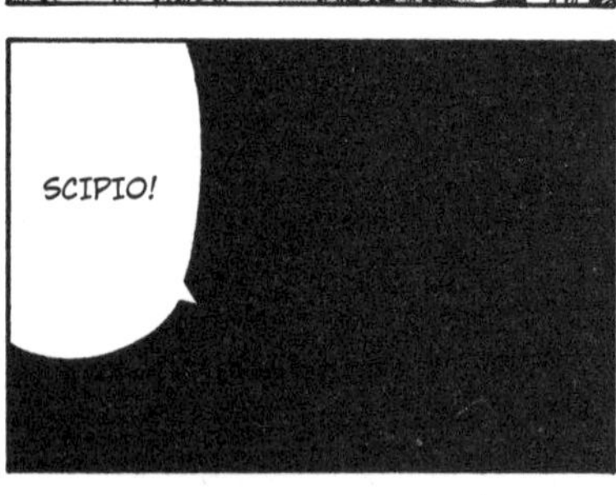
SCIPIO!

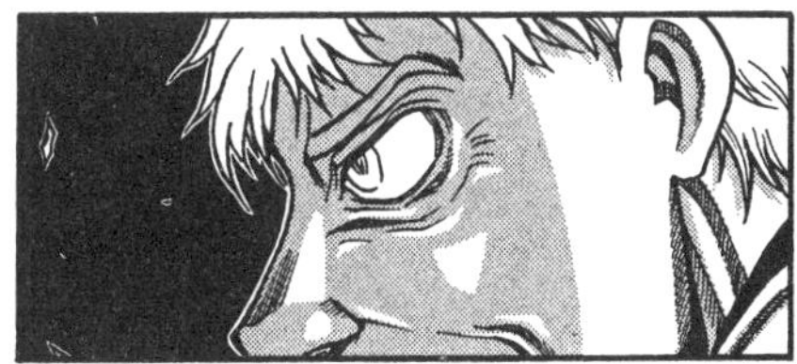

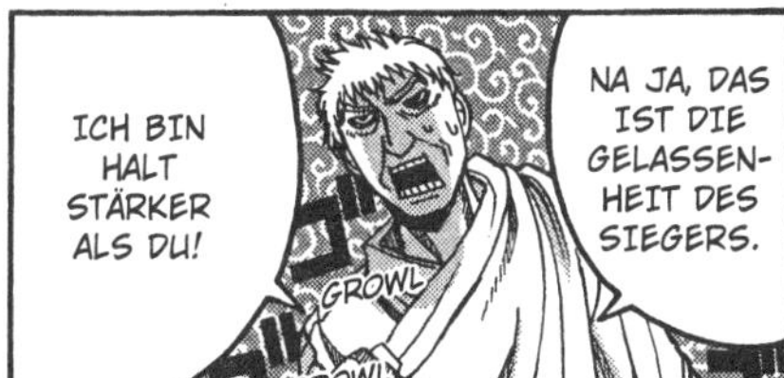
NA JA, DAS IST DIE GELASSEN-HEIT DES SIEGERS.
ICH BIN HALT STÄRKER ALS DU!
GROWL
GROWL

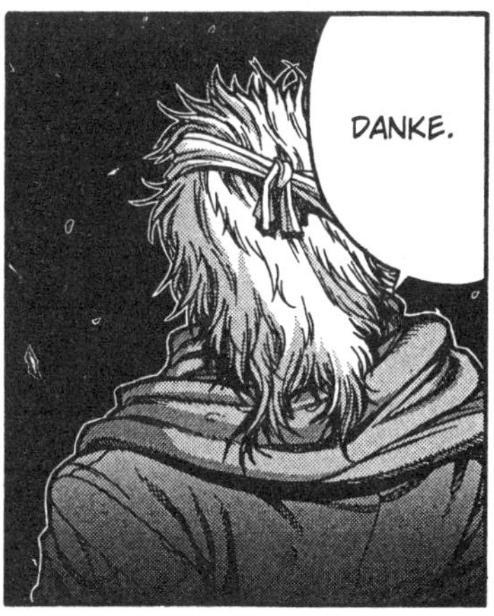
DANKE.

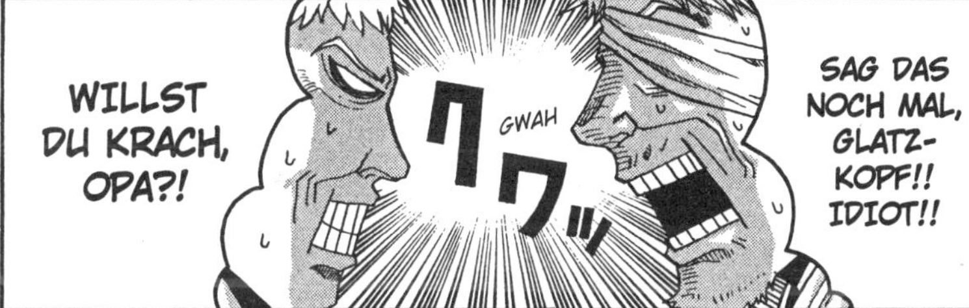
SAG DAS NOCH MAL, GLATZ-KOPF!! IDIOT!!
GWAH
WILLST DU KRACH, OPA?!

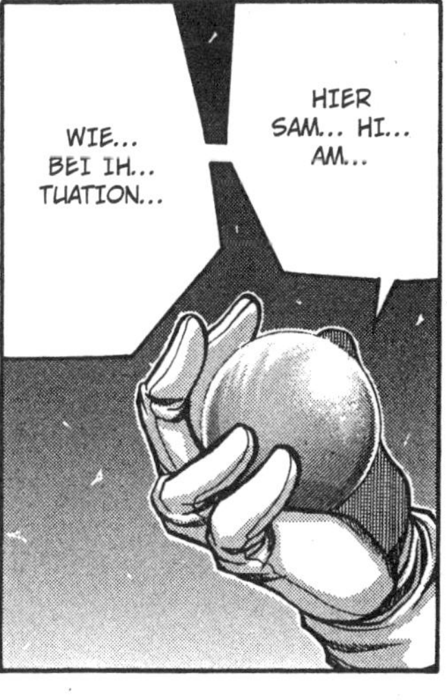
HIER SAM... HI... AM...
WIE... BEI IH... TUATION...

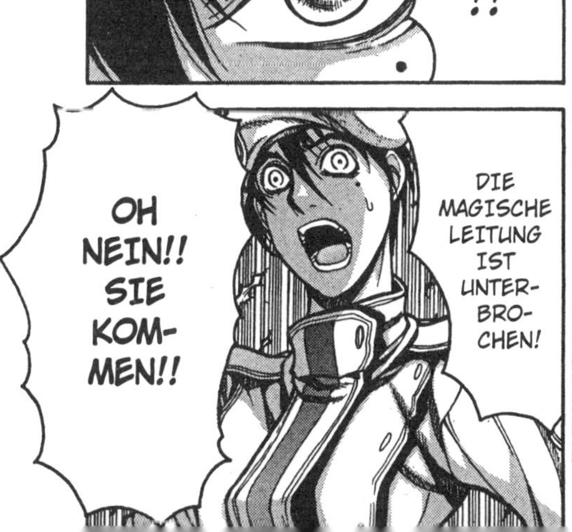
!!
DIE MAGISCHE LEITUNG IST UNTER-BRO-CHEN!
OH NEIN!! SIE KOM-MEN!!

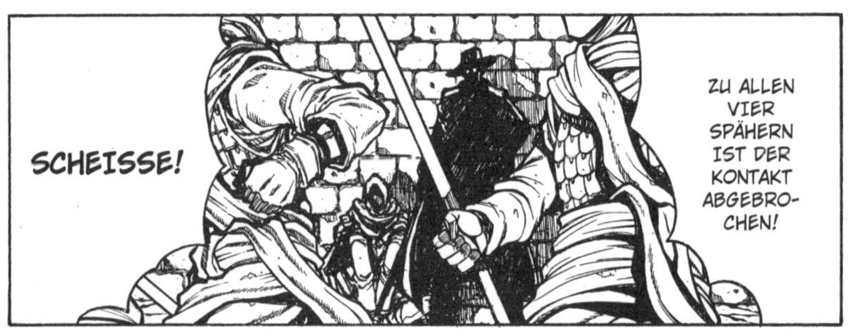
ZU ALLEN VIER SPÄHERN IST DER KONTAKT ABGEBRO-CHEN!
SCHEISSE!

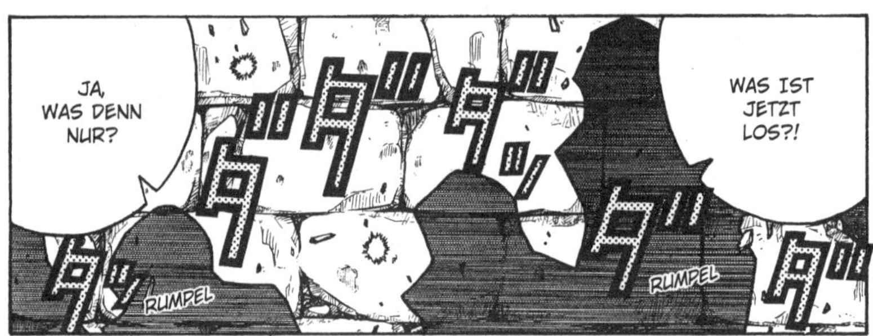
WAS IST JETZT LOS?!
JA, WAS DENN NUR?
RUMPEL
RUMPEL

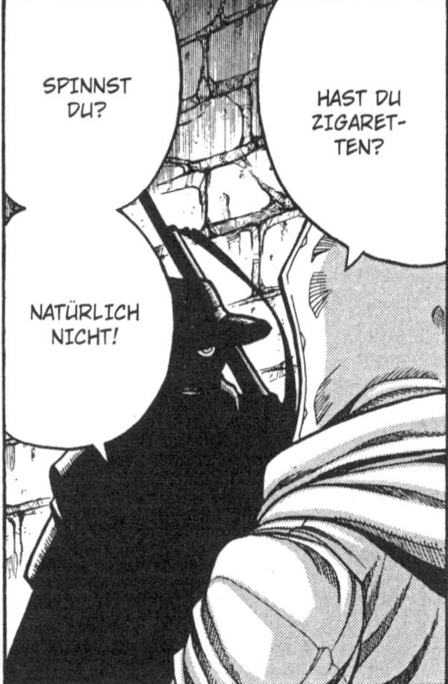
HAST DU ZIGARET-TEN?
SPINNST DU?
NATÜRLICH NICHT!

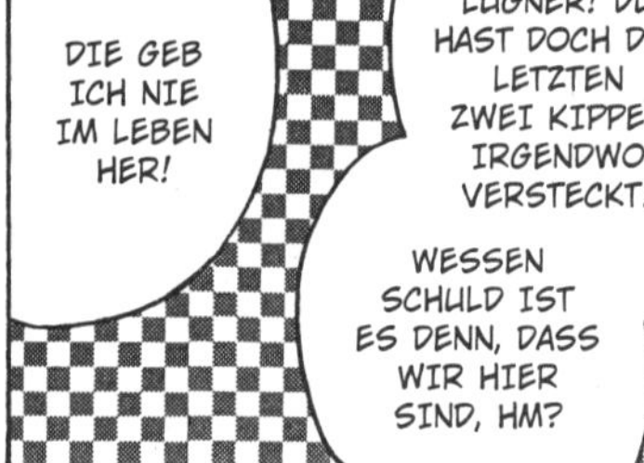
LÜGNER! DU HAST DOCH DIE LETZTEN ZWEI KIPPEN IRGENDWO VERSTECKT!
DIE GEB ICH NIE IM LEBEN HER!
WESSEN SCHULD IST ES DENN, DASS WIR HIER SIND, HM?

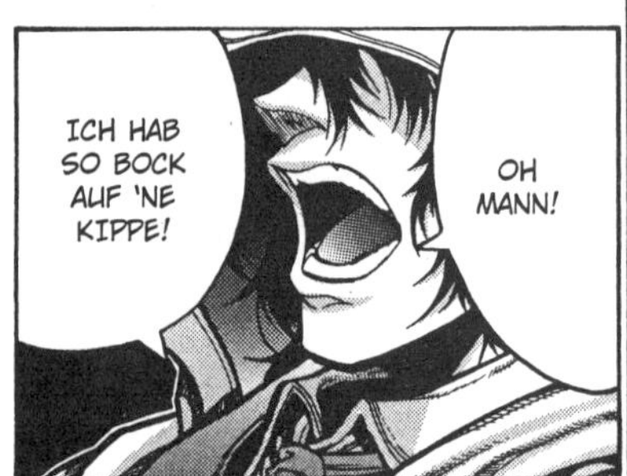
OH MANN!
ICH HAB SO BOCK AUF 'NE KIPPE!

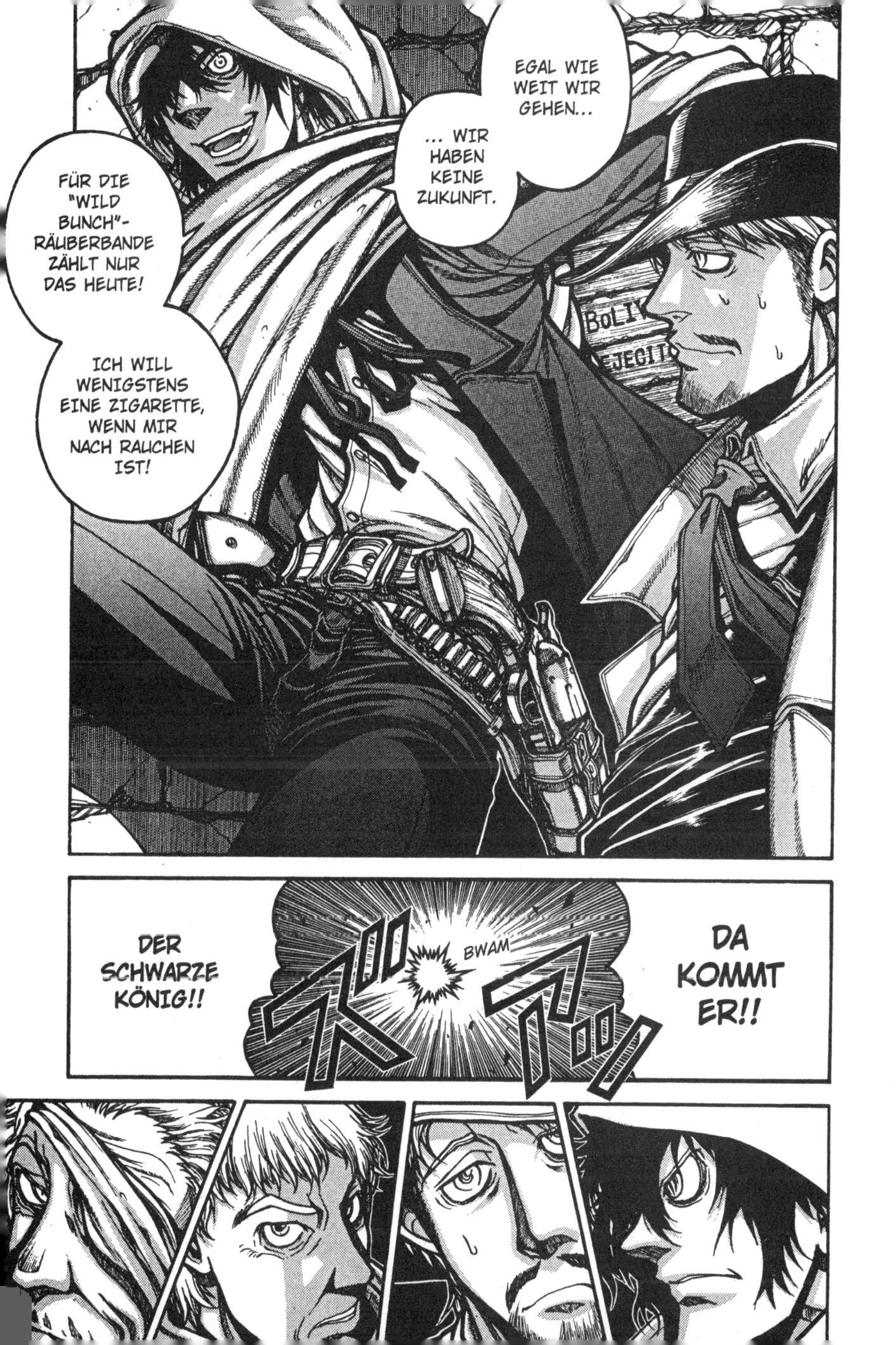

EGAL WIE WEIT WIR GEHEN…
… WIR HABEN KEINE ZUKUNFT.
FÜR DIE "WILD BUNCH"-RÄUBERBANDE ZÄHLT NUR DAS HEUTE!
ICH WILL WENIGSTENS EINE ZIGARETTE, WENN MIR NACH RAUCHEN IST!

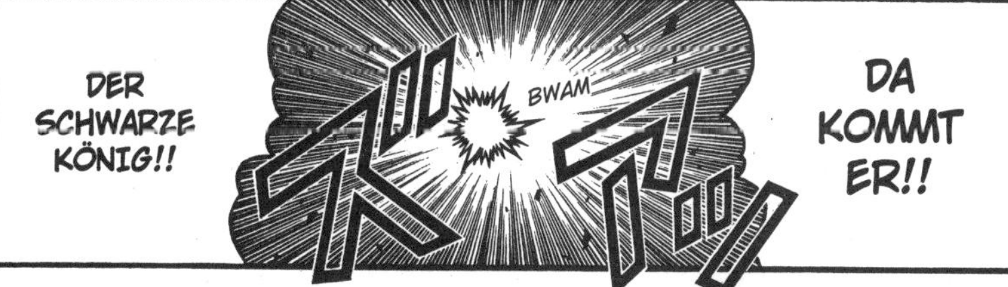

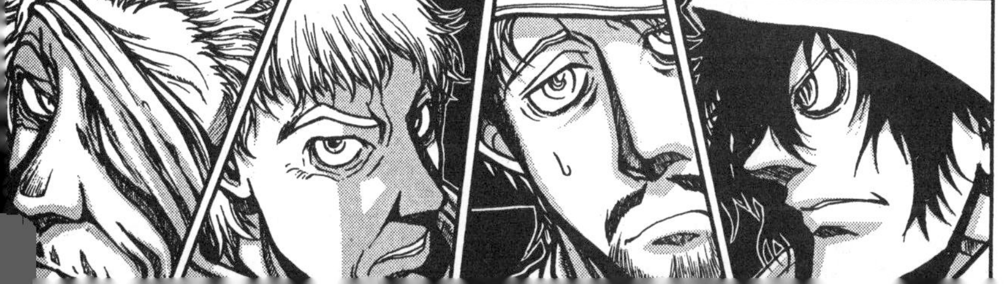

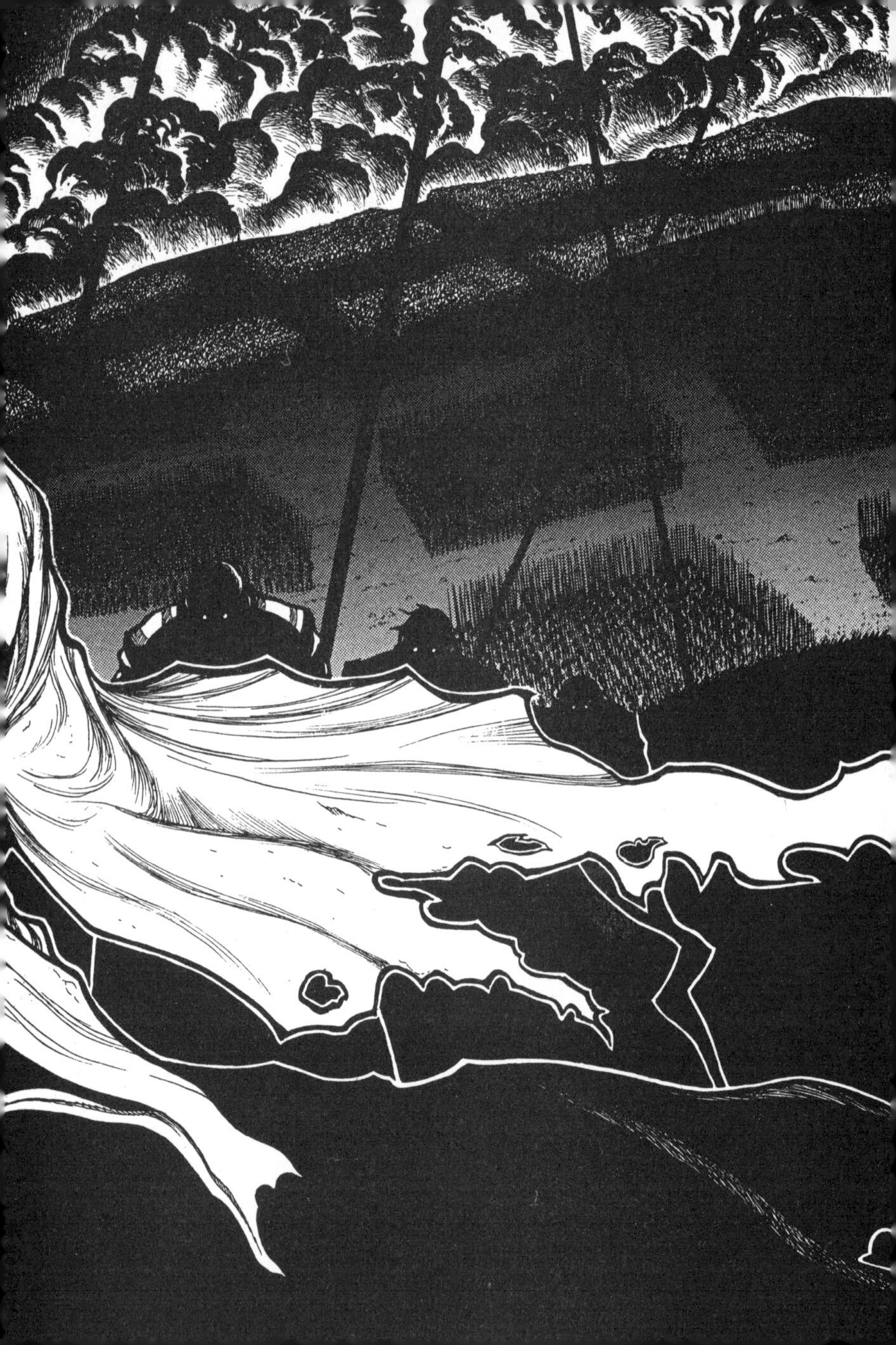

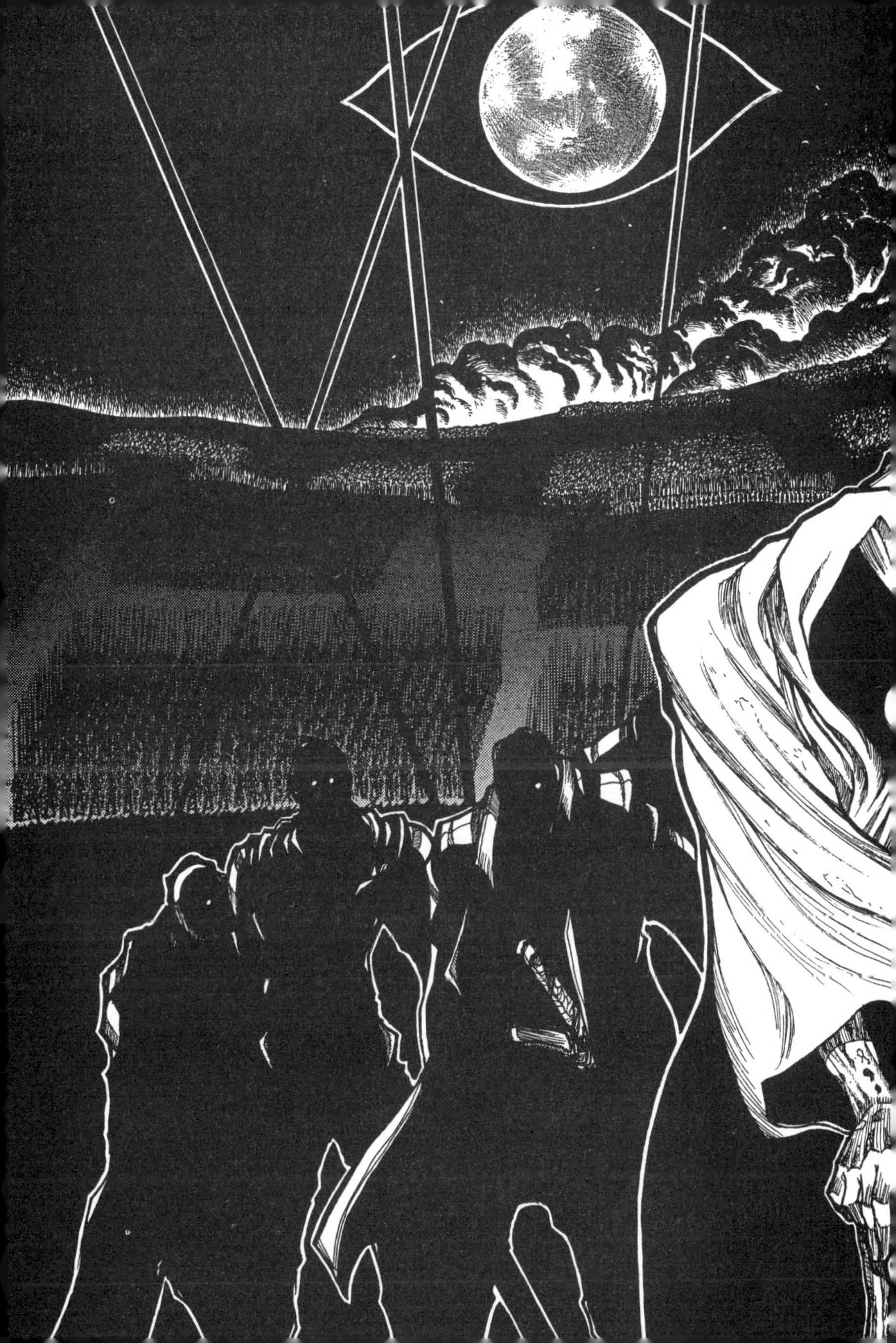

* DIE JUNGFRAU VON ORLÉANS

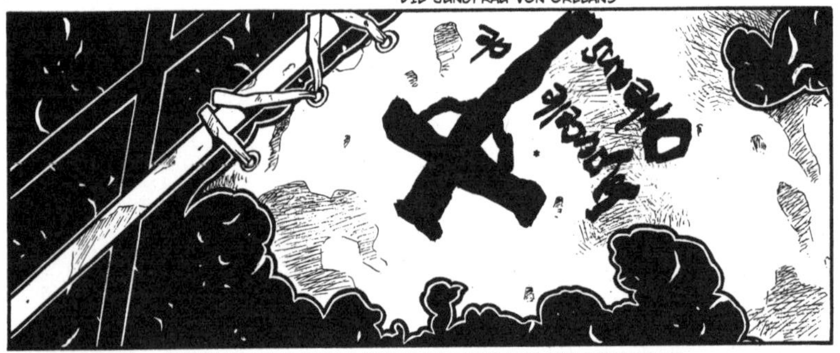

** DAS ZEICHEN "MAKOTO" (TREUE) AUF DER FLAGGE DER SHINSENGUMI

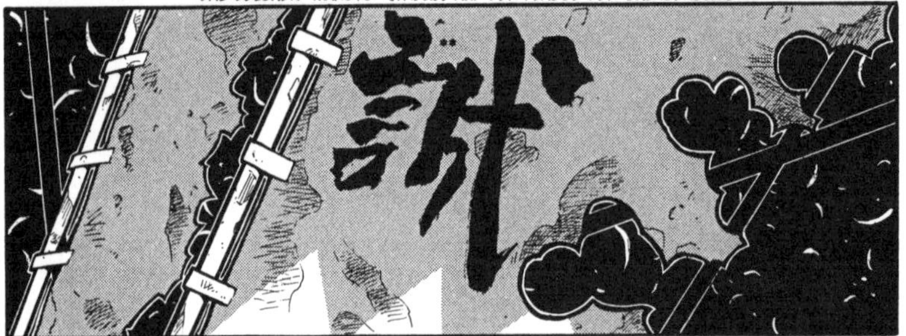

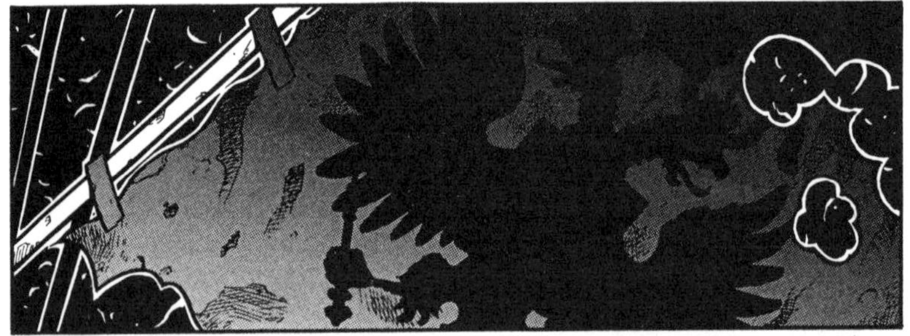

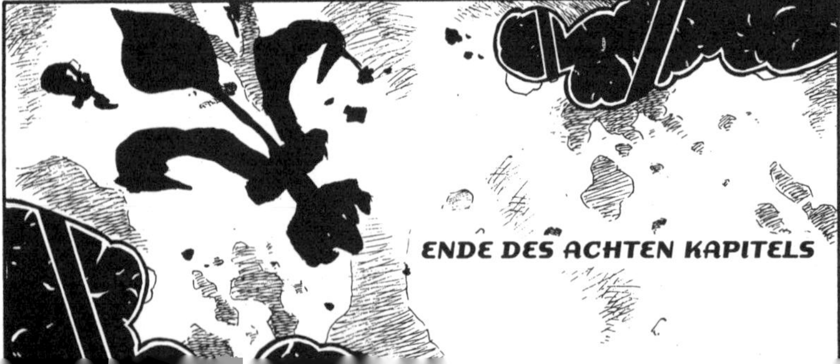

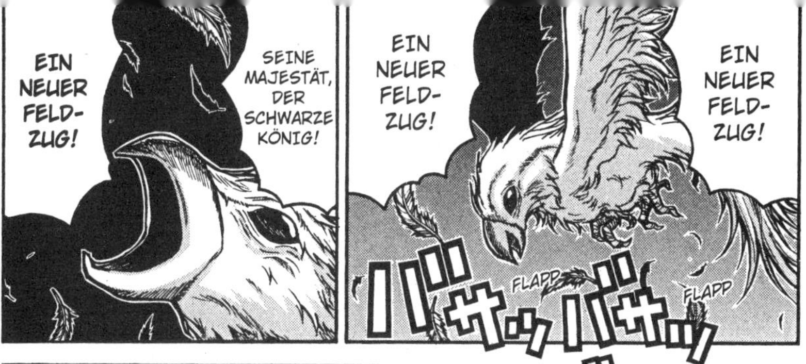
EIN NEUER FELD-ZUG!
EIN NEUER FELD-ZUG!
バサッ
FLAPP
バサッ
FLAPP
SEINE MAJESTÄT, DER SCHWARZE KÖNIG!
EIN NEUER FELD-ZUG!

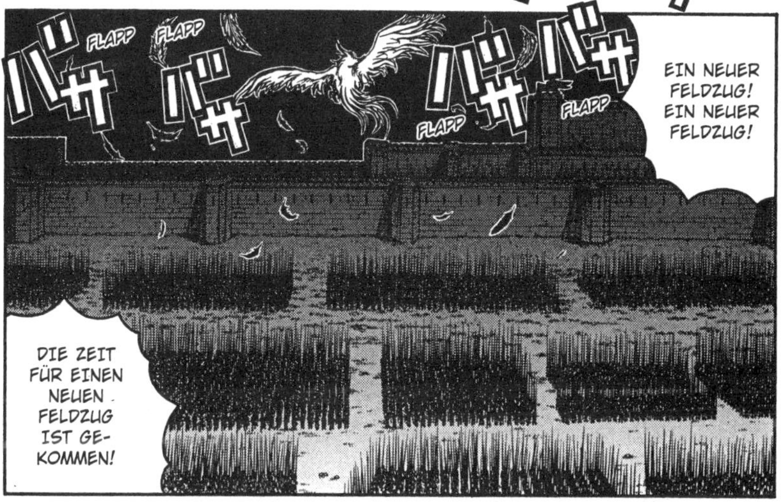
EIN NEUER FELDZUG! EIN NEUER FELDZUG!
バサ
FLAPP
バサ
FLAPP
バサ
FLAPP
バサ
FLAPP
DIE ZEIT FÜR EINEN NEUEN FELDZUG IST GE-KOMMEN!

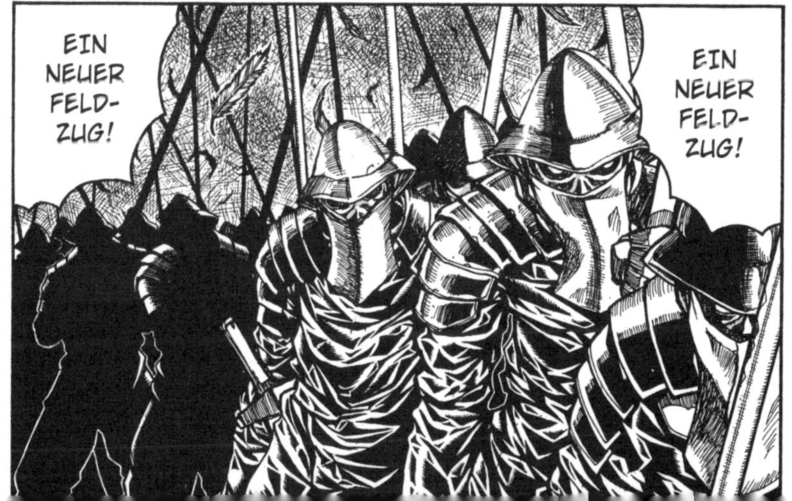
EIN NEUER FELD-ZUG!
EIN NEUER FELD-ZUG!

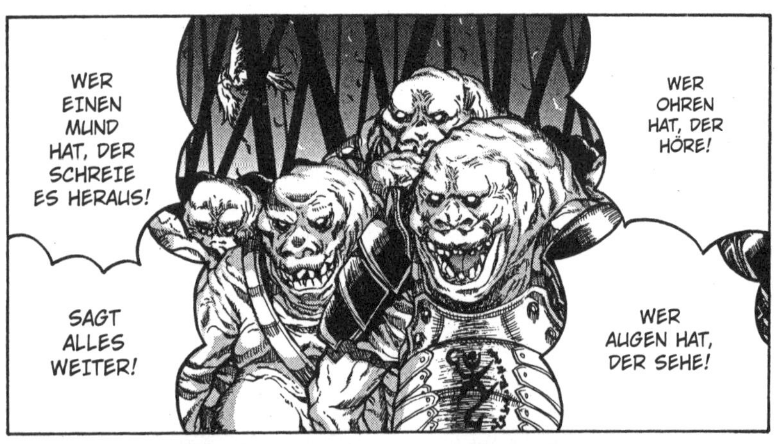
WER OHREN HAT, DER HÖRE!
WER EINEN MUND HAT, DER SCHREIE ES HERAUS!
WER AUGEN HAT, DER SEHE!
SAGT ALLES WEITER!

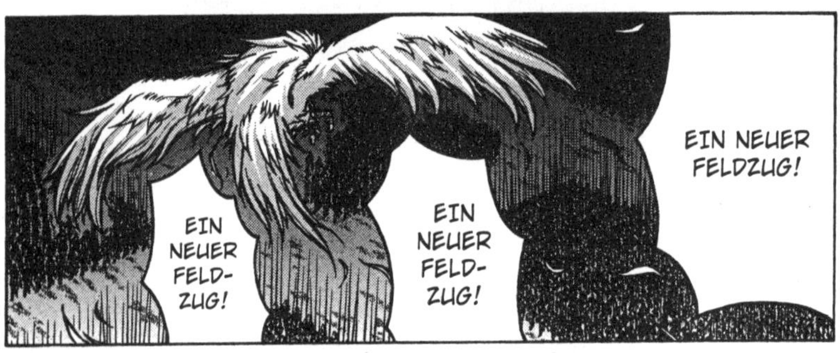
EIN NEUER FELDZUG!
EIN NEUER FELD-ZUG!
EIN NEUER FELD-ZUG!

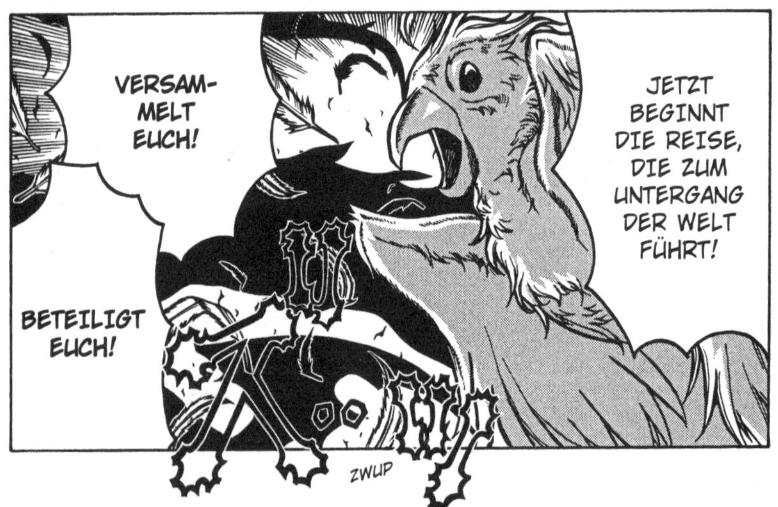
JETZT BEGINNT DIE REISE, DIE ZUM UNTERGANG DER WELT FÜHRT!
VERSAM-MELT EUCH!
BETEILIGT EUCH!
ZWUP

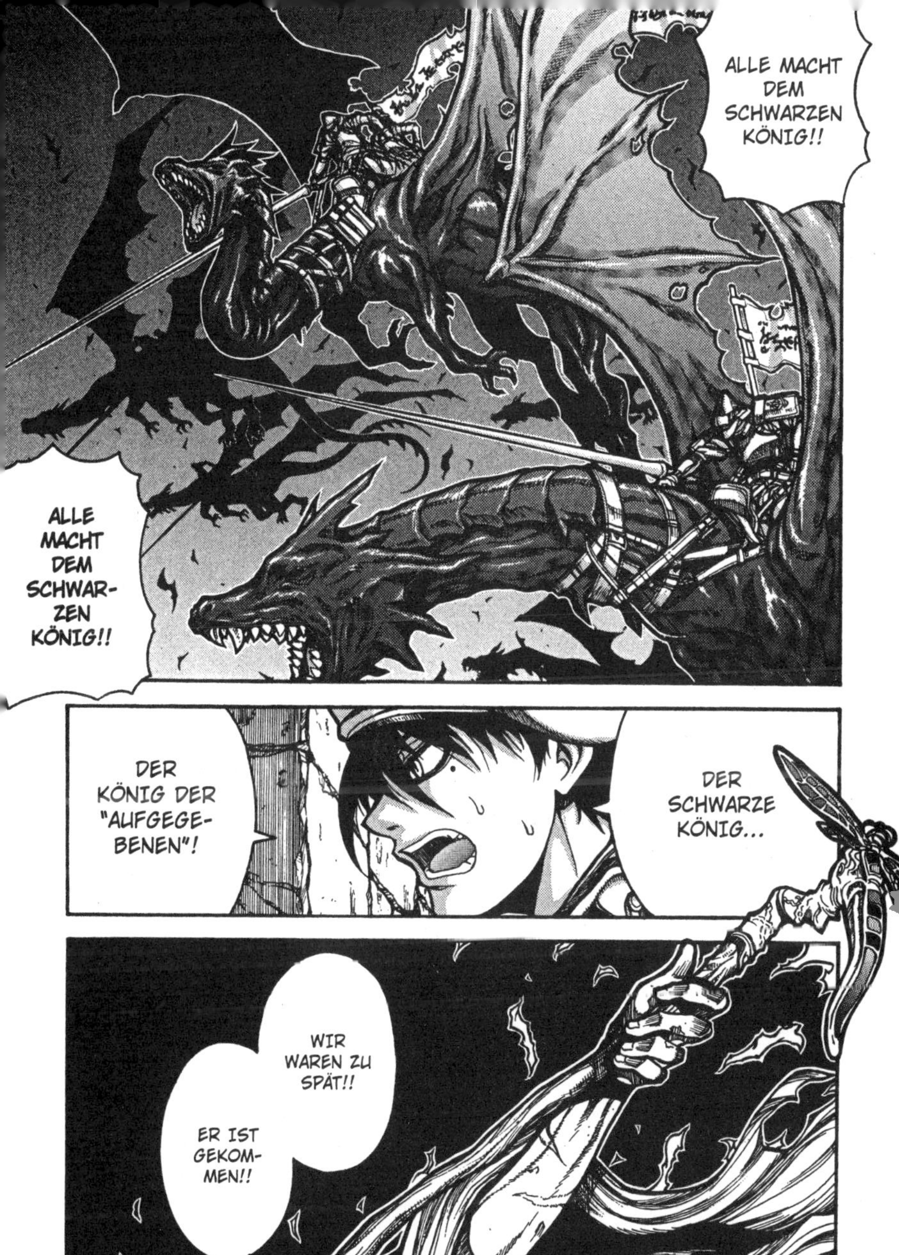
ALLE MACHT DEM SCHWARZEN KÖNIG!!
ALLE MACHT DEM SCHWAR-ZEN KÖNIG!!
DER SCHWARZE KÖNIG…
DER KÖNIG DER "AUFGEGE-BENEN"!
WIR WAREN ZU SPÄT!!
ER IST GEKOM-MEN!!

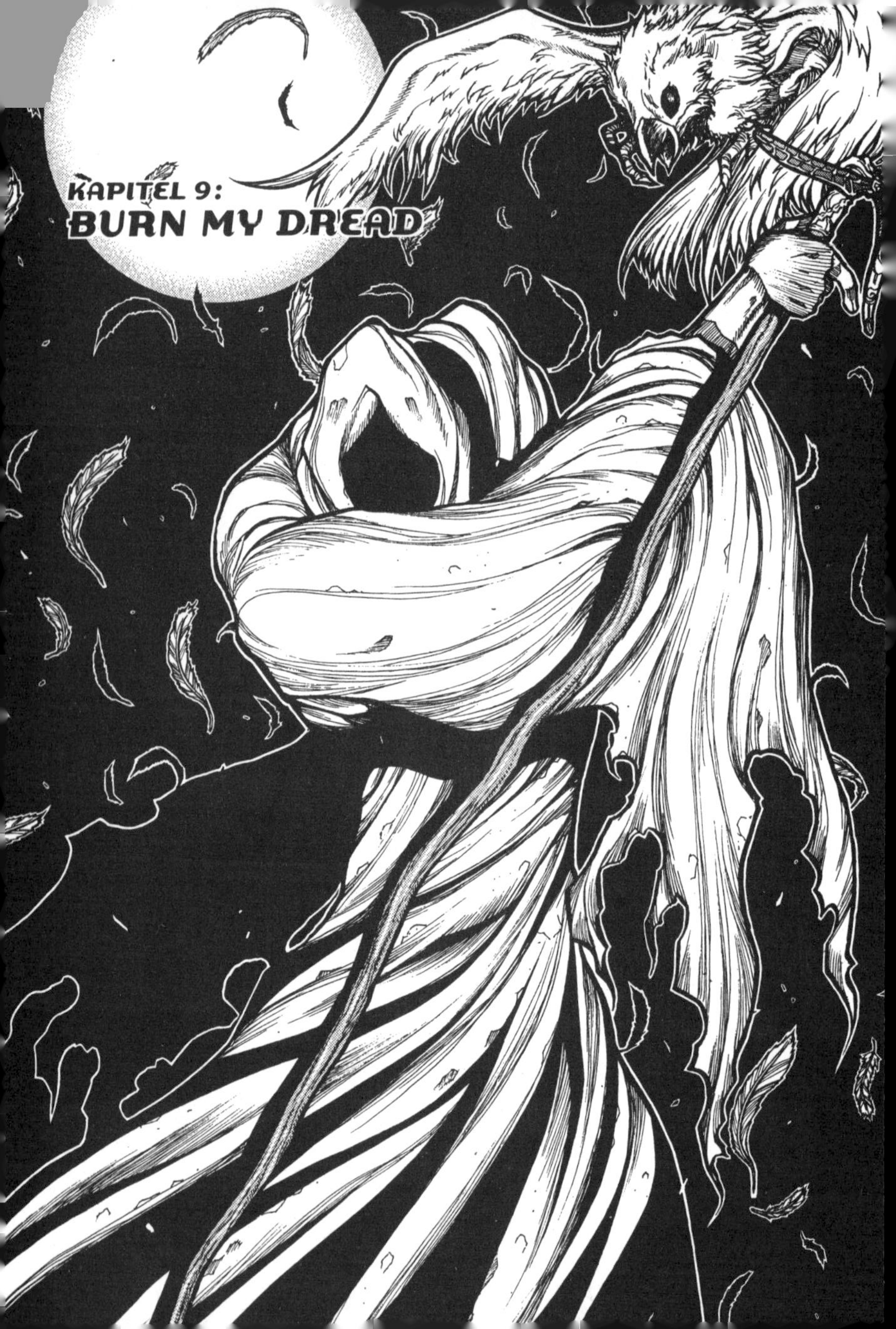
KAPITEL 9:
BURN MY DREAD

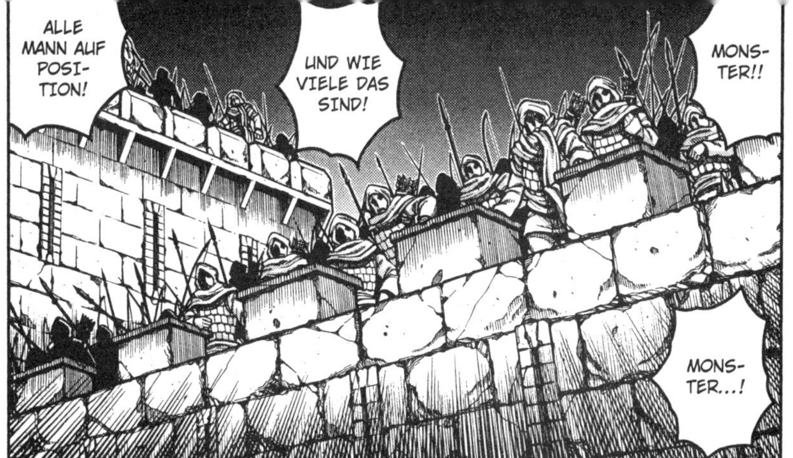
MONS-TER!!
UND WIE VIELE DAS SIND!
ALLE MANN AUF POSI-TION!
MONS-TER...!

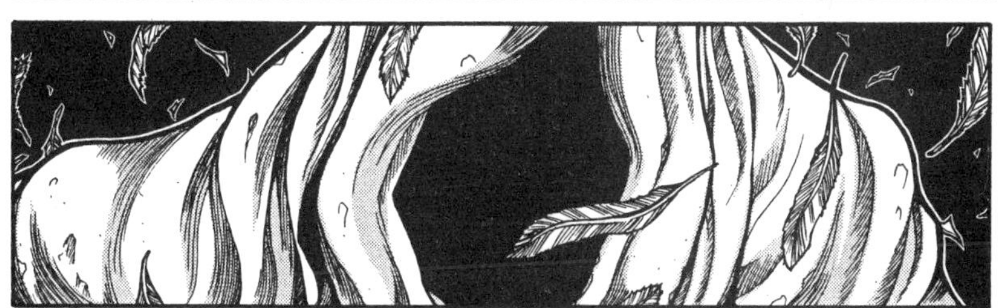

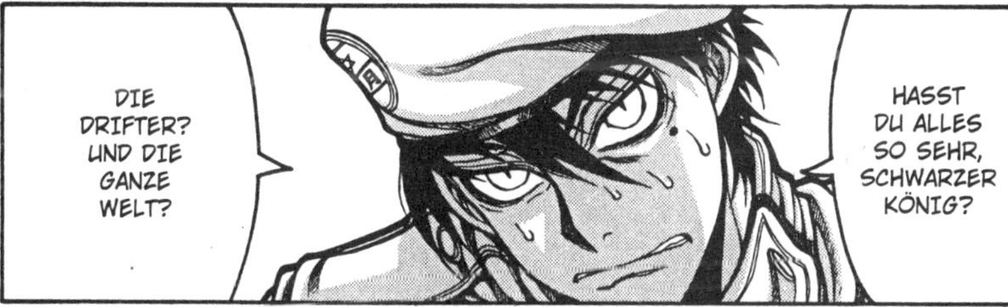
HASST DU ALLES SO SEHR, SCHWARZER KÖNIG?
DIE DRIFTER? UND DIE GANZE WELT?

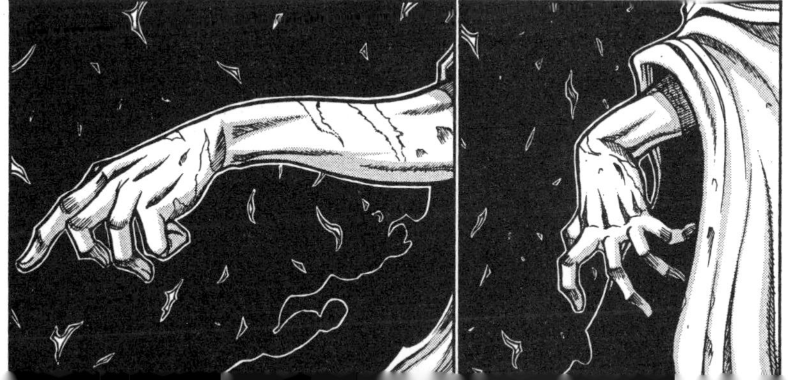

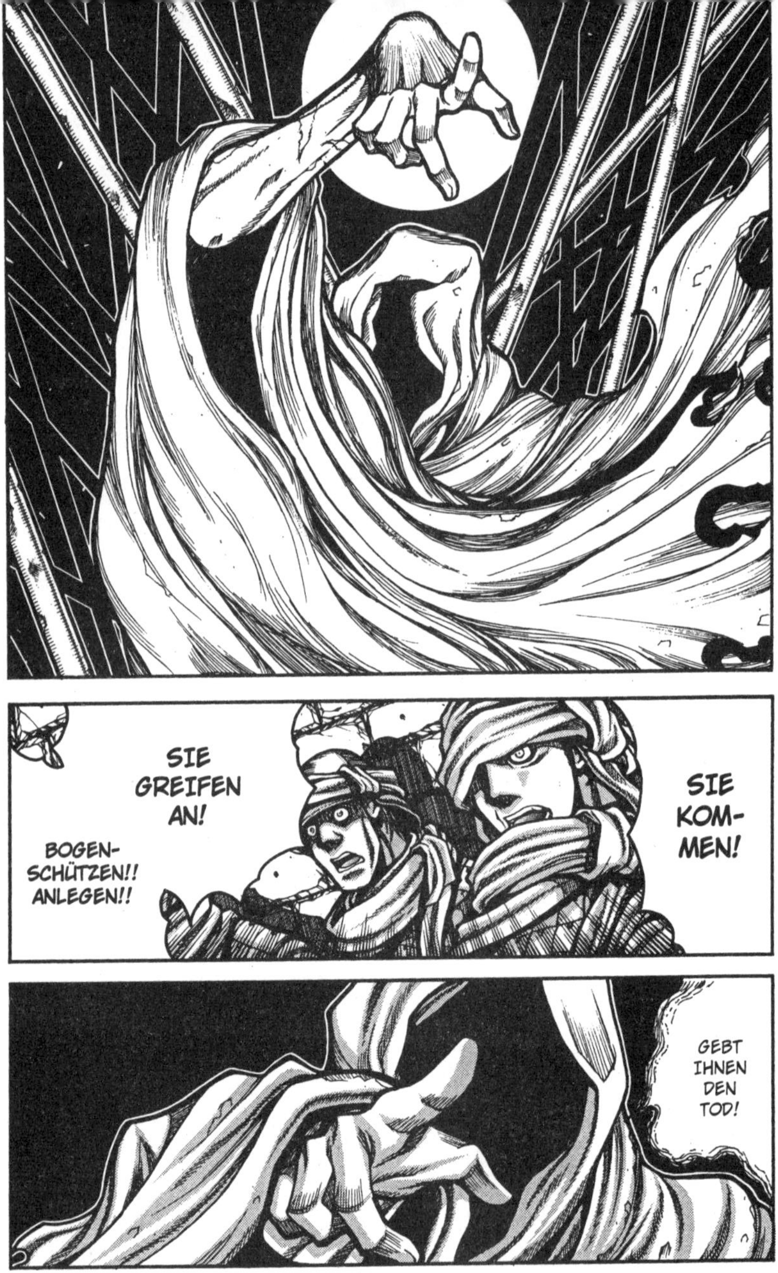

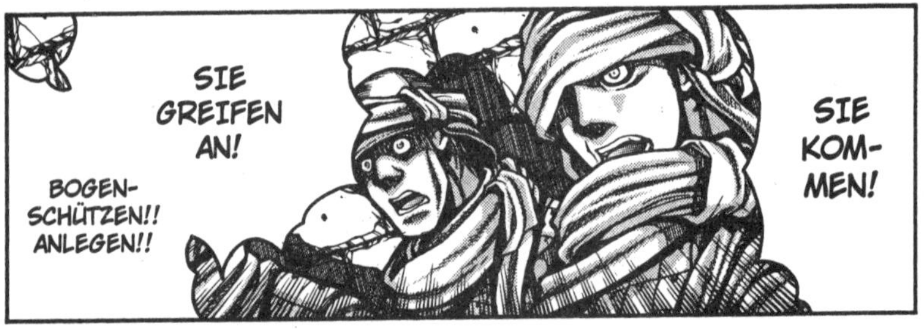
SIE KOMMEN!
SIE GREIFEN AN!
BOGENSCHÜTZEN!! ANLEGEN!!

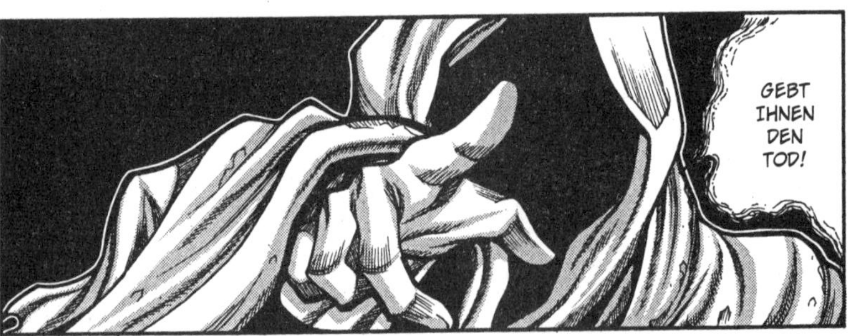
GEBT IHNEN DEN TOD!

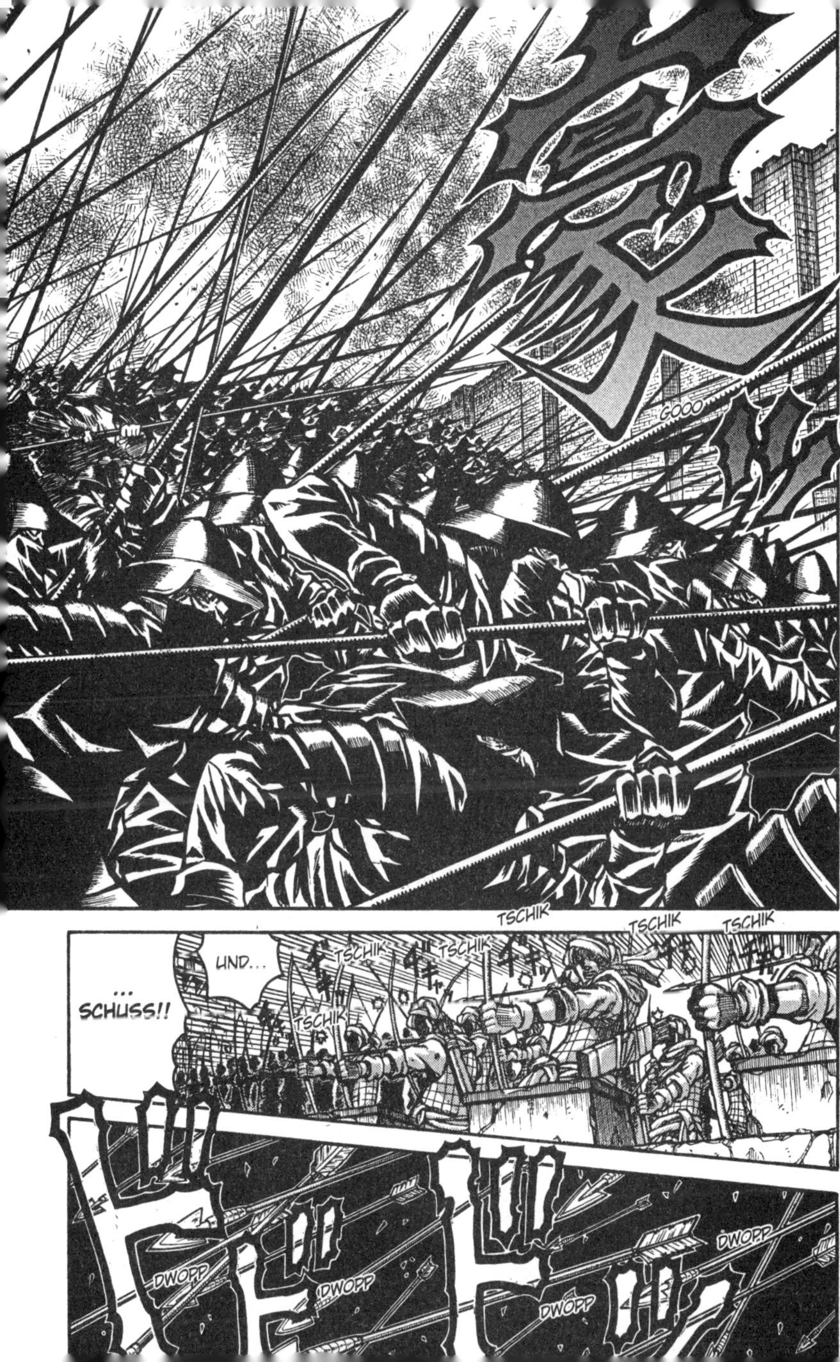

GOOO

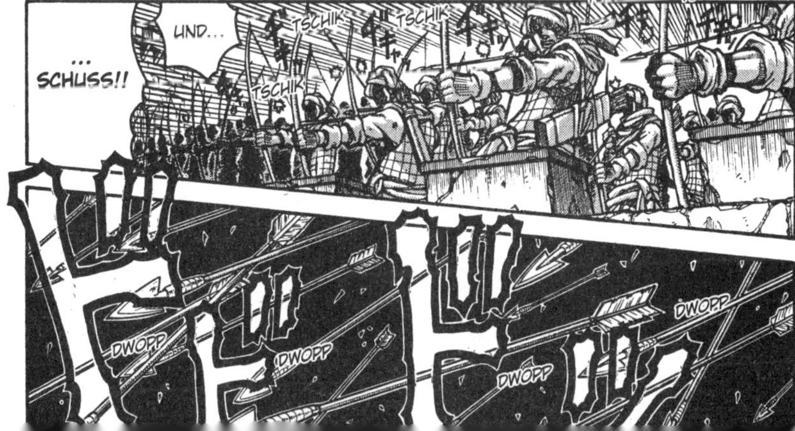

TSCHIK
TSCHIK
TSCHIK
TSCHIK
TSCHIK
TSCHIK
UND...
... SCHUSS!!
DWOPP
DWOPP
DWOPP
DWOPP

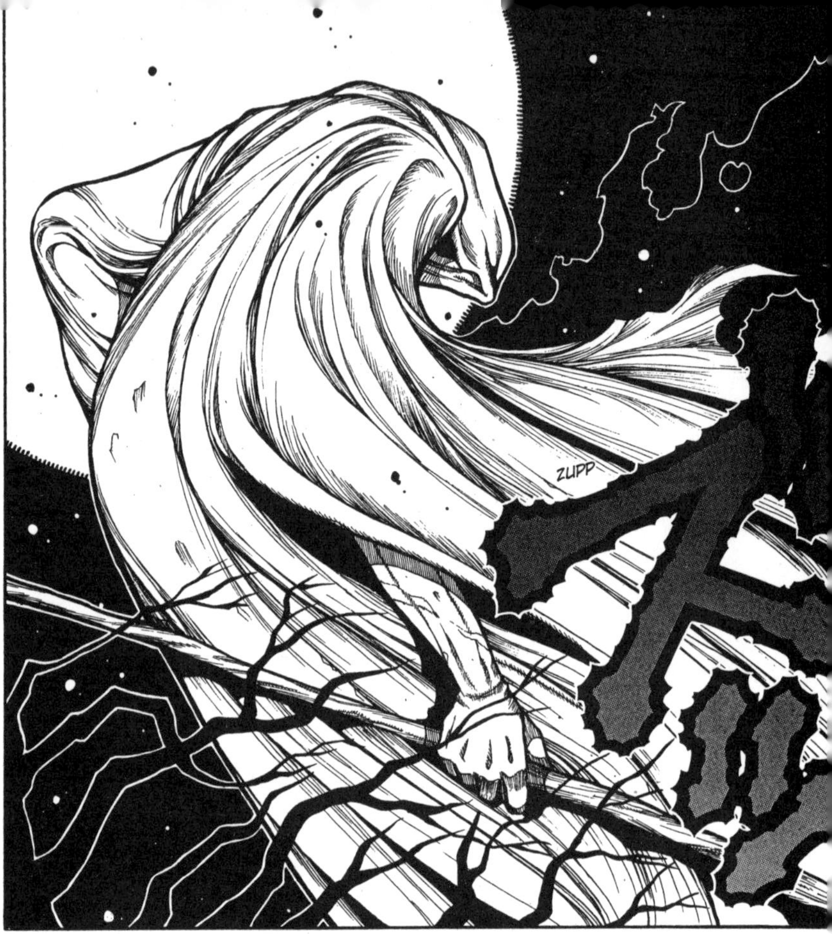

ZUPP

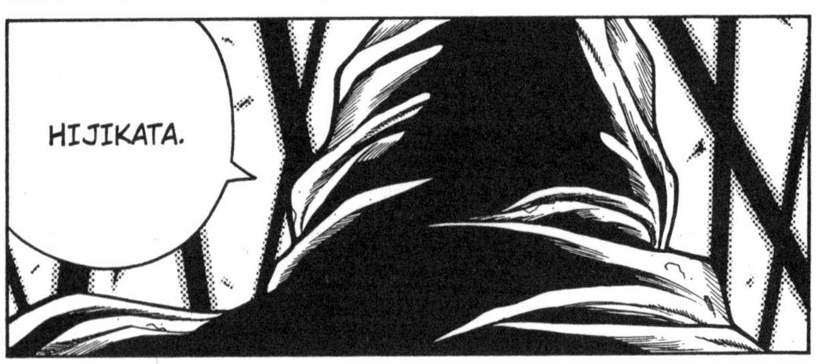
HIJIKATA.

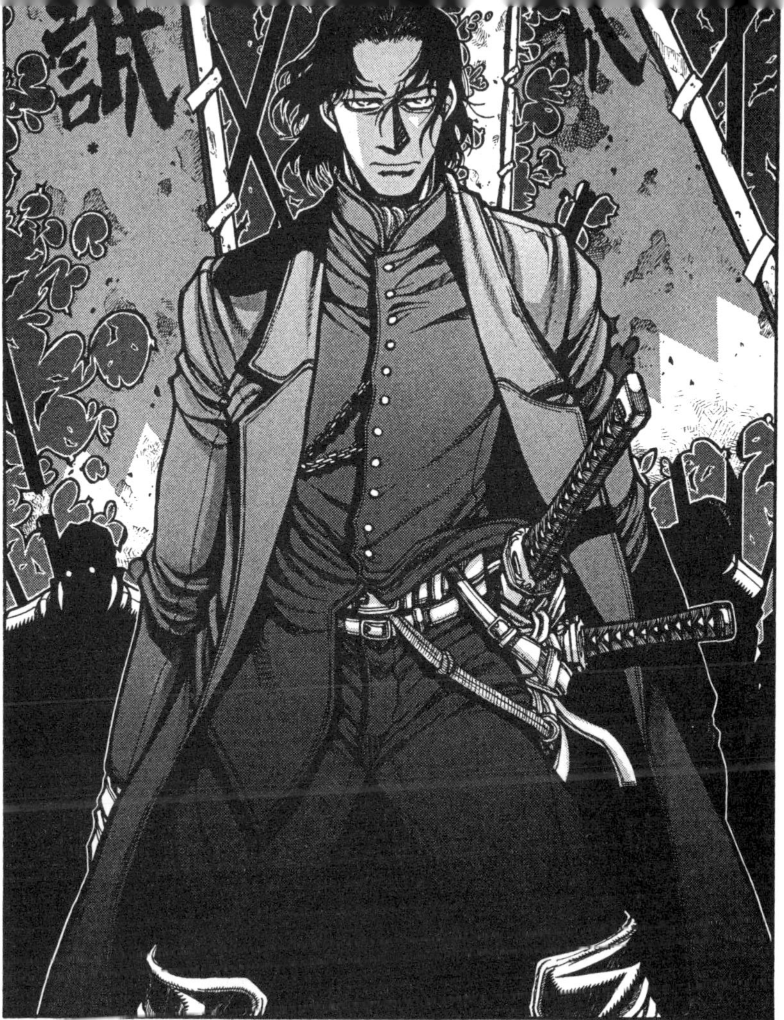

* SIEHE S. 152, FUSSNOTE 2

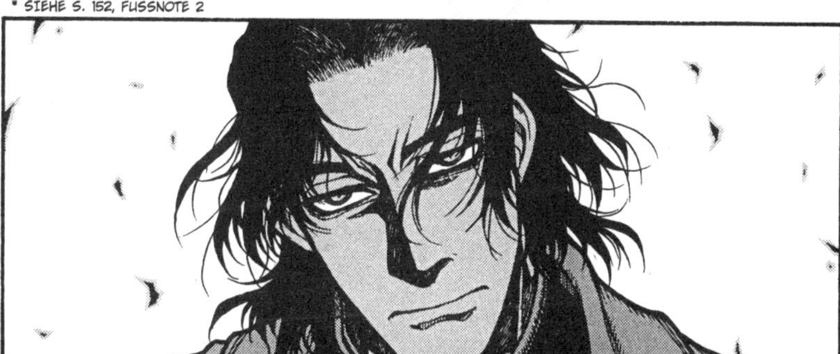

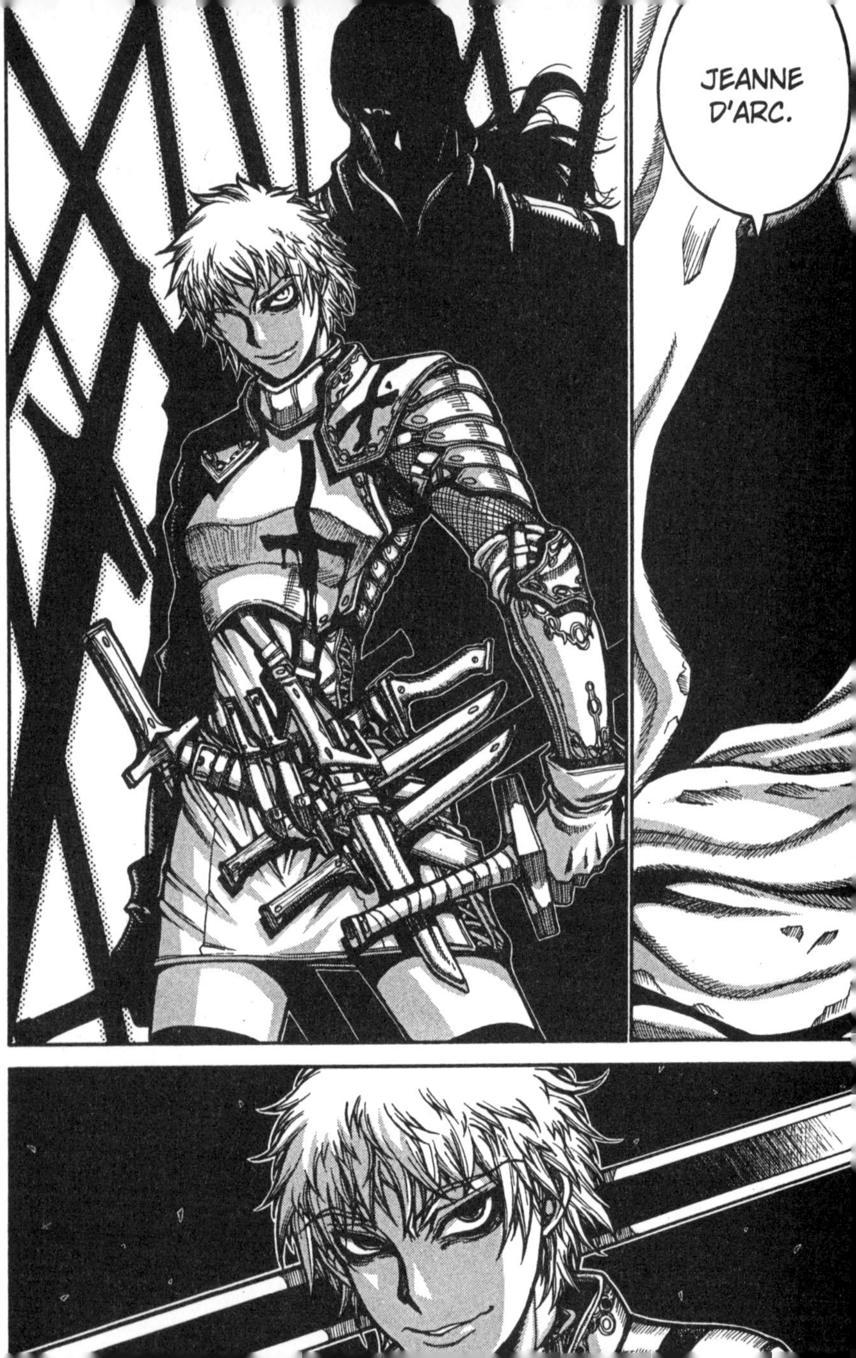

JEANNE D'ARC.

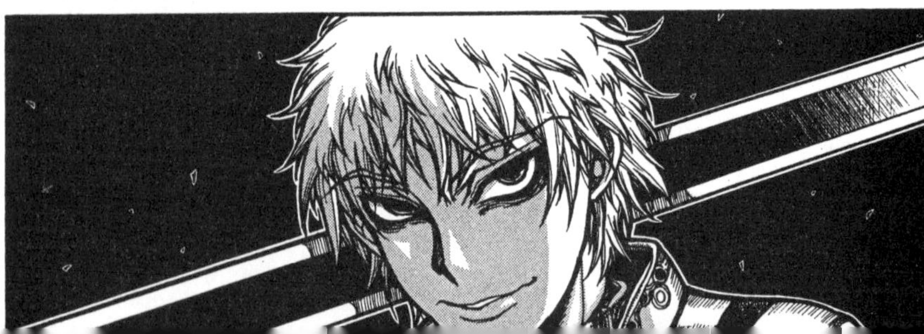

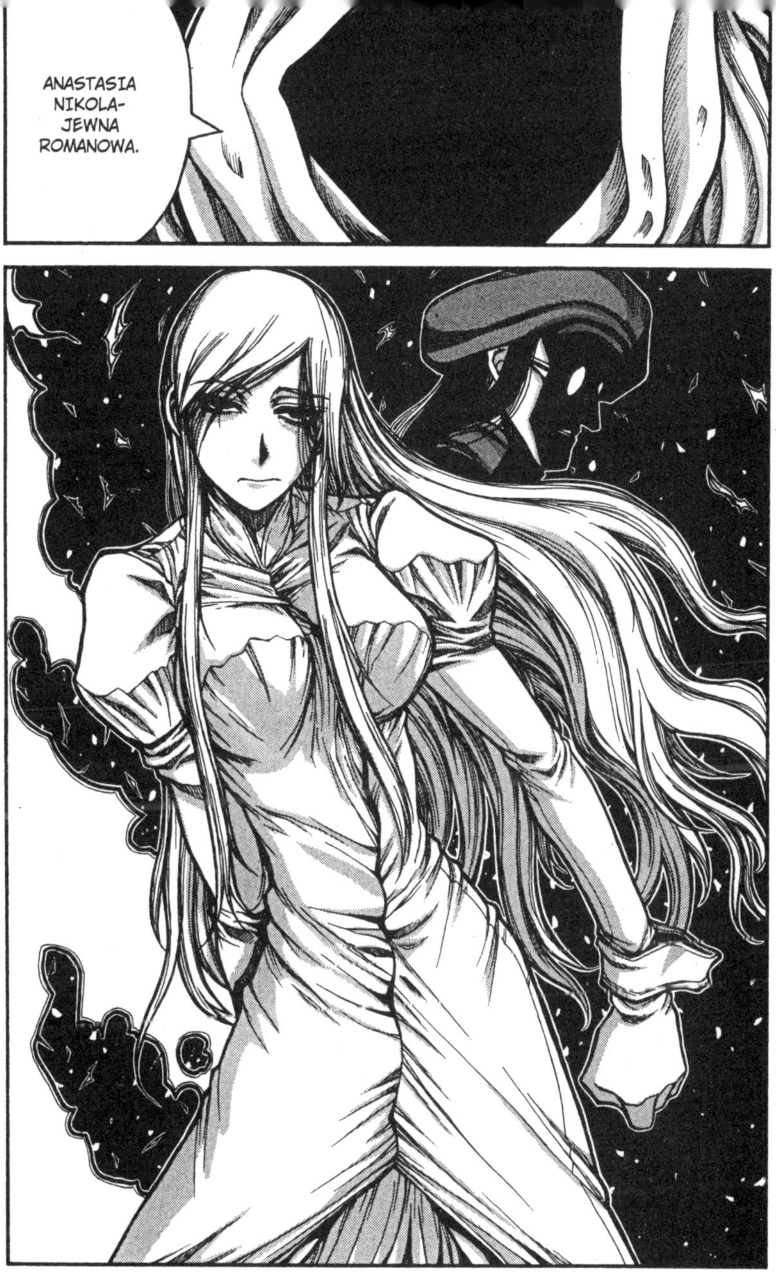

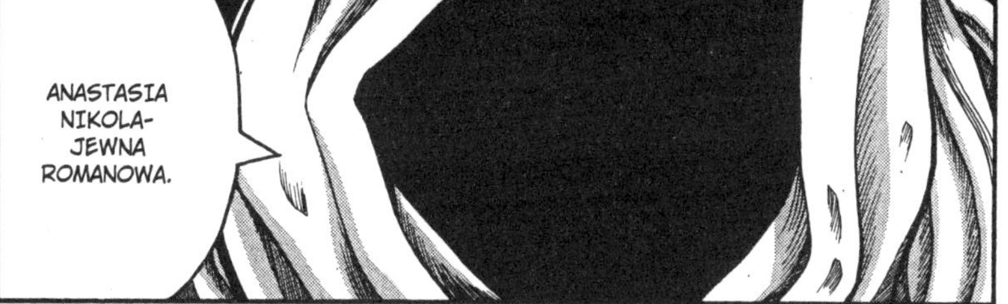
ANASTASIA NIKOLA-JEWNA ROMANOWA.

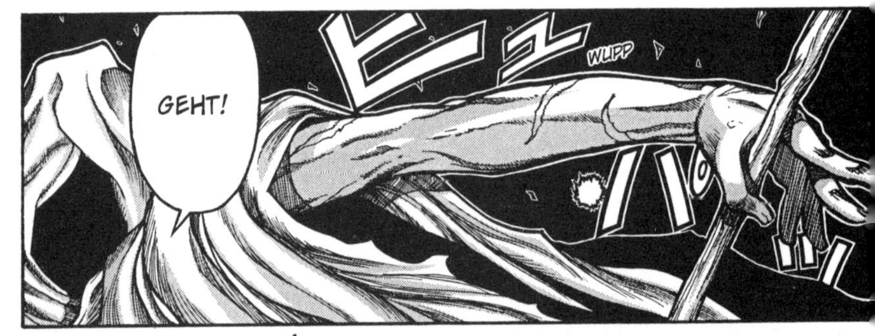

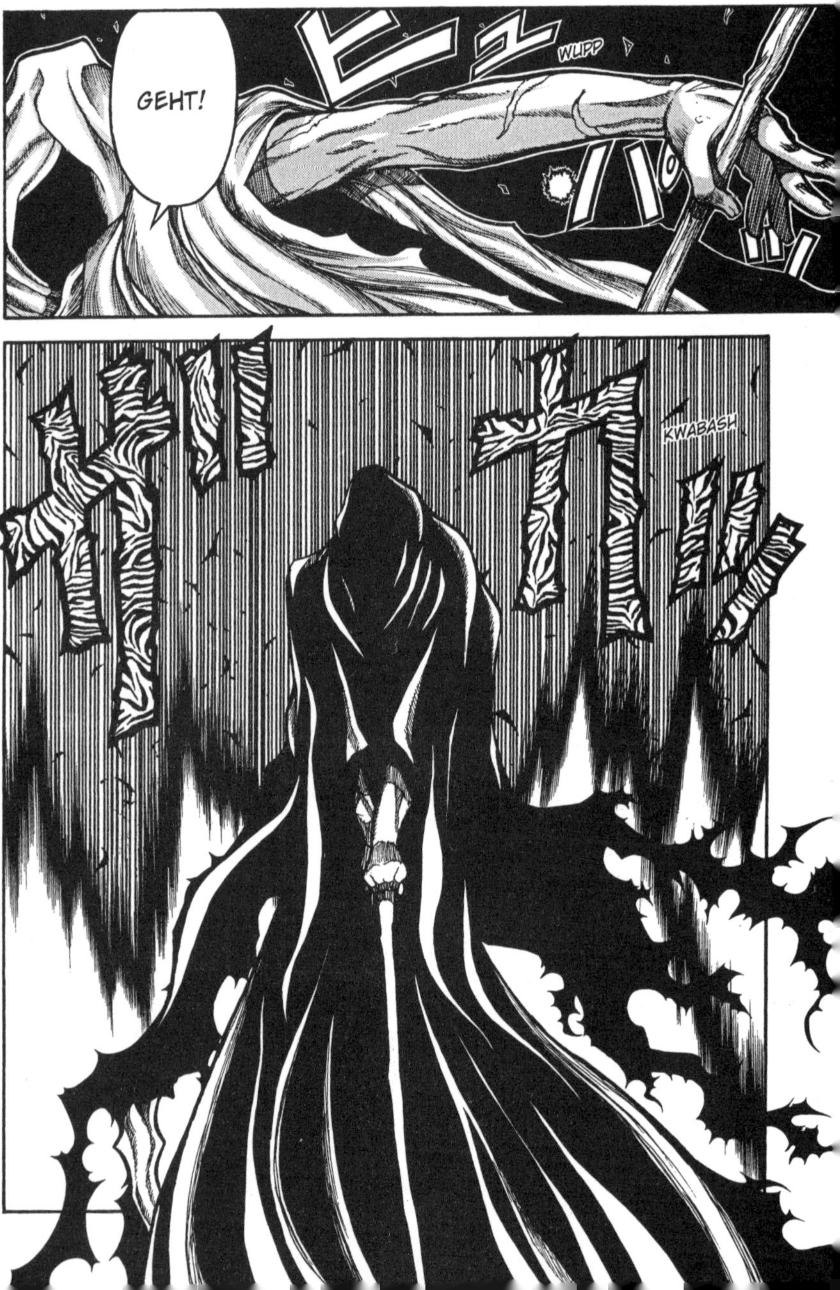

KWABASH

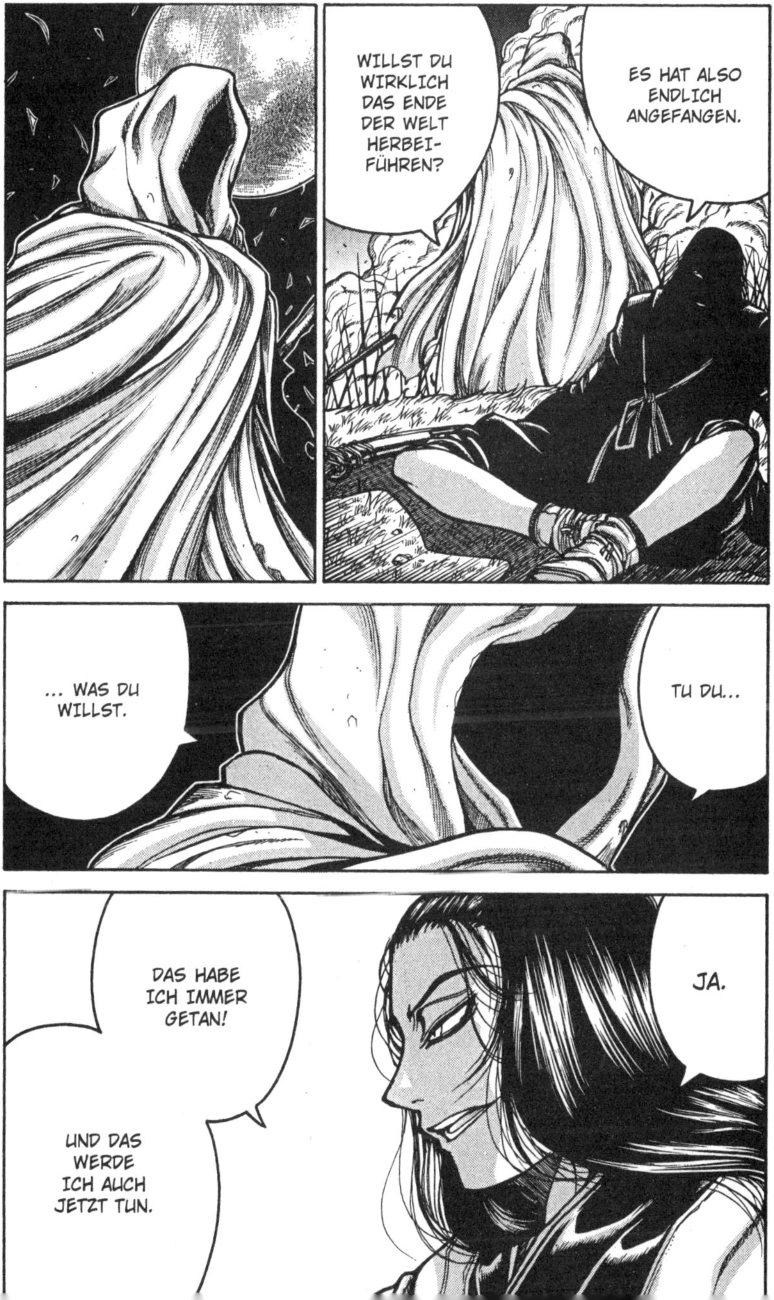

ES HAT ALSO ENDLICH ANGEFANGEN.

WILLST DU WIRKLICH DAS ENDE DER WELT HERBEI-FÜHREN?

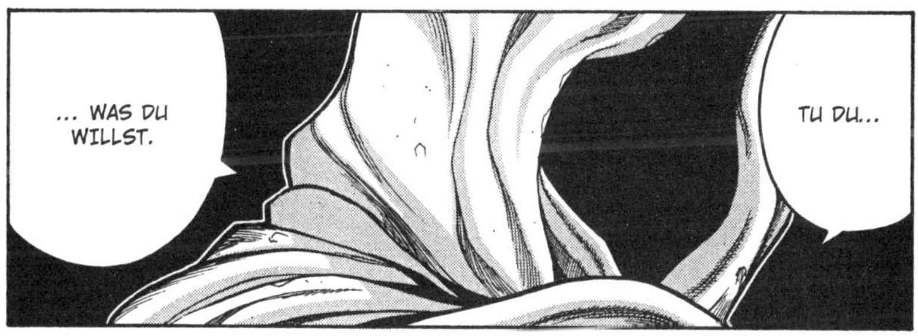

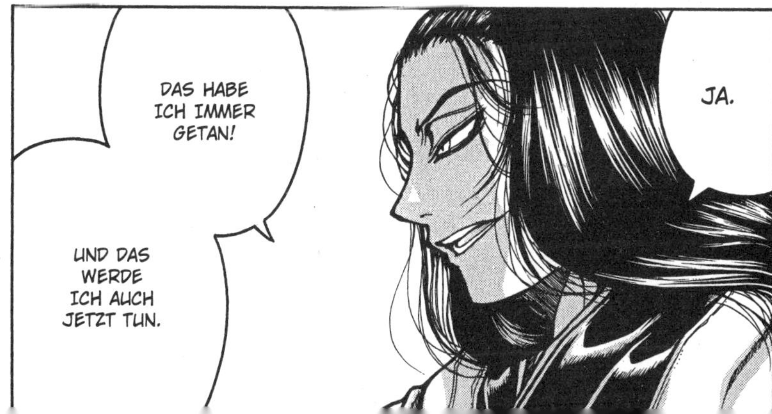

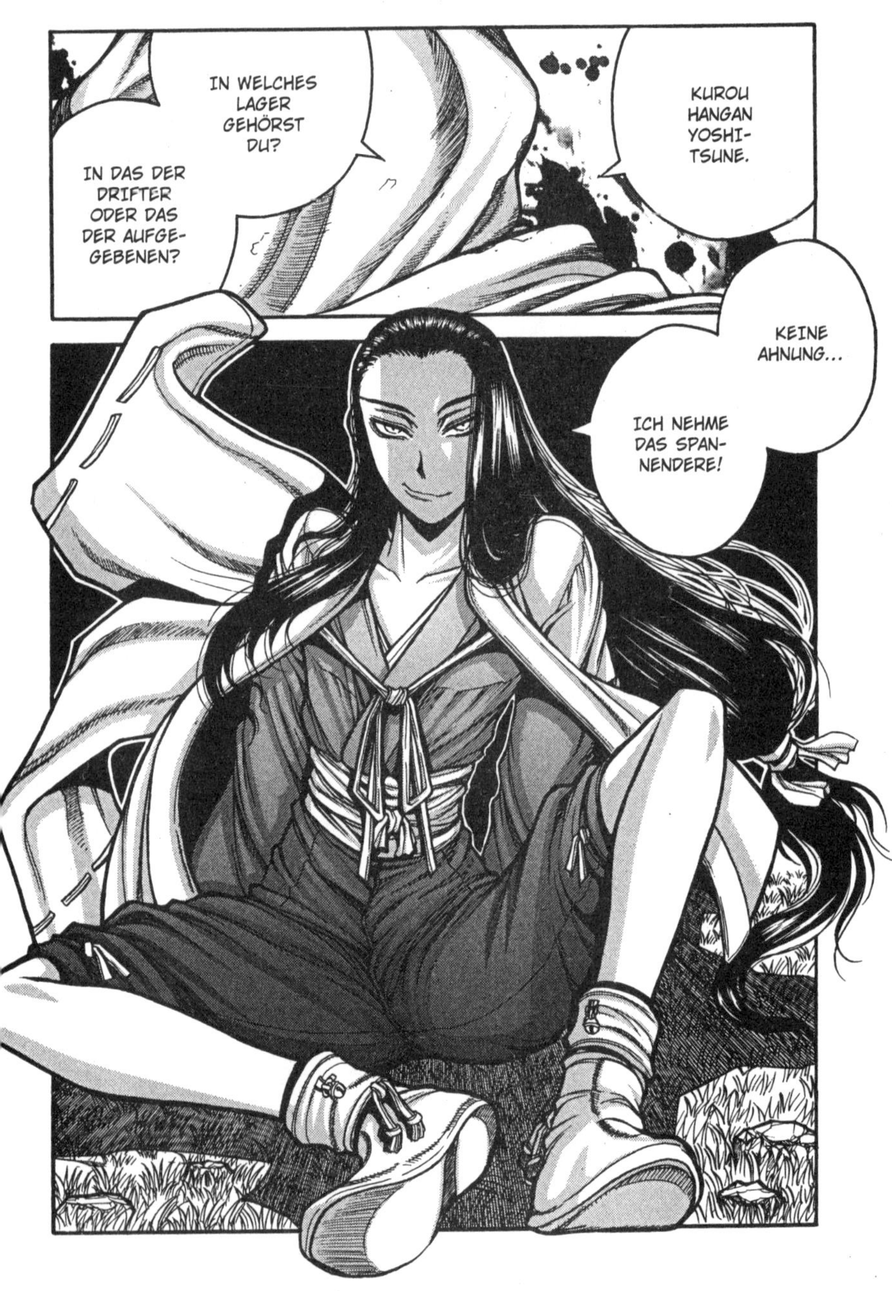

KUROU HANGAN YOSHITSUNE.
IN WELCHES LAGER GEHÖRST DU?
IN DAS DER DRIFTER ODER DAS DER AUFGEGEBENEN?
KEINE AHNUNG...
ICH NEHME DAS SPANNENDERE!

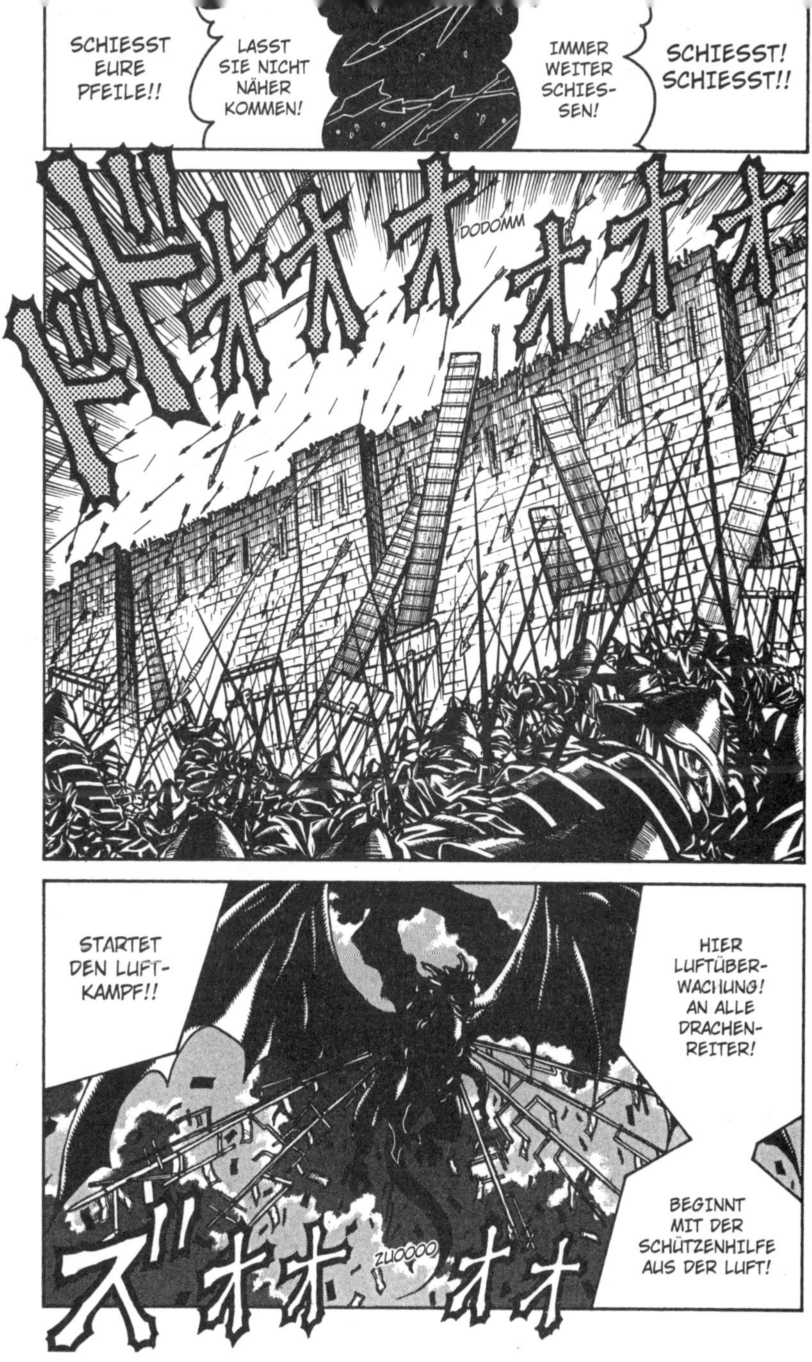

SCHIESST! SCHIESST!!

IMMER WEITER SCHIES-SEN!

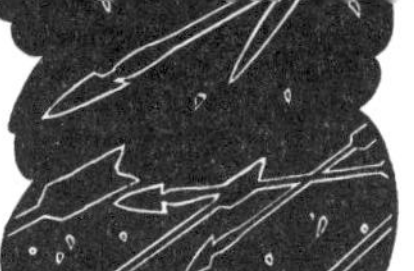

LASST SIE NICHT NÄHER KOMMEN!

SCHIESST EURE PFEILE!!

ドドオオオオオオ

DODOMM

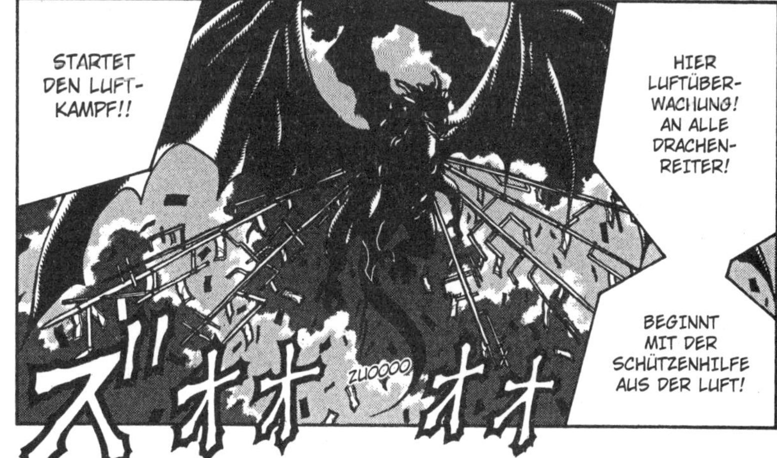

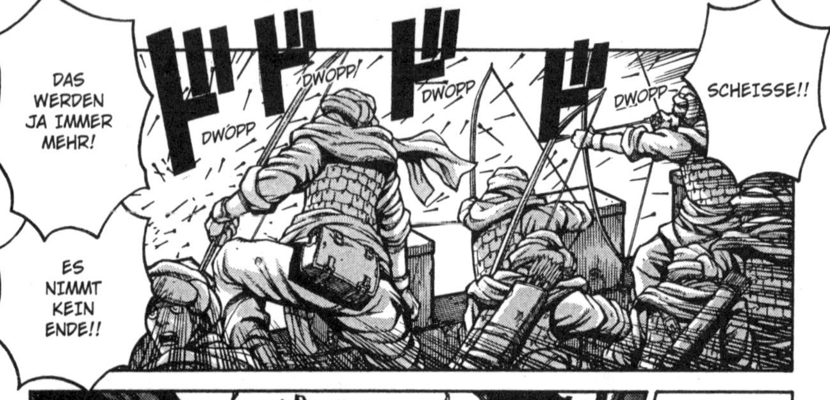
SCHEISSE!!
DWOPP
DWOPP
DWOPP
DWOPP
DAS WERDEN JA IMMER MEHR!
ES NIMMT KEIN ENDE!!

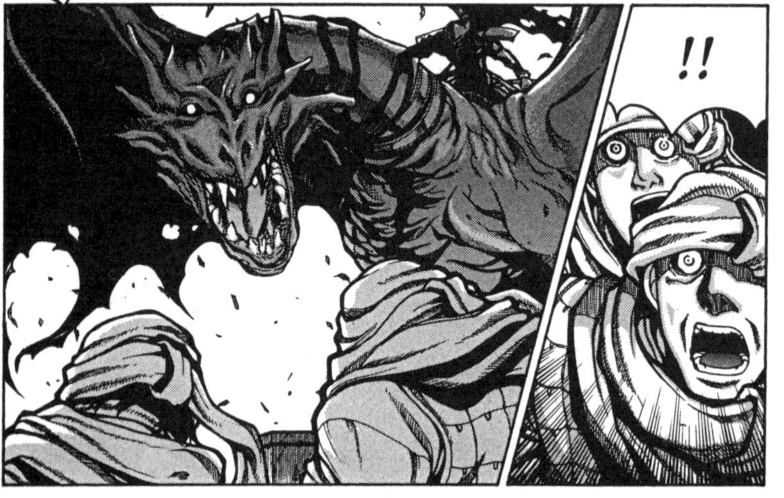
!!

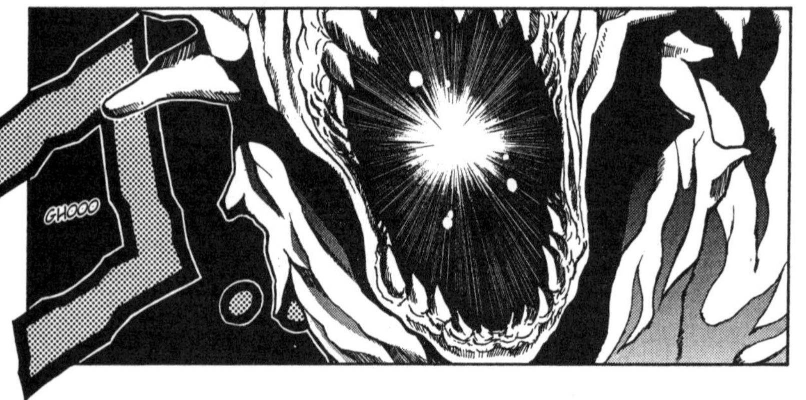
GHOOO

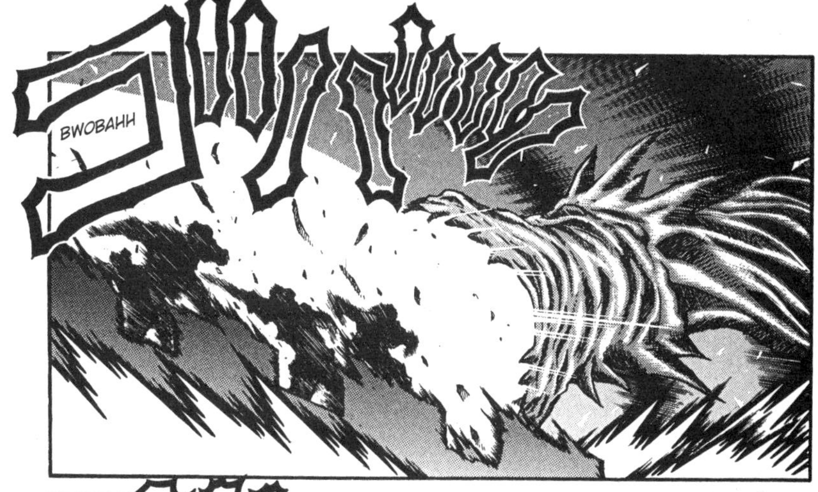
BWOBAHH

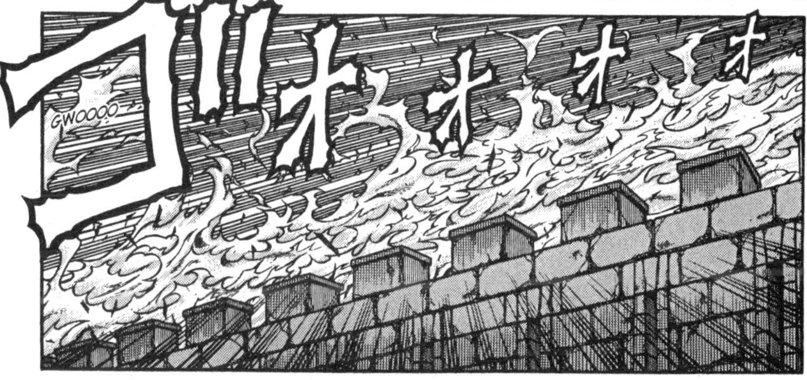
GWOOOO

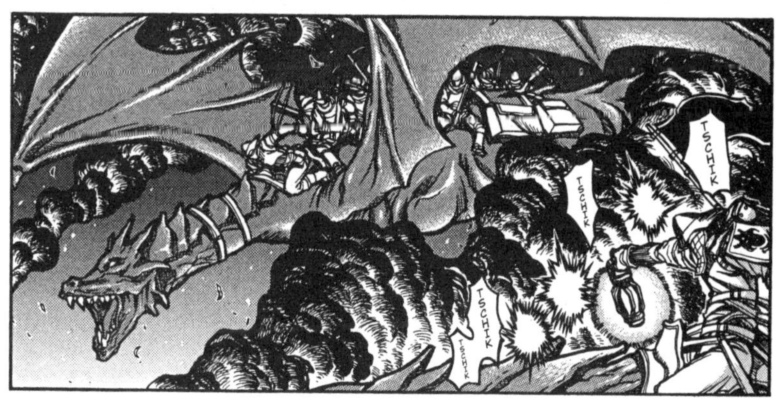
TSCHIK
TSCHIK
TSCHIK
TSCHIK

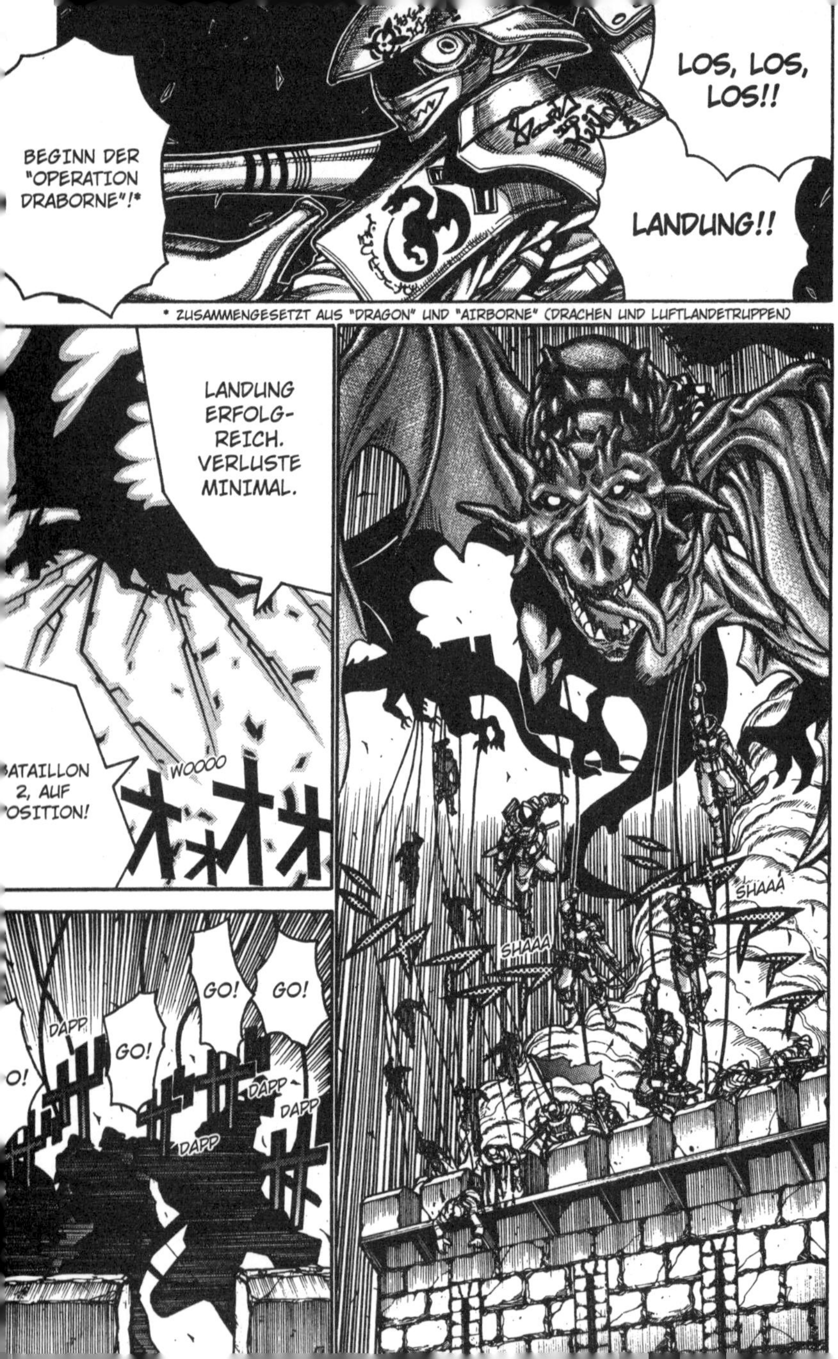

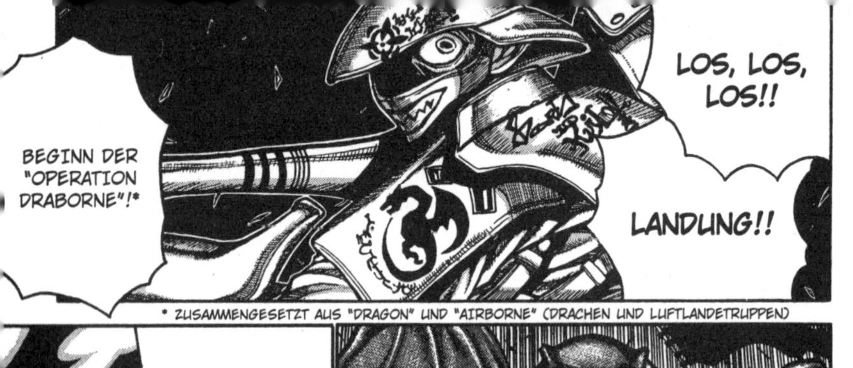

* ZUSAMMENGESETZT AUS "DRAGON" UND "AIRBORNE" (DRACHEN UND LUFTLANDETRUPPEN)

SHAAA
SHAAA
LANDUNG ERFOLG-REICH. VERLUSTE MINIMAL.
WOOOO
ATAILLON 2, AUF OSITION!
GO! GO!
GO!
DAPP
DAPP
DAPP
DAPP
O!

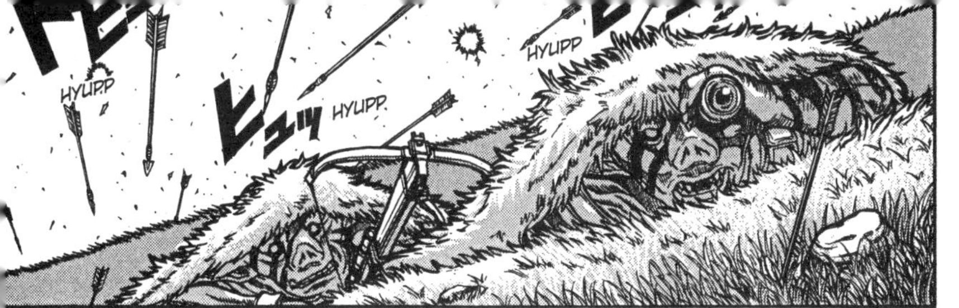
HYUPP
HYUPP
HYUPP

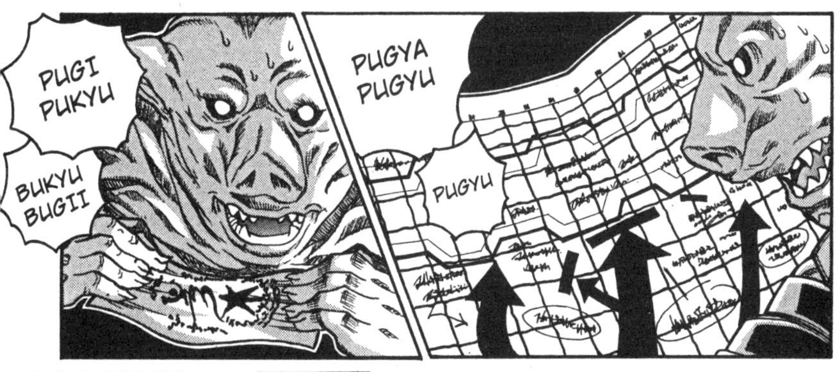
PUGYA
PUGYU
PUGYU
PUGI
PUKYU
BUKYU
BUGII

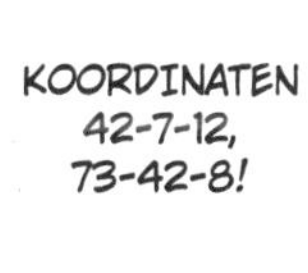

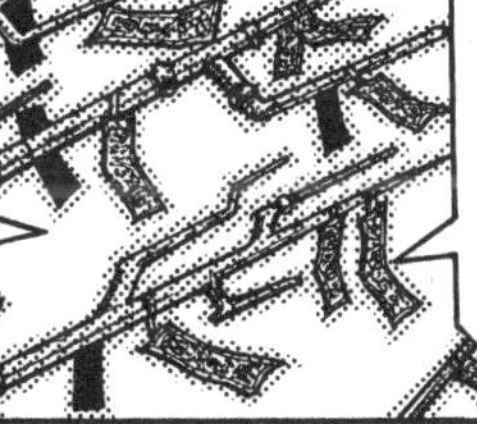
HIER
LUFTÜBER-
WACHUNG
AGNELIA 1!
BATAILLON 7
"GOBLINS"
FORDERT
VERSTÄRKUNG!
KOORDINATEN
42-7-12,
73-42-8!

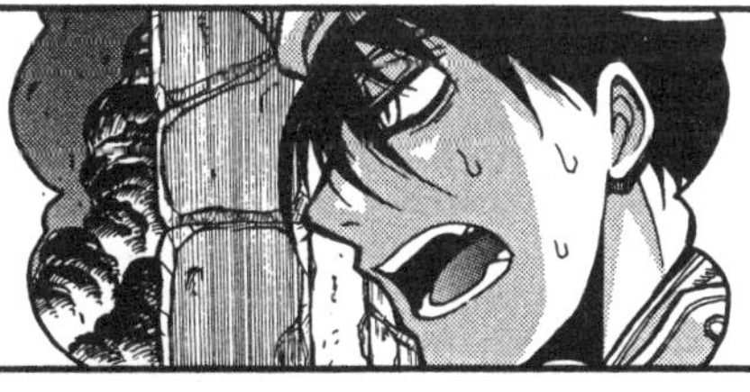
ES IST
AUS!
WIR SIND
ERLEDIGT!!

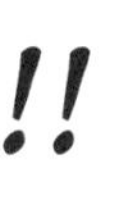

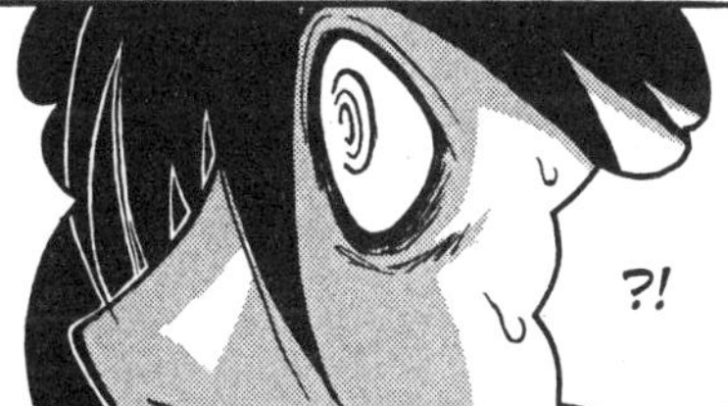
WENIGSTENS
DIE DRIFTER
MÜSSEN WIR
UNBEDINGT...
?!
!!

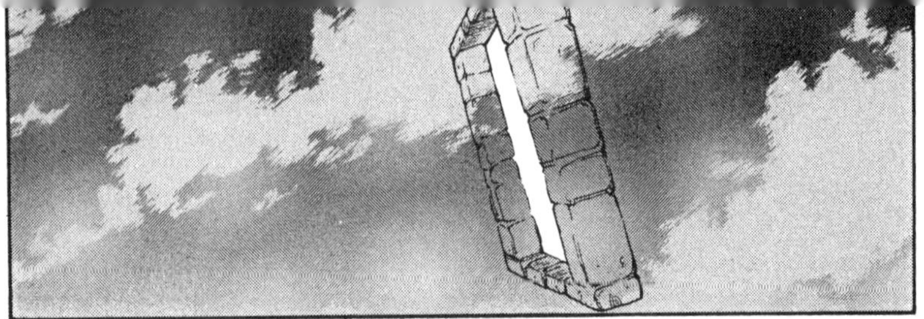

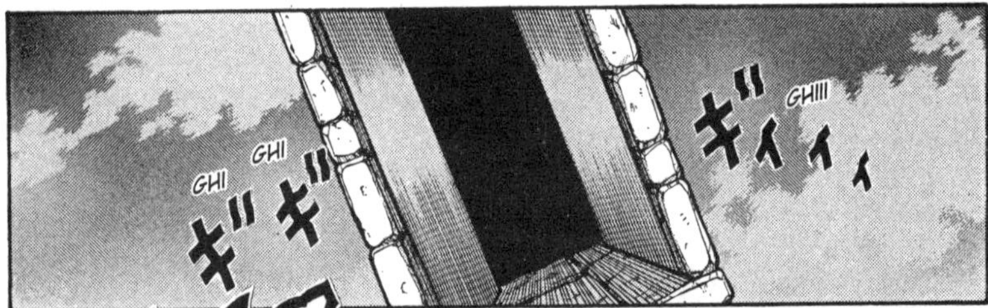

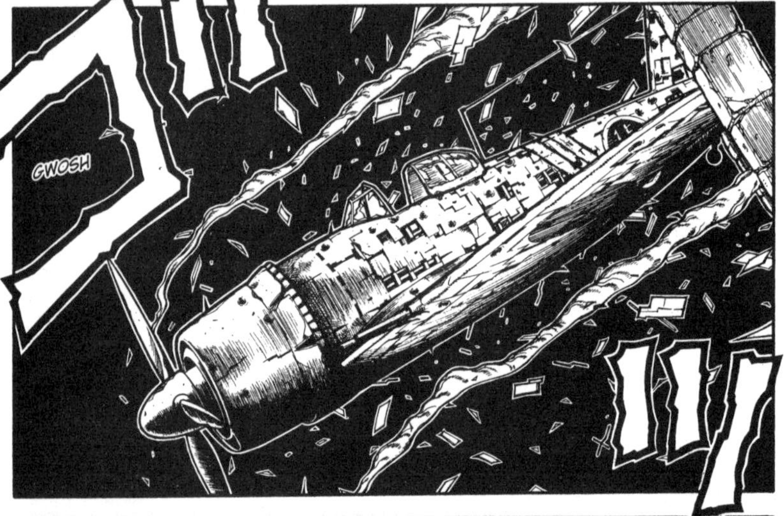

ENDE DES NEUNTEN KAPITELS

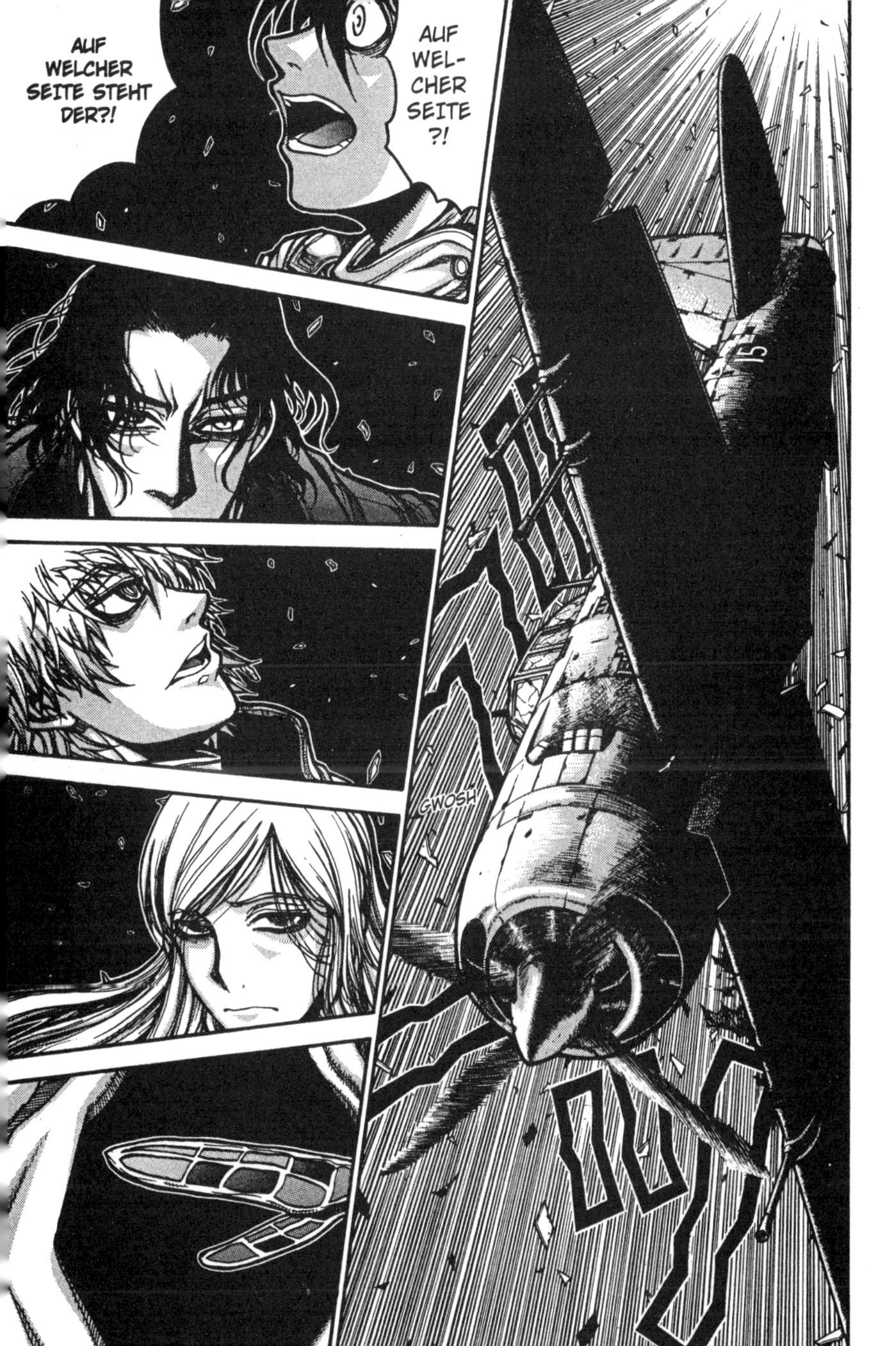
AUF WELCHER SEITE ?!
AUF WELCHER SEITE STEHT DER?!
GWOSH

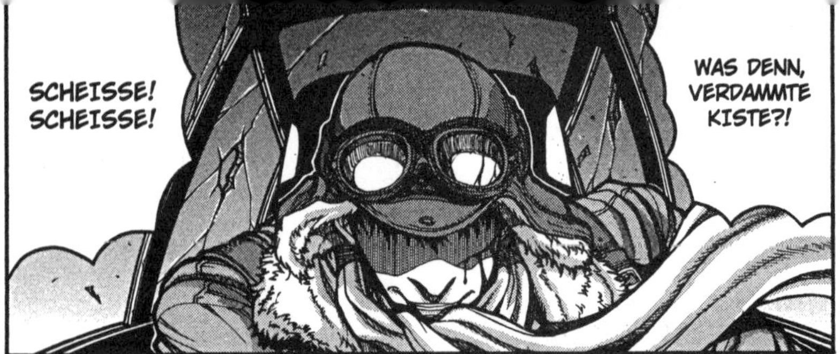

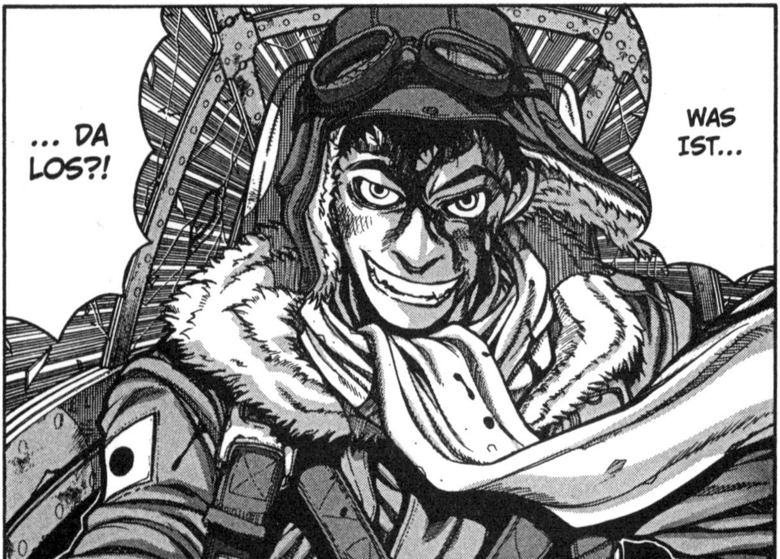

WAS IST...

... DA LOS?!

KAPITEL 10: MEIN LIEBLING IST PILOT

* KANNO NAOSHI, DESTROYER

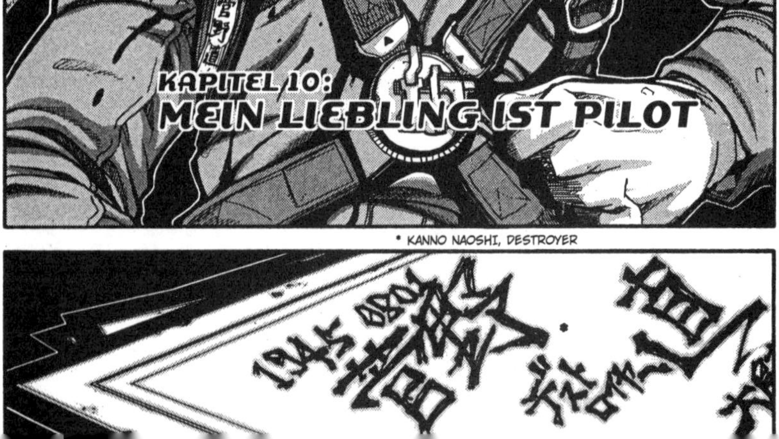

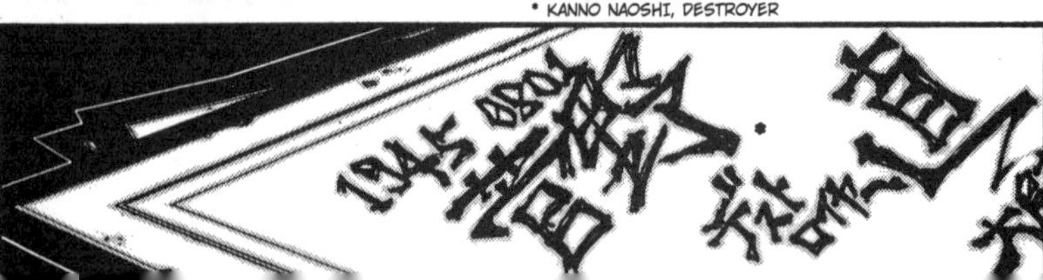

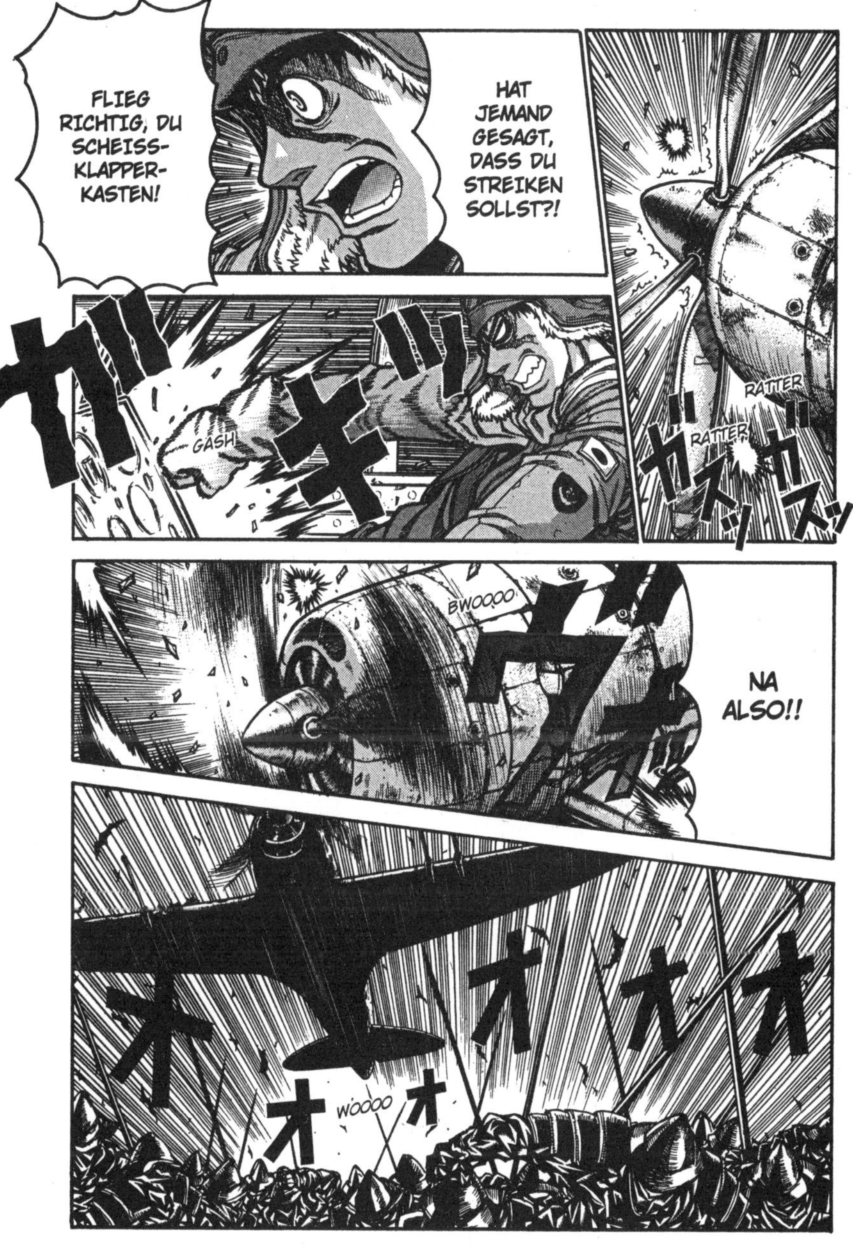
HAT JEMAND GESAGT, DASS DU STREIKEN SOLLST?!
FLIEG RICHTIG, DU SCHEISS-KLAPPER-KASTEN!
GASH
RATTER
RATTER
BWOOOO
NA ALSO!!
WOOOO

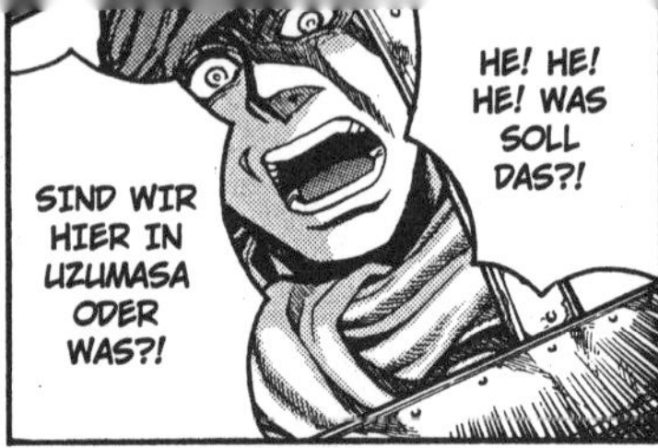
HE! HE! HE! WAS SOLL DAS?!
SIND WIR HIER IN UZUMASA ODER WAS?!

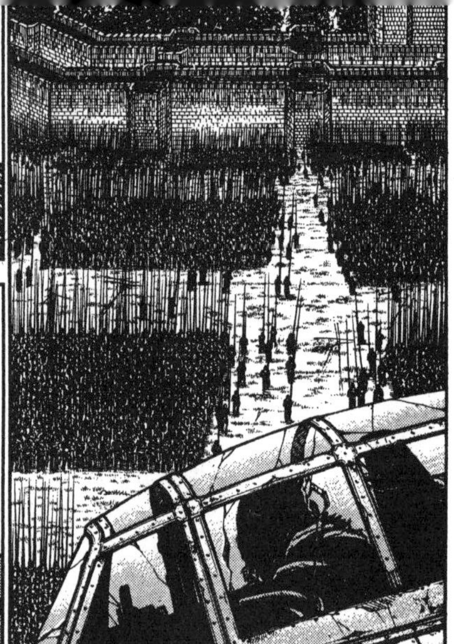

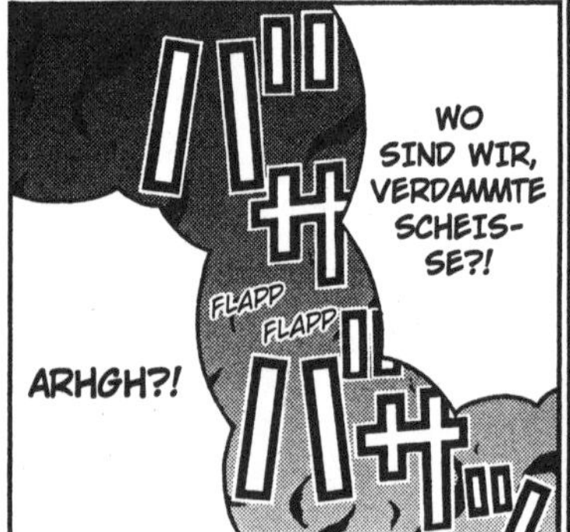
WO SIND WIR, VERDAMMTE SCHEIS-SE?!
FLAPP
FLAPP
ARHGH?!

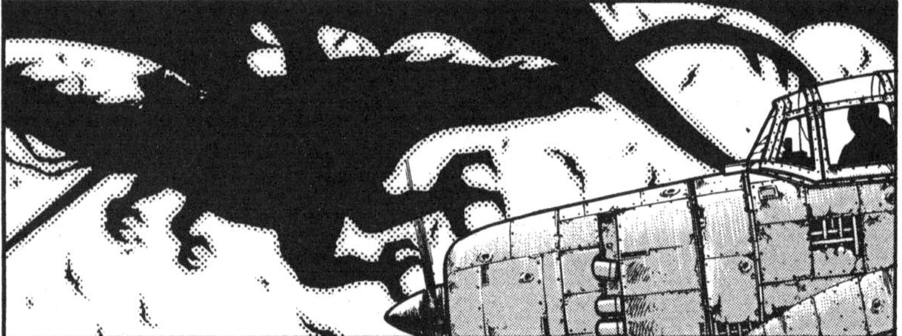

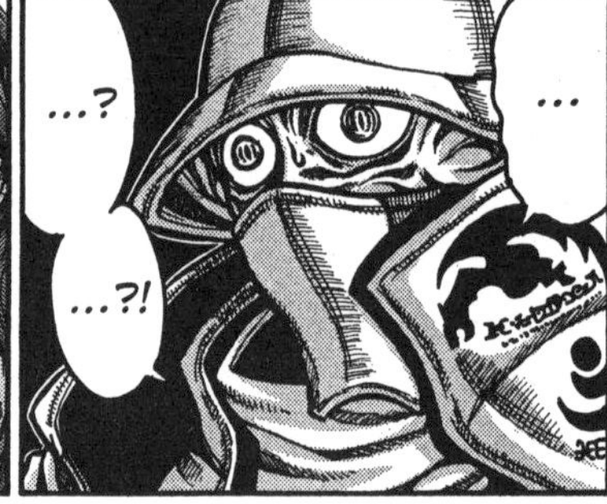
...
...?
...?!

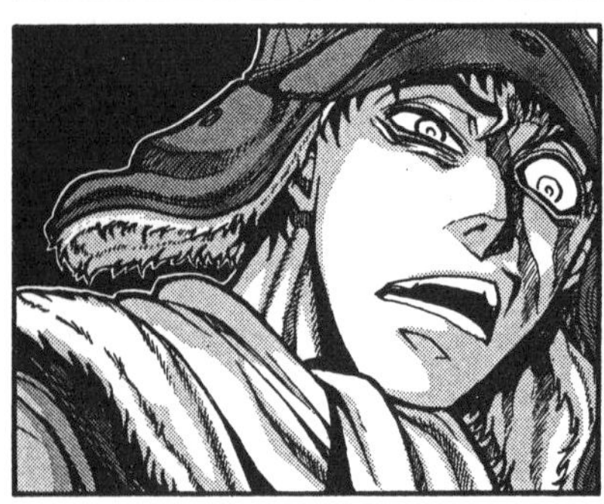

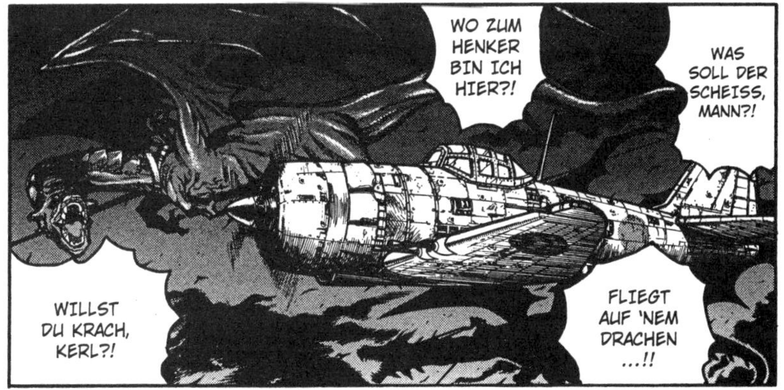
WAS SOLL DER SCHEISS, MANN?!
WO ZUM HENKER BIN ICH HIER?!
FLIEGT AUF 'NEM DRACHEN ...!!
WILLST DU KRACH, KERL?!

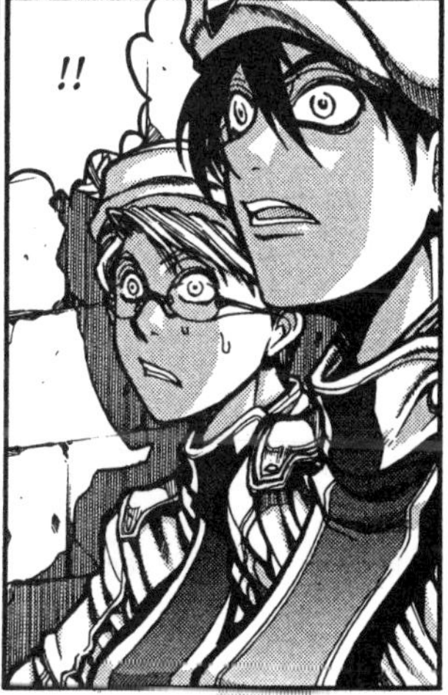
!!

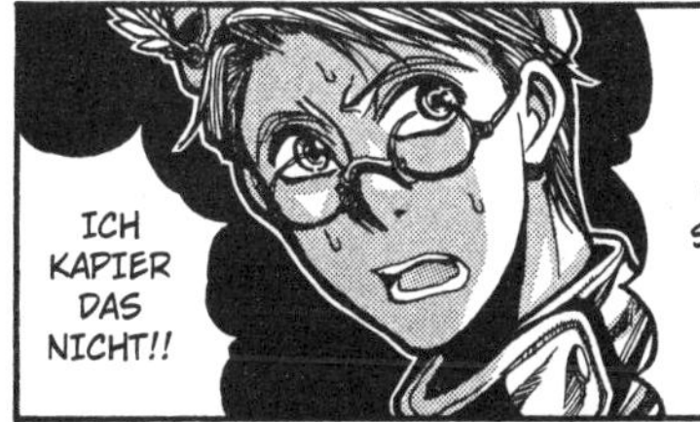
AUF... WELCHER SEITE IST DER?!
ICH KAPIER DAS NICHT!!

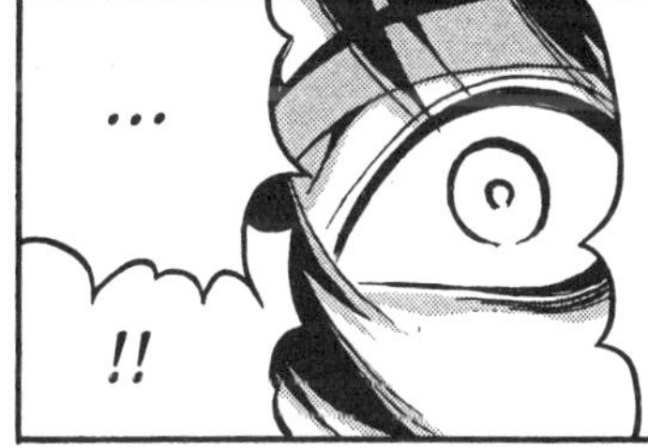
ERST MAL DIE DRIFTER EVAKUIE-REN!!
...
!!

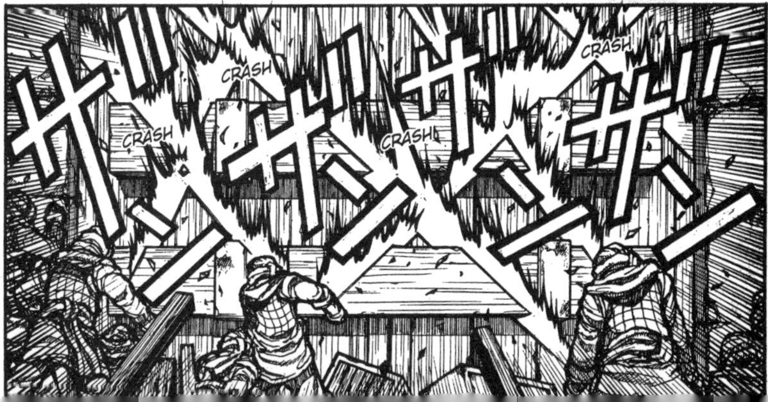
CRASH
CRASH
CRASH
CRASH

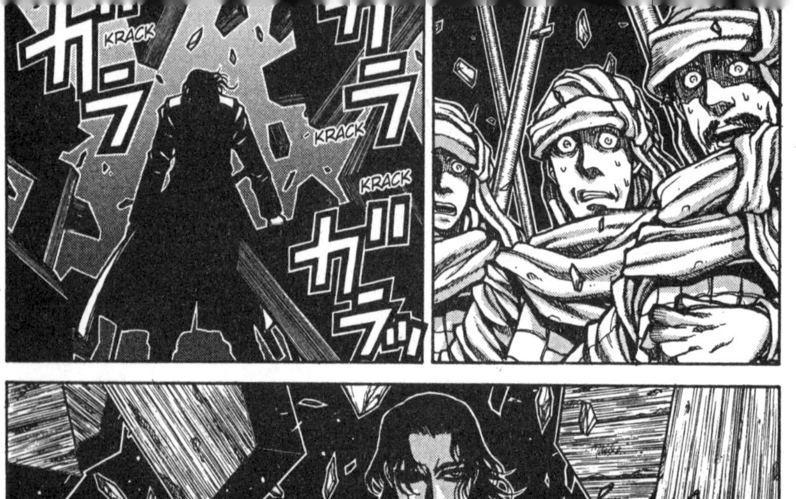
KRACK
KRACK
KRACK

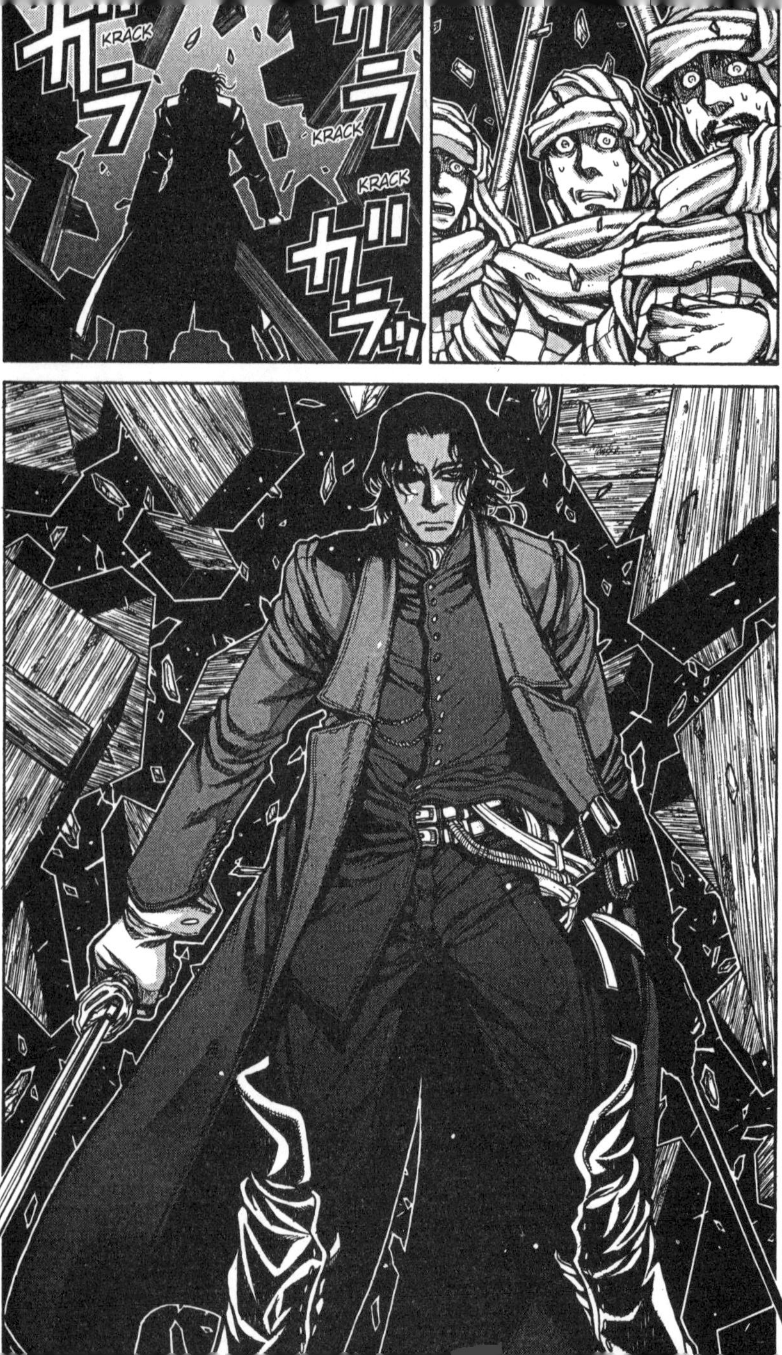

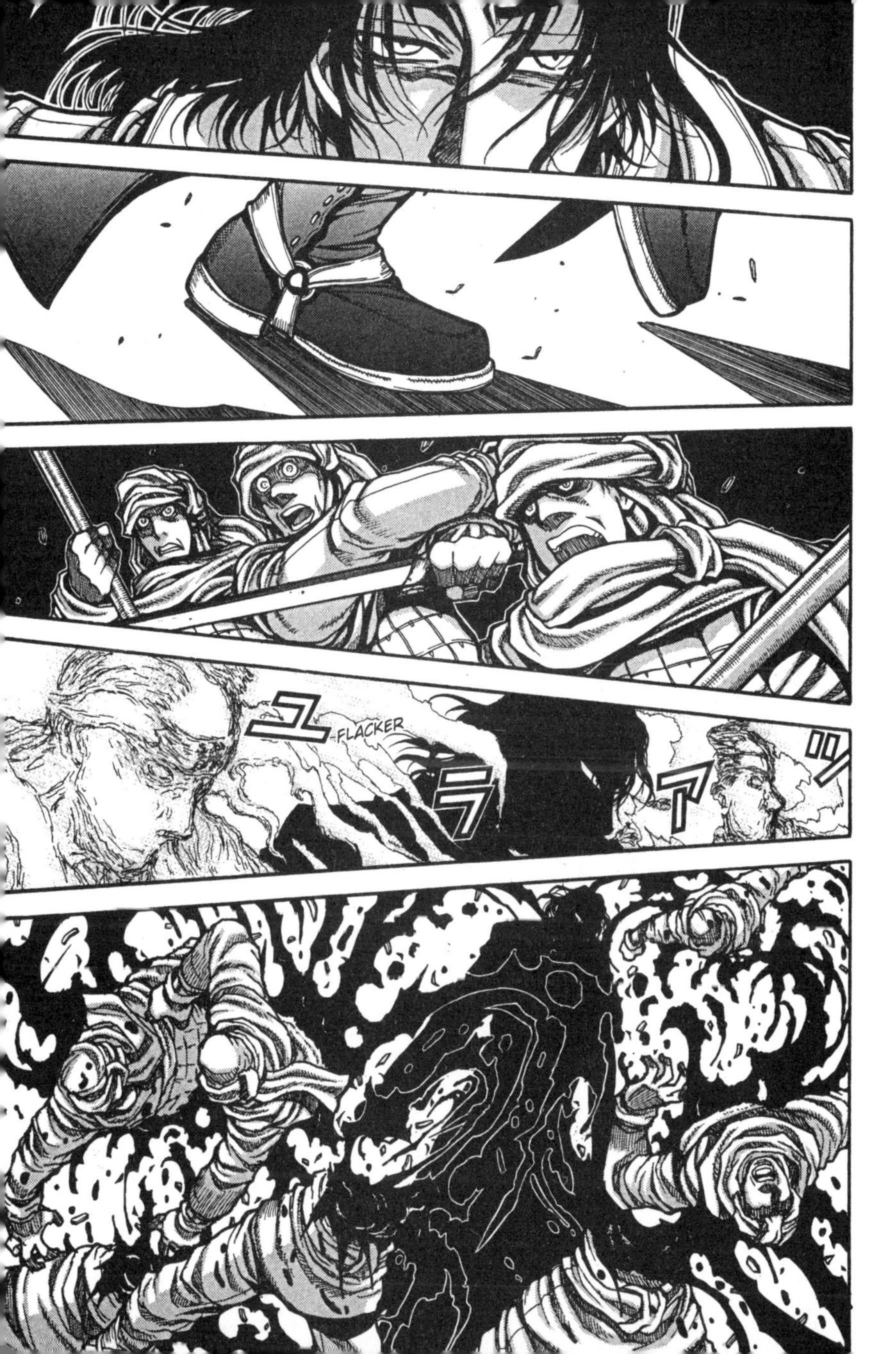
FLACKER

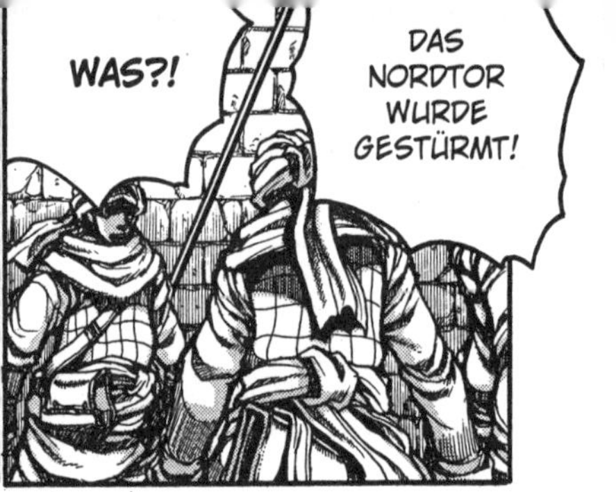

DAS NORDTOR WURDE GESTÜRMT!
WAS?!
TSCHICK 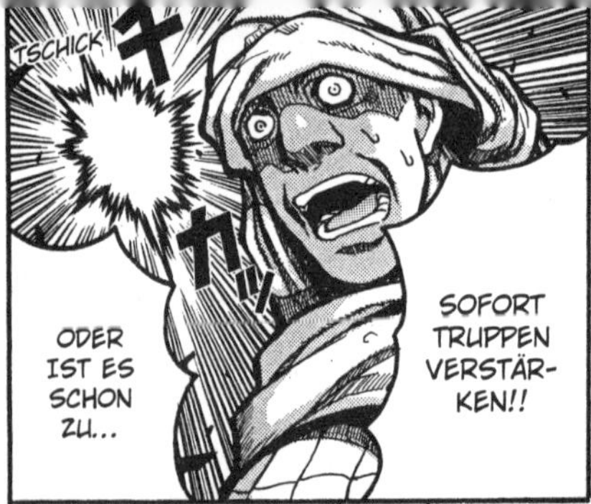
SOFORT TRUPPEN VERSTÄR-KEN!!
ODER IST ES SCHON ZU...
GWOOO

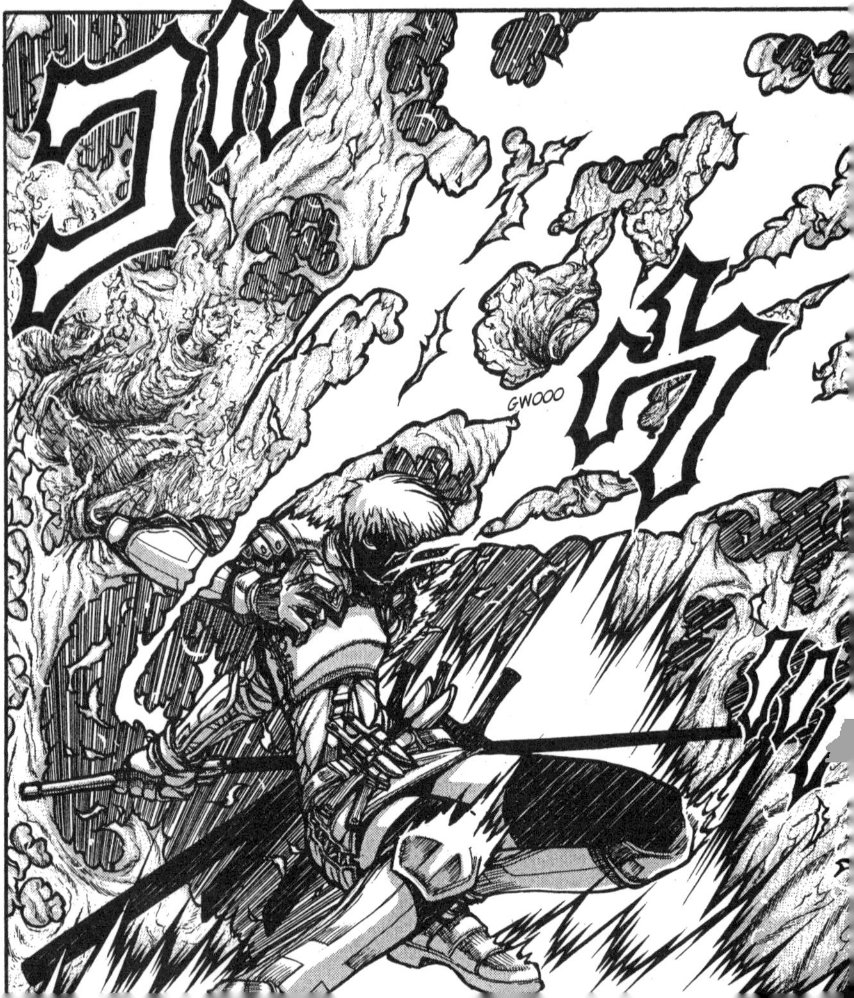

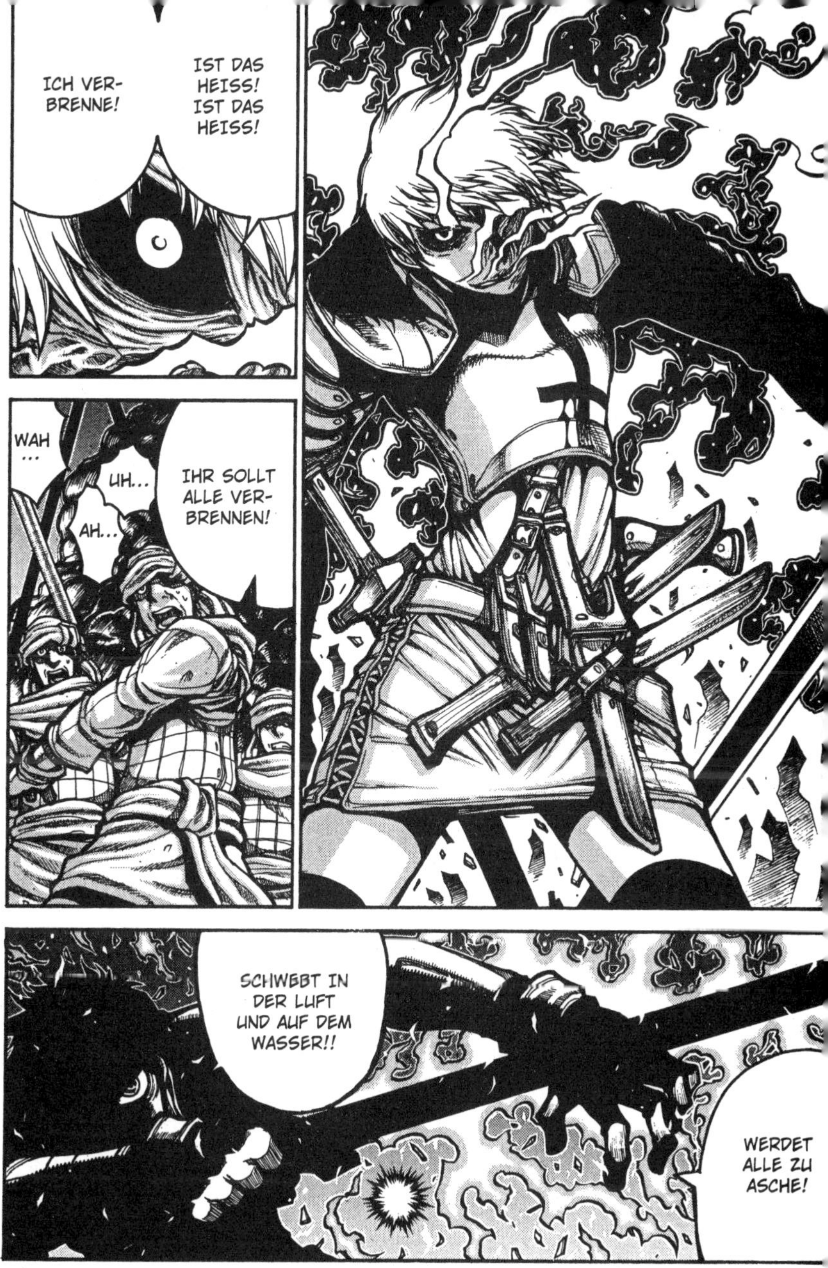

IST DAS HEISS! IST DAS HEISS!

ICH VER-BRENNE!

IHR SOLLT ALLE VER-BRENNEN!

UH...

AH...

WAH ...

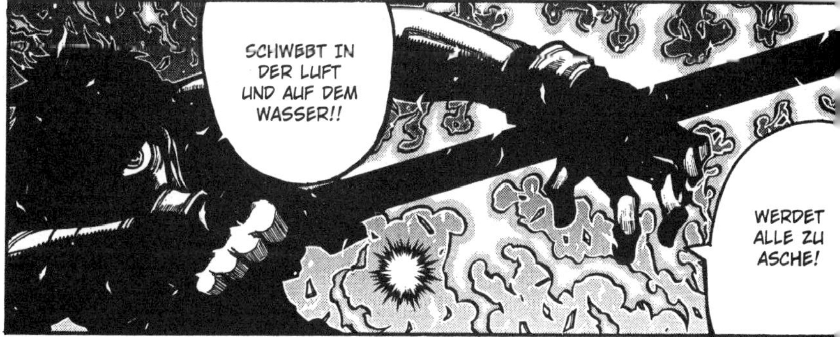

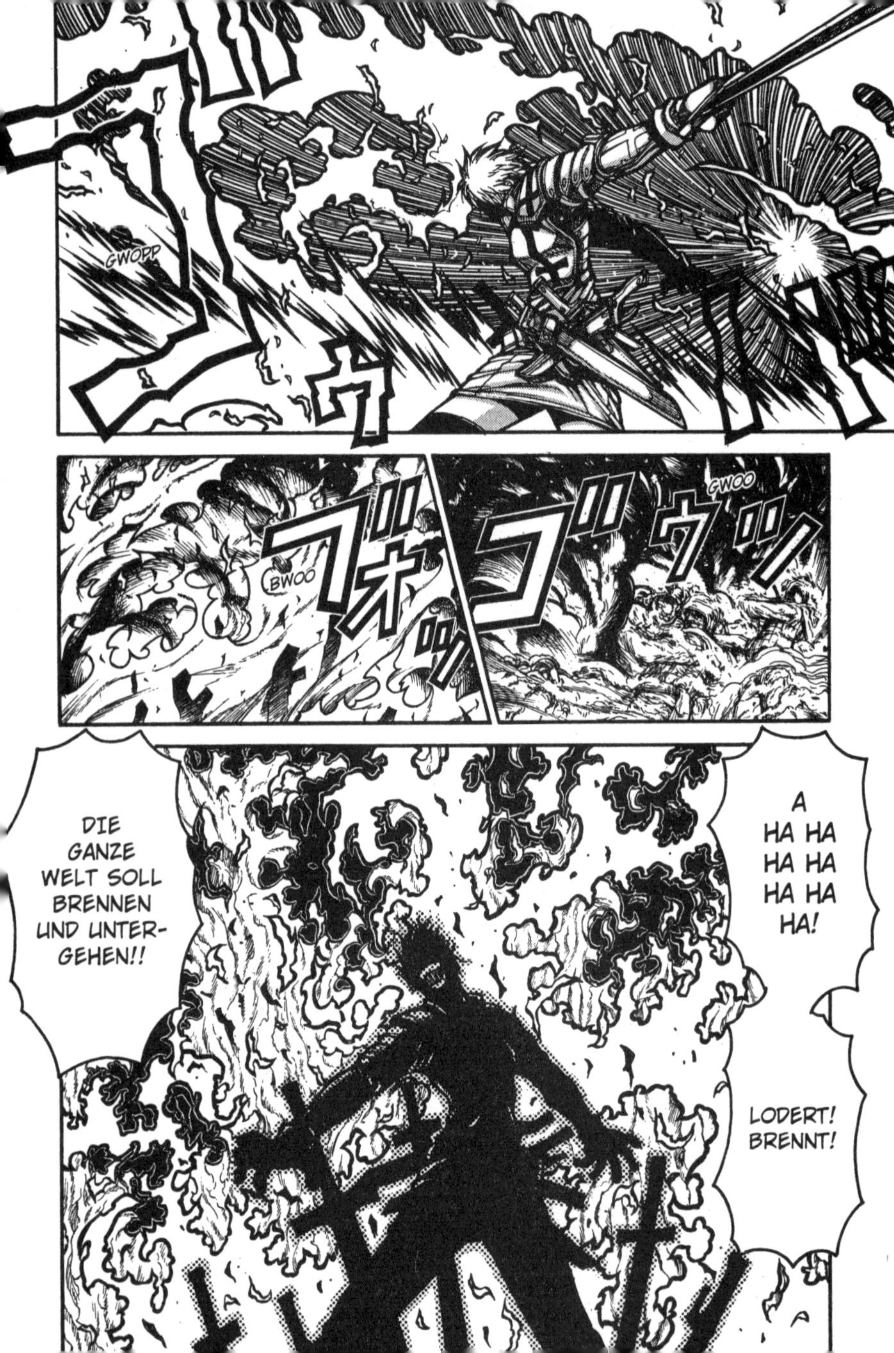
GWOPP
BWOO
GWOO
A HA HA HA HA HA HA HA!
DIE GANZE WELT SOLL BRENNEN UND UNTER-GEHEN!!
LODERT! BRENNT!

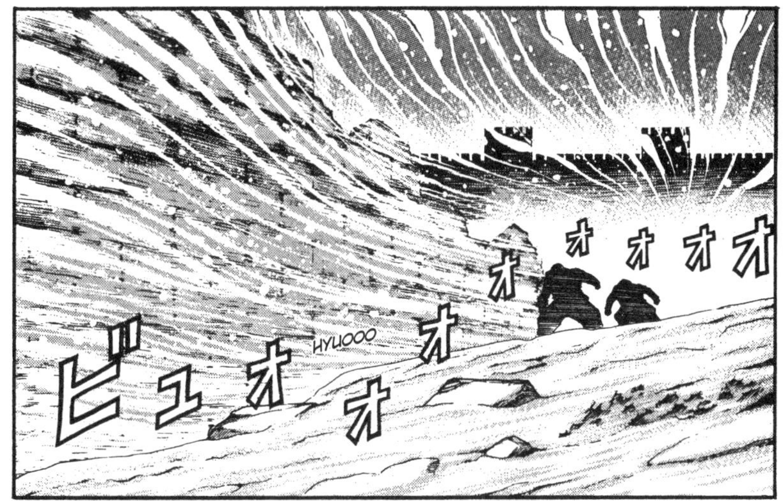
ビュオオオオオオオオ
HYUOOO

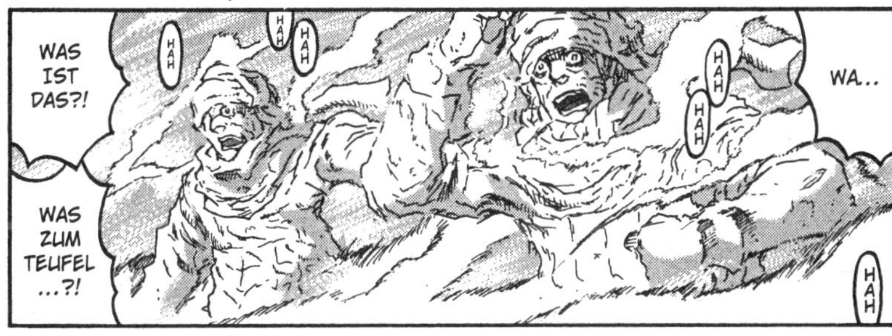
HAH
HAH
HAH
HAH
HAH
WA...
WAS IST DAS?!
WAS ZUM TEUFEL ...?!

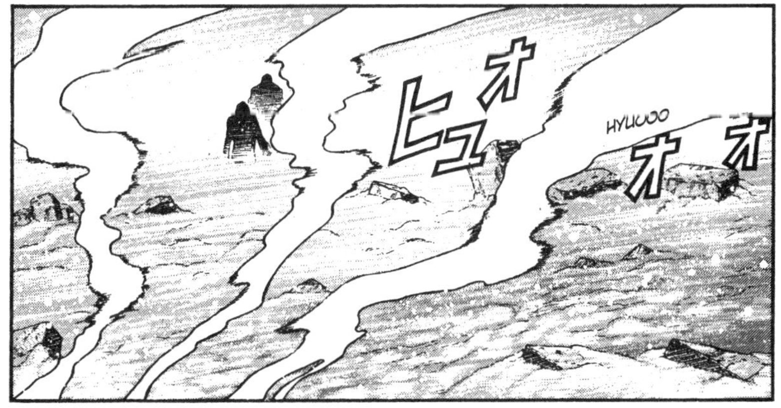
ヒュオオオ
HYUOOO

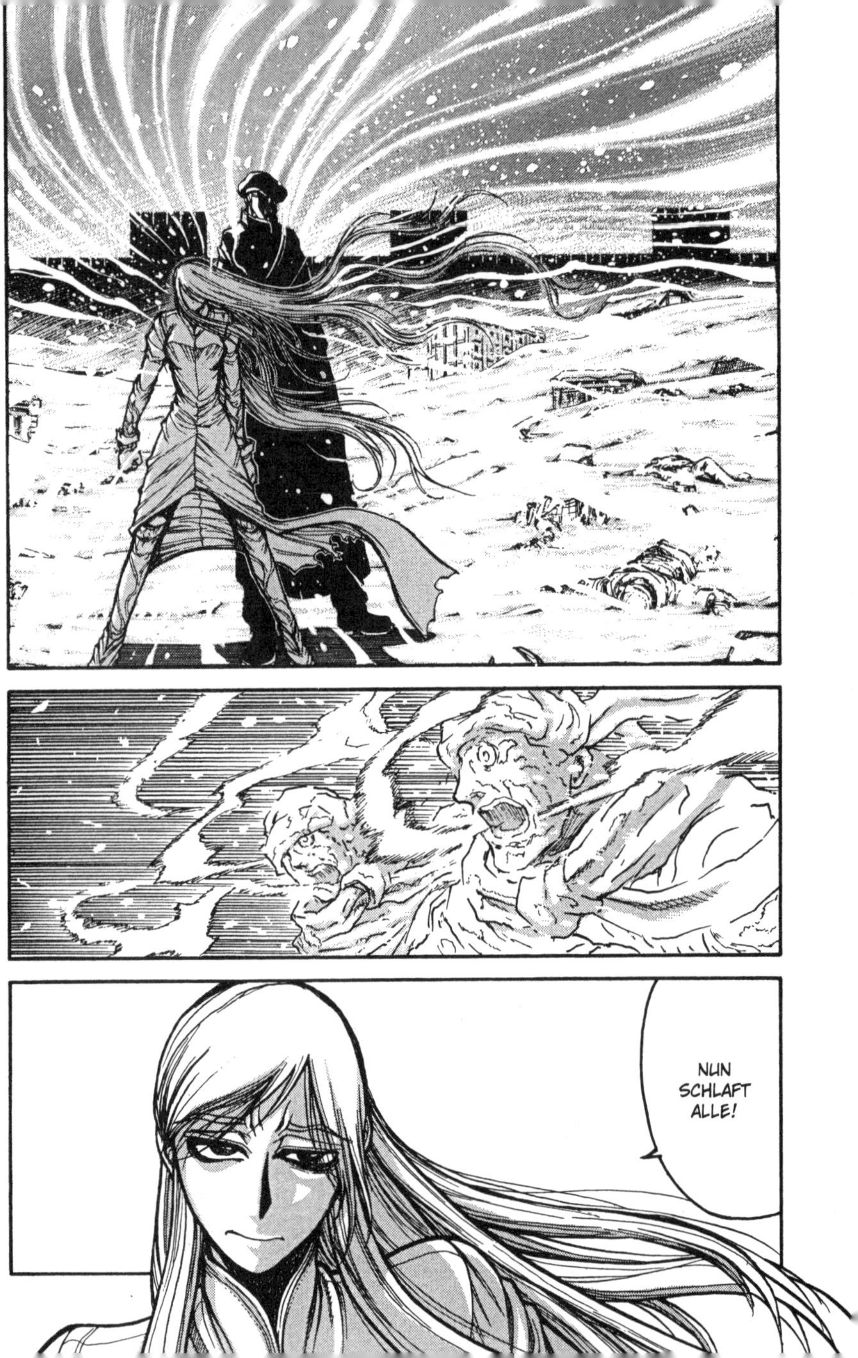

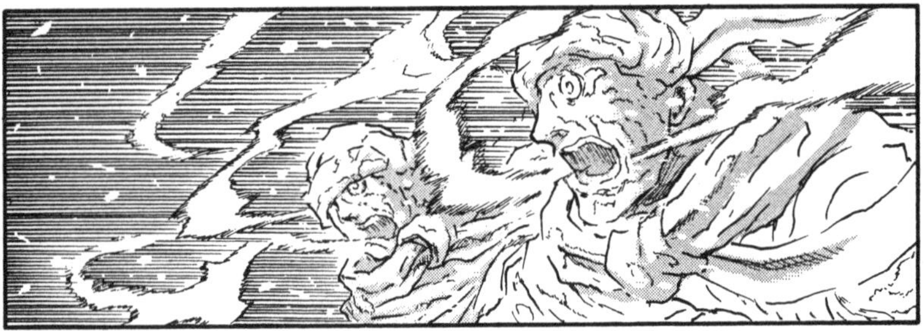

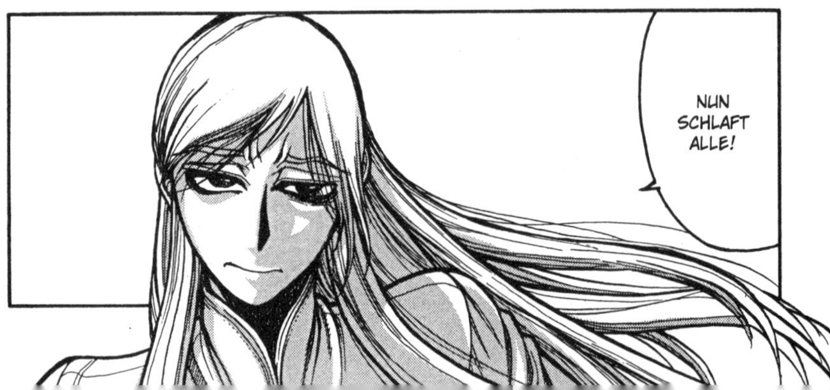
NUN SCHLAFT ALLE!

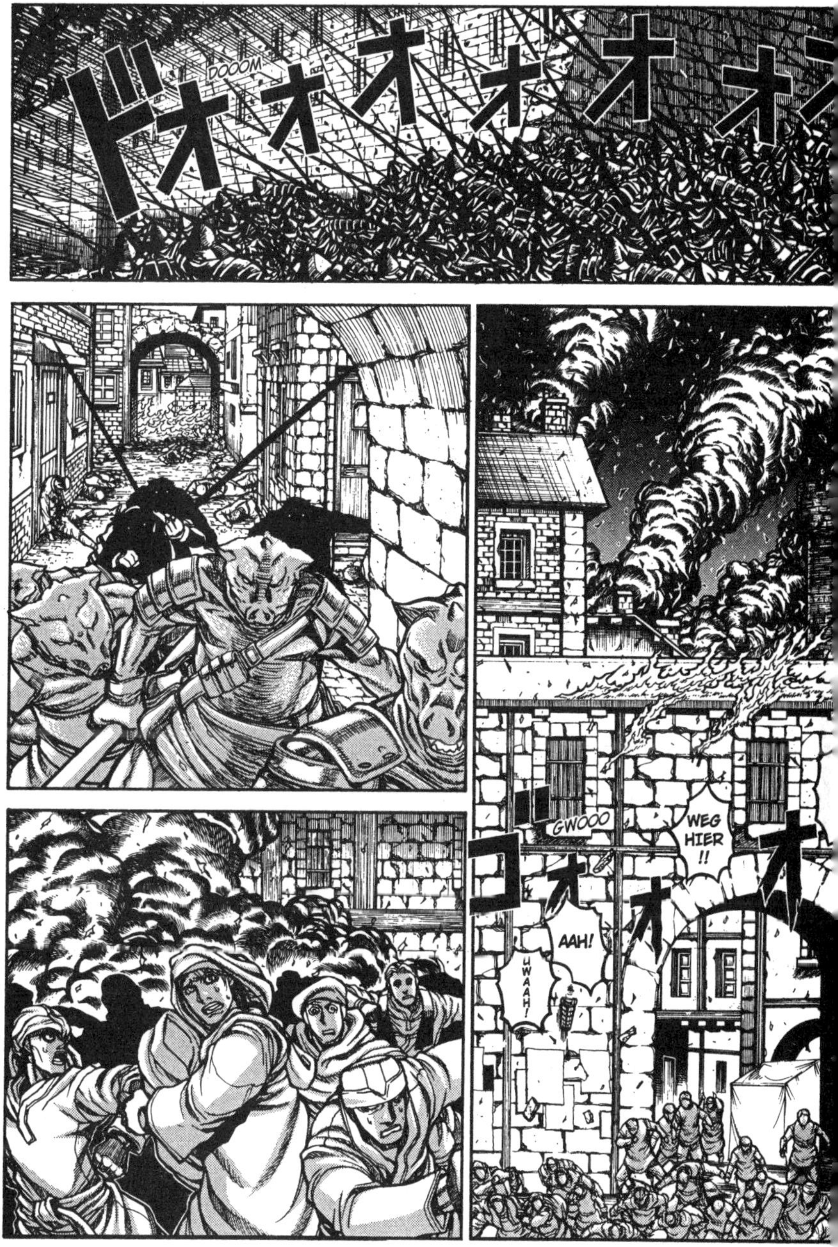

DOOOM

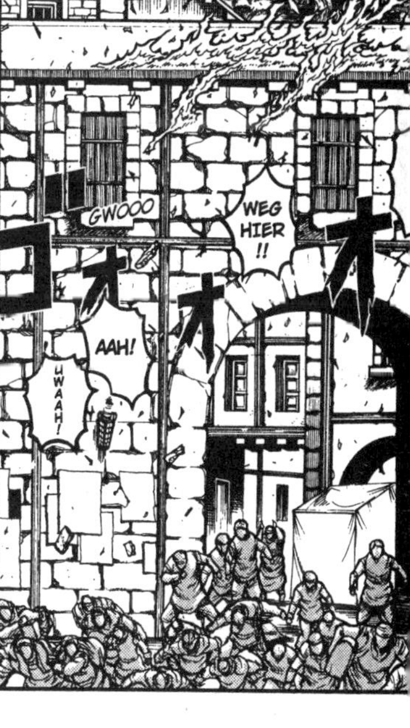

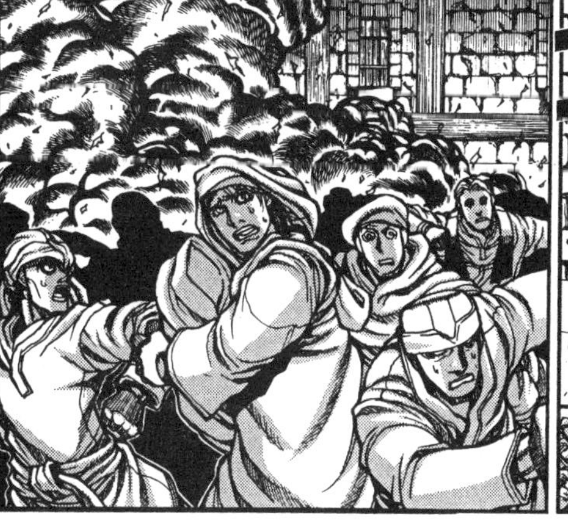

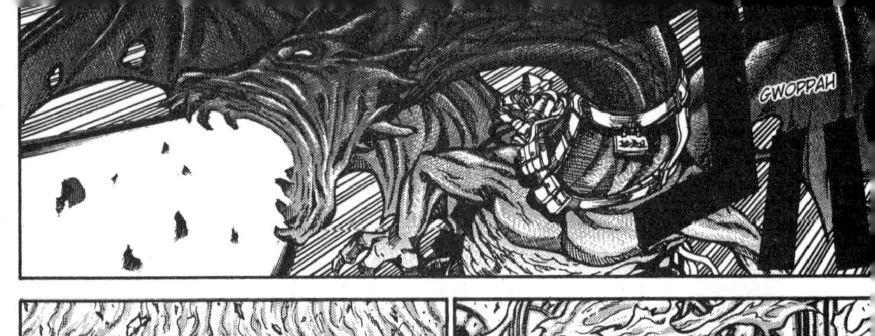
GWOPPAH

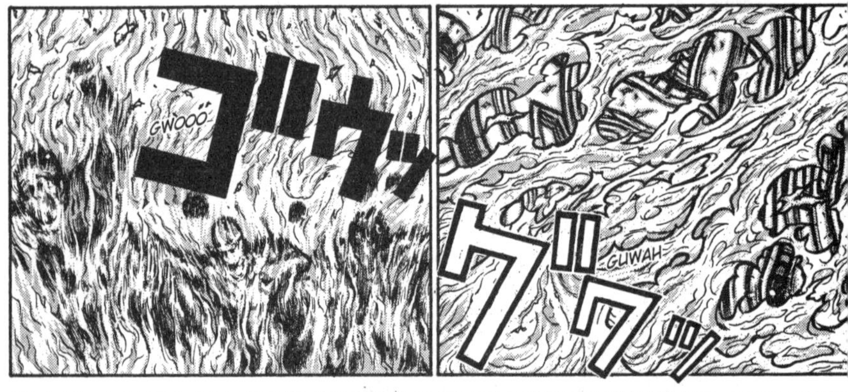
GWOOO
GUWAH

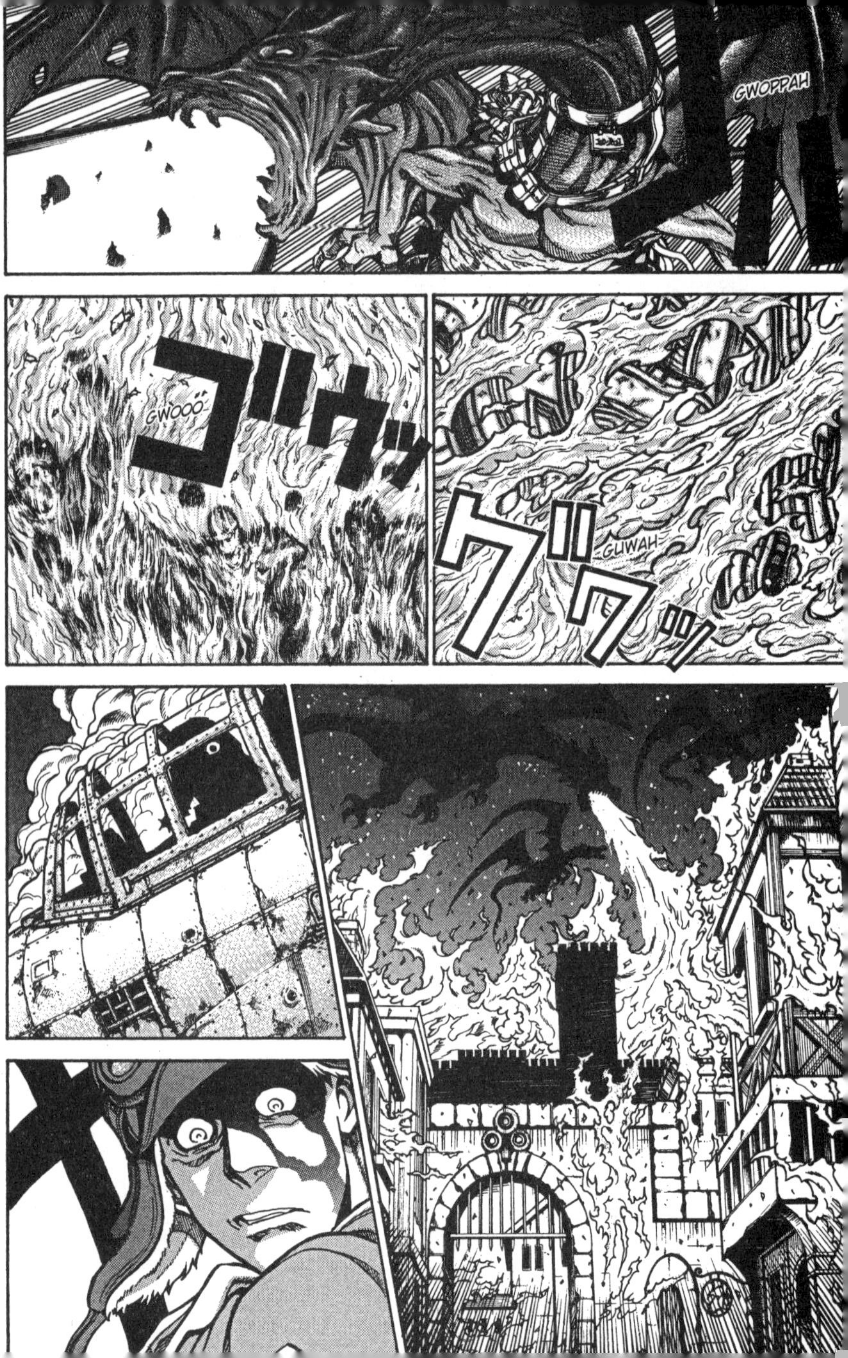

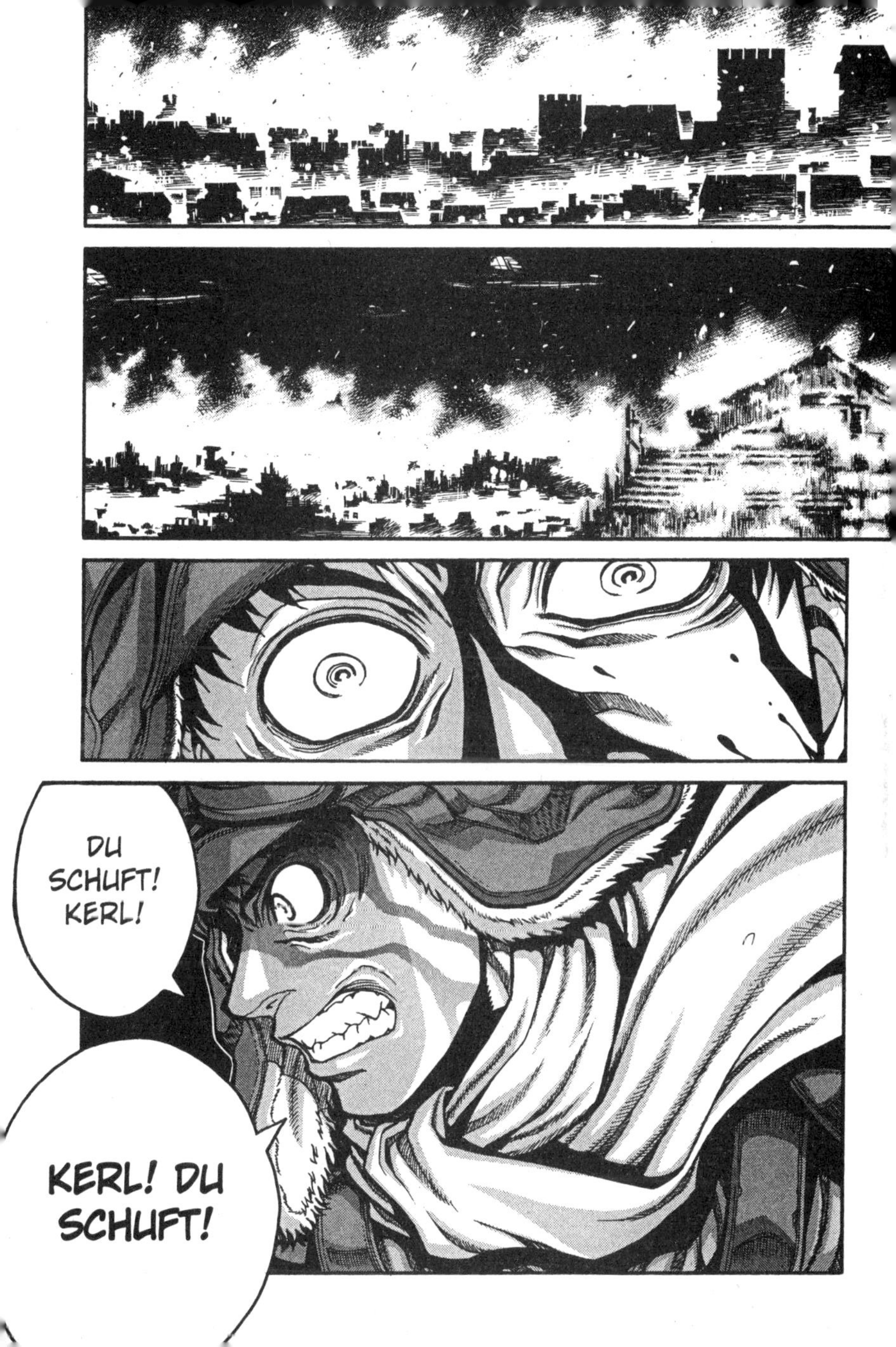

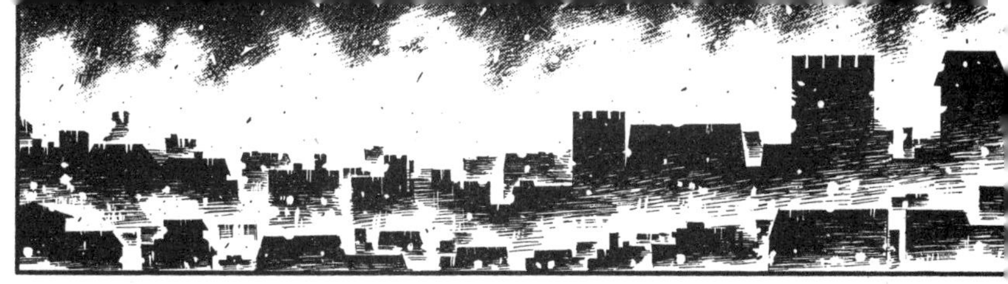

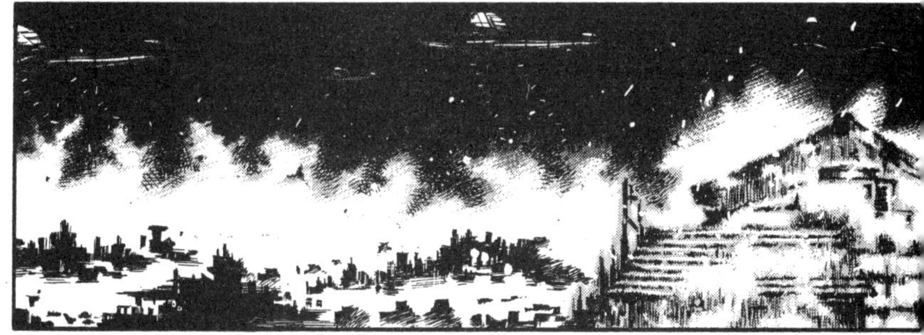

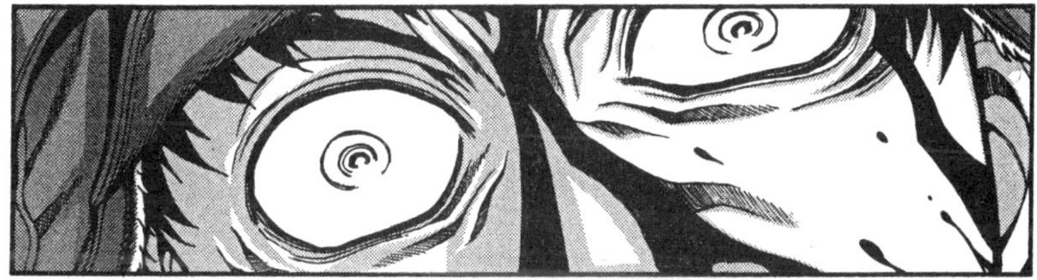

DU SCHUFT! KERL!

KERL! DU SCHUFT!

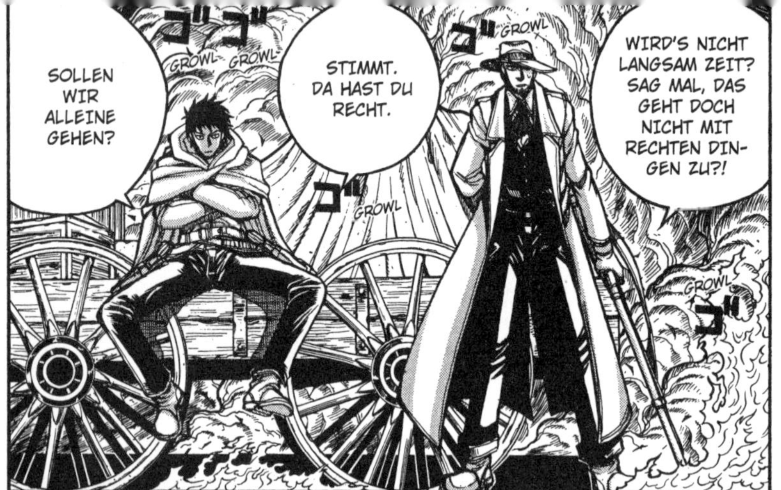
WIRD'S NICHT LANGSAM ZEIT? SAG MAL, DAS GEHT DOCH NICHT MIT RECHTEN DINGEN ZU?!
GROWL
STIMMT. DA HAST DU RECHT.
GROWL GROWL
SOLLEN WIR ALLEINE GEHEN?
GROWL
GROWL

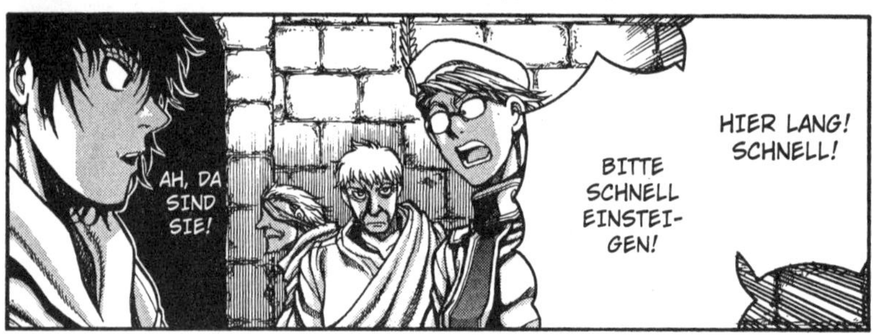
HIER LANG! SCHNELL!
BITTE SCHNELL EINSTEIGEN!
AH, DA SIND SIE!

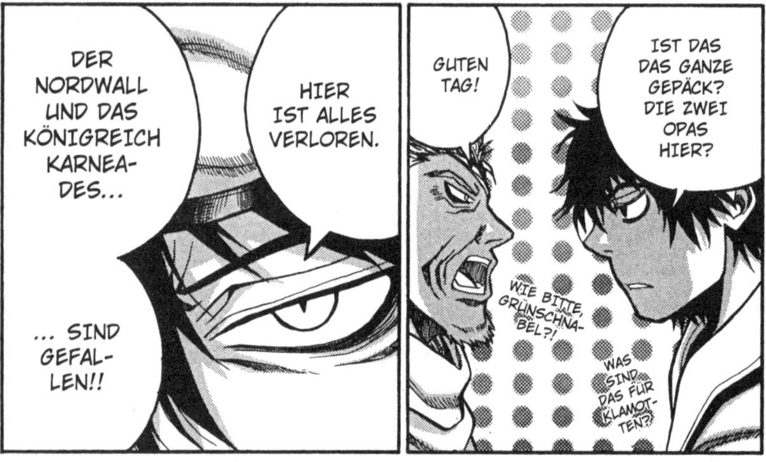
IST DAS DAS GANZE GEPÄCK? DIE ZWEI OPAS HIER?
GUTEN TAG!
WAS SIND DAS FÜR KLAMOTTEN?!
WIE BITTE, GRÜNSCHNABEL?!
HIER IST ALLES VERLOREN.
DER NORDWALL UND DAS KÖNIGREICH KARNEADES...
... SIND GEFALLEN!!

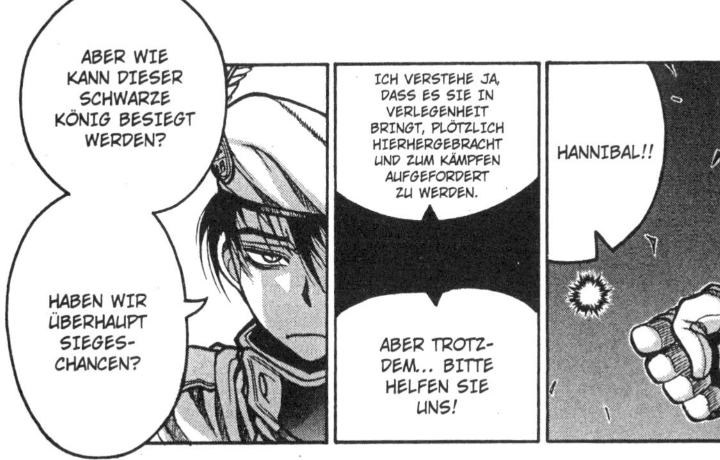
ABER WIE KANN DIESER SCHWARZE KÖNIG BESIEGT WERDEN?
HABEN WIR ÜBERHAUPT SIEGES-CHANCEN?
ICH VERSTEHE JA, DASS ES SIE IN VERLEGENHEIT BRINGT, PLÖTZLICH HIERHERGEBRACHT UND ZUM KÄMPFEN AUFGEFORDERT ZU WERDEN.
ABER TROTZ-DEM... BITTE HELFEN SIE UNS!
HANNIBAL!!
SCIPIO!!

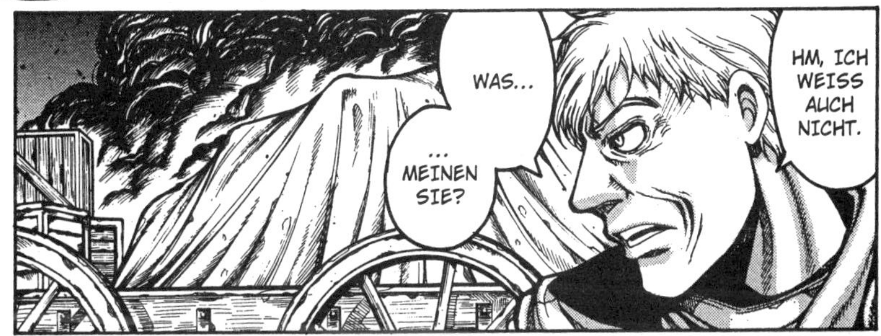
WAS...
... MEINEN SIE?
HM, ICH WEISS AUCH NICHT.

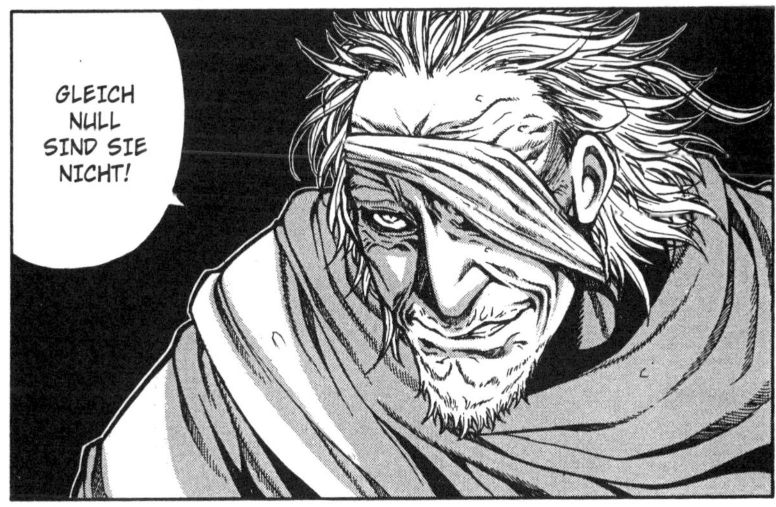
GLEICH NULL SIND SIE NICHT!

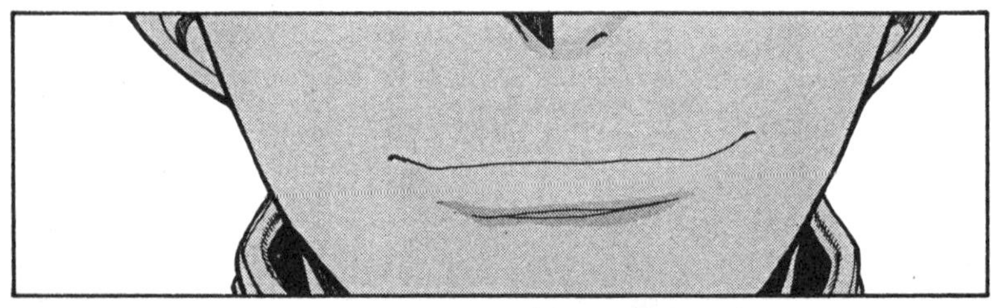

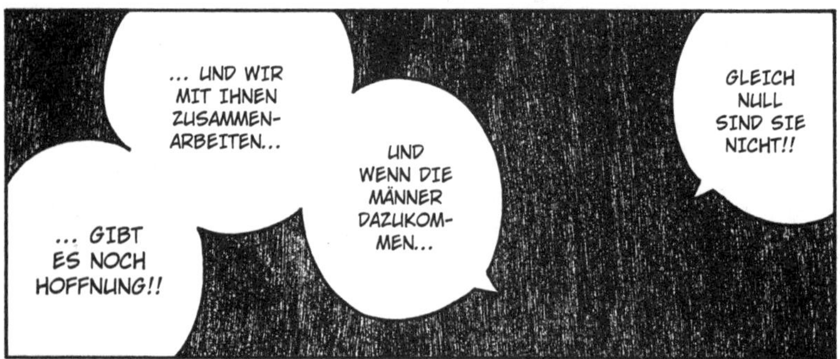

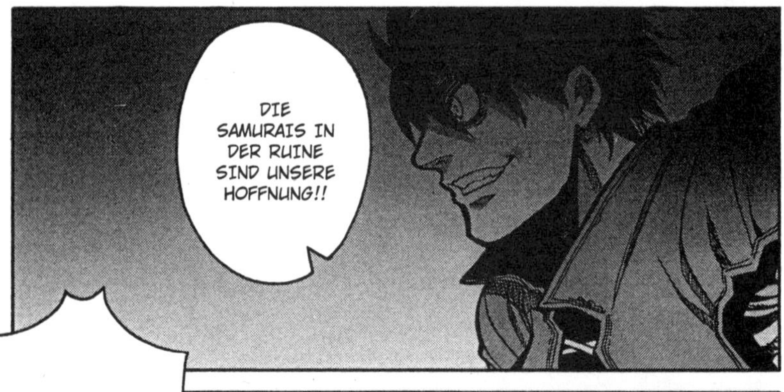

WEG HIER!!

ENDE DES ZEHNTEN KAPITELS

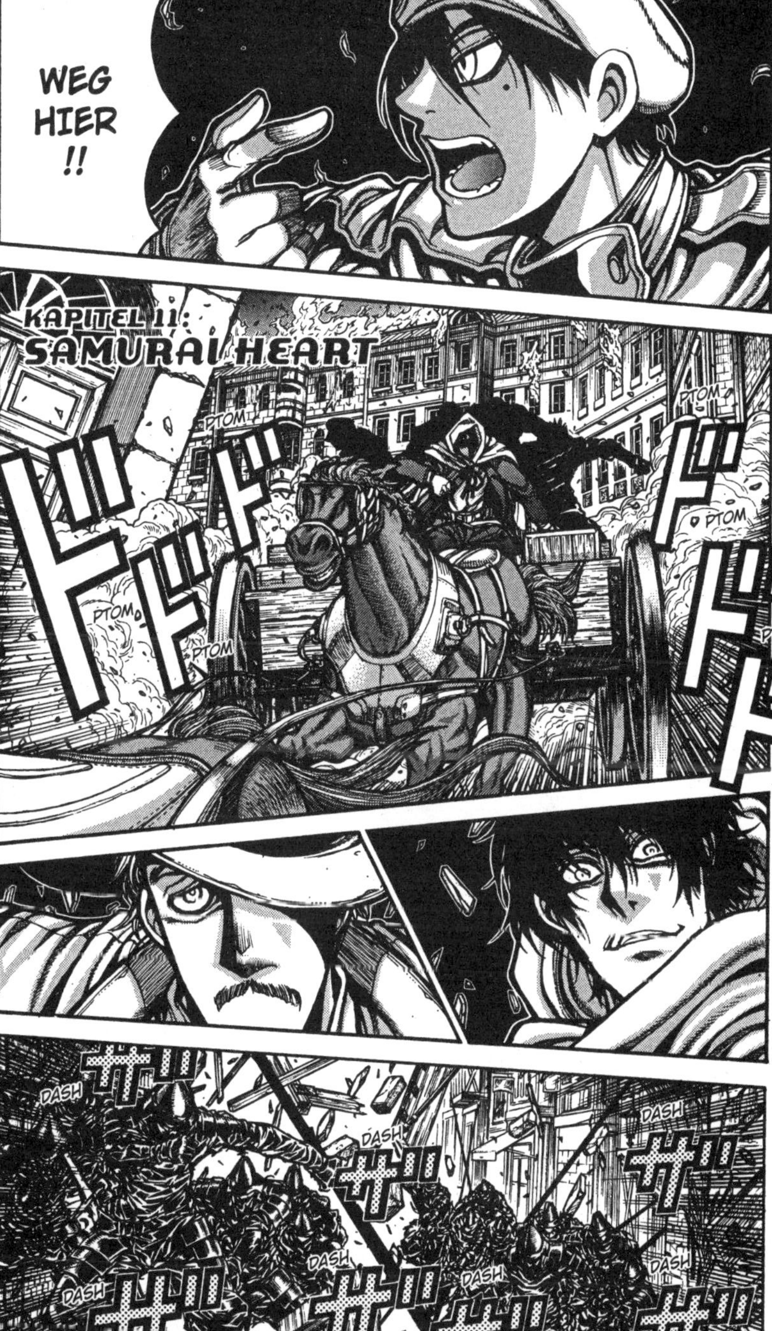
WEG HIER !!
KAPITEL 11: SAMURAI HEART
PTOM
PTOM
PTOM
PTOM
PTOM
PTOM
DASH
DASH
DASH
DASH
DASH
DASH
DASH

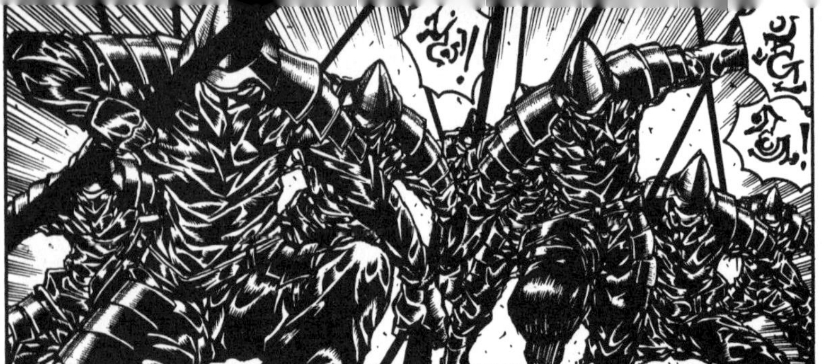
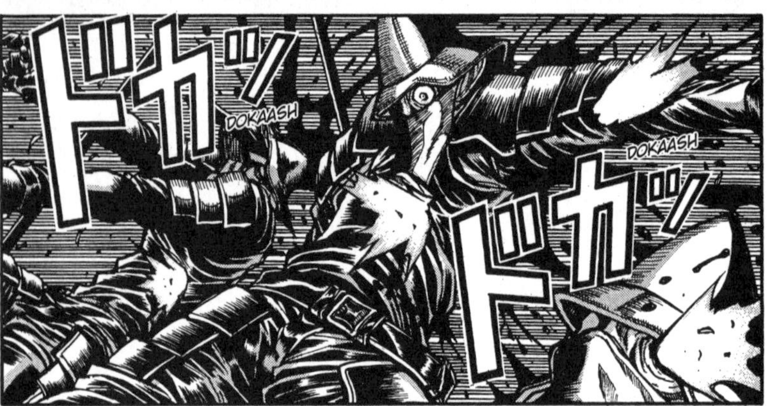
ドカッ
DOKAASH
DOKAASH
ドカッ
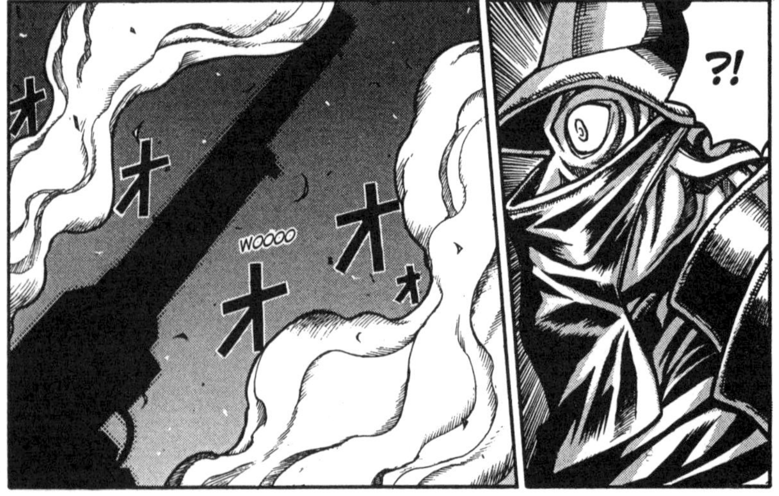
?!
オ
オ
オ
WOOOO
オ
ォ

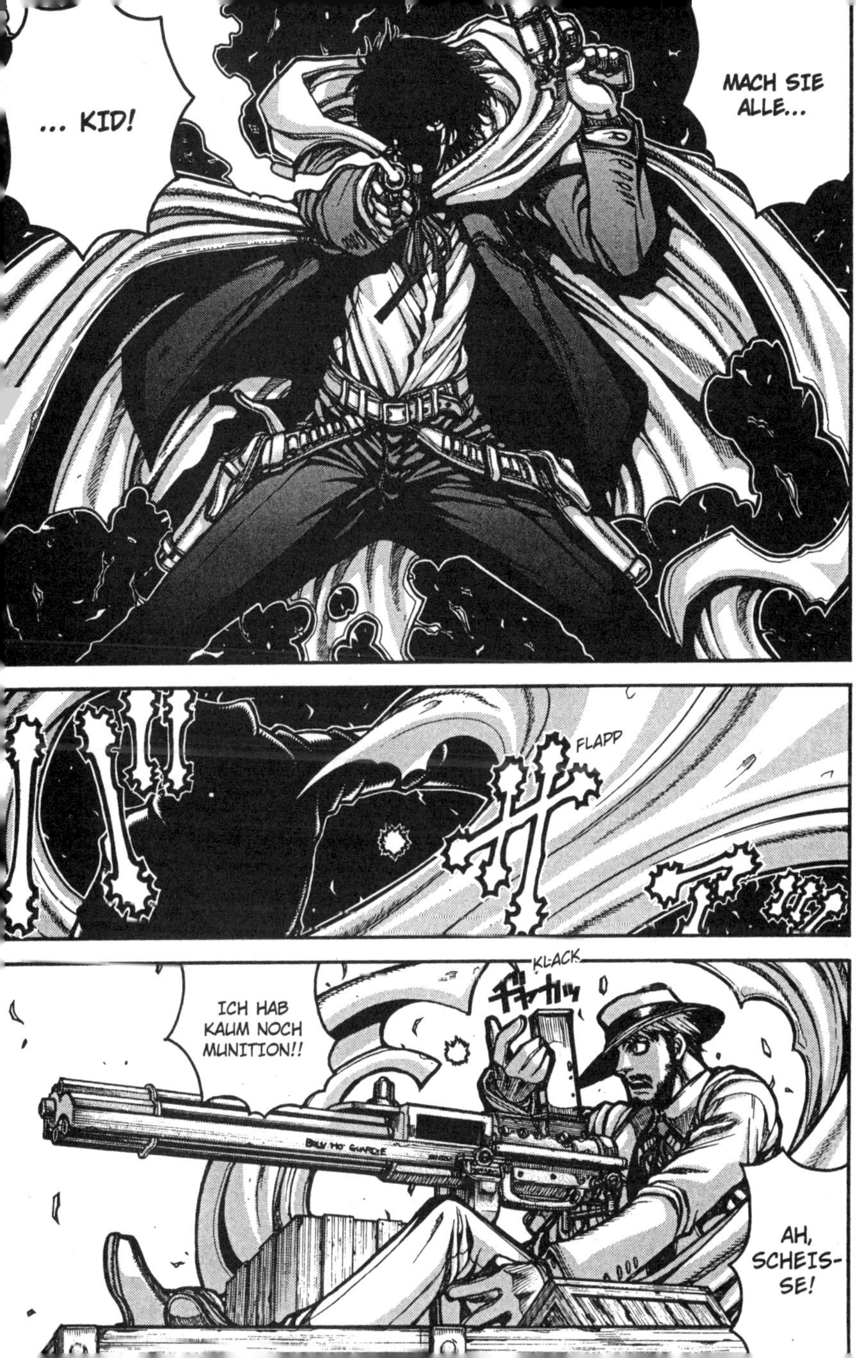

MACH SIE ALLE...
... KID!

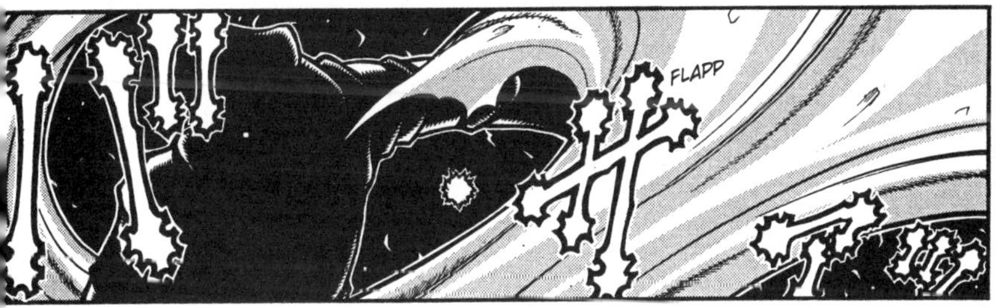
FLAPP

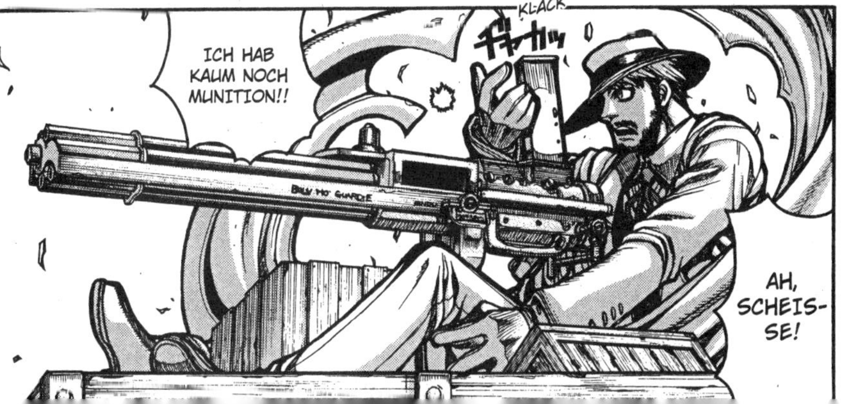
KLACK
ICH HAB KAUM NOCH MUNITION!!
AH, SCHEIS-SE!

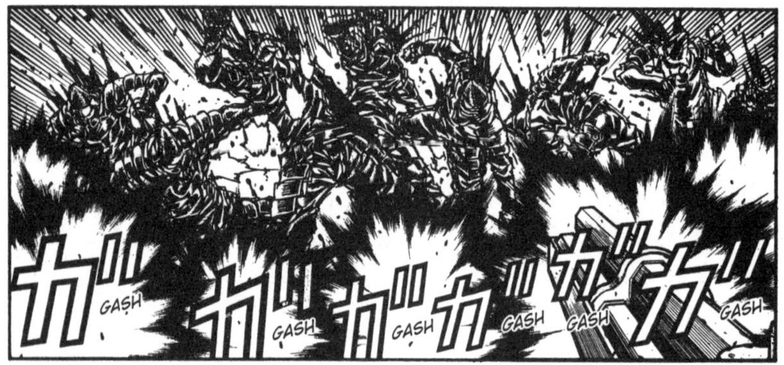
GASH
GASH
GASH
GASH
GASH
GASH

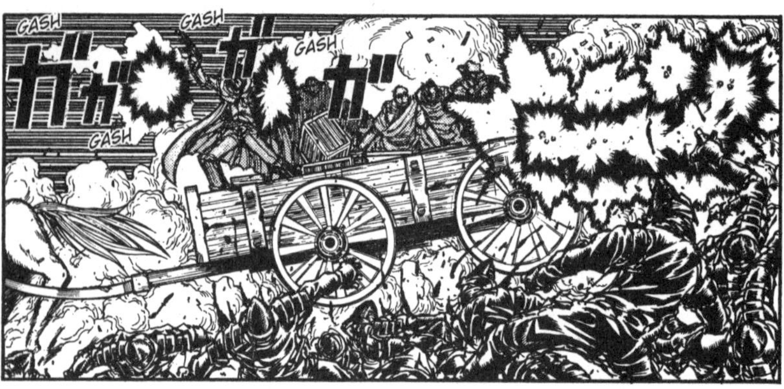
GASH
GASH
GASH
GASH

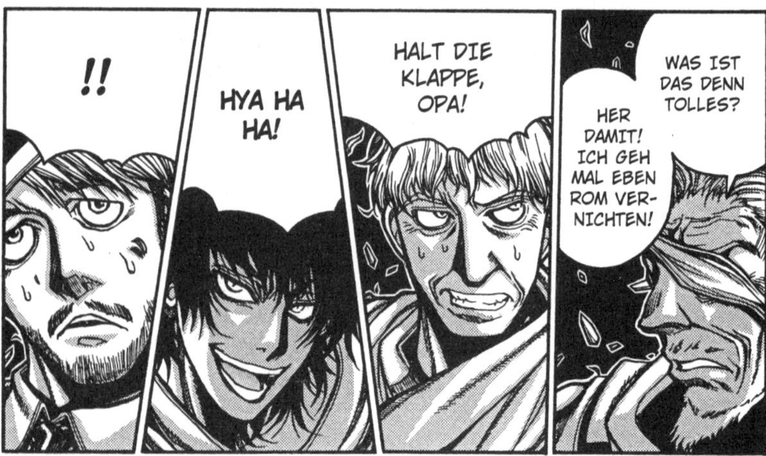
WAS IST DAS DENN TOLLES?
HER DAMIT! ICH GEH MAL EBEN ROM VER-NICHTEN!
HALT DIE KLAPPE, OPA!
HYA HA HA!
!!

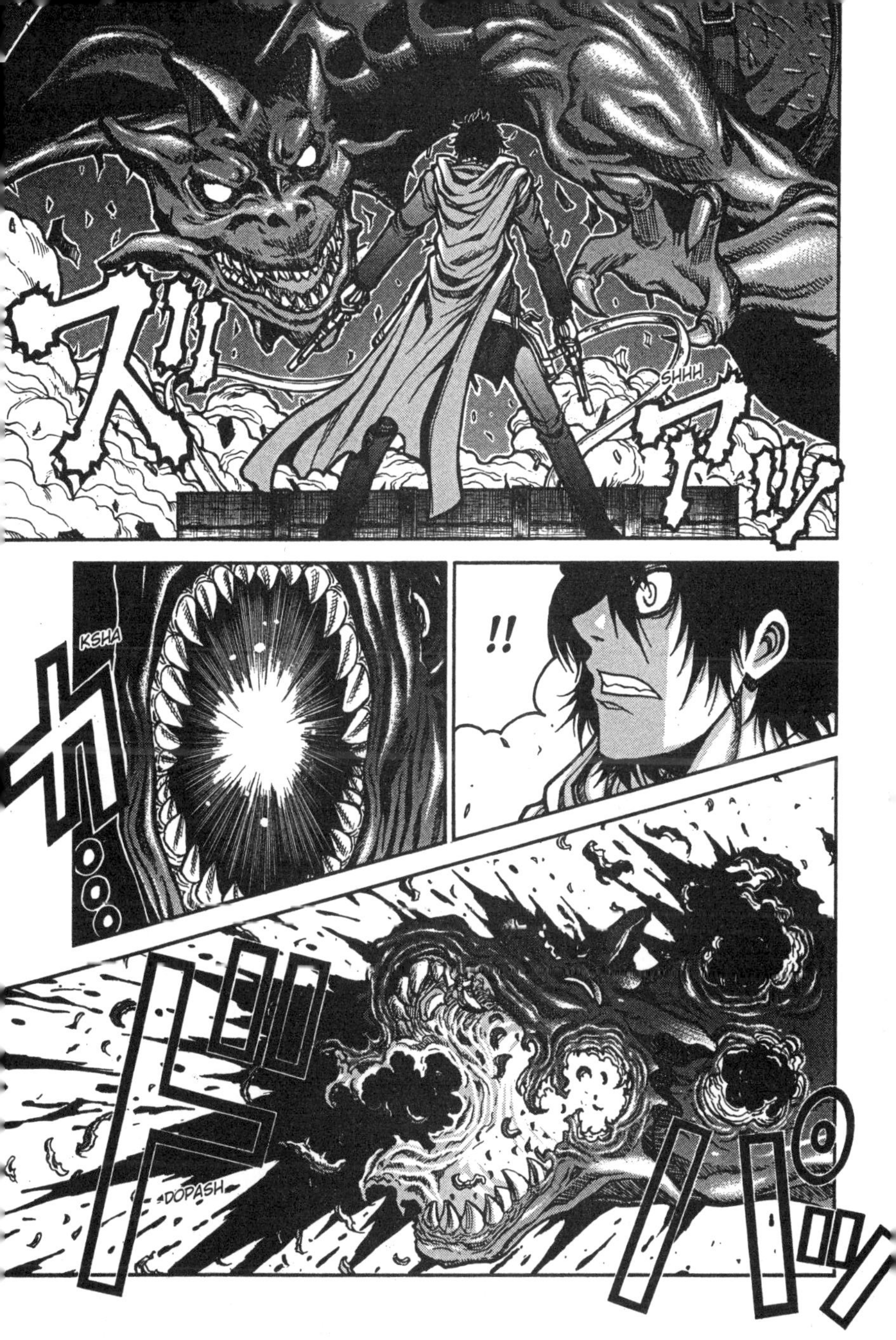
SHHH
!!
KSHA
DOPASH

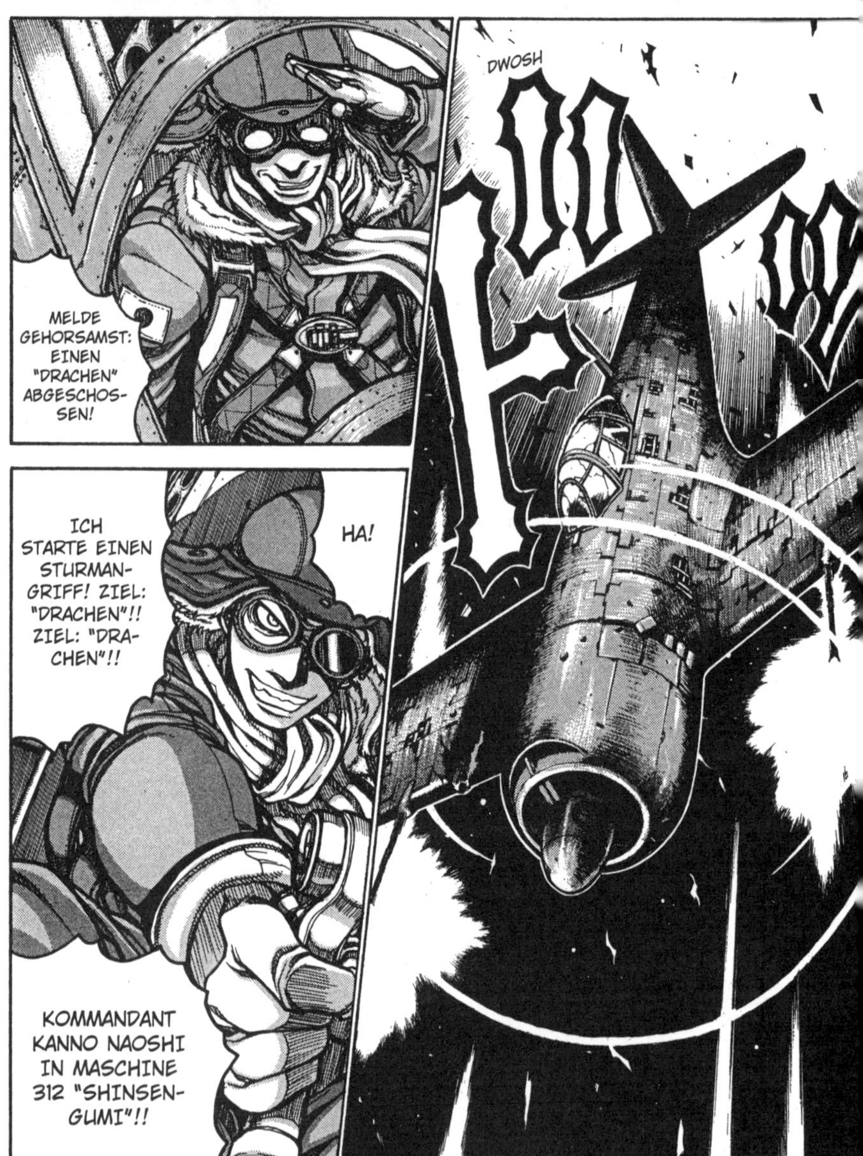
!!
DWOSH
MELDE GEHORSAMST: EINEN "DRACHEN" ABGESCHOSSEN!
HA!
ICH STARTE EINEN STURMANGRIFF! ZIEL: "DRACHEN"!! ZIEL: "DRACHEN"!!
KOMMANDANT KANNO NAOSHI IN MASCHINE 312 "SHINSENGUMI"!!

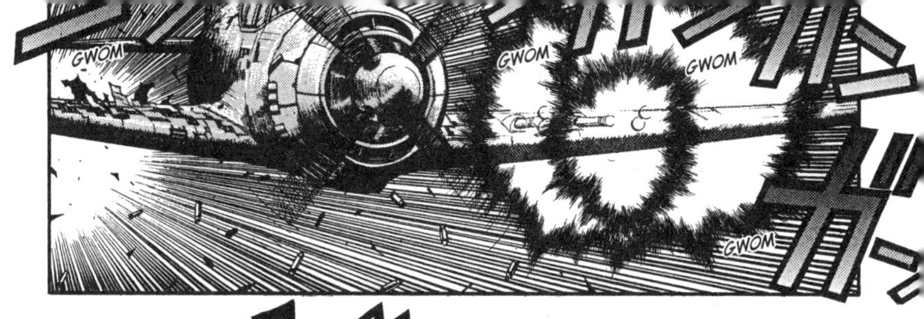
GWOM
GWOM
GWOM
GWOM

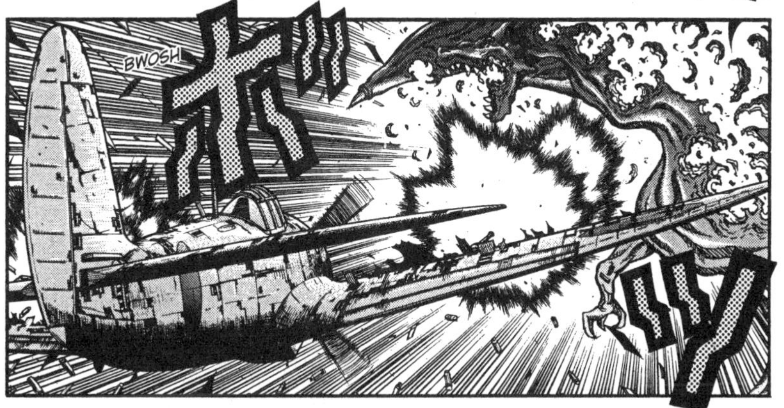
BWOSH

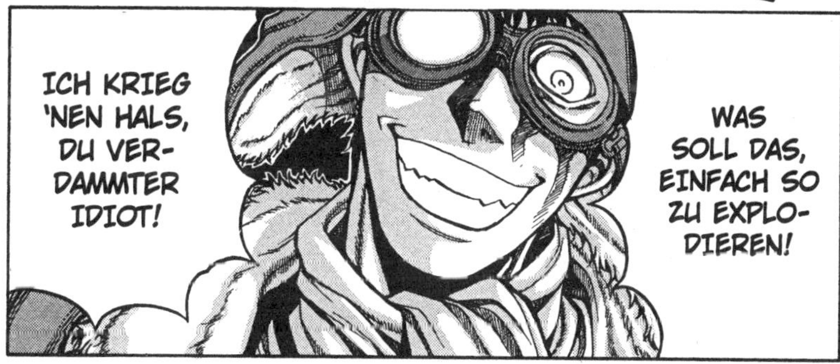
WAS SOLL DAS, EINFACH SO ZU EXPLODIEREN!
ICH KRIEG 'NEN HALS, DU VERDAMMTER IDIOT!

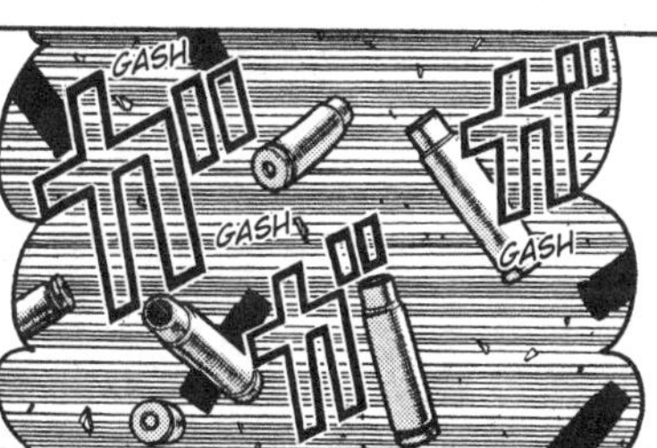
GASH
GASH
GASH
ICH WEISS ZWAR NICHT, WOMIT ICH'S HIER ZU TUN HAB...
... ABER ICH KNALL EUCH ALLE AB, VERDAMMTE SCHEISSE!

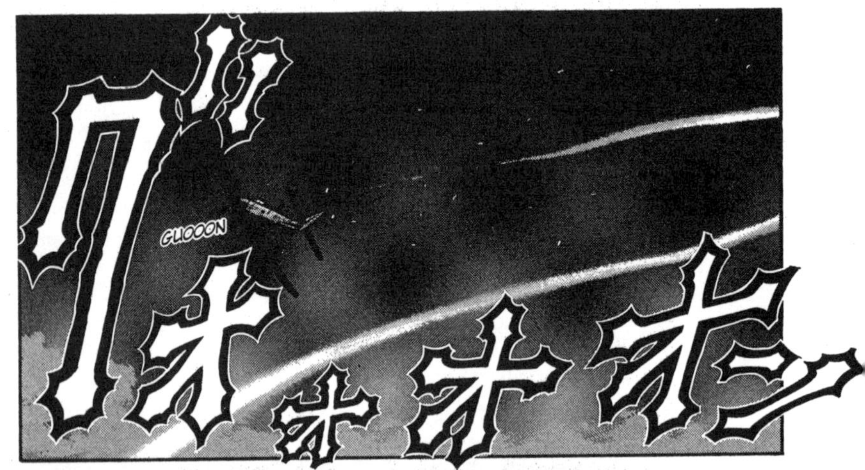
グオオオオン
GUOOON

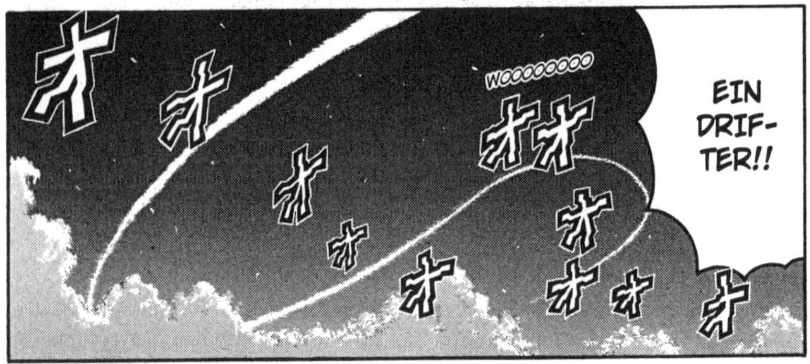
EIN DRIF-TER!!
オオオオオオオオオオオオ
WOOOOOOOO

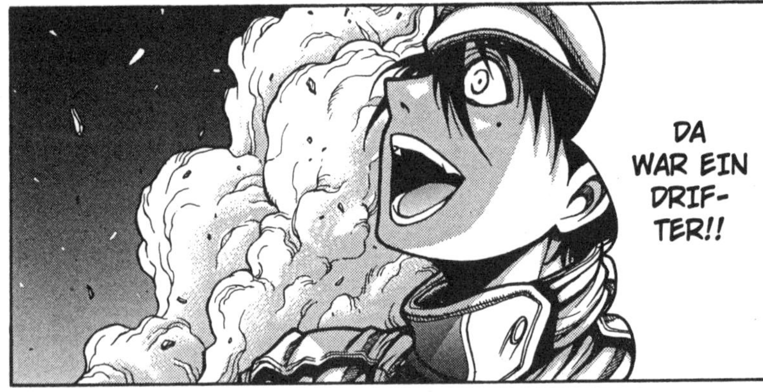
DA WAR EIN DRIF-TER!!

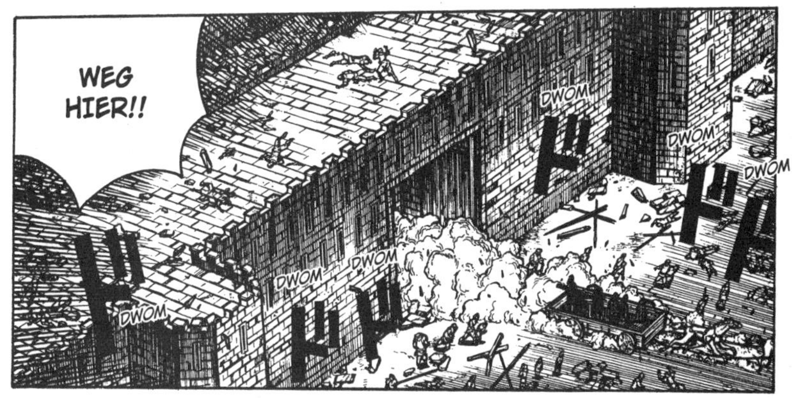
WEG HIER!!
DWOM
DWOM
DWOM
DWOM
DWOM
DWOM

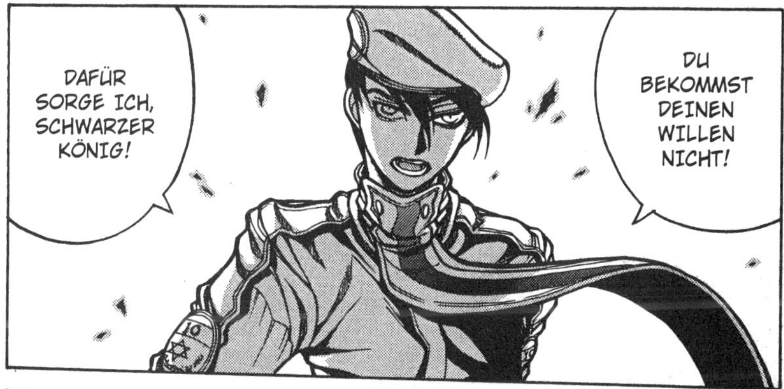
DU BEKOMMST DEINEN WILLEN NICHT!
DAFÜR SORGE ICH, SCHWARZER KÖNIG!

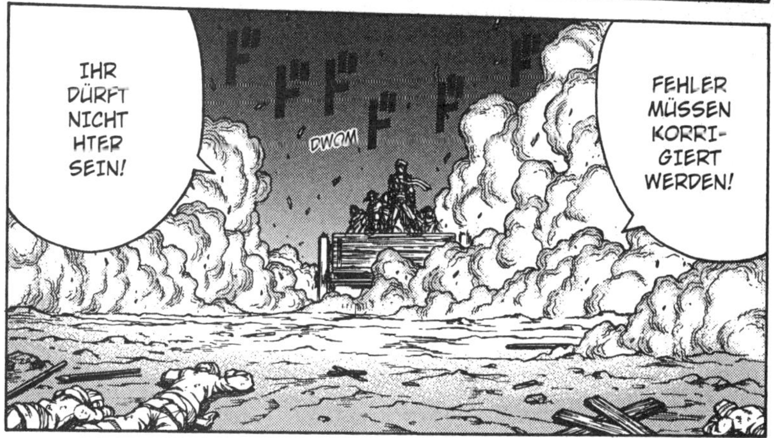
FEHLER MÜSSEN KORRI-GIERT WERDEN!
DWOM
IHR DÜRFT NICHT HIER SEIN!

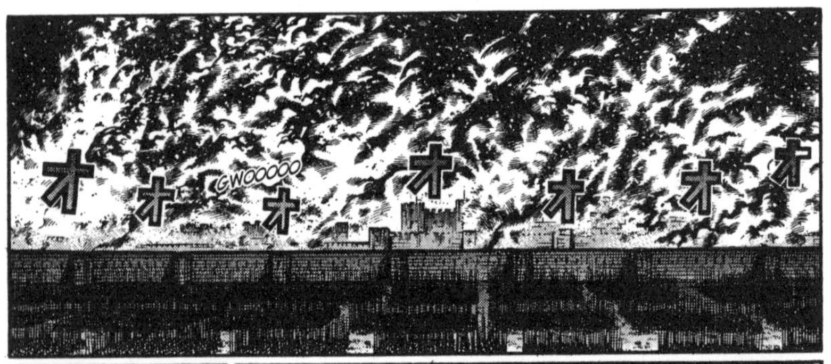
オ
オ
GWOOOOO
オ
オ
オ
オ
オ

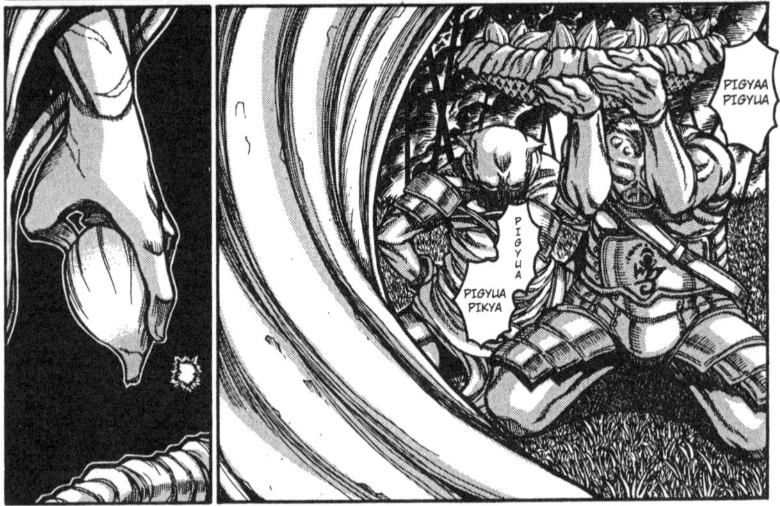
PIGYAA PIGYUA
PIGYUA
PIGYUA PIKYA

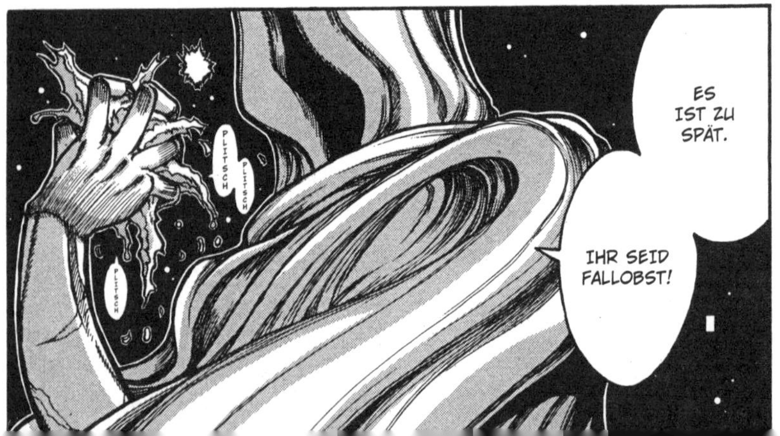
ES IST ZU SPÄT.
IHR SEID FALLOBST!
PLITSCH
PLITSCH
PLITSCH

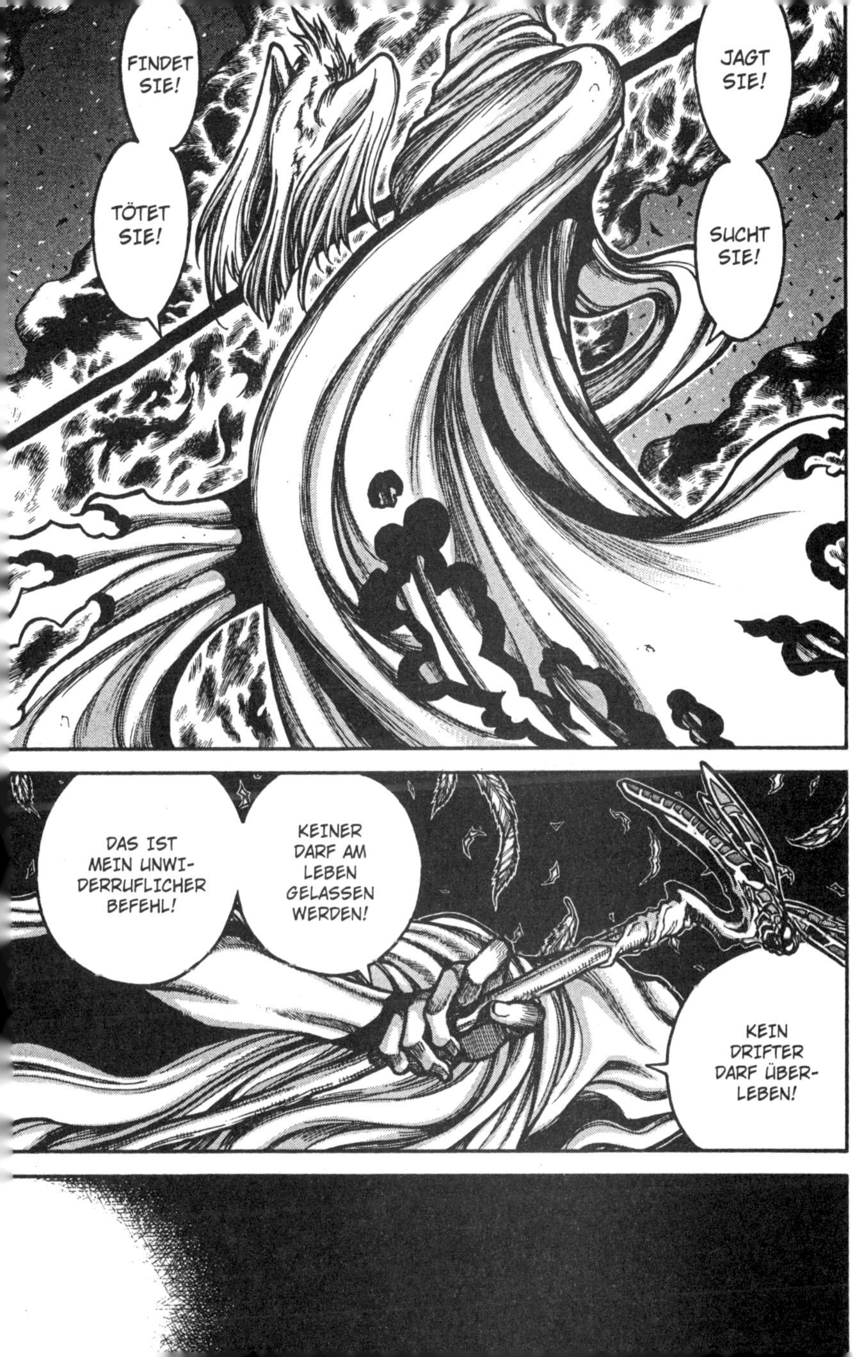

JAGT SIE!
SUCHT SIE!
FINDET SIE!
TÖTET SIE!

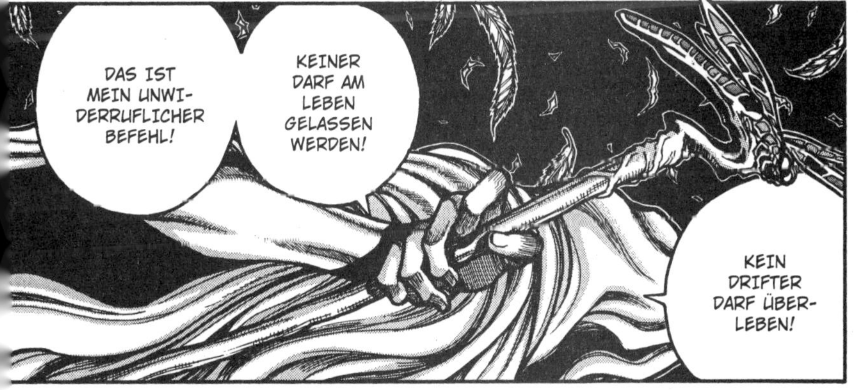
KEINER DARF AM LEBEN GELASSEN WERDEN!
DAS IST MEIN UNWIDERRUFLICHER BEFEHL!
KEIN DRIFTER DARF ÜBERLEBEN!

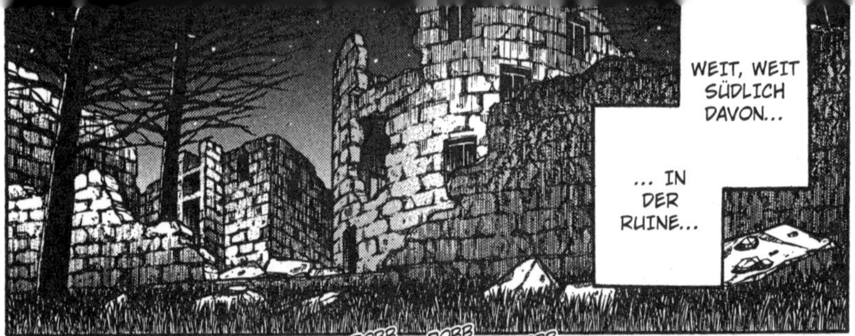

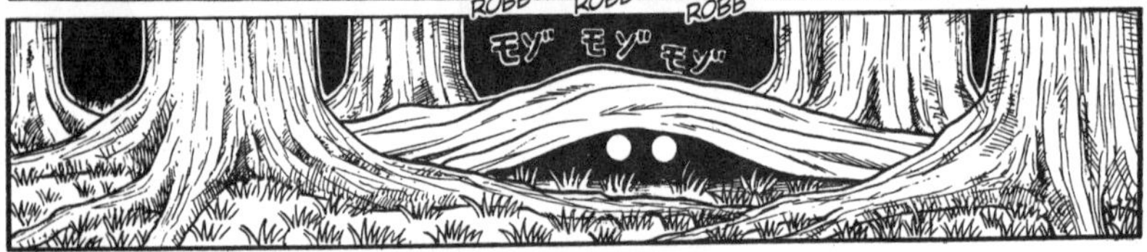

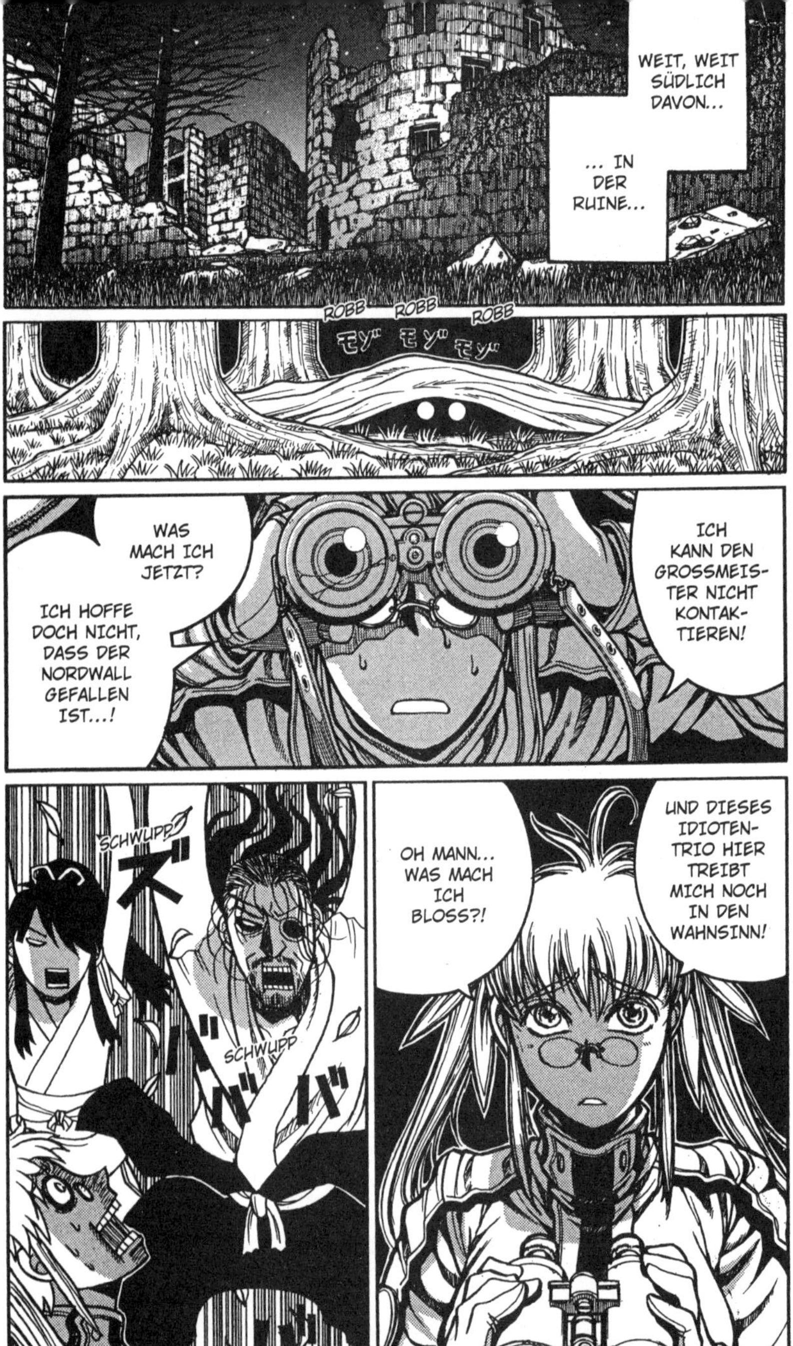

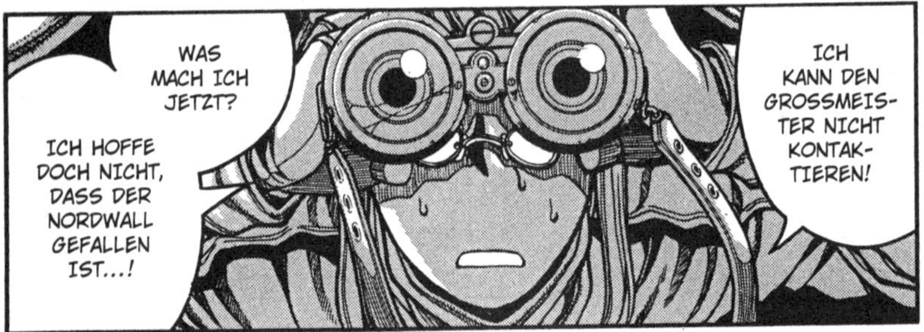

UND DIESES IDIOTEN-TRIO HIER TREIBT MICH NOCH IN DEN WAHNSINN!

OH MANN... WAS MACH ICH BLOSS?!

SCHWUPP

SCHWUPP

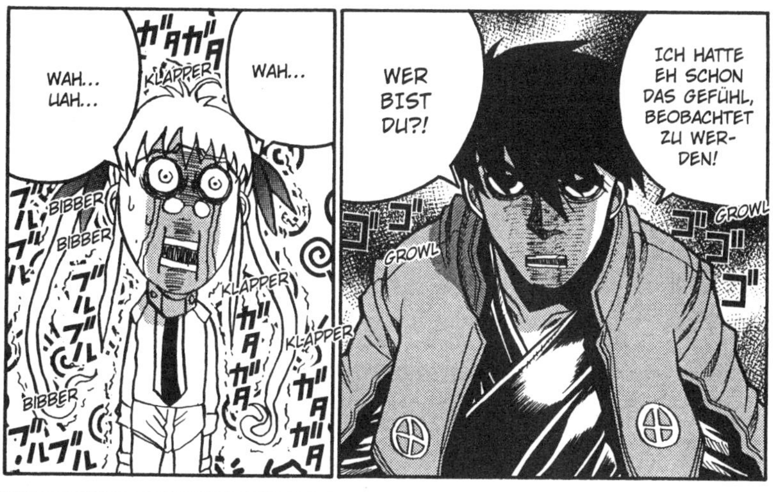
ICH HATTE EH SCHON DAS GEFÜHL, BEOBACHTET ZU WERDEN!
WER BIST DU?!
GROWL
GROWL
WAH...
KLAPPER
WAH... UAH...
BIBBER
BIBBER
KLAPPER
KLAPPER
BIBBER

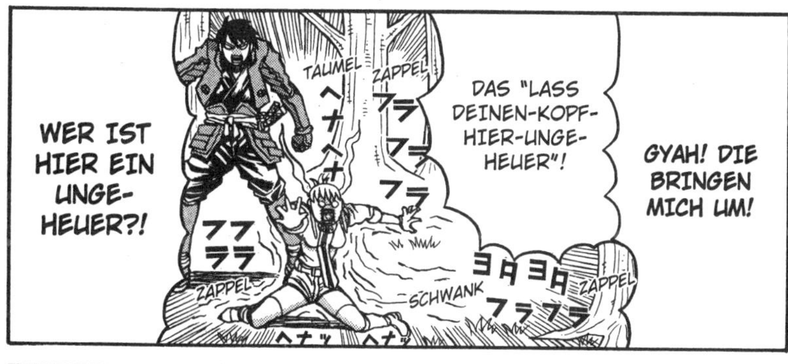
GYAH! DIE BRINGEN MICH UM!
DAS "LASS DEINEN-KOPF-HIER-UNGEHEUER"!
TAUMEL
ZAPPEL
ZAPPEL
SCHWANK
ZAPPEL
WER IST HIER EIN UNGEHEUER?!

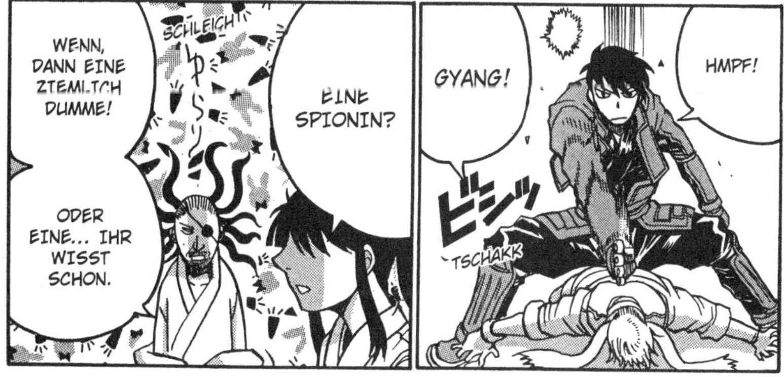
HMPF!
GYANG!
TSCHAKK
EINE SPIONIN?
SCHLEICH
WENN, DANN EINE ZIEMLICH DUMME!
ODER EINE... IHR WISST SCHON.

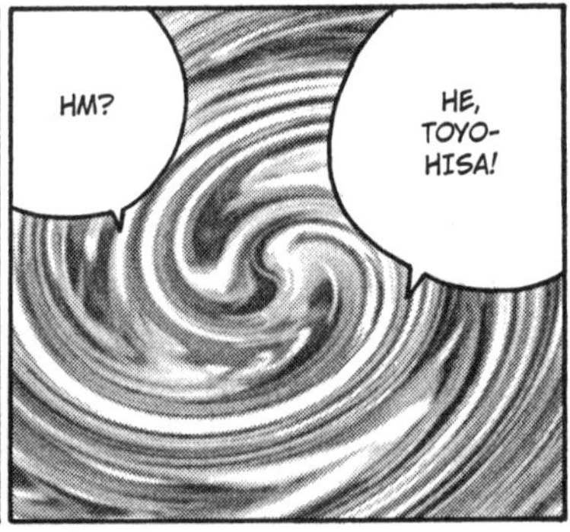

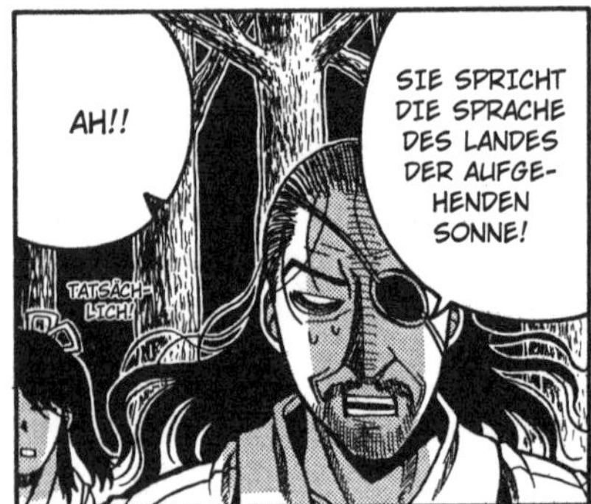

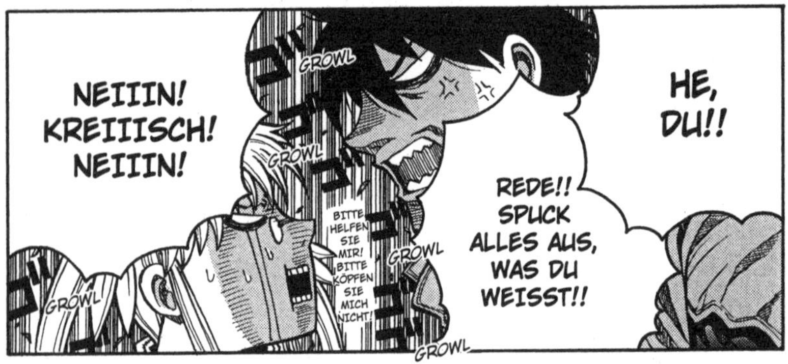

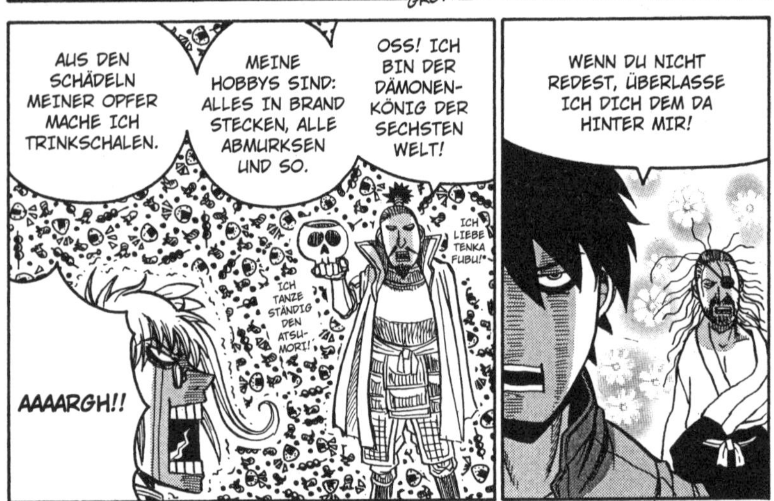

* SIEHE ANMERKUNG SEITE 61

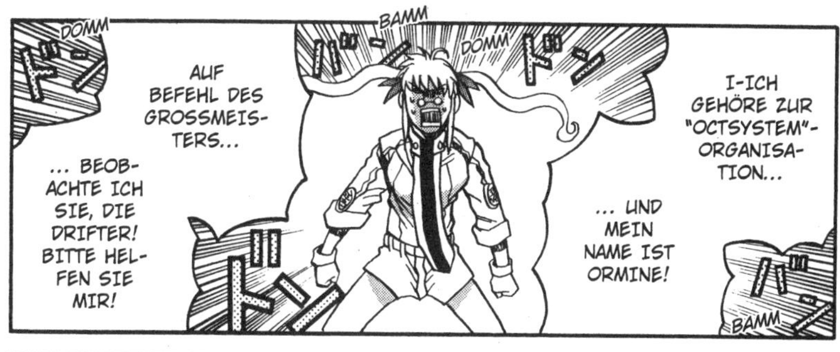
DOMM
BAMM
DOMM
I-ICH GEHÖRE ZUR "OCTSYSTEM"-ORGANISATION...
... UND MEIN NAME IST ORMINE!
AUF BEFEHL DES GROSSMEISTERS...
... BEOBACHTE ICH SIE, DIE DRIFTER! BITTE HELFEN SIE MIR!
BAMM

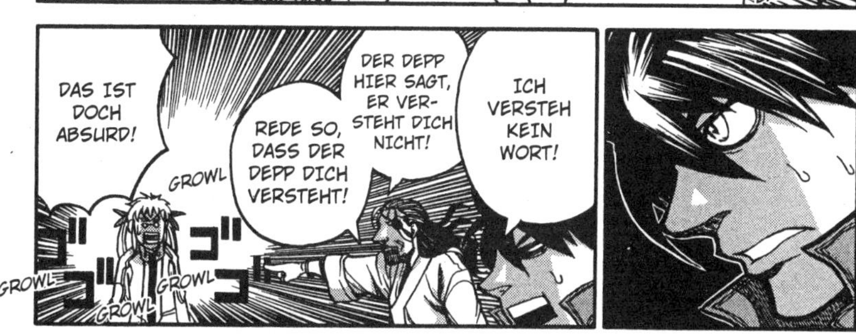
ICH VERSTEH KEIN WORT!
DER DEPP HIER SAGT, ER VERSTEHT DICH NICHT!
REDE SO, DASS DER DEPP DICH VERSTEHT!
DAS IST DOCH ABSURD!
GROWL
GROWL
GROWL
GROWL

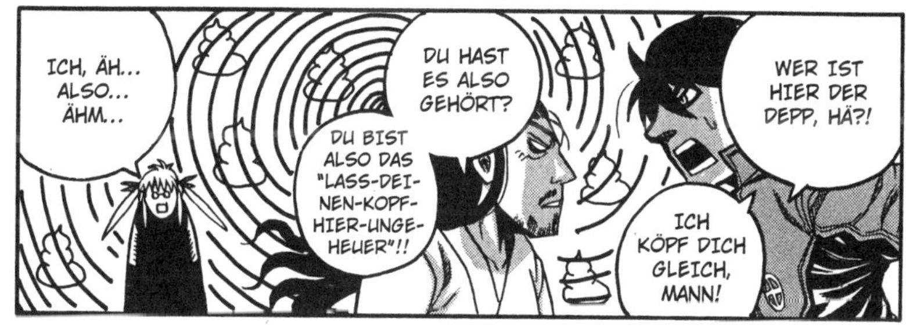
WER IST HIER DER DEPP, HÄ?!
ICH KÖPF DICH GLEICH, MANN!
DU HAST ES ALSO GEHÖRT?
DU BIST ALSO DAS "LASS-DEINEN-KOPF-HIER-UNGEHEUER"!!
ICH, ÄH... ALSO... ÄHM...

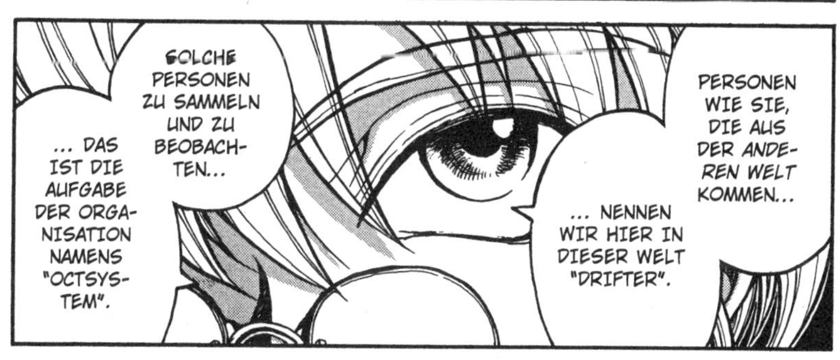
PERSONEN WIE SIE, DIE AUS DER ANDEREN WELT KOMMEN...
... NENNEN WIR HIER IN DIESER WELT "DRIFTER".
SOLCHE PERSONEN ZU SAMMELN UND ZU BEOBACHTEN...
... DAS IST DIE AUFGABE DER ORGANISATION NAMENS "OCTSYSTEM".

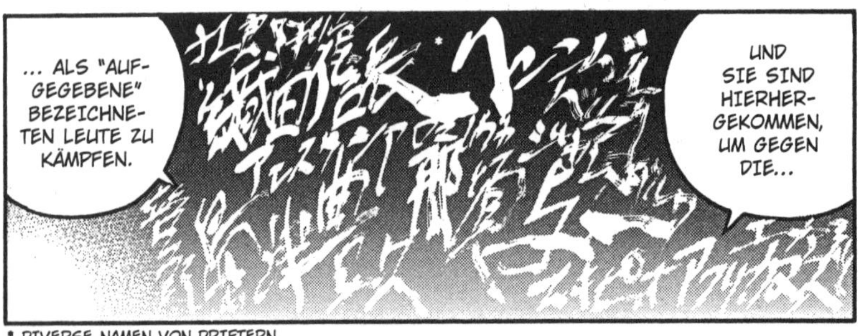

* DIVERSE NAMEN VON DRIFTERN

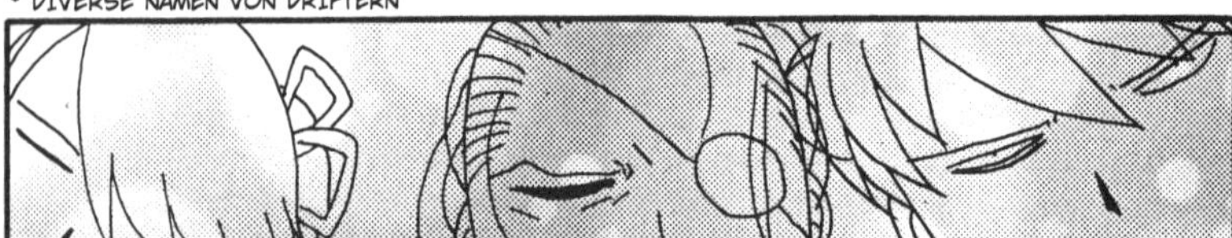

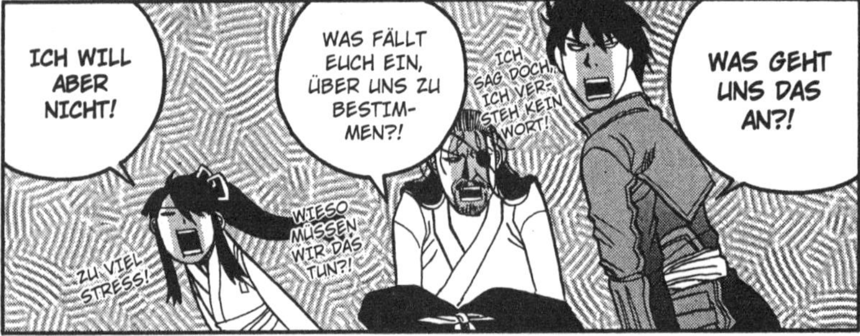

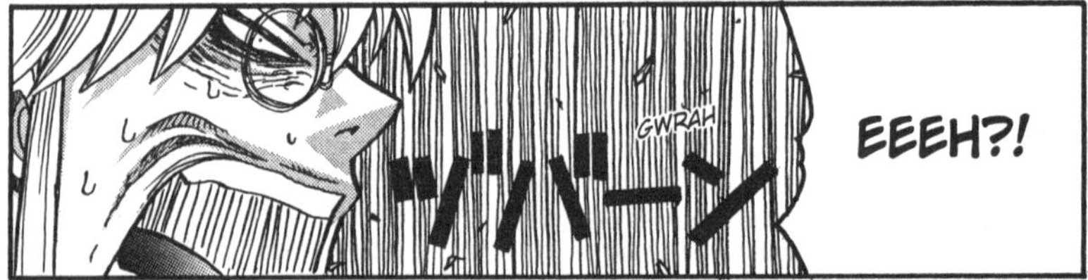

ENDE DES ELFTEN KAPITELS

DRIFTERS
MAX

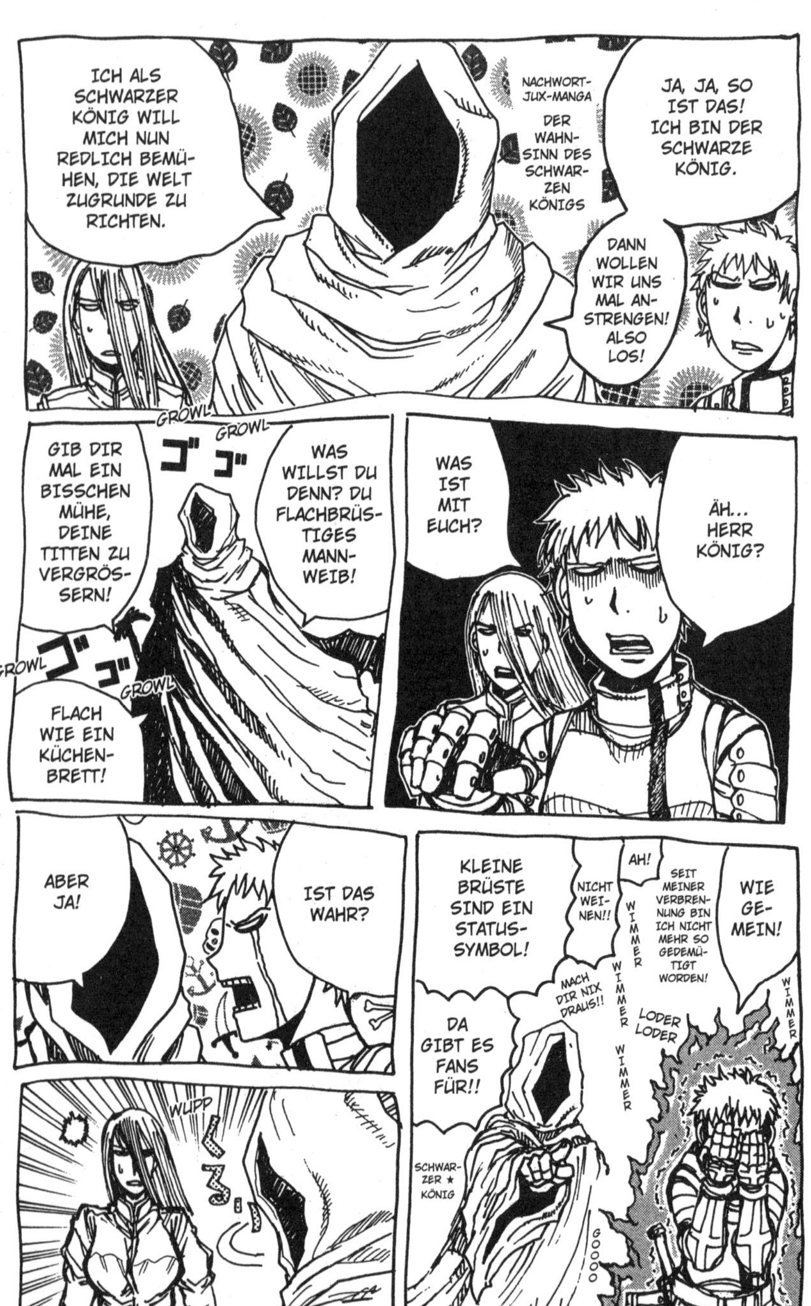
NACHWORT-JUX-MANGA
DER WAHNSINN DES SCHWARZEN KÖNIGS
JA, JA, SO IST DAS! ICH BIN DER SCHWARZE KÖNIG.
DANN WOLLEN WIR UNS MAL ANSTRENGEN! ALSO LOS!
ICH ALS SCHWARZER KÖNIG WILL MICH NUN REDLICH BEMÜHEN, DIE WELT ZUGRUNDE ZU RICHTEN.
ÄH... HERR KÖNIG?
WAS IST MIT EUCH?
GROWL
GROWL
WAS WILLST DU DENN? DU FLACHBRÜSTIGES MANNWEIB!
GIB DIR MAL EIN BISSCHEN MÜHE, DEINE TITTEN ZU VERGRÖSSERN!
GROWL
GROWL
FLACH WIE EIN KÜCHENBRETT!
WIE GEMEIN!
SEIT MEINER VERBRENNUNG BIN ICH NICHT MEHR SO GEDEMÜTIGT WORDEN!
WIMMER
AH!
WIMMER
NICHT WEINEN!!
WIMMER
KLEINE BRÜSTE SIND EIN STATUSSYMBOL!
WIMMER
LODER LODER
MACH DIR NIX DRAUS!!
DA GIBT ES FANS FÜR!!
SCHWARZER ★ KÖNIG
GOOOO
IST DAS WAHR?
ABER JA!
WUPP

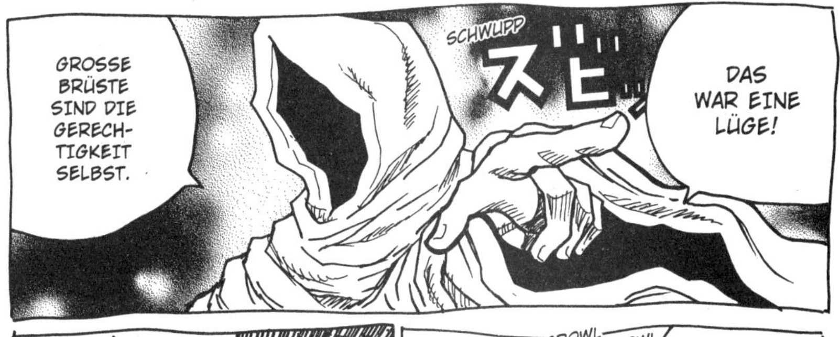
SCHWUPP
DAS WAR EINE LÜGE!
GROSSE BRÜSTE SIND DIE GERECHTIGKEIT SELBST.

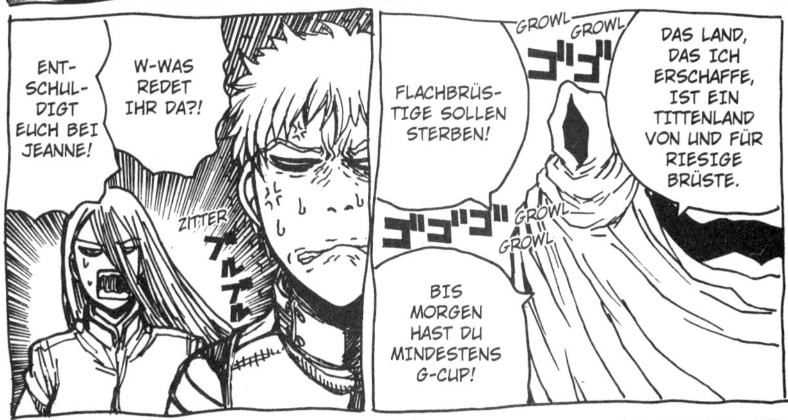
GROWL GROWL
DAS LAND, DAS ICH ERSCHAFFE, IST EIN TITTENLAND VON UND FÜR RIESIGE BRÜSTE.
FLACHBRÜSTIGE SOLLEN STERBEN!
GROWL GROWL
BIS MORGEN HAST DU MINDESTENS G-CUP!
W-WAS REDET IHR DA?!
ENTSCHULDIGT EUCH BEI JEANNE!
ZITTER

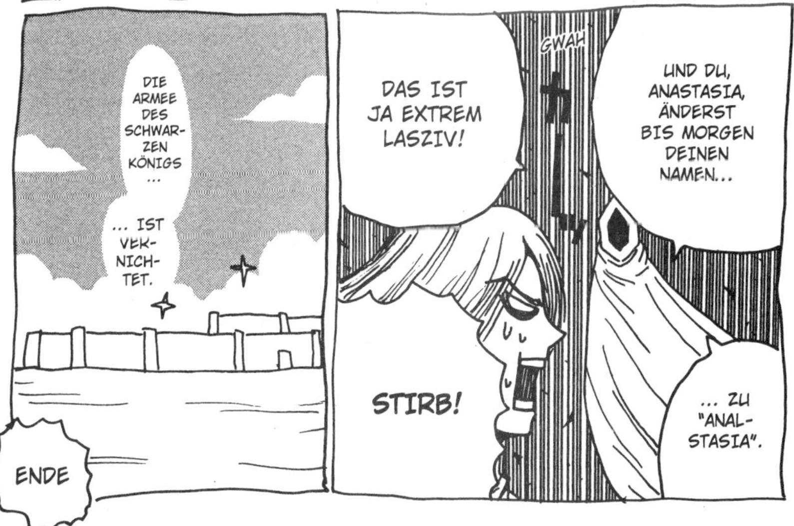
UND DU, ANASTASIA, ÄNDERST BIS MORGEN DEINEN NAMEN...
... ZU "ANALSTASIA".
GWAH
DAS IST JA EXTREM LASZIV!
STIRB!
DIE ARMEE DES SCHWARZEN KÖNIGS ...
... IST VERNICHTET.
ENDE

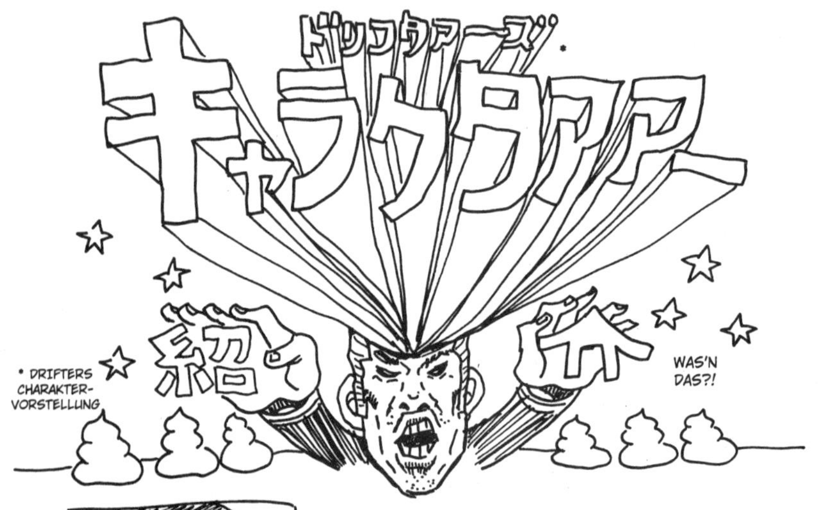

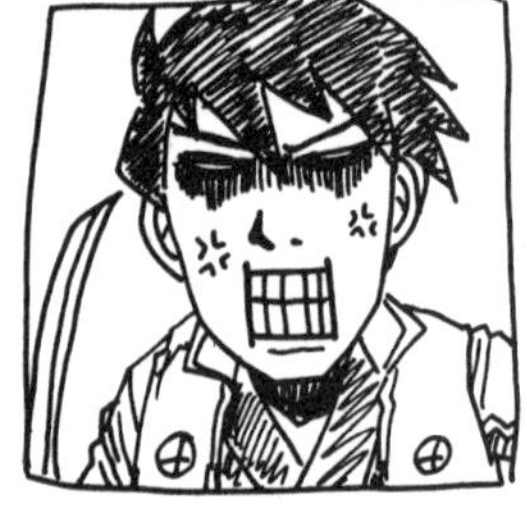

O-TOYOHISA
KILLER-MASCHINE AUS DEM KLAN DER SHIMAZU. MÖRDER AUS SATSUMA. SOLANGE ER KÖPFE ABSCHLAGEN KANN, IST IHM ALLES ANDERE EGAL. IN DER FREIZEIT ÜBT ER SICH MT DEM SCHWERT. ER IST GLÜCKLICH, SOLANGE ER EINFACH NUR LEBT.

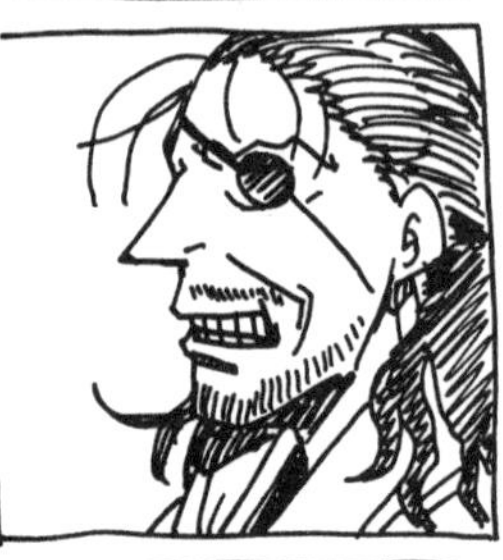

NOBUNOBU
BRANDSTIFTER-MASCHINE AUS DEM HAUSE ODA. ER IST EIN TANZ-FREAK, DER BEI DER KLEINSTEN GELEGENHEIT DEN ATSUMORI-TANZ AUFFÜHRT. DA AUCH SEINE NACHKOMMEN STÄNDIG AUF DEM EIS TANZEN, IST DAS WAHRSCHEINLICH DIE GEBORENE DANCE-KOSHIEN-FAMILIE. WIE PILOLINKYU. PYROMANE.

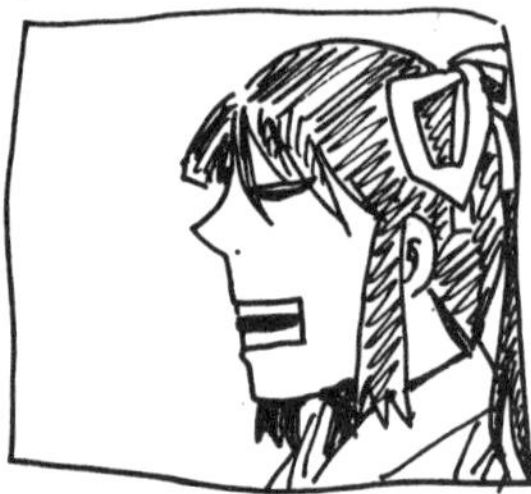

YOICHI
GOLGO 13 AUS DEM HAUSE NASU. WENN ER JEMANDEN HINTER SICH STEHEN SPÜRT, SCHLÄGT ER IHN TOT. WENN ER NICHT HINTER IHM STEHT, TÖTET ER IHN AUCH AUF IRGENDEINE ANDERE ART. TÖTEN. ABKNALLEN. PENG! PENG!

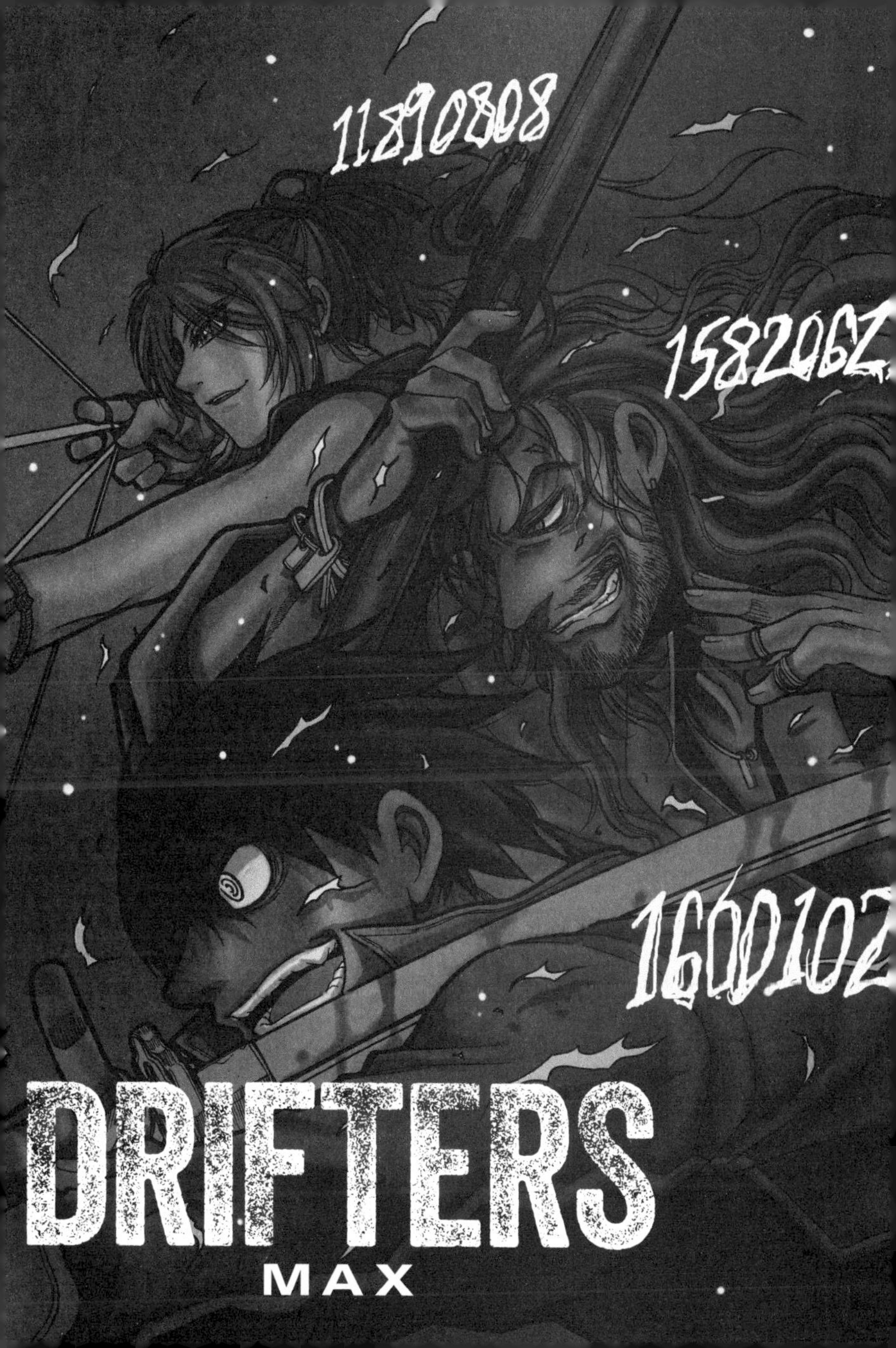

11890808

1582062

1600102

DRIFTERS

MAX

DRIFTERS

MAX

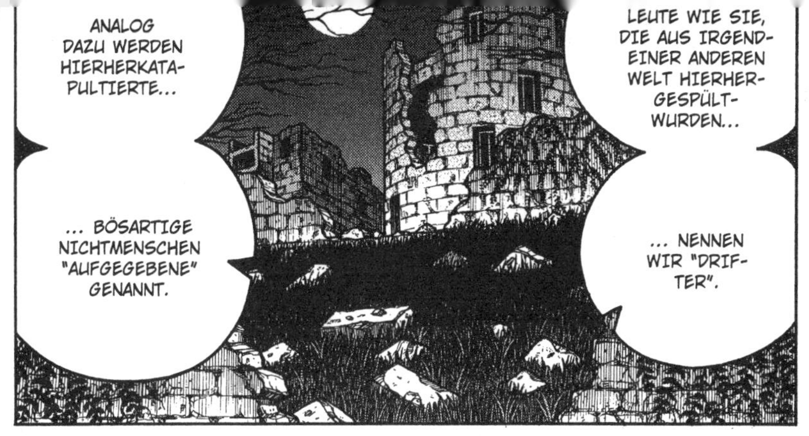

KAPITEL 12:

ACTIVE HEART

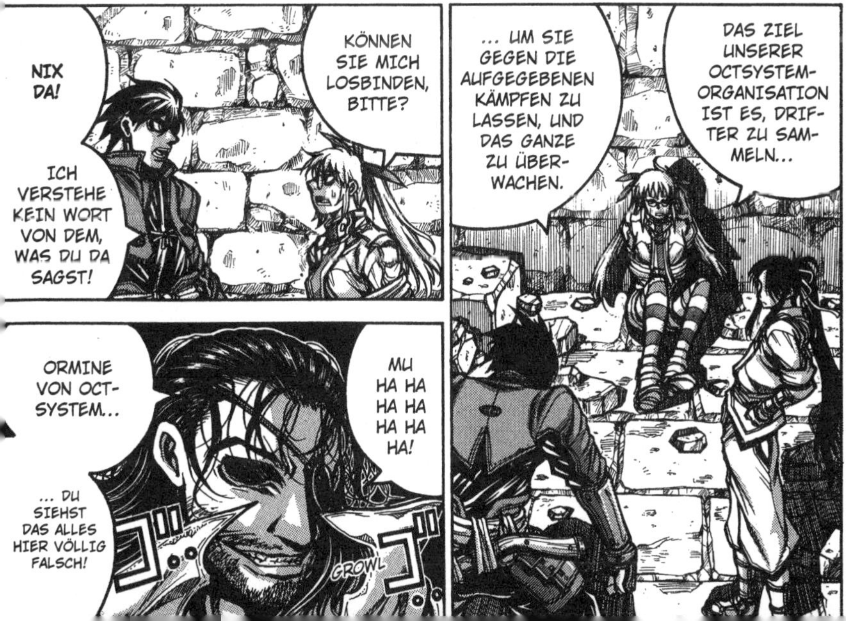

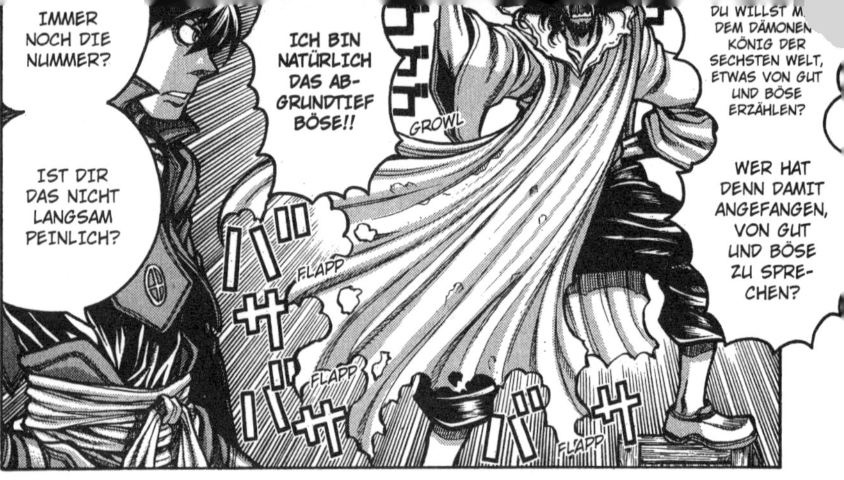

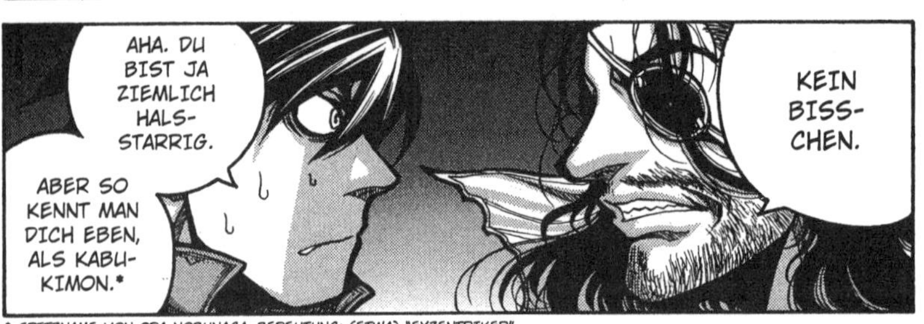

* SPITZNAME VON ODA NOBUNAGA, BEDEUTUNG: (ETWA) "EXZENTRIKER"

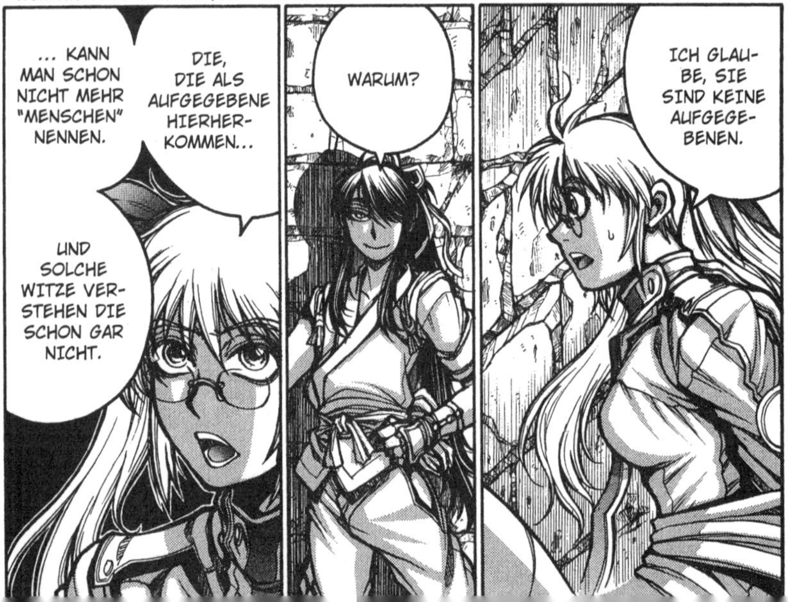

ICH GLAUBE, SIE SIND KEINE AUFGEGEBENEN.

WARUM?

DIE, DIE ALS AUFGEGEBENE HIERHERKOMMEN...

... KANN MAN SCHON NICHT MEHR "MENSCHEN" NENNEN.

UND SOLCHE WITZE VERSTEHEN DIE SCHON GAR NICHT.

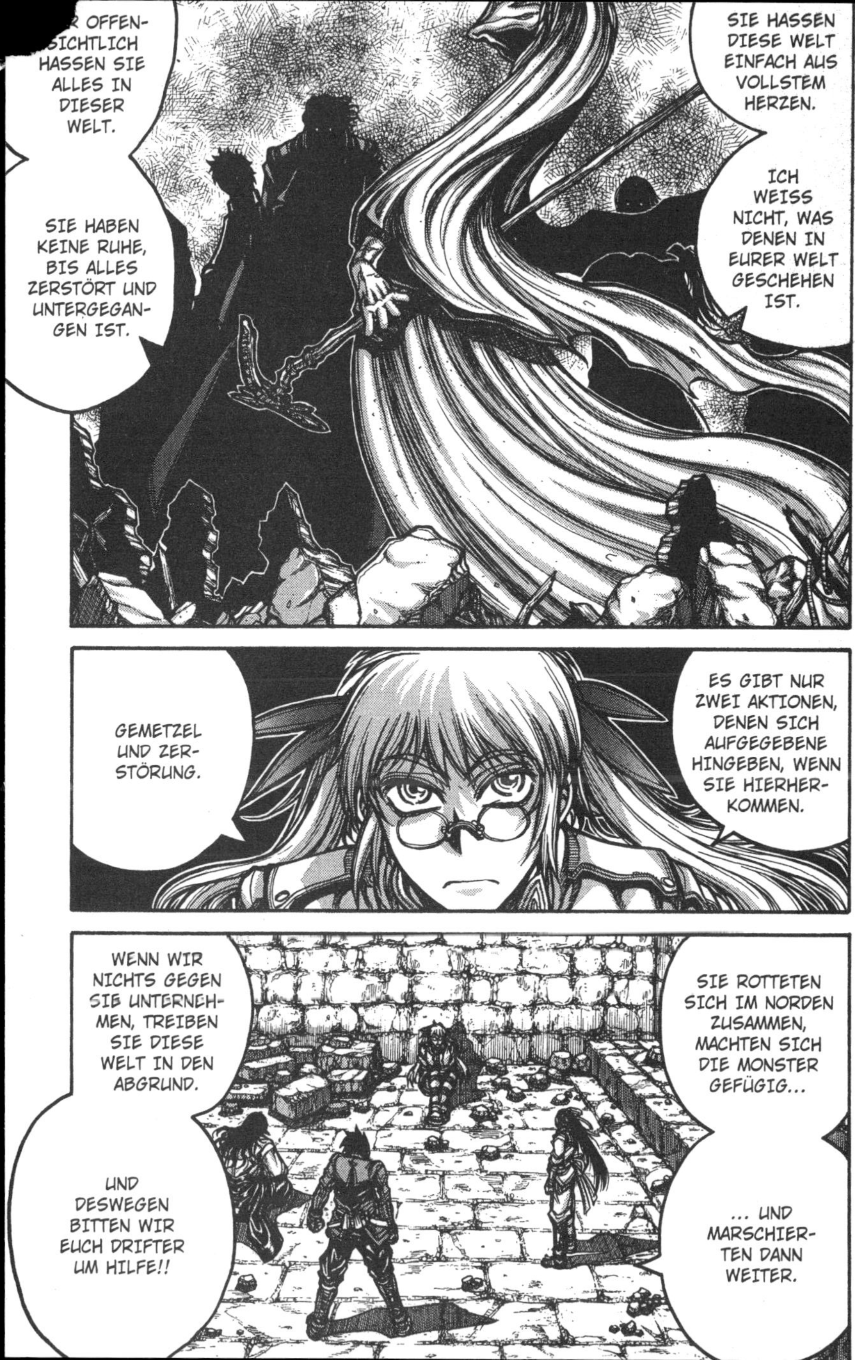

SIE HASSEN DIESE WELT EINFACH AUS VOLLSTEM HERZEN.
ICH WEISS NICHT, WAS DENEN IN EURER WELT GESCHEHEN IST.
...R OFFEN-SICHTLICH HASSEN SIE ALLES IN DIESER WELT.
SIE HABEN KEINE RUHE, BIS ALLES ZERSTÖRT UND UNTERGEGAN-GEN IST.

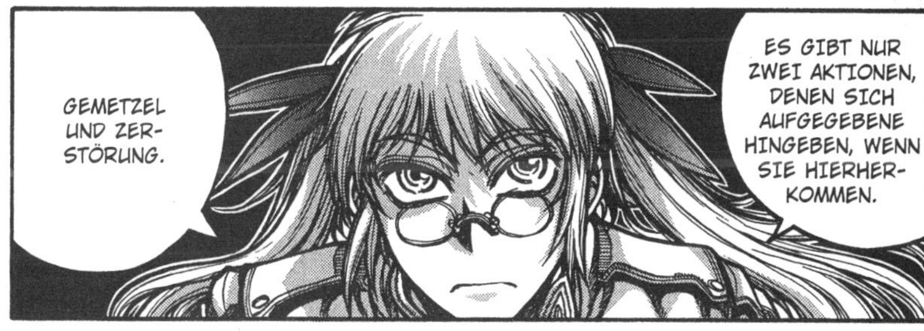

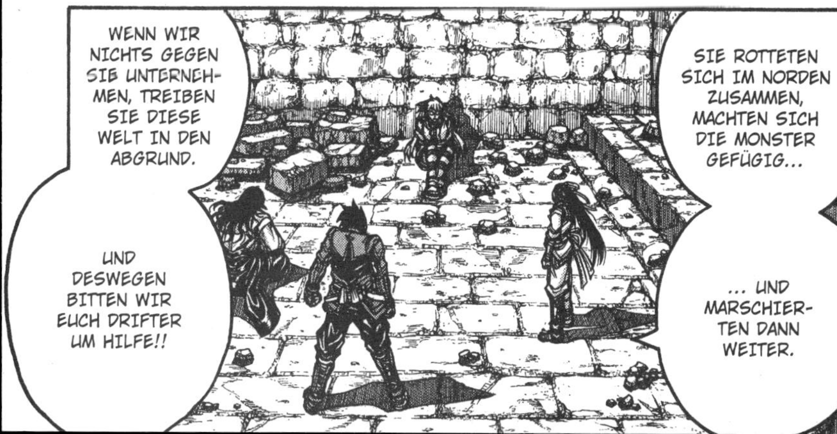

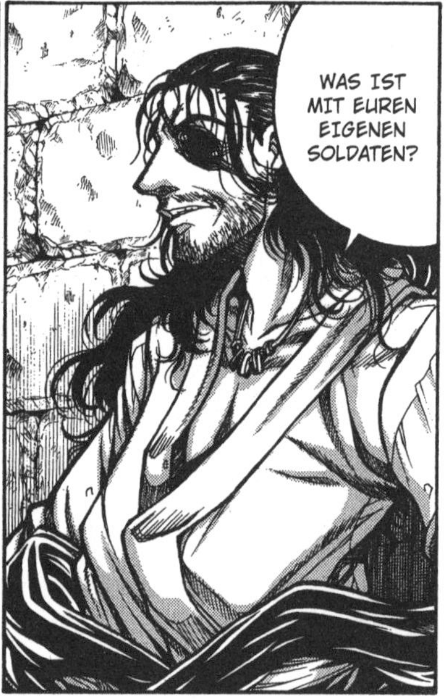
WAS IST MIT EUREN EIGENEN SOLDATEN?

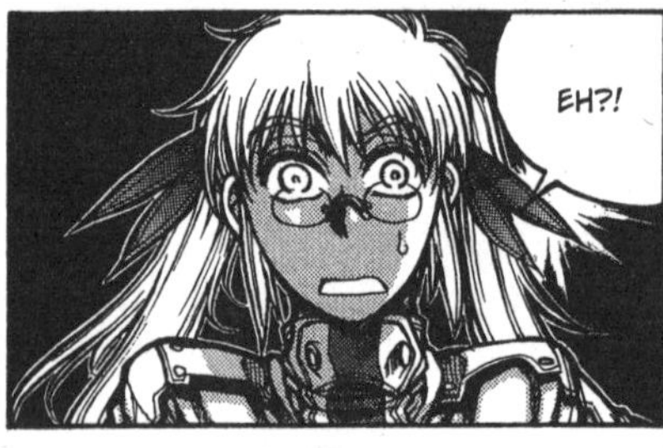
EH?!

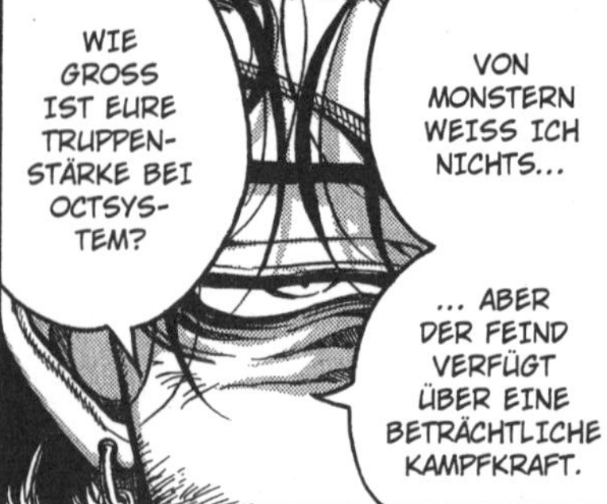
VON MONSTERN WEISS ICH NICHTS…
… ABER DER FEIND VERFÜGT ÜBER EINE BETRÄCHTLICHE KAMPFKRAFT.
WIE GROSS IST EURE TRUPPENSTÄRKE BEI OCTSYSTEM?

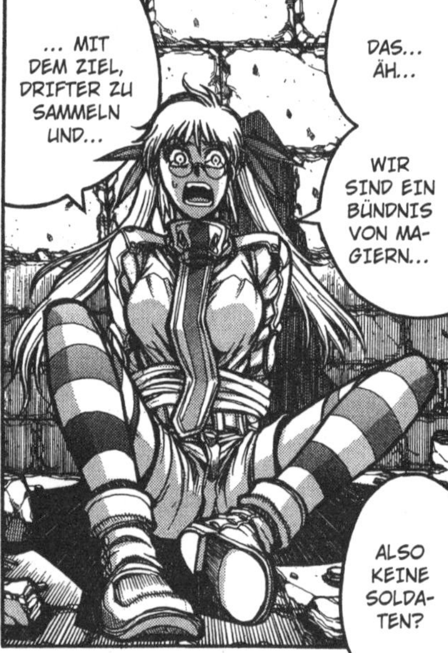
DAS… ÄH…
WIR SIND EIN BÜNDNIS VON MAGIERN…
… MIT DEM ZIEL, DRIFTER ZU SAMMELN UND…
ALSO KEINE SOLDATEN?

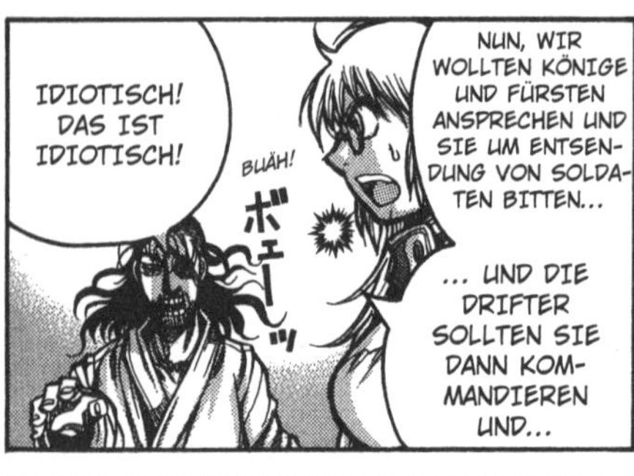
NUN, WIR WOLLTEN KÖNIGE UND FÜRSTEN ANSPRECHEN UND SIE UM ENTSENDUNG VON SOLDATEN BITTEN…
… UND DIE DRIFTER SOLLTEN SIE DANN KOMMANDIEREN UND…
BUÄH!
ボェーッ
IDIOTISCH! DAS IST IDIOTISCH!

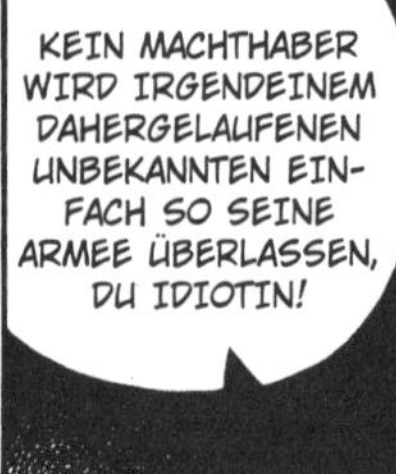
DAS HIER MAG EINE ANDERE WELT SEIN, ABER LÄNDER SIND ÜBERALL GLEICH.
EIN KÖNIG ODER FÜRST VERFÜGT ÜBER EINE ARMEE, DAS MACHT SEINE MACHT AUS!
KEIN MACHTHABER WIRD IRGENDEINEM DAHERGELAUFENEN UNBEKANNTEN EINFACH SO SEINE ARMEE ÜBERLASSEN, DU IDIOTIN!

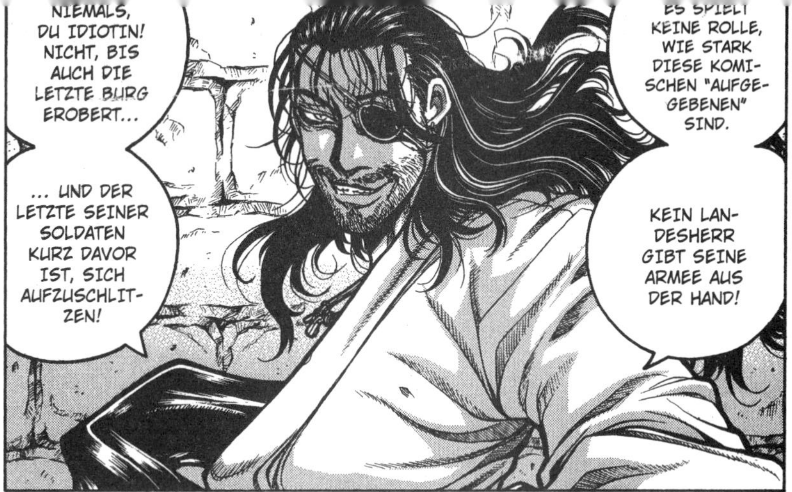
ES SPIELT KEINE ROLLE, WIE STARK DIESE KOMISCHEN "AUFGEGEBENEN" SIND.
KEIN LANDESHERR GIBT SEINE ARMEE AUS DER HAND!
NIEMALS, DU IDIOTIN! NICHT, BIS AUCH DIE LETZTE BURG EROBERT...
... UND DER LETZTE SEINER SOLDATEN KURZ DAVOR IST, SICH AUFZUSCHLITZEN!

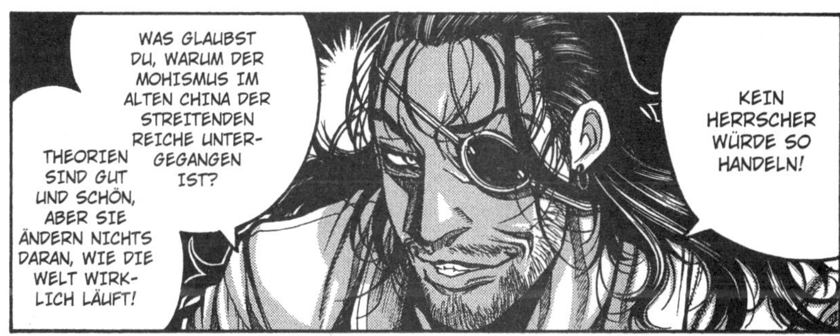
KEIN HERRSCHER WÜRDE SO HANDELN!
WAS GLAUBST DU, WARUM DER MOHISMUS IM ALTEN CHINA DER STREITENDEN REICHE UNTERGEGANGEN IST?
THEORIEN SIND GUT UND SCHÖN, ABER SIE ÄNDERN NICHTS DARAN, WIE DIE WELT WIRKLICH LÄUFT!

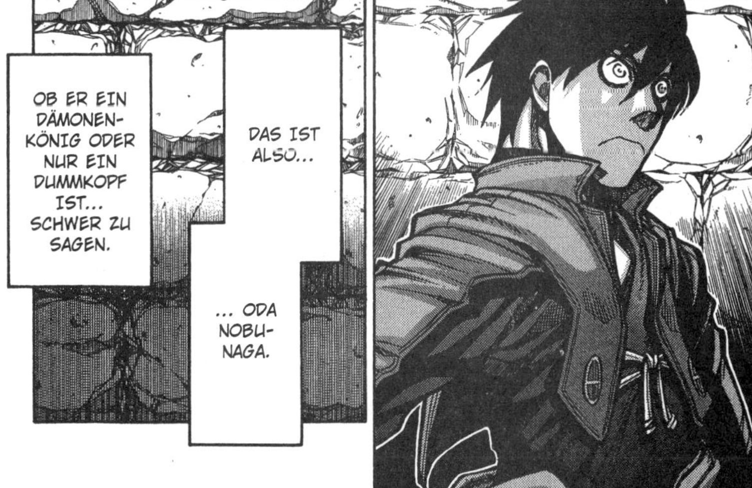
DAS IST ALSO...
... ODA NOBUNAGA.
OB ER EIN DÄMONENKÖNIG ODER NUR EIN DUMMKOPF IST... SCHWER ZU SAGEN.

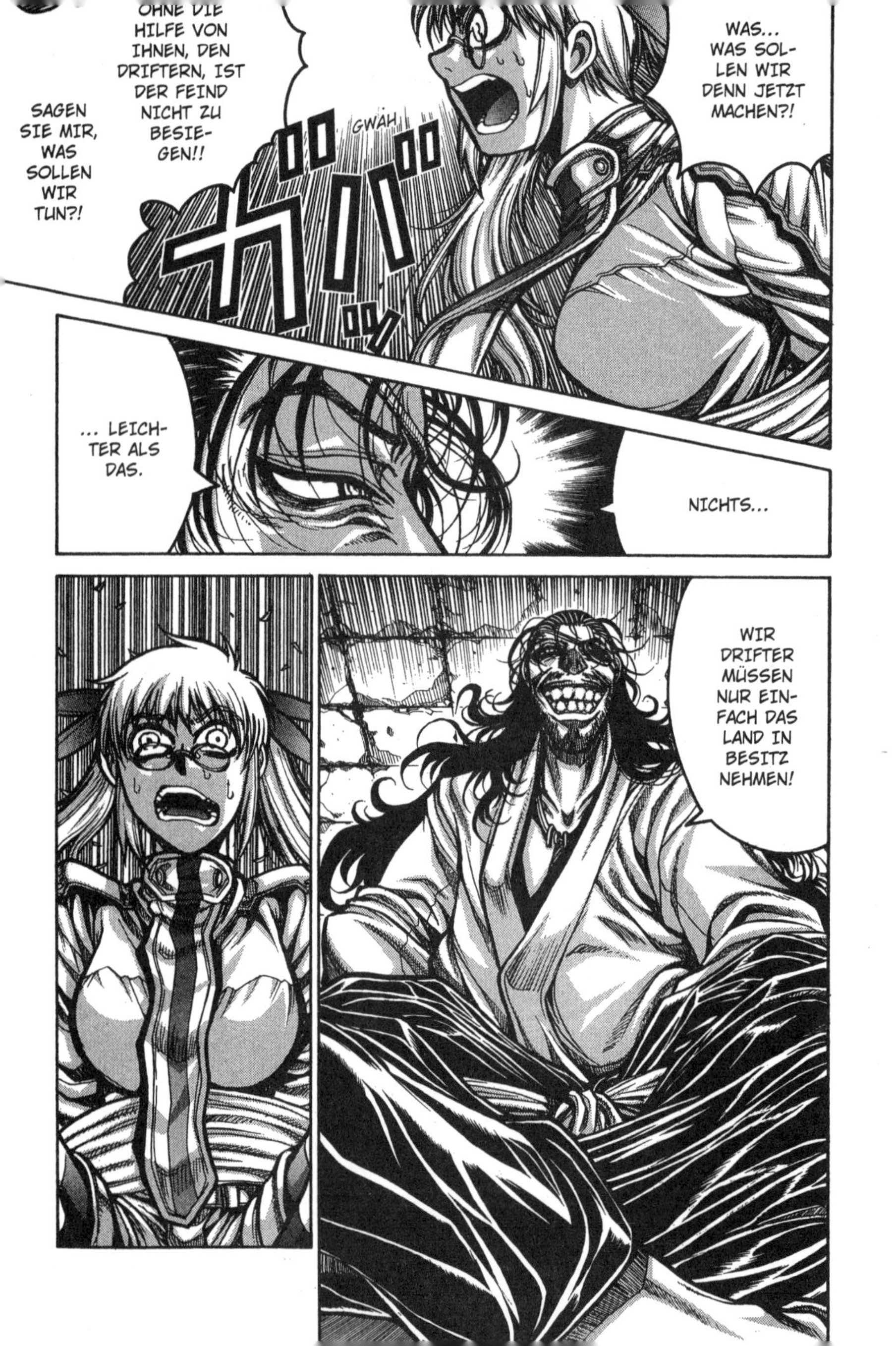

WAS... WAS SOLLEN WIR DENN JETZT MACHEN?!

OHNE DIE HILFE VON IHNEN, DEN DRIFTERN, IST DER FEIND NICHT ZU BESIEGEN!!

SAGEN SIE MIR, WAS SOLLEN WIR TUN?!

GWAH

NICHTS...

... LEICHTER ALS DAS.

WIR DRIFTER MÜSSEN NUR EINFACH DAS LAND IN BESITZ NEHMEN!

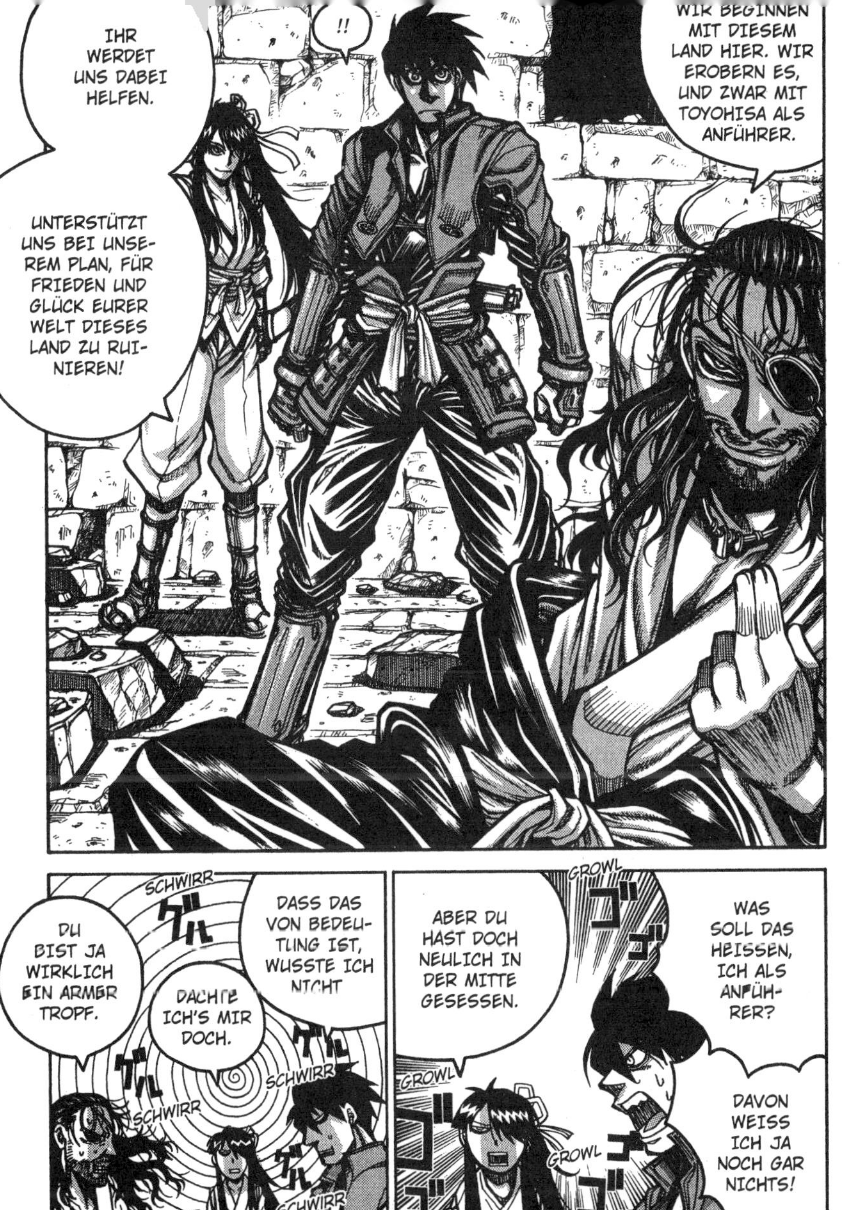
WIR BEGINNEN MIT DIESEM LAND HIER. WIR EROBERN ES, UND ZWAR MIT TOYOHISA ALS ANFÜHRER.
!!
IHR WERDET UNS DABEI HELFEN.
UNTERSTÜTZT UNS BEI UNSEREM PLAN, FÜR FRIEDEN UND GLÜCK EURER WELT DIESES LAND ZU RUINIEREN!
GROWL
WAS SOLL DAS HEISSEN, ICH ALS ANFÜHRER?
DAVON WEISS ICH JA NOCH GAR NICHTS!
ABER DU HAST DOCH NEULICH IN DER MITTE GESESSEN.
GROWL
GROWL
SCHWIRR
DASS DAS VON BEDEUTUNG IST, WUSSTE ICH NICHT
DACHTE ICH'S MIR DOCH.
DU BIST JA WIRKLICH EIN ARMER TROPF.
SCHWIRR
SCHWIRR
SCHWIRR
SCHWIRR

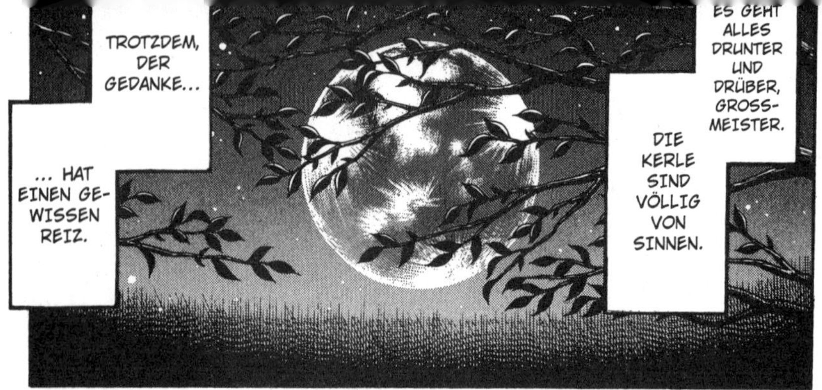
ES GEHT ALLES DRUNTER UND DRÜBER, GROSSMEISTER.
DIE KERLE SIND VÖLLIG VON SINNEN.
TROTZDEM, DER GEDANKE...
... HAT EINEN GEWISSEN REIZ.

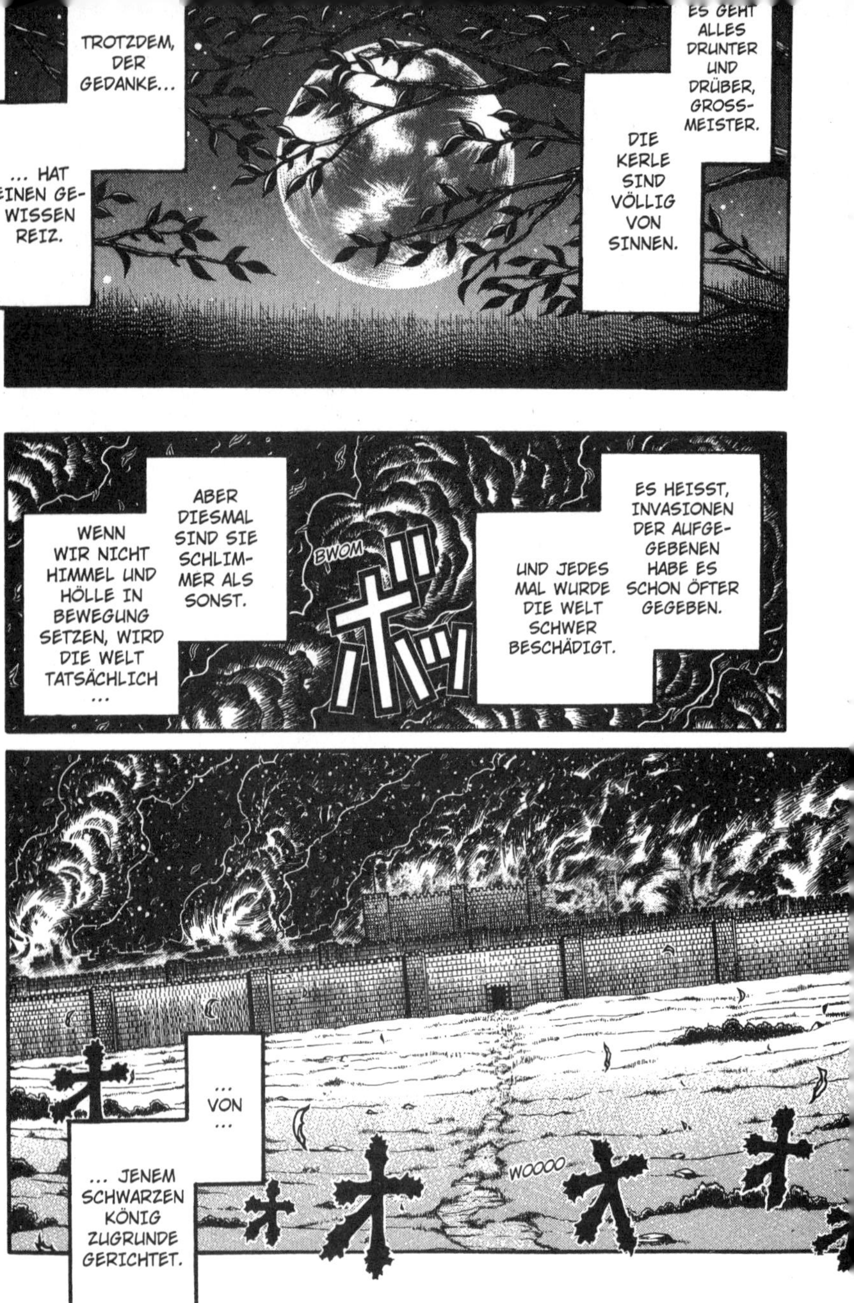

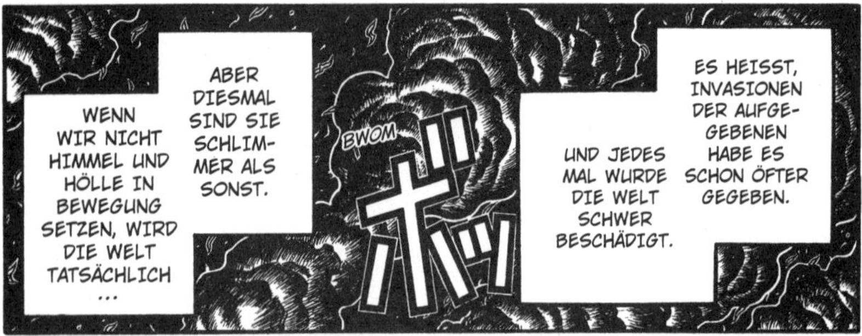
ES HEISST, INVASIONEN DER AUFGEGEBENEN HABE ES SCHON ÖFTER GEGEBEN.
UND JEDES MAL WURDE DIE WELT SCHWER BESCHÄDIGT.
BWOM
ボッ
ABER DIESMAL SIND SIE SCHLIMMER ALS SONST.
WENN WIR NICHT HIMMEL UND HÖLLE IN BEWEGUNG SETZEN, WIRD DIE WELT TATSÄCHLICH ...

... VON ...
WOOOO
... JENEM SCHWARZEN KÖNIG ZUGRUNDE GERICHTET.

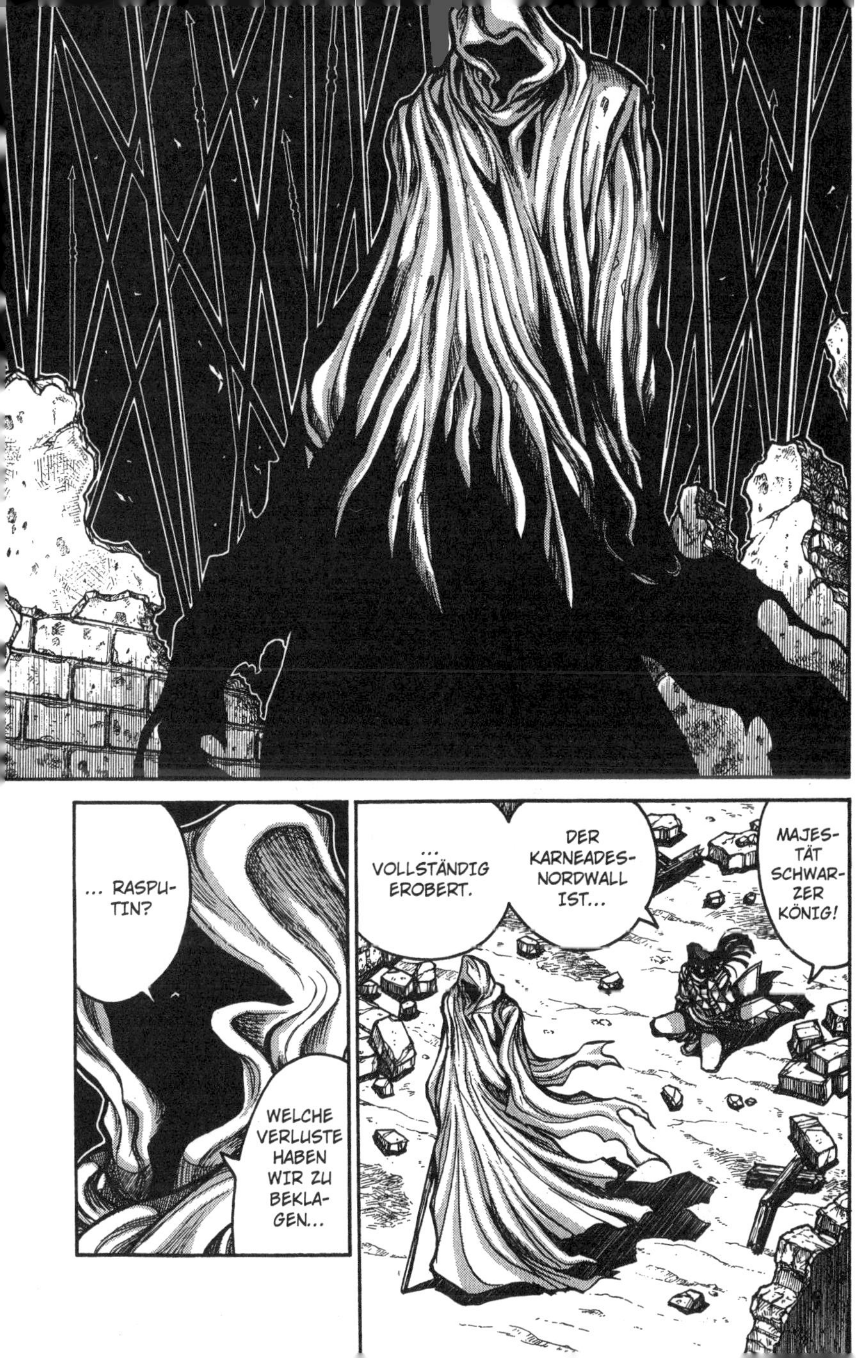

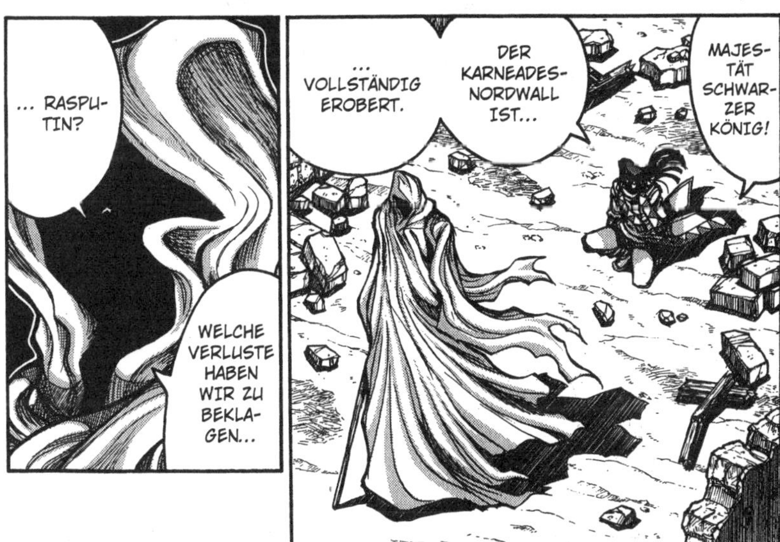
MAJESTÄT SCHWARZER KÖNIG!
DER KARNEADES-NORDWALL IST...
... VOLLSTÄNDIG EROBERT.
... RASPUTIN?
WELCHE VERLUSTE HABEN WIR ZU BEKLAGEN...

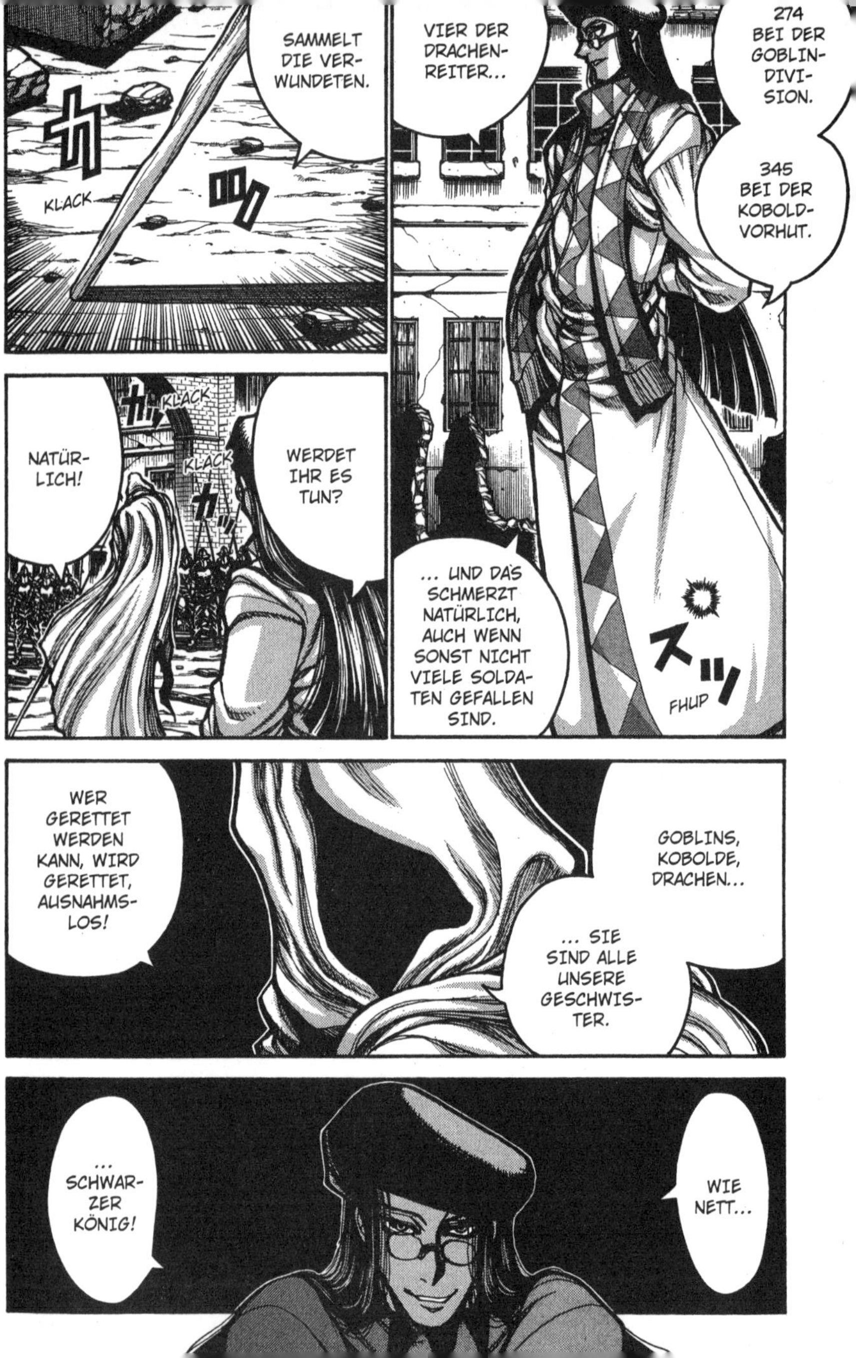

274 BEI DER GOBLIN-DIVISION.
345 BEI DER KOBOLD-VORHUT.
VIER DER DRACHENREITER...
... UND DAS SCHMERZT NATÜRLICH, AUCH WENN SONST NICHT VIELE SOLDATEN GEFALLEN SIND.
FHUP
SAMMELT DIE VERWUNDETEN.
KLACK
WERDET IHR ES TUN?
NATÜRLICH!
KLACK
KLACK

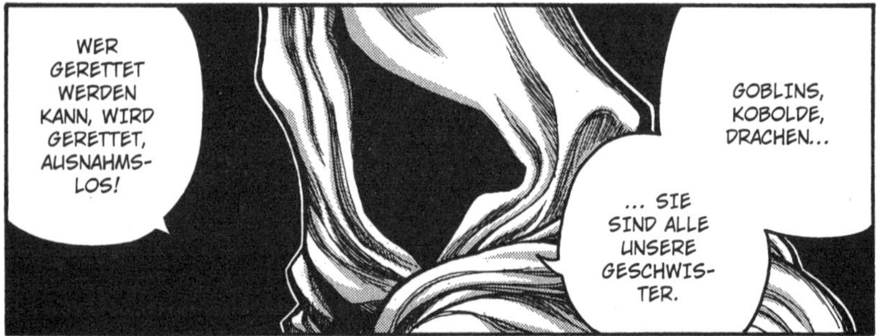

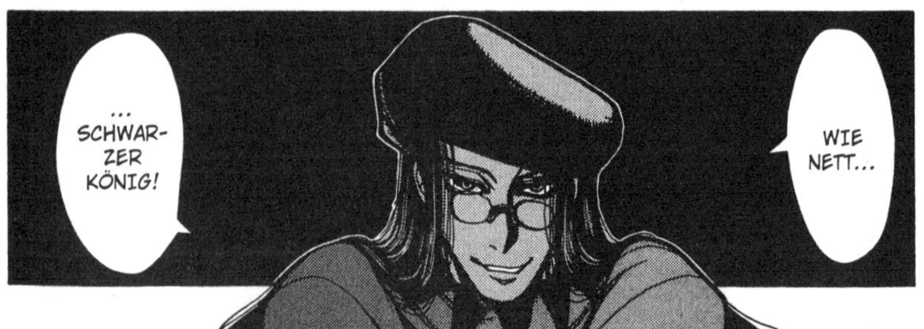

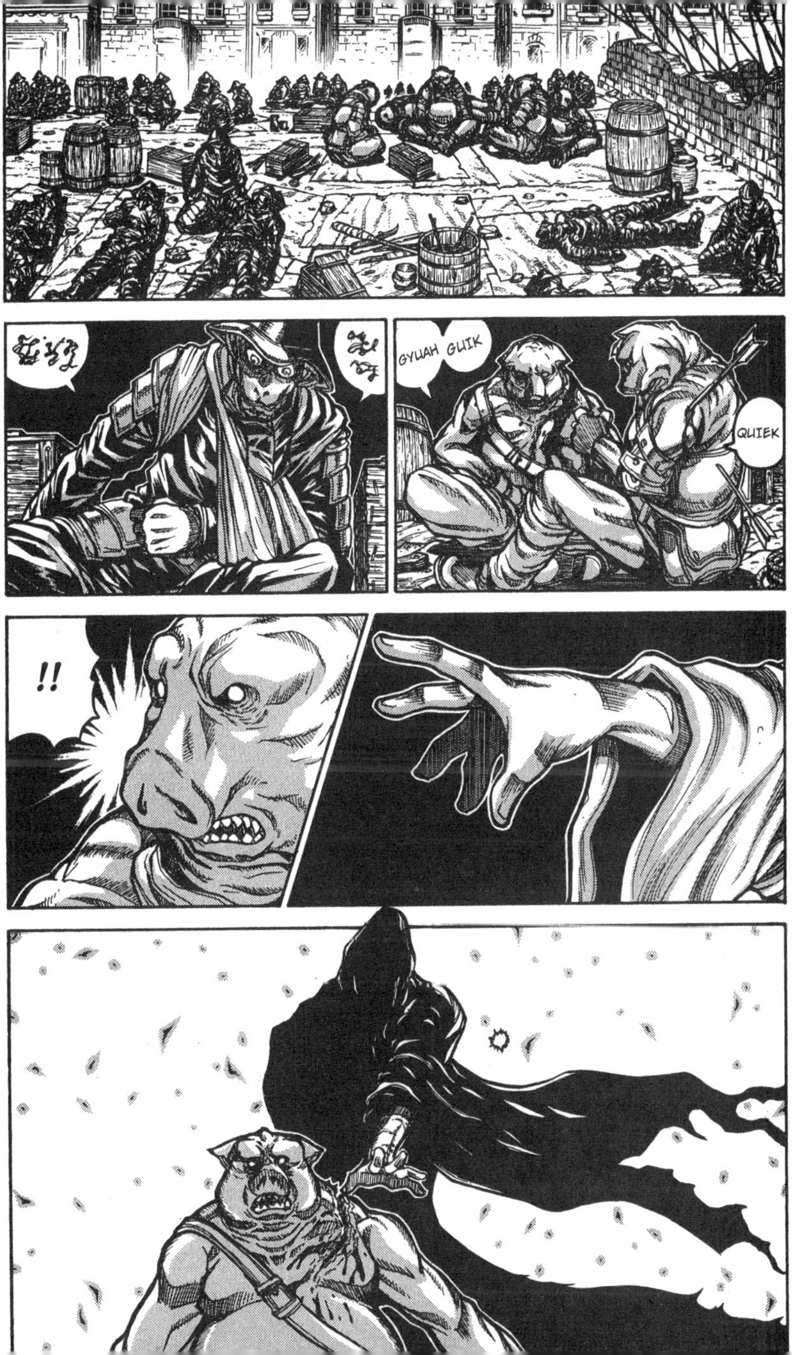

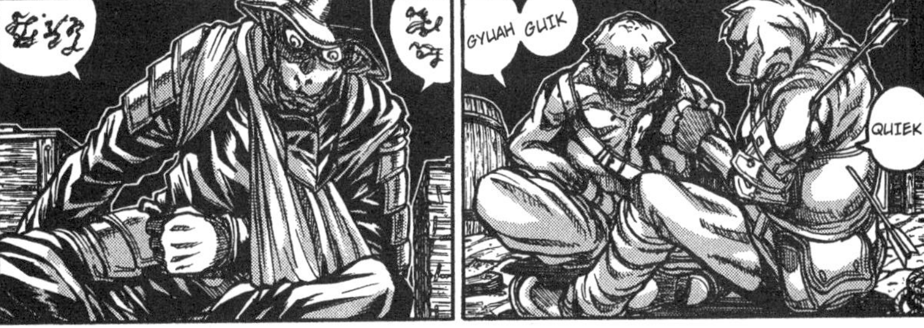
GYUAH GUIK
QUIEK

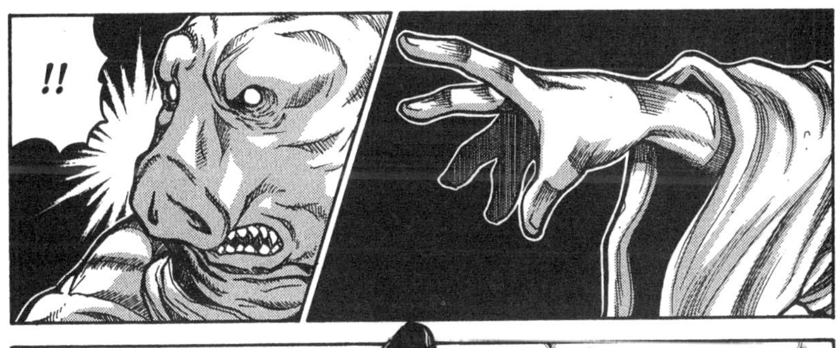
!!

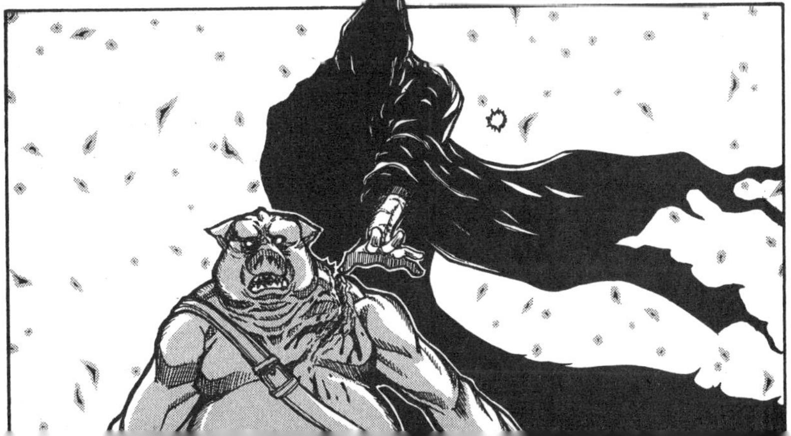

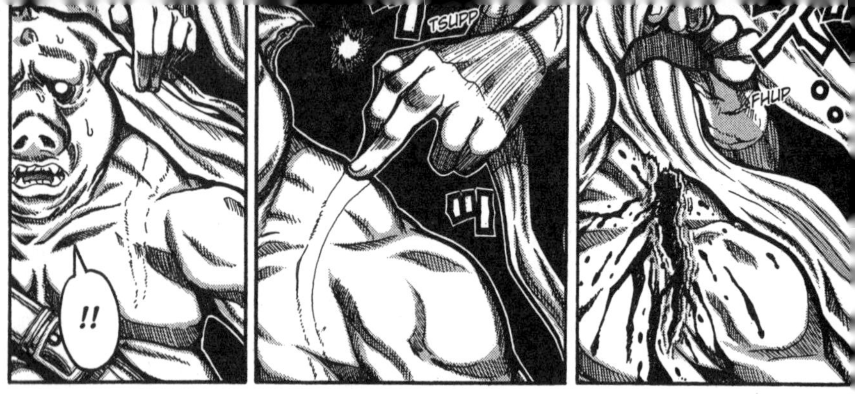
!!
TSUPP
FHUP

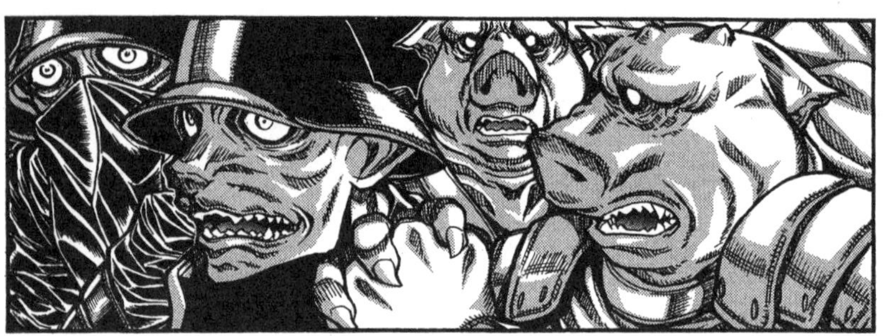

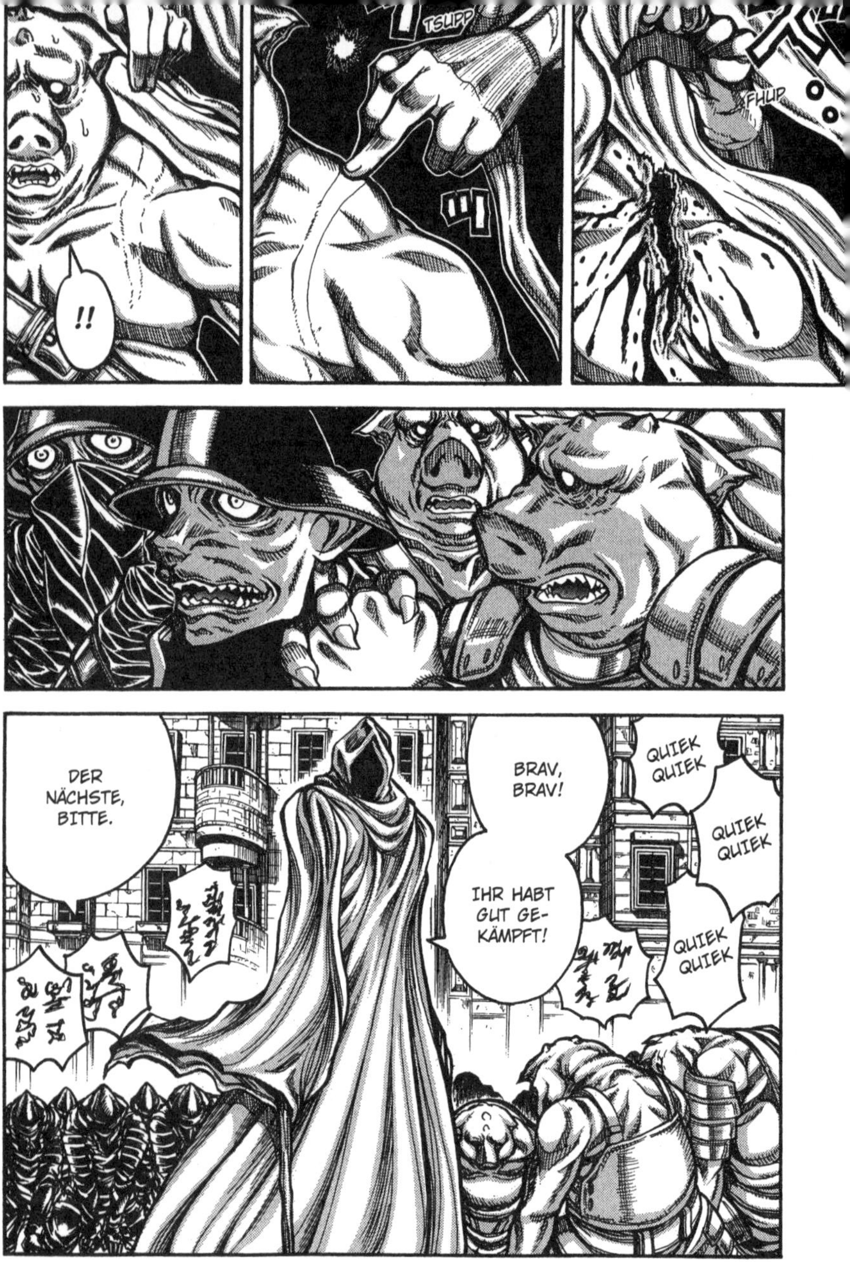

BRAV, BRAV!
IHR HABT GUT GE-KÄMPFT!
DER NÄCHSTE, BITTE.
QUIEK QUIEK
QUIEK QUIEK
QUIEK QUIEK

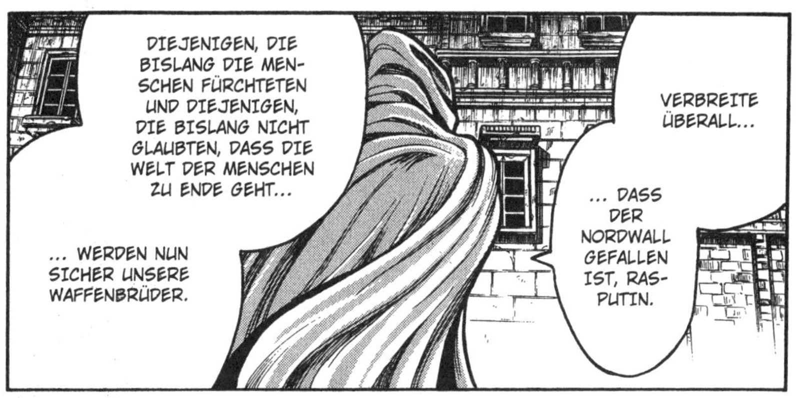
VERBREITE ÜBERALL...
... DASS DER NORDWALL GEFALLEN IST, RASPUTIN.
DIEJENIGEN, DIE BISLANG DIE MENSCHEN FÜRCHTETEN UND DIEJENIGEN, DIE BISLANG NICHT GLAUBTEN, DASS DIE WELT DER MENSCHEN ZU ENDE GEHT...
... WERDEN NUN SICHER UNSERE WAFFENBRÜDER.

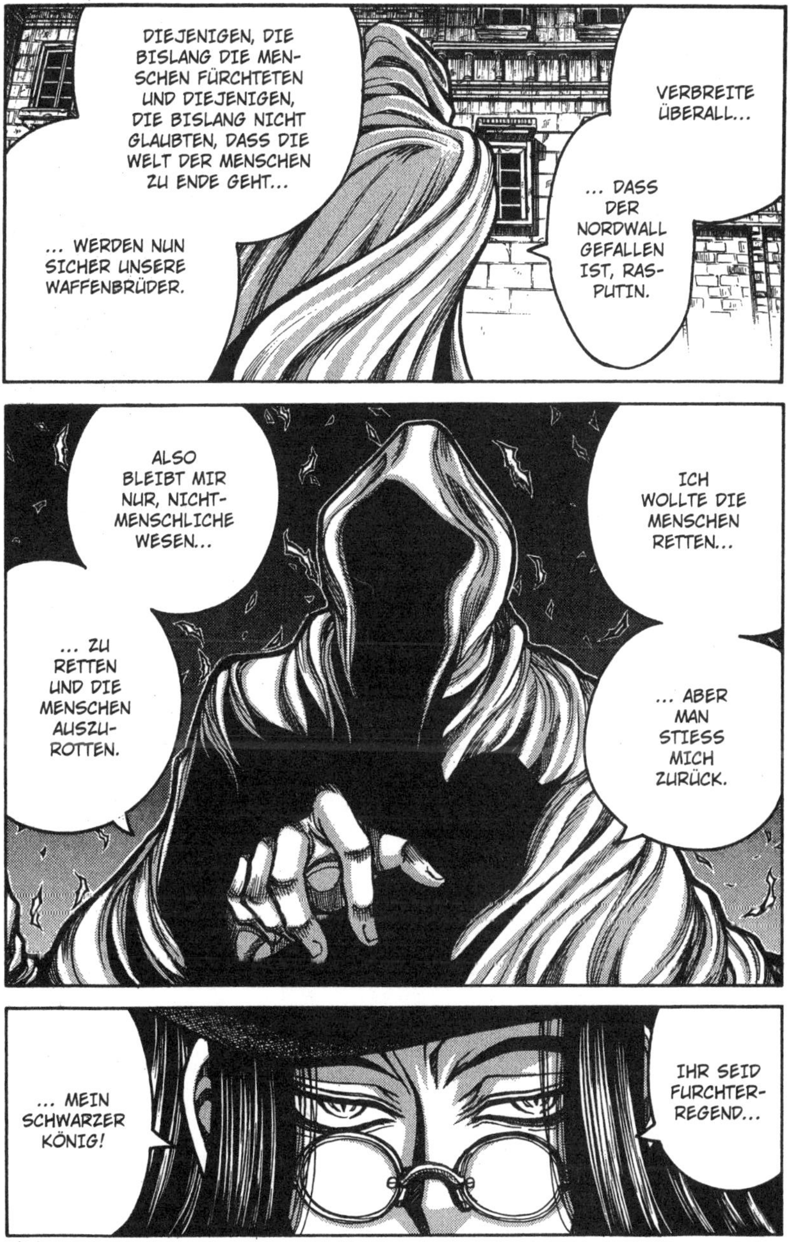

ICH WOLLTE DIE MENSCHEN RETTEN...
... ABER MAN STIESS MICH ZURÜCK.
ALSO BLEIBT MIR NUR, NICHTMENSCHLICHE WESEN...
... ZU RETTEN UND DIE MENSCHEN AUSZUROTTEN.

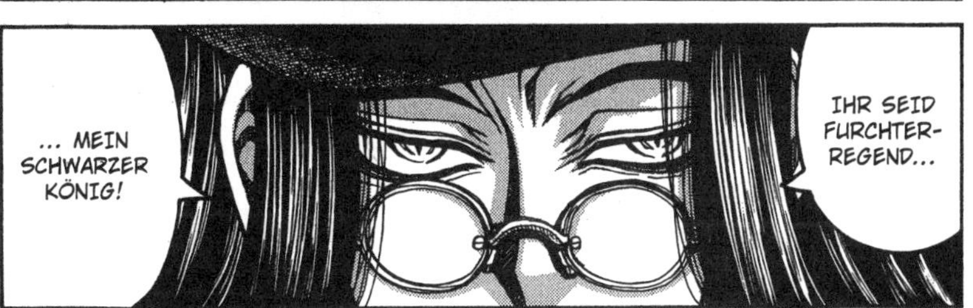
IHR SEID FURCHTERREGEND...
... MEIN SCHWARZER KÖNIG!

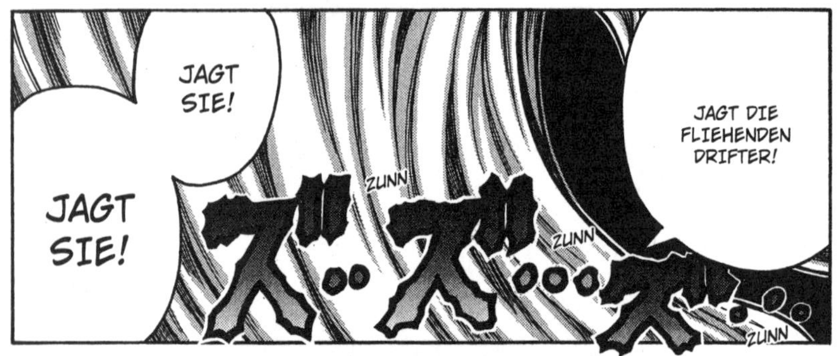

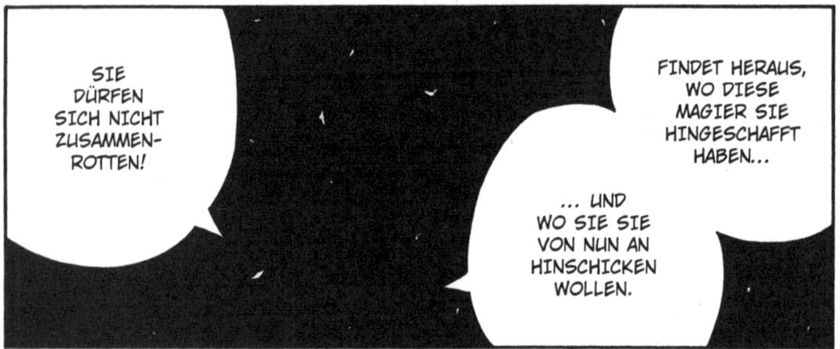

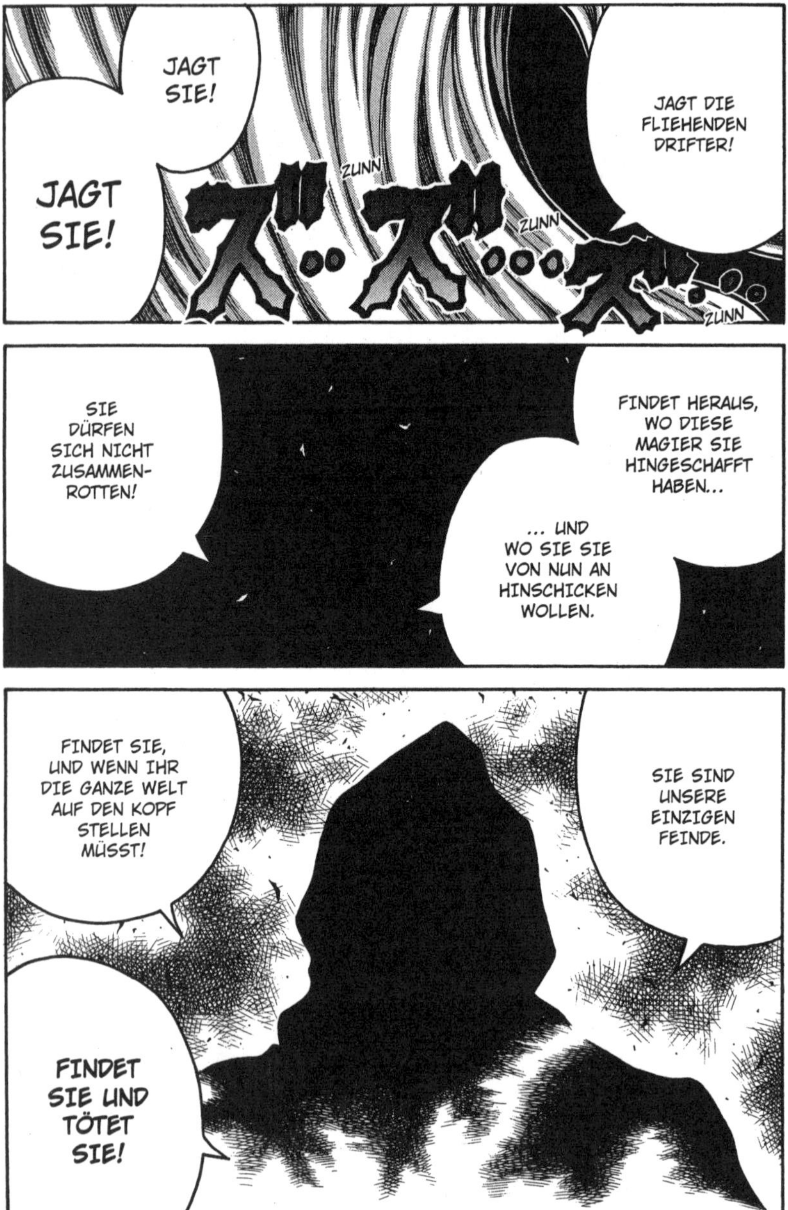

SIE SIND UNSERE EINZIGEN FEINDE.

FINDET SIE, UND WENN IHR DIE GANZE WELT AUF DEN KOPF STELLEN MÜSST!

FINDET SIE UND TÖTET SIE!

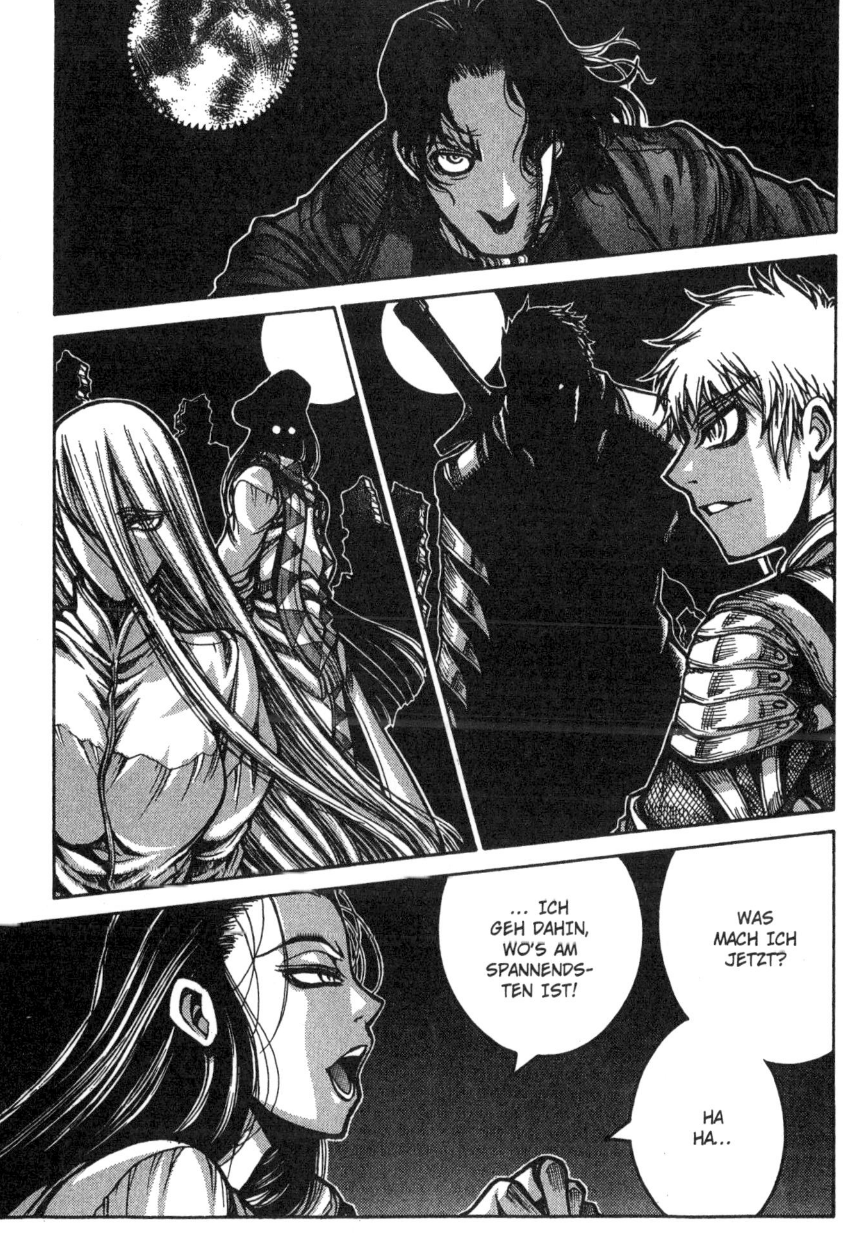
WAS MACH ICH JETZT?
… ICH GEH DAHIN, WO'S AM SPANNENDS-TEN IST!
HA HA…

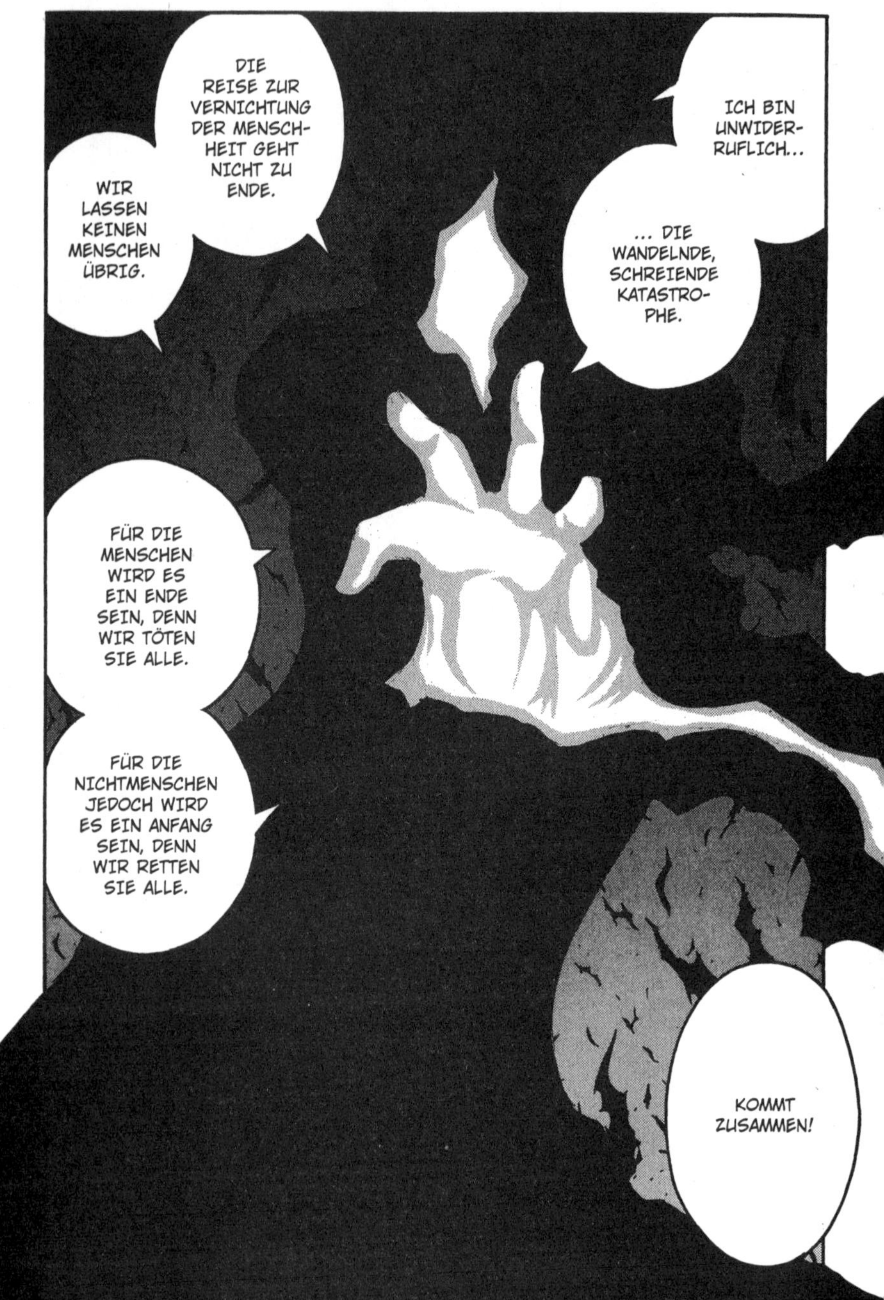
ICH BIN UNWIDER-RUFLICH...
... DIE WANDELNDE, SCHREIENDE KATASTRO-PHE.
DIE REISE ZUR VERNICHTUNG DER MENSCH-HEIT GEHT NICHT ZU ENDE.
WIR LASSEN KEINEN MENSCHEN ÜBRIG.
FÜR DIE MENSCHEN WIRD ES EIN ENDE SEIN, DENN WIR TÖTEN SIE ALLE.
FÜR DIE NICHTMENSCHEN JEDOCH WIRD ES EIN ANFANG SEIN, DENN WIR RETTEN SIE ALLE.
KOMMT ZUSAMMEN!

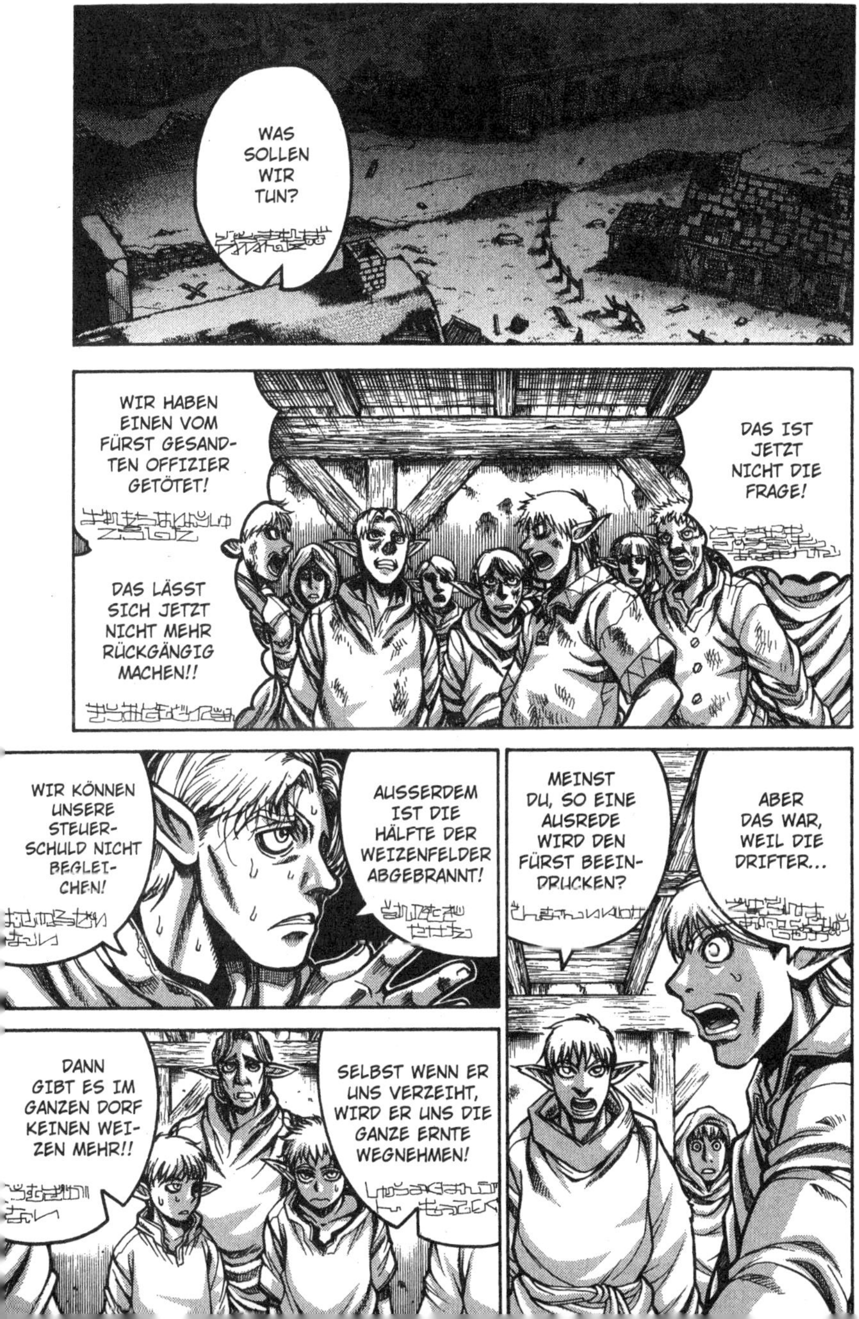

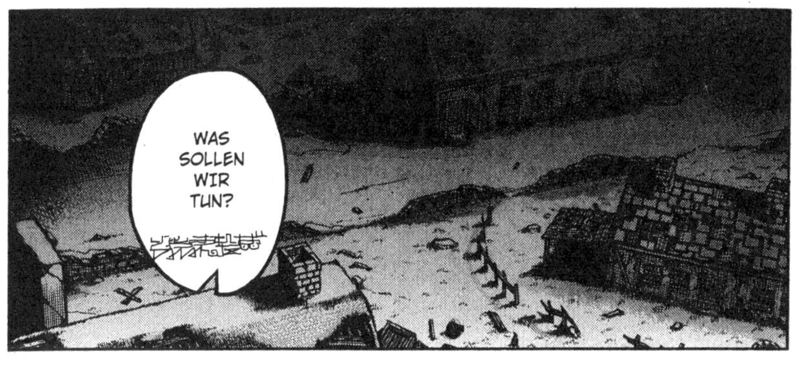

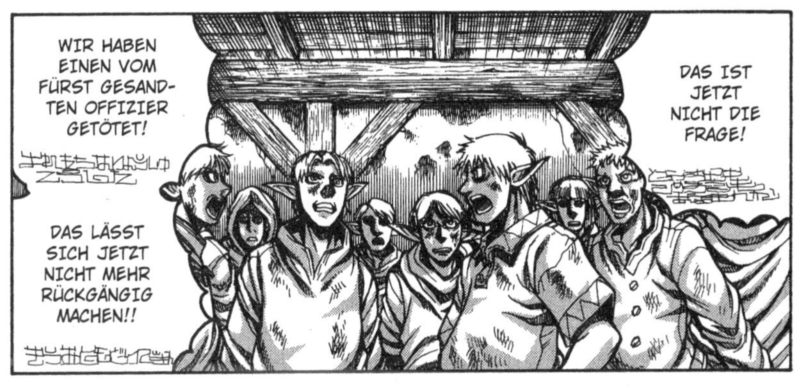

WIR KÖNNEN UNSERE STEUER-SCHULD NICHT BEGLEI-CHEN!

AUSSERDEM IST DIE HÄLFTE DER WEIZENFELDER ABGEBRANNT!

ABER DAS WAR, WEIL DIE DRIFTER...

MEINST DU, SO EINE AUSREDE WIRD DEN FÜRST BEEIN-DRUCKEN?

SELBST WENN ER UNS VERZEIHT, WIRD ER UNS DIE GANZE ERNTE WEGNEHMEN!

DANN GIBT ES IM GANZEN DORF KEINEN WEI-ZEN MEHR!!

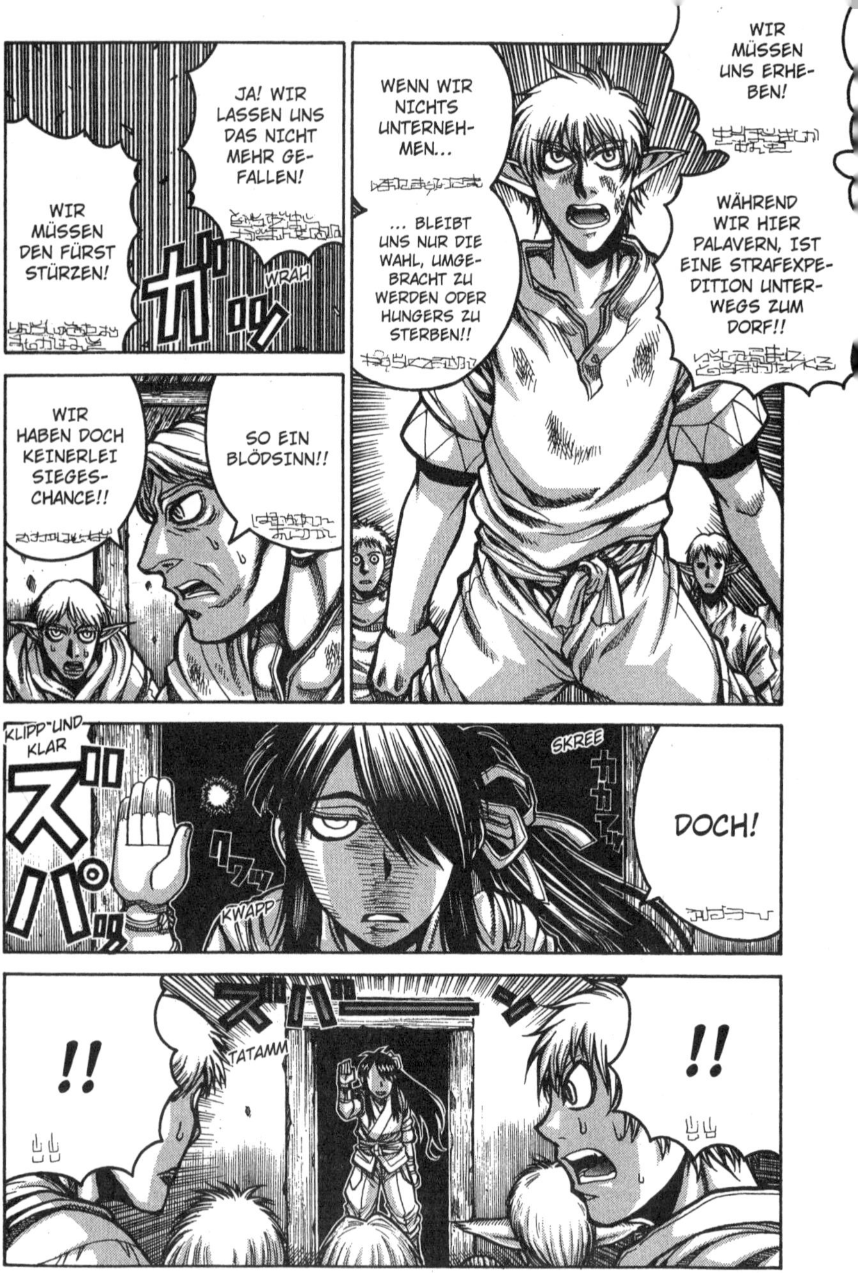

WIR MÜSSEN UNS ERHEBEN!

WÄHREND WIR HIER PALAVERN, IST EINE STRAFEXPEDITION UNTERWEGS ZUM DORF!!

WENN WIR NICHTS UNTERNEHMEN...

... BLEIBT UNS NUR DIE WAHL, UMGEBRACHT ZU WERDEN ODER HUNGERS ZU STERBEN!!

JA! WIR LASSEN UNS DAS NICHT MEHR GEFALLEN!

WRAH

WIR MÜSSEN DEN FÜRST STÜRZEN!

SO EIN BLÖDSINN!!

WIR HABEN DOCH KEINERLEI SIEGESCHANCE!!

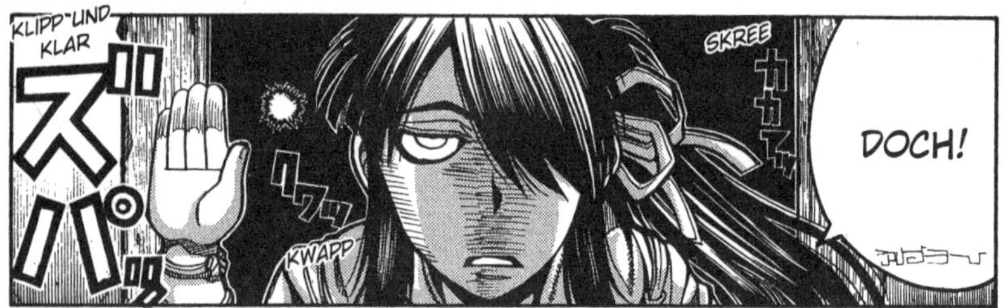

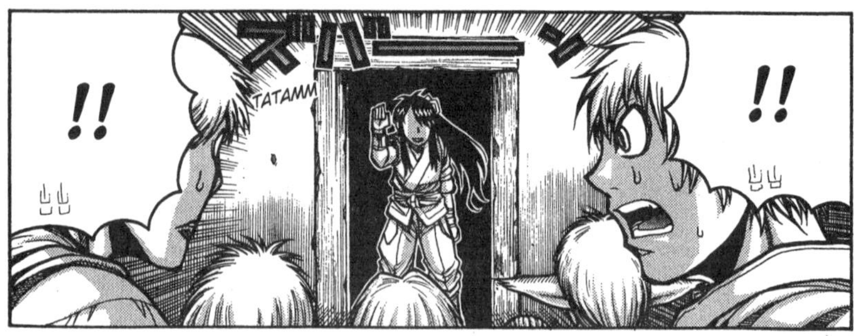

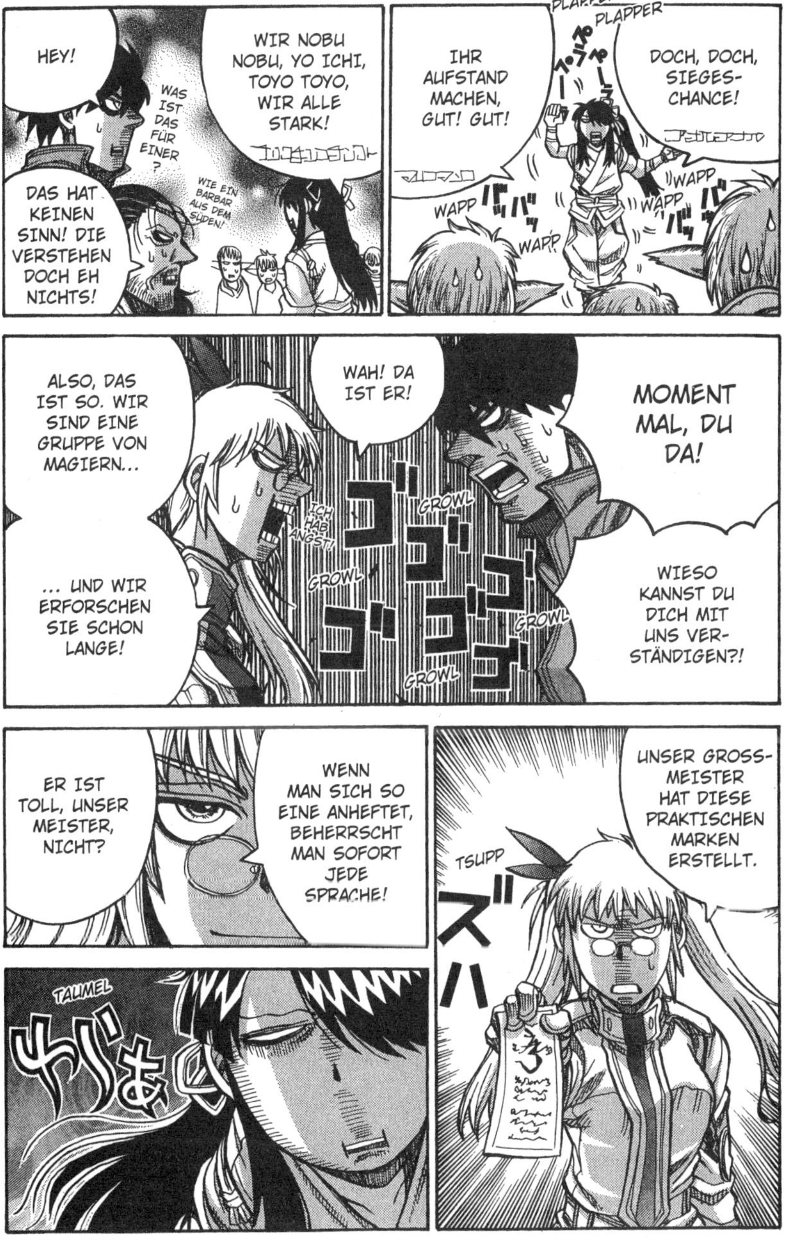

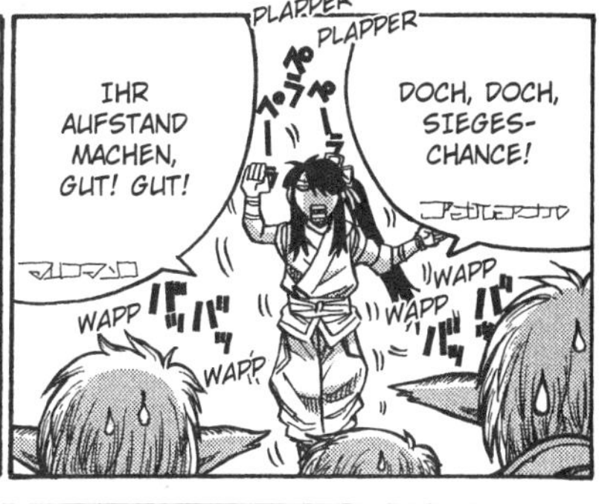

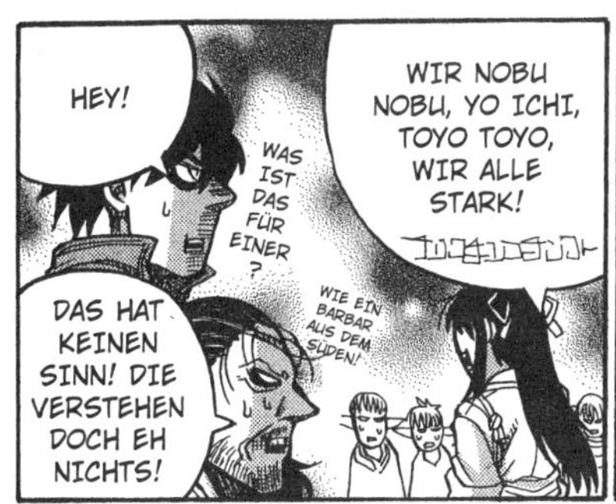

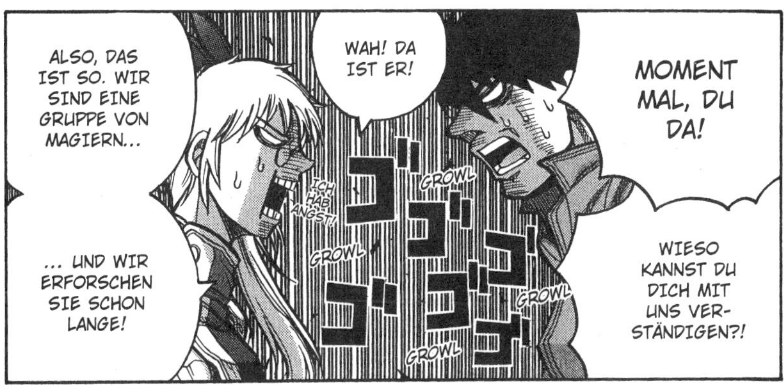

UNSER GROSS-MEISTER HAT DIESE PRAKTISCHEN MARKEN ERSTELLT.
TSUPP
WENN MAN SICH SO EINE ANHEFTET, BEHERRSCHT MAN SOFORT JEDE SPRACHE!
ER IST TOLL, UNSER MEISTER, NICHT?
TAUMEL

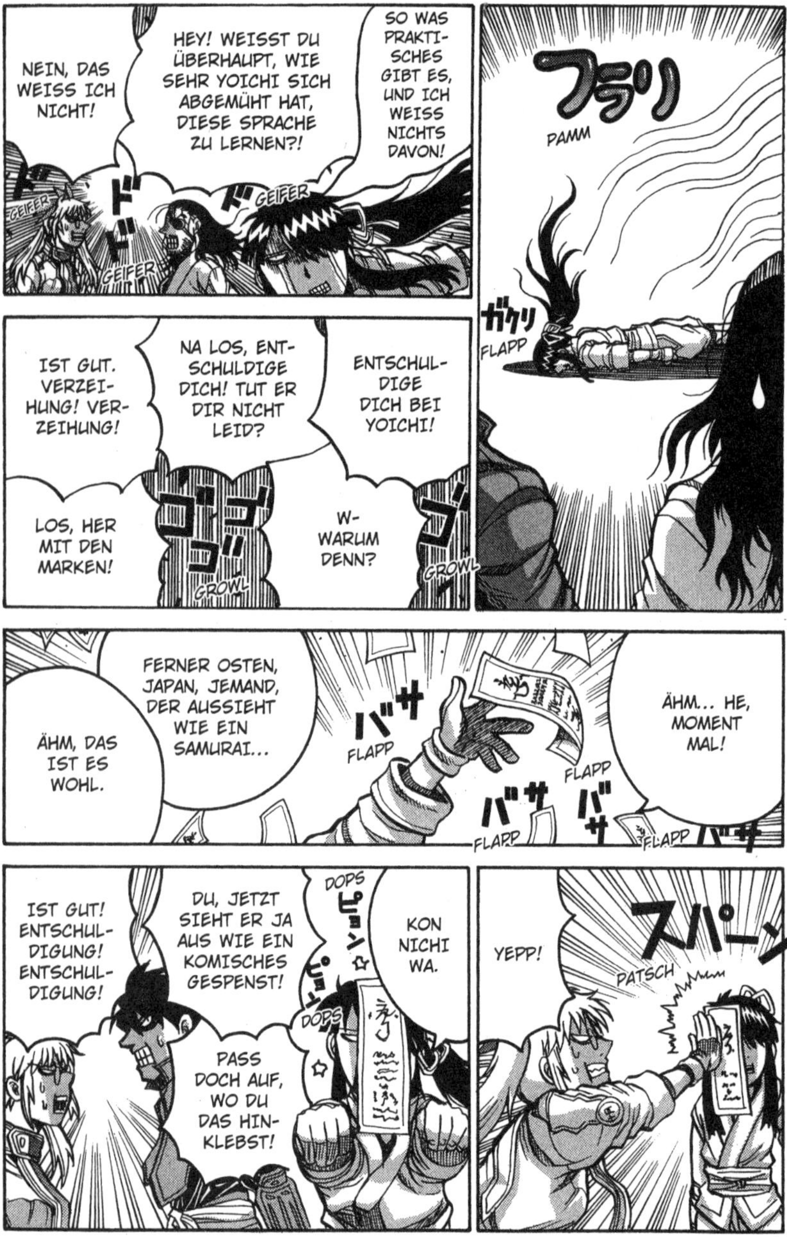

PAMM
FLAPP
SO WAS PRAKTISCHES GIBT ES, UND ICH WEISS NICHTS DAVON!
HEY! WEISST DU ÜBERHAUPT, WIE SEHR YOICHI SICH ABGEMÜHT HAT, DIESE SPRACHE ZU LERNEN?!
NEIN, DAS WEISS ICH NICHT!
GEIFER
GEIFER
GEIFER
ENTSCHULDIGE DICH BEI YOICHI!
NA LOS, ENTSCHULDIGE DICH! TUT ER DIR NICHT LEID?
IST GUT. VERZEIHUNG! VERZEIHUNG!
GROWL
W-WARUM DENN?
GROWL
LOS, HER MIT DEN MARKEN!

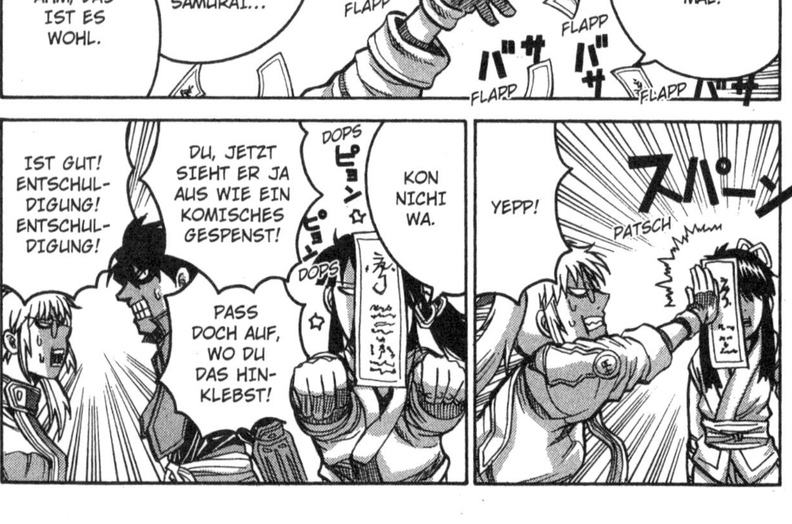

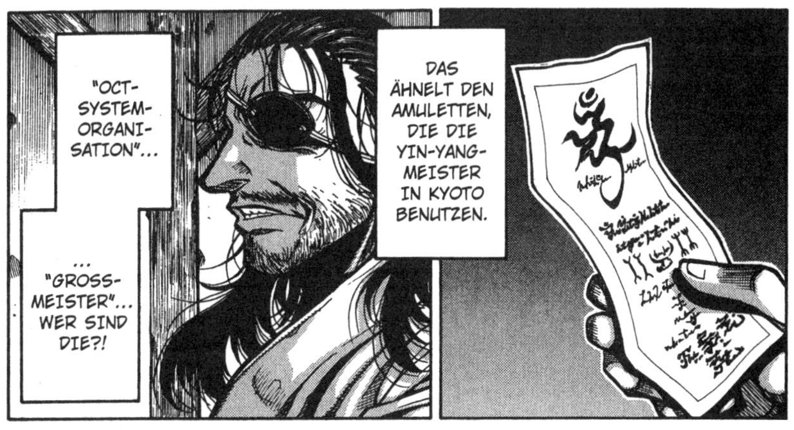
DAS ÄHNELT DEN AMULETTEN, DIE DIE YIN-YANG-MEISTER IN KYOTO BENUTZEN.
"OCT-SYSTEM-ORGANISATION"...
... "GROSSMEISTER"... WER SIND DIE?!

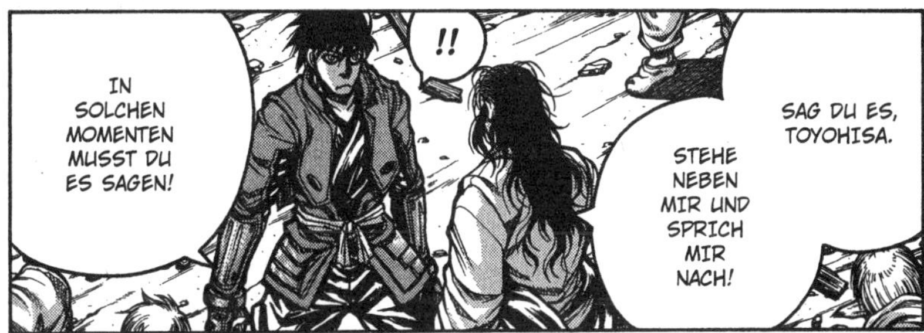
SAG DU ES, TOYOHISA.
STEHE NEBEN MIR UND SPRICH MIR NACH!
!!
IN SOLCHEN MOMENTEN MUSST DU ES SAGEN!

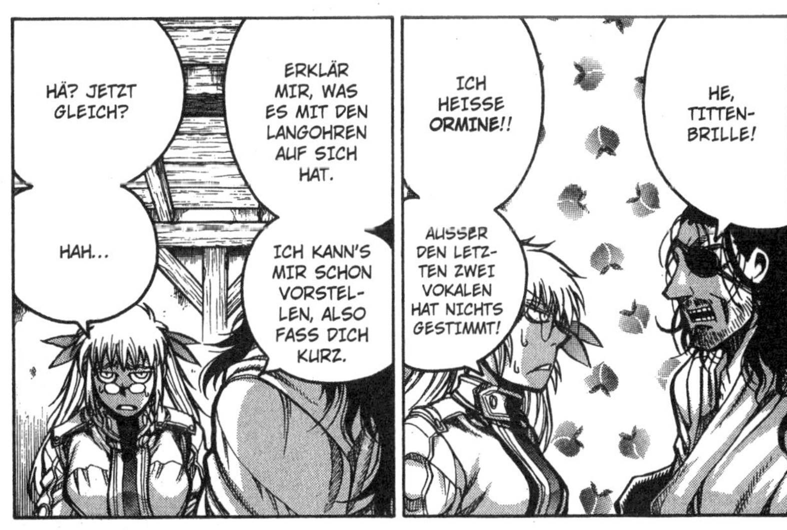
HE, TITTEN-BRILLE!
ICH HEISSE ORMINE!!
AUSSER DEN LETZTEN ZWEI VOKALEN HAT NICHTS GESTIMMT!
ERKLÄR MIR, WAS ES MIT DEN LANGOHREN AUF SICH HAT.
HÄ? JETZT GLEICH?
ICH KANN'S MIR SCHON VORSTELLEN, ALSO FASS DICH KURZ.
HAH...

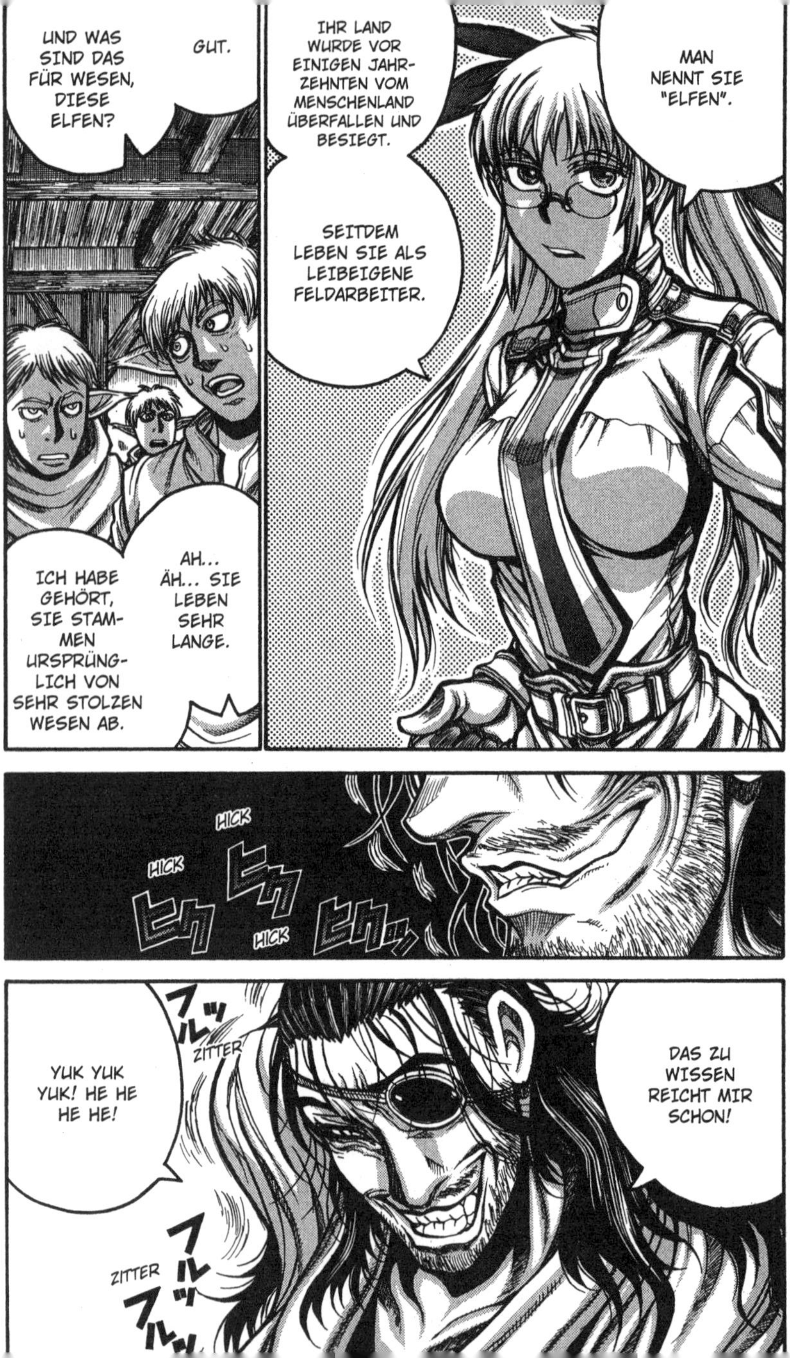

MAN NENNT SIE "ELFEN".

IHR LAND WURDE VOR EINIGEN JAHRZEHNTEN VOM MENSCHENLAND ÜBERFALLEN UND BESIEGT.

SEITDEM LEBEN SIE ALS LEIBEIGENE FELDARBEITER.

GUT.

UND WAS SIND DAS FÜR WESEN, DIESE ELFEN?

AH... ÄH... SIE LEBEN SEHR LANGE.

ICH HABE GEHÖRT, SIE STAMMEN URSPRÜNGLICH VON SEHR STOLZEN WESEN AB.

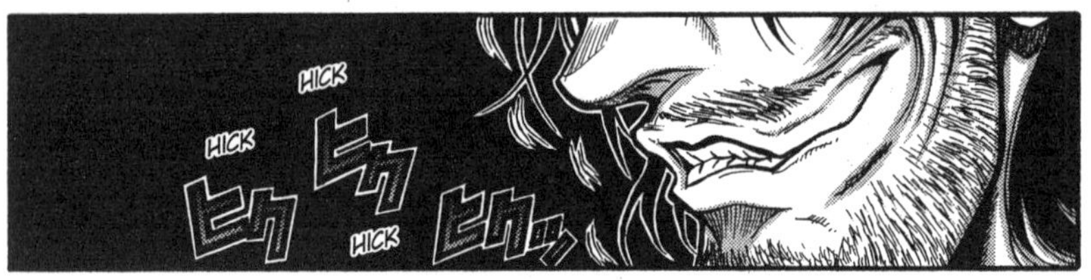

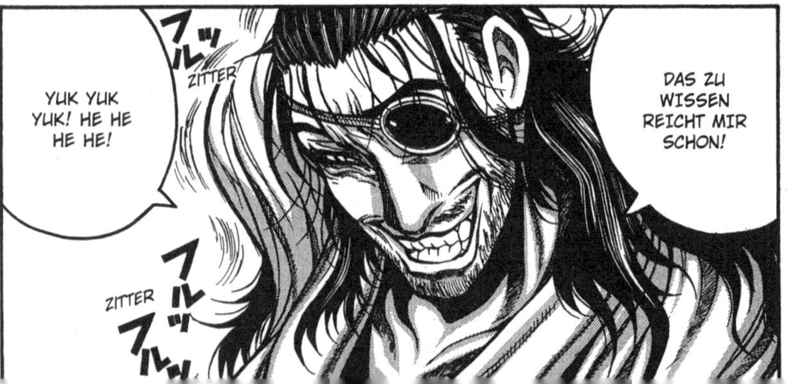

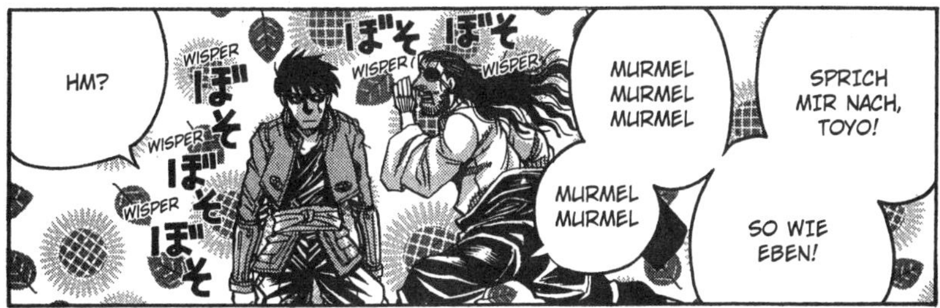
SPRICH MIR NACH, TOYO!
SO WIE EBEN!
MURMEL MURMEL MURMEL
MURMEL MURMEL
WISPER
ぼそ ぼそ
WISPER!
WISPER
ぼそ ぼそ ぼそ
WISPER
WISPER
HM?

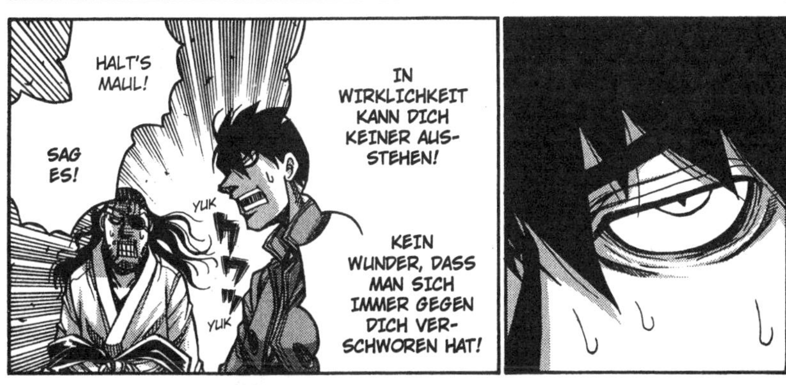
IN WIRKLICHKEIT KANN DICH KEINER AUS-STEHEN!
KEIN WUNDER, DASS MAN SICH IMMER GEGEN DICH VER-SCHWOREN HAT!
HALT'S MAUL!
SAG ES!
YUK
YUK

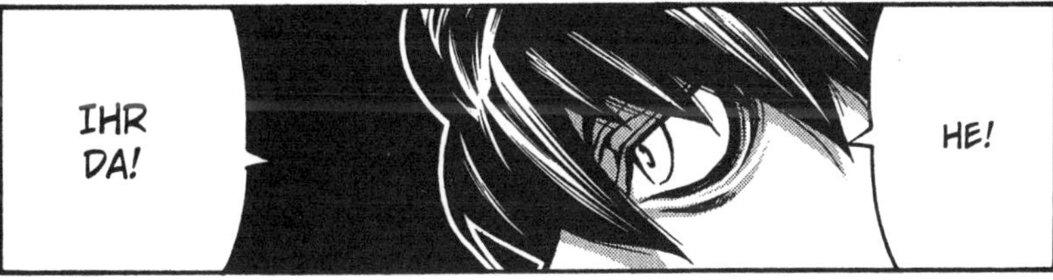
HE!
IHR DA!

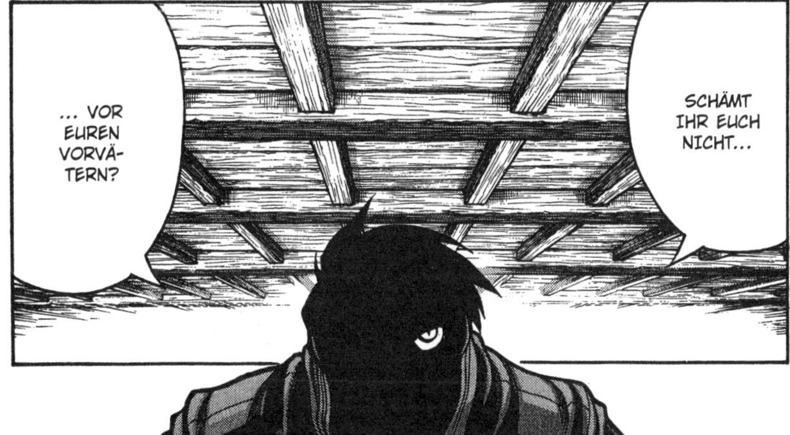
SCHÄMT IHR EUCH NICHT...
... VOR EUREN VORVÄ-TERN?

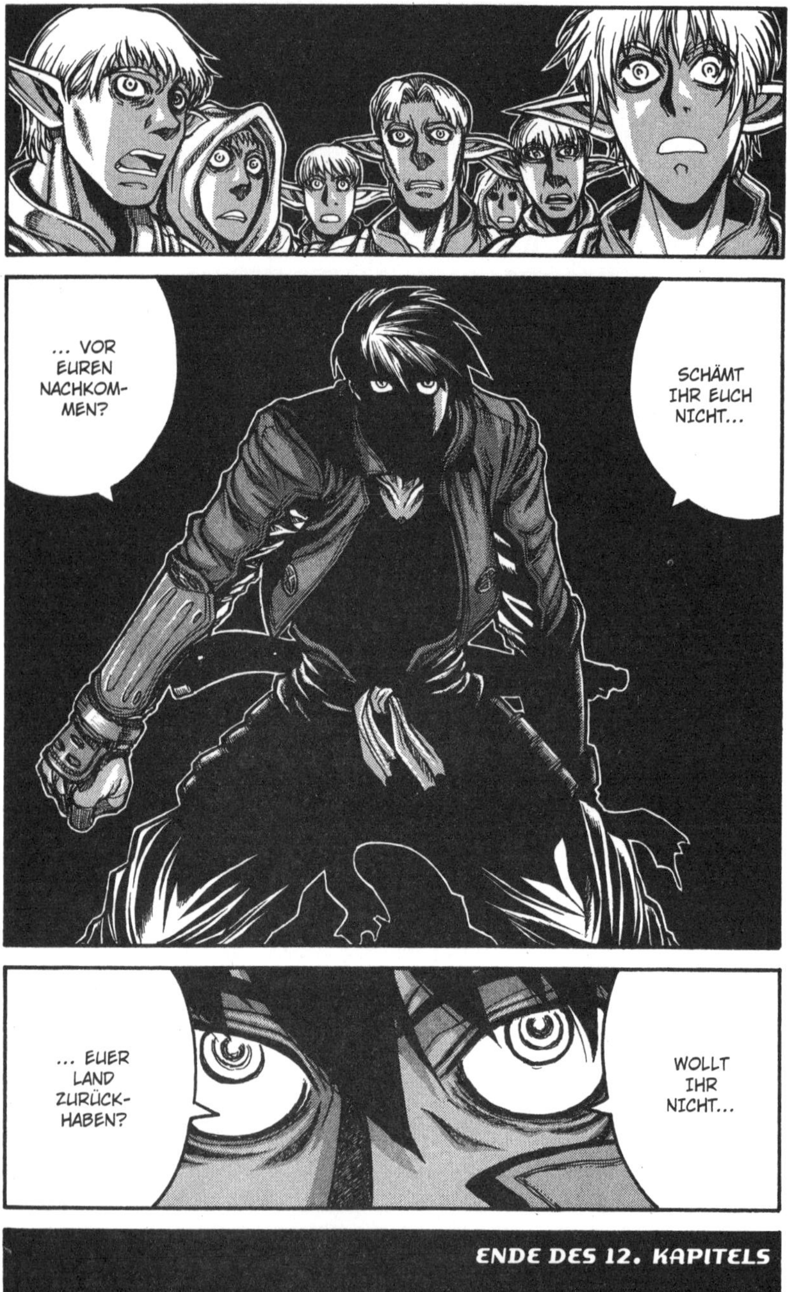

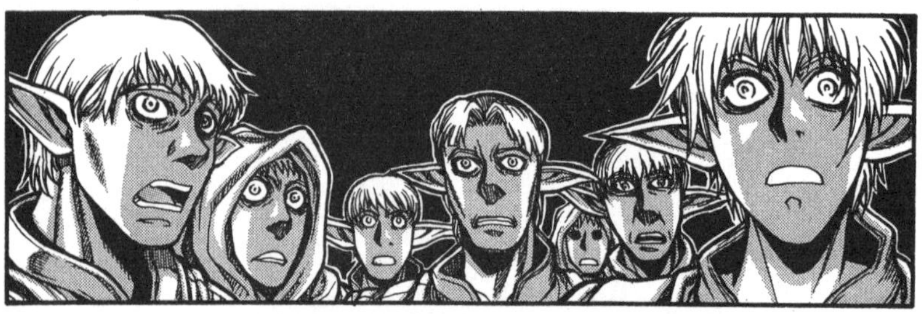

SCHÄMT IHR EUCH NICHT…

… VOR EUREN NACHKOMMEN?

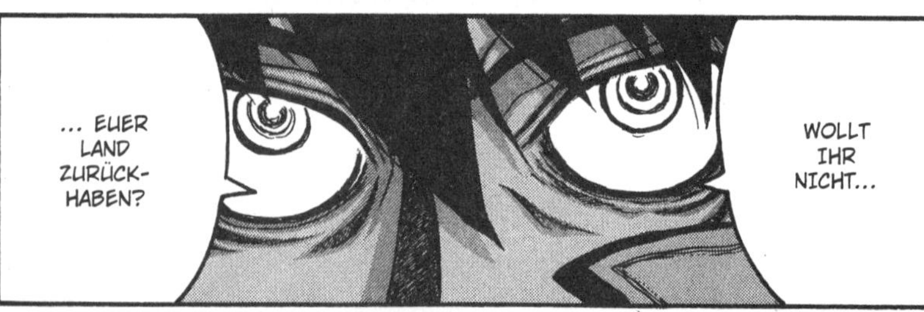

ENDE DES 12. KAPITELS

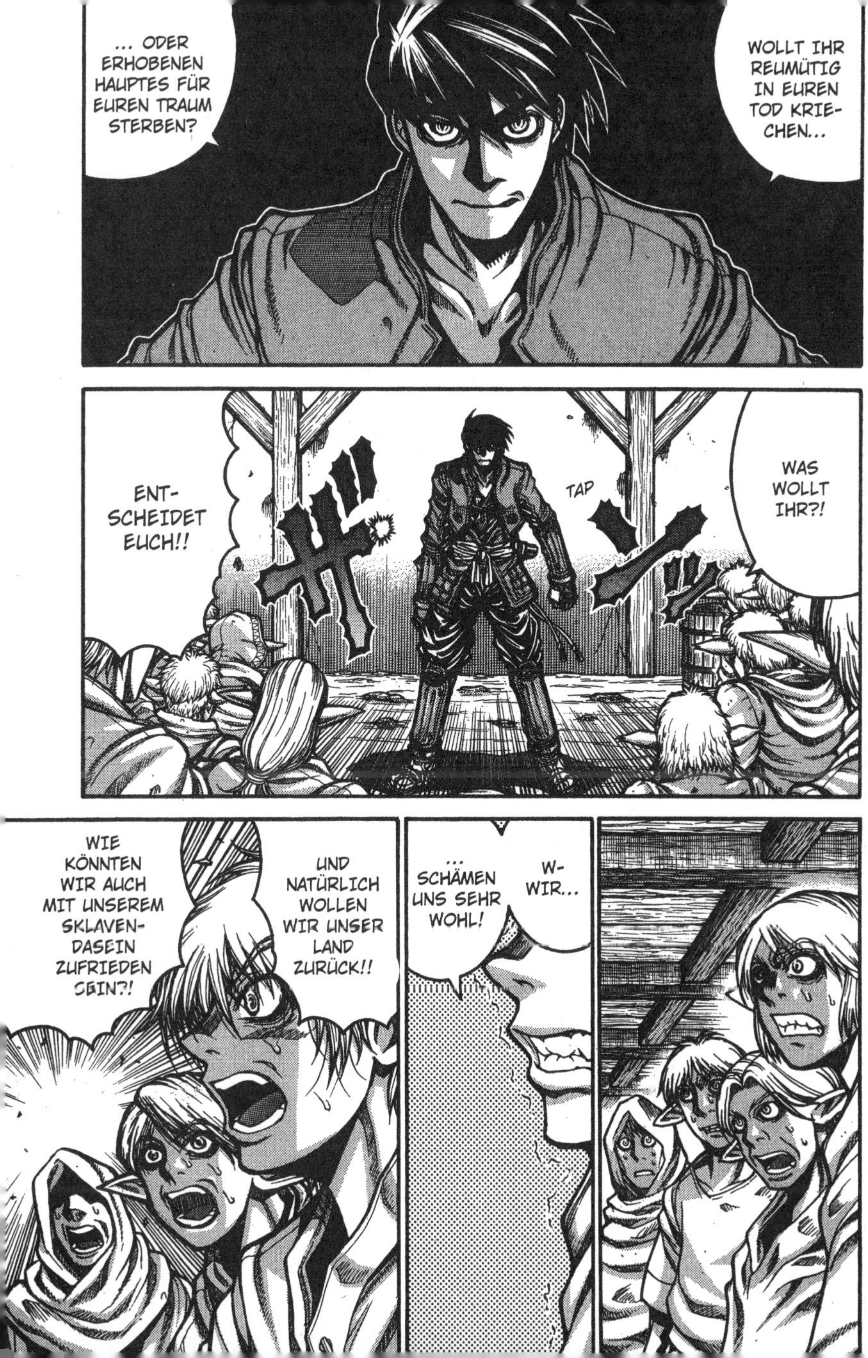

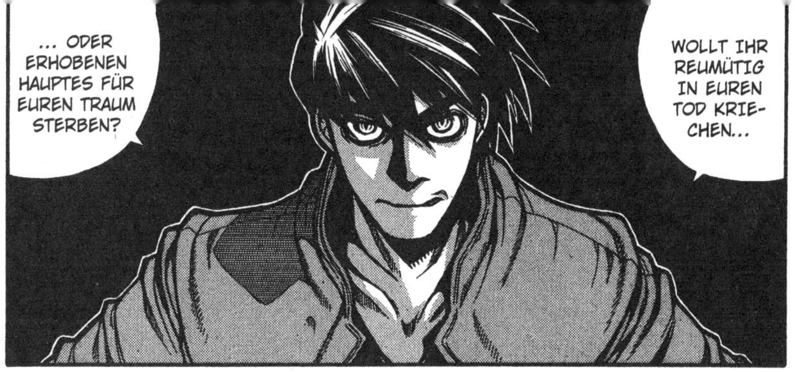
WOLLT IHR REUMÜTIG IN EUREN TOD KRIE-CHEN...
... ODER ERHOBENEN HAUPTES FÜR EUREN TRAUM STERBEN?

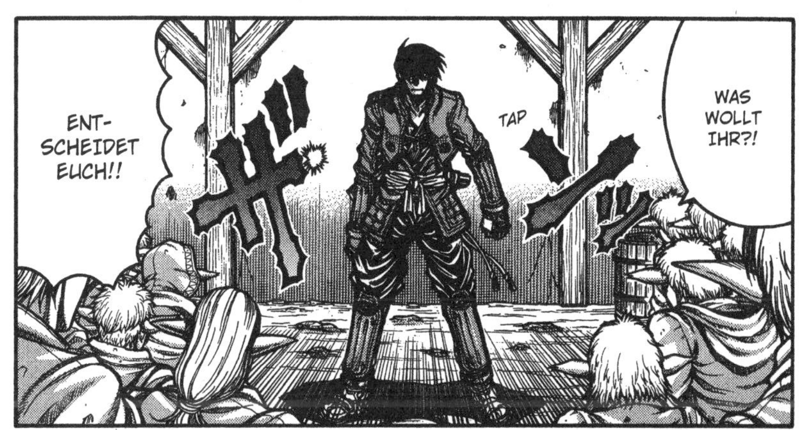
WAS WOLLT IHR?!
TAP
ENT-SCHEIDET EUCH!!

W-WIR...
... SCHÄMEN UNS SEHR WOHL!
UND NATÜRLICH WOLLEN WIR UNSER LAND ZURÜCK!!
WIE KÖNNTEN WIR AUCH MIT UNSEREM SKLAVEN-DASEIN ZUFRIEDEN SEIN?!

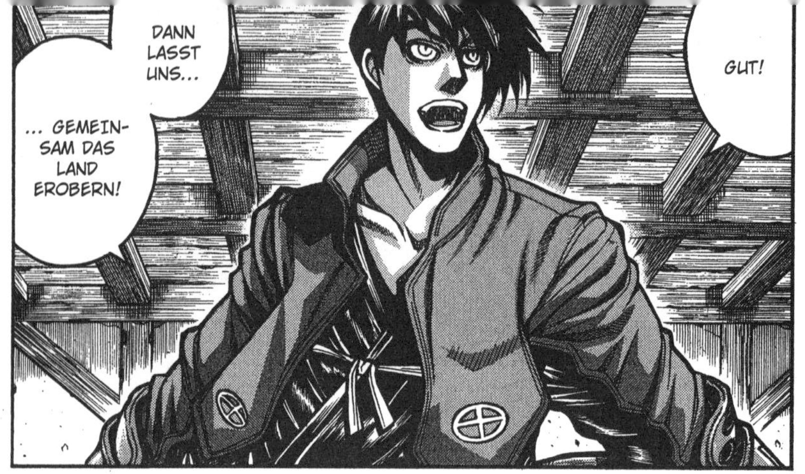

KAPITEL 13:
STAND UP TO THE VICTORY

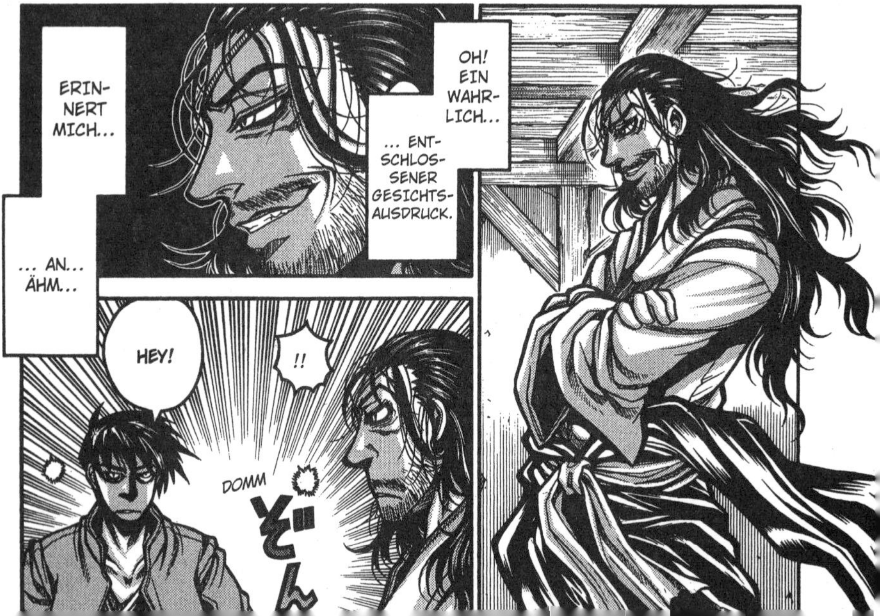

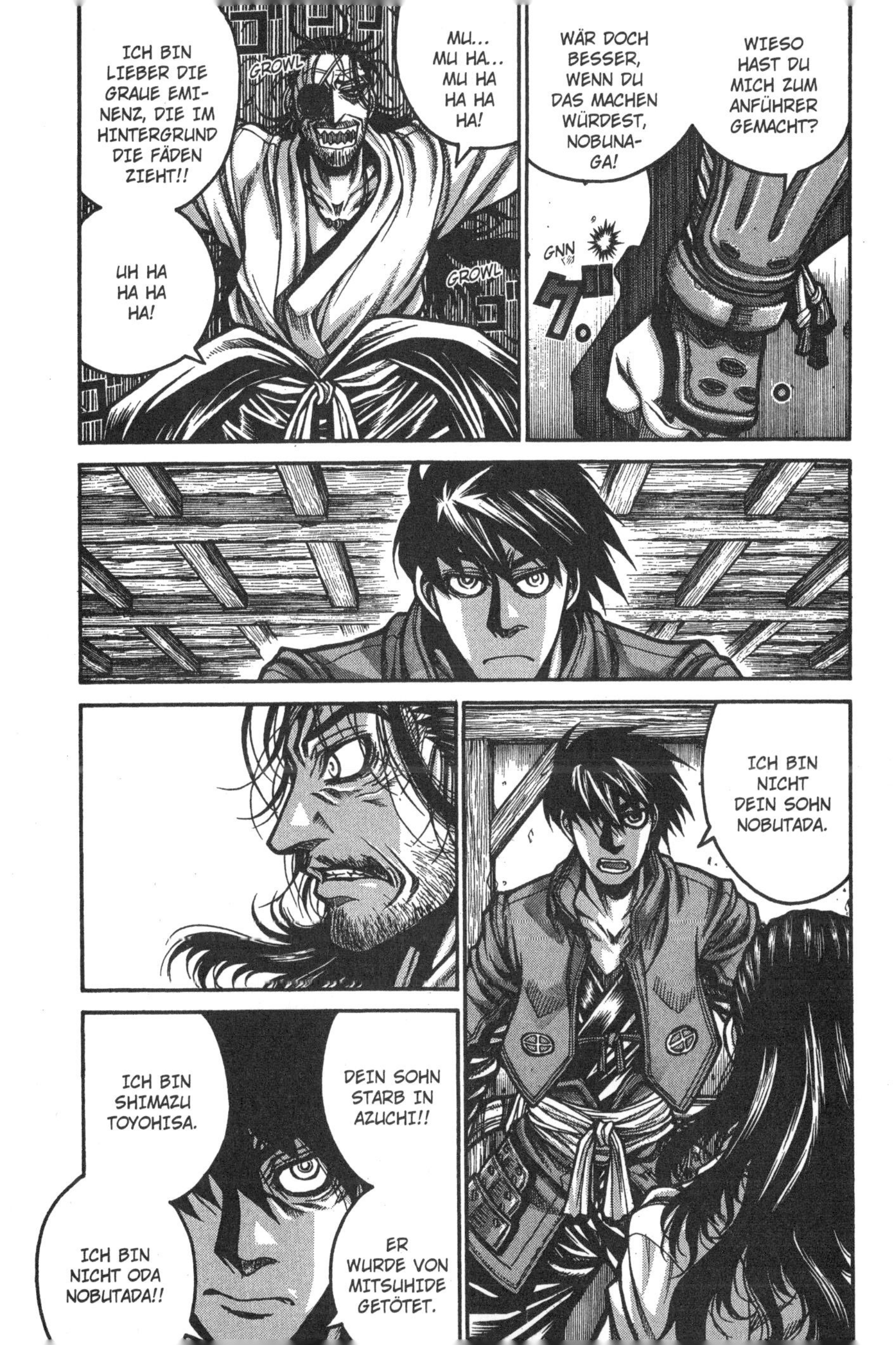

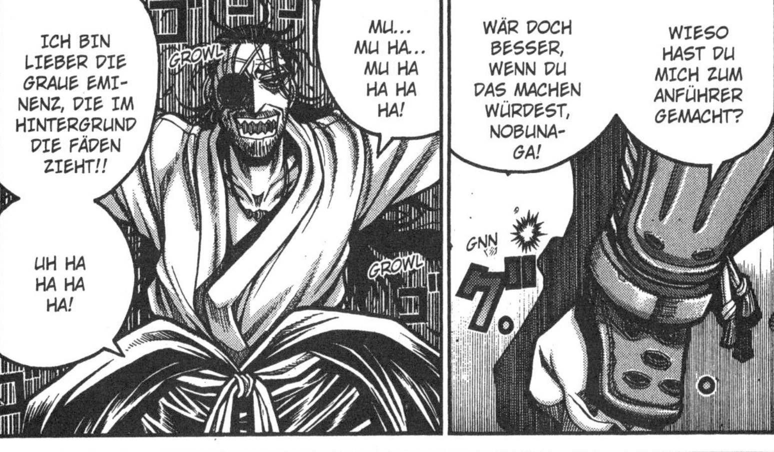
WIESO HAST DU MICH ZUM ANFÜHRER GEMACHT?
WÄR DOCH BESSER, WENN DU DAS MACHEN WÜRDEST, NOBUNAGA!
GNN
MU... MU HA... MU HA HA HA HA!
ICH BIN LIEBER DIE GRAUE EMINENZ, DIE IM HINTERGRUND DIE FÄDEN ZIEHT!!
GROWL
GROWL
UH HA HA HA HA!

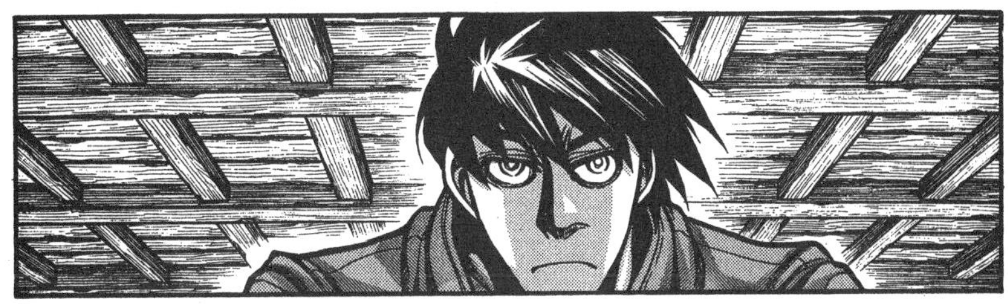

ICH BIN NICHT DEIN SOHN NOBUTADA.
DEIN SOHN STARB IN AZUCHI!!
ICH BIN SHIMAZU TOYOHISA.
ER WURDE VON MITSUHIDE GETÖTET.
ICH BIN NICHT ODA NOBUTADA!!

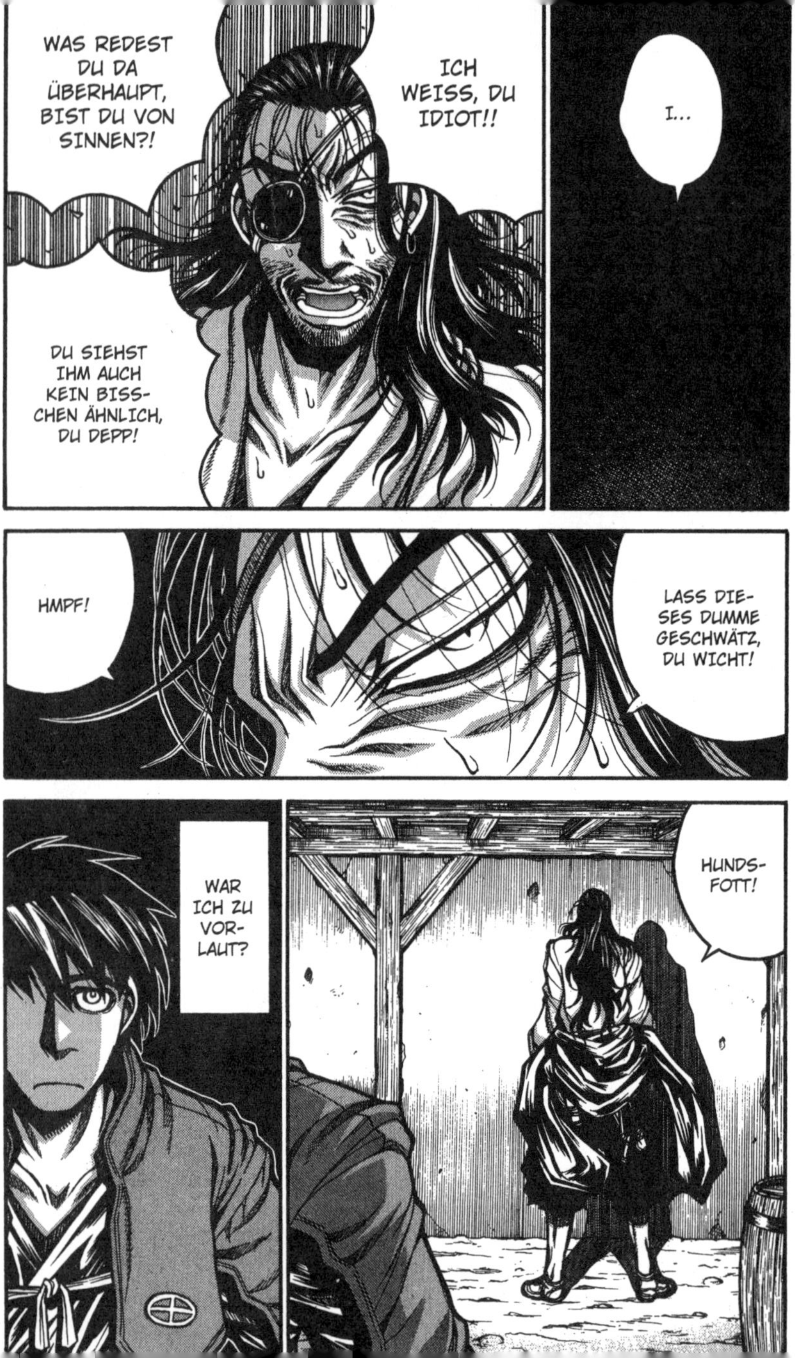

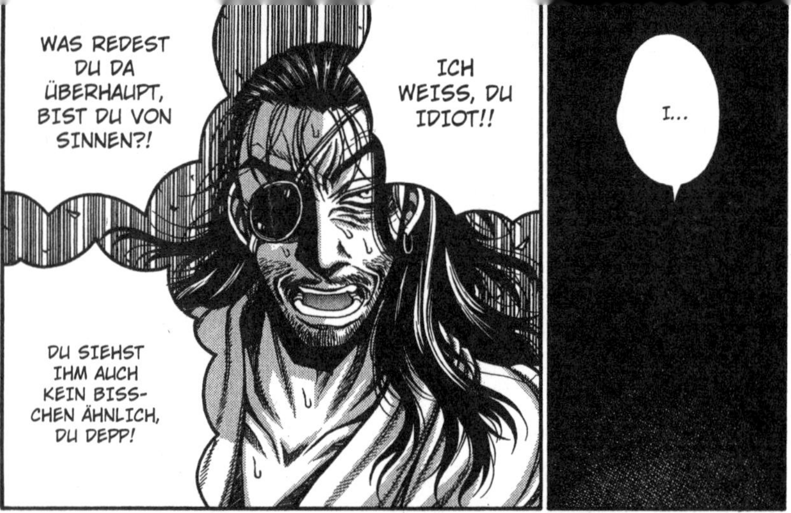
I…
ICH WEISS, DU IDIOT!!
WAS REDEST DU DA ÜBERHAUPT, BIST DU VON SINNEN?!
DU SIEHST IHM AUCH KEIN BISSCHEN ÄHNLICH, DU DEPP!

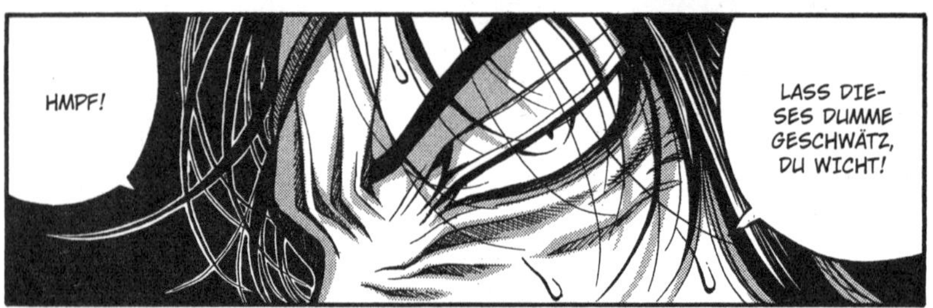
LASS DIESES DUMME GESCHWÄTZ, DU WICHT!
HMPF!

HUNDSFOTT!
WAR ICH ZU VORLAUT?

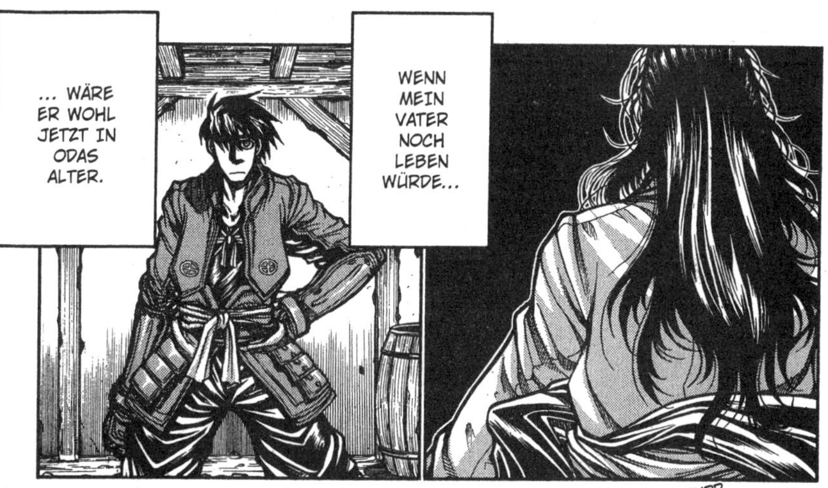
WENN MEIN VATER NOCH LEBEN WÜRDE...
... WÄRE ER WOHL JETZT IN ODAS ALTER.

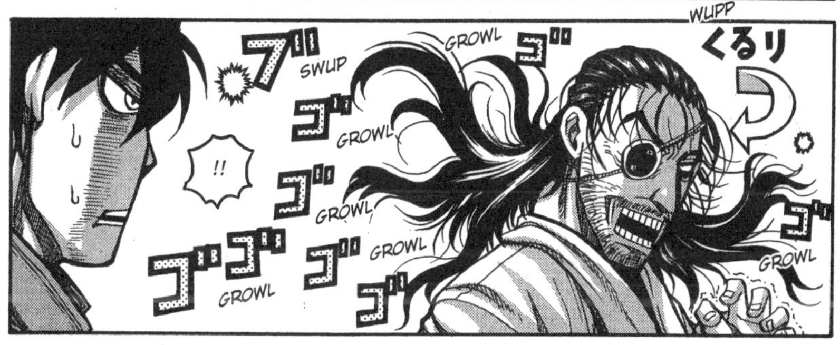
WUPP
くるり
GROWL
ゴ
GROWL
ゴ
SWUP
ブ
!!
GROWL
ゴ
GROWL
GROWL
ゴ
ゴ
GROWL
ゴ
ゴ

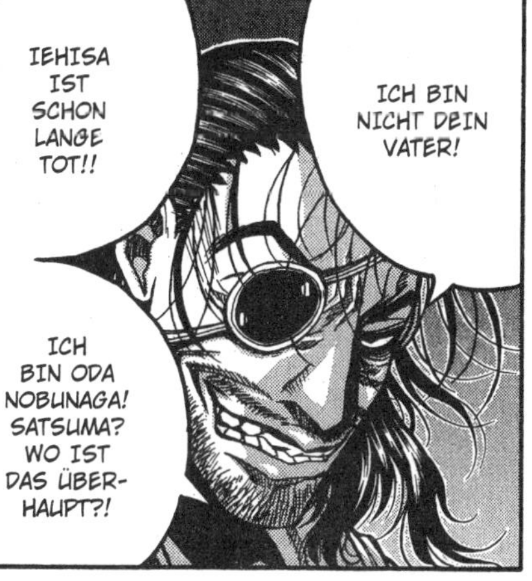
ICH BIN NICHT DEIN VATER!
IEHISA IST SCHON LANGE TOT!!
ICH BIN ODA NOBUNAGA! SATSUMA? WO IST DAS ÜBER-HAUPT?!

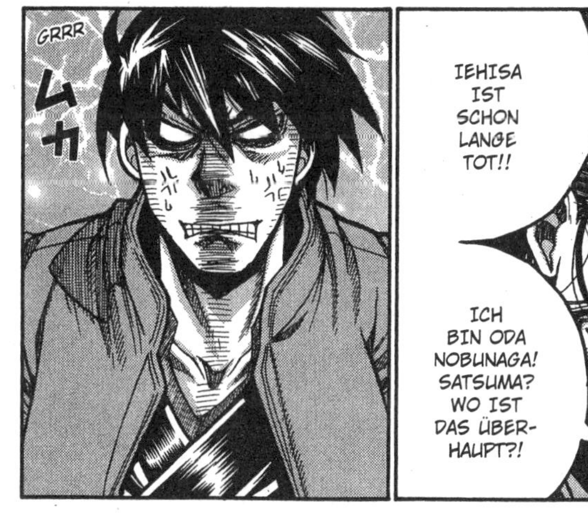
GRRR
ムカ

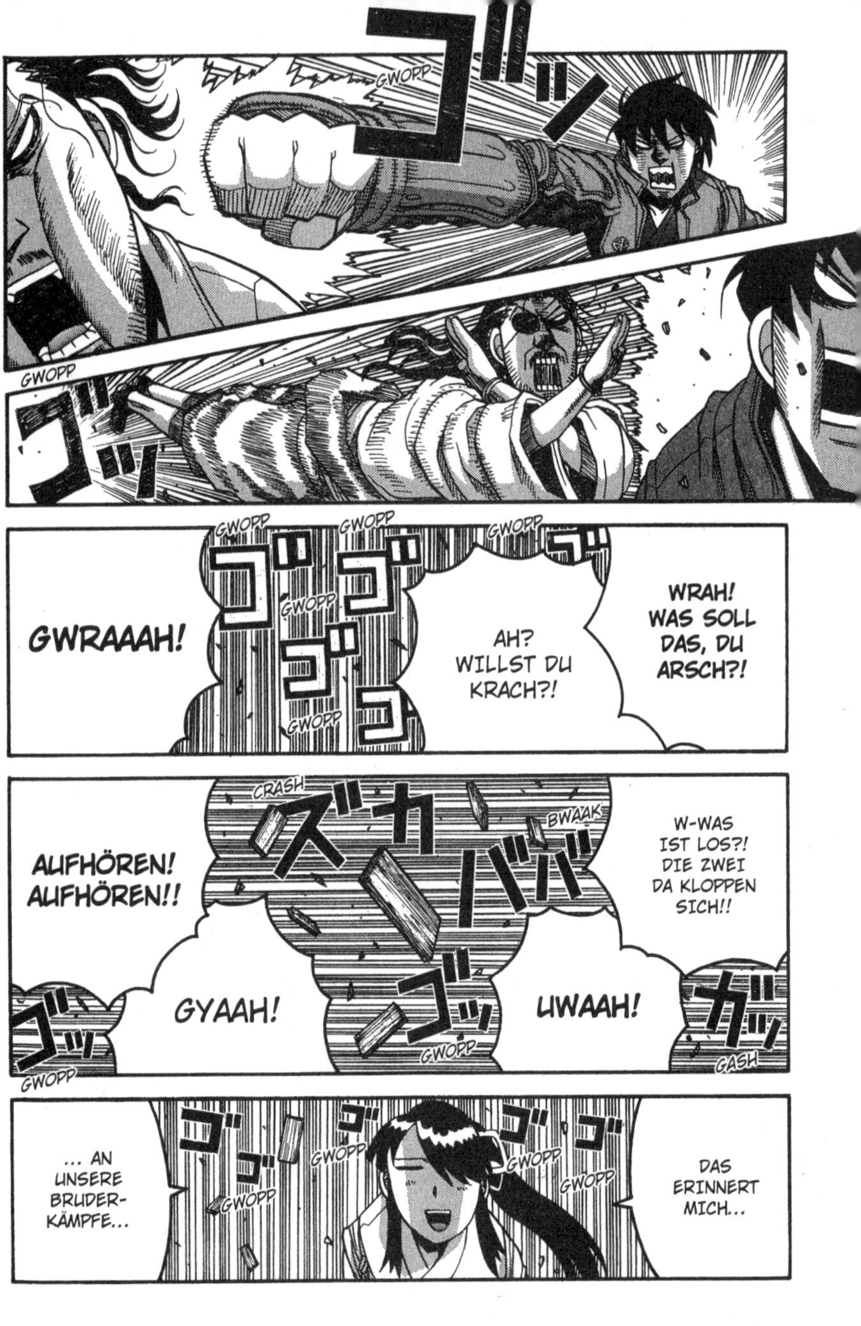

GWOPP

GWOPP

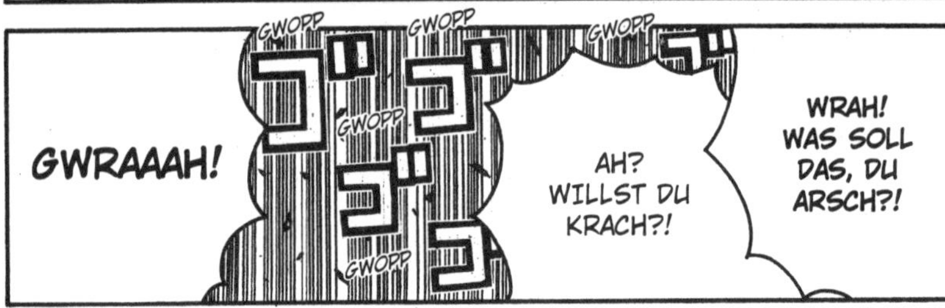
GWOPP
GWOPP
GWOPP
GWOPP
GWOPP
WRAH! WAS SOLL DAS, DU ARSCH?!
AH? WILLST DU KRACH?!
GWRAAAH!

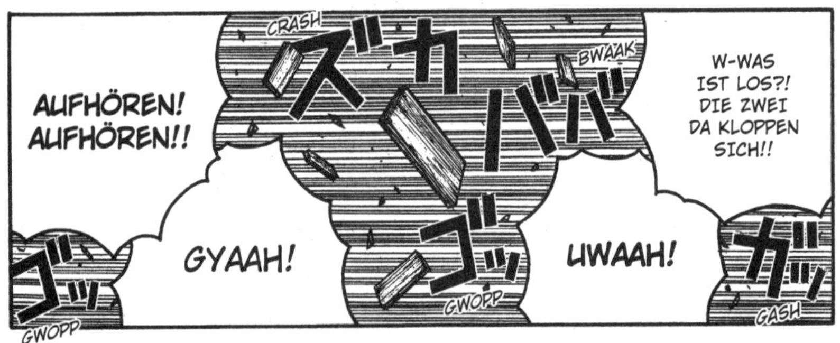
CRASH
BWAAK
W-WAS IST LOS?! DIE ZWEI DA KLOPPEN SICH!!
GASH
UWAAH!
GWOPP
GYAAH!
AUFHÖREN! AUFHÖREN!!
GWOPP

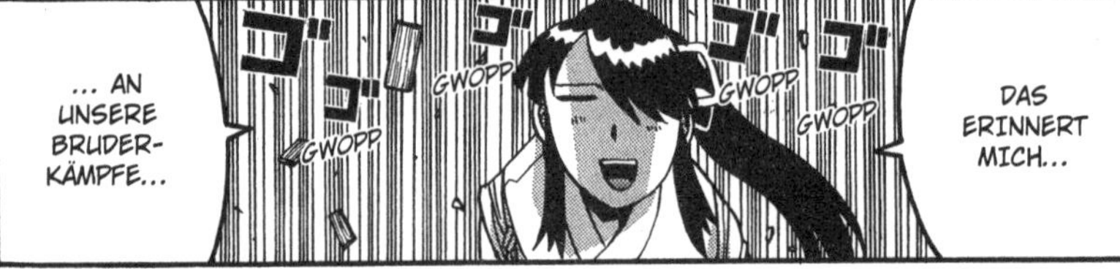
GWOPP
GWOPP
DAS ERINNERT MICH…
GWOPP
GWOPP
… AN UNSERE BRUDER-KÄMPFE…

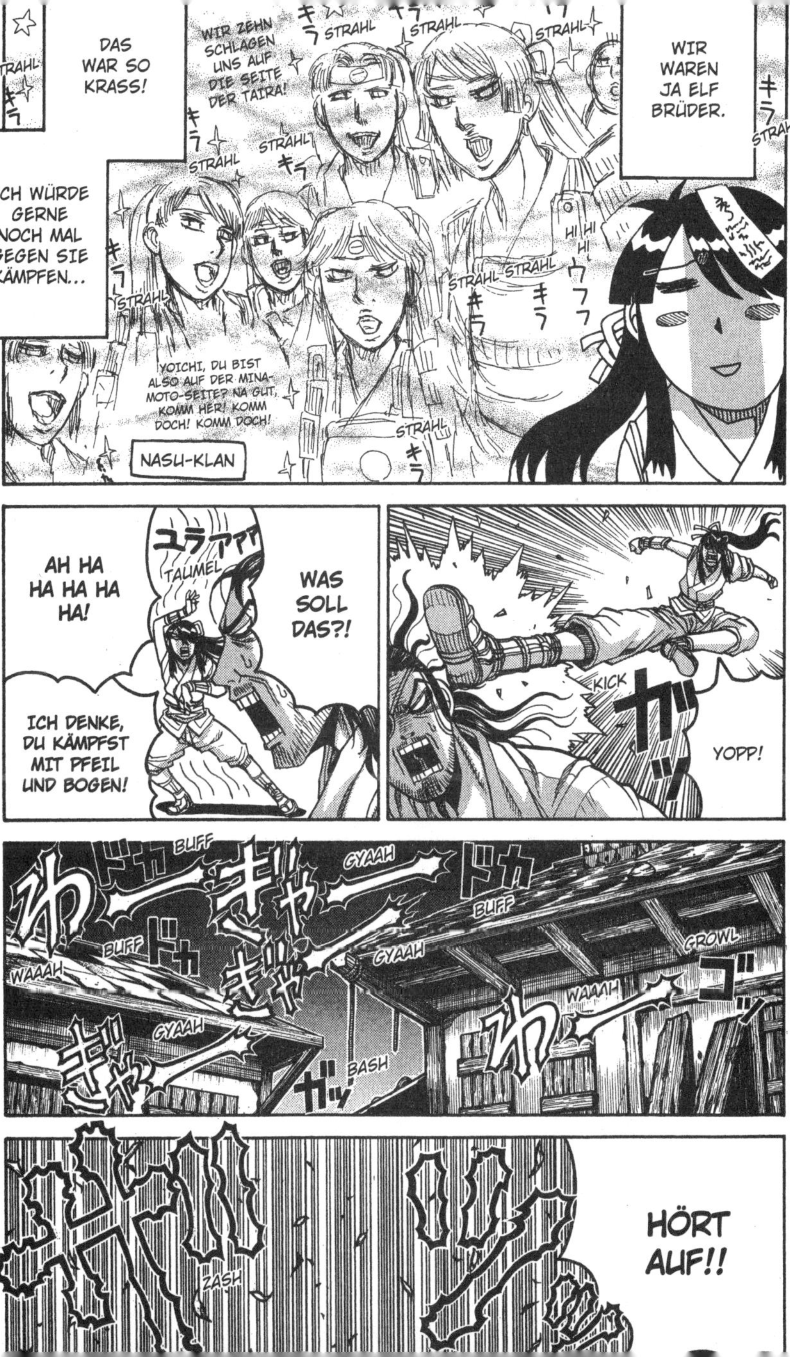

WIR WAREN JA ELF BRÜDER.

STRAHL

DAS WAR SO KRASS!

WIR ZEHN SCHLAGEN UNS AUF DIE SEITE DER TAIRA!

STRAHL

STRAHL

ICH WÜRDE GERNE NOCH MAL GEGEN SIE KÄMPFEN...

HI HI HI

YOICHI, DU BIST ALSO AUF DER MINAMOTO-SEITE? NA GUT, KOMM HER! KOMM DOCH! KOMM DOCH!

NASU-KLAN

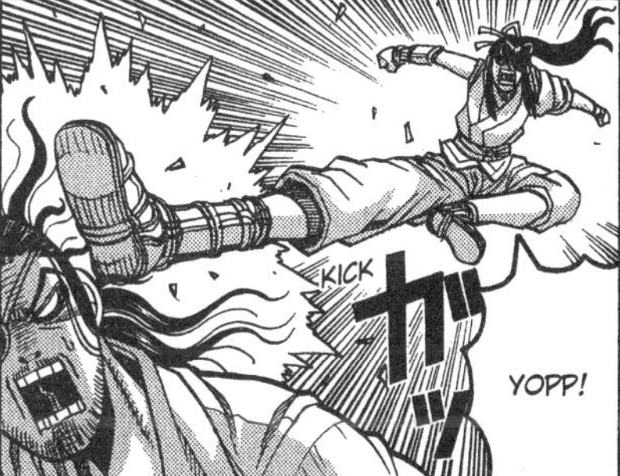

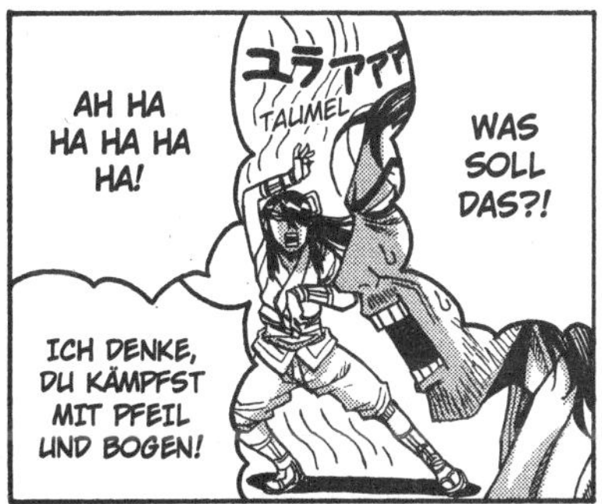

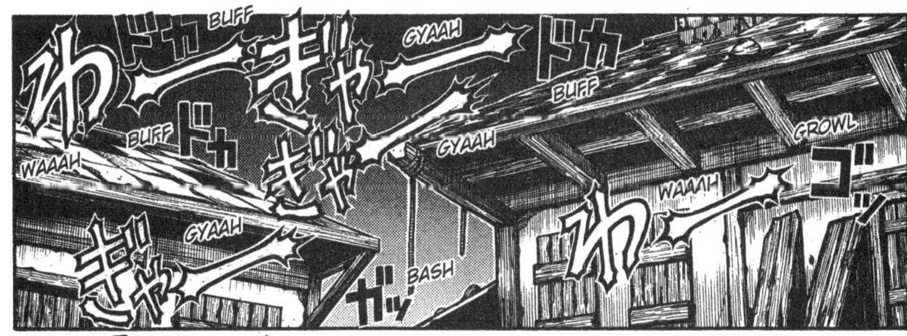

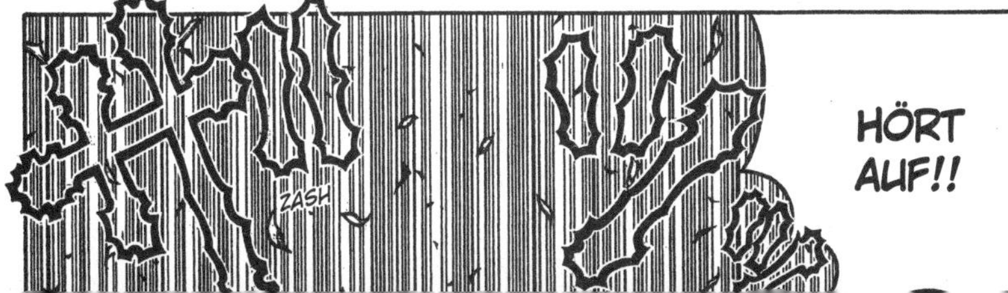

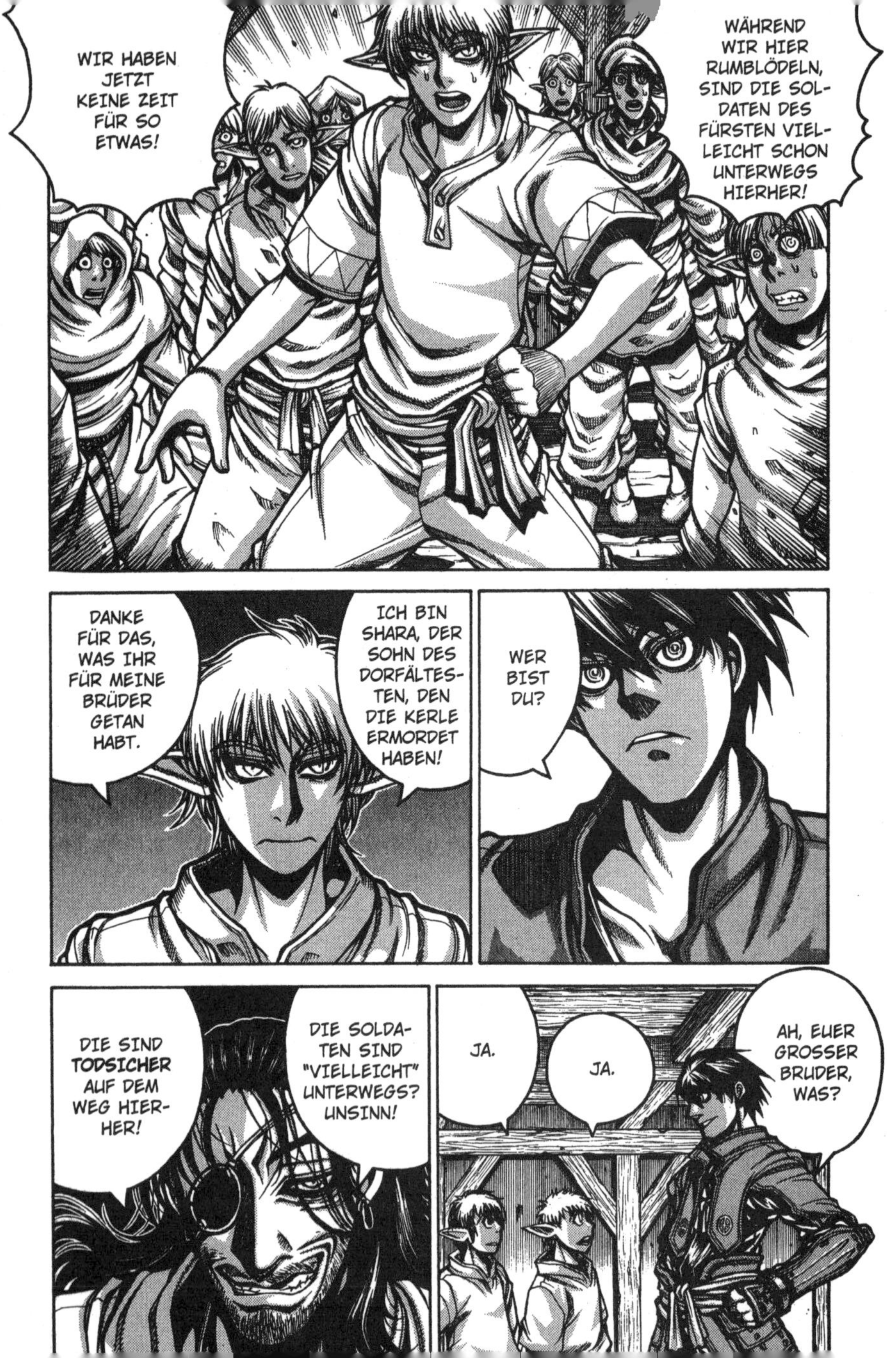

WÄHREND WIR HIER RUMBLÖDELN, SIND DIE SOLDATEN DES FÜRSTEN VIELLEICHT SCHON UNTERWEGS HIERHER!
WIR HABEN JETZT KEINE ZEIT FÜR SO ETWAS!

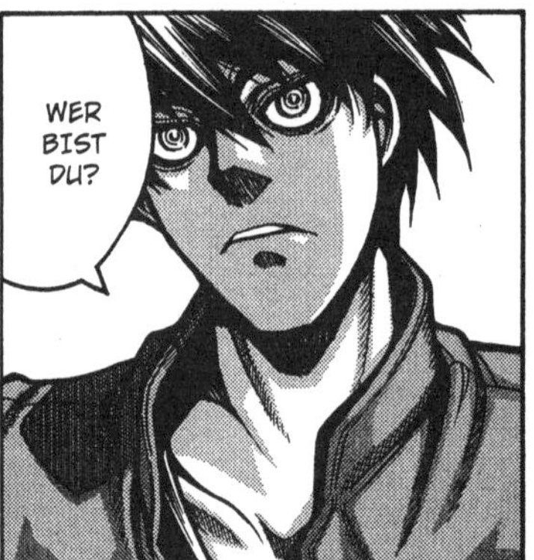

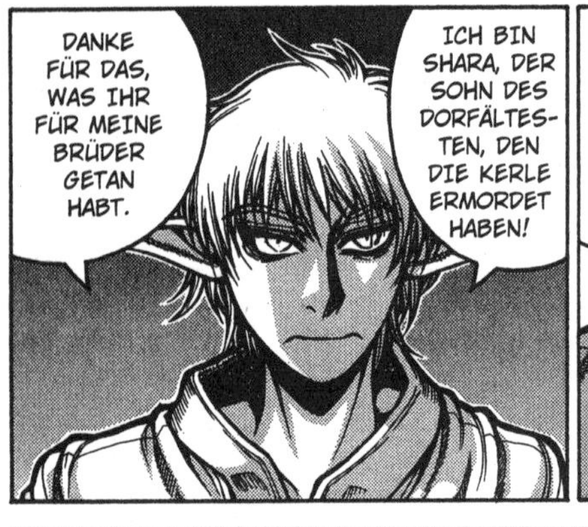

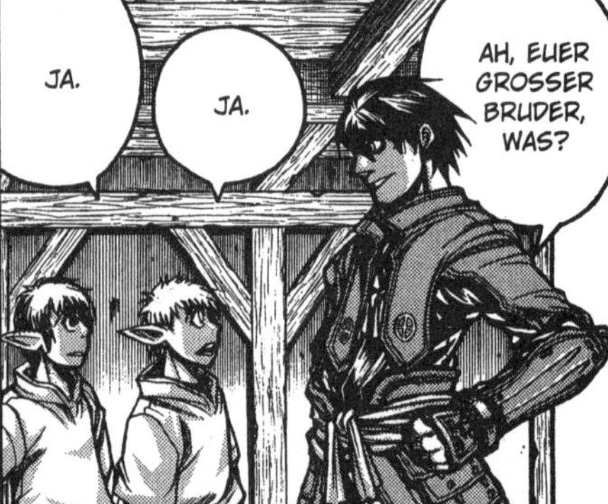

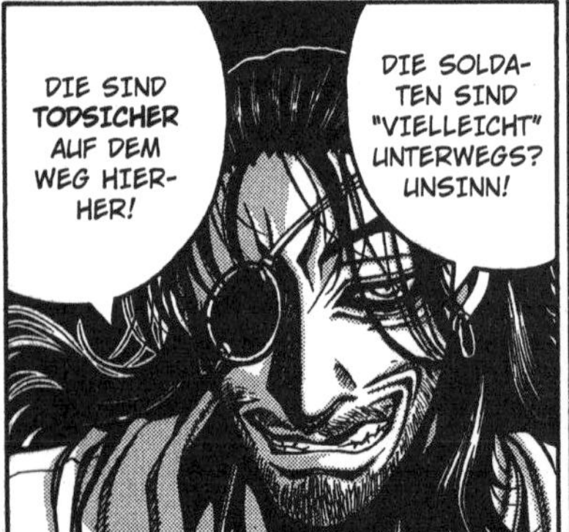

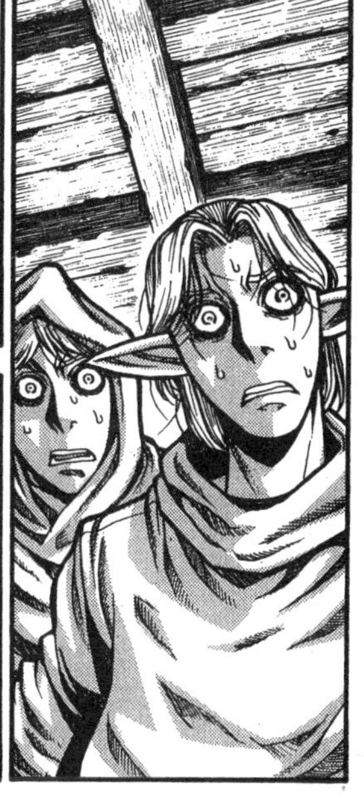
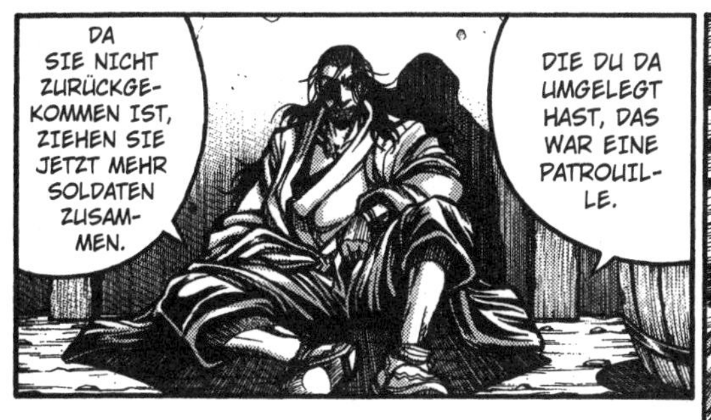
DIE DU DA UMGELEGT HAST, DAS WAR EINE PATROUIL-LE.
DA SIE NICHT ZURÜCKGE-KOMMEN IST, ZIEHEN SIE JETZT MEHR SOLDATEN ZUSAM-MEN.
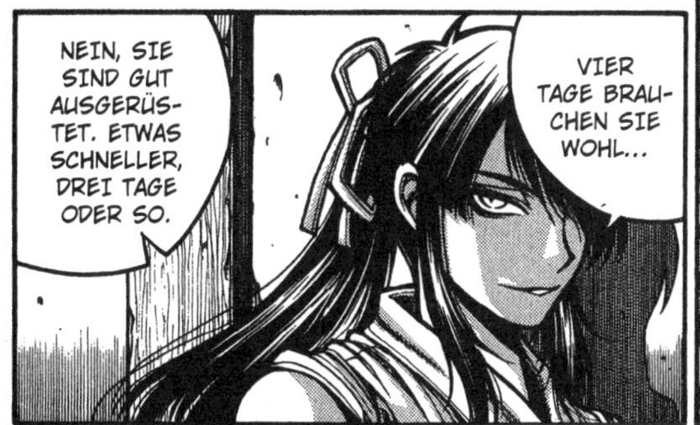
VIER TAGE BRAU-CHEN SIE WOHL...
NEIN, SIE SIND GUT AUSGERÜS-TET. ETWAS SCHNELLER, DREI TAGE ODER SO.
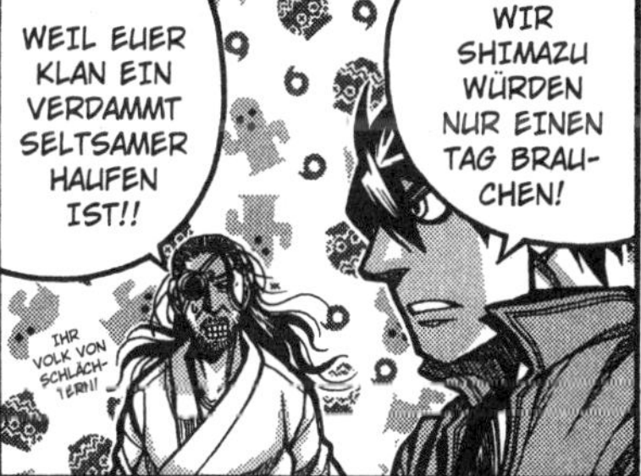
WIR SHIMAZU WÜRDEN NUR EINEN TAG BRAU-CHEN!
WEIL EUER KLAN EIN VERDAMMT SELTSAMER HAUFEN IST!!
IHR VOLK VON SCHLÄCH-TERN!
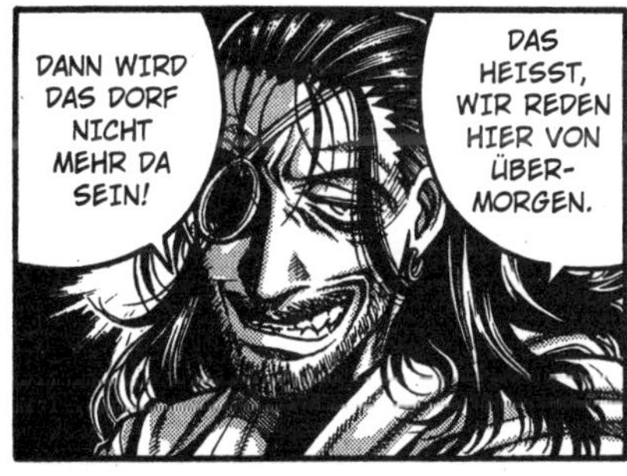
DAS HEISST, WIR REDEN HIER VON ÜBER-MORGEN.
DANN WIRD DAS DORF NICHT MEHR DA SEIN!
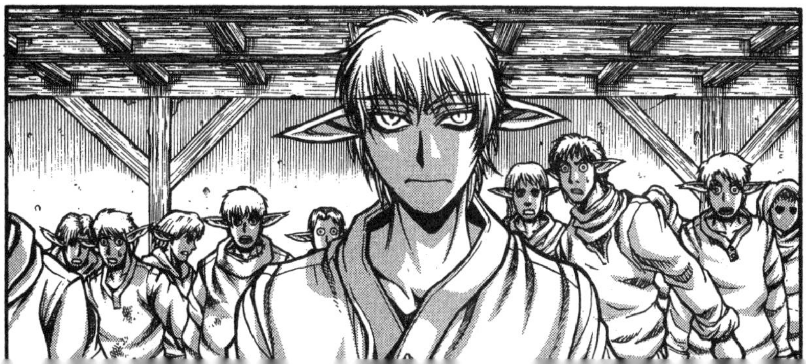

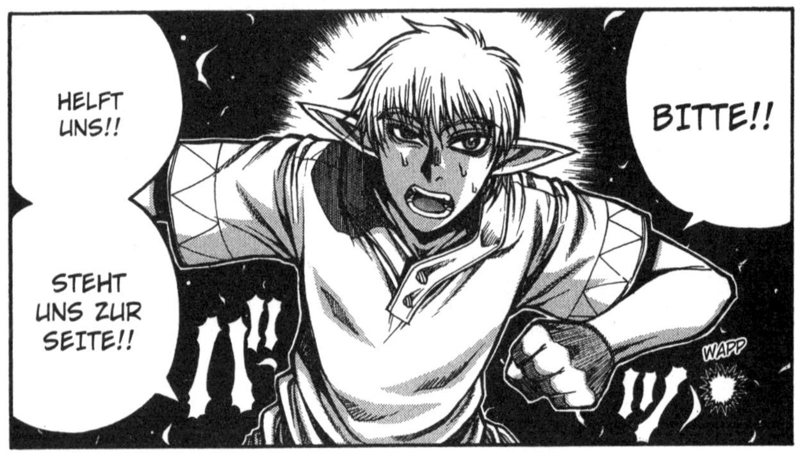
BITTE!!
HELFT UNS!!
STEHT UNS ZUR SEITE!!
WAPP

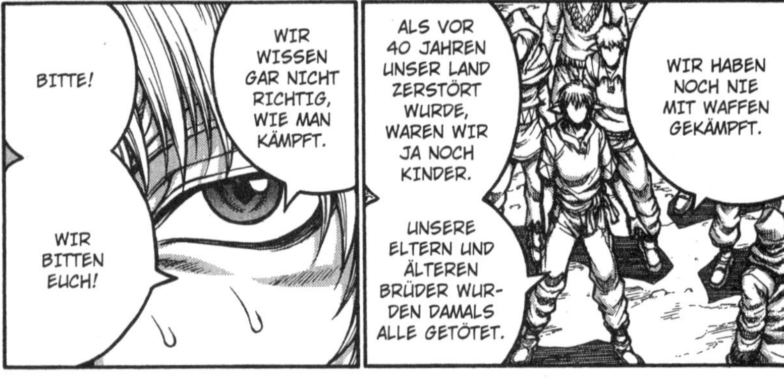
WIR HABEN NOCH NIE MIT WAFFEN GEKÄMPFT.
ALS VOR 40 JAHREN UNSER LAND ZERSTÖRT WURDE, WAREN WIR JA NOCH KINDER.
UNSERE ELTERN UND ÄLTEREN BRÜDER WURDEN DAMALS ALLE GETÖTET.
WIR WISSEN GAR NICHT RICHTIG, WIE MAN KÄMPFT.
BITTE!
WIR BITTEN EUCH!

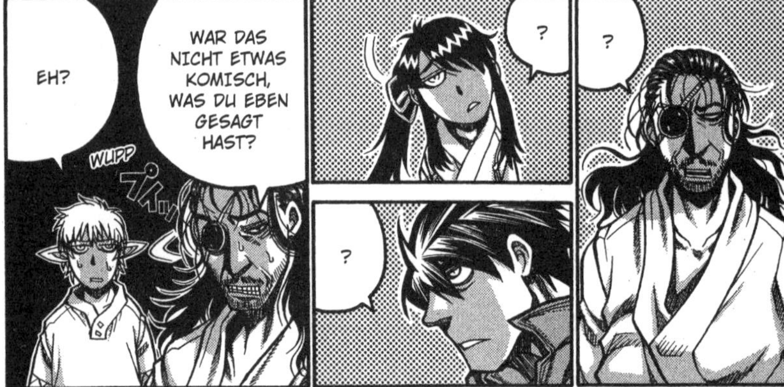
?
?
?
WAR DAS NICHT ETWAS KOMISCH, WAS DU EBEN GESAGT HAST?
EH?
WUPP

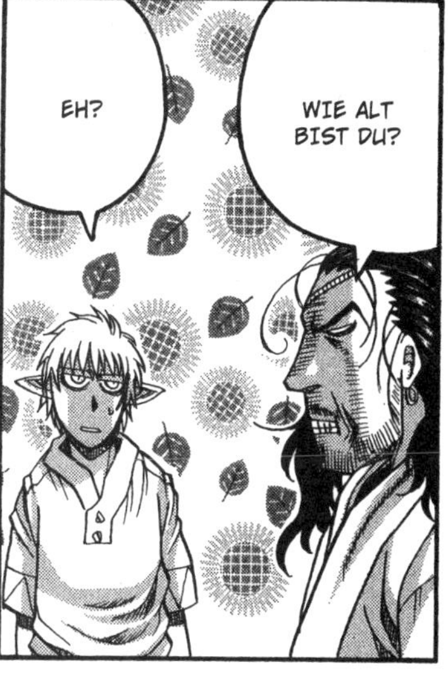
WIE ALT BIST DU?
EH?
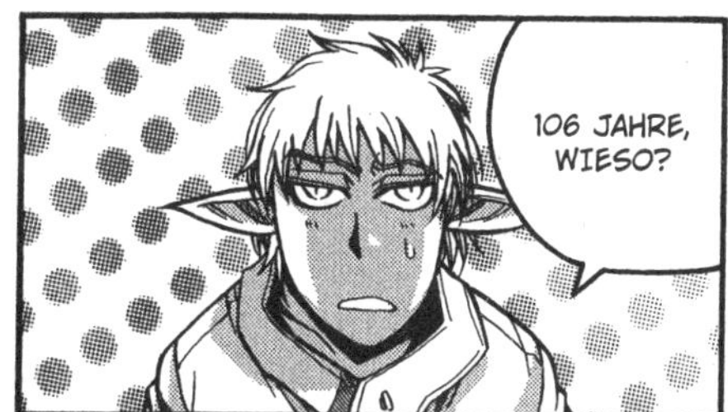
106 JAHRE, WIESO?
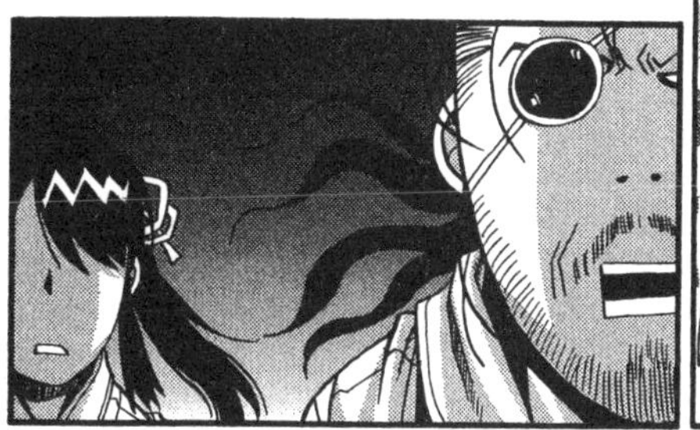
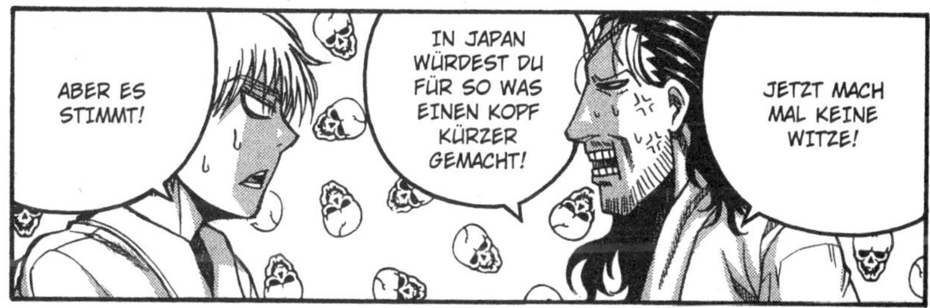
JETZT MACH MAL KEINE WITZE!
IN JAPAN WÜRDEST DU FÜR SO WAS EINEN KOPF KÜRZER GEMACHT!
ABER ES STIMMT!
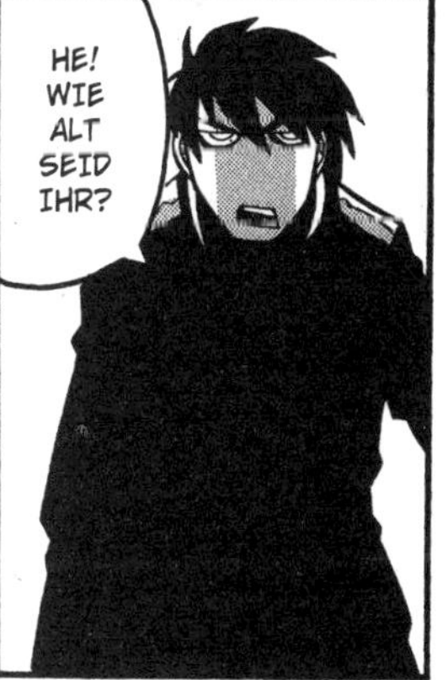
HE! WIE ALT SEID IHR?
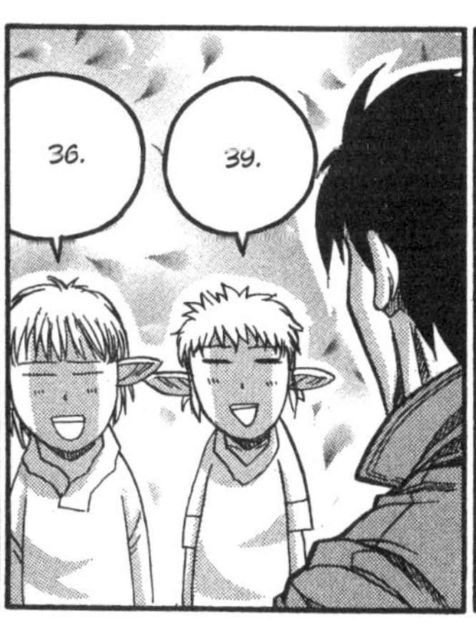
39.
36.
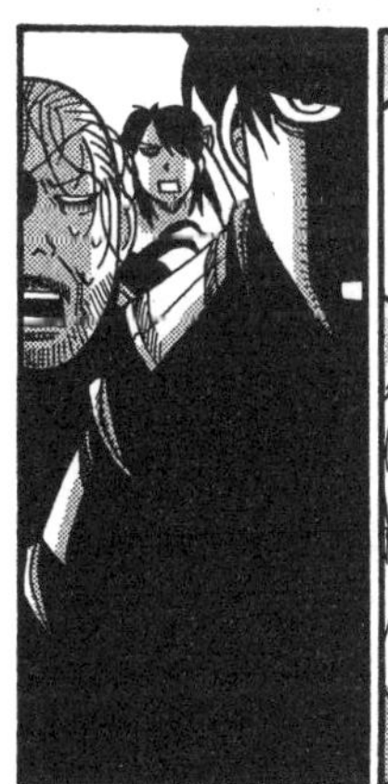

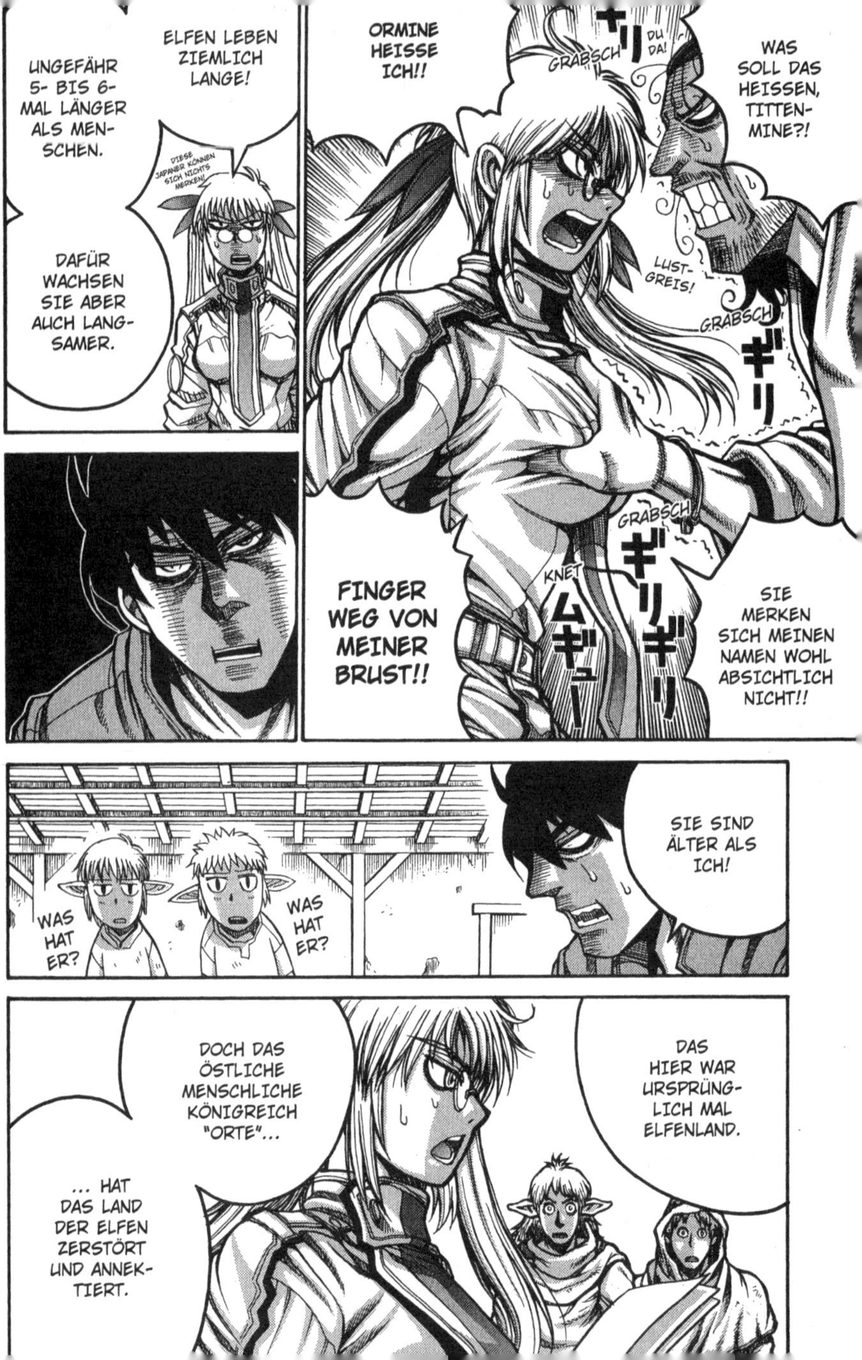

Was soll das heissen, Tittenmine?!
Du da!
Grabsch
Ormine heisse ich!!
Lust-Greis!
Grabsch
Grabsch
Knet
Sie merken sich meinen Namen wohl absichtlich nicht!!
Finger weg von meiner Brust!!

Elfen leben ziemlich lange!
Ungefähr 5- bis 6-mal länger als Menschen.
Diese Japaner können sich nichts merken!
Dafür wachsen sie aber auch langsamer.

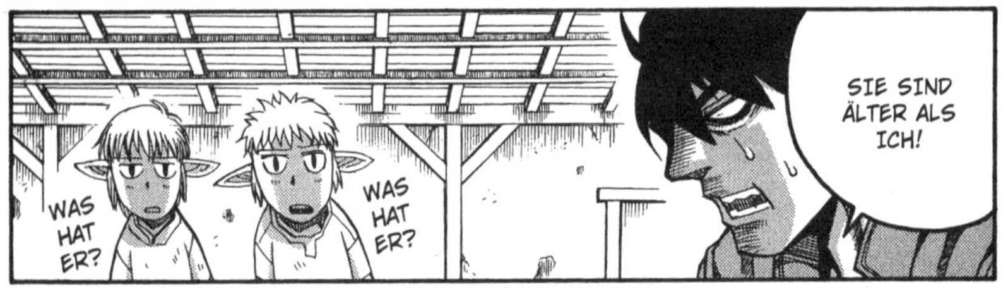

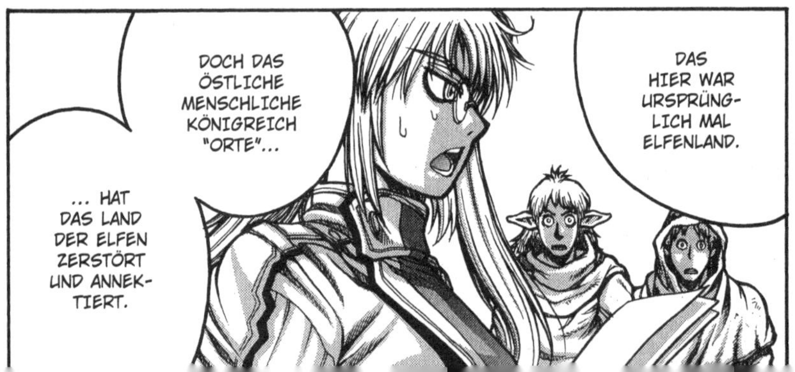

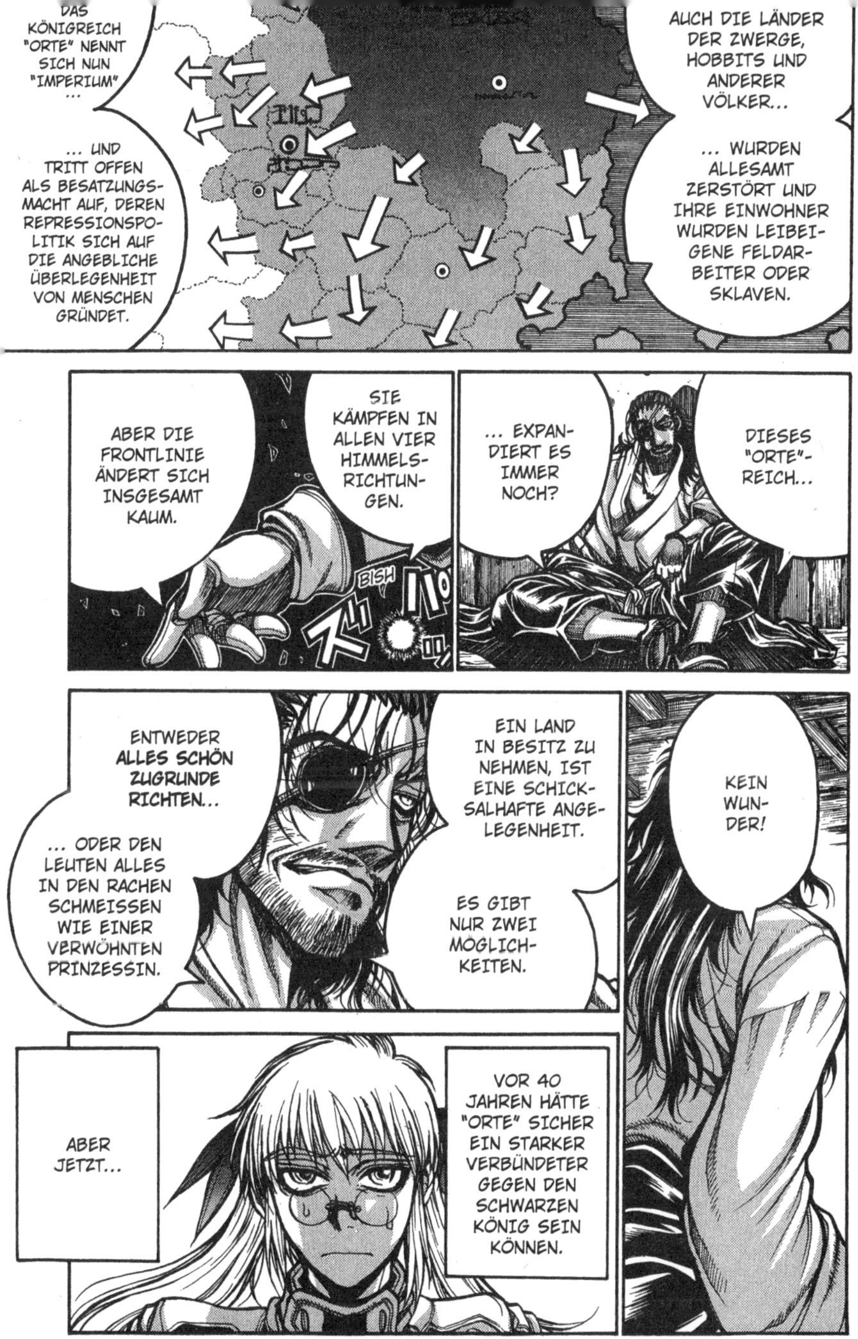

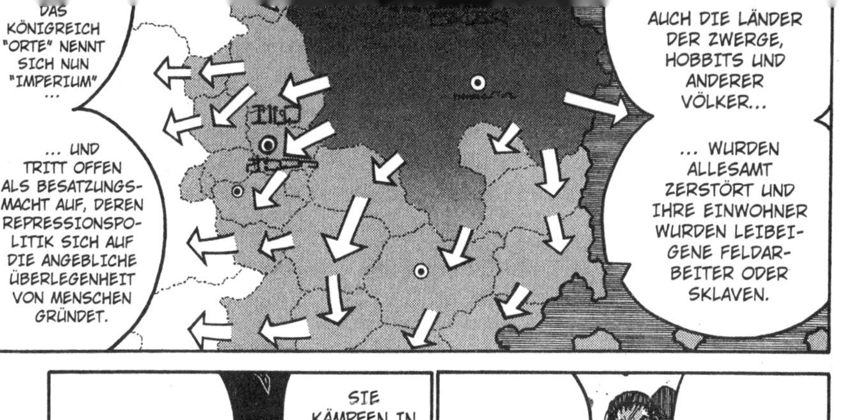
DAS KÖNIGREICH "ORTE" NENNT SICH NUN "IMPERIUM" ...
... UND TRITT OFFEN ALS BESATZUNGSMACHT AUF, DEREN REPRESSIONSPOLITIK SICH AUF DIE ANGEBLICHE ÜBERLEGENHEIT VON MENSCHEN GRÜNDET.
AUCH DIE LÄNDER DER ZWERGE, HOBBITS UND ANDERER VÖLKER...
... WURDEN ALLESAMT ZERSTÖRT UND IHRE EINWOHNER WURDEN LEIBEIGENE FELDARBEITER ODER SKLAVEN.

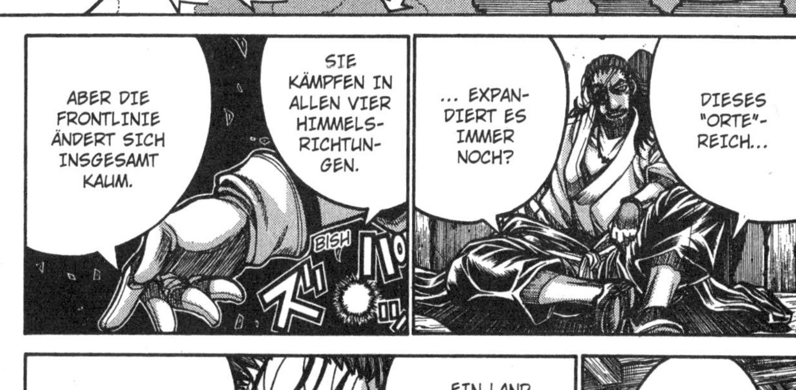
DIESES "ORTE"-REICH...
... EXPANDIERT ES IMMER NOCH?
SIE KÄMPFEN IN ALLEN VIER HIMMELSRICHTUNGEN.
ABER DIE FRONTLINIE ÄNDERT SICH INSGESAMT KAUM.
BISH

KEIN WUNDER!
EIN LAND IN BESITZ ZU NEHMEN, IST EINE SCHICKSALHAFTE ANGELEGENHEIT.
ES GIBT NUR ZWEI MÖGLICHKEITEN.
ENTWEDER **ALLES SCHÖN ZUGRUNDE RICHTEN...**
... ODER DEN LEUTEN ALLES IN DEN RACHEN SCHMEISSEN WIE EINER VERWÖHNTEN PRINZESSIN.
VOR 40 JAHREN HÄTTE "ORTE" SICHER EIN STARKER VERBÜNDETER GEGEN DEN SCHWARZEN KÖNIG SEIN KÖNNEN.
ABER JETZT...

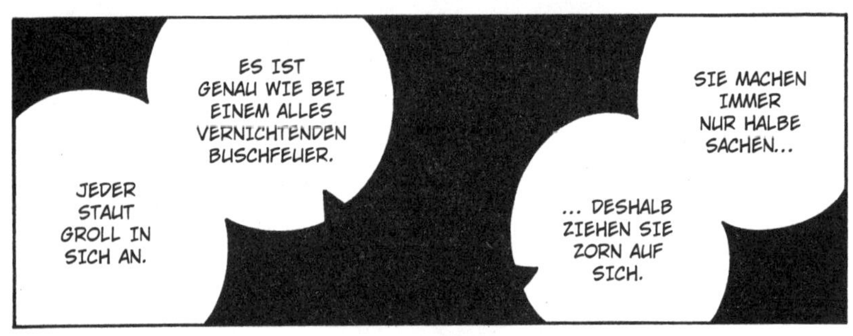
SIE MACHEN IMMER NUR HALBE SACHEN...
... DESHALB ZIEHEN SIE ZORN AUF SICH.
ES IST GENAU WIE BEI EINEM ALLES VERNICHTENDEN BUSCHFEUER.
JEDER STAUT GROLL IN SICH AN.

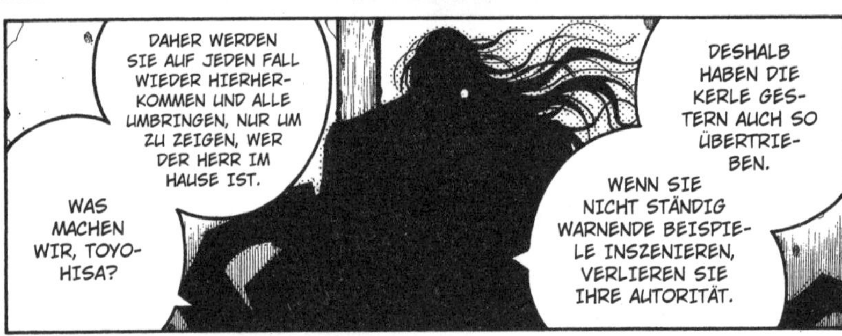
DESHALB HABEN DIE KERLE GESTERN AUCH SO ÜBERTRIEBEN.
WENN SIE NICHT STÄNDIG WARNENDE BEISPIELE INSZENIEREN, VERLIEREN SIE IHRE AUTORITÄT.
DAHER WERDEN SIE AUF JEDEN FALL WIEDER HIERHERKOMMEN UND ALLE UMBRINGEN, NUR UM ZU ZEIGEN, WER DER HERR IM HAUSE IST.
WAS MACHEN WIR, TOYOHISA?

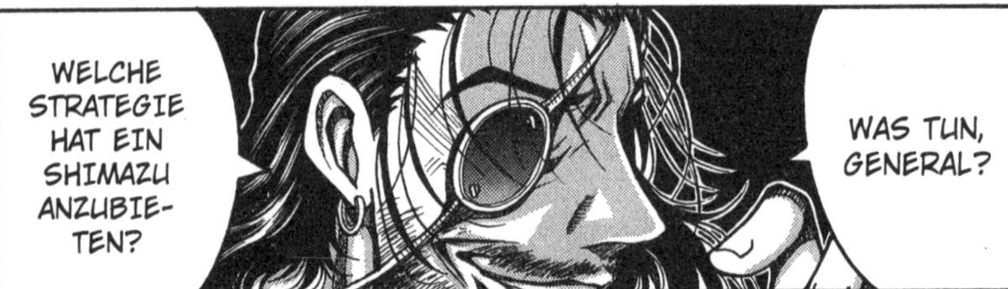
WAS TUN, GENERAL?
WELCHE STRATEGIE HAT EIN SHIMAZU ANZUBIETEN?

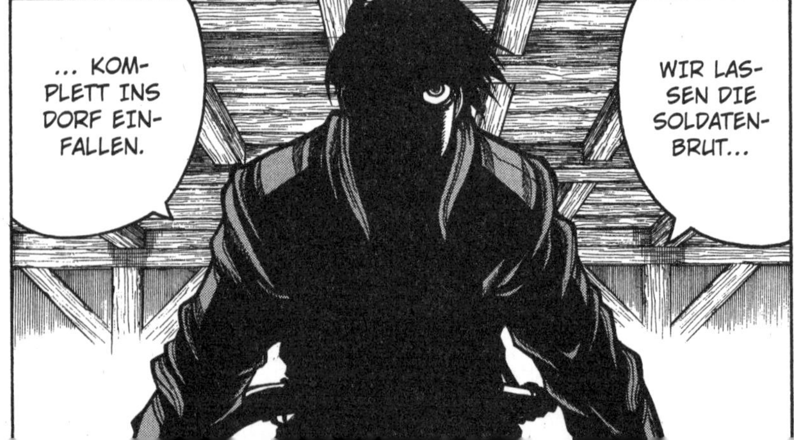
WIR LASSEN DIE SOLDATENBRUT...
... KOMPLETT INS DORF EINFALLEN.

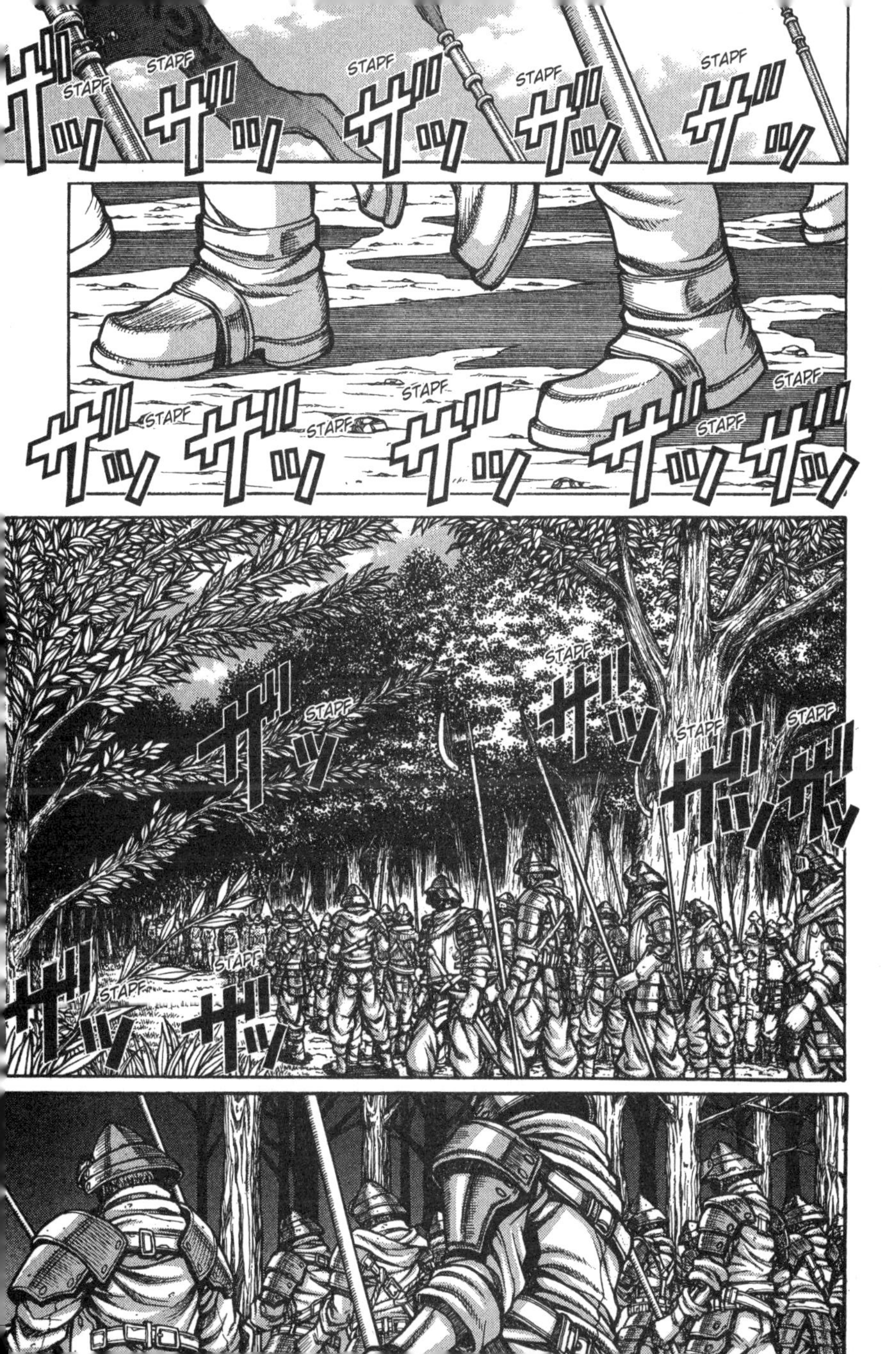
ザッ STAPF
ザッ STAPF
ザッ STAPF
ザッ STAPF
ザッ STAPF
ザッ STAPF
ザッ STAPF
ザッ STAPF
ザッ STAPF
ザッ STAPF
ザッ STAPF
ザッ STAPF
ザッ STAPF
ザッ STAPF
ザッ STAPF
ザッ STAPF

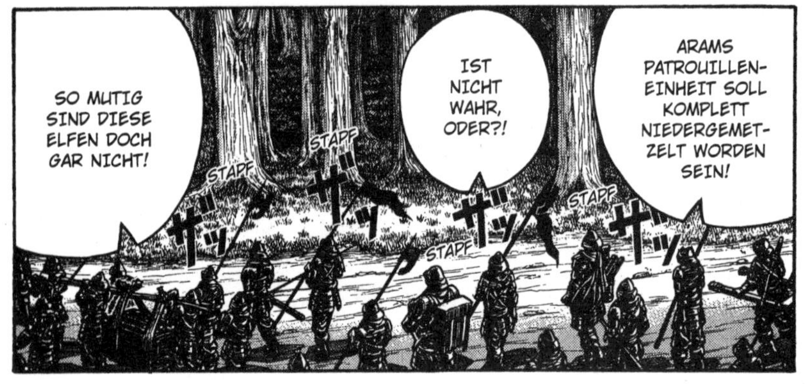
ARAMS PATROUILLENEINHEIT SOLL KOMPLETT NIEDERGEMETZELT WORDEN SEIN!
IST NICHT WAHR, ODER?!
SO MUTIG SIND DIESE ELFEN DOCH GAR NICHT!
STAPF
STAPF
STAPF
STAPF

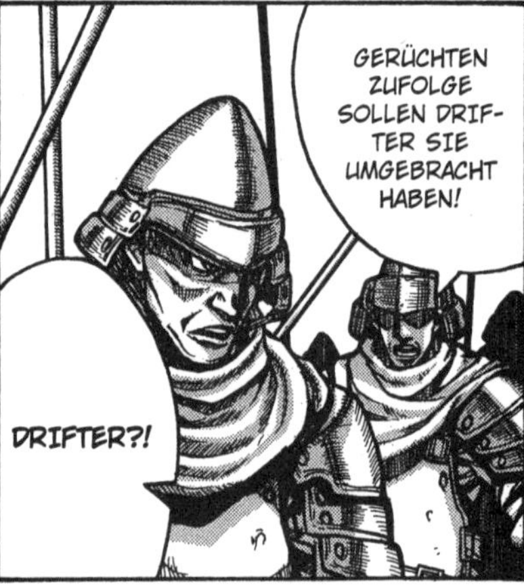
GERÜCHTEN ZUFOLGE SOLLEN DRIFTER SIE UMGEBRACHT HABEN!
DRIFTER?!

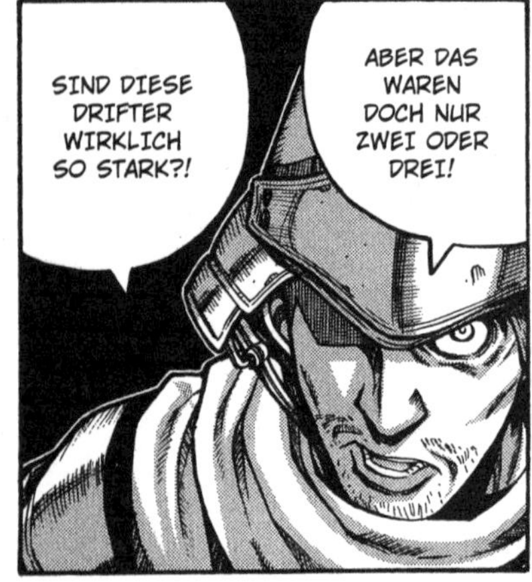
ABER DAS WAREN DOCH NUR ZWEI ODER DREI!
SIND DIESE DRIFTER WIRKLICH SO STARK?!

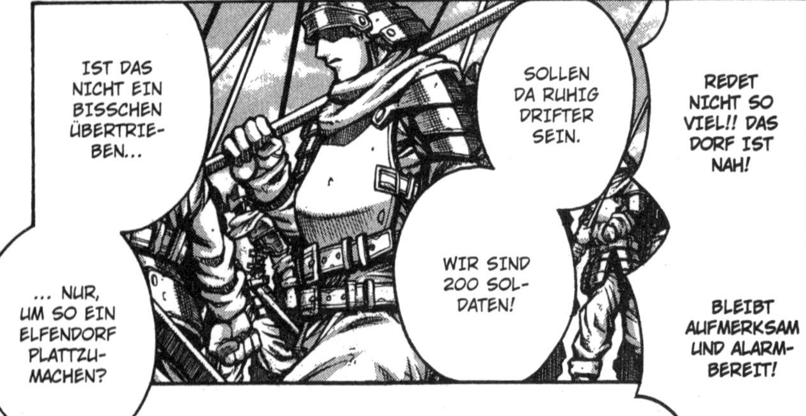
REDET NICHT SO VIEL!! DAS DORF IST NAH!
BLEIBT AUFMERKSAM UND ALARMBEREIT!
SOLLEN DA RUHIG DRIFTER SEIN.
WIR SIND 200 SOLDATEN!
IST DAS NICHT EIN BISSCHEN ÜBERTRIEBEN...
... NUR, UM SO EIN ELFENDORF PLATTZUMACHEN?

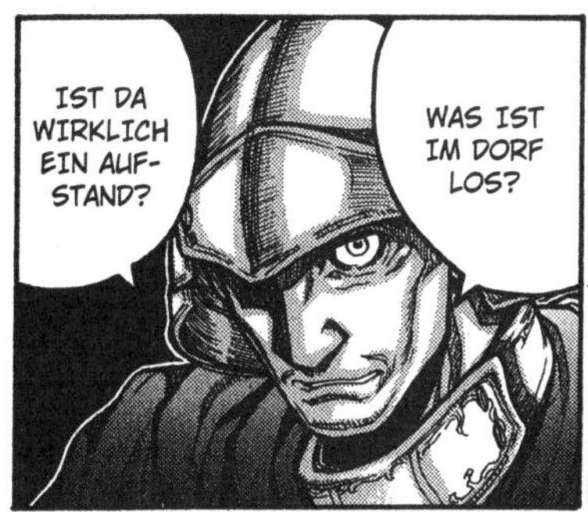
WAS IST IM DORF LOS?
IST DA WIRKLICH EIN AUF-STAND?

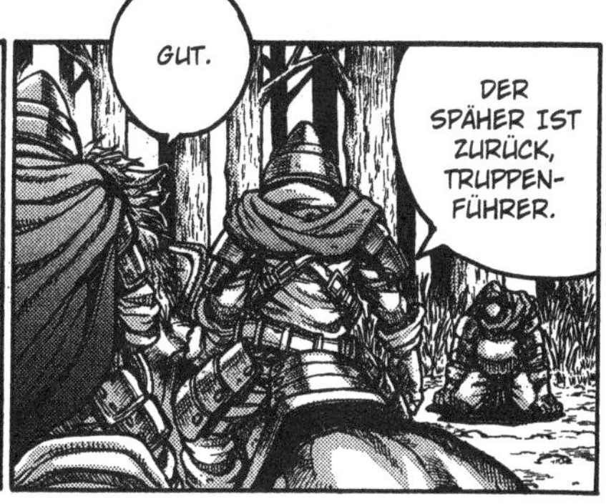
DER SPÄHER IST ZURÜCK, TRUPPEN-FÜHRER.
GUT.

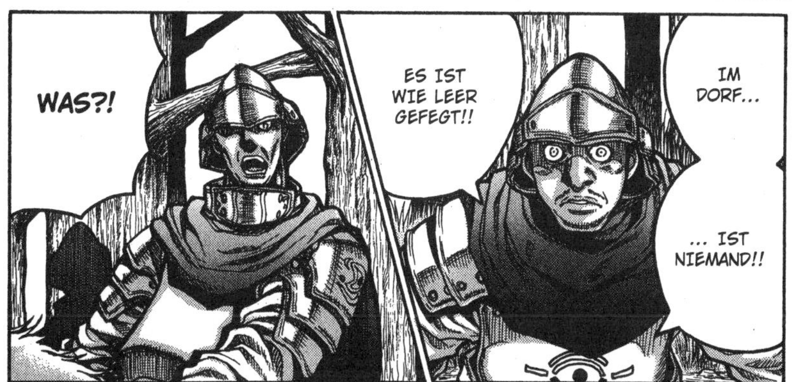
IM DORF...
... IST NIEMAND!!
ES IST WIE LEER GEFEGT!!
WAS?!

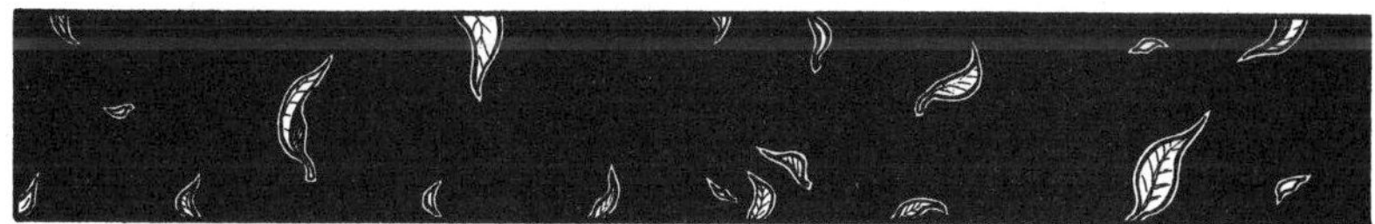

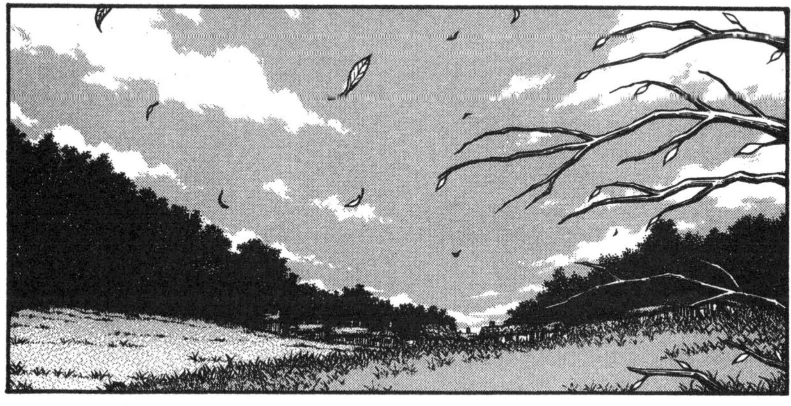

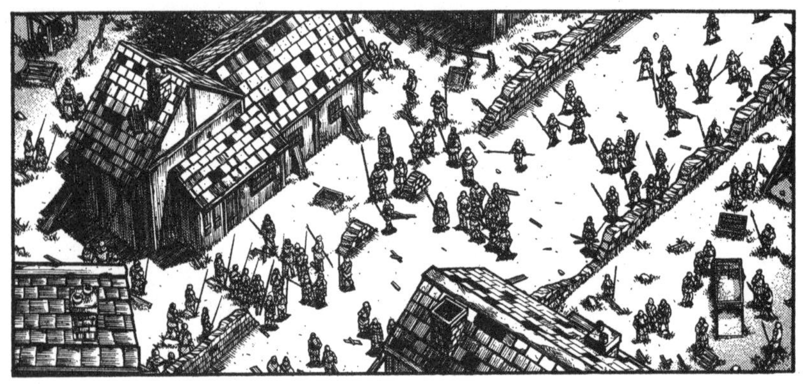

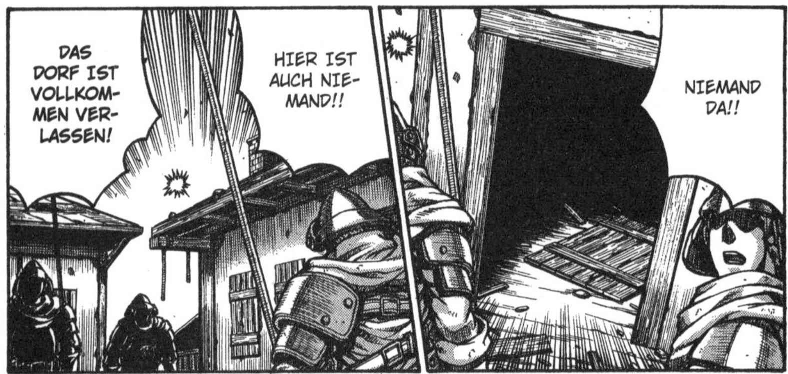
NIEMAND DA!!
HIER IST AUCH NIE-MAND!!
DAS DORF IST VOLLKOM-MEN VER-LASSEN!

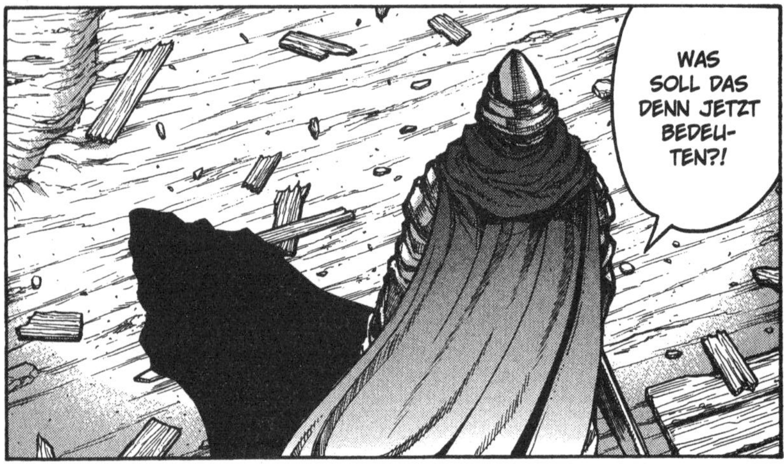
WAS SOLL DAS DENN JETZT BEDEU-TEN?!

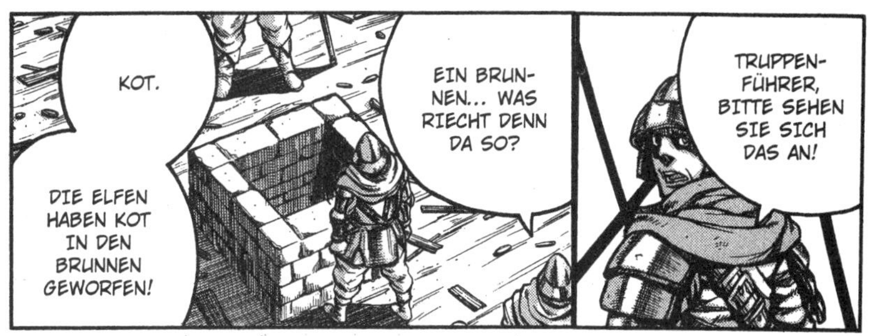
TRUPPEN-FÜHRER, BITTE SEHEN SIE SICH DAS AN!
EIN BRUNNEN... WAS RIECHT DENN DA SO?
KOT.
DIE ELFEN HABEN KOT IN DEN BRUNNEN GEWORFEN!

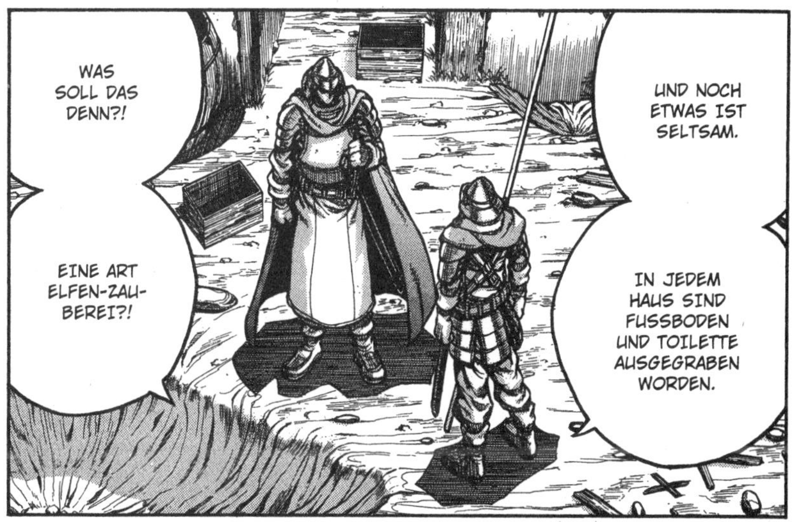
UND NOCH ETWAS IST SELTSAM.
IN JEDEM HAUS SIND FUSSBODEN UND TOILETTE AUSGEGRABEN WORDEN.
WAS SOLL DAS DENN?!
EINE ART ELFEN-ZAUBEREI?!

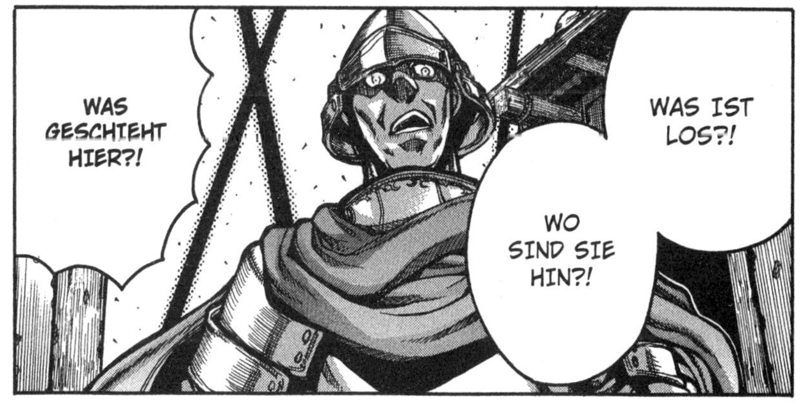
WAS IST LOS?!
WO SIND SIE HIN?!
WAS GESCHIEHT HIER?!

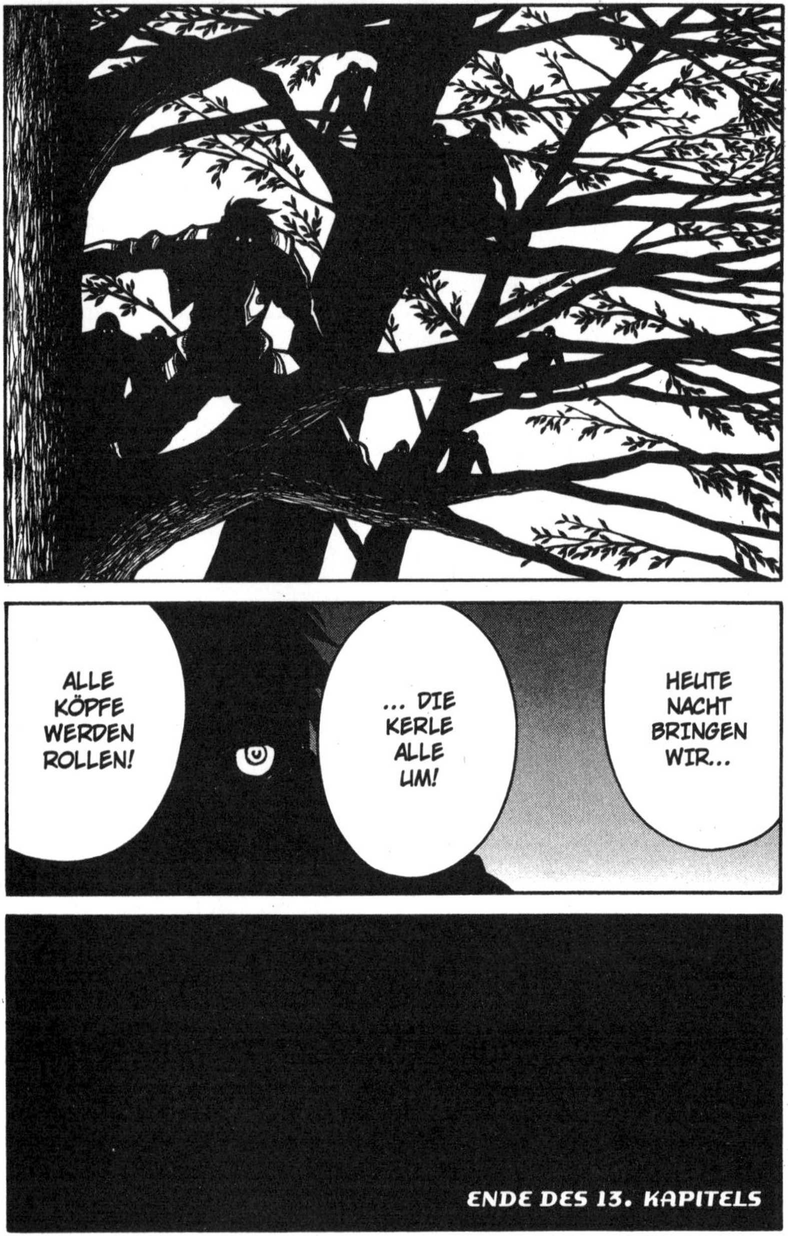

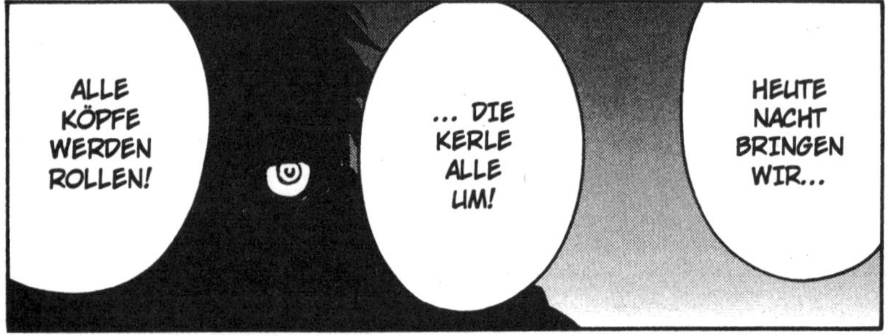

ENDE DES 13. KAPITELS

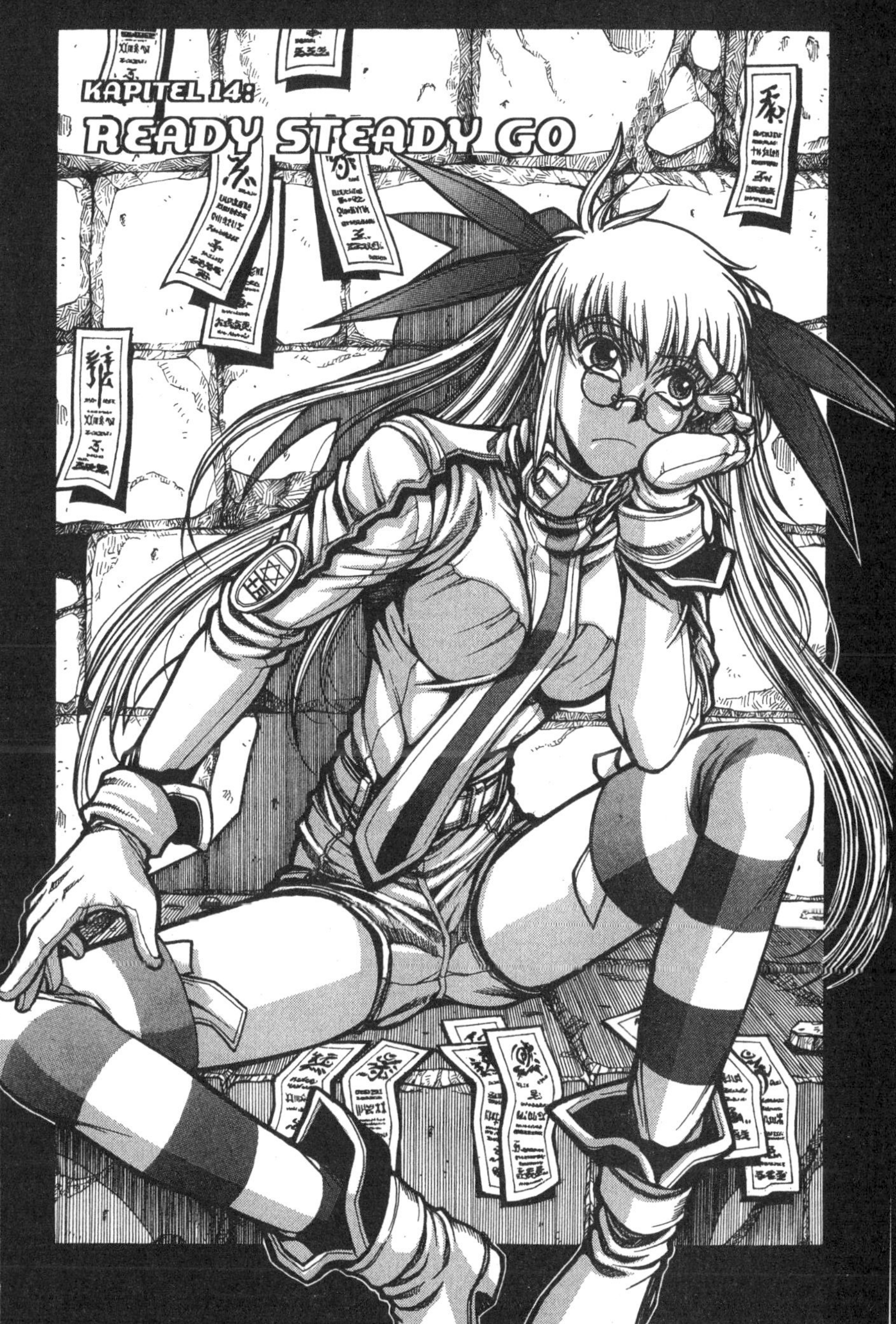
KAPITEL 14:
READY STEADY GO

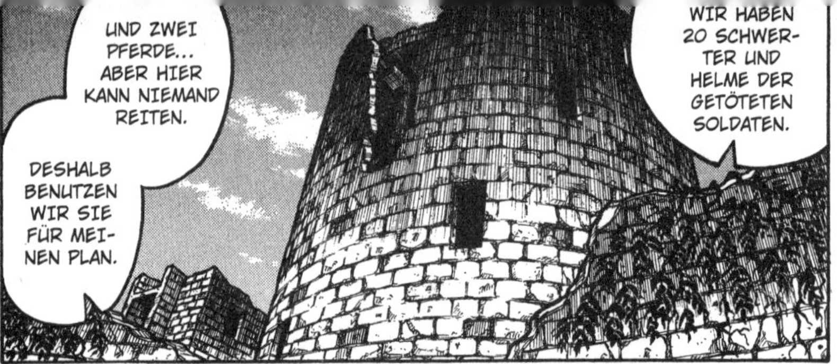
WIR HABEN 20 SCHWERTER UND HELME DER GETÖTETEN SOLDATEN.
UND ZWEI PFERDE... ABER HIER KANN NIEMAND REITEN.
DESHALB BENUTZEN WIR SIE FÜR MEINEN PLAN.

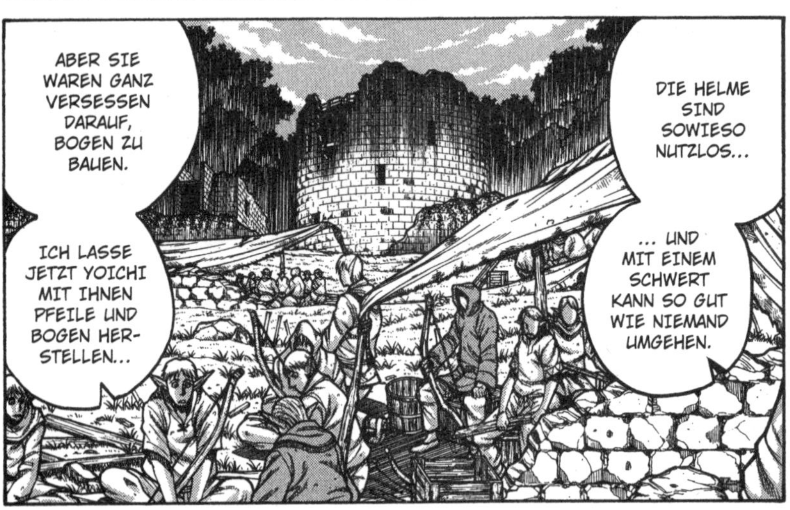
DIE HELME SIND SOWIESO NUTZLOS...
... UND MIT EINEM SCHWERT KANN SO GUT WIE NIEMAND UMGEHEN.
ABER SIE WAREN GANZ VERSESSEN DARAUF, BOGEN ZU BAUEN.
ICH LASSE JETZT YOICHI MIT IHNEN PFEILE UND BOGEN HERSTELLEN...

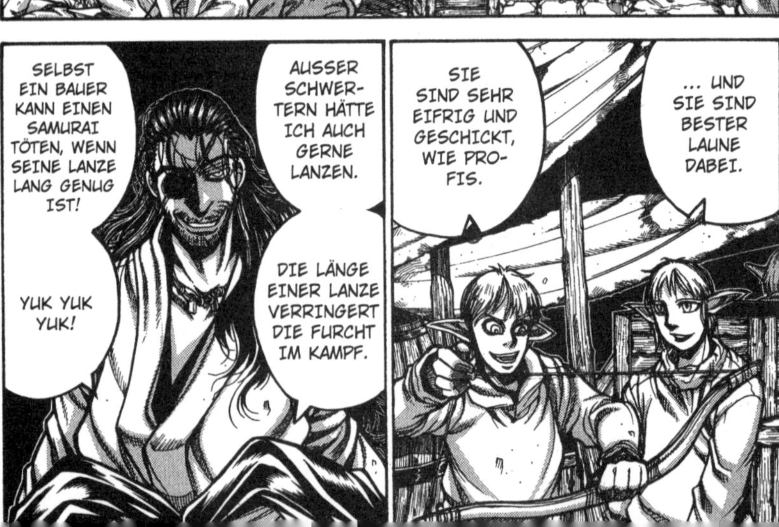
SIE SIND SEHR EIFRIG UND GESCHICKT, WIE PROFIS.
... UND SIE SIND BESTER LAUNE DABEI.
AUSSER SCHWERTERN HÄTTE ICH AUCH GERNE LANZEN.
DIE LÄNGE EINER LANZE VERRINGERT DIE FURCHT IM KAMPF.
SELBST EIN BAUER KANN EINEN SAMURAI TÖTEN, WENN SEINE LANZE LANG GENUG IST!
YUK YUK YUK!

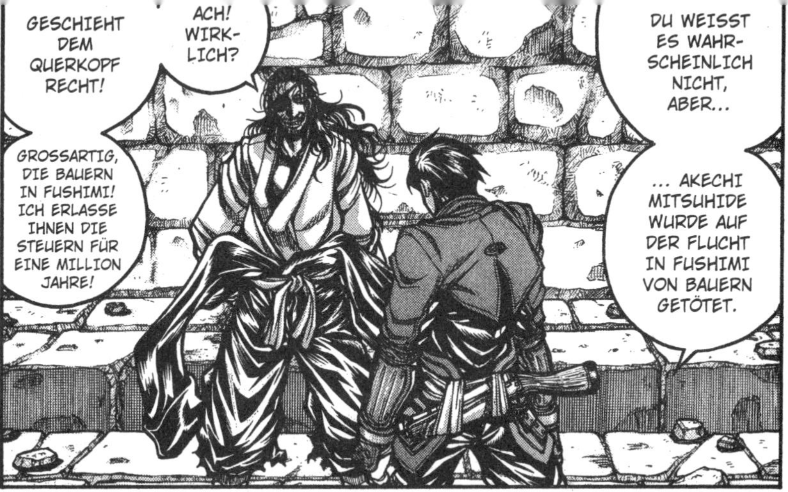
DU WEISST ES WAHRSCHEINLICH NICHT, ABER...
... AKECHI MITSUHIDE WURDE AUF DER FLUCHT IN FUSHIMI VON BAUERN GETÖTET.
ACH! WIRKLICH?
GESCHIEHT DEM QUERKOPF RECHT!
GROSSARTIG, DIE BAUERN IN FUSHIMI! ICH ERLASSE IHNEN DIE STEUERN FÜR EINE MILLION JAHRE!

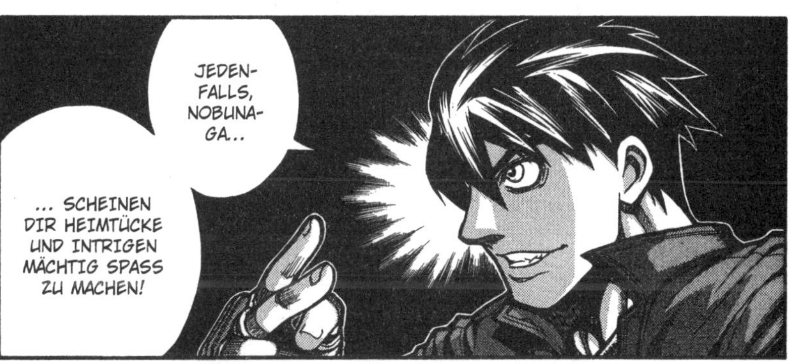
JEDENFALLS, NOBUNAGA...
... SCHEINEN DIR HEIMTÜCKE UND INTRIGEN MÄCHTIG SPASS ZU MACHEN!

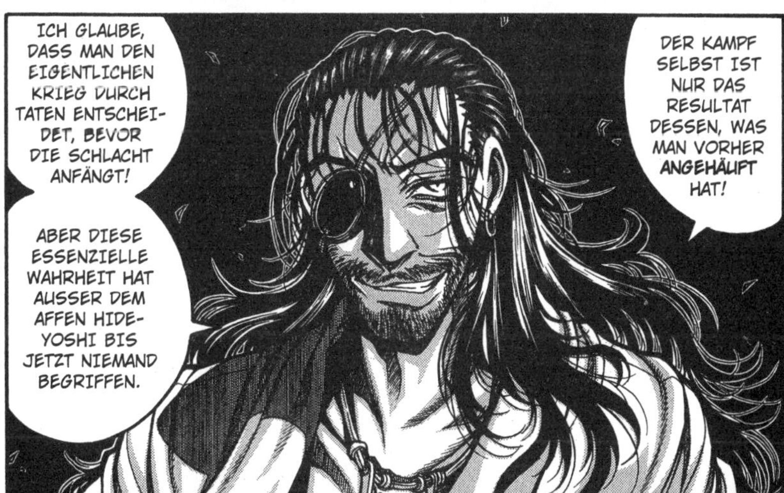
DER KAMPF SELBST IST NUR DAS RESULTAT DESSEN, WAS MAN VORHER ANGEHÄUFT HAT!
ICH GLAUBE, DASS MAN DEN EIGENTLICHEN KRIEG DURCH TATEN ENTSCHEIDET, BEVOR DIE SCHLACHT ANFÄNGT!
ABER DIESE ESSENZIELLE WAHRHEIT HAT AUSSER DEM AFFEN HIDEYOSHI BIS JETZT NIEMAND BEGRIFFEN.

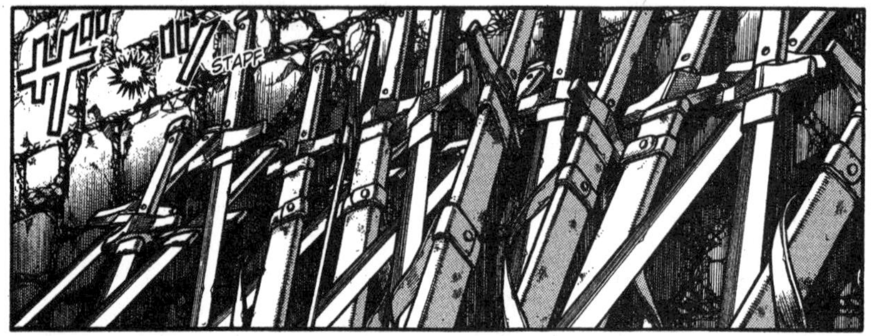

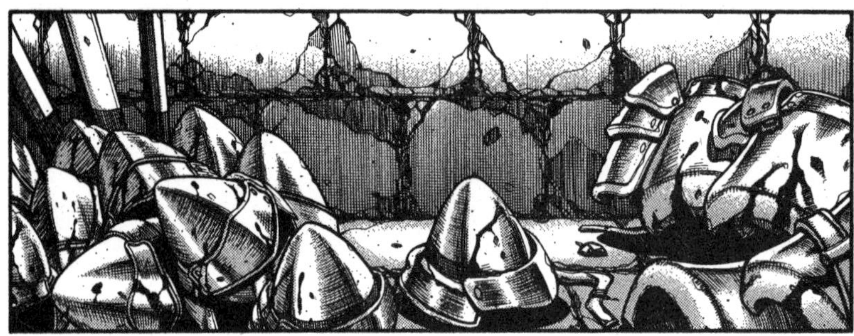

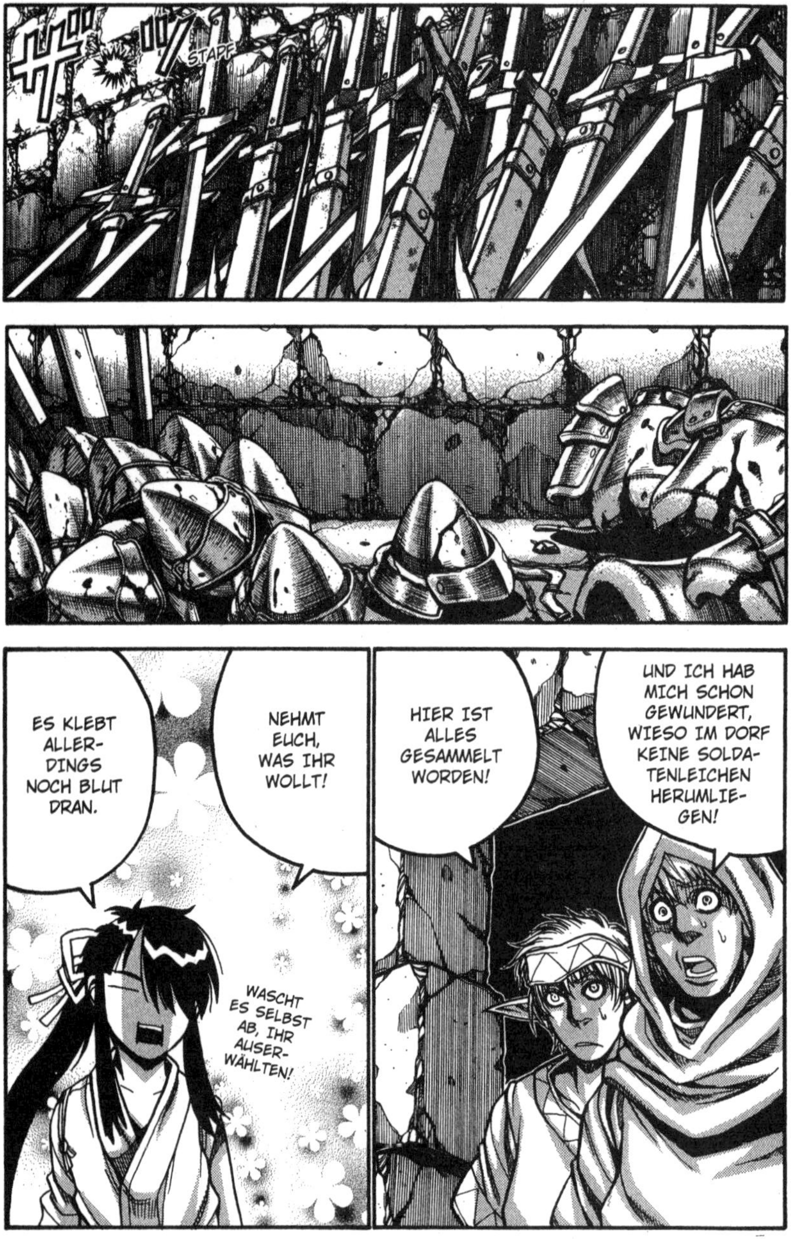

UND ICH HAB MICH SCHON GEWUNDERT, WIESO IM DORF KEINE SOLDATENLEICHEN HERUMLIEGEN!

HIER IST ALLES GESAMMELT WORDEN!

NEHMT EUCH, WAS IHR WOLLT!

ES KLEBT ALLERDINGS NOCH BLUT DRAN.

WASCHT ES SELBST AB, IHR AUSERWÄHLTEN!

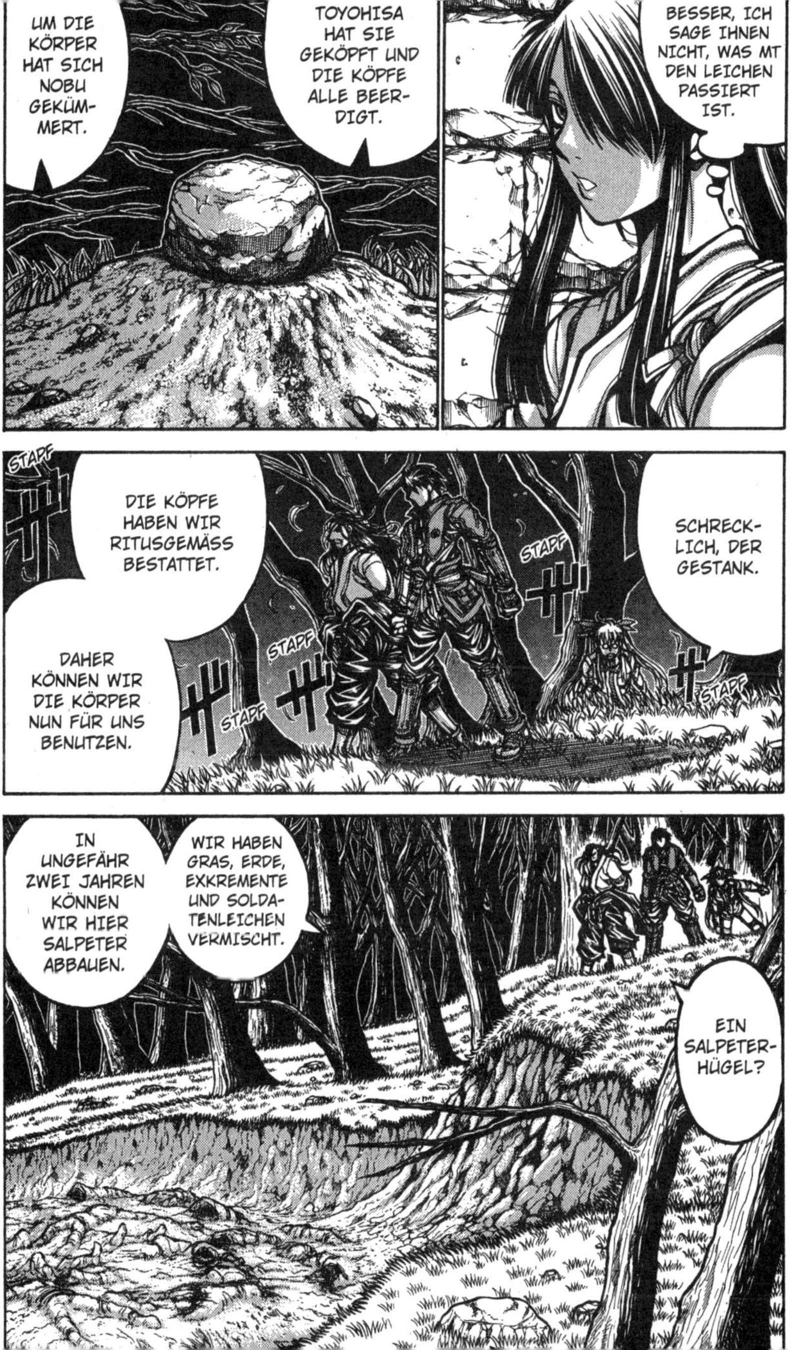

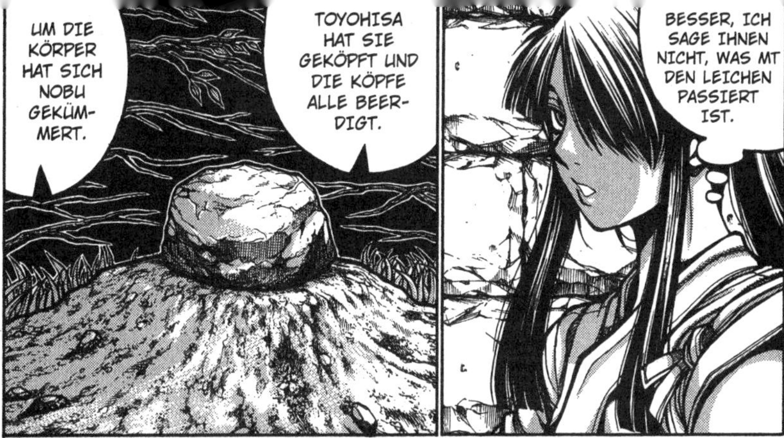

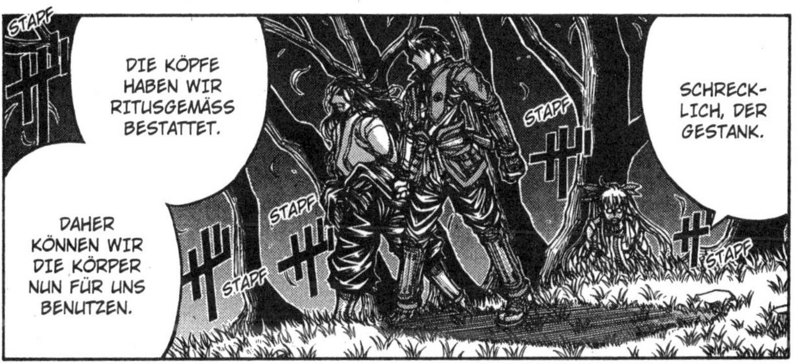

EIN SALPETERHÜGEL?

WIR HABEN GRAS, ERDE, EXKREMENTE UND SOLDATENLEICHEN VERMISCHT.

IN UNGEFÄHR ZWEI JAHREN KÖNNEN WIR HIER SALPETER ABBAUEN.

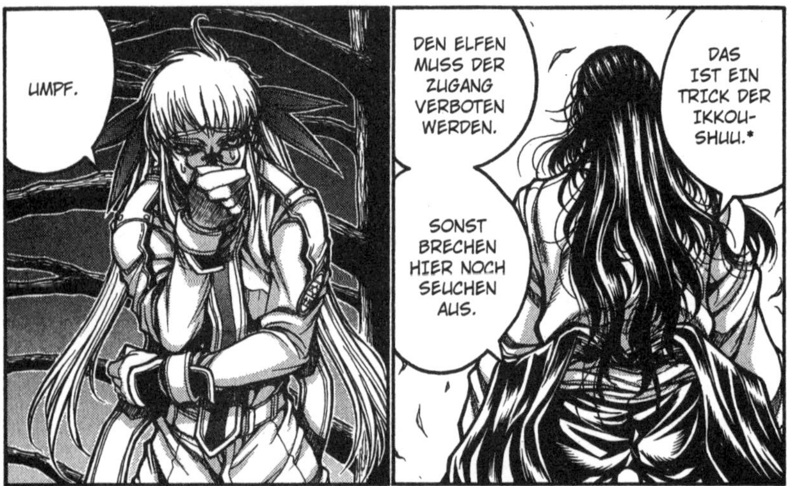

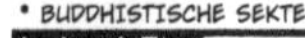

* BUDDHISTISCHE SEKTE

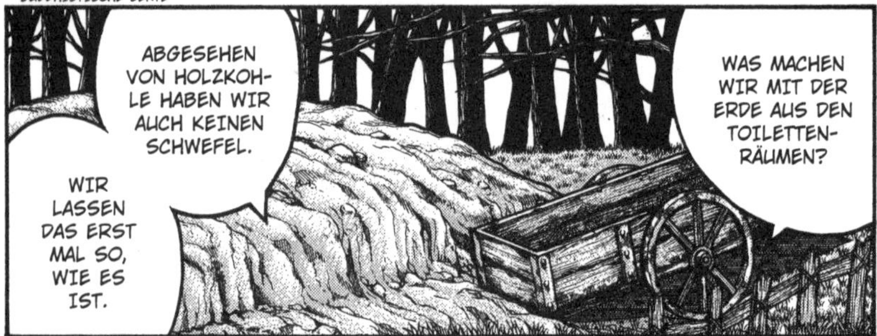

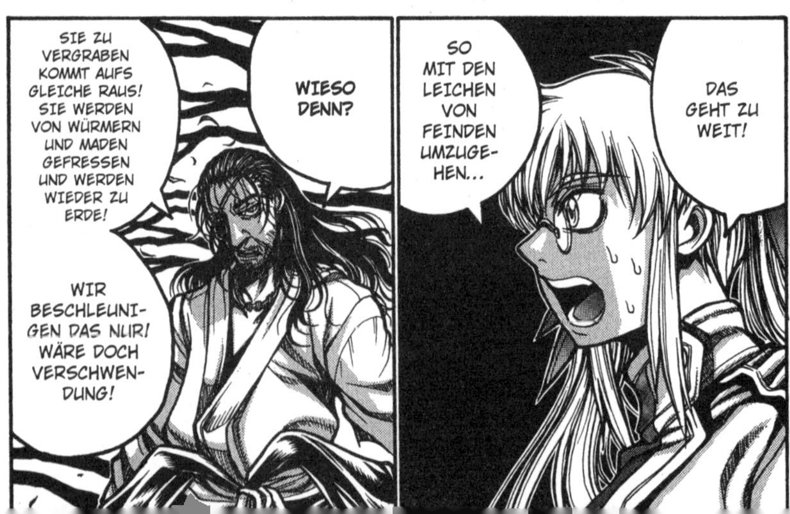

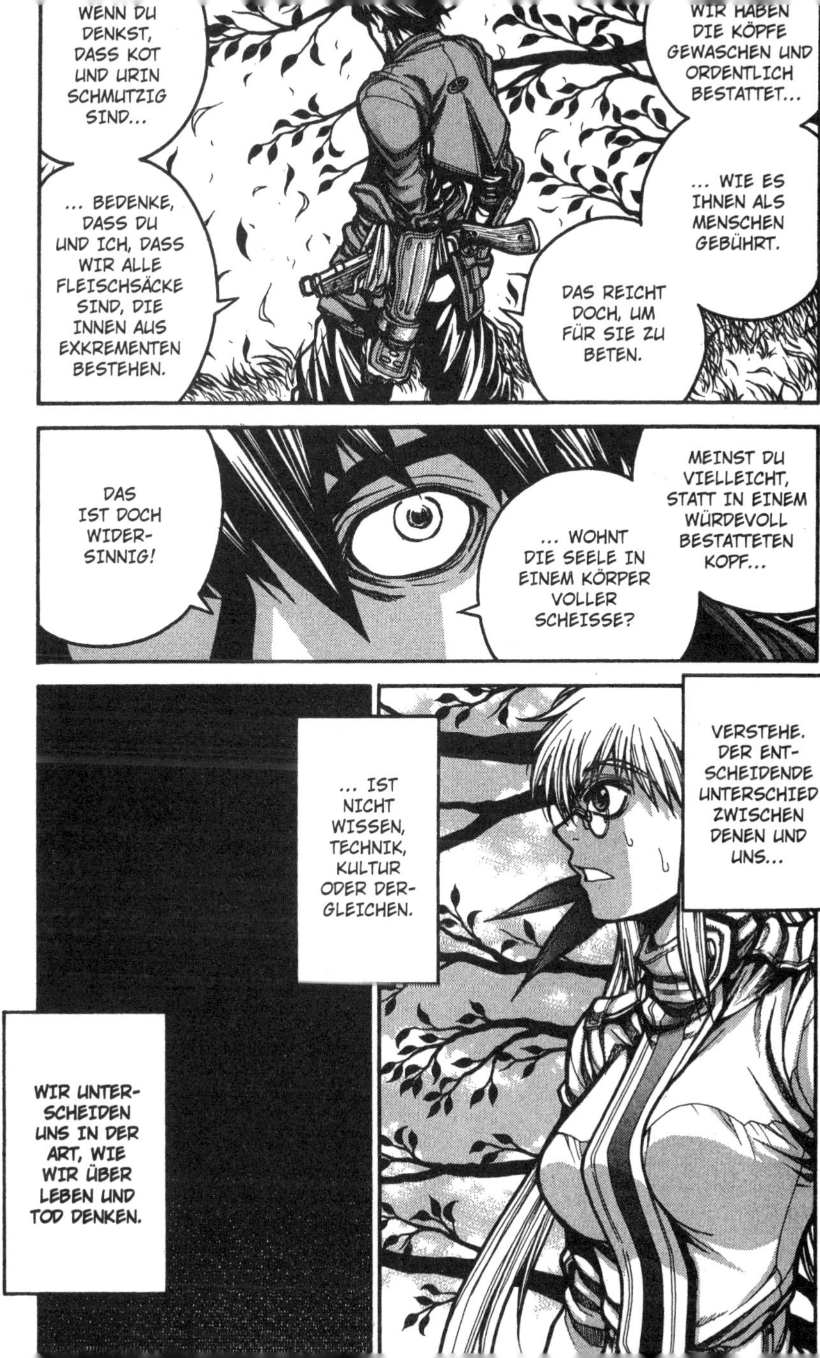

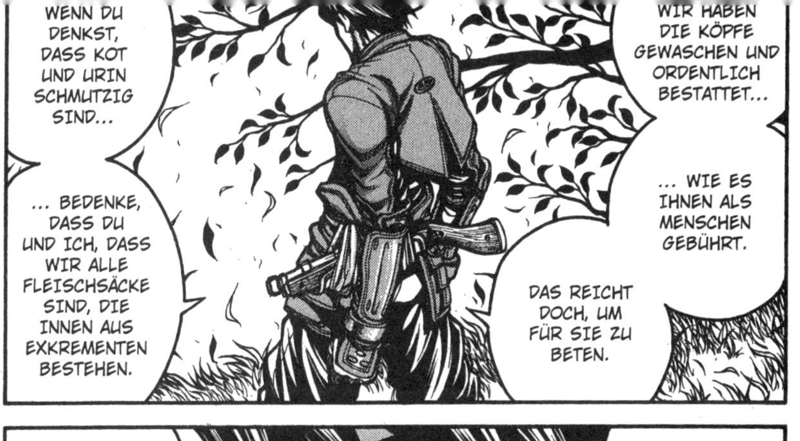

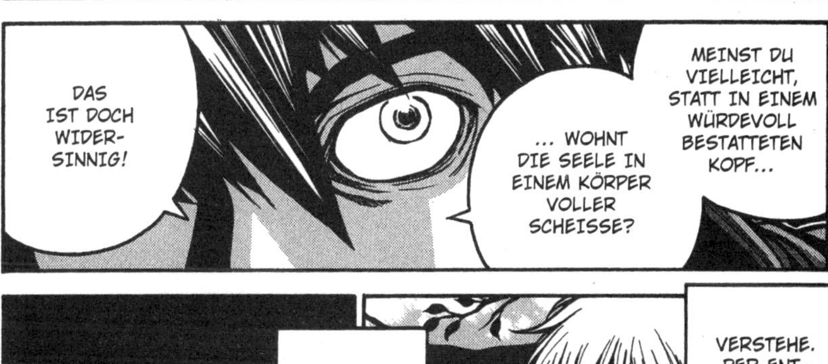

VERSTEHE. DER ENT-SCHEIDENDE UNTERSCHIED ZWISCHEN DENEN UND UNS…

… IST NICHT WISSEN, TECHNIK, KULTUR ODER DER-GLEICHEN.

WIR UNTER-SCHEIDEN UNS IN DER ART, WIE WIR ÜBER LEBEN UND TOD DENKEN.

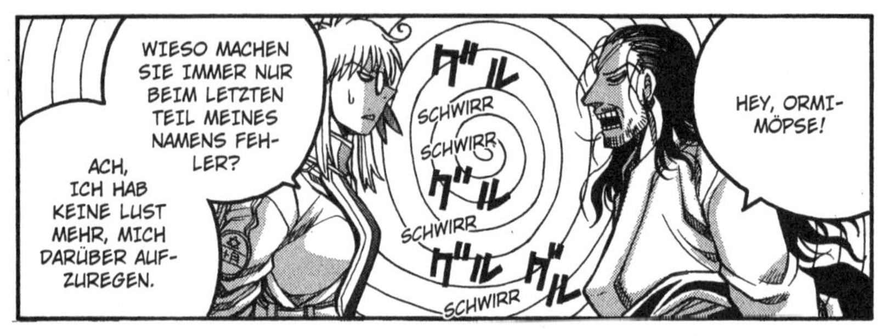
HEY, ORMI-MÖPSE!
WIESO MACHEN SIE IMMER NUR BEIM LETZTEN TEIL MEINES NAMENS FEHLER?
SCHWIRR
SCHWIRR
SCHWIRR
SCHWIRR
ACH, ICH HAB KEINE LUST MEHR, MICH DARÜBER AUFZUREGEN.

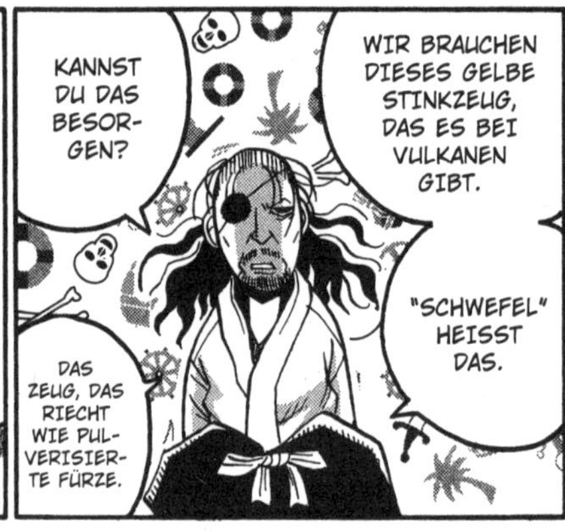
WIR BRAUCHEN DIESES GELBE STINKZEUG, DAS ES BEI VULKANEN GIBT.
KANNST DU DAS BESORGEN?
"SCHWEFEL" HEISST DAS.
DAS ZEUG, DAS RIECHT WIE PULVERISIERTE FÜRZE.

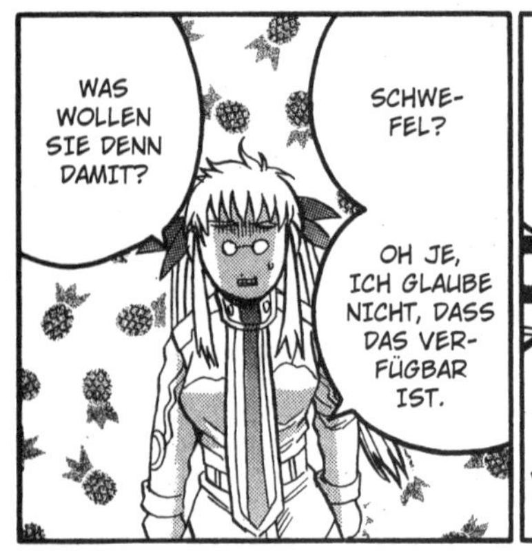
SCHWEFEL?
WAS WOLLEN SIE DENN DAMIT?
OH JE, ICH GLAUBE NICHT, DASS DAS VERFÜGBAR IST.

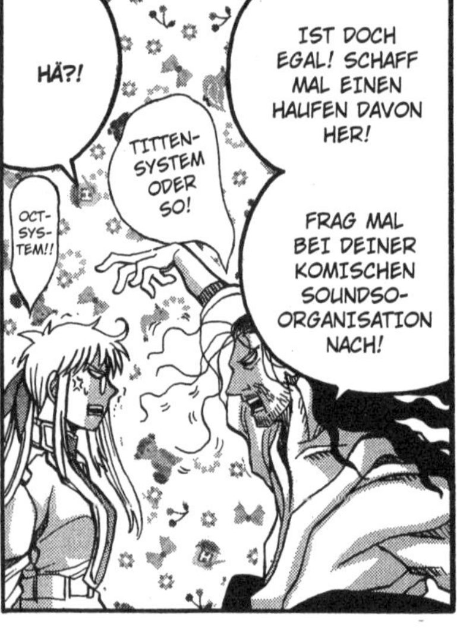
IST DOCH EGAL! SCHAFF MAL EINEN HAUFEN DAVON HER!
HÄ?!
FRAG MAL BEI DEINER KOMISCHEN SOUNDSO-ORGANISATION NACH!
TITTEN-SYSTEM ODER SO!
OCT-SYSTEM!!

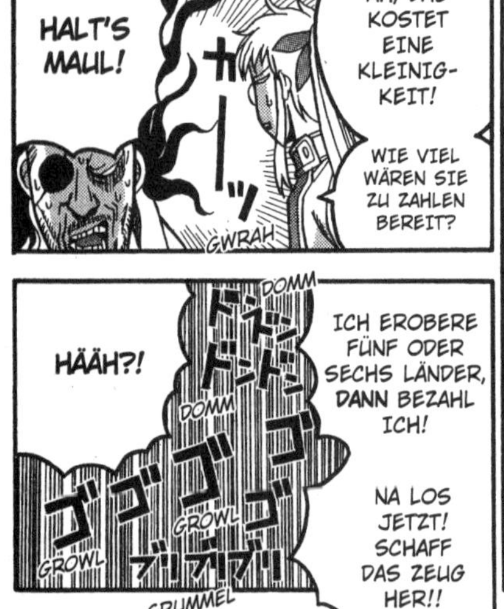
ÄH, DAS KOSTET EINE KLEINIGKEIT!
WIE VIEL WÄREN SIE ZU ZAHLEN BEREIT?
HALT'S MAUL!
GWRAH
ICH EROBERE FÜNF ODER SECHS LÄNDER, DANN BEZAHL ICH!
HÄÄH?!
DOMM
DOMM
NA LOS JETZT! SCHAFF DAS ZEUG HER!!
GROWL
GROWL
GRUMMEL

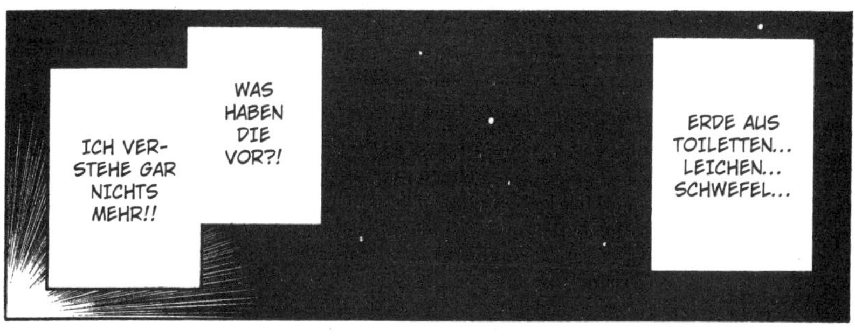
ERDE AUS TOILETTEN... LEICHEN... SCHWEFEL...
WAS HABEN DIE VOR?!
ICH VERSTEHE GAR NICHTS MEHR!!
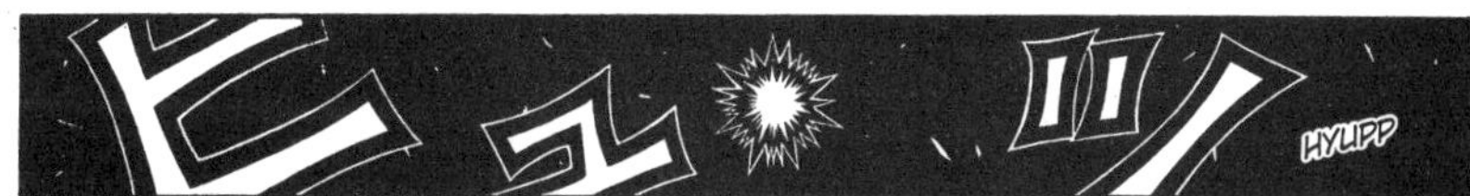
HYUPP
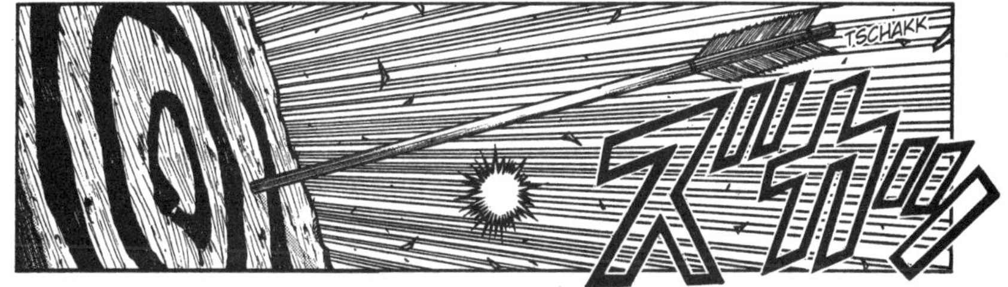
TSCHAKK
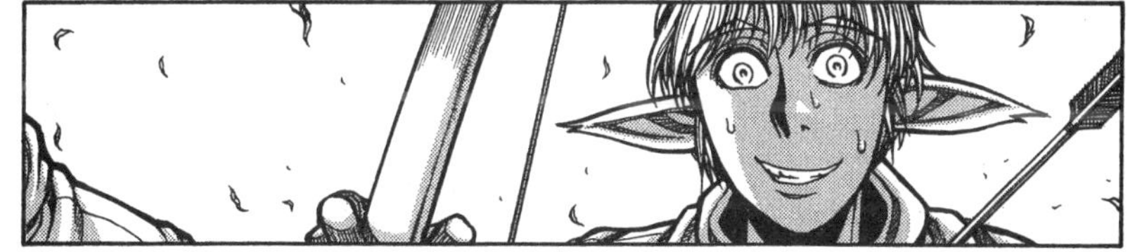
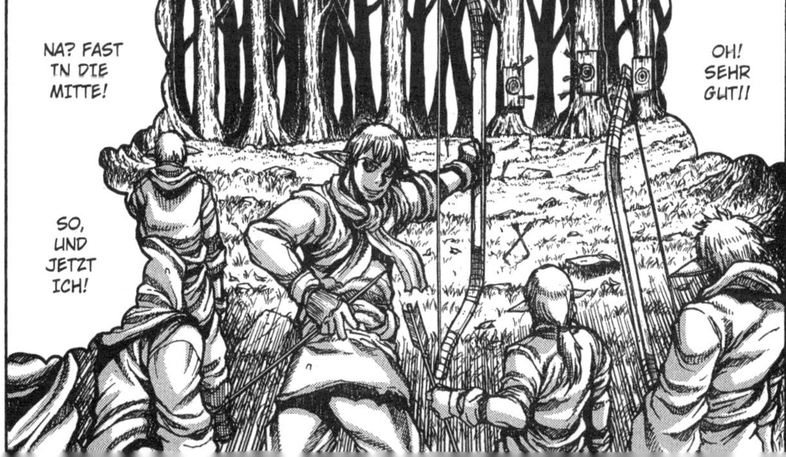
OH! SEHR GUT!!
NA? FAST TN DIE MITTE!
SO, UND JETZT ICH!

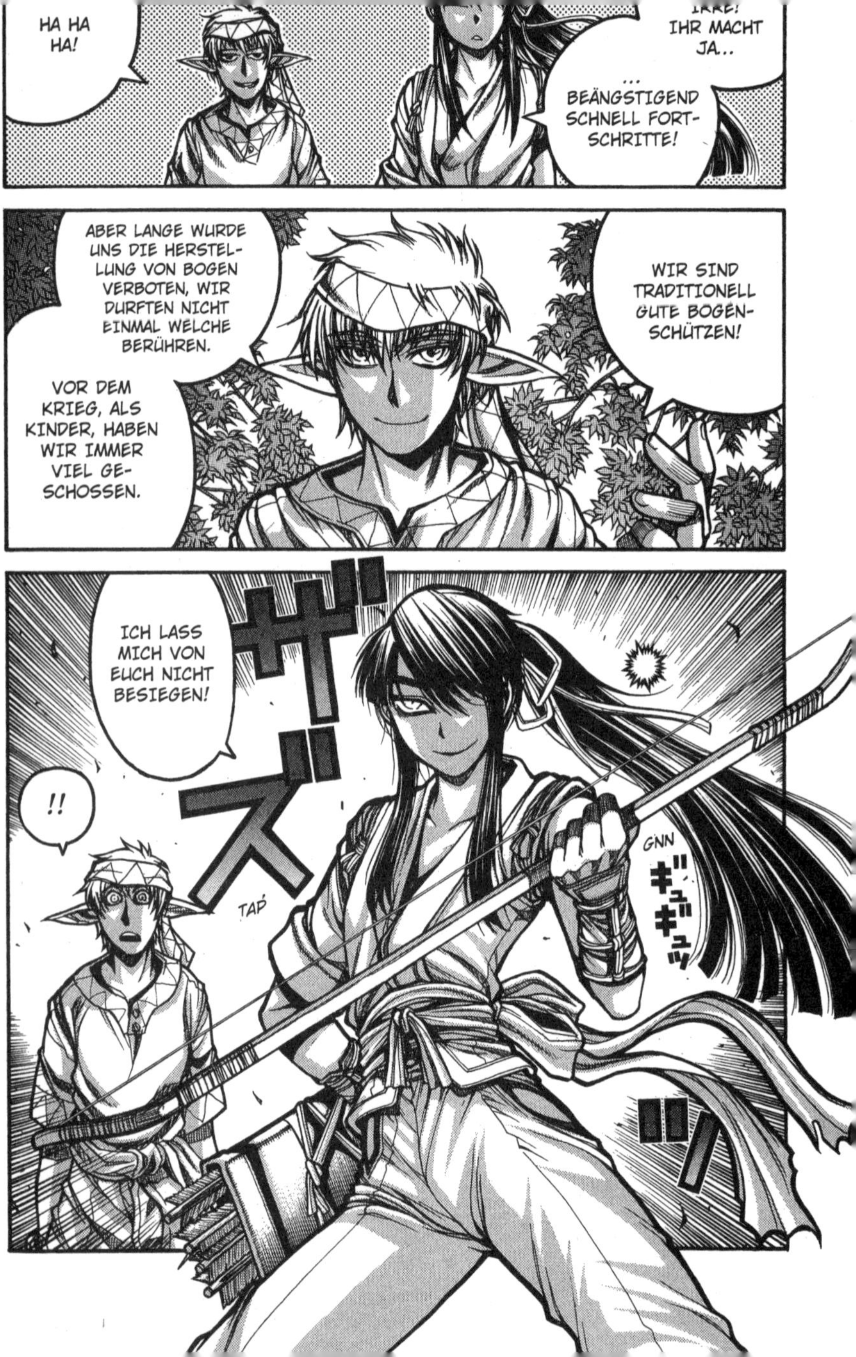

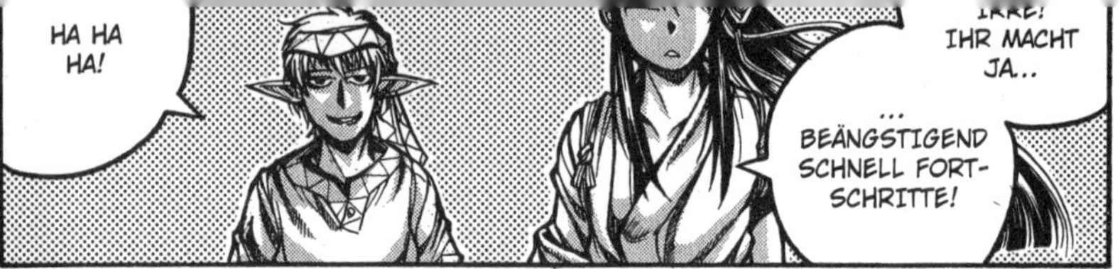

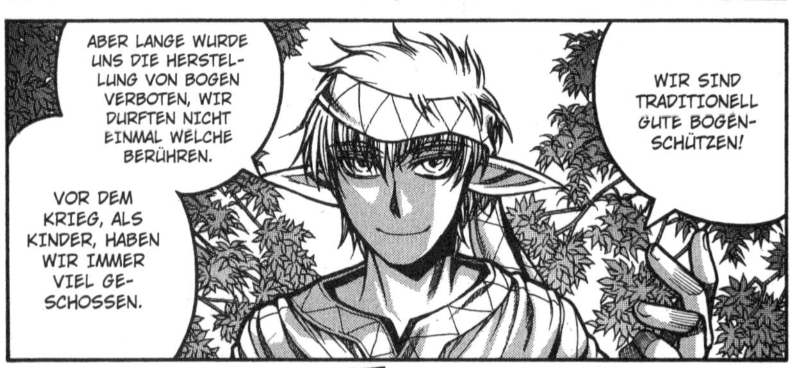

ICH LASS MICH VON EUCH NICHT BESIEGEN!

!!

TAP

GNN

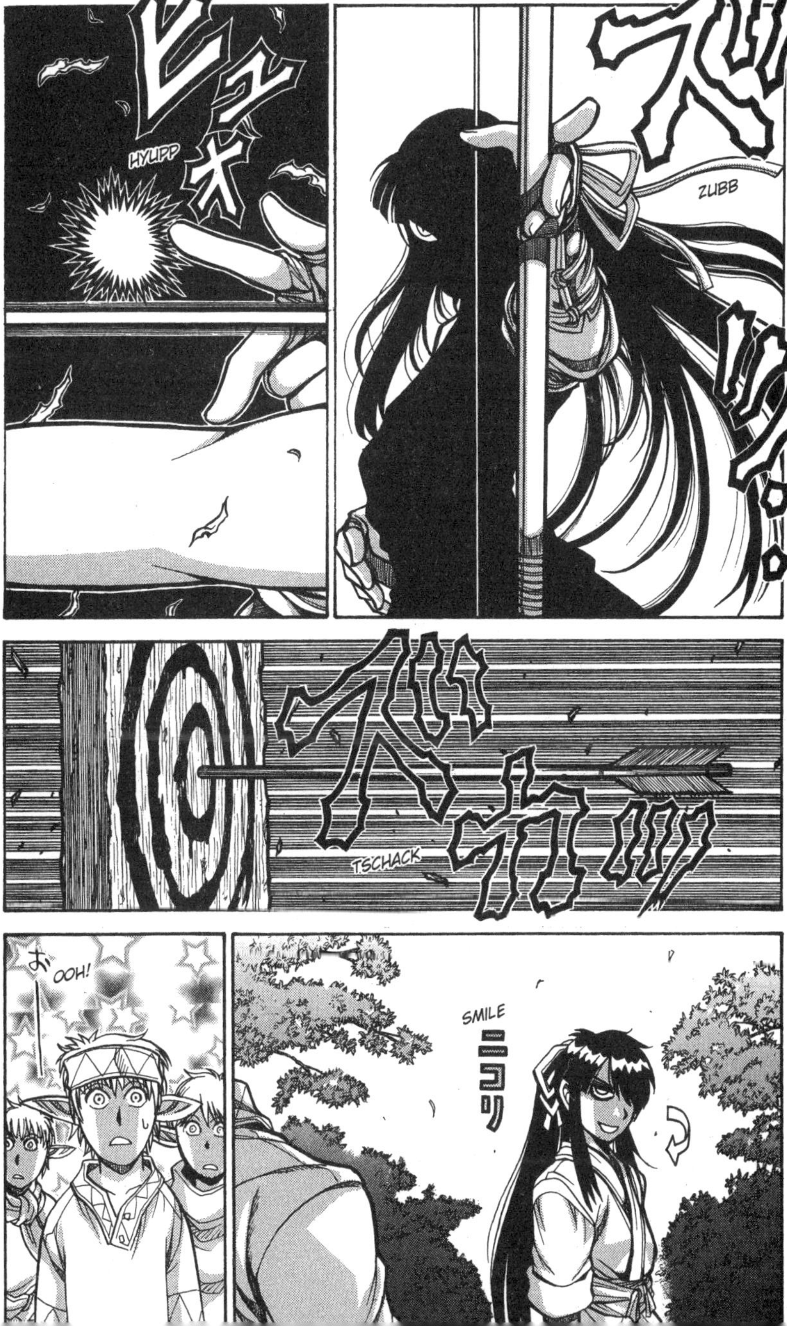

ZUBB

ヒュオ

HYUPP

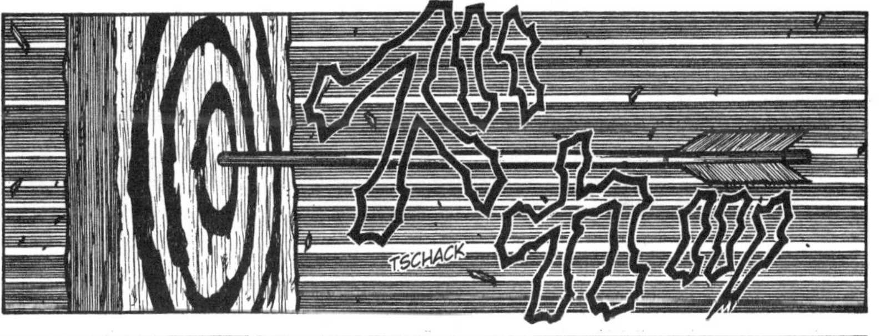

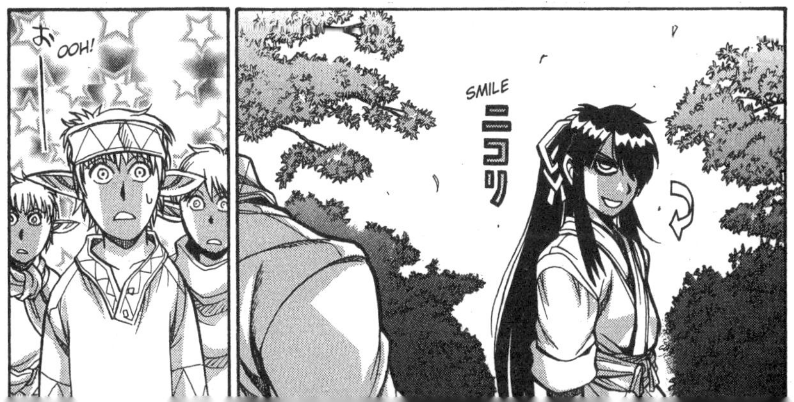

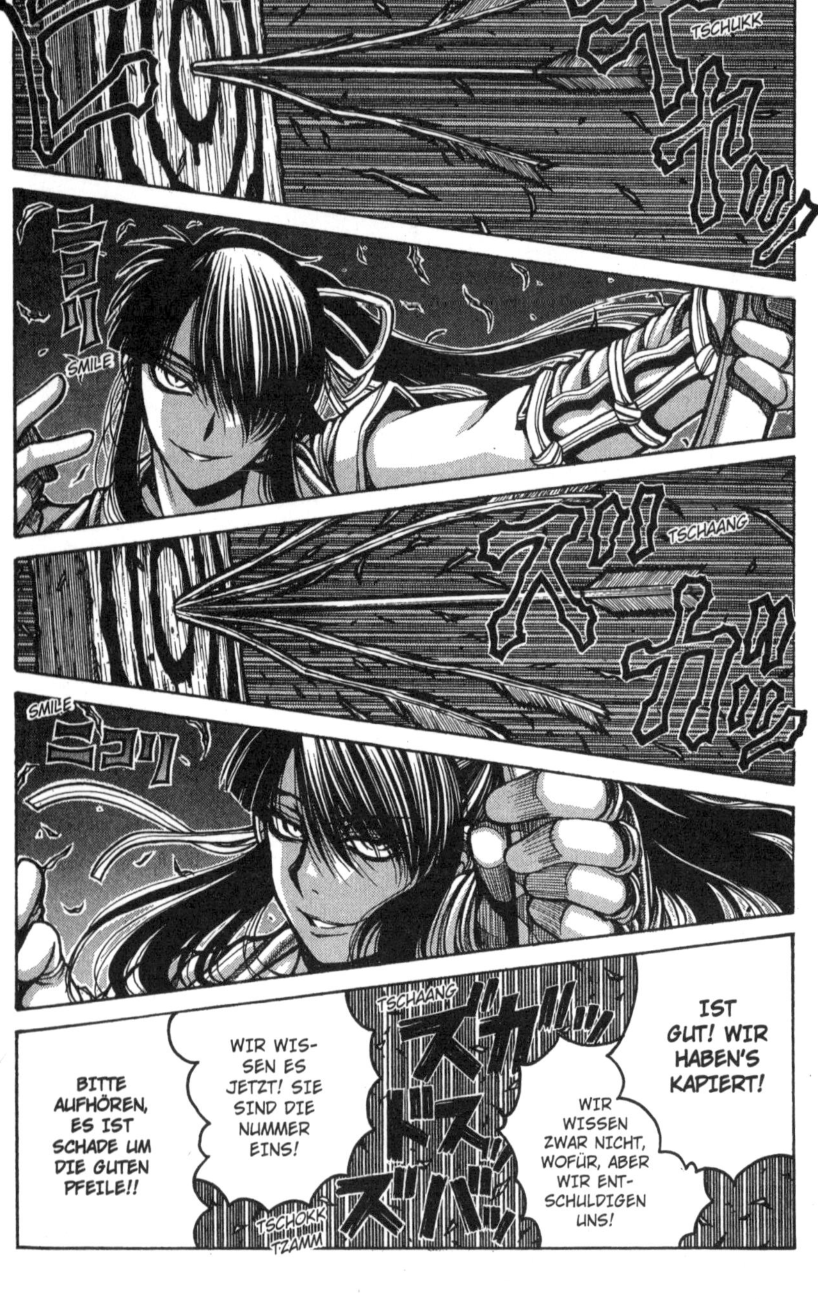
TSCHUKK
SMILE
TSCHAANG
SMILE
TSCHAANG
IST GUT! WIR HABEN'S KAPIERT!
WIR WISSEN ZWAR NICHT, WOFÜR, ABER WIR ENTSCHULDIGEN UNS!
WIR WISSEN ES JETZT! SIE SIND DIE NUMMER EINS!
BITTE AUFHÖREN, ES IST SCHADE UM DIE GUTEN PFEILE!!
TSCHOKK
TZAMM

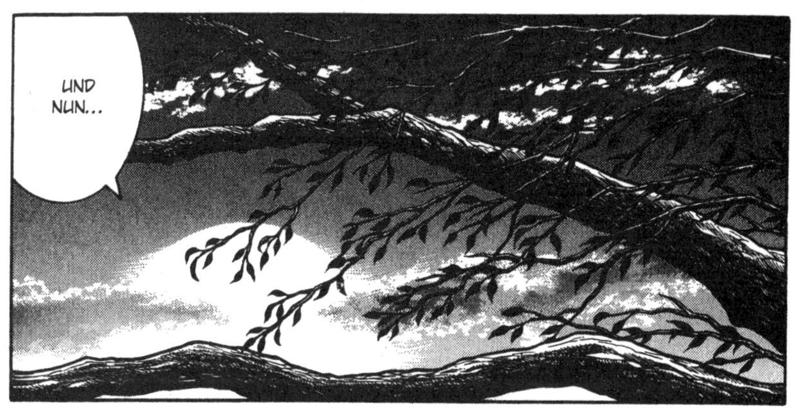
UND NUN...

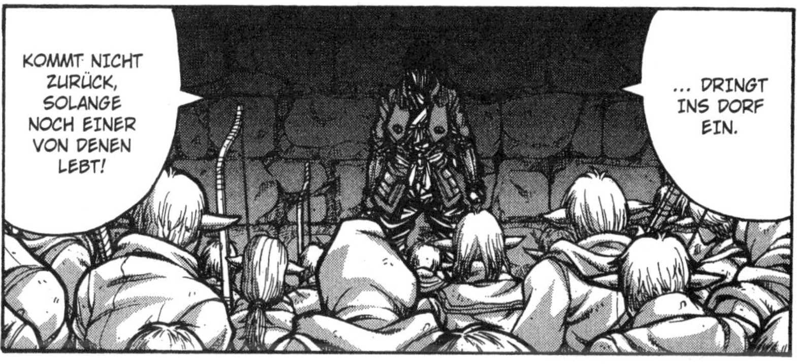
... DRINGT INS DORF EIN.
KOMMT NICHT ZURÜCK, SOLANGE NOCH EINER VON DENEN LEBT!

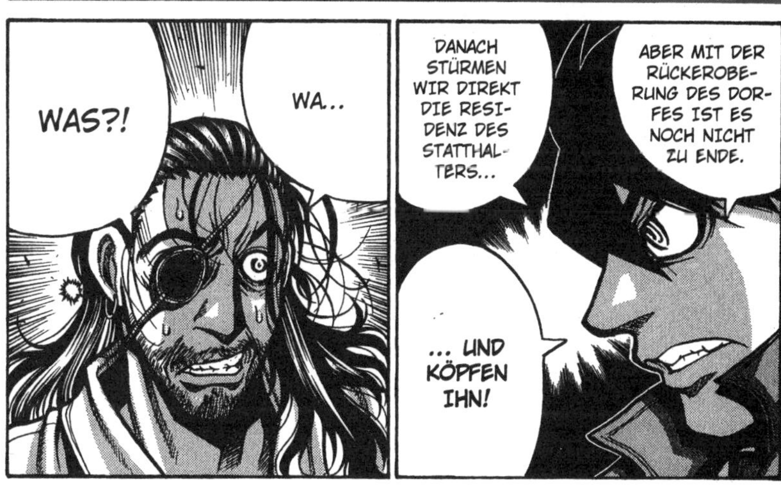
ABER MIT DER RÜCKEROBERUNG DES DORFES IST ES NOCH NICHT ZU ENDE.
DANACH STÜRMEN WIR DIREKT DIE RESIDENZ DES STATTHALTERS...
... UND KÖPFEN IHN!
WA...
WAS?!

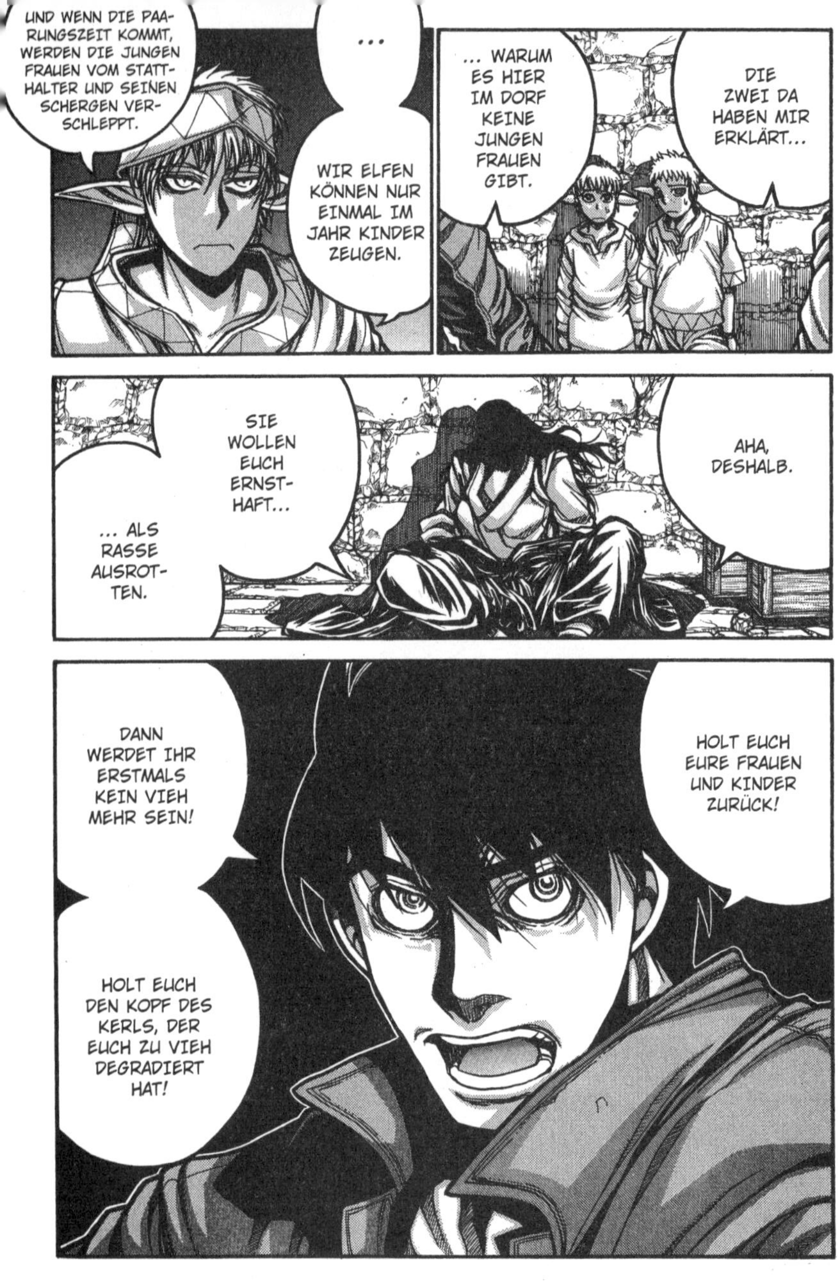

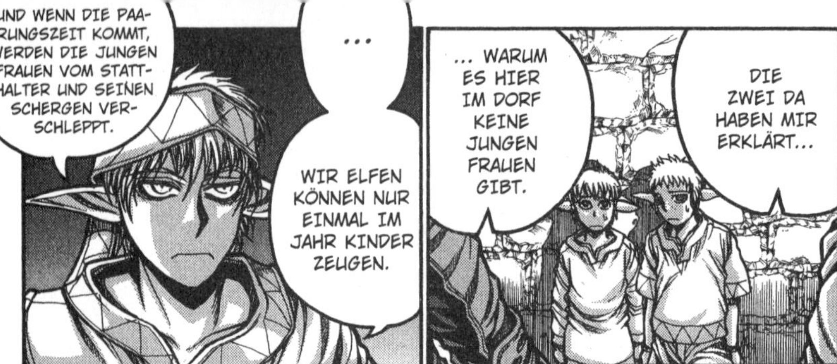
DIE ZWEI DA HABEN MIR ERKLÄRT...
... WARUM ES HIER IM DORF KEINE JUNGEN FRAUEN GIBT.
...
WIR ELFEN KÖNNEN NUR EINMAL IM JAHR KINDER ZEUGEN.
UND WENN DIE PAARUNGSZEIT KOMMT, WERDEN DIE JUNGEN FRAUEN VOM STATTHALTER UND SEINEN SCHERGEN VERSCHLEPPT.

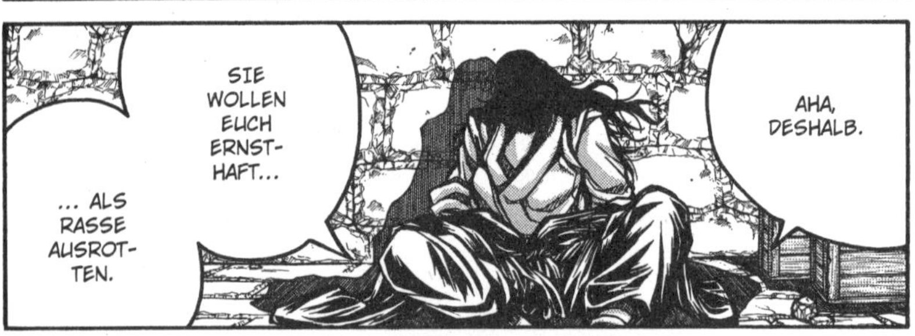
AHA, DESHALB.
SIE WOLLEN EUCH ERNSTHAFT...
... ALS RASSE AUSROTTEN.

HOLT EUCH EURE FRAUEN UND KINDER ZURÜCK!
DANN WERDET IHR ERSTMALS KEIN VIEH MEHR SEIN!
HOLT EUCH DEN KOPF DES KERLS, DER EUCH ZU VIEH DEGRADIERT HAT!

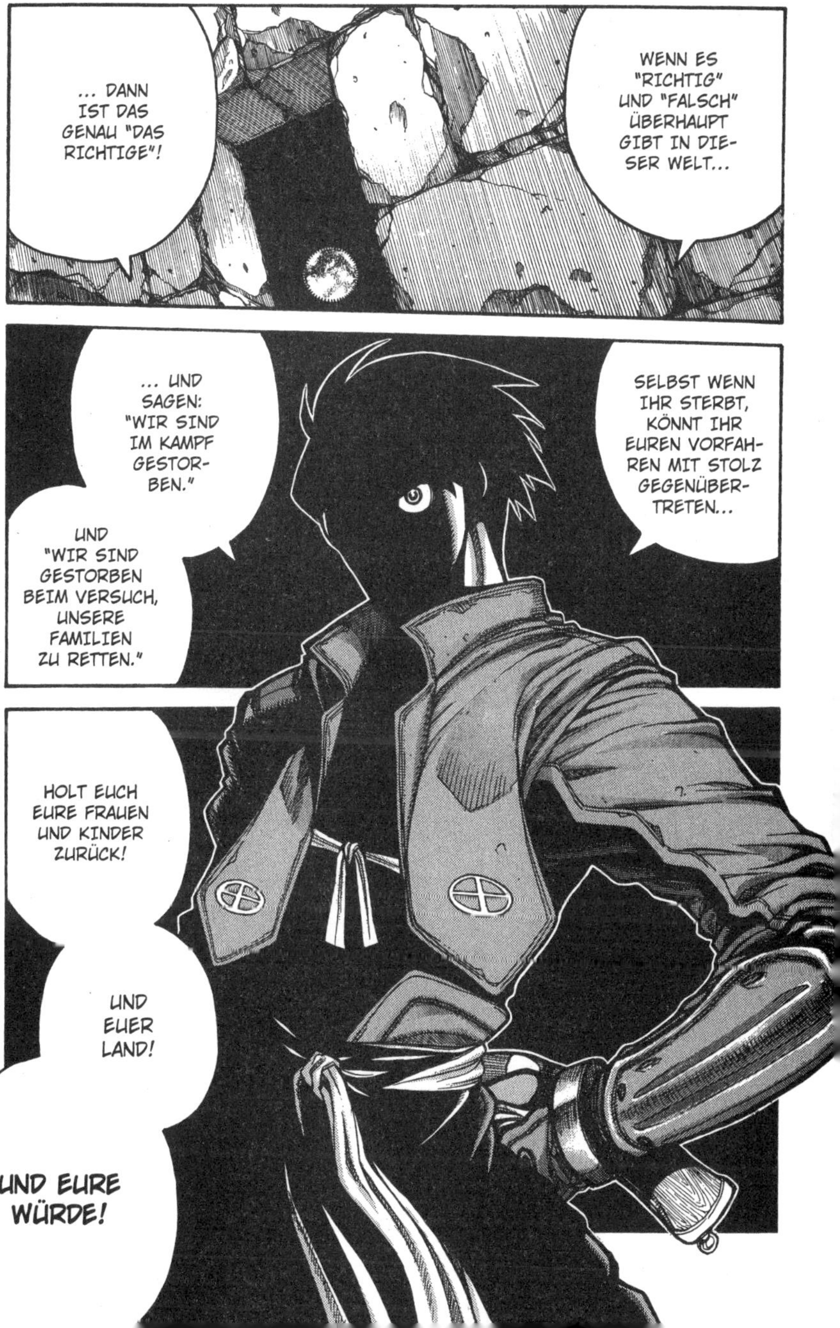

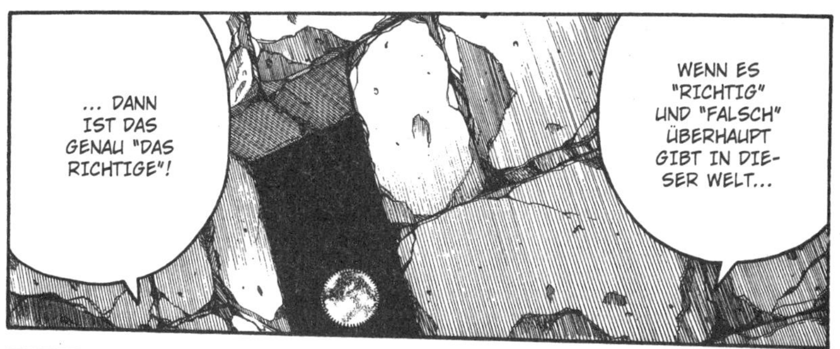

SELBST WENN IHR STERBT, KÖNNT IHR EUREN VORFAHREN MIT STOLZ GEGENÜBERTRETEN...

... UND SAGEN: "WIR SIND IM KAMPF GESTORBEN."

UND "WIR SIND GESTORBEN BEIM VERSUCH, UNSERE FAMILIEN ZU RETTEN."

HOLT EUCH EURE FRAUEN UND KINDER ZURÜCK!

UND EUER LAND!

UND EURE WÜRDE!

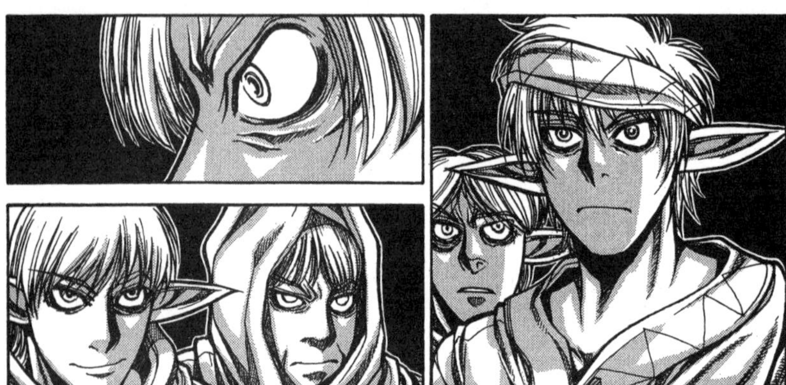

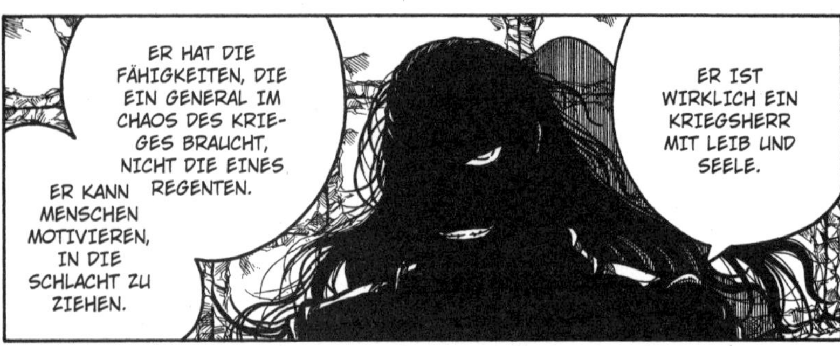
ER IST WIRKLICH EIN KRIEGSHERR MIT LEIB UND SEELE.
ER HAT DIE FÄHIGKEITEN, DIE EIN GENERAL IM CHAOS DES KRIE-GES BRAUCHT, NICHT DIE EINES REGENTEN.
ER KANN MENSCHEN MOTIVIEREN, IN DIE SCHLACHT ZU ZIEHEN.

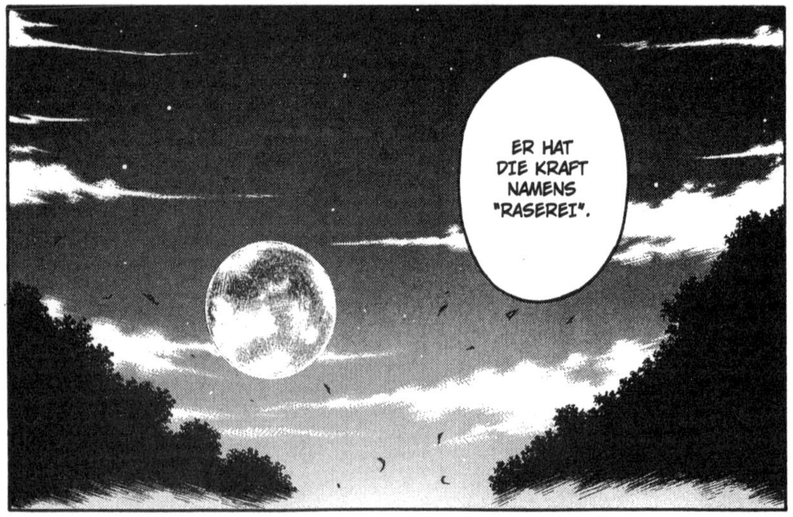
ER HAT DIE KRAFT NAMENS "RASEREI".

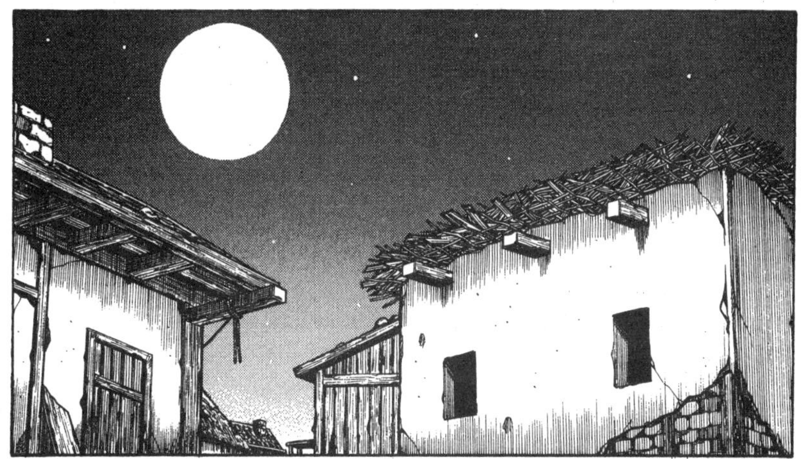

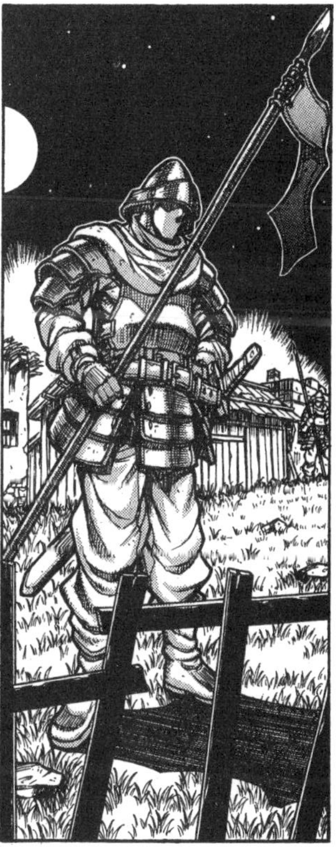

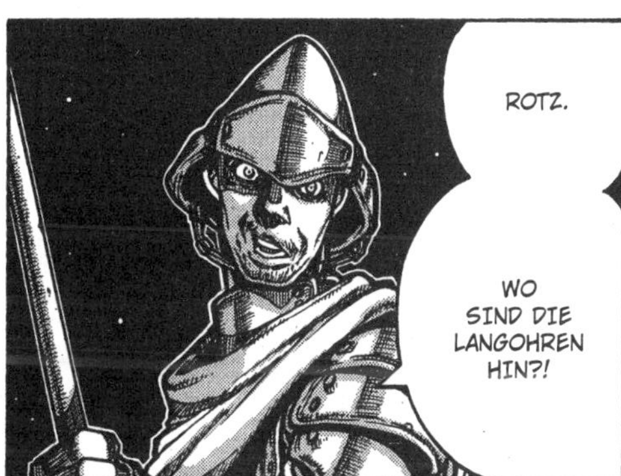
ROTZ.
WO SIND DIE LANGOHREN HIN?!

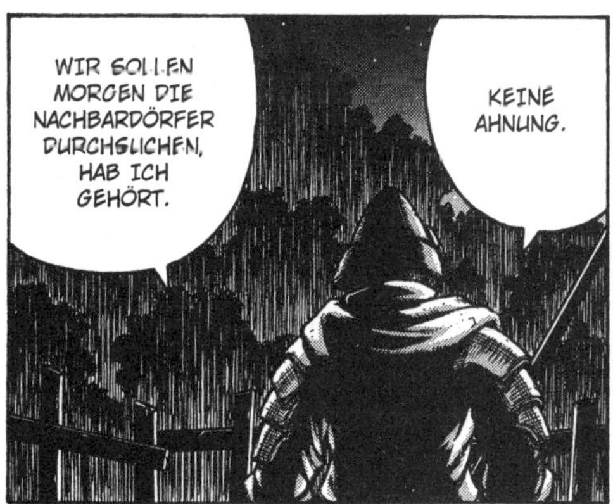
KEINE AHNUNG.
WIR SOLLEN MORGEN DIE NACHBARDÖRFER DURCHSUCHEN, HAB ICH GEHÖRT.

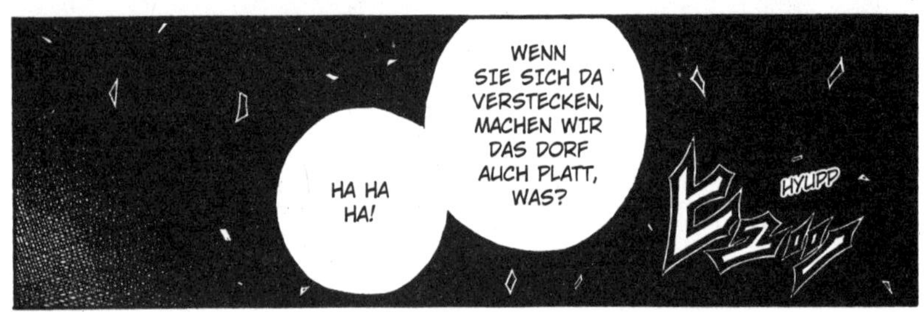
WENN SIE SICH DA VERSTECKEN, MACHEN WIR DAS DORF AUCH PLATT, WAS?
HA HA HA!
HYUPP

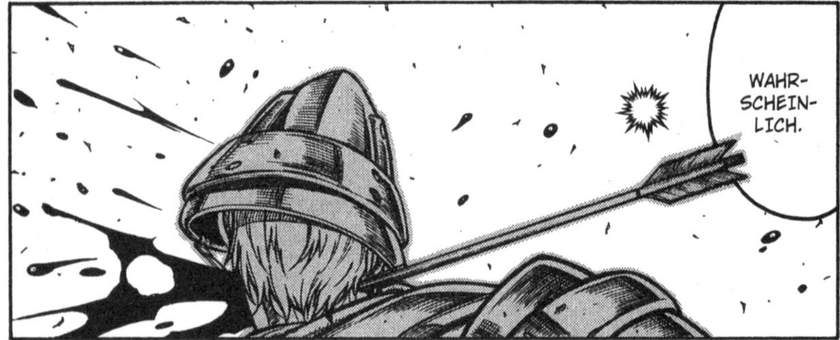
WAHR-SCHEIN-LICH.

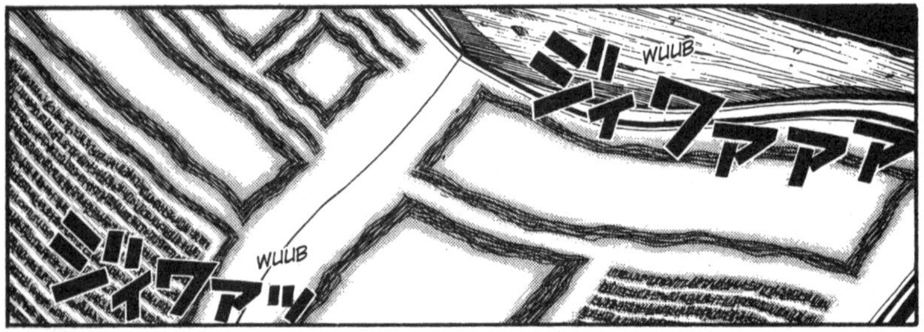
WUUB
WUUB

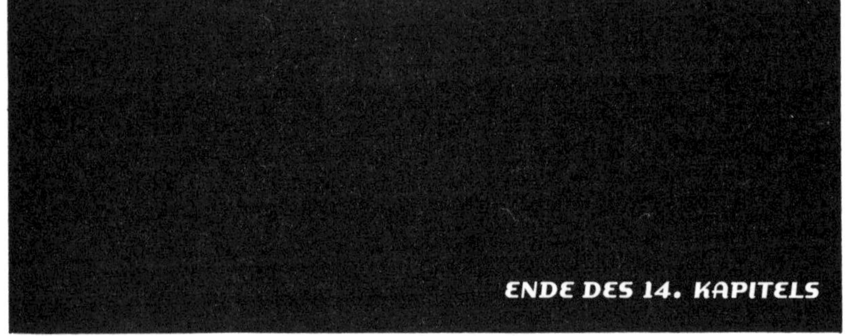
ENDE DES 14. KAPITELS

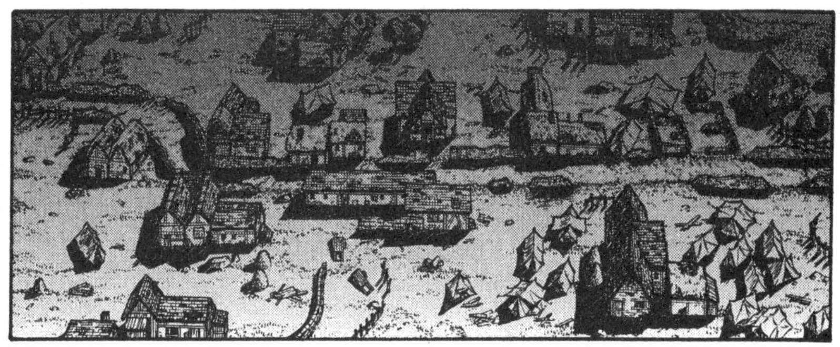

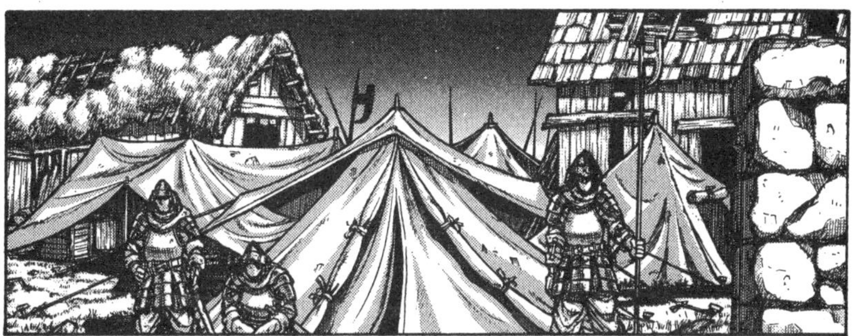

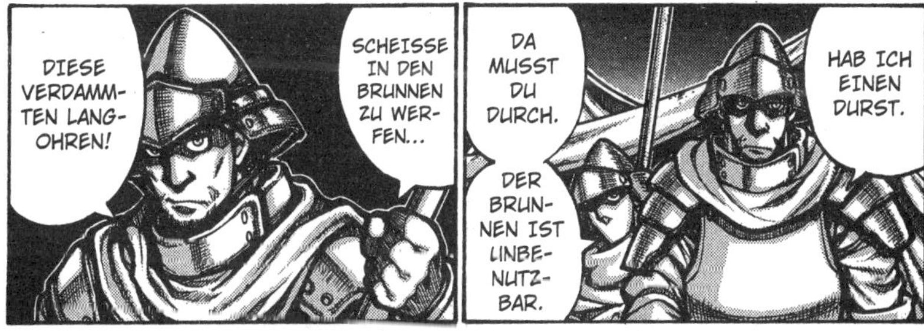
HAB ICH EINEN DURST.
DA MUSST DU DURCH.
DER BRUNNEN IST UNBENUTZBAR.
SCHEISSE IN DEN BRUNNEN ZU WERFEN...
DIESE VERDAMMTEN LANGOHREN!

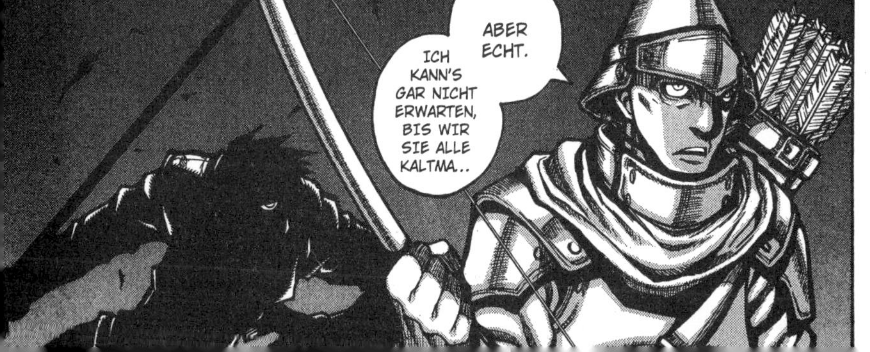
ABER ECHT.
ICH KANN'S GAR NICHT ERWARTEN, BIS WIR SIE ALLE KALTMA..

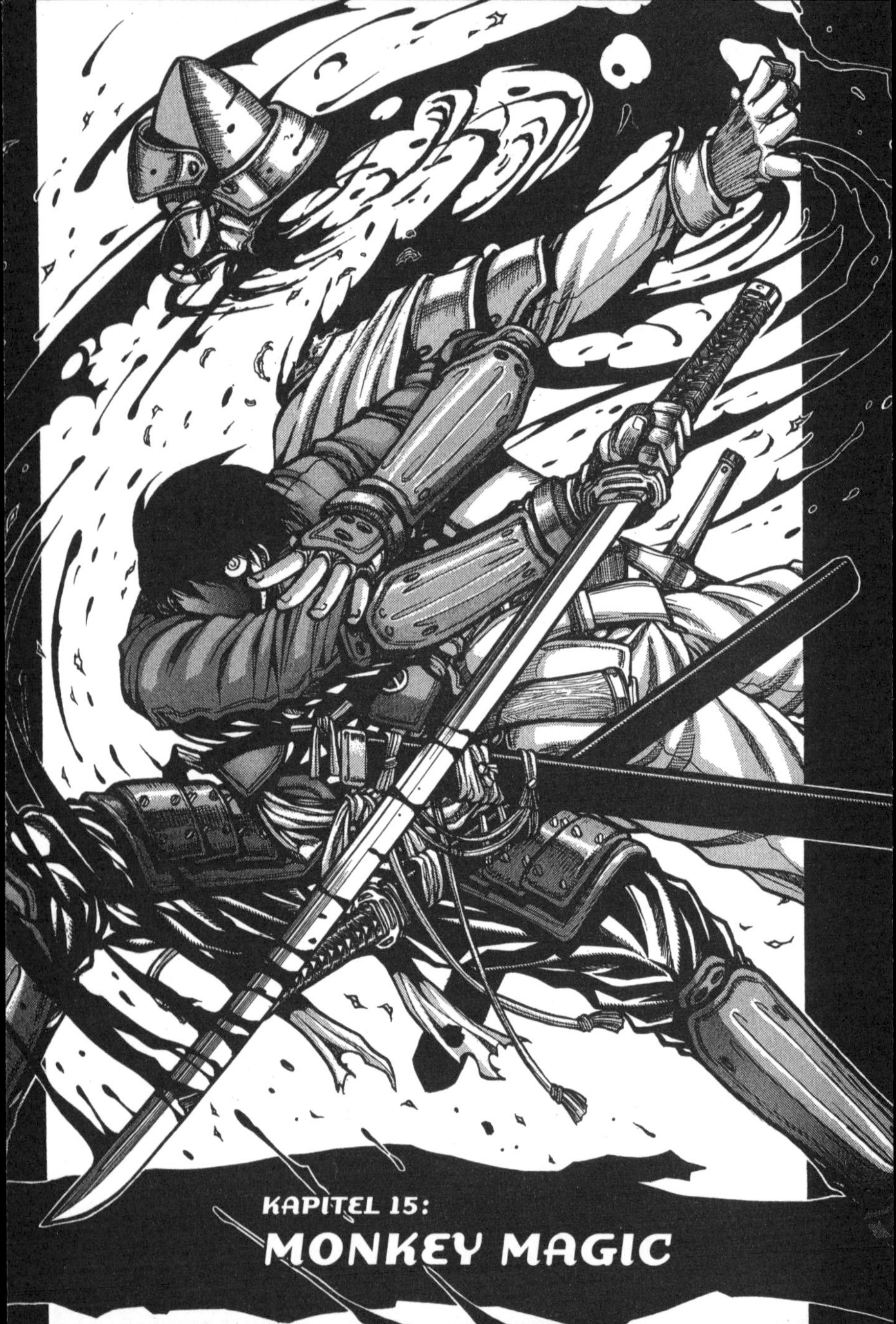
KAPITEL 15:
MONKEY MAGIC

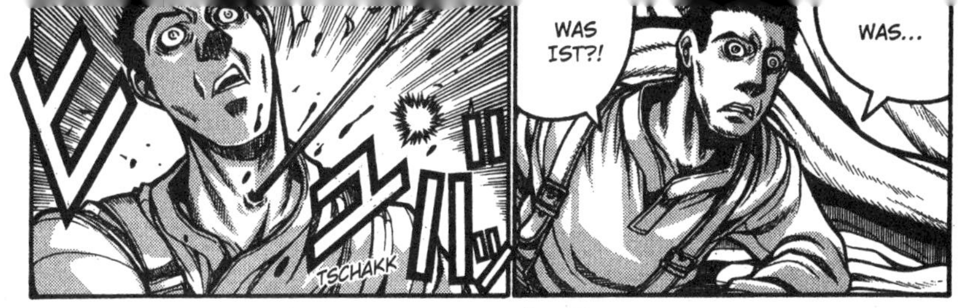
WAS...
WAS IST?!
TSCHAKK

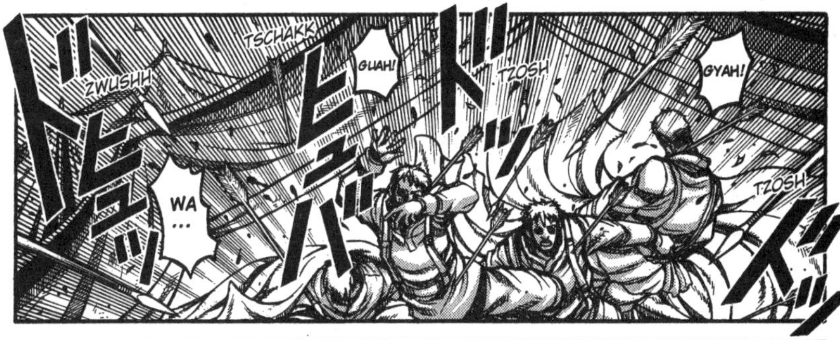
GYAH!
TZOSH
TZOSH
GUAH!
TSCHAKK
ZWUSHH
WA ...

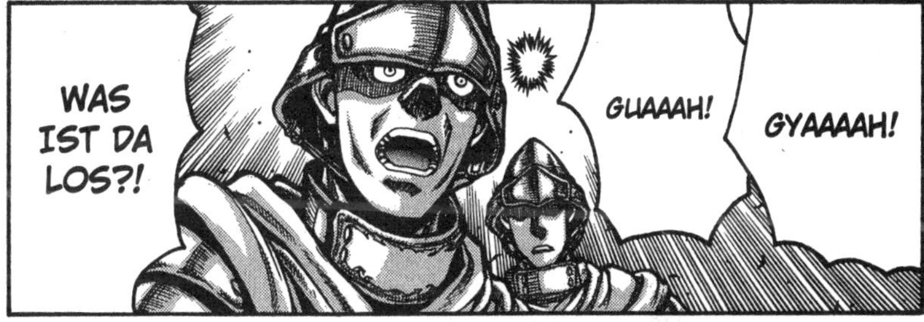
GYAAAAH!
GUAAAH!
WAS IST DA LOS?!

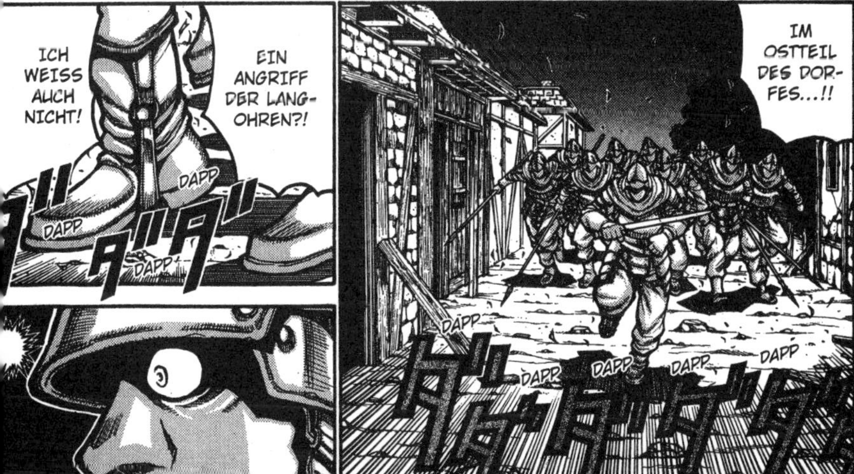
IM OSTTEIL DES DORFES...!!
DAPP
DAPP
DAPP
DAPP
DAPP
DAPP
EIN ANGRIFF DER LANGOHREN?!
ICH WEISS AUCH NICHT!
DAPP
DAPP
DAPP

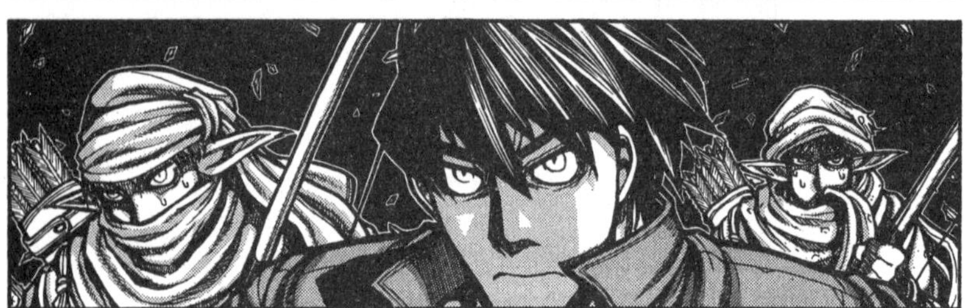

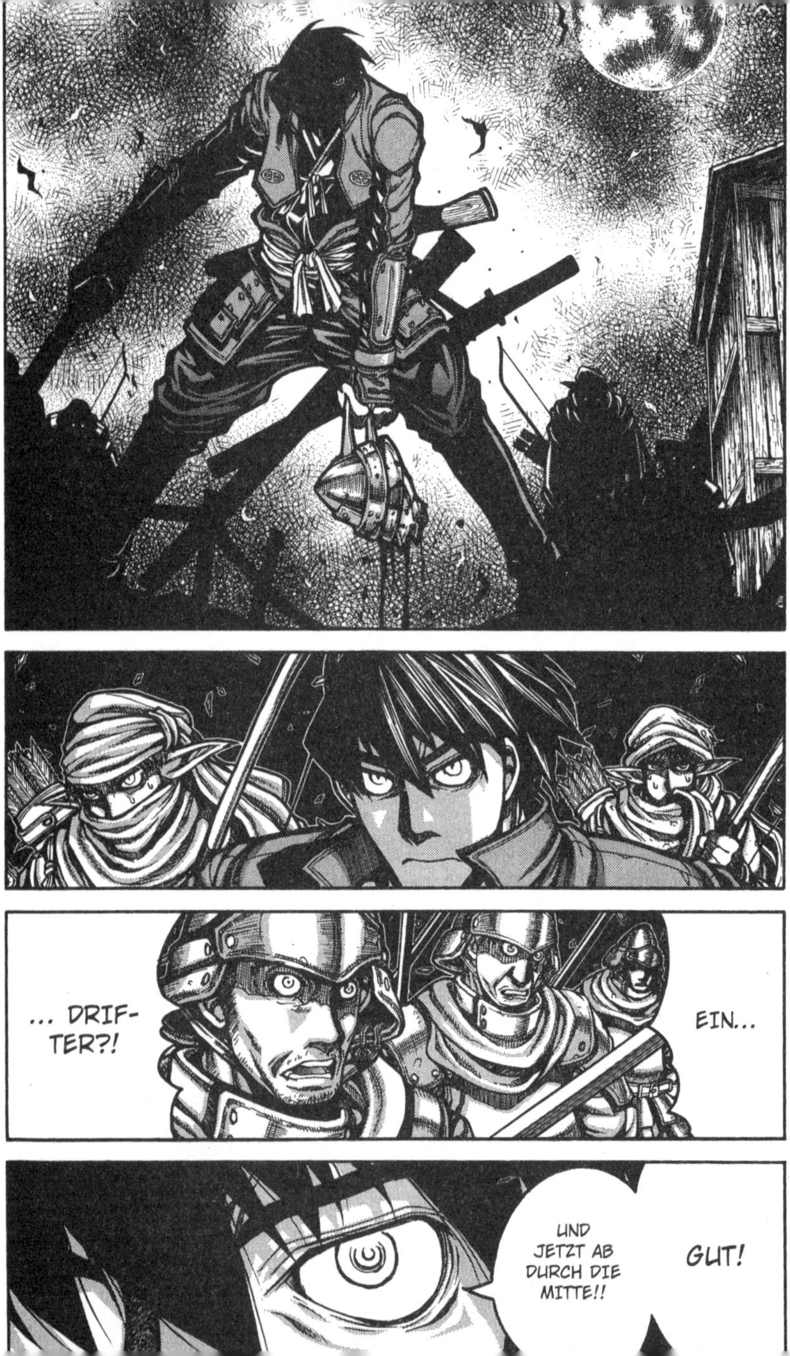

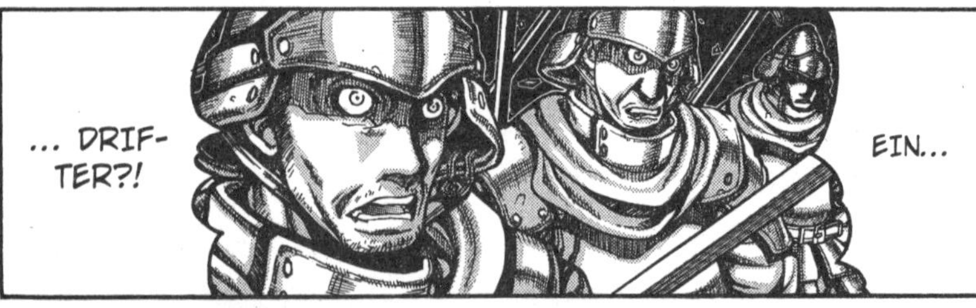
EIN...
... DRIF-
TER?!

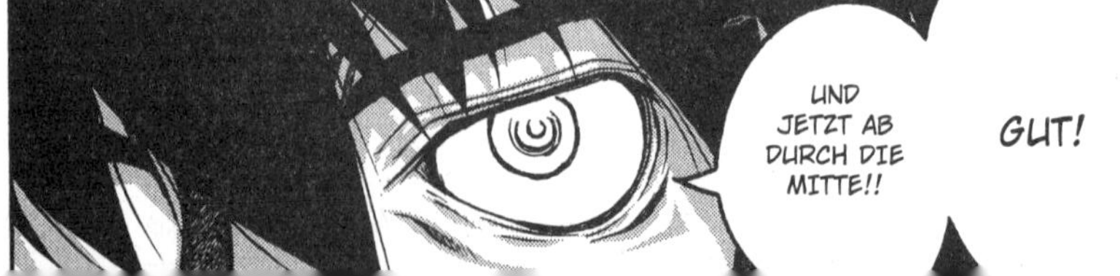
GUT!
UND JETZT AB DURCH DIE MITTE!!

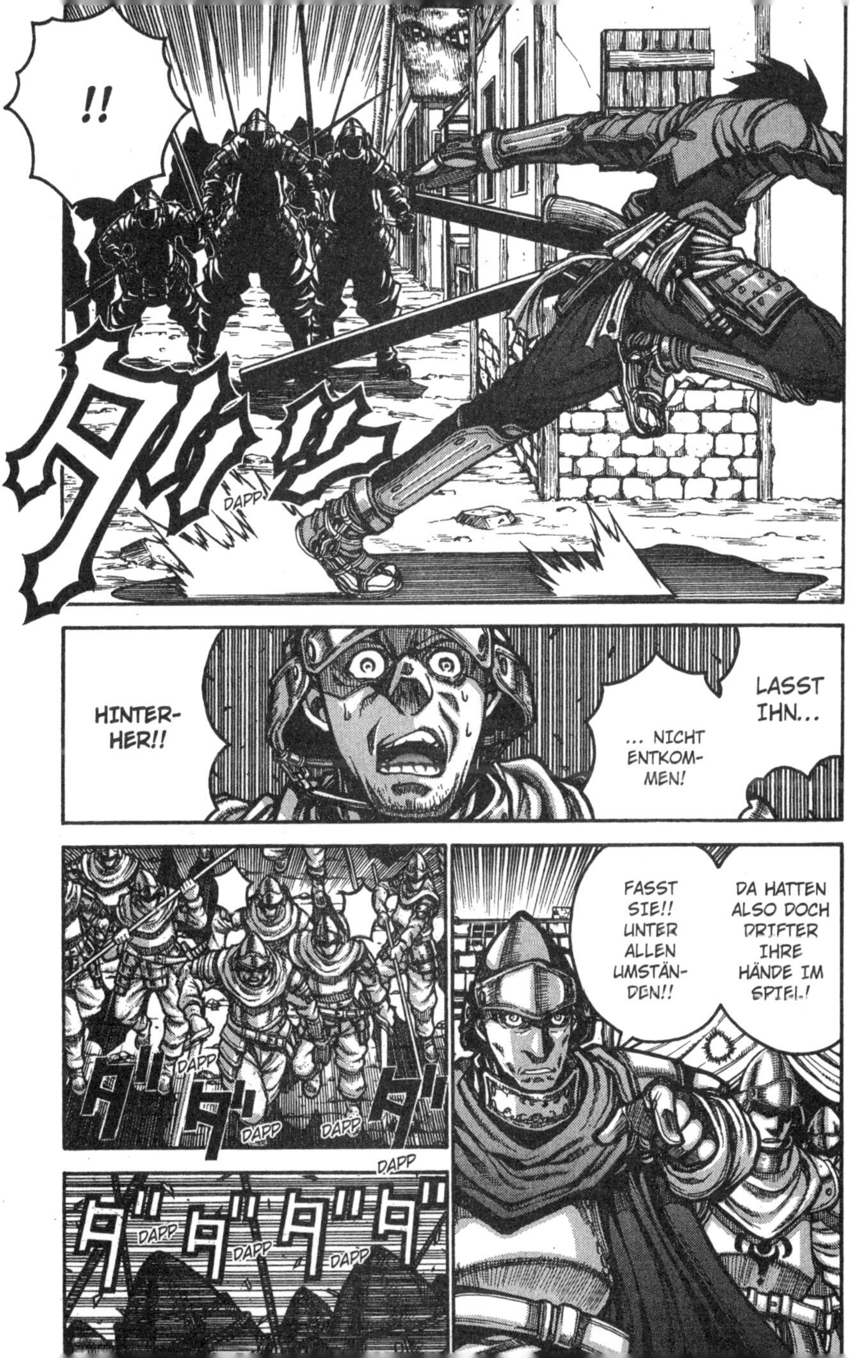

!!

DAPP

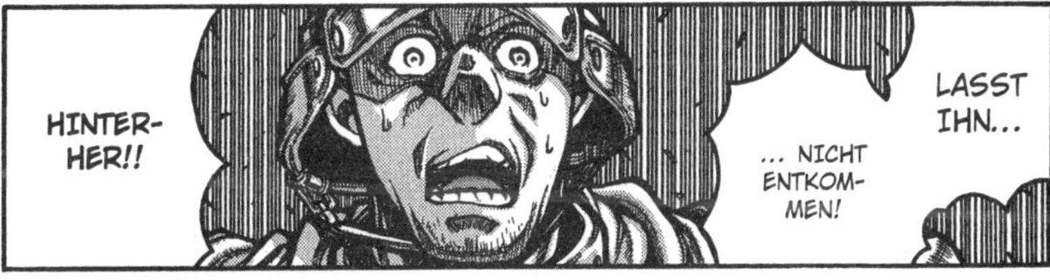
LASST IHN...
... NICHT ENTKOMMEN!
HINTER-HER!!

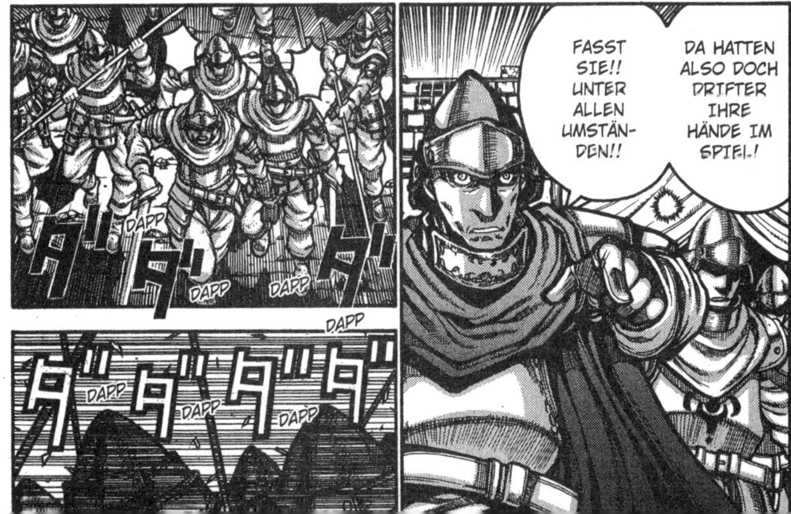
DA HATTEN ALSO DOCH DRIFTER IHRE HÄNDE IM SPIEL!
FASST SIE!! UNTER ALLEN UMSTÄNDEN!!
DAPP
DAPP
DAPP
DAPP
DAPP
DAPP
DAPP

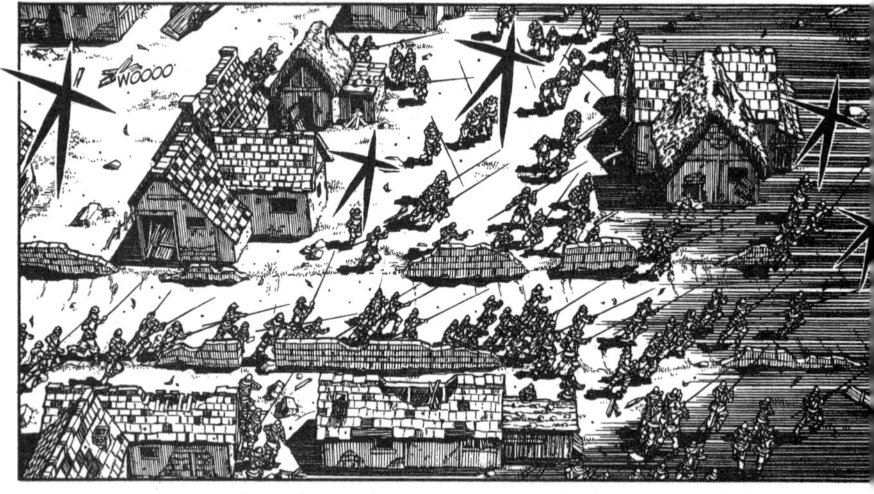

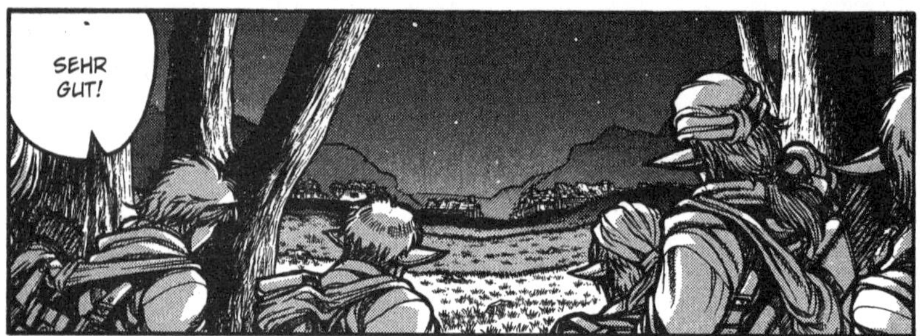

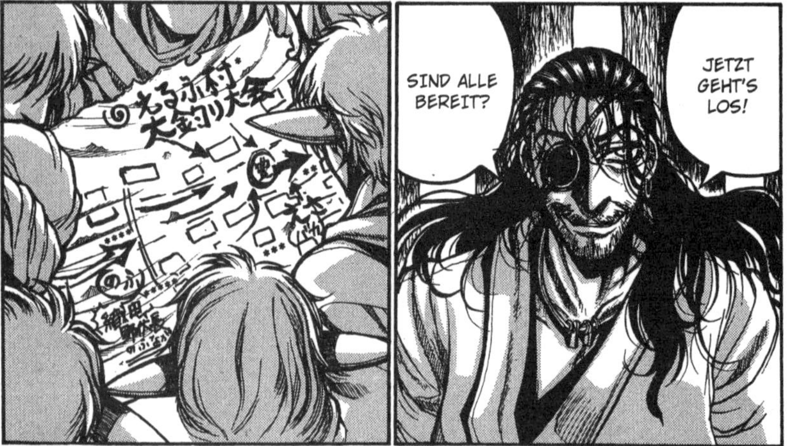

* ELFENDORF, GROSSES ANGELTREFFEN ** TOYOHISA *** BEUTE (IDIOTEN) **** NOBU ***** ODA NOBUNAGA

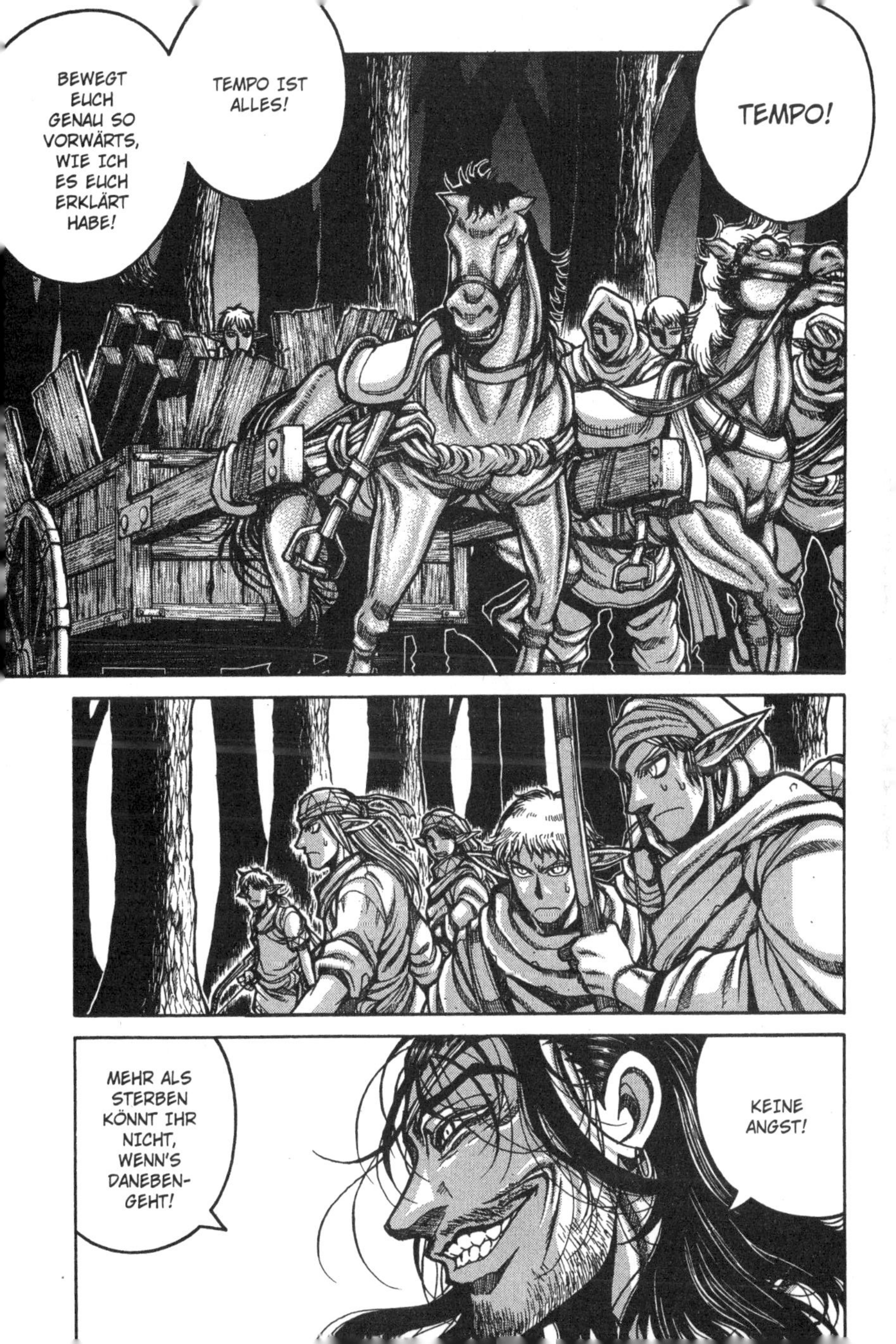

TEMPO!

TEMPO IST ALLES!

BEWEGT EUCH GENAU SO VORWÄRTS, WIE ICH ES EUCH ERKLÄRT HABE!

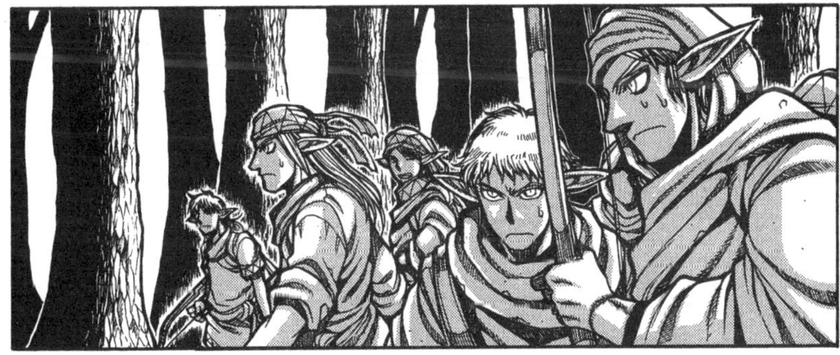

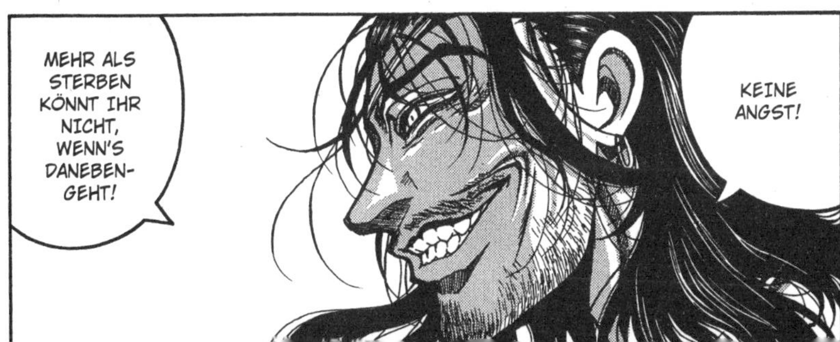

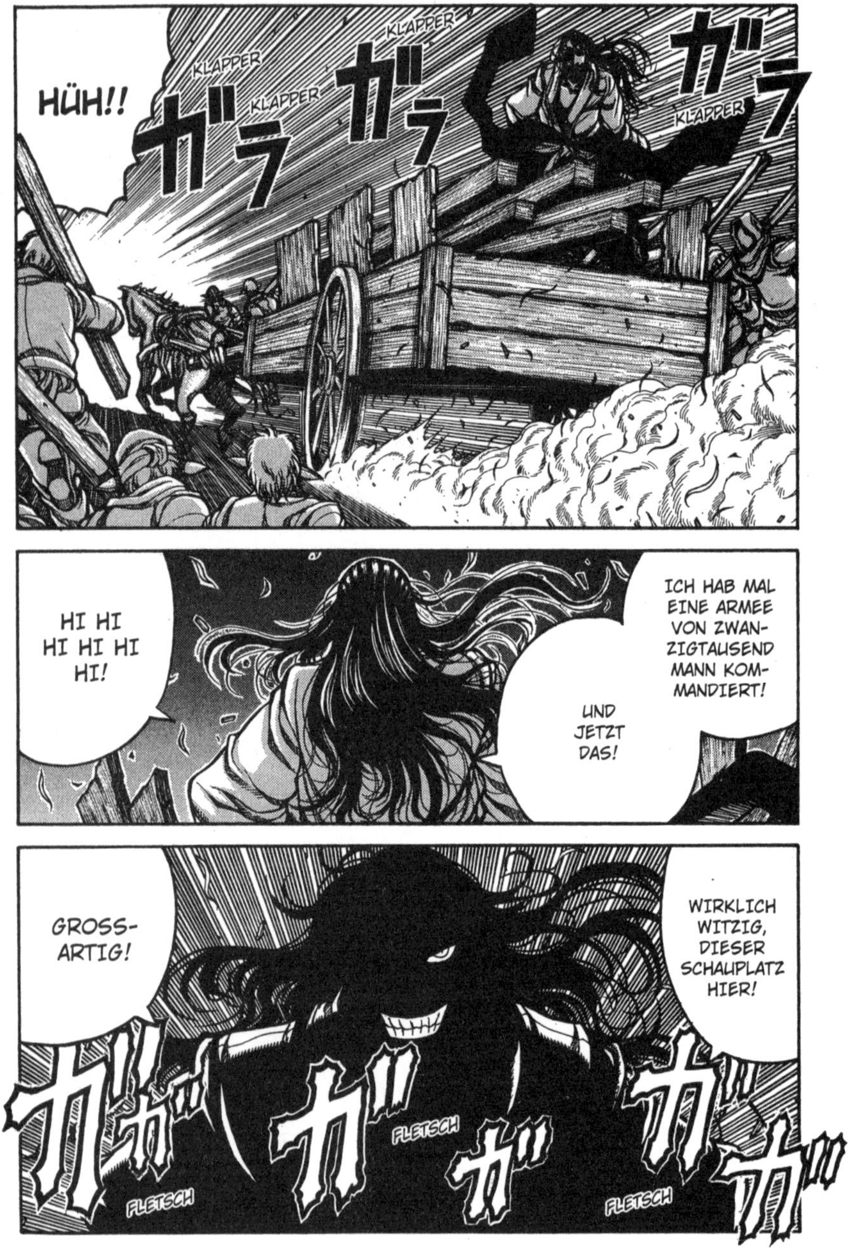

HÜH!!
KLAPPER
KLAPPER
KLAPPER
KLAPPER
ガラ
ガラ
ガラ

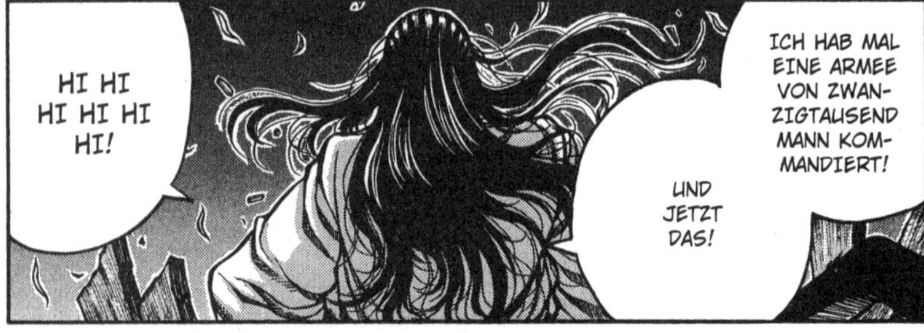
ICH HAB MAL EINE ARMEE VON ZWAN-ZIGTAUSEND MANN KOM-MANDIERT!
UND JETZT DAS!
HI HI HI HI HI HI!

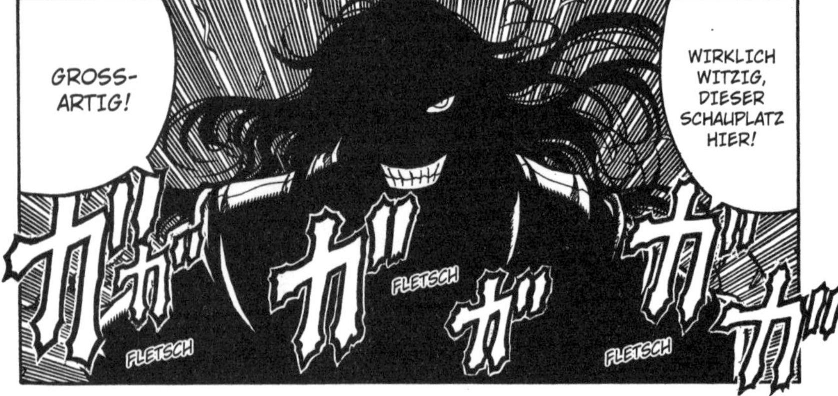
WIRKLICH WITZIG, DIESER SCHAUPLATZ HIER!
GROSS-ARTIG!
FLETSCH
FLETSCH
FLETSCH

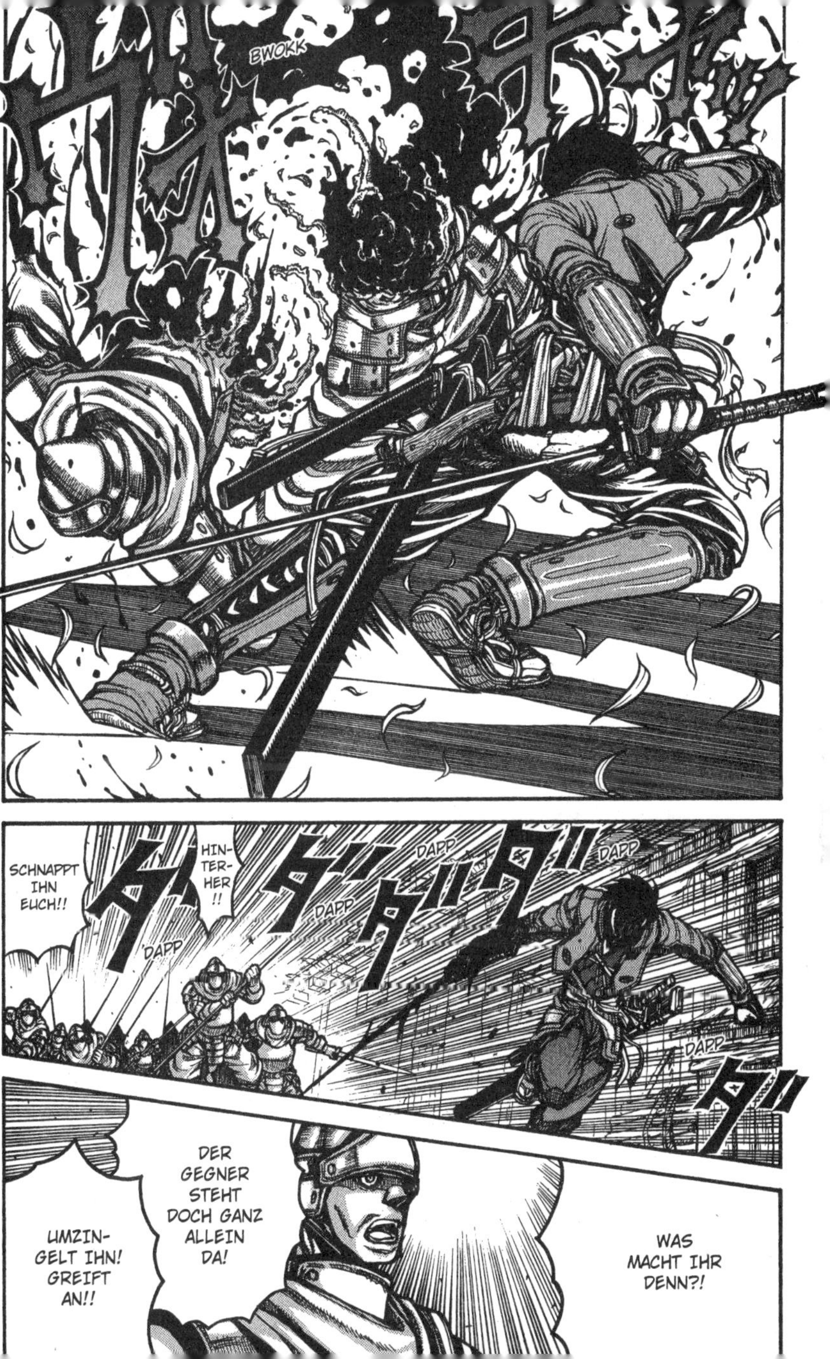

BWOKK

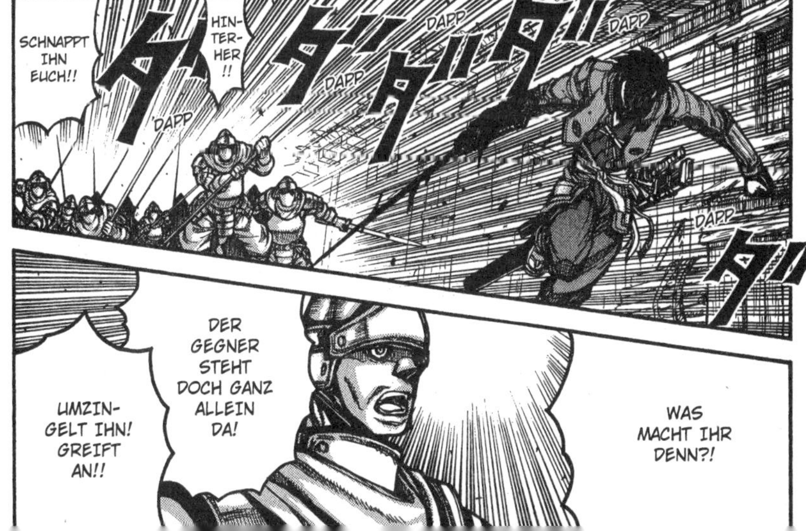
DAPP
DAPP
HINTER-HER!!
DAPP
SCHNAPPT IHN EUCH!!
DAPP
DAPP
WAS MACHT IHR DENN?!
DER GEGNER STEHT DOCH GANZ ALLEIN DA!
UMZIN-GELT IHN! GREIFT AN!!

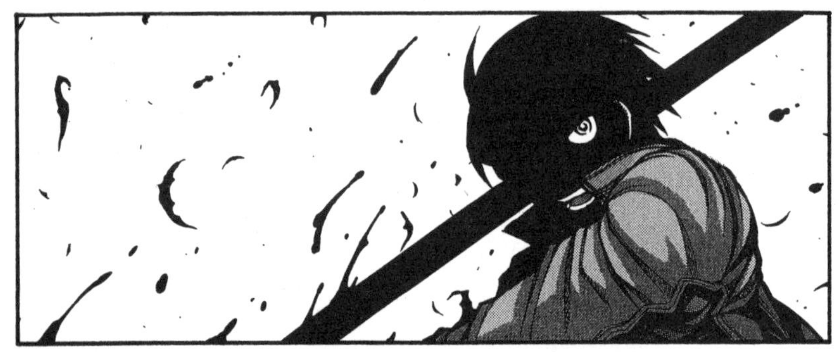

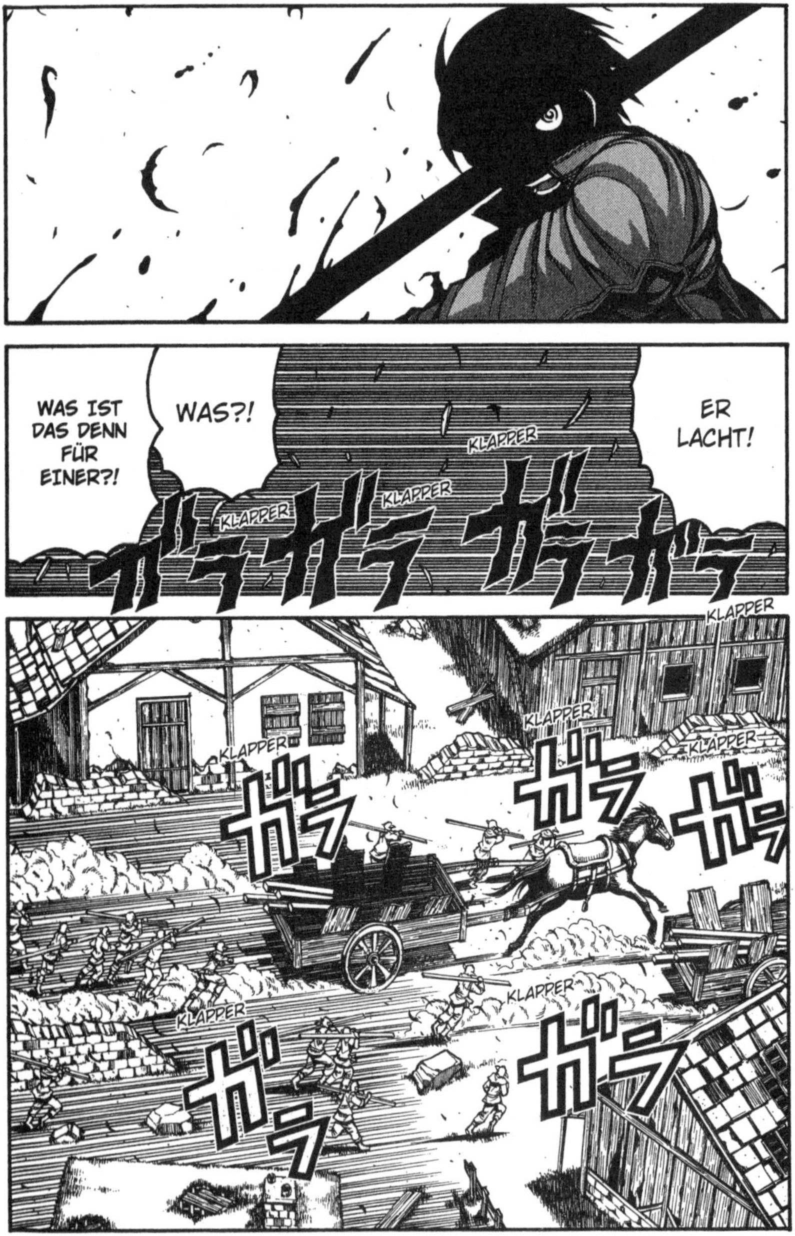

ER LACHT!
WAS?!
WAS IST DAS DENN FÜR EINER?!
KLAPPER
KLAPPER
KLAPPER
ガラガラ ガラガラ
KLAPPER
KLAPPER
KLAPPER
KLAPPER
KLAPPER
KLAPPER

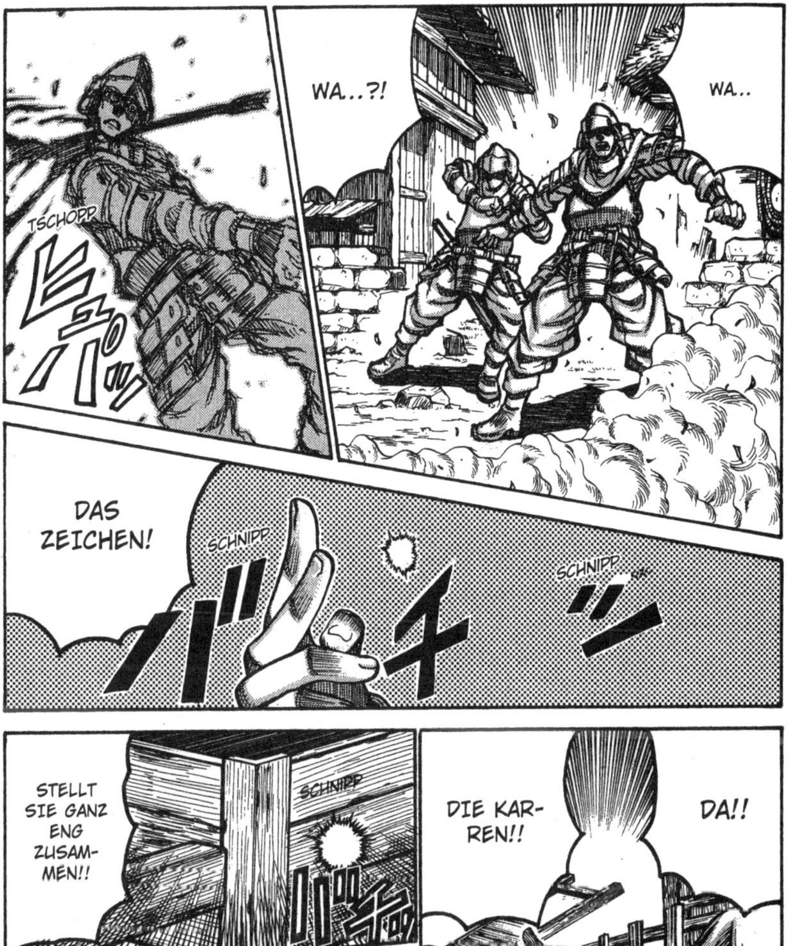

WA...
WA...?!
TSCHOPP
DAS ZEICHEN!
SCHNIPP
SCHNIPP

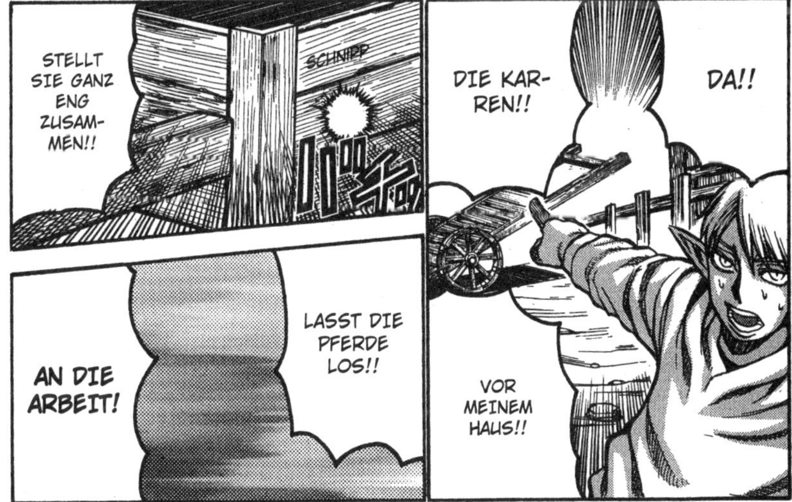

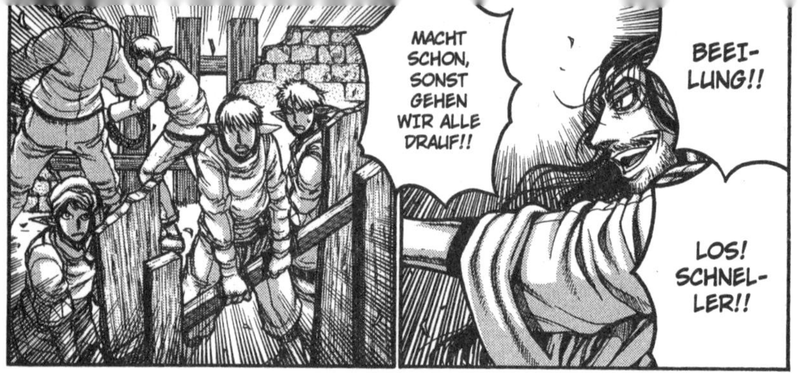
BEEI-LUNG!!
MACHT SCHON, SONST GEHEN WIR ALLE DRAUF!!
LOS! SCHNEL-LER!!

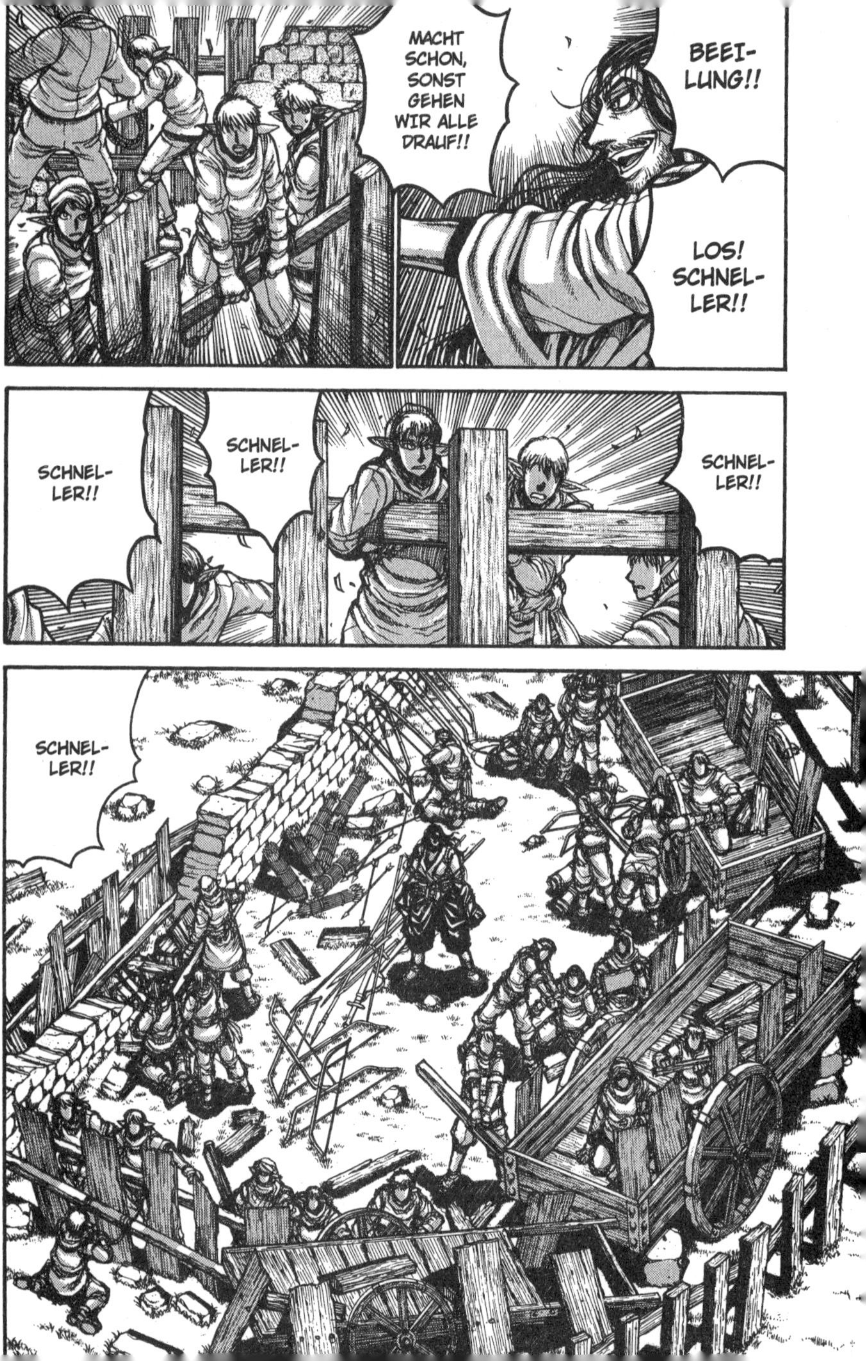

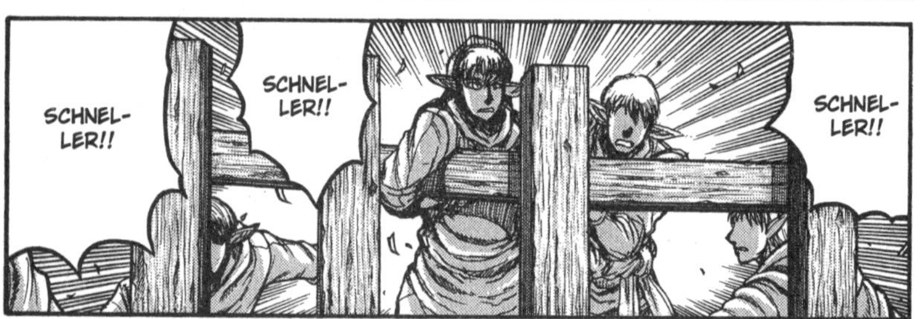
SCHNEL-LER!!
SCHNEL-LER!!
SCHNEL-LER!!

SCHNEL-LER!!

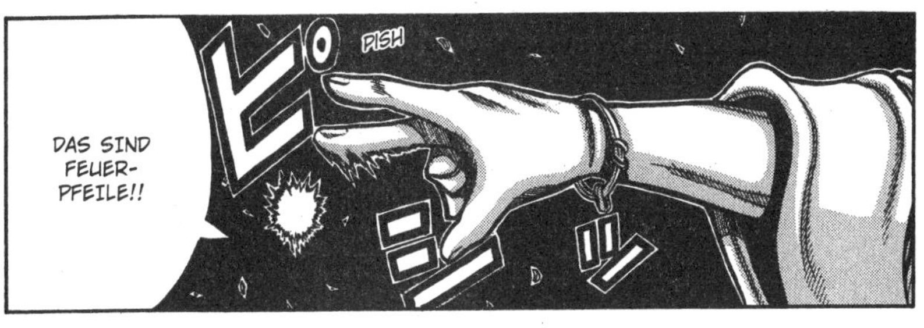
PISH
DAS SIND FEUER-PFEILE!!

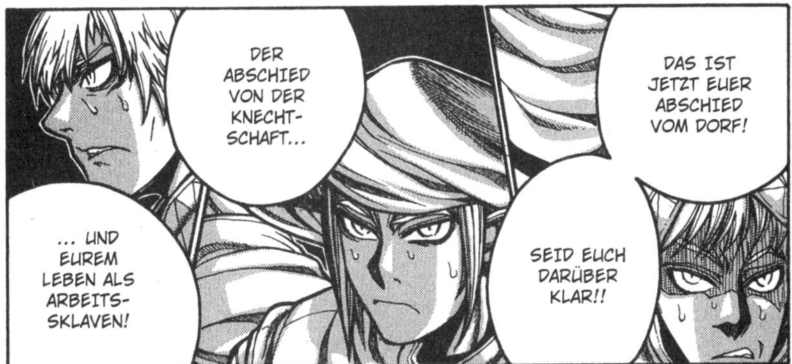
DAS IST JETZT EUER ABSCHIED VOM DORF!
SEID EUCH DARÜBER KLAR!!
DER ABSCHIED VON DER KNECHT-SCHAFT...
... UND EUREM LEBEN ALS ARBEITS-SKLAVEN!

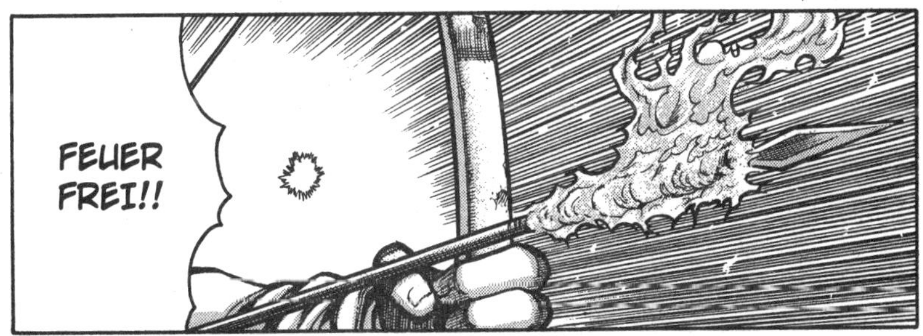
FEUER FREI!!

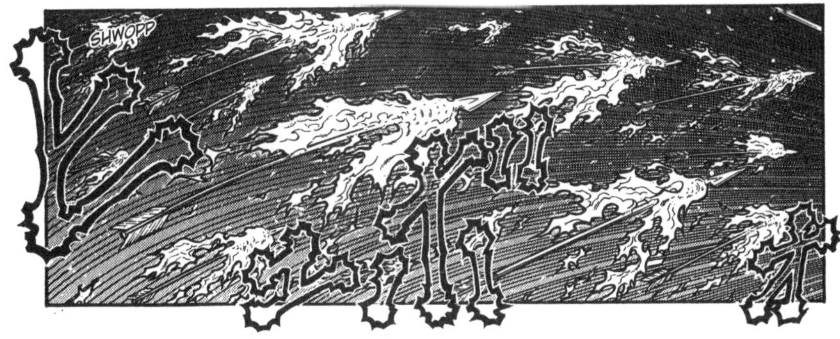
SHWOPP

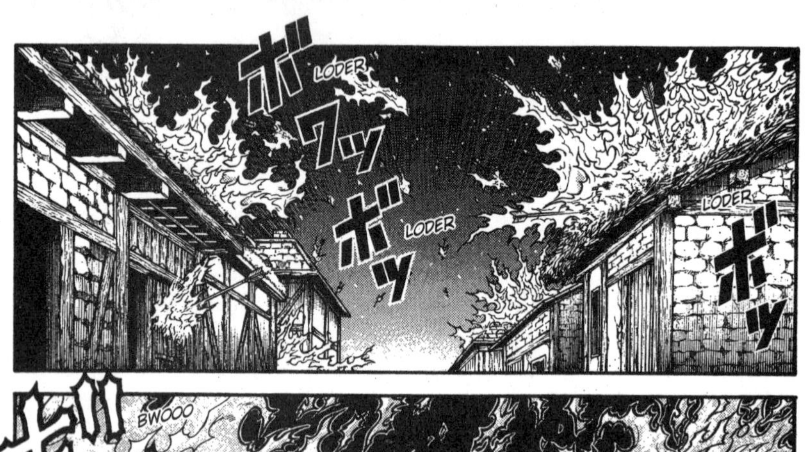
ボワッ
LODER
ボッ
LODER
LODER
ボッ

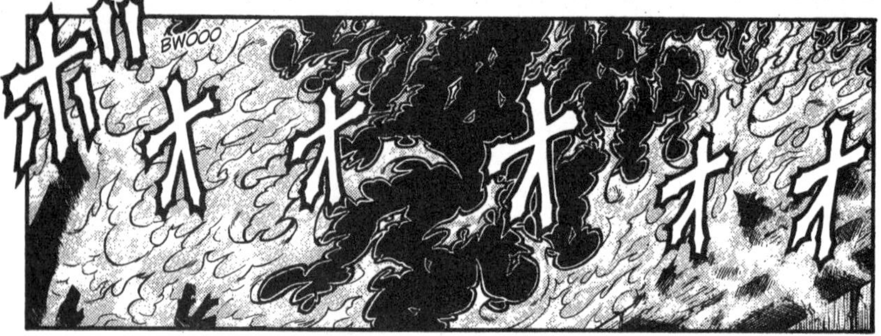
ボオオオオオ
BWOOO

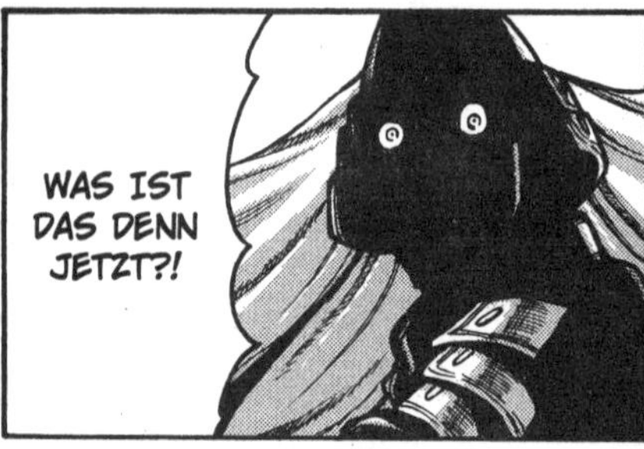
WAS IST DAS DENN JETZT?!

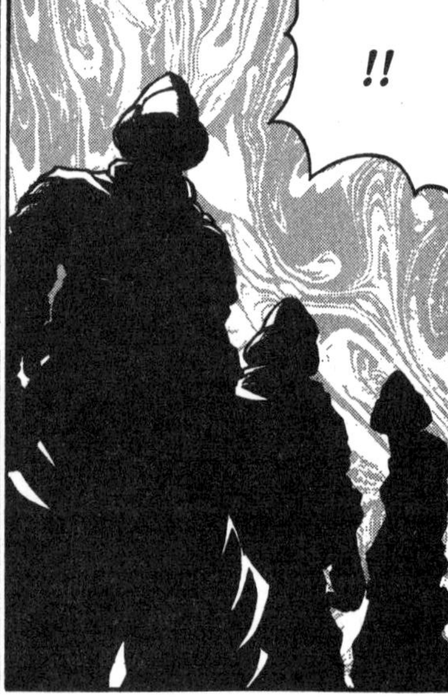
!!

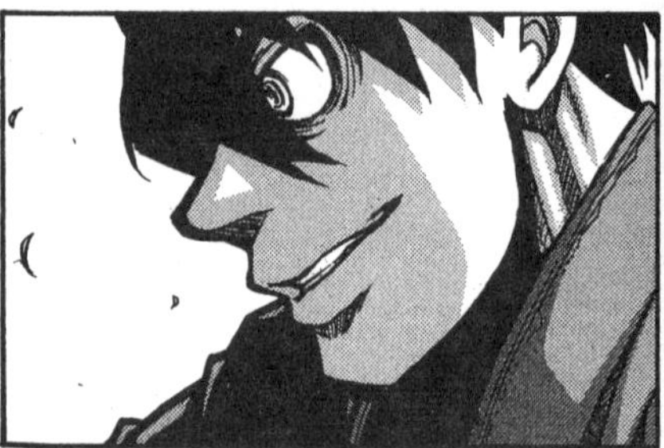

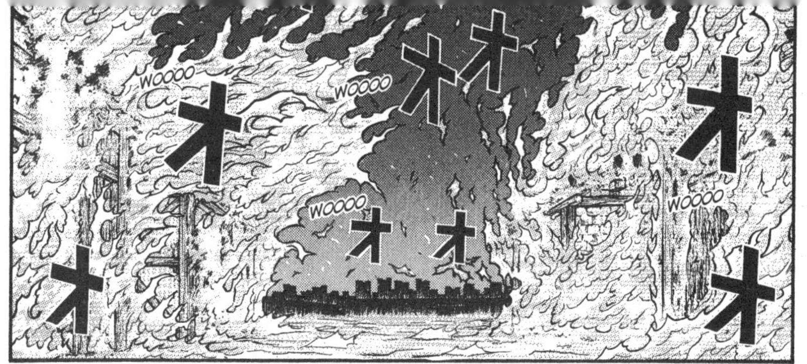
オ
WOOOO
オ
オオ
WOOOO
WOOOO
オ
オ
WOOOO
オ
オ
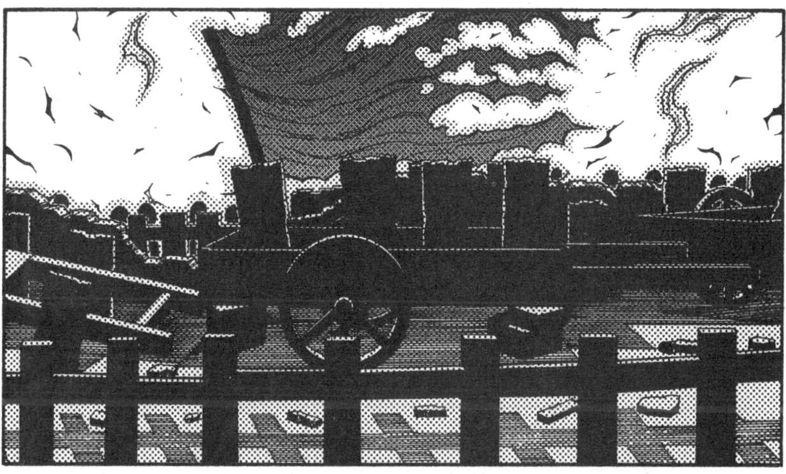
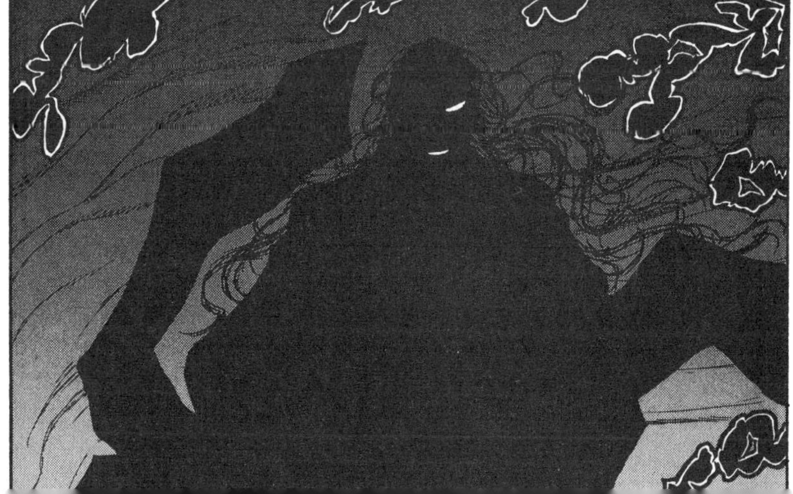

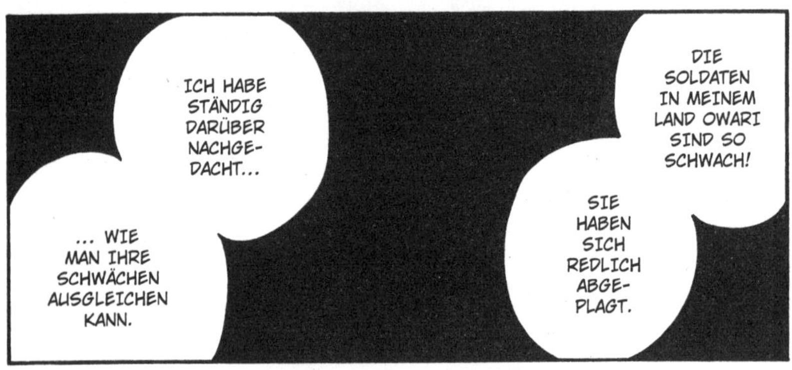

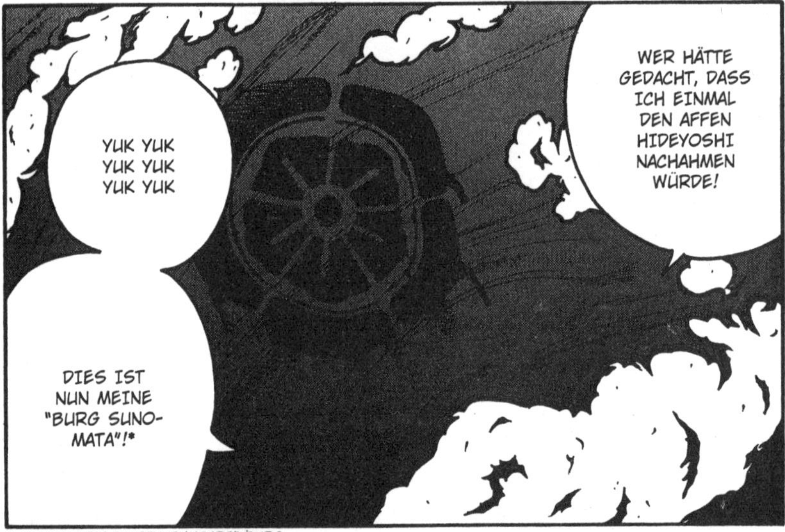

* HIDEYOSHIS "UNEINNEHMBARE" BURG

ENDE DES 15. KAPITELS

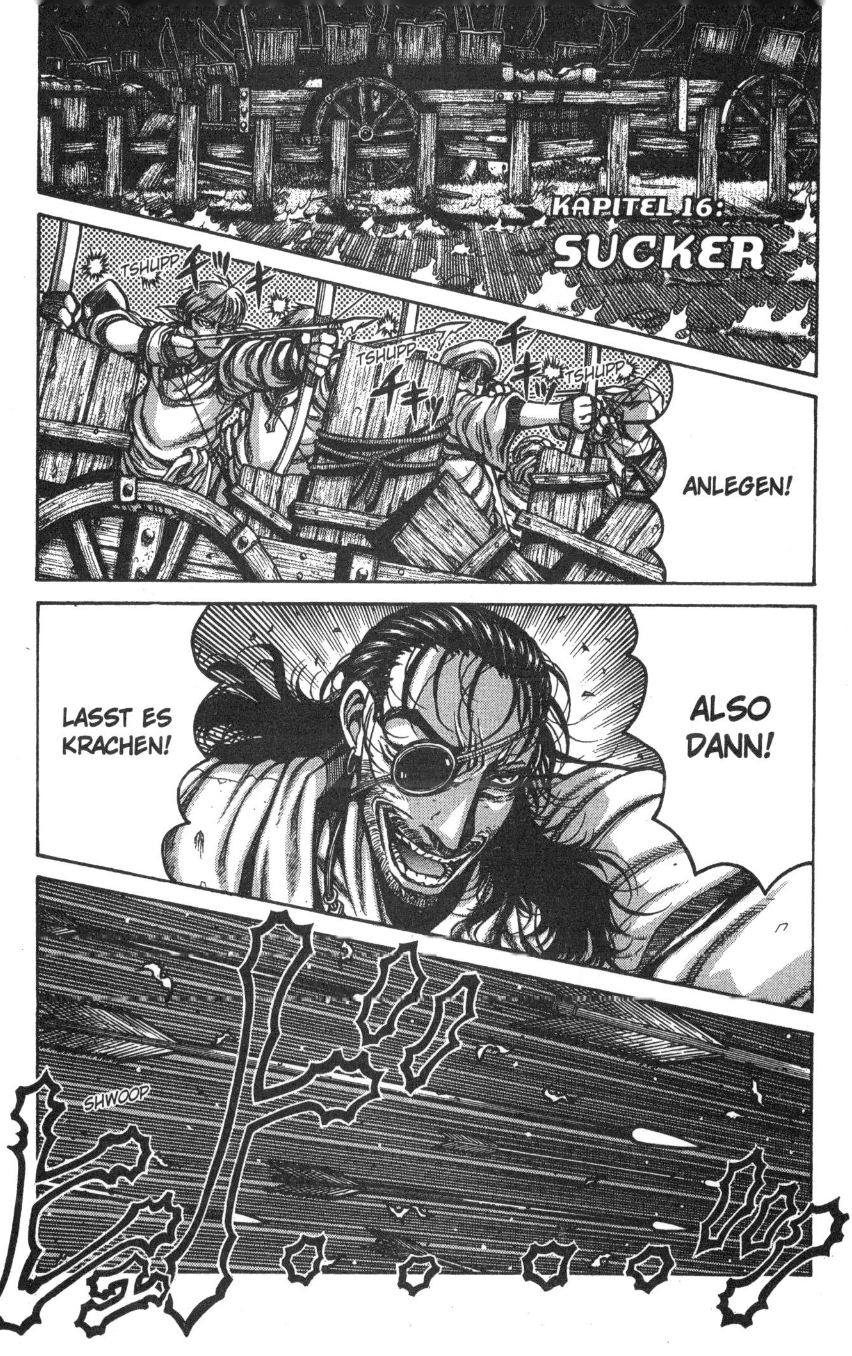

KAPITEL 16: SUCKER

TSHUPP

TSHUPP

TSHUPP

ANLEGEN!

ALSO DANN!

LASST ES KRACHEN!

SHWOOP

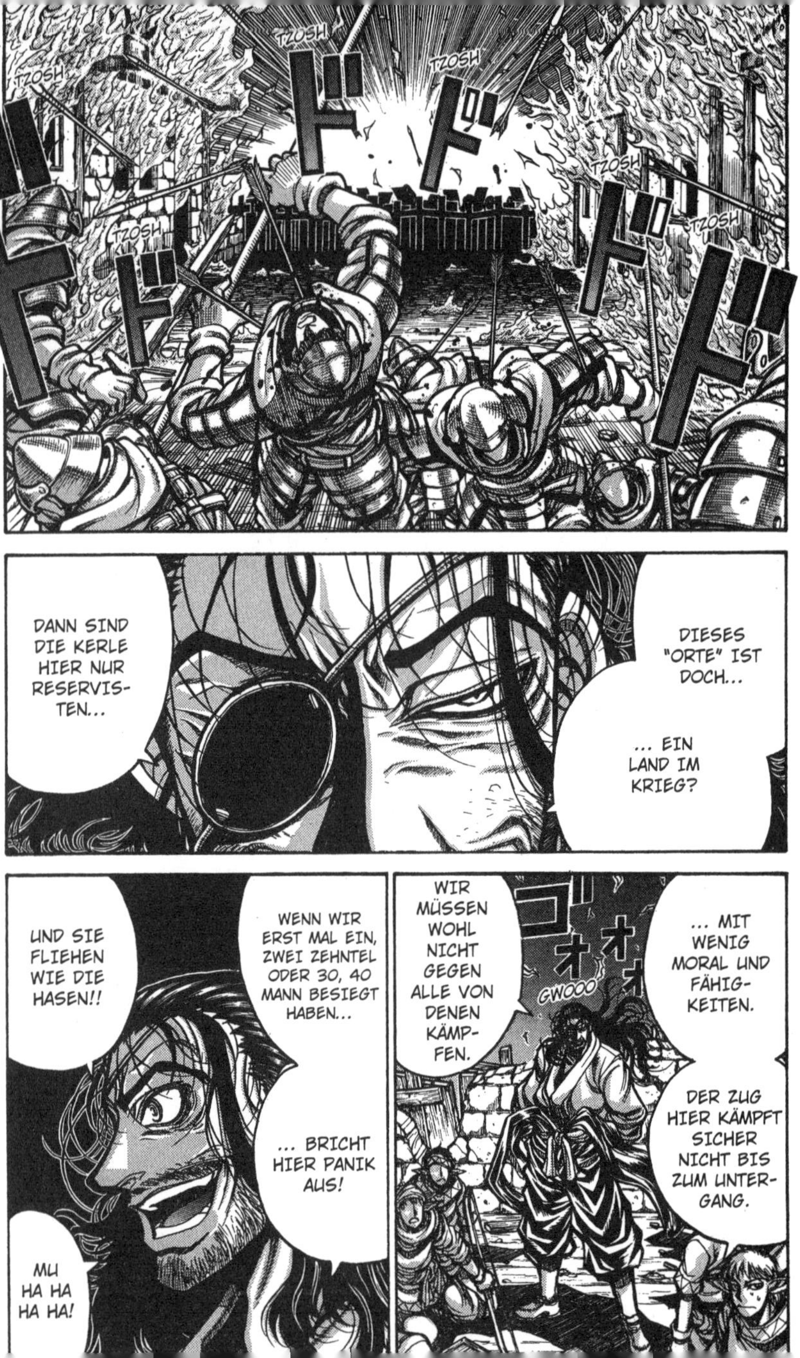

TZOSH
TZOSH
TZOSH
TZOSH
TZOSH
TZOSH

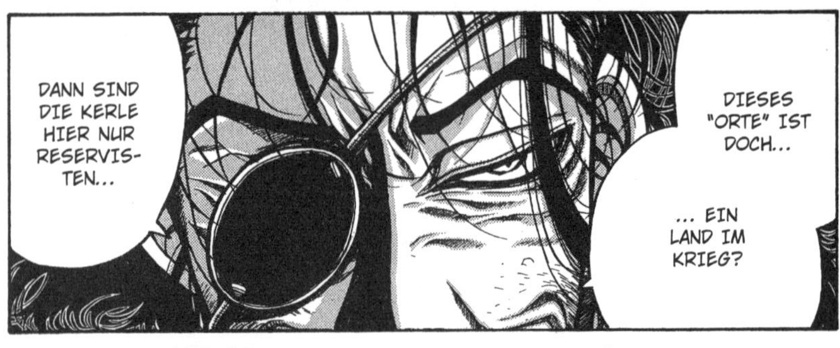
DIESES "ORTE" IST DOCH...
... EIN LAND IM KRIEG?
DANN SIND DIE KERLE HIER NUR RESERVISTEN...

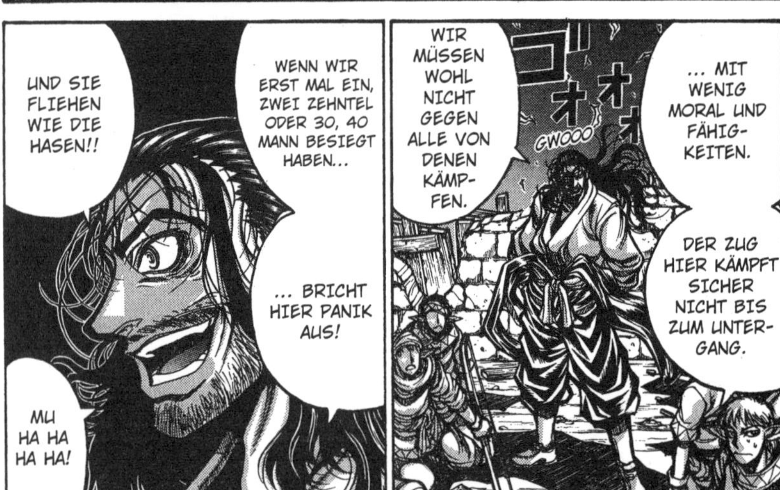
... MIT WENIG MORAL UND FÄHIGKEITEN.
DER ZUG HIER KÄMPFT SICHER NICHT BIS ZUM UNTERGANG.
GWOOO
WIR MÜSSEN WOHL NICHT GEGEN ALLE VON DENEN KÄMPFEN.
WENN WIR ERST MAL EIN, ZWEI ZEHNTEL ODER 30, 40 MANN BESIEGT HABEN...
... BRICHT HIER PANIK AUS!
UND SIE FLIEHEN WIE DIE HASEN!!
MU HA HA HA HA!

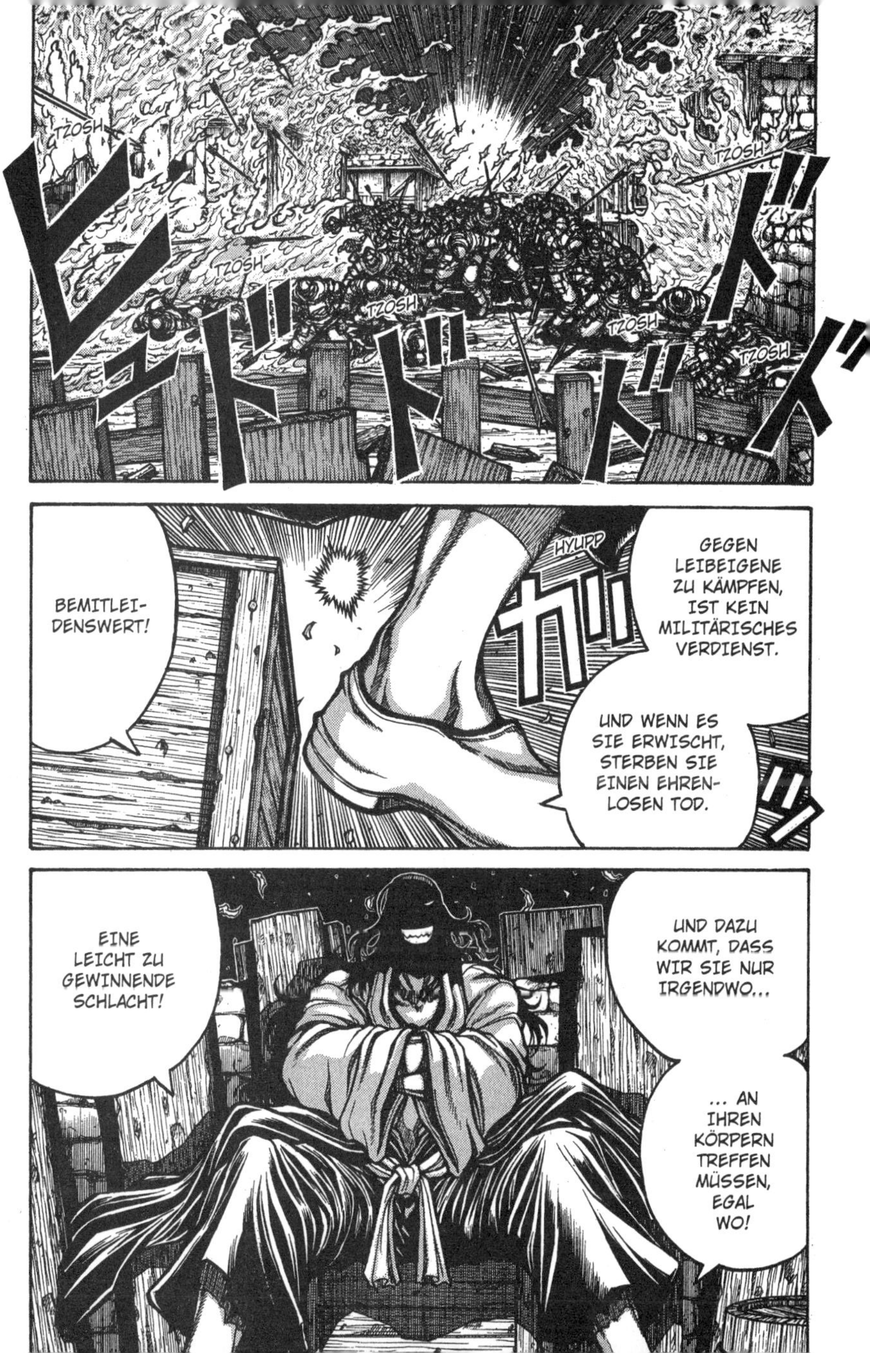

TZOSH
TZOSH
TZOSH
TZOSH
TZOSH
TZOSH

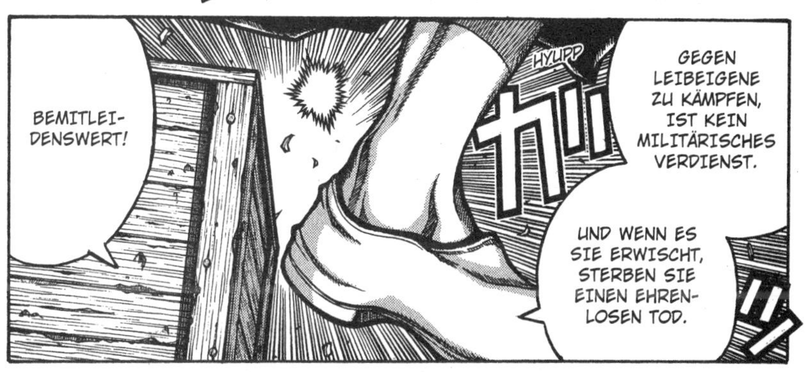

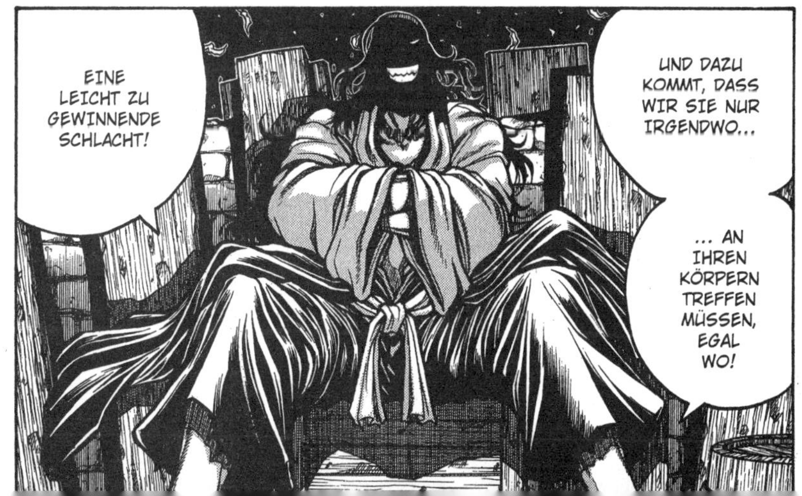

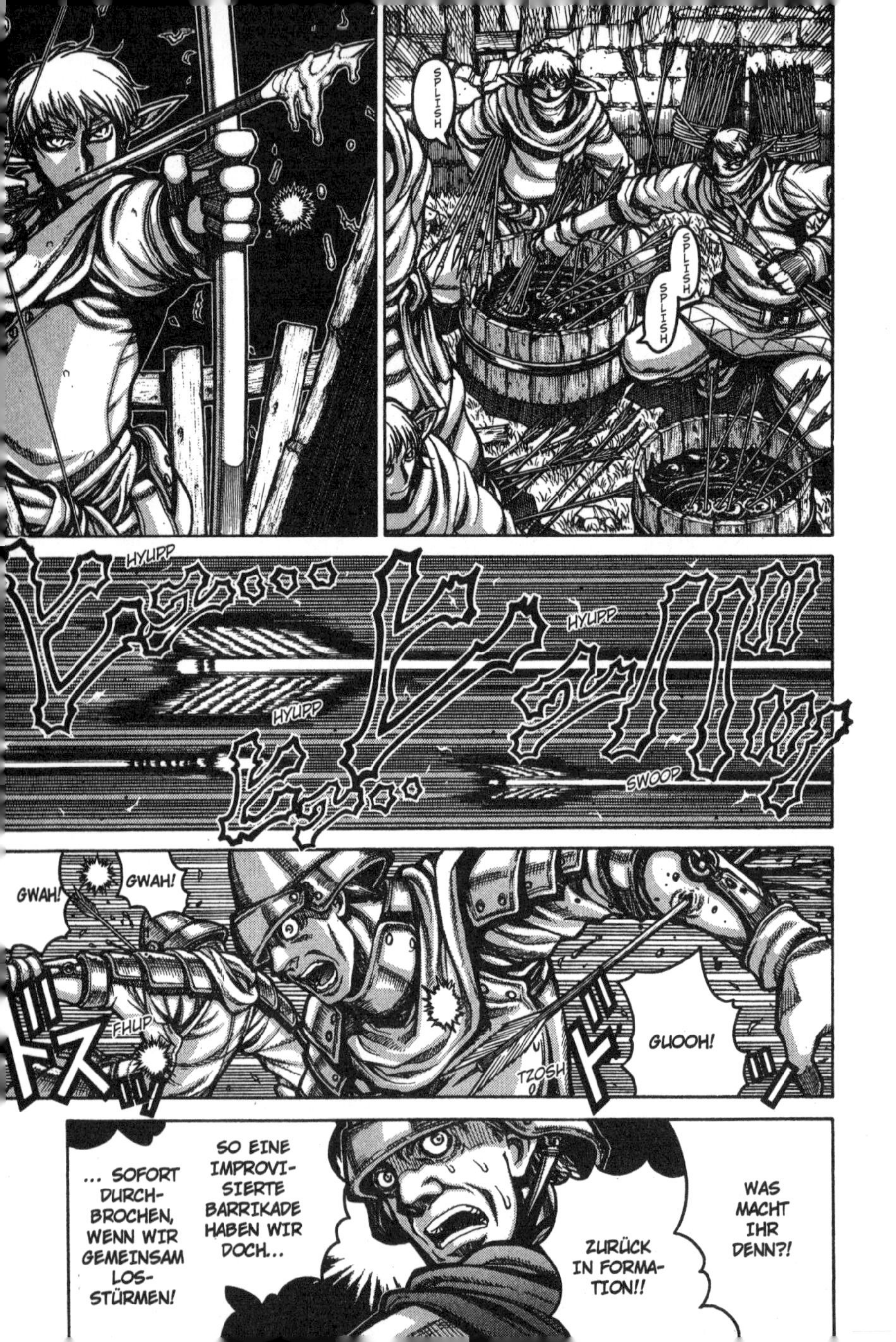

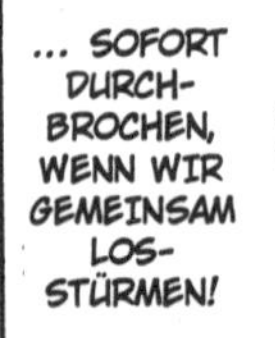
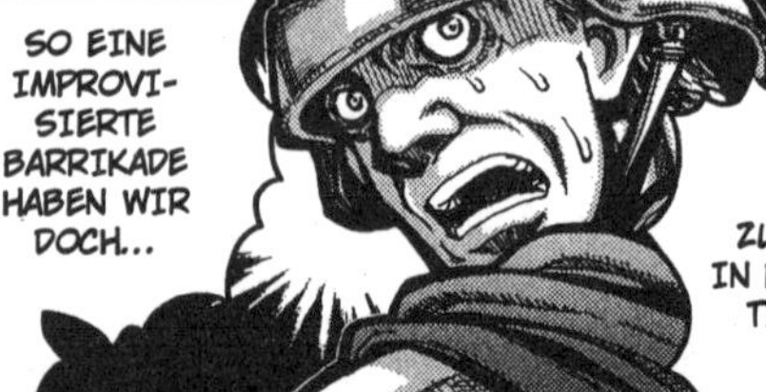
SPLISH
SPLISH
SPLISH
HYUPP
HYUPP
HYUPP
SWOOP
GUOOH!
TZOSH
GWAH!
GWAH!
FHUP
WAS MACHT IHR DENN?!
ZURÜCK IN FORMATION!!
SO EINE IMPROVISIERTE BARRIKADE HABEN WIR DOCH...
... SOFORT DURCHBROCHEN, WENN WIR GEMEINSAM LOSSTÜRMEN!

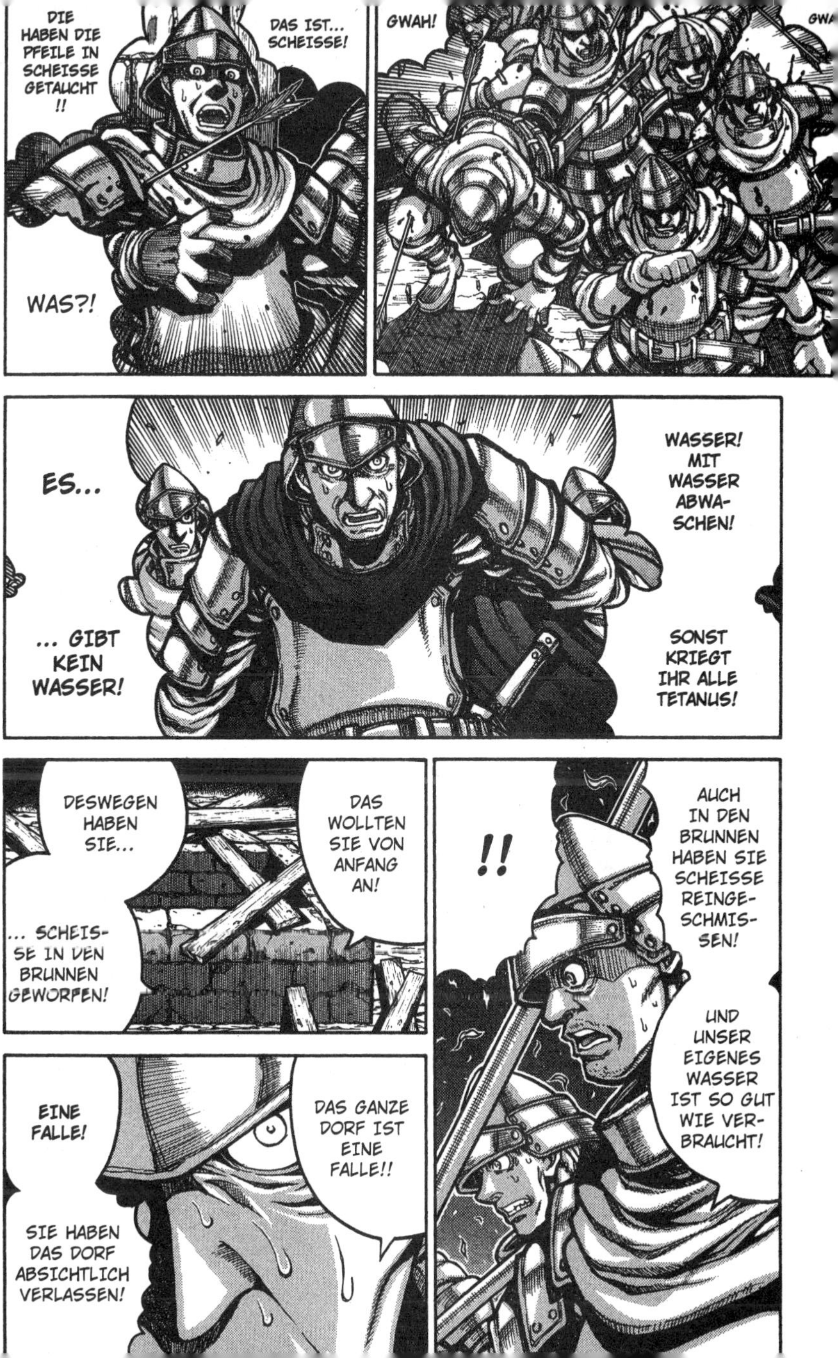

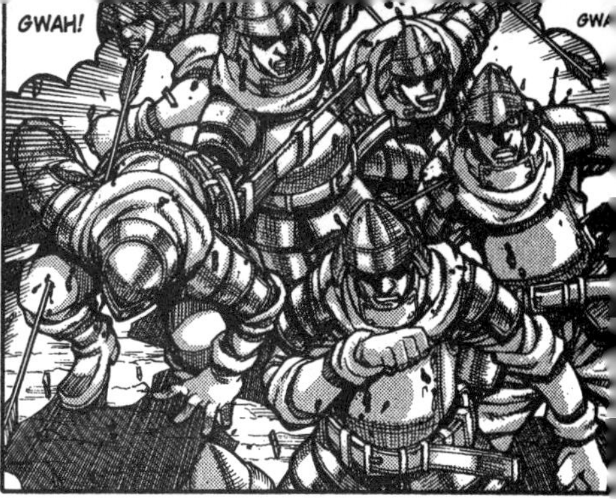

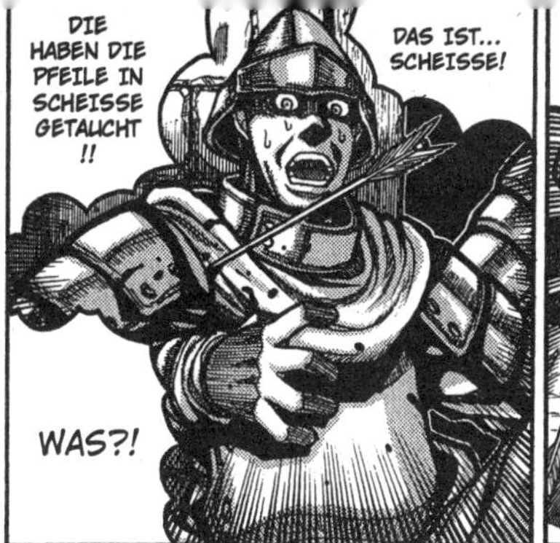

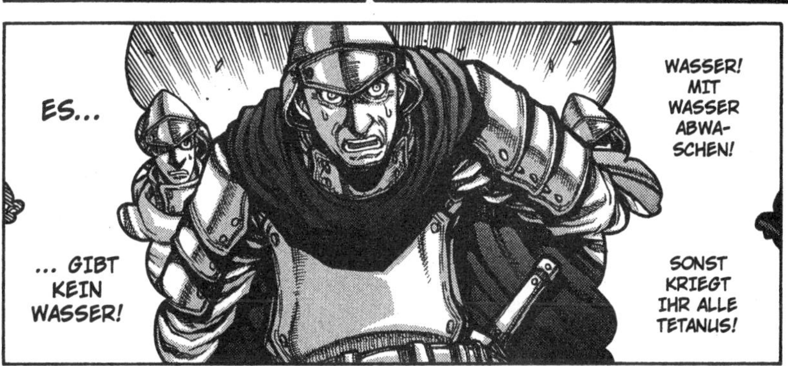

!!
AUCH IN DEN BRUNNEN HABEN SIE SCHEISSE REINGE-SCHMIS-SEN!
UND UNSER EIGENES WASSER IST SO GUT WIE VER-BRAUCHT!

DESWEGEN HABEN SIE...
... SCHEIS-SE IN DEN BRUNNEN GEWORFEN!
DAS WOLLTEN SIE VON ANFANG AN!

EINE FALLE!
DAS GANZE DORF IST EINE FALLE!!
SIE HABEN DAS DORF ABSICHTLICH VERLASSEN!

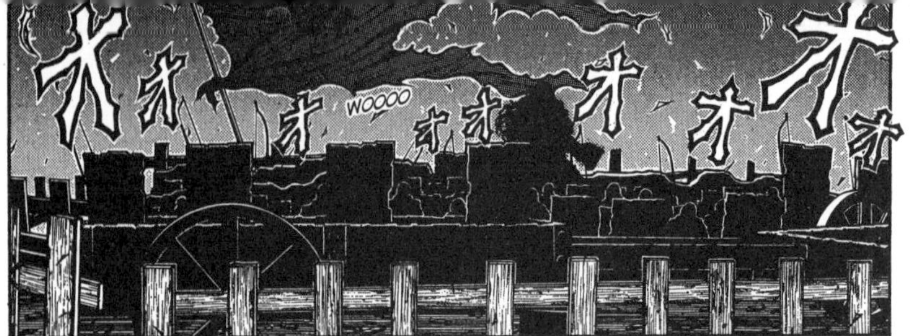
オオオオオオオオオ
WOOOO

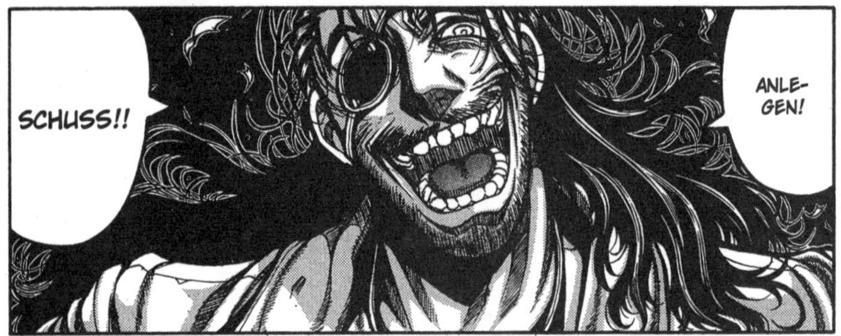
ANLE-
GEN!
SCHUSS!!

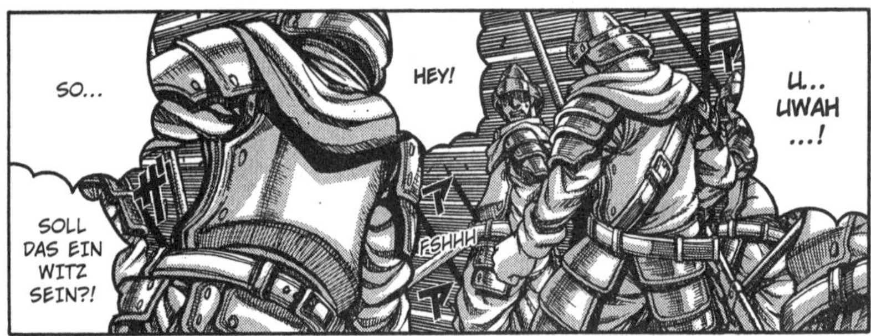
U...
UWAH
...!
HEY!
SO...
SOLL
DAS EIN
WITZ
SEIN?!
FSHHH

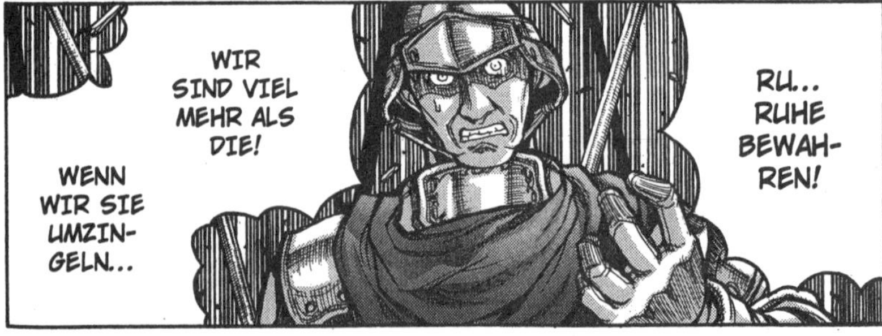
RU...
RUHE
BEWAH-
REN!
WIR
SIND VIEL
MEHR ALS
DIE!
WENN
WIR SIE
UMZIN-
GELN...

WOOOOOOOOOOO

KHIIIIIII
キイイイイン
ZITTER
ZITTER
ZITTER
ZITTER
ZITTER
KHIIIIIII
キイイイイン
ZITTER
ZITTER
ZITTER

RUMPEL
ガラ
RUMPEL
ガラ
RUMPEL
ガラ
RUMPEL
ガラ

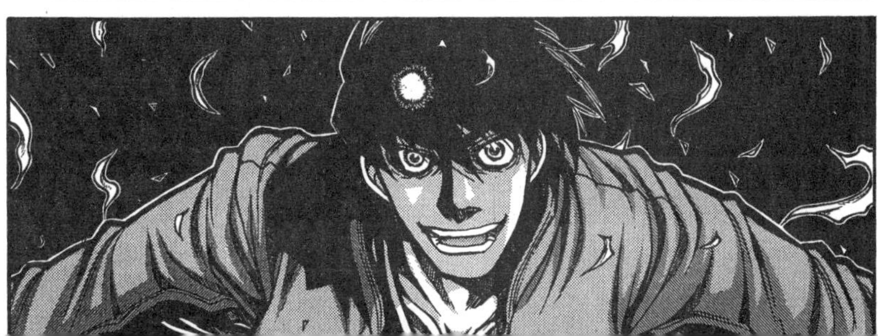

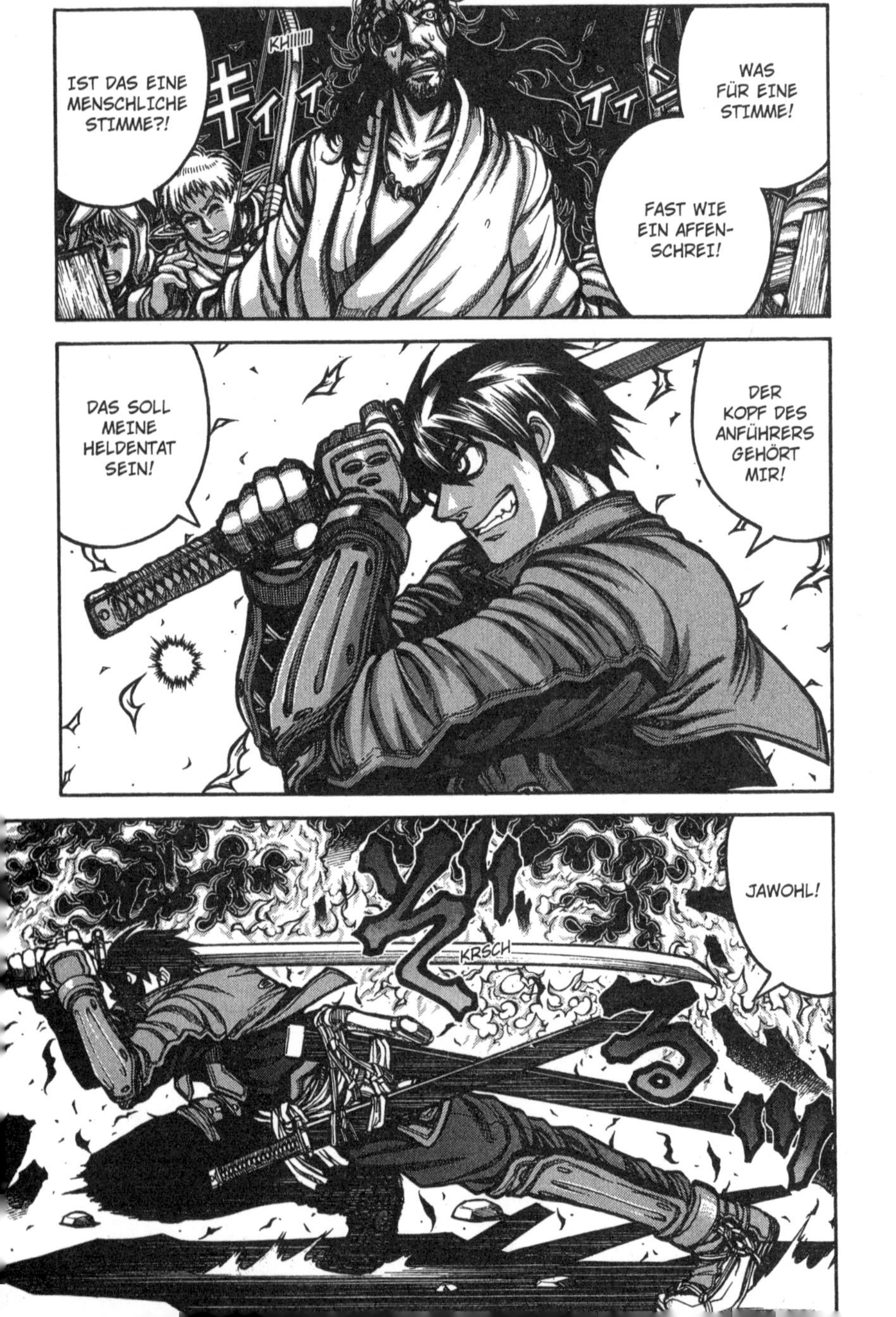

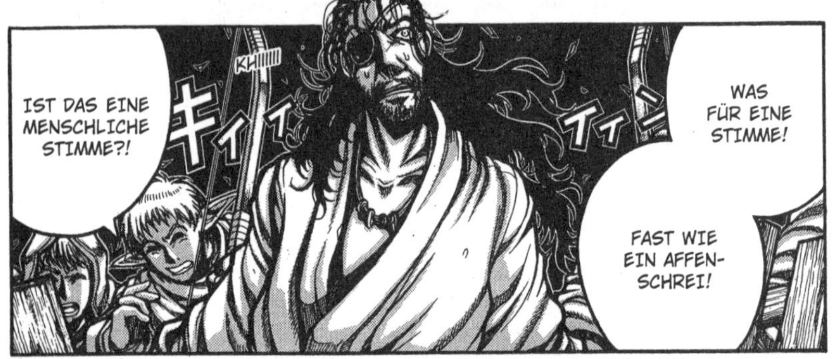
WAS FÜR EINE STIMME!
FAST WIE EIN AFFEN-SCHREI!
IST DAS EINE MENSCHLICHE STIMME?!

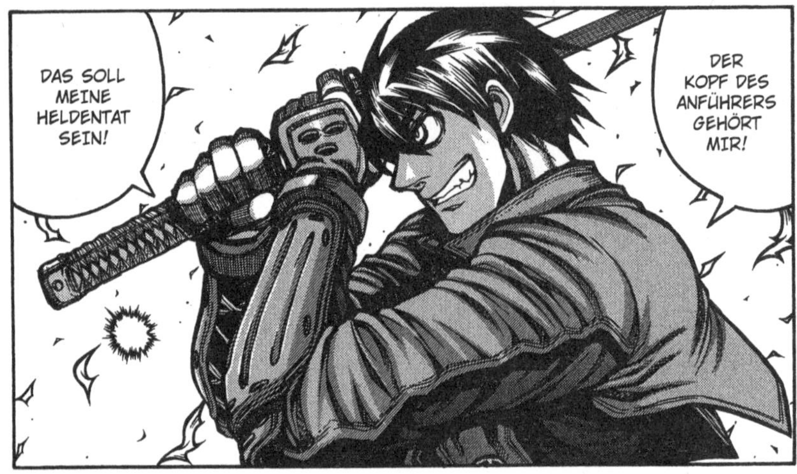
DER KOPF DES ANFÜHRERS GEHÖRT MIR!
DAS SOLL MEINE HELDENTAT SEIN!

JAWOHL!
KRSCH

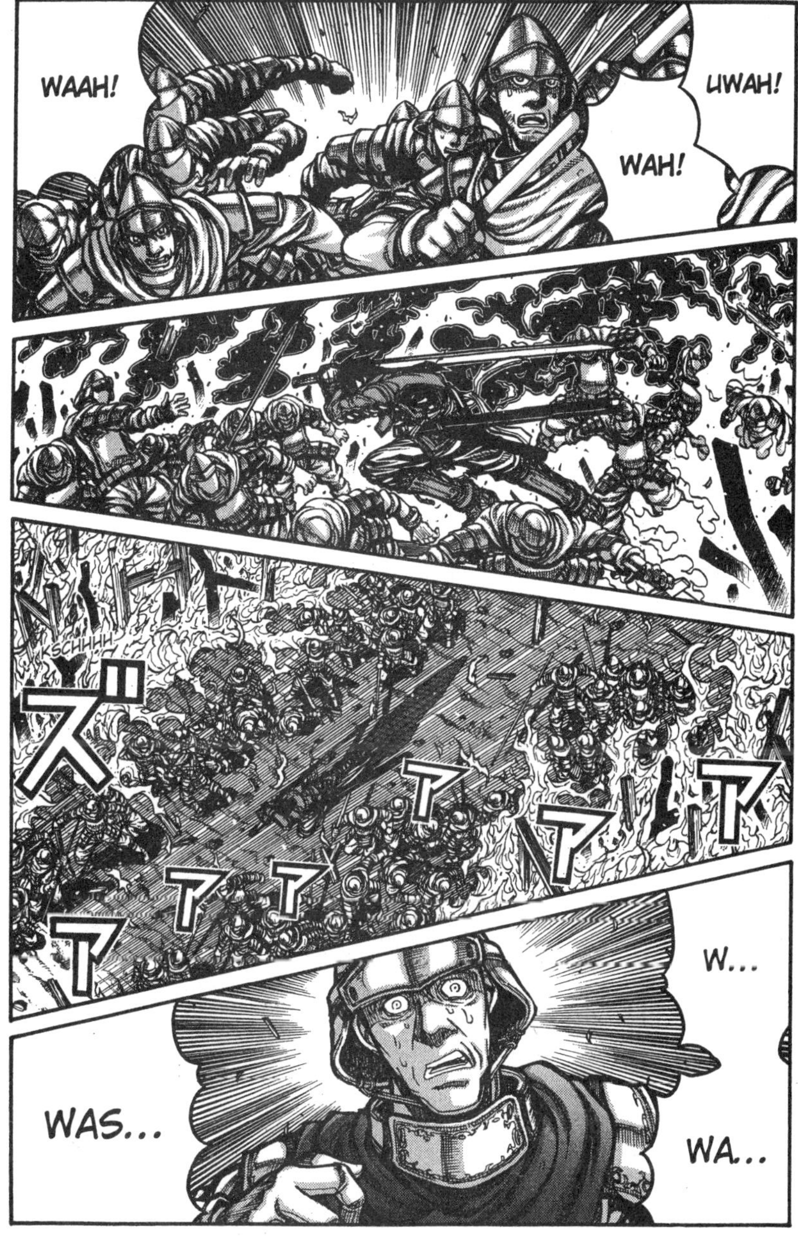
WAAH!
UWAH!
WAH!
KSCHHHH
ズ
ア
ア
ア
ア
ア
ア
W...
WAS...
WA...

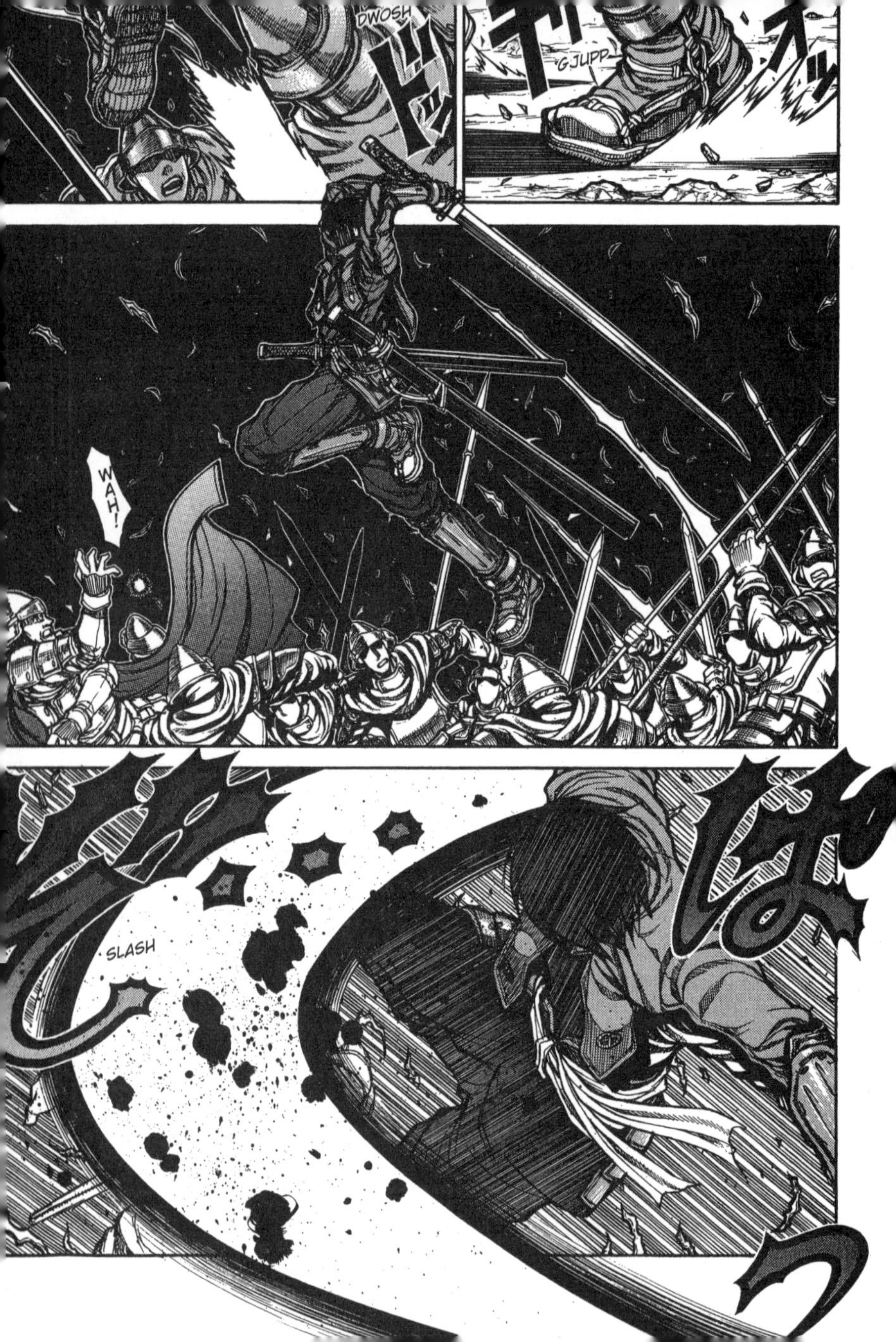
DWOSH
GJUPP
WAH!
SLASH

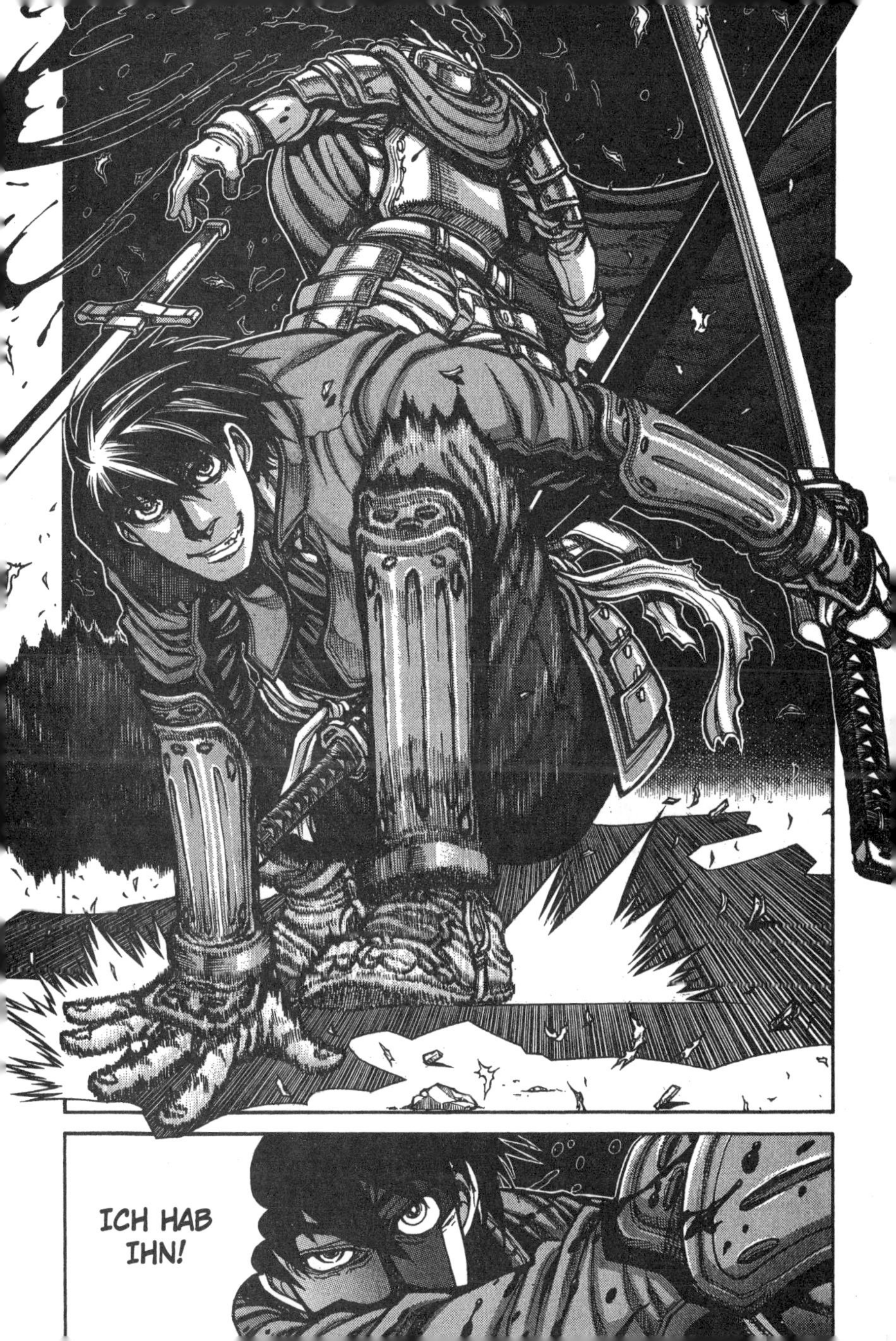

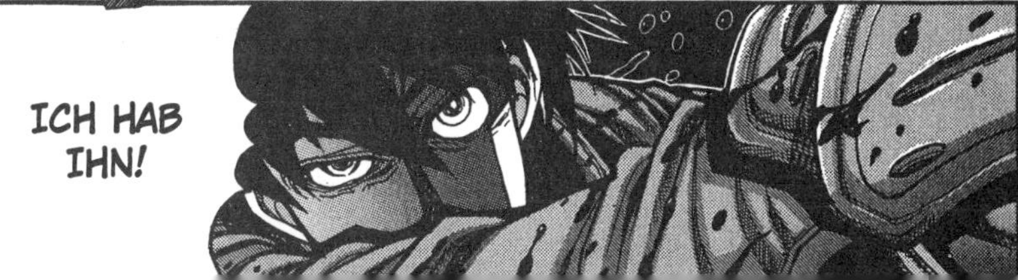
ICH HAB
IHN!

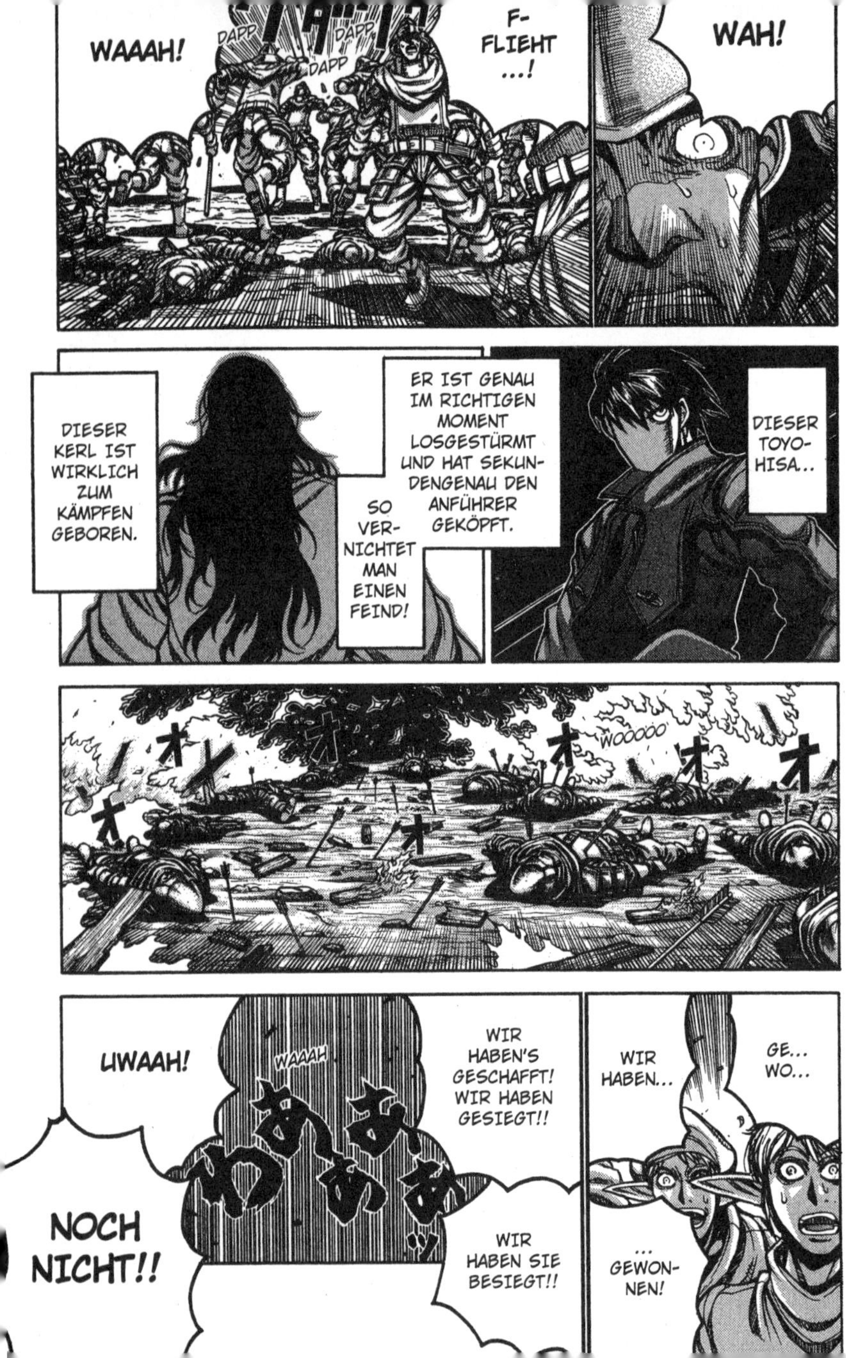

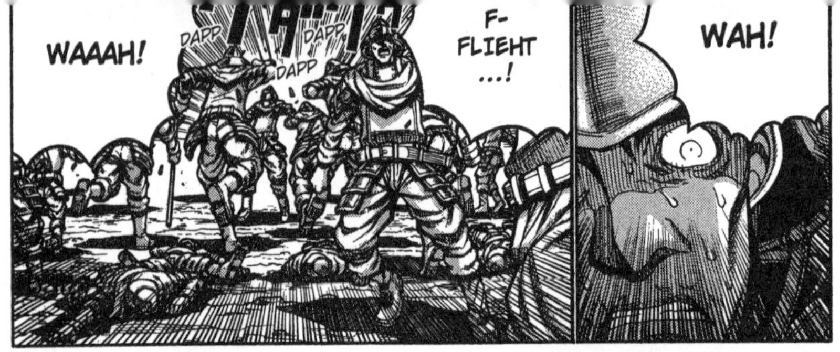

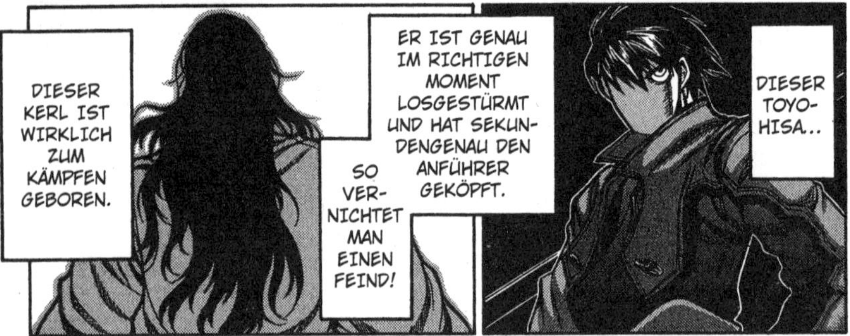

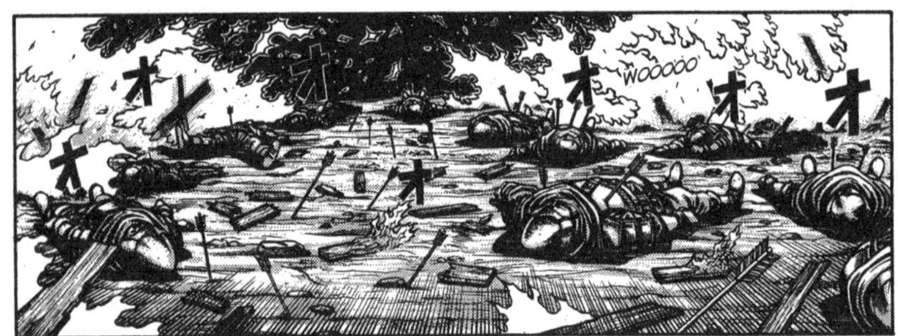

GE... WO...

WIR HABEN...

... GEWON-NEN!

WIR HABEN'S GESCHAFFT! WIR HABEN GESIEGT!!

WAAAH

UWAAH!

WIR HABEN SIE BESIEGT!!

NOCH NICHT!!

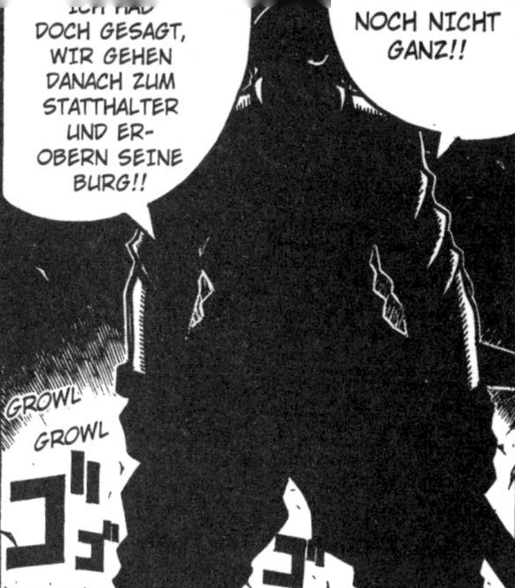

NOCH NICHT GANZ!!
DOCH GESAGT, WIR GEHEN DANACH ZUM STATTHALTER UND EROBERN SEINE BURG!!
GROWL
GROWL

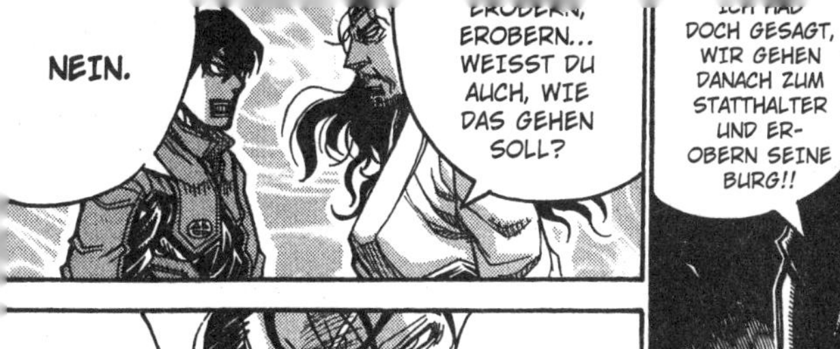

EROBERN... WEISST DU AUCH, WIE DAS GEHEN SOLL?
NEIN.
AHA.
DAS DACHTE ICH MIR.

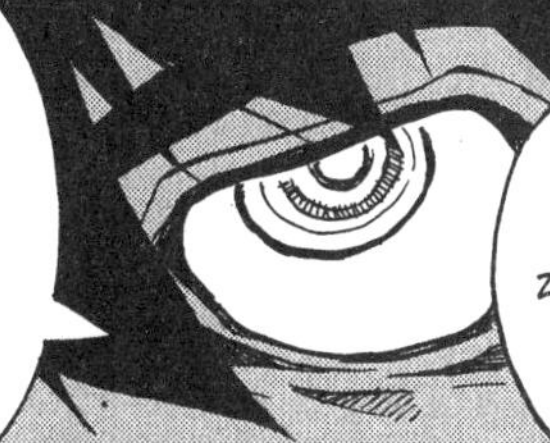

WENN MAN SCHON KÄMPFT, DANN BIS ZUM ENDE, SONST IST DAS DOCH UNSINN!
LOSSCHLAGEN, BIS ALLES ZERSTÖRT IST... SO HAB ICH'S GELERNT!
DAS HAT MEIN VATER GESAGT, MEIN ONKEL, MEIN ANDERER ONKEL, NOCH EIN ANDERER ONKEL, MEIN GROSSVATER UND MEIN URGROSSVATER AUCH!

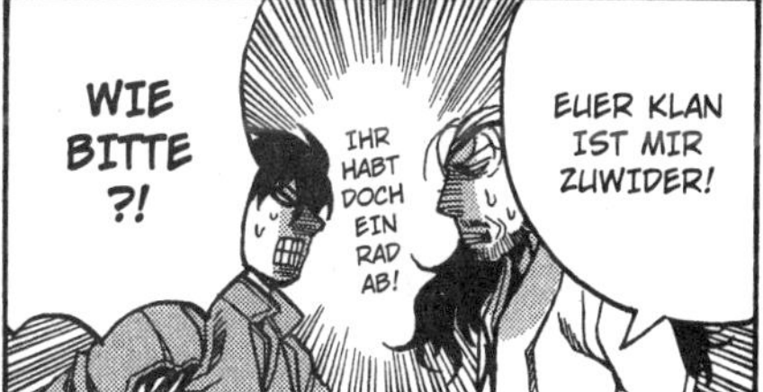

EUER KLAN IST MIR ZUWIDER!
IHR HABT DOCH EIN RAD AB!
WIE BITTE ?!

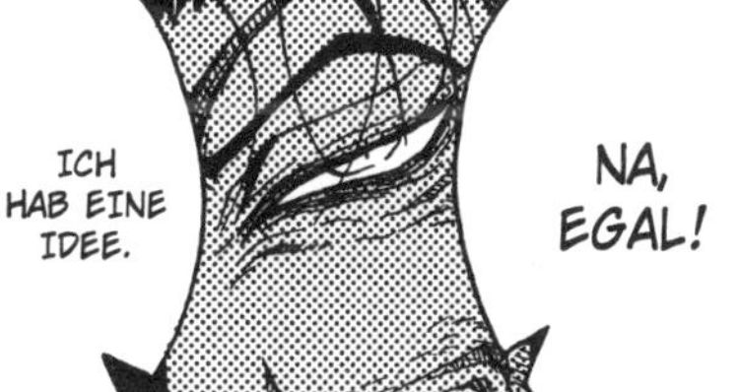

NA, EGAL!
ICH HAB EINE IDEE.

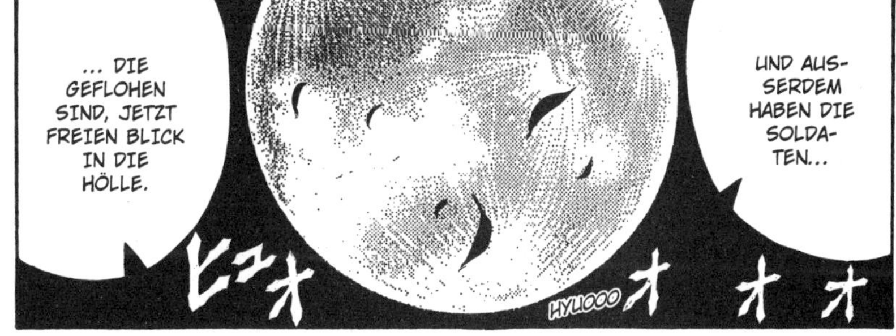

UND AUSSERDEM HABEN DIE SOLDATEN...
... DIE GEFLOHEN SIND, JETZT FREIEN BLICK IN DIE HÖLLE.
HYUOOO

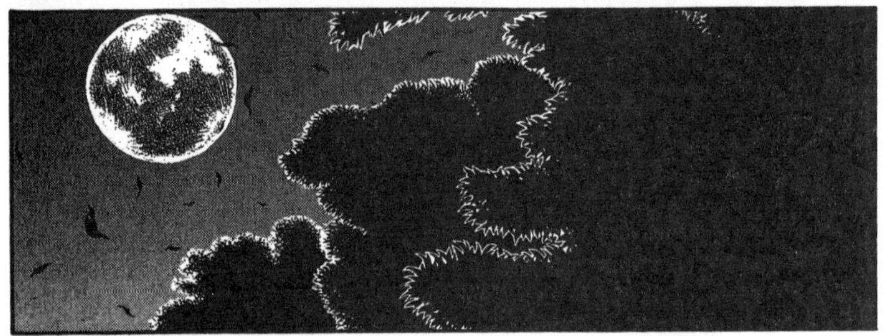

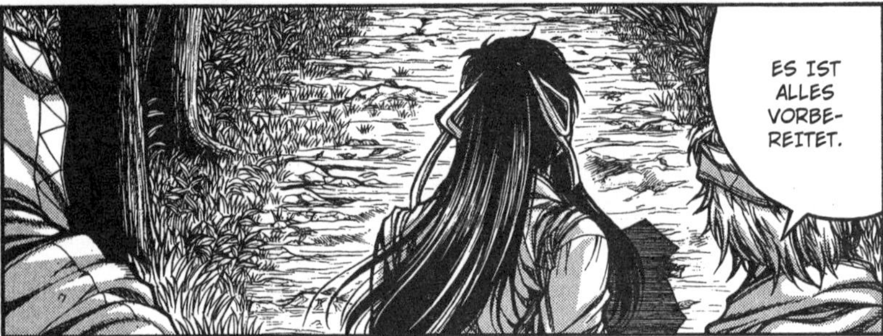
ES IST
ALLES
VORBE-
REITET.

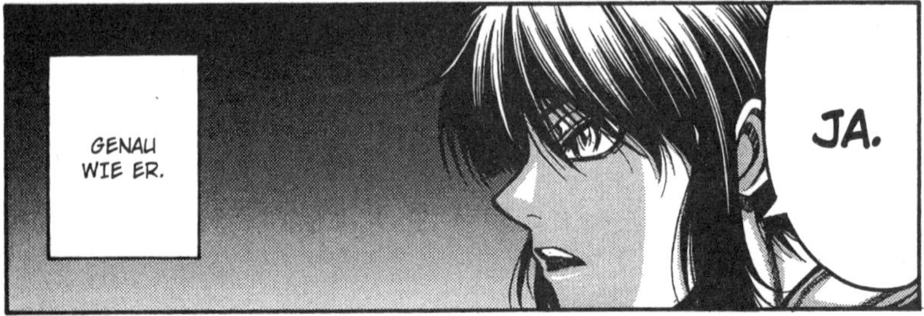
JA.
GENAU
WIE ER.

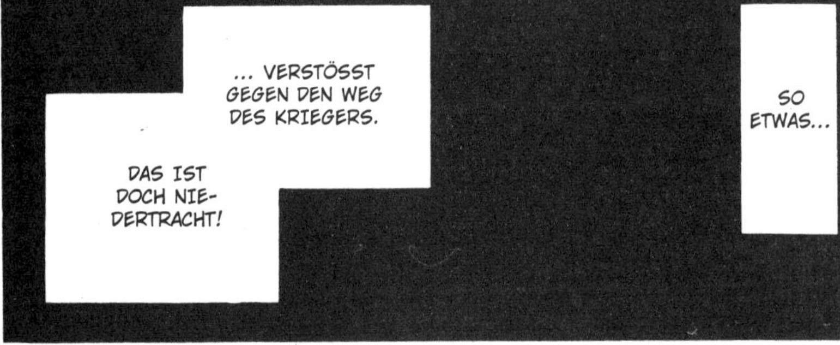
SO
ETWAS...
... VERSTÖSST
GEGEN DEN WEG
DES KRIEGERS.
DAS IST
DOCH NIE-
DERTRACHT!

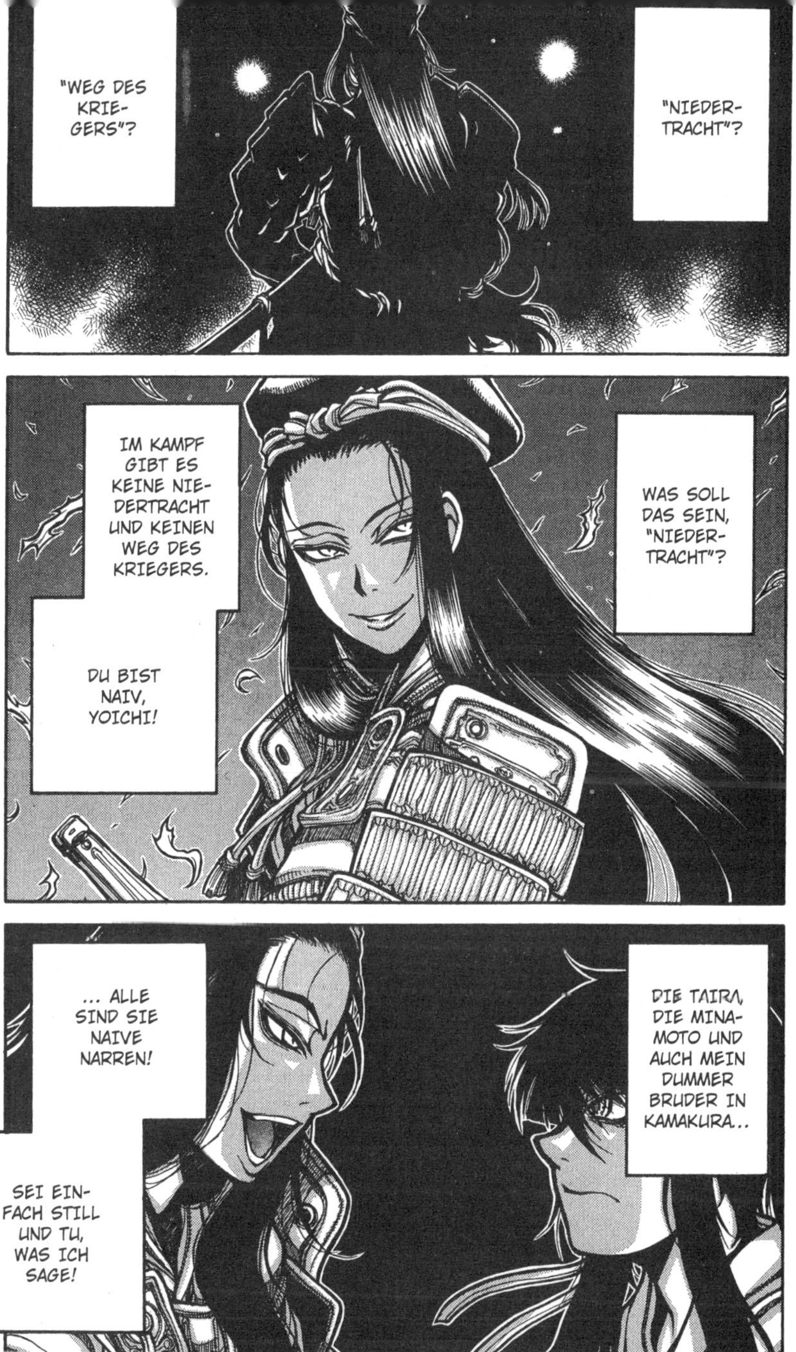

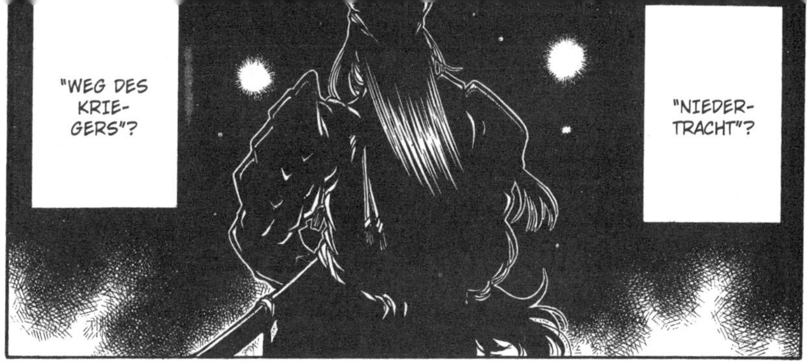

WAS SOLL DAS SEIN, "NIEDER-TRACHT"?

IM KAMPF GIBT ES KEINE NIEDERTRACHT UND KEINEN WEG DES KRIEGERS.

DU BIST NAIV, YOICHI!

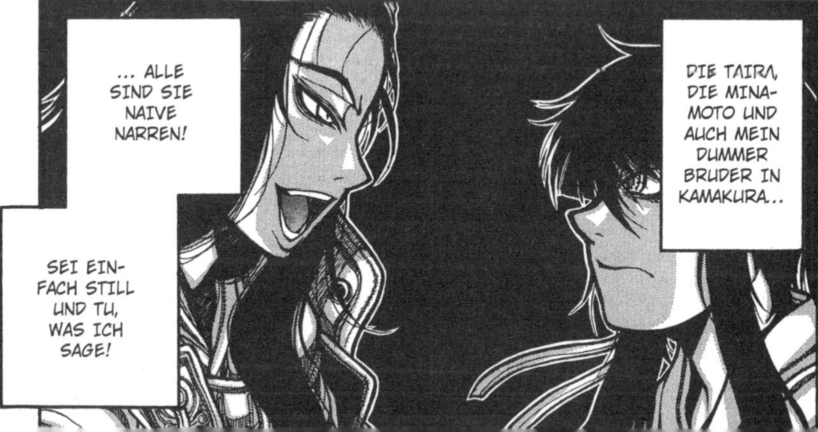

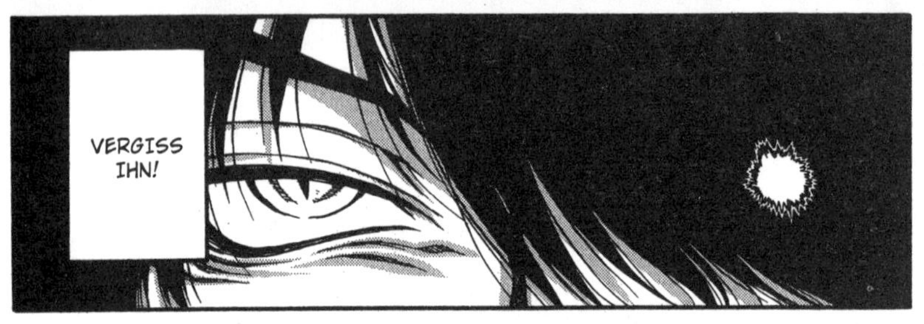

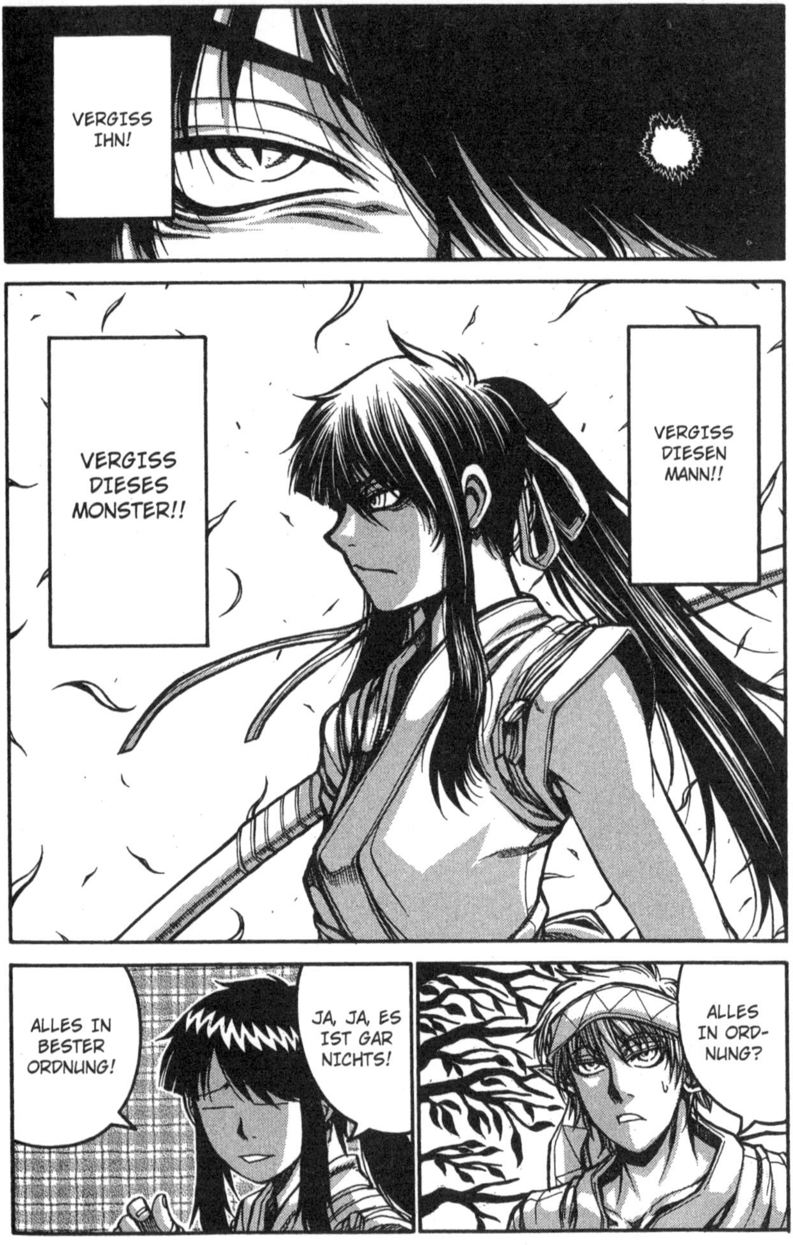

VERGISS DIESEN MANN!!

VERGISS DIESES MONSTER!!

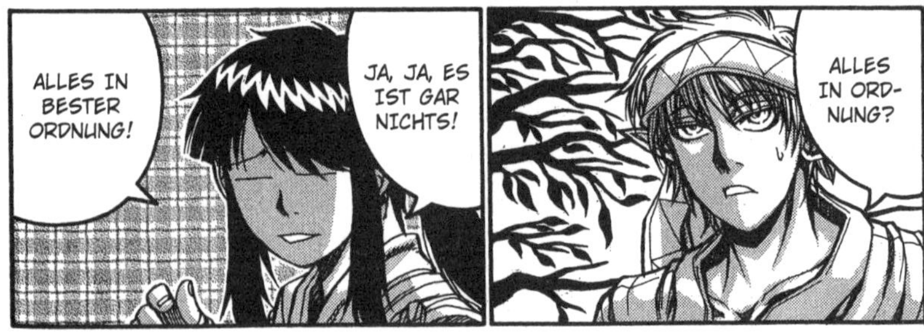

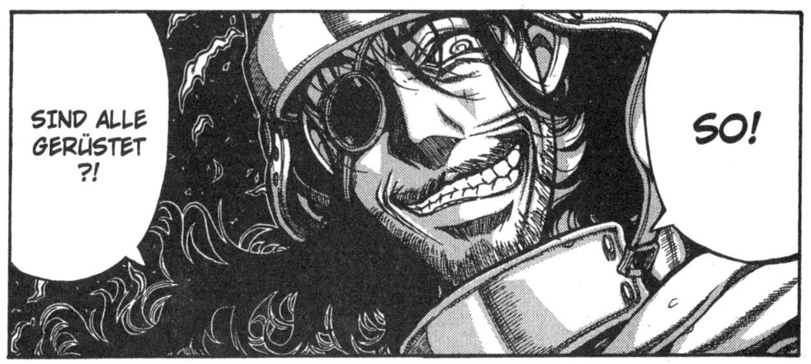
SO!
SIND ALLE GERÜSTET ?!

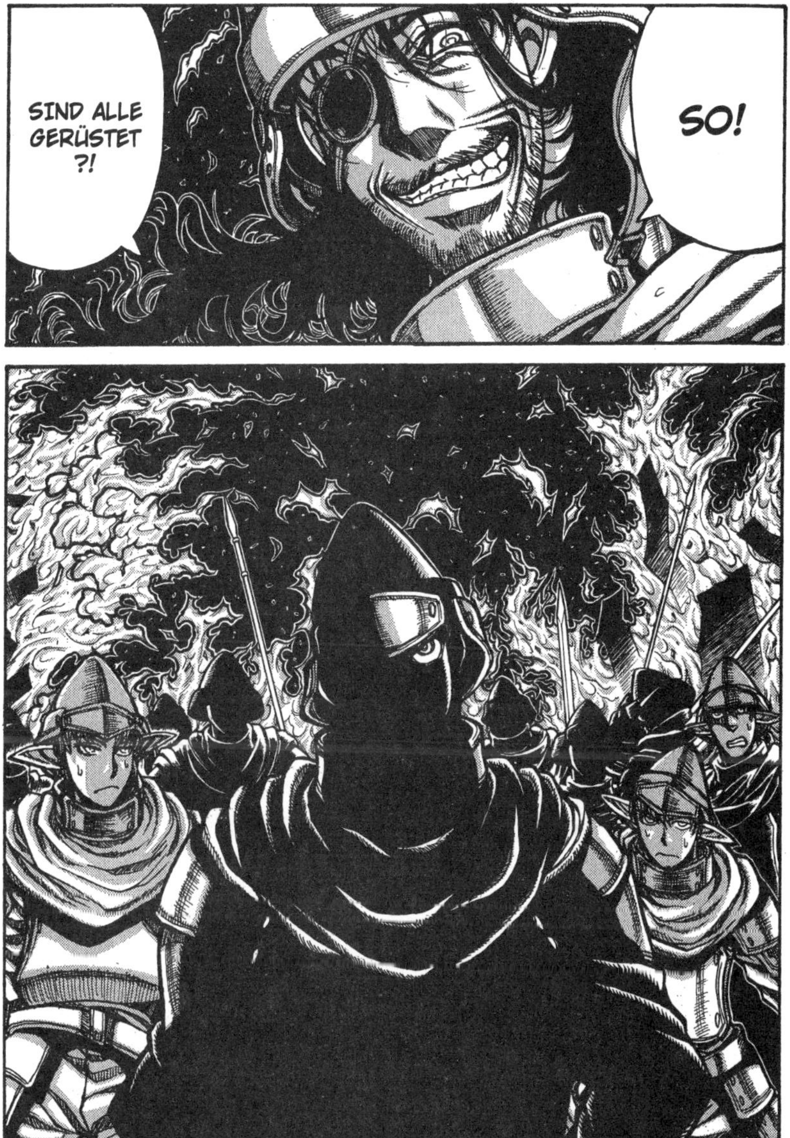

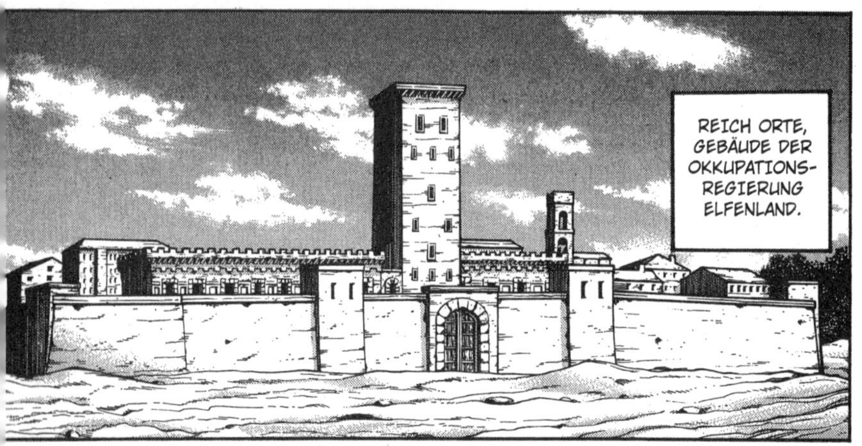

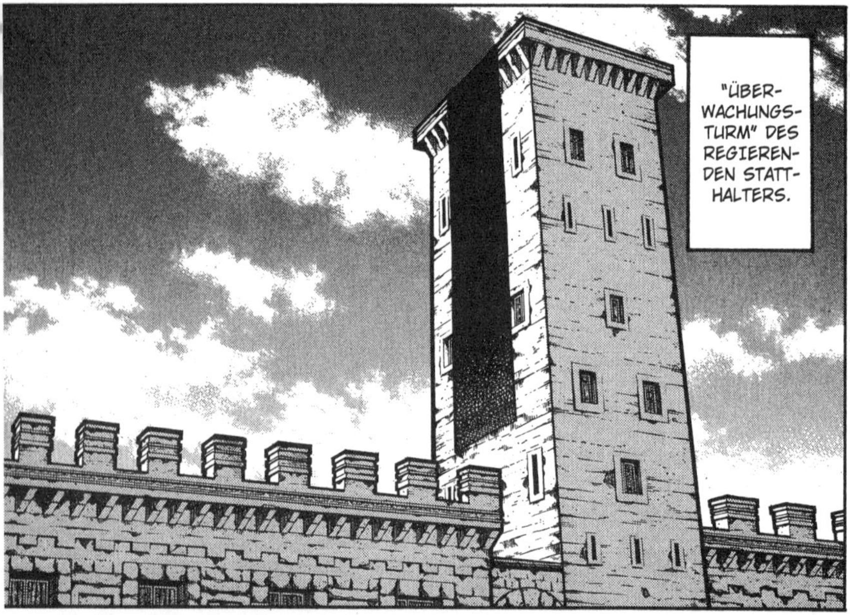

"ÜBER-WACHUNGS-TURM" DES REGIEREN-DEN STATT-HALTERS.

ENDE DES 16. KAPITELS

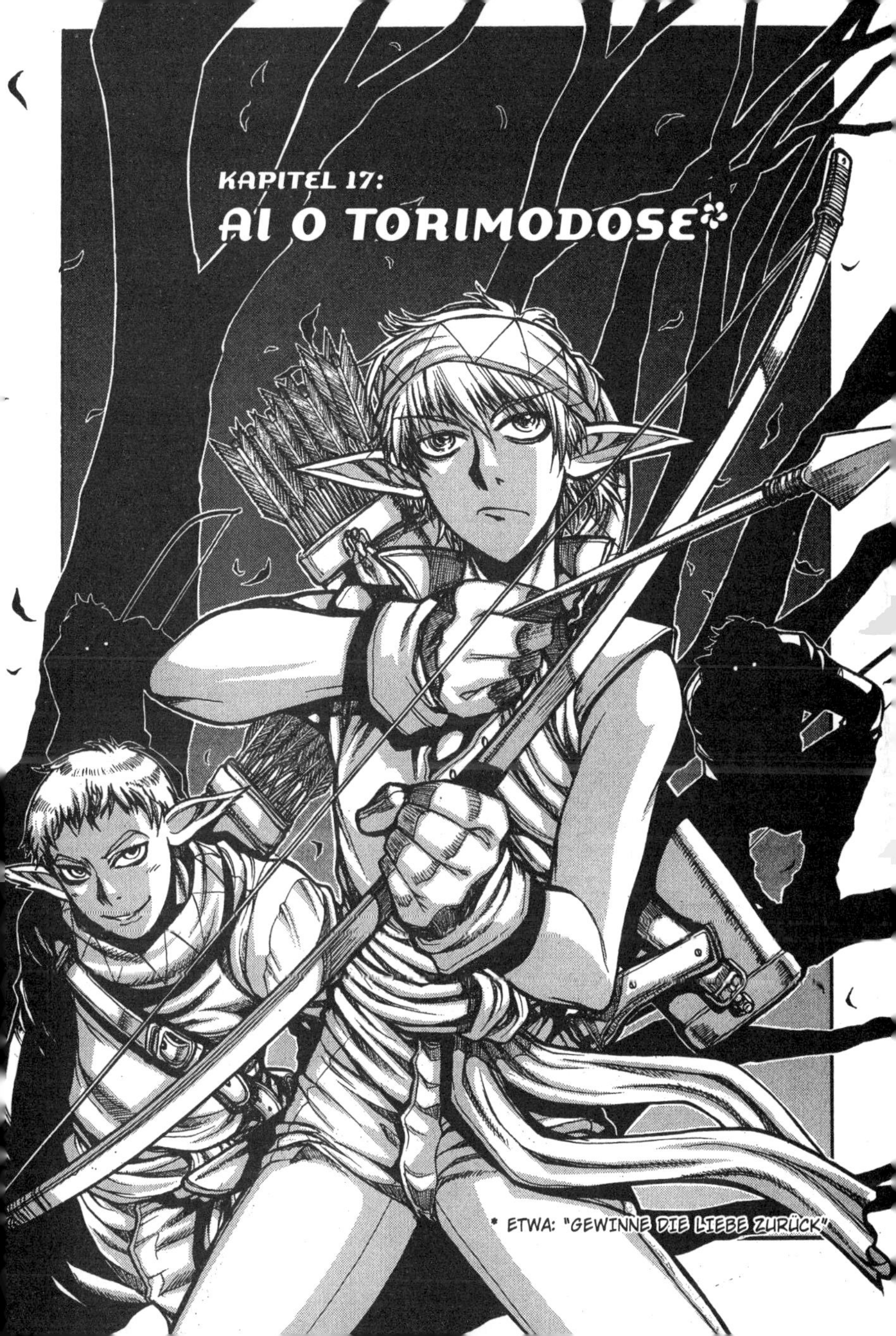
KAPITEL 17:
AI O TORIMODOSE*
* ETWA: "GEWINNE DIE LIEBE ZURÜCK"

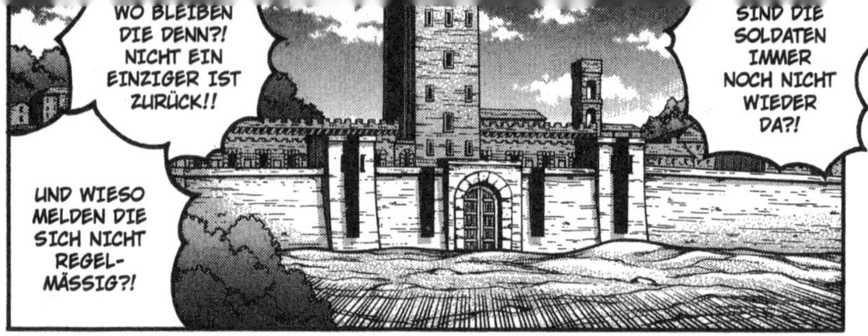
SIND DIE SOLDATEN IMMER NOCH NICHT WIEDER DA?!
WO BLEIBEN DIE DENN?! NICHT EIN EINZIGER IST ZURÜCK!!
UND WIESO MELDEN DIE SICH NICHT REGEL-MÄSSIG?!

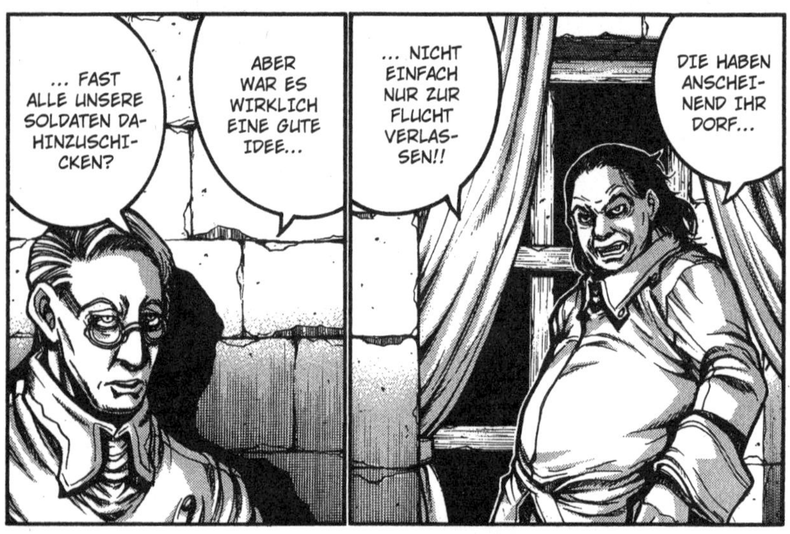
DIE HABEN ANSCHEI-NEND IHR DORF...
... NICHT EINFACH NUR ZUR FLUCHT VERLAS-SEN!!
ABER WAR ES WIRKLICH EINE GUTE IDEE...
... FAST ALLE UNSERE SOLDATEN DA-HINZUSCHI-CKEN?

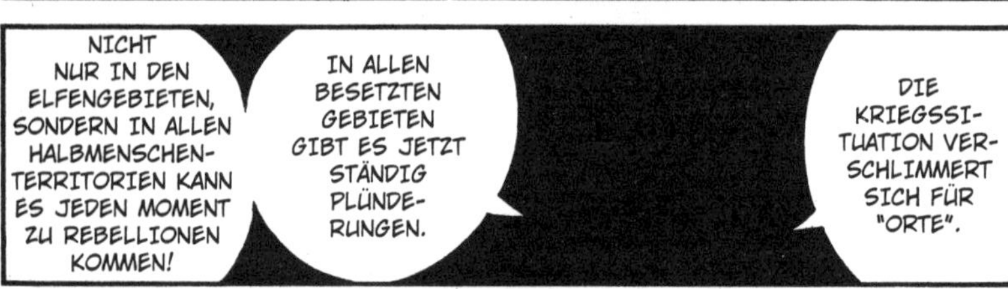
DIE KRIEGSSI-TUATION VER-SCHLIMMERT SICH FÜR "ORTE".
IN ALLEN BESETZTEN GEBIETEN GIBT ES JETZT STÄNDIG PLÜNDE-RUNGEN.
NICHT NUR IN DEN ELFENGEBIETEN, SONDERN IN ALLEN HALBMENSCHEN-TERRITORIEN KANN ES JEDEN MOMENT ZU REBELLIONEN KOMMEN!

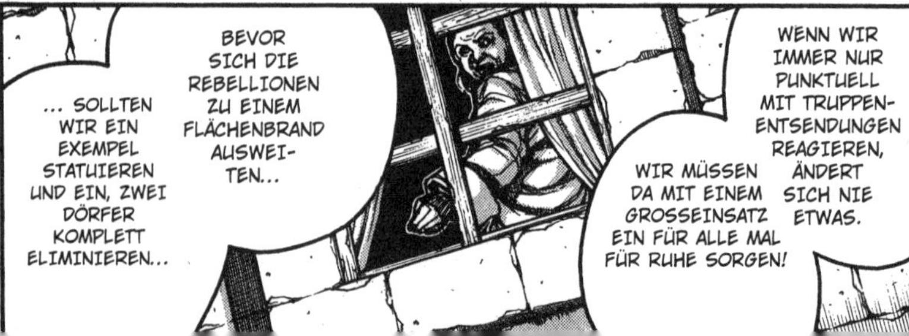
WENN WIR IMMER NUR PUNKTUELL MIT TRUPPEN-ENTSENDUNGEN REAGIEREN, ÄNDERT SICH NIE ETWAS.
WIR MÜSSEN DA MIT EINEM GROSSEINSATZ EIN FÜR ALLE MAL FÜR RUHE SORGEN!
BEVOR SICH DIE REBELLIONEN ZU EINEM FLÄCHENBRAND AUSWEI-TEN...
... SOLLTEN WIR EIN EXEMPEL STATUIEREN UND EIN, ZWEI DÖRFER KOMPLETT ELIMINIEREN...

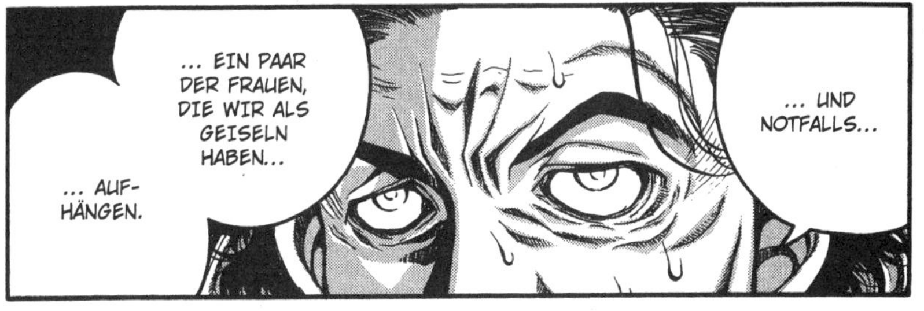
... UND NOTFALLS...
... EIN PAAR DER FRAUEN, DIE WIR ALS GEISELN HABEN...
... AUF-HÄNGEN.

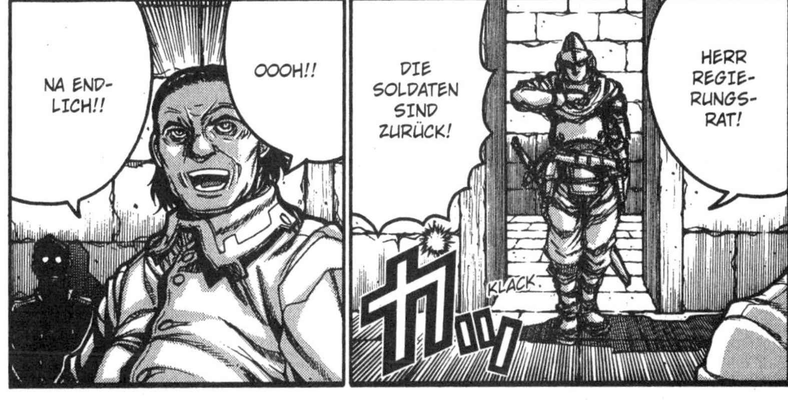
HERR REGIE-RUNGS-RAT!
DIE SOLDATEN SIND ZURÜCK!
KLACK
OOOH!!
NA END-LICH!!

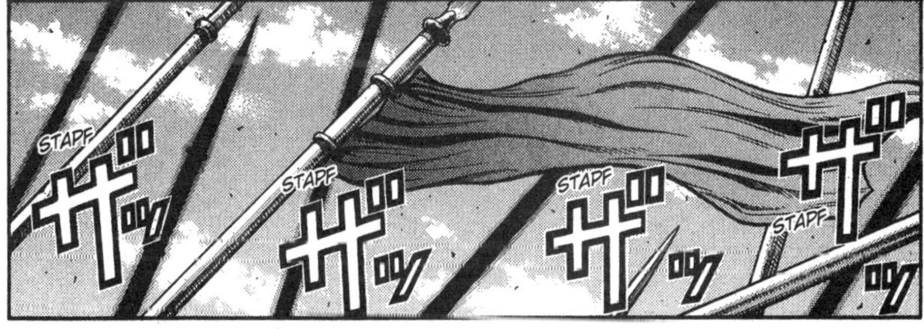
STAPF
STAPF
STAPF
STAPF

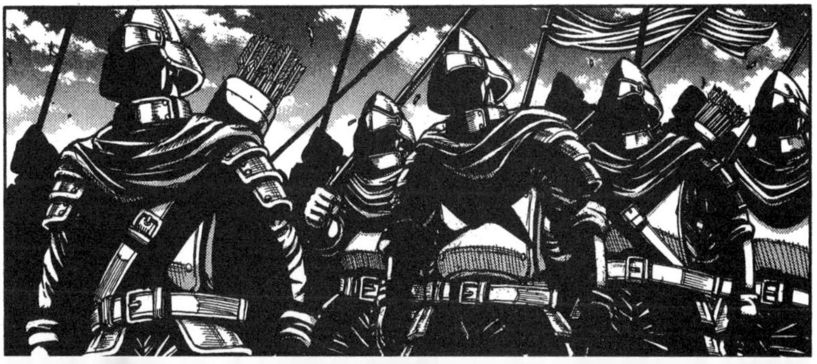

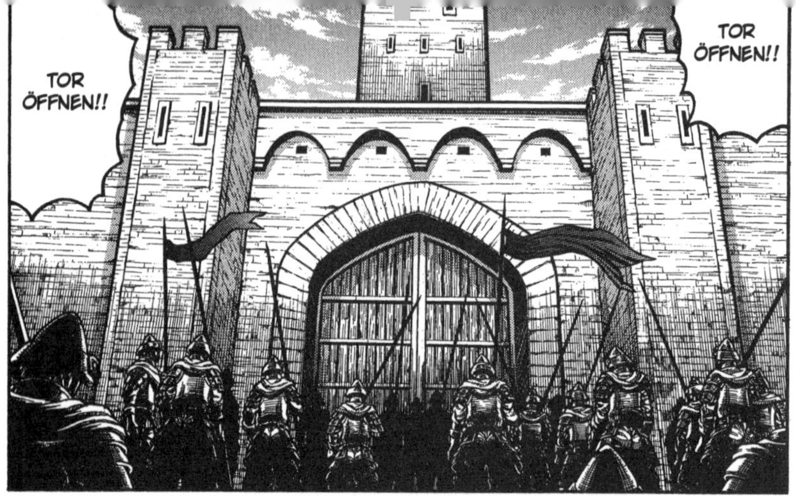
TOR ÖFFNEN!!
TOR ÖFFNEN!!

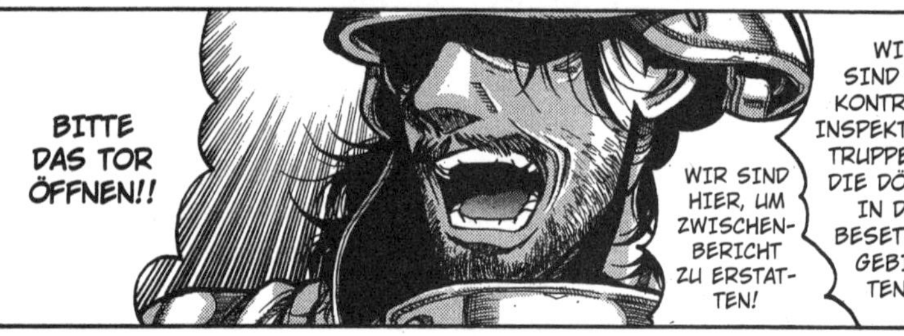
WIR SIND DIE KONTROLL-INSPEKTIONS-TRUPPE FÜR DIE DÖRFER IN DEN BESETZTEN GEBIE-TEN!!
WIR SIND HIER, UM ZWISCHEN-BERICHT ZU ERSTAT-TEN!
BITTE DAS TOR ÖFFNEN!!

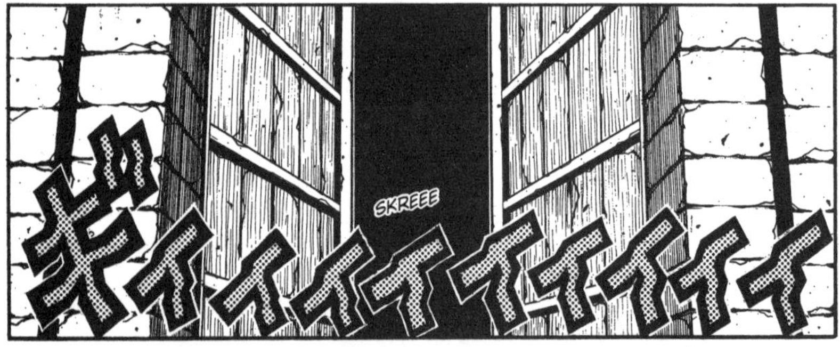
ギイイイイイイイイイ
SKREEE

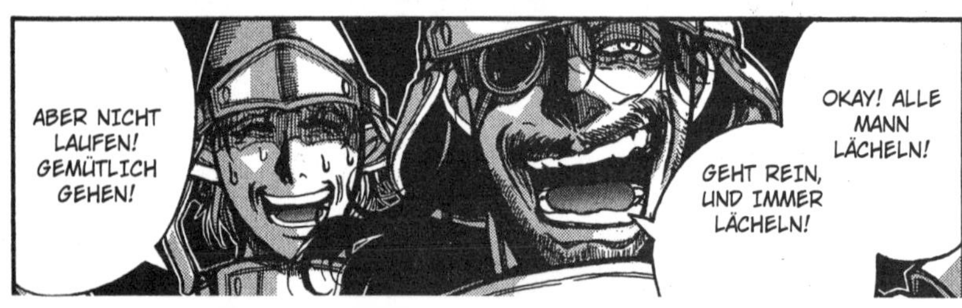
OKAY! ALLE MANN LÄCHELN!
GEHT REIN, UND IMMER LÄCHELN!
ABER NICHT LAUFEN! GEMÜTLICH GEHEN!

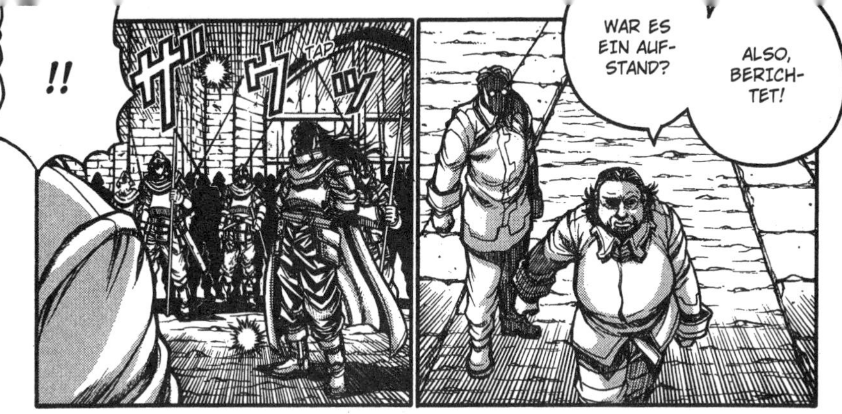
!!
TAP
WAR ES EIN AUF-STAND?
ALSO, BERICH-TET!

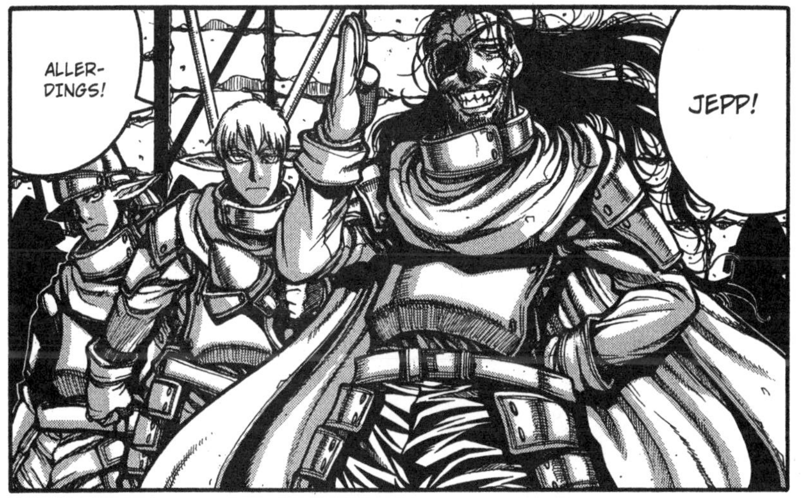
JEPP!
ALLER-DINGS!

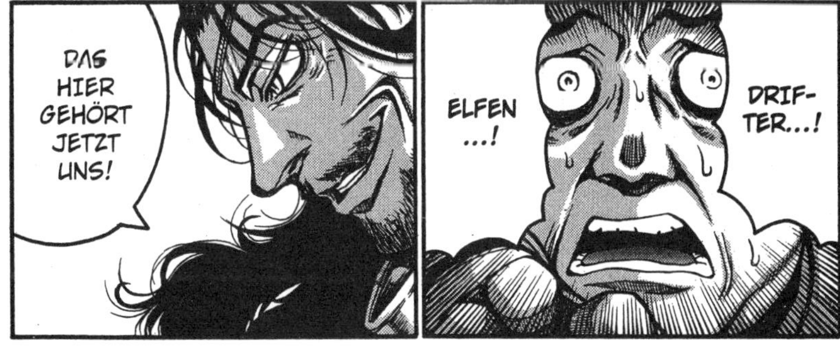
DRIF-TER...!
ELFEN ...!
DAS HIER GEHÖRT JETZT UNS!

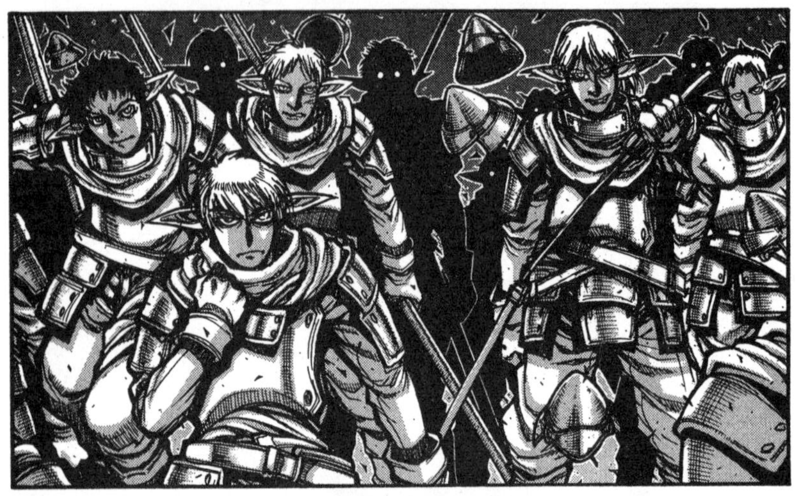

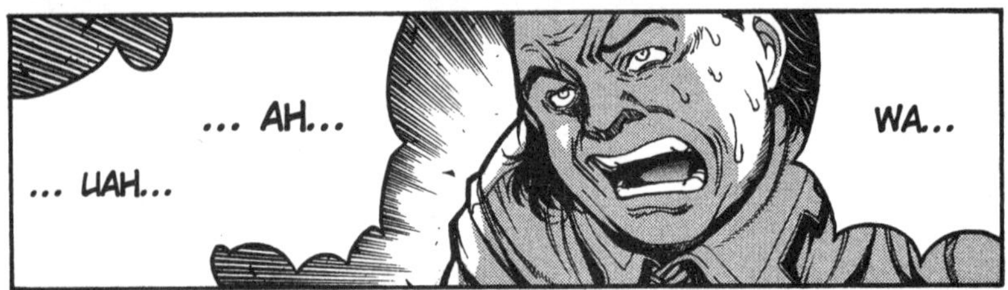
WA...
... AH...
... UAH...

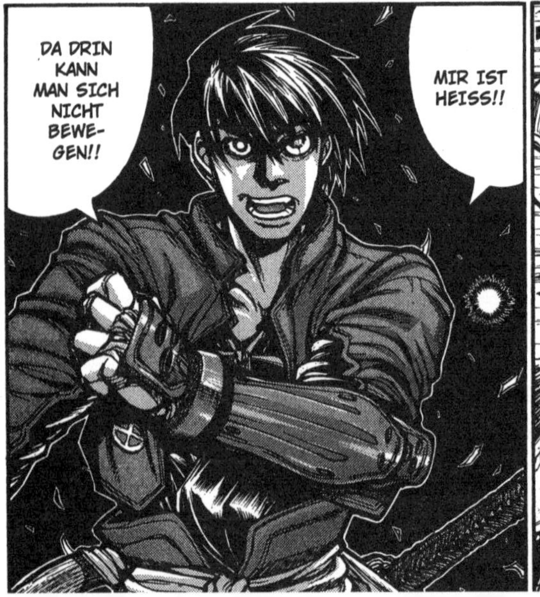
MIR IST HEISS!!
DA DRIN KANN MAN SICH NICHT BEWE-GEN!!

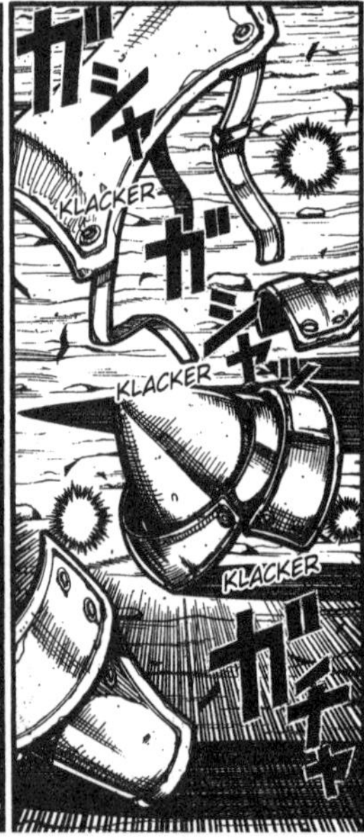
KLACKER
KLACKER
KLACKER

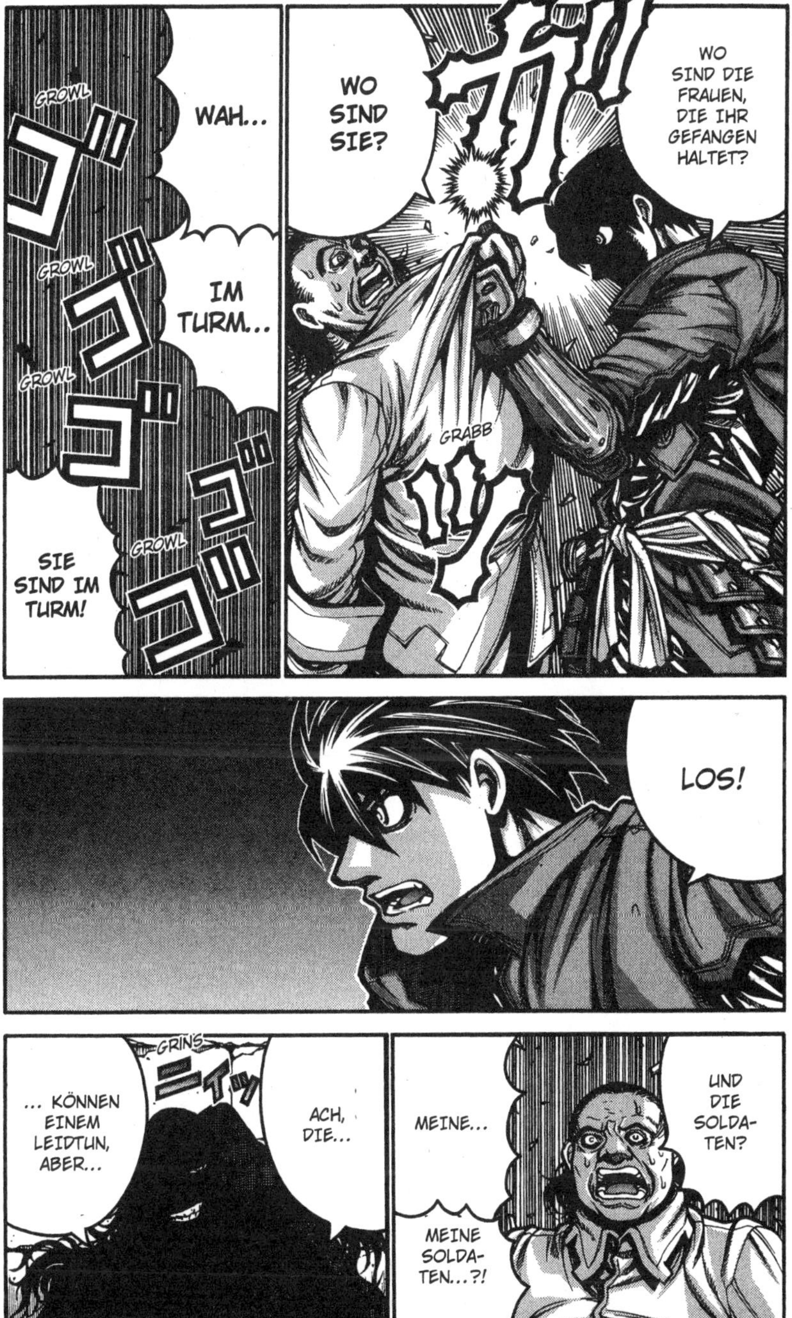

WO SIND DIE FRAUEN, DIE IHR GEFANGEN HALTET?
WO SIND SIE?
GRABB
WAH...
IM TURM...
GROWL
GROWL
GROWL
GROWL
SIE SIND IM TURM!

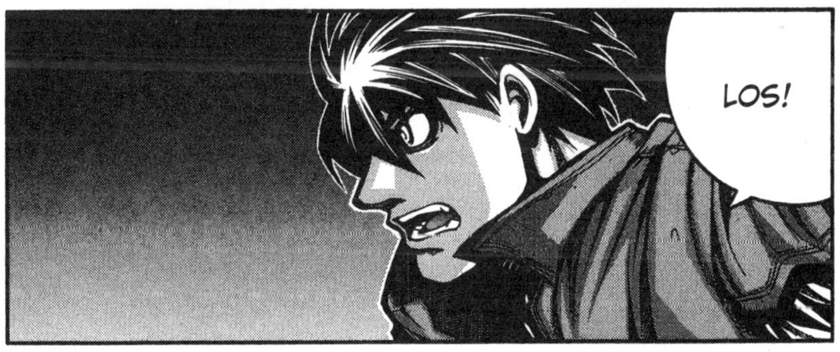

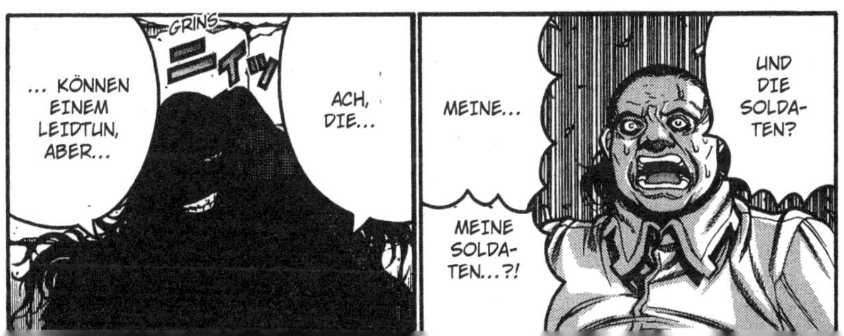

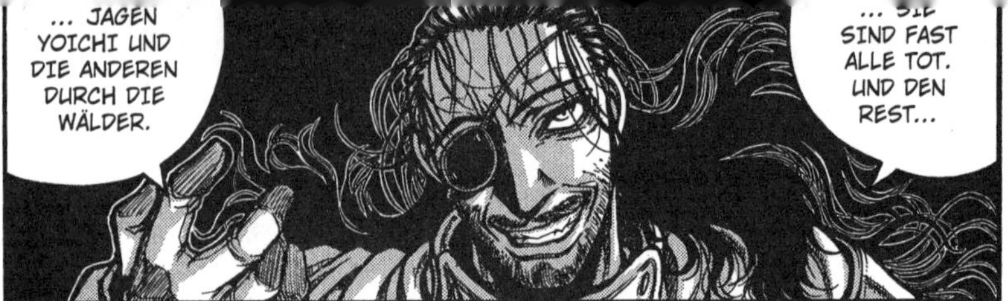
... SIE SIND FAST ALLE TOT. UND DEN REST...
... JAGEN YOICHI UND DIE ANDEREN DURCH DIE WÄLDER.
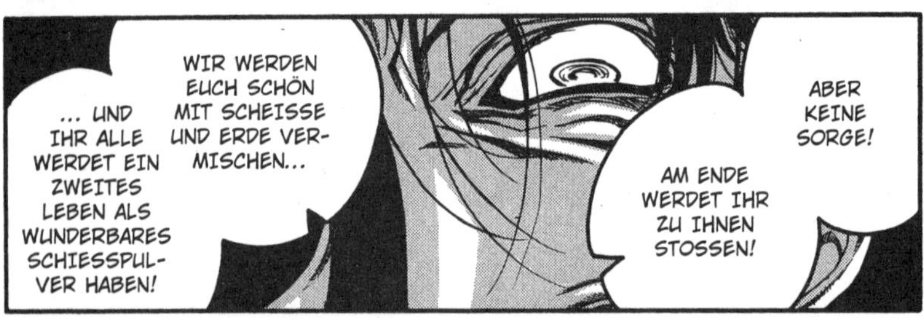
ABER KEINE SORGE!
AM ENDE WERDET IHR ZU IHNEN STOSSEN!
WIR WERDEN EUCH SCHÖN MIT SCHEISSE UND ERDE VER-MISCHEN...
... UND IHR ALLE WERDET EIN ZWEITES LEBEN ALS WUNDERBARES SCHIESSPUL-VER HABEN!
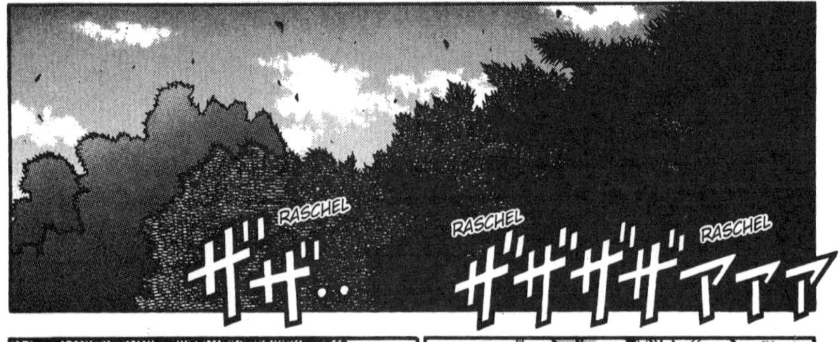
RASCHEL
ザザザザアアア
RASCHEL
RASCHEL
ザザ..
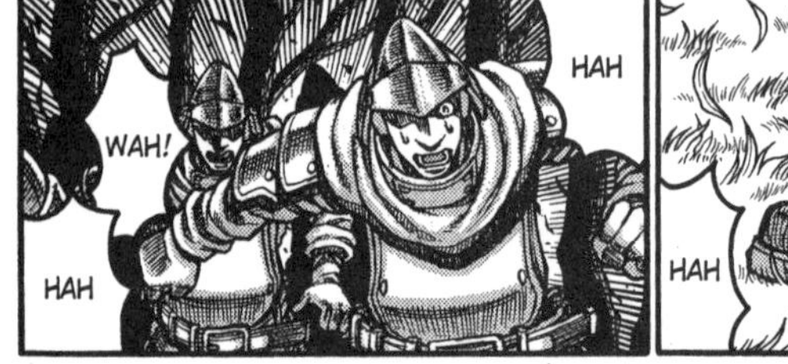
HAH
WAH!
HAH
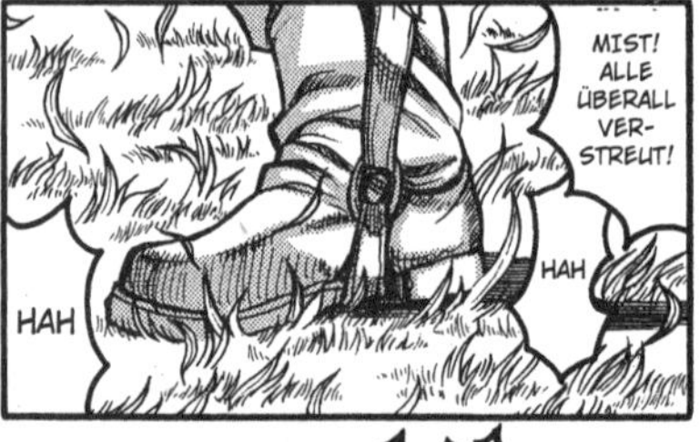
MIST! ALLE ÜBERALL VER-STREUT!
HAH
HAH
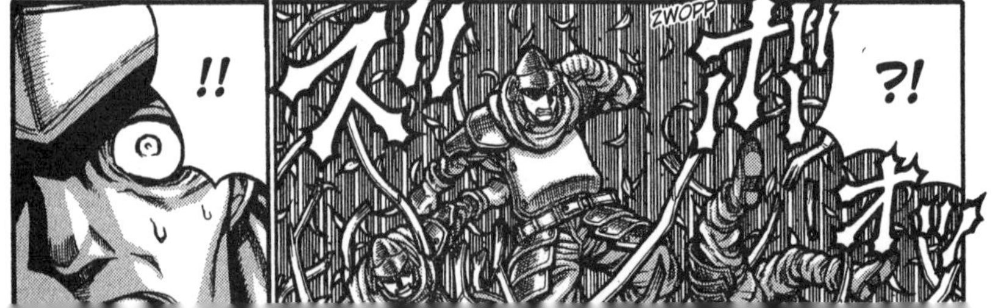
?!
ZWOPP
!!

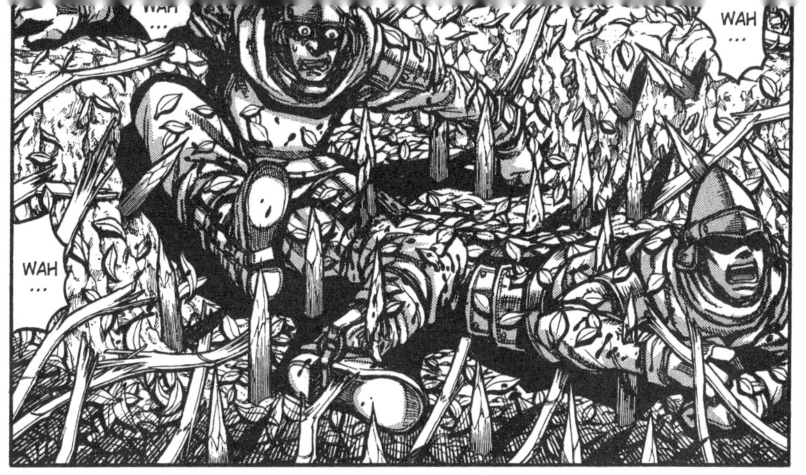
WAH ...
WAH ...
WAH ...

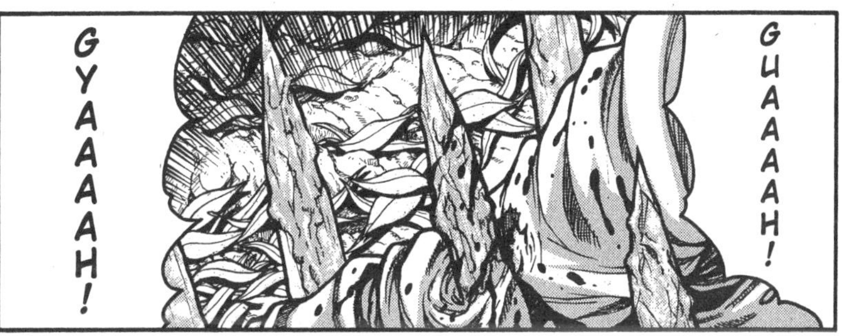
GUAAAAAH!
GYAAAAAH!

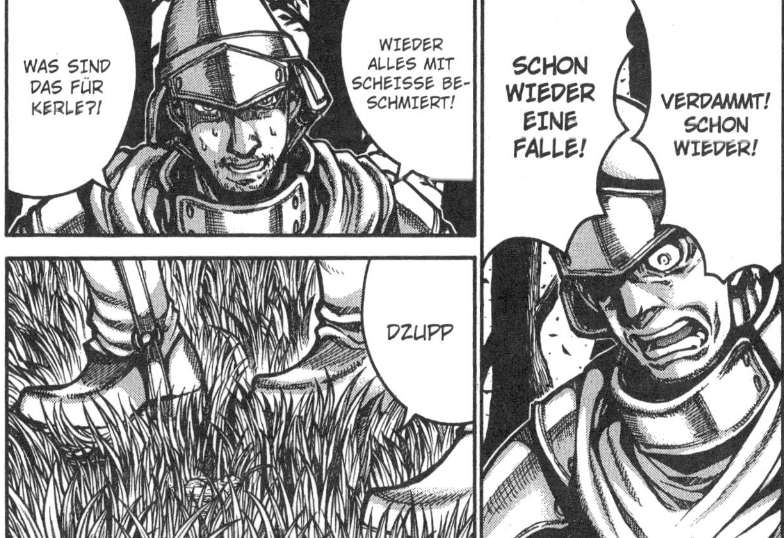
WIEDER ALLES MIT SCHEISSE BE-SCHMIERT!
WAS SIND DAS FÜR KERLE?!
VERDAMMT! SCHON WIEDER!
SCHON WIEDER EINE FALLE!
DZUPP

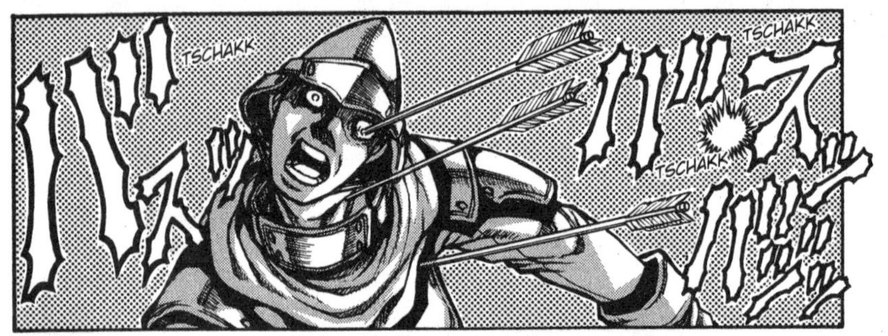
TSCHAKK
TSCHAKK
TSCHAKK

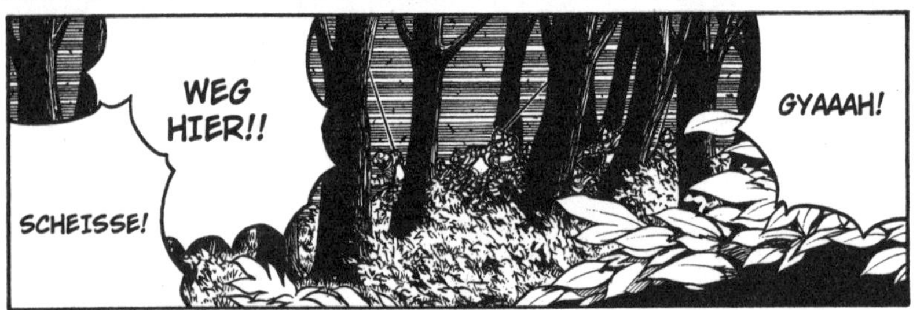
GYAAAH!
WEG HIER!!
SCHEISSE!

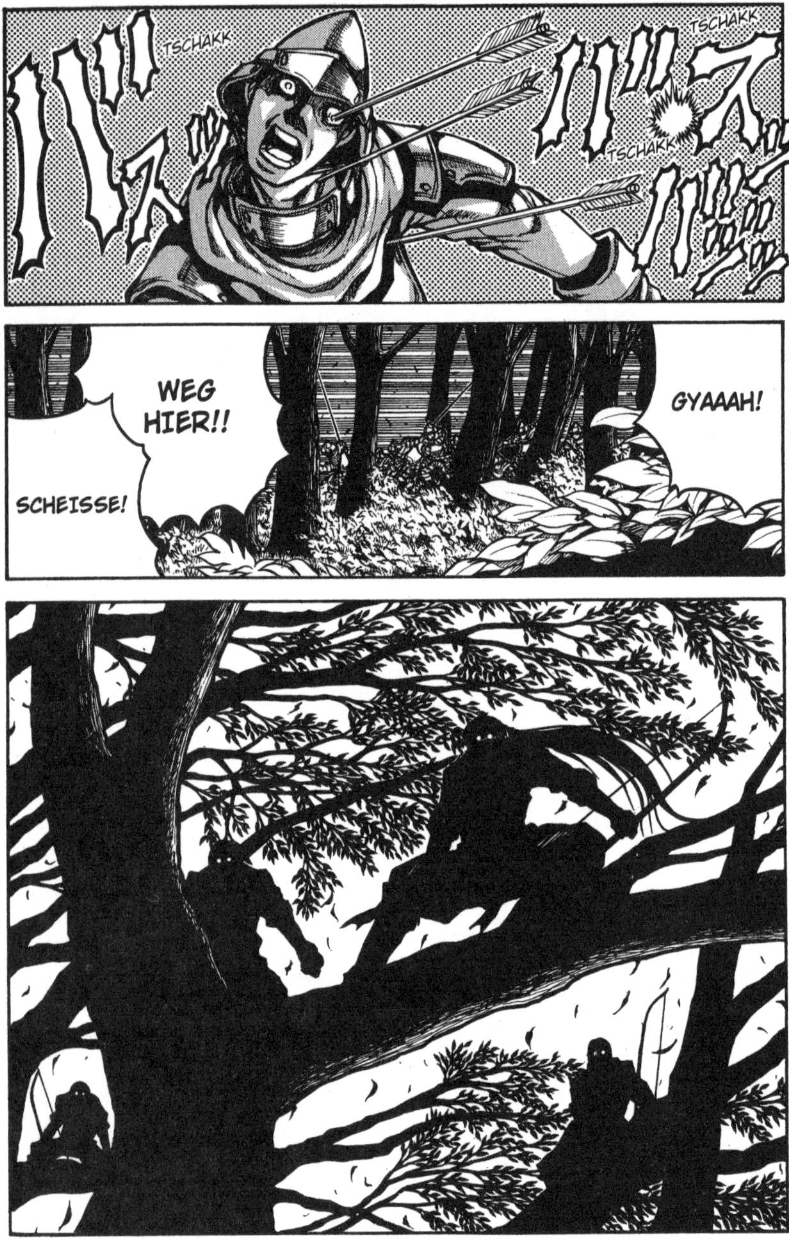

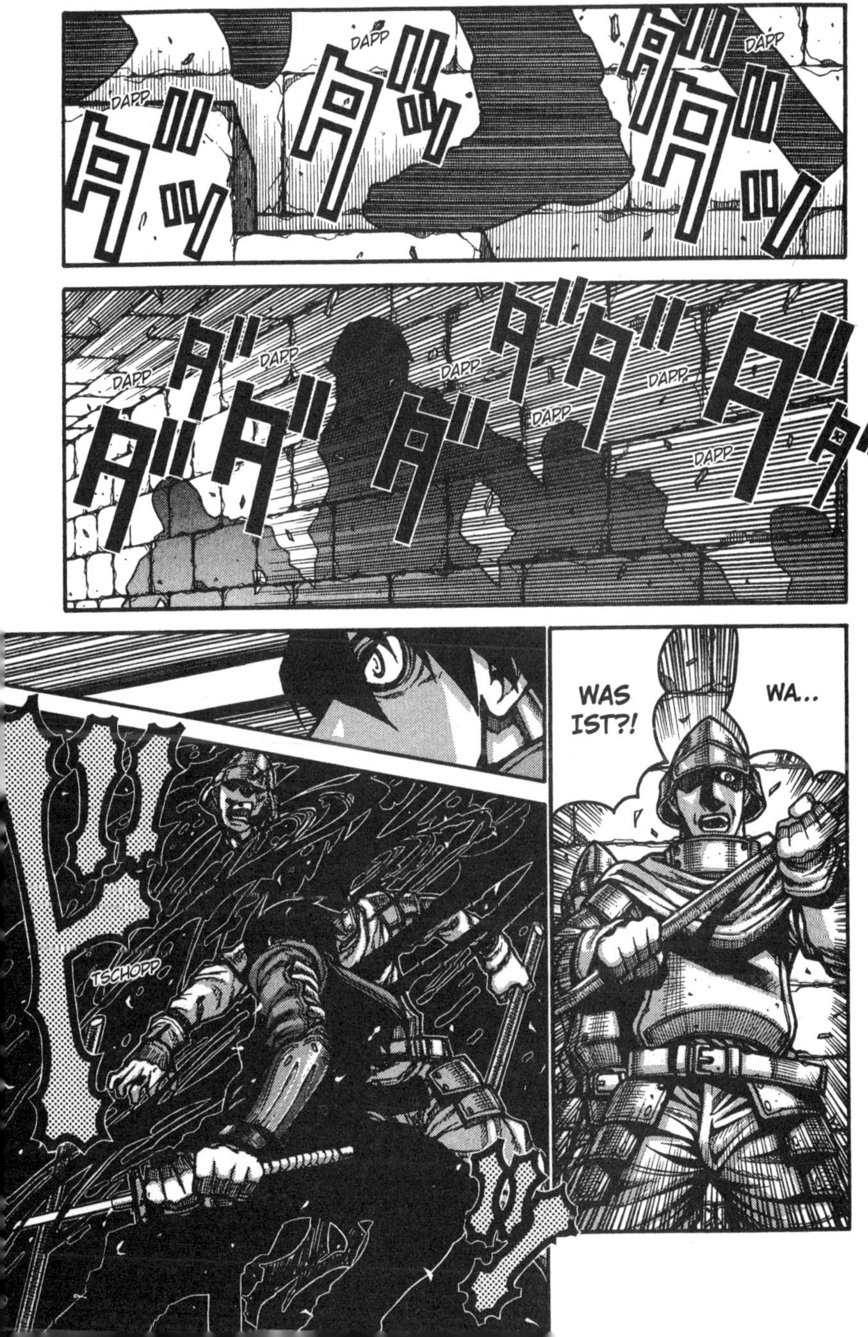

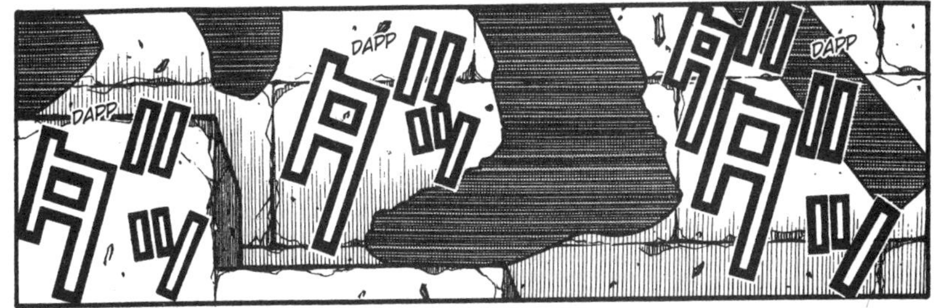

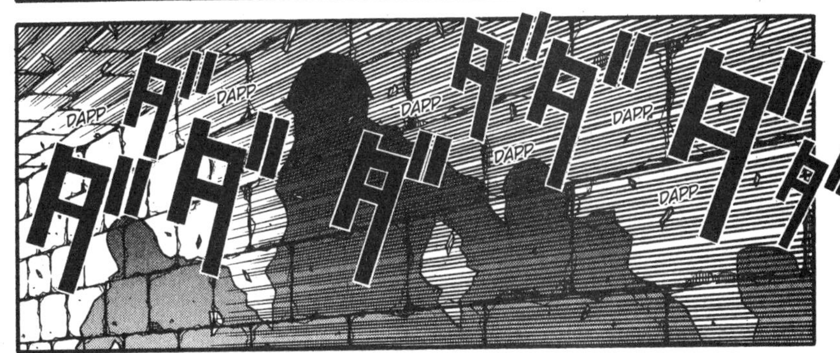

WA...

WAS IST?!

TSCHOPP

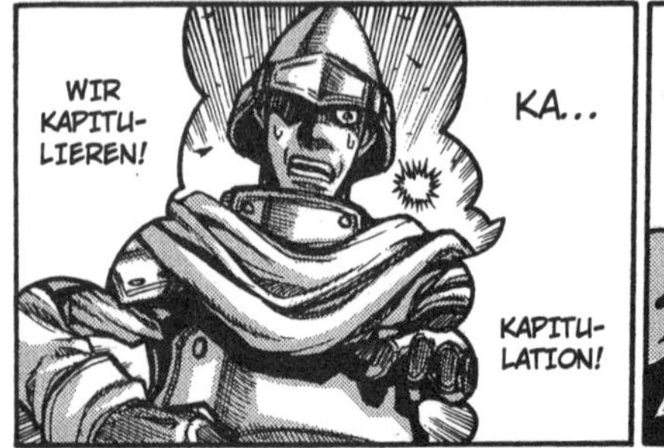
WIR KAPITU-LIEREN!
KA...
KAPITU-LATION!

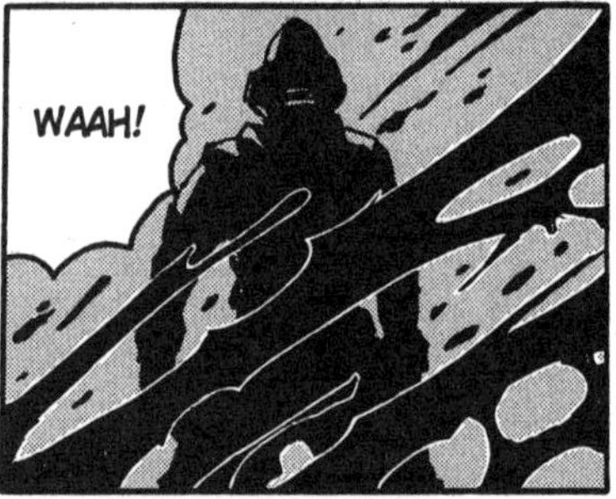
WAAH!

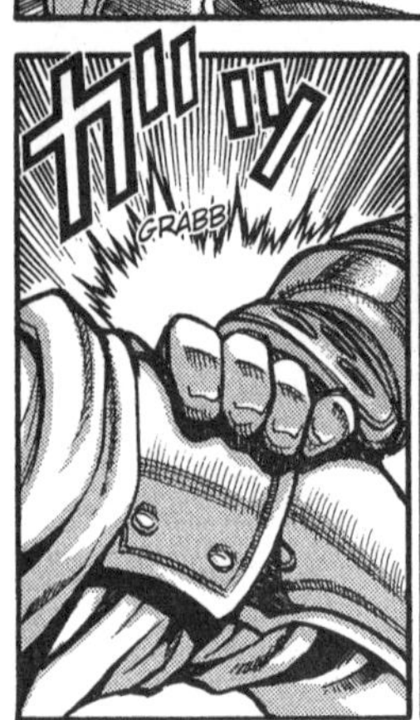
GRABB

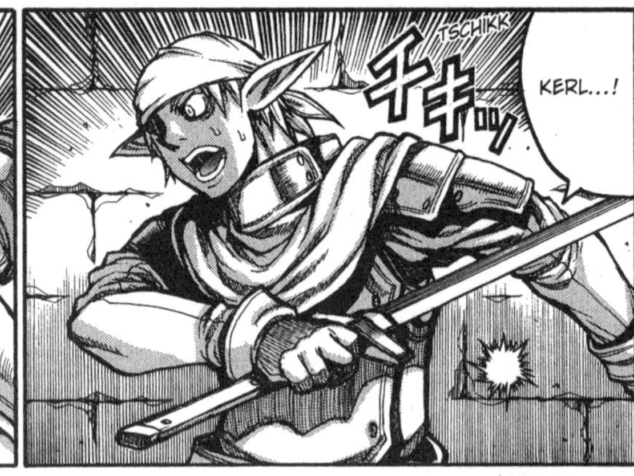
TSCHIKK
KERL...!

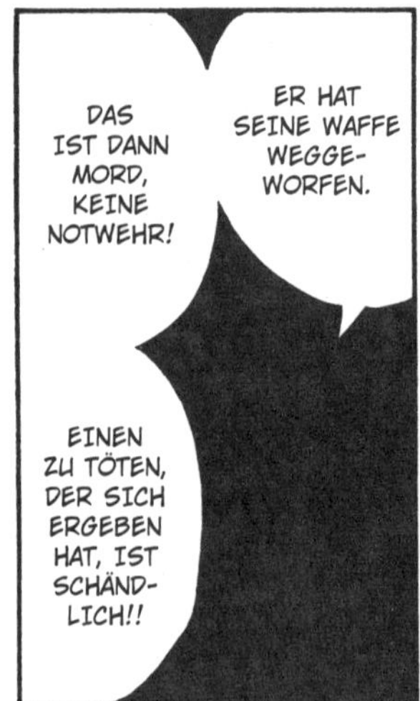
ER HAT SEINE WAFFE WEGGE-WORFEN.
DAS IST DANN MORD, KEINE NOTWEHR!
EINEN ZU TÖTEN, DER SICH ERGEBEN HAT, IST SCHÄND-LICH!!

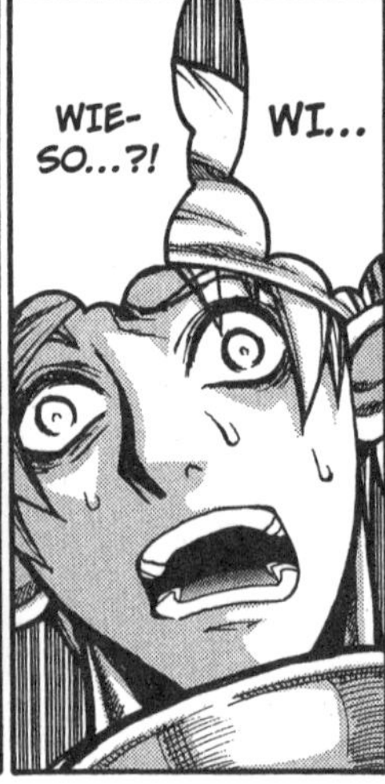
WI...
WIE-SO...?!

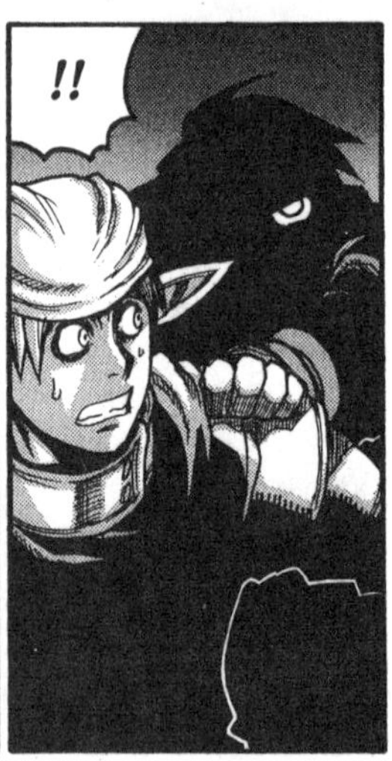
!!

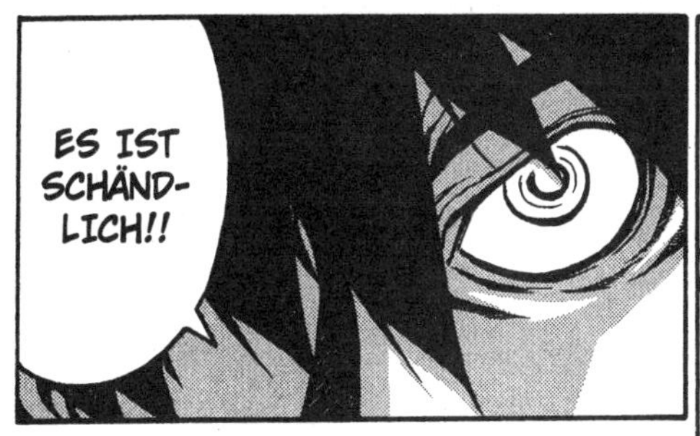
ES IST SCHÄND-LICH!!

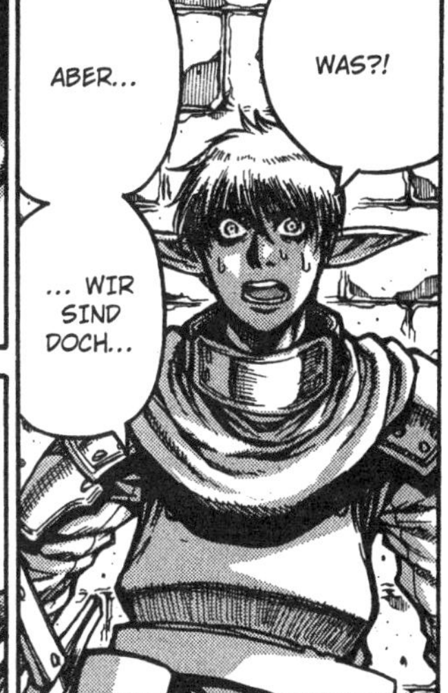
WAS?!
ABER...
... WIR SIND DOCH...

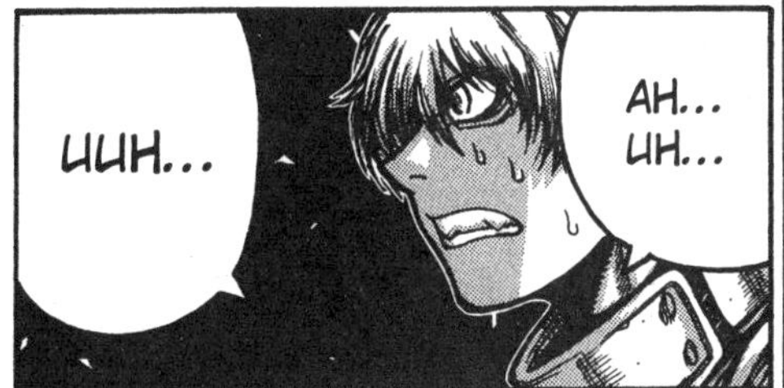
AH... UH...
UUH...

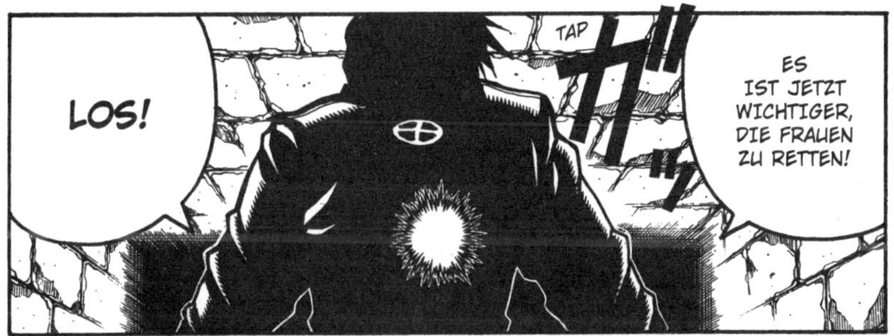
TAP
ES IST JETZT WICHTIGER, DIE FRAUEN ZU RETTEN!
LOS!

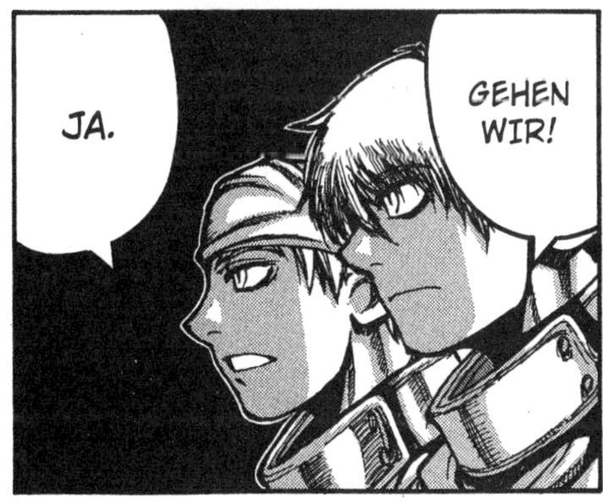
GEHEN WIR!
JA.

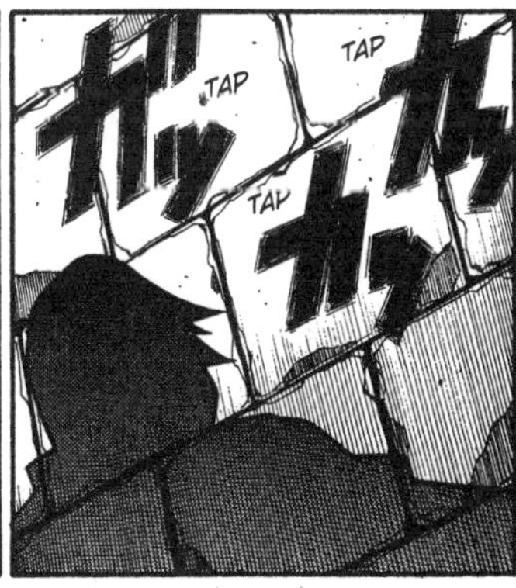
TAP
TAP
TAP

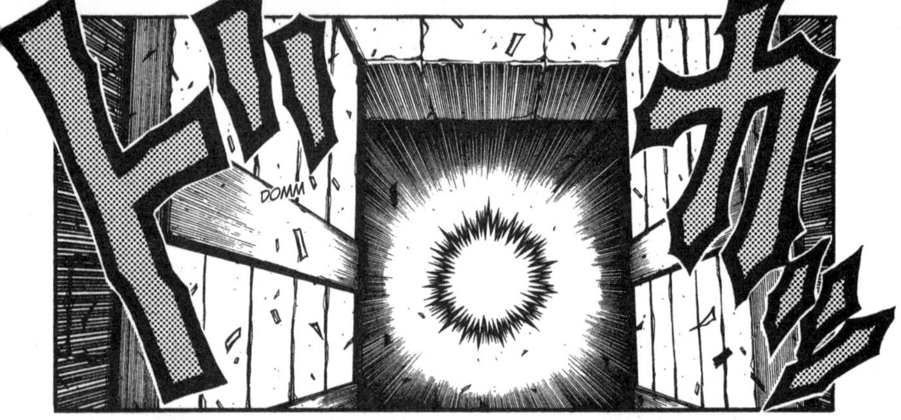
DOMM
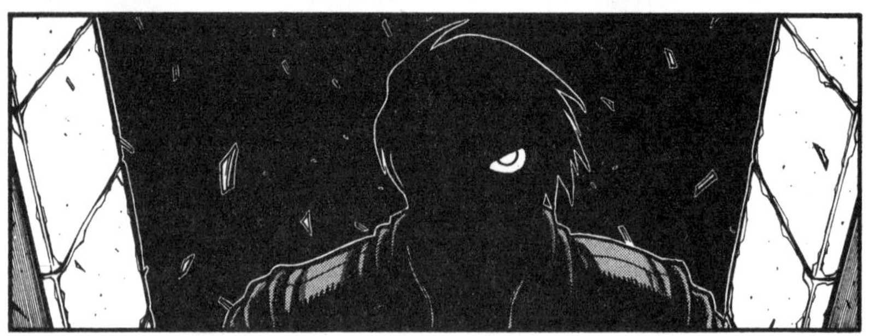
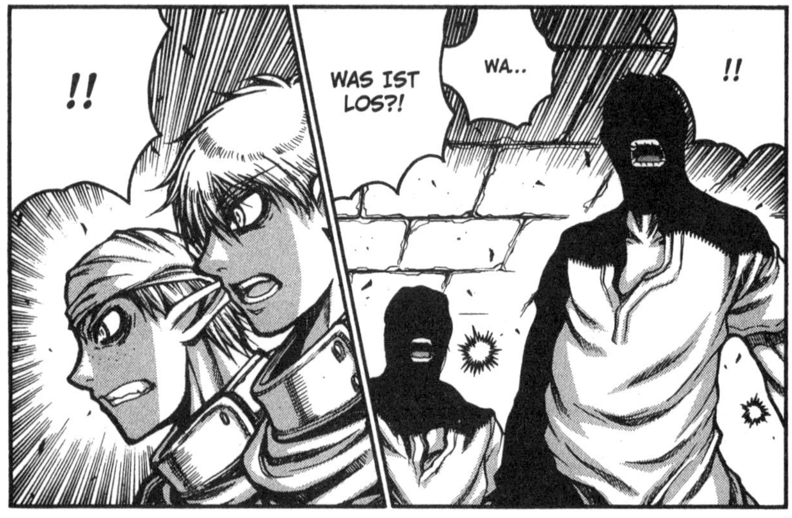
!!
WA...
WAS IST LOS?!
!!

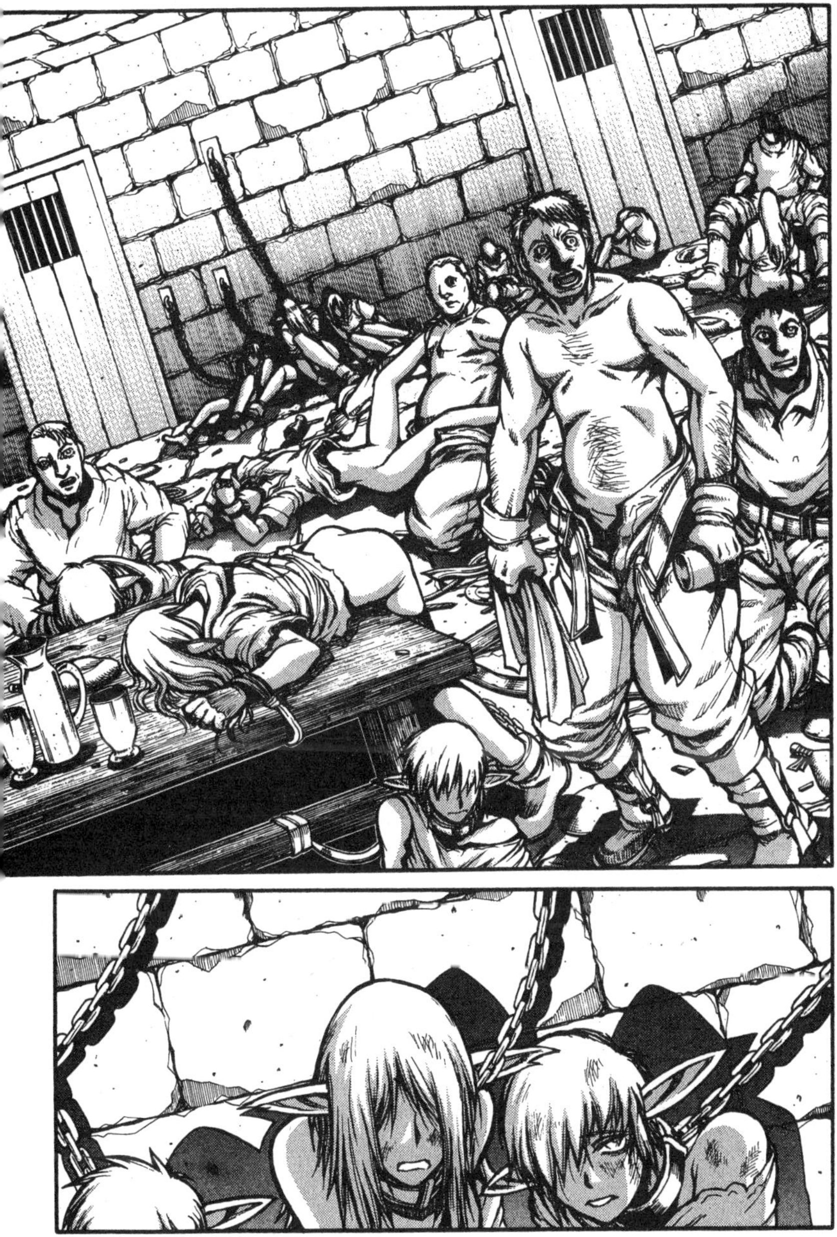

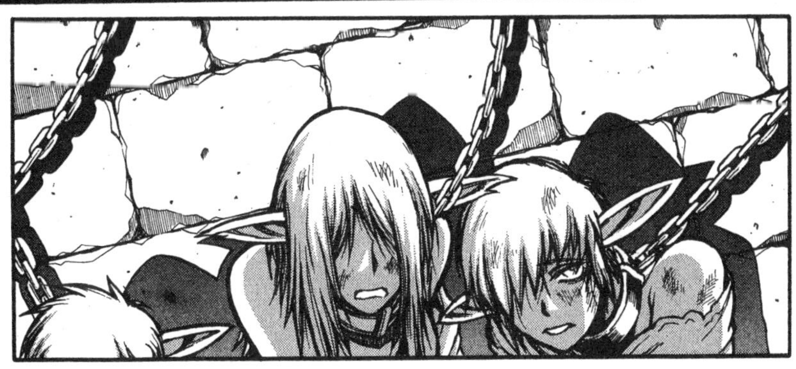

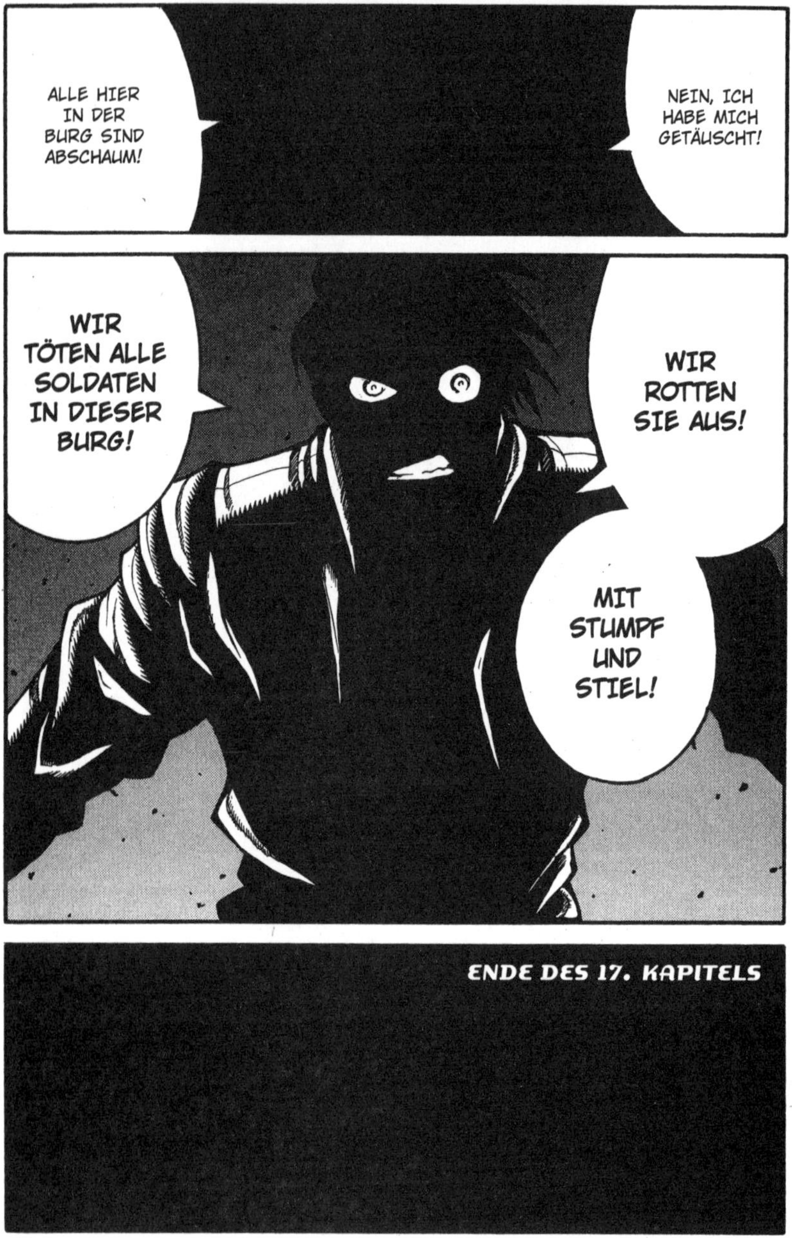

NEIN, ICH HABE MICH GETÄUSCHT!

ALLE HIER IN DER BURG SIND ABSCHAUM!

WIR ROTTEN SIE AUS!

WIR TÖTEN ALLE SOLDATEN IN DIESER BURG!

MIT STUMPF UND STIEL!

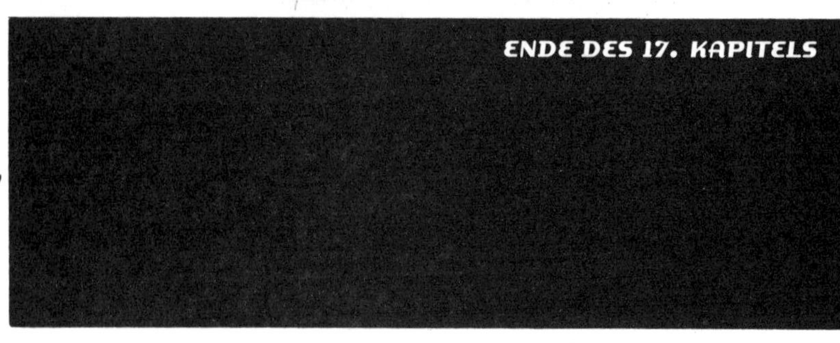

DRIFTERS

MAX

DRIFTERS

MAX

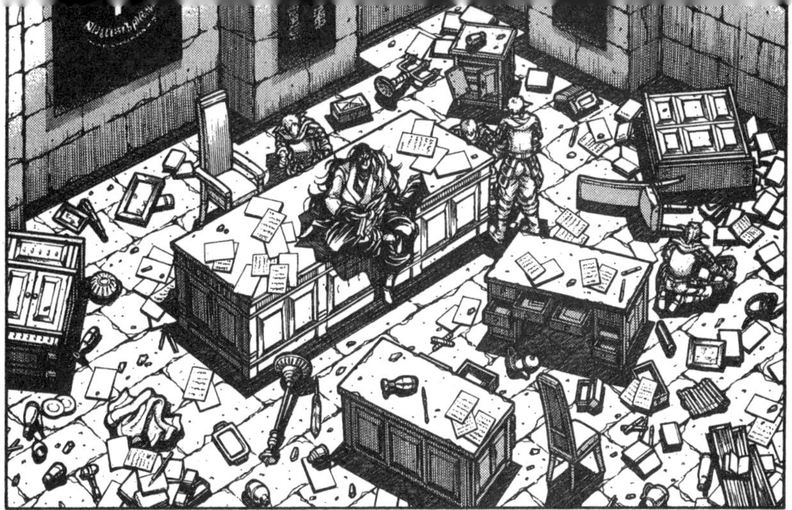

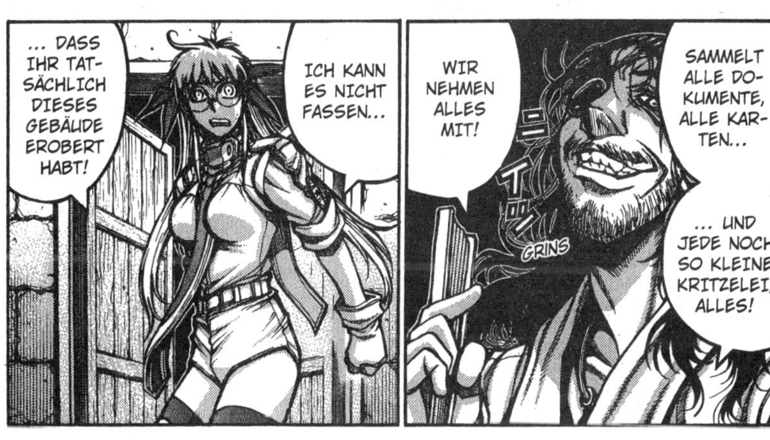
SAMMELT ALLE DOKUMENTE, ALLE KARTEN...
... UND JEDE NOCH SO KLEINE KRITZELEI, ALLES!
WIR NEHMEN ALLES MIT!
GRINS
ICH KANN ES NICHT FASSEN...
... DASS IHR TATSÄCHLICH DIESES GEBÄUDE EROBERT HABT!

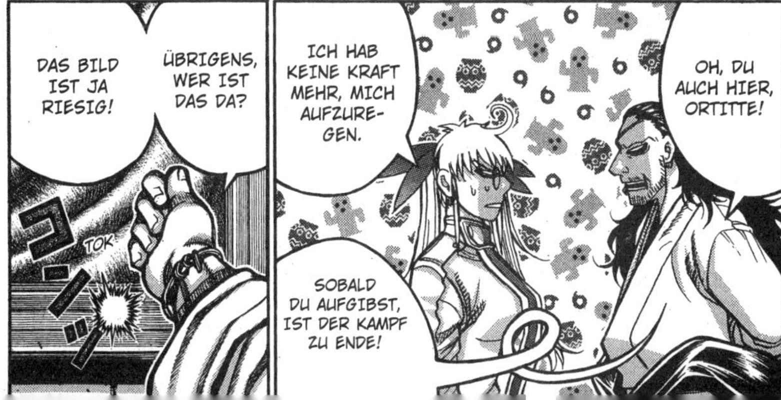
OH, DU AUCH HIER, ORTITTE!
ICH HAB KEINE KRAFT MEHR, MICH AUFZUREGEN.
SOBALD DU AUFGIBST, IST DER KAMPF ZU ENDE!
ÜBRIGENS, WER IST DAS DA?
DAS BILD IST JA RIESIG!
TOK

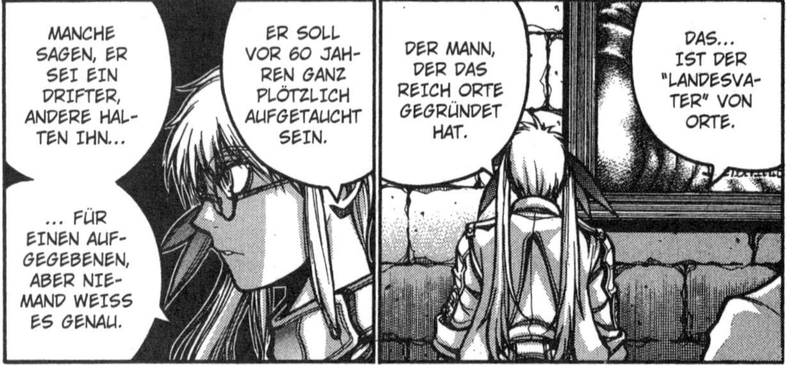
DAS... IST DER "LANDESVATER" VON ORTE.
DER MANN, DER DAS REICH ORTE GEGRÜNDET HAT.
ER SOLL VOR 60 JAHREN GANZ PLÖTZLICH AUFGETAUCHT SEIN.
MANCHE SAGEN, ER SEI EIN DRIFTER, ANDERE HALTEN IHN...
... FÜR EINEN AUFGEGEBENEN, ABER NIEMAND WEISS ES GENAU.

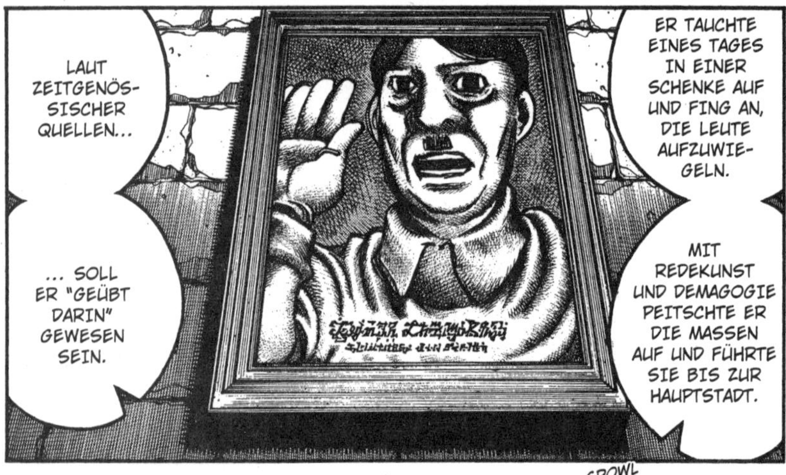
ER TAUCHTE EINES TAGES IN EINER SCHENKE AUF UND FING AN, DIE LEUTE AUFZUWIEGELN.
MIT REDEKUNST UND DEMAGOGIE PEITSCHTE ER DIE MASSEN AUF UND FÜHRTE SIE BIS ZUR HAUPTSTADT.
LAUT ZEITGENÖSSISCHER QUELLEN...
... SOLL ER "GEÜBT DARIN" GEWESEN SEIN.

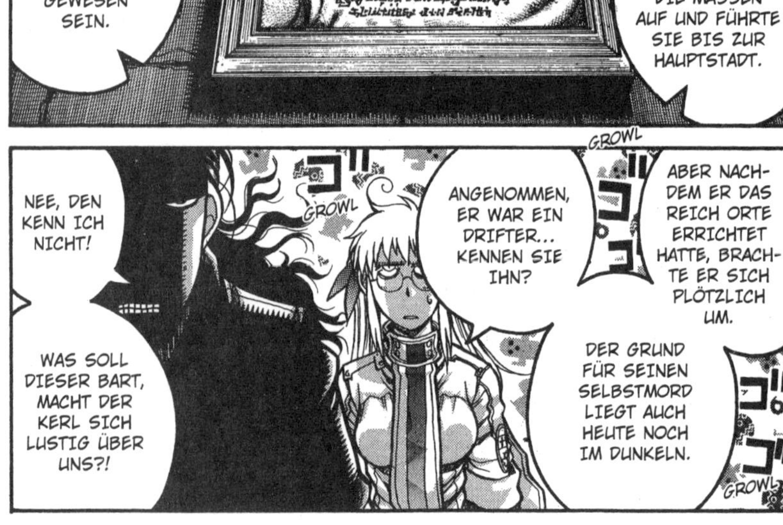
GROWL
ABER NACHDEM ER DAS REICH ORTE ERRICHTET HATTE, BRACHTE ER SICH PLÖTZLICH UM.
DER GRUND FÜR SEINEN SELBSTMORD LIEGT AUCH HEUTE NOCH IM DUNKELN.
GROWL
ANGENOMMEN, ER WAR EIN DRIFTER... KENNEN SIE IHN?
GROWL
NEE, DEN KENN ICH NICHT!
WAS SOLL DIESER BART, MACHT DER KERL SICH LUSTIG ÜBER UNS?!

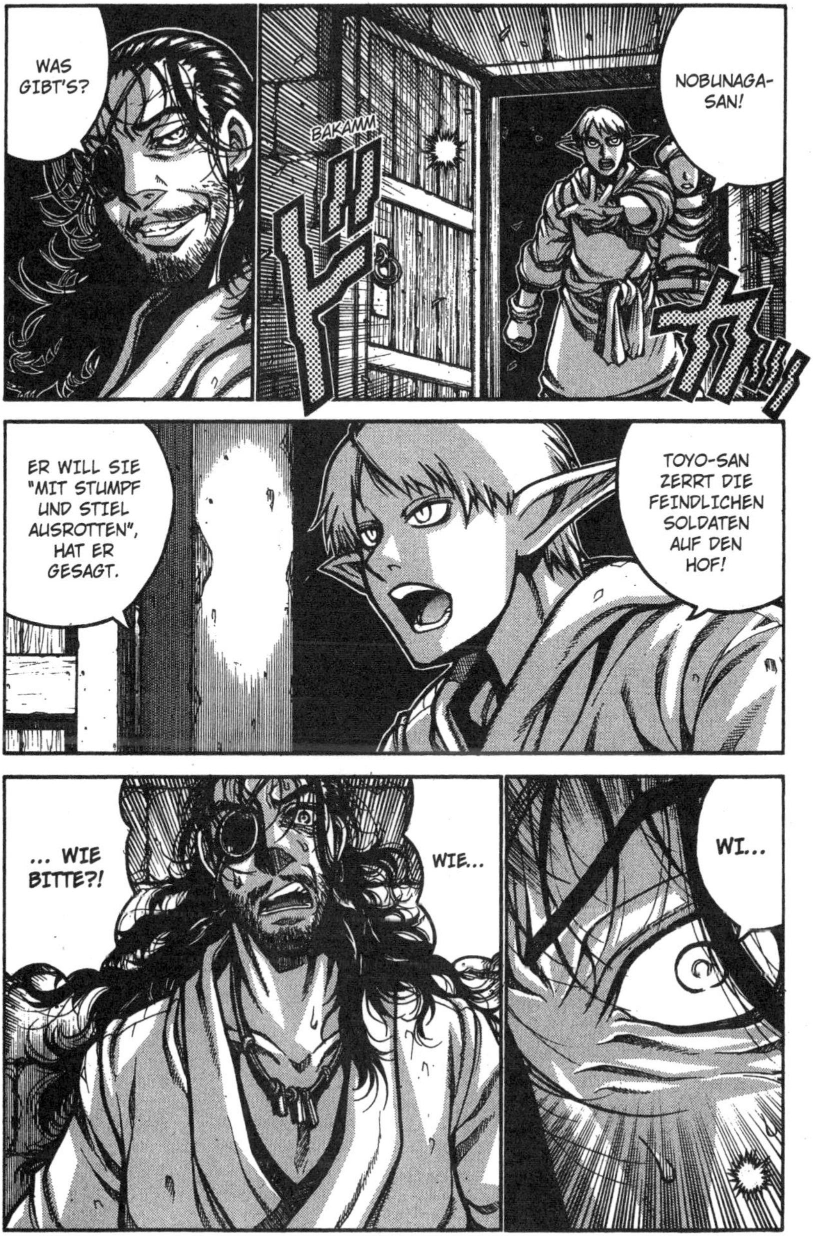

NOBUNAGA-SAN!
BAKAMM
WAS GIBT'S?

TOYO-SAN ZERRT DIE FEINDLICHEN SOLDATEN AUF DEN HOF!
ER WILL SIE "MIT STUMPF UND STIEL AUSROTTEN", HAT ER GESAGT.

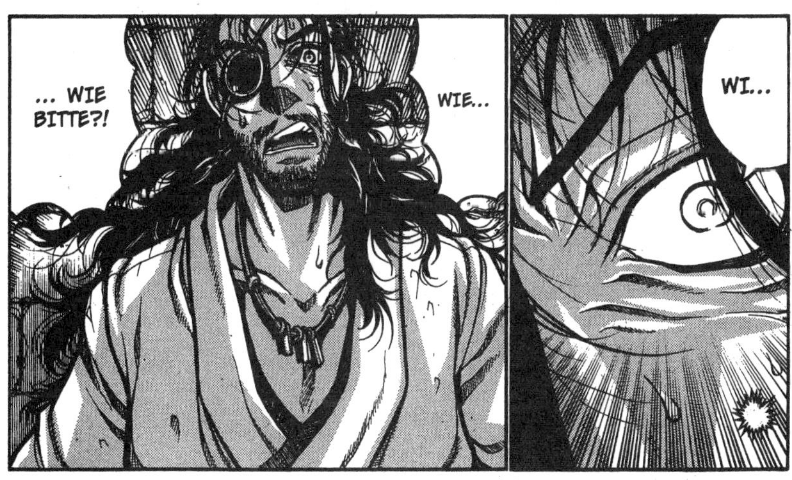

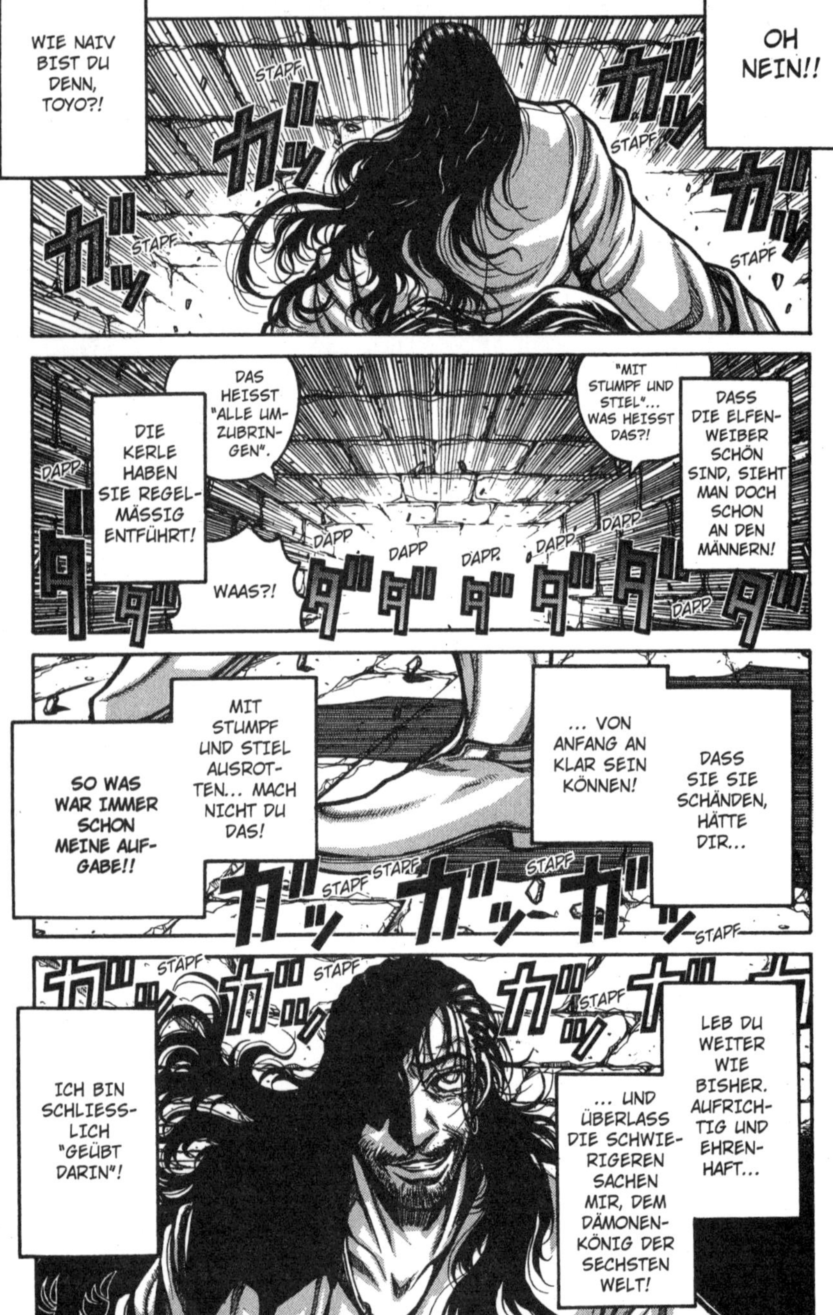
OH NEIN!!
WIE NAIV BIST DU DENN, TOYO?!
STAPF
STAPF
STAPF
STAPF
DASS DIE ELFENWEIBER SCHÖN SIND, SIEHT MAN DOCH SCHON AN DEN MÄNNERN!
"MIT STUMPF UND STIEL"... WAS HEISST DAS?!
DAS HEISST "ALLE UMZUBRINGEN".
DIE KERLE HABEN SIE REGELMÄSSIG ENTFÜHRT!
WAAS?!
DAPP
DAPP
DAPP
DAPP
DAPP
DAPP
DAPP
DASS SIE SIE SCHÄNDEN, HÄTTE DIR...
... VON ANFANG AN KLAR SEIN KÖNNEN!
MIT STUMPF UND STIEL AUSROTTEN... MACH NICHT DU DAS!
SO WAS WAR IMMER SCHON MEINE AUFGABE!!
STAPF
STAPF
STAPF
STAPF
LEB DU WEITER WIE BISHER. AUFRICHTIG UND EHRENHAFT...
... UND ÜBERLASS DIE SCHWIERIGEREN SACHEN MIR, DEM DÄMONENKÖNIG DER SECHSTEN WELT!
ICH BIN SCHLIESSLICH "GEÜBT DARIN"!
STAPF
STAPF
STAPF

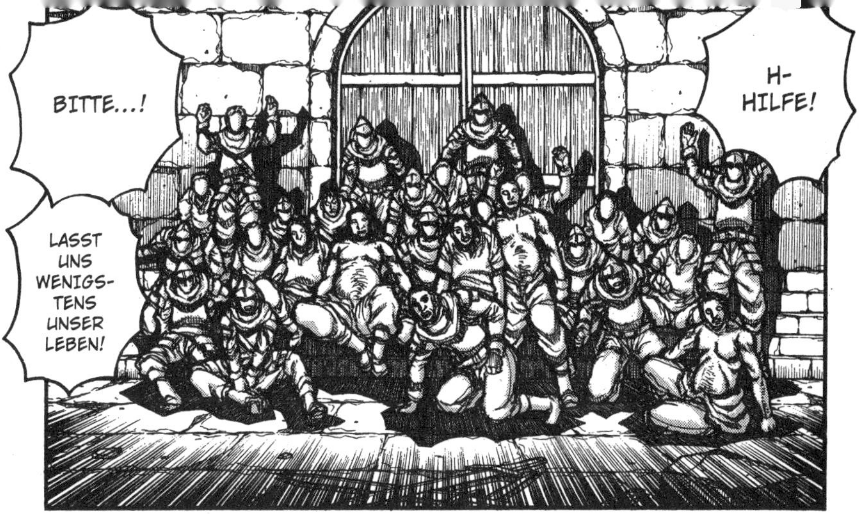

H- HILFE!

BITTE...!

LASST UNS WENIGSTENS UNSER LEBEN!

KAPITEL 18:

MEN OF DESTINY

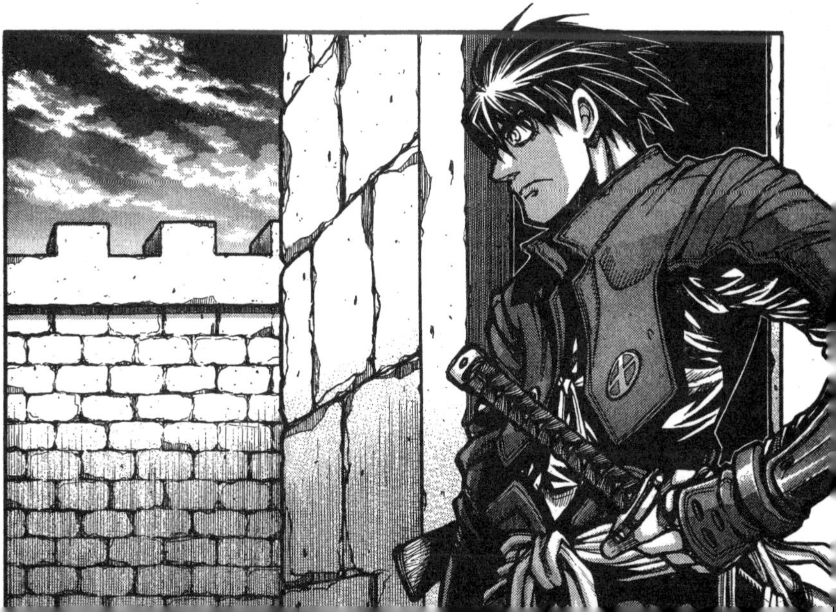

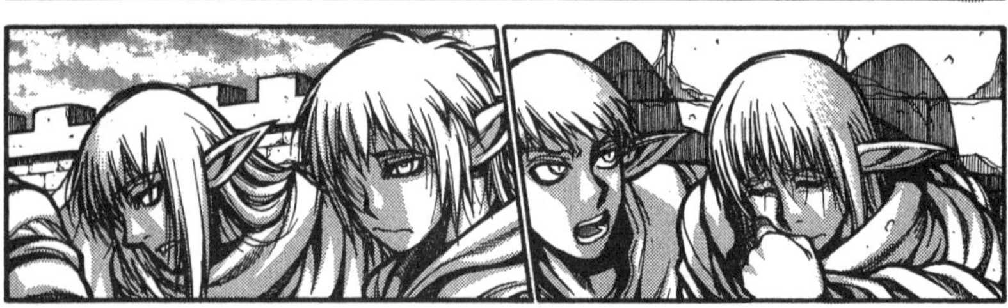
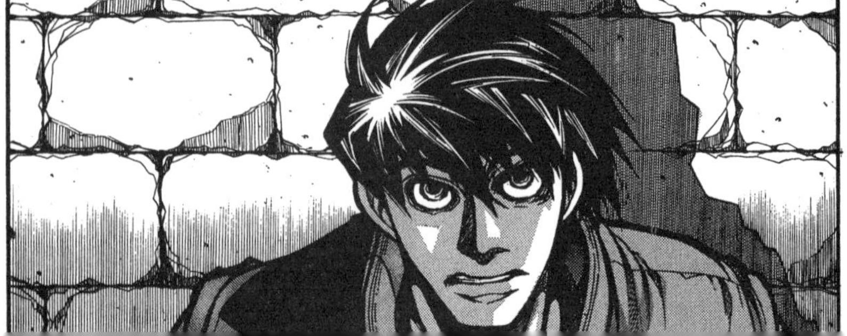

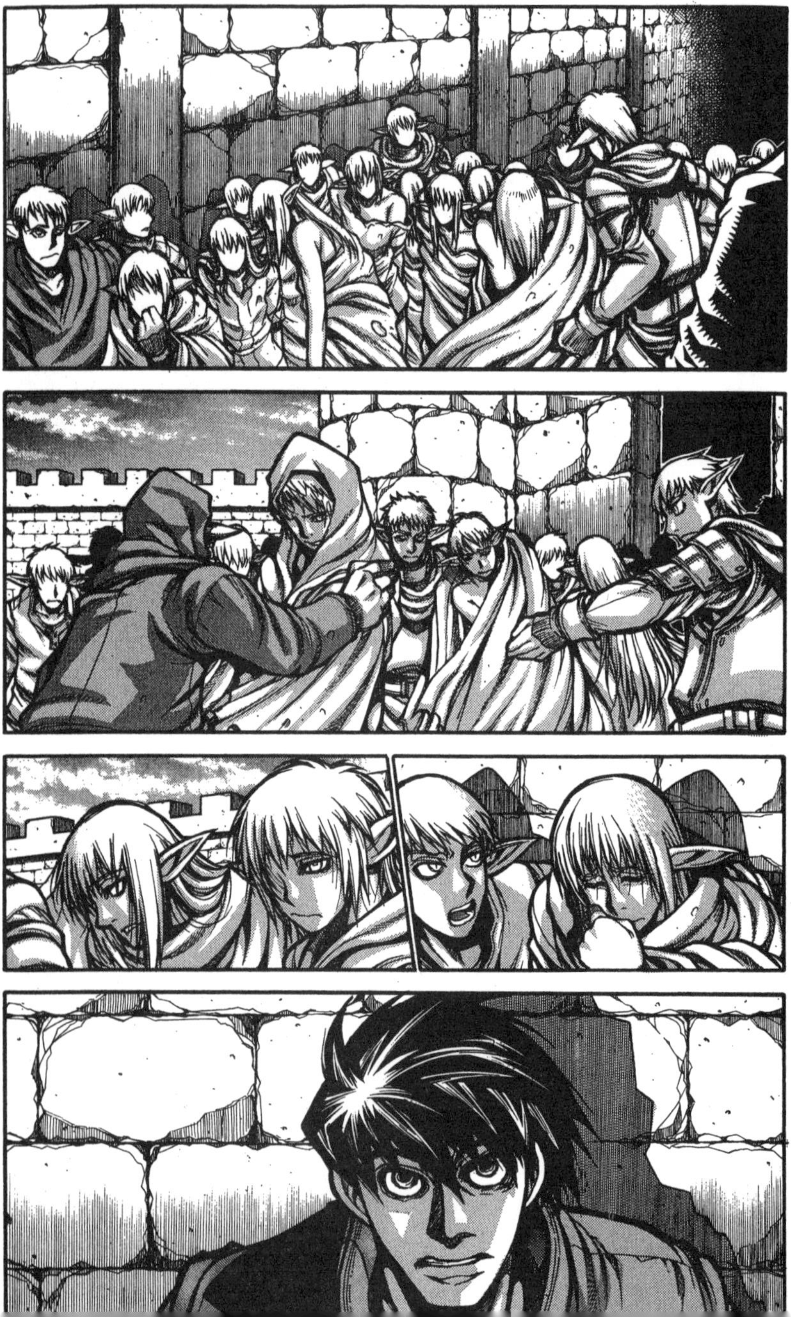

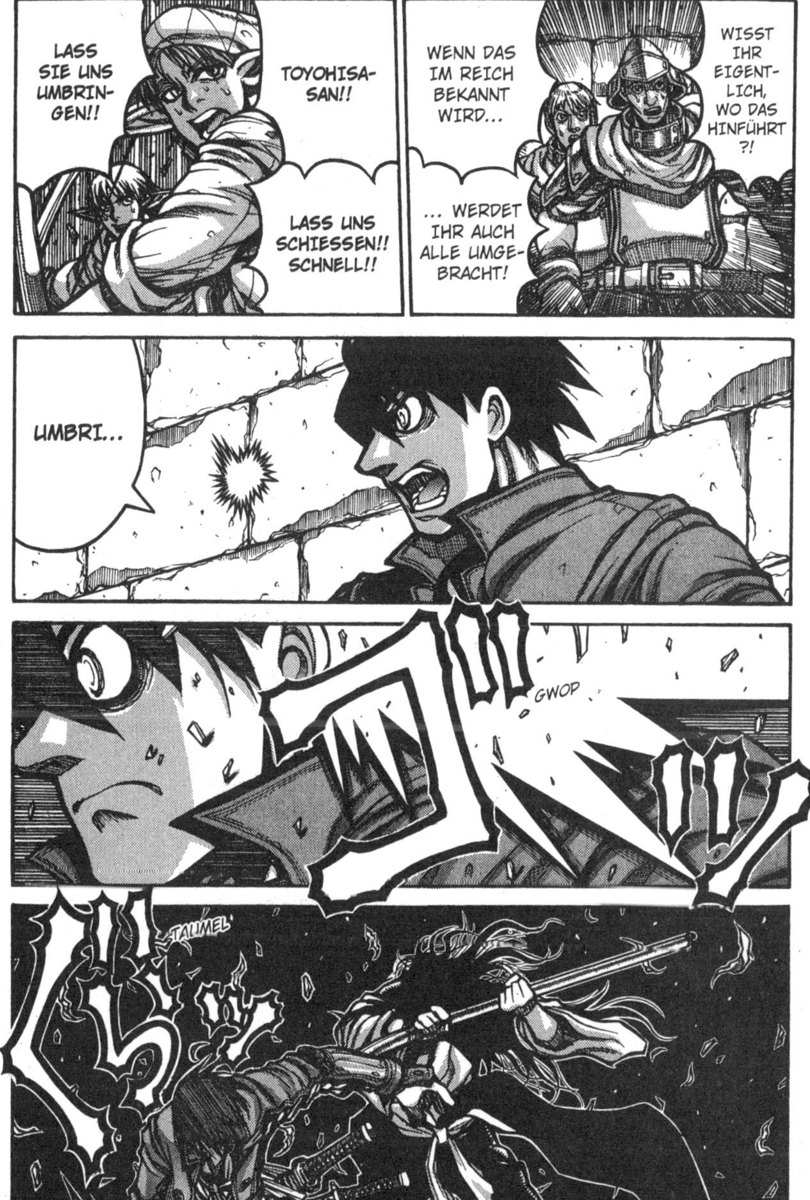
WISST IHR EIGENTLICH, WO DAS HINFÜHRT ?!
WENN DAS IM REICH BEKANNT WIRD…
… WERDET IHR AUCH ALLE UMGEBRACHT!
TOYOHISA-SAN!!
LASS UNS SCHIESSEN!! SCHNELL!!
LASS SIE UNS UMBRINGEN!!
UMBRI…
GWOP
TAUMEL

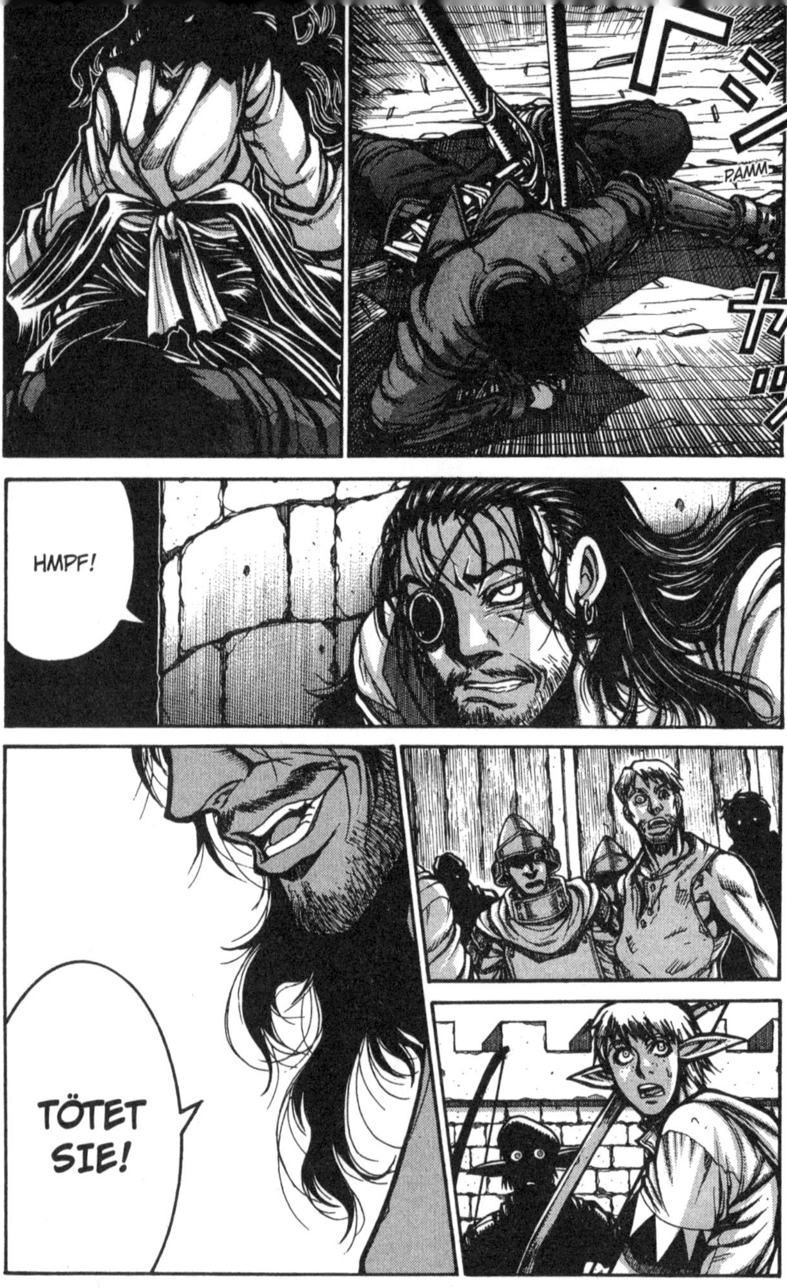

PAMM

HMPF!

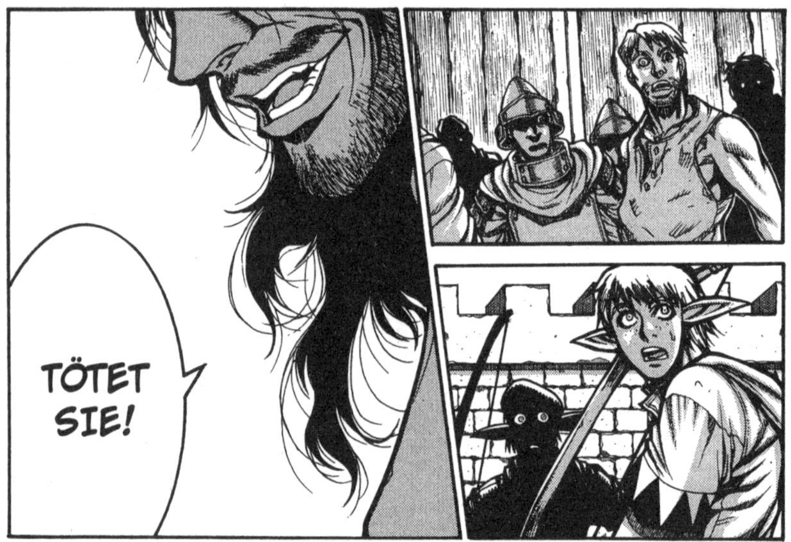

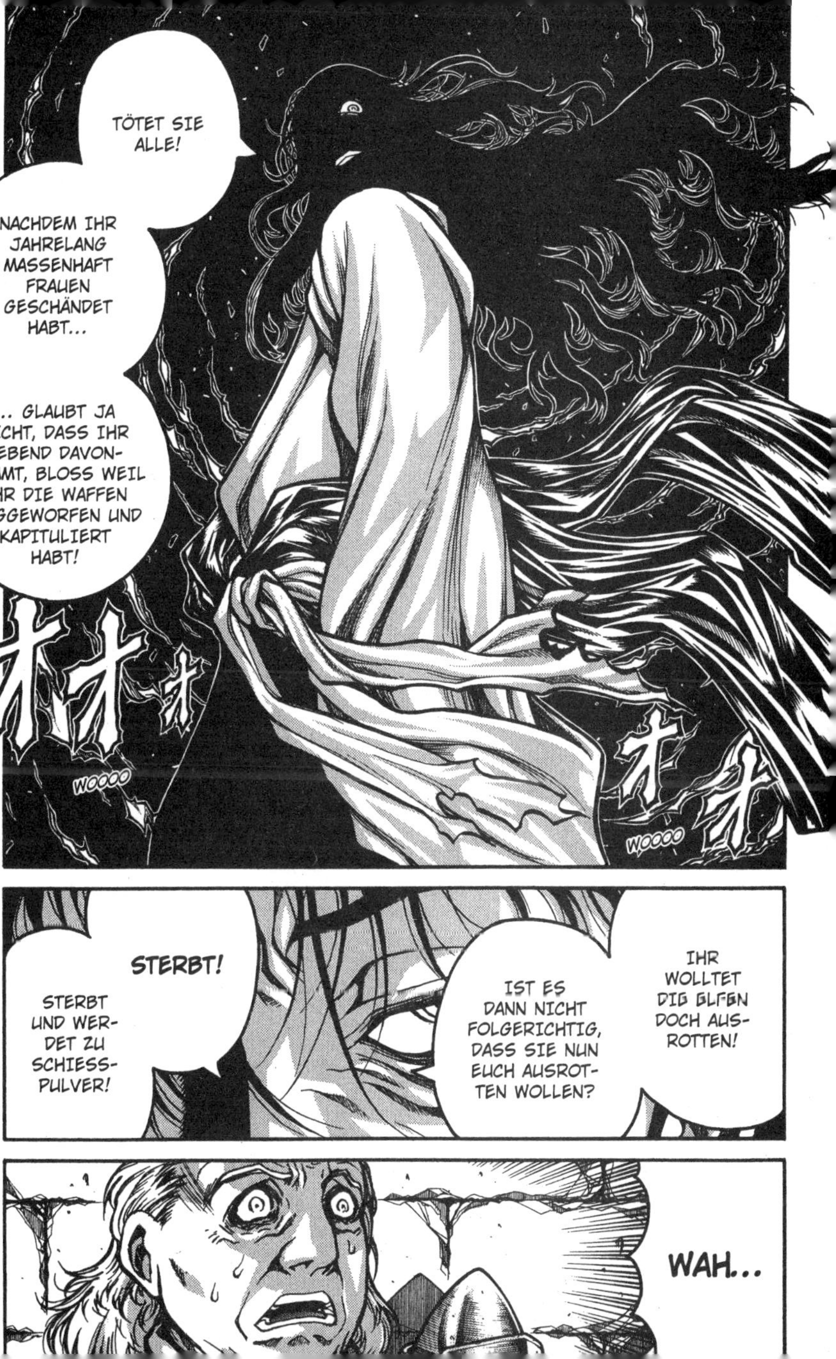

TÖTET SIE ALLE!

NACHDEM IHR JAHRELANG MASSENHAFT FRAUEN GESCHÄNDET HABT…

… GLAUBT JA NICHT, DASS IHR LEBEND DAVONKOMMT, BLOSS WEIL IHR DIE WAFFEN WEGGEWORFEN UND KAPITULIERT HABT!

オオ
WOOOO
オオォ
WOOOO

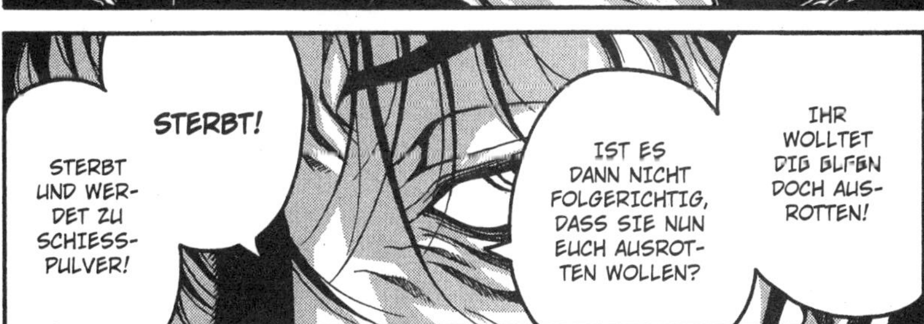

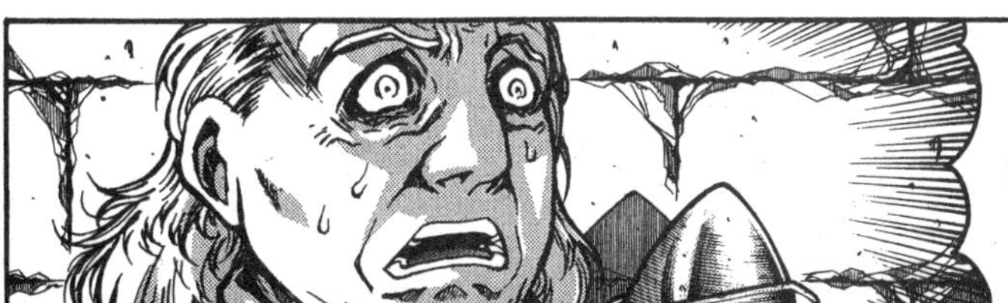

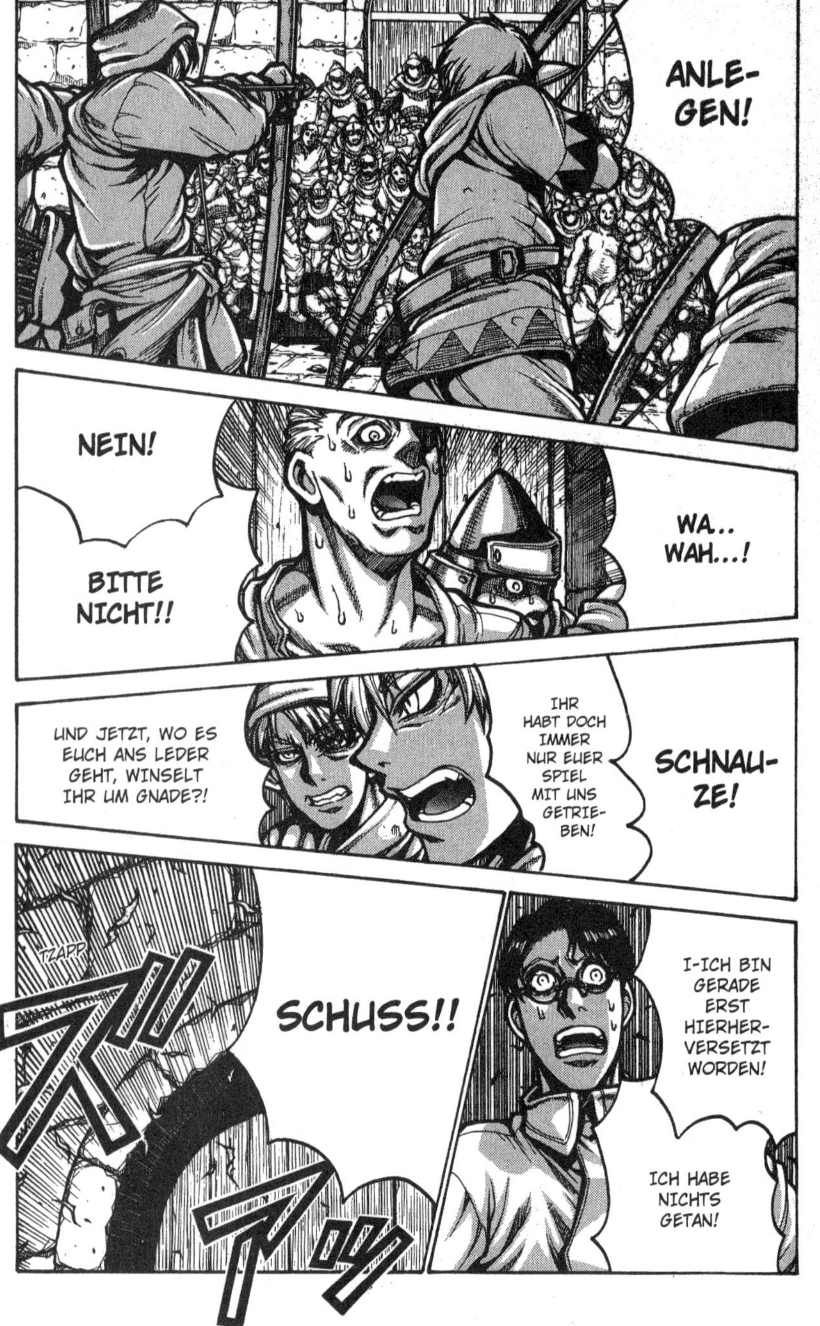

ANLE-GEN!
WA.. WAH...!
NEIN!
BITTE NICHT!!
SCHNAU-ZE!
IHR HABT DOCH IMMER NUR EUER SPIEL MIT UNS GETRIE-BEN!
UND JETZT, WO ES EUCH ANS LEDER GEHT, WINSELT IHR UM GNADE?!
I-ICH BIN GERADE ERST HIERHER-VERSETZT WORDEN!
ICH HABE NICHTS GETAN!
SCHUSS!!
TZAPP

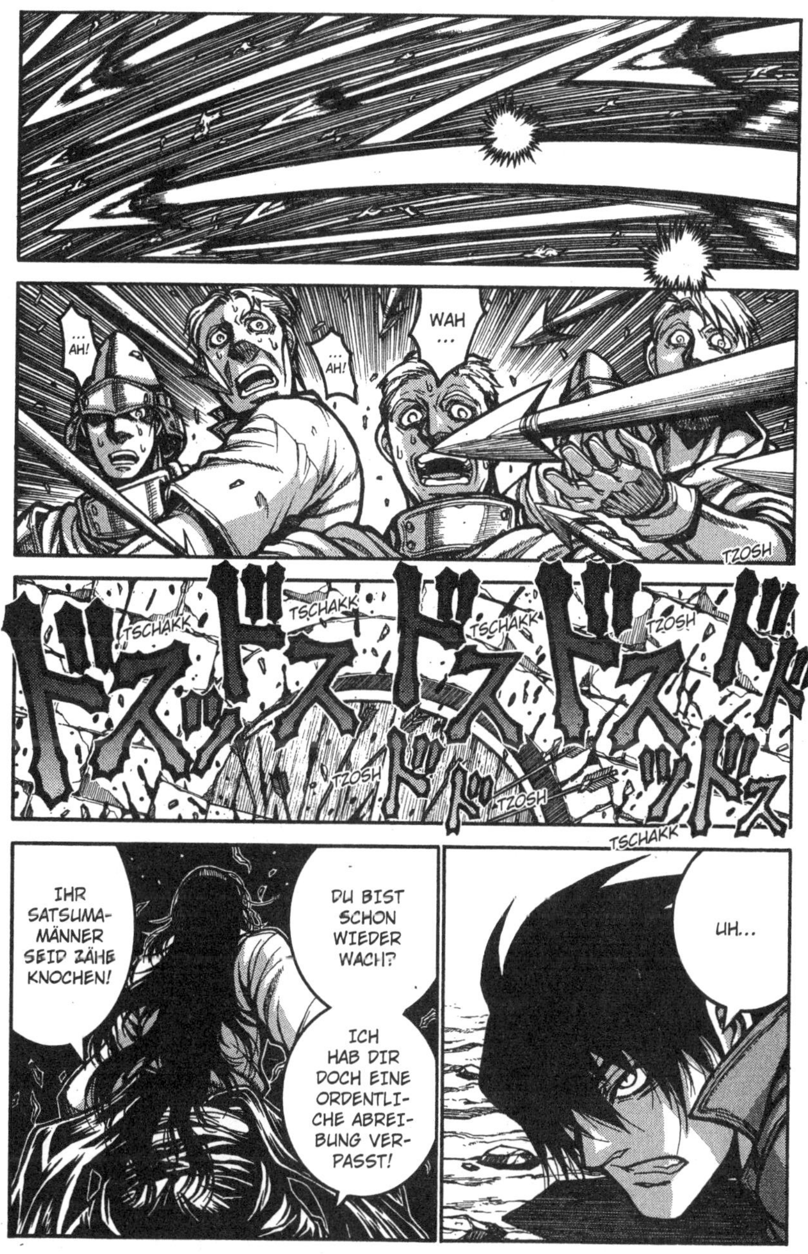

WAH ...
... AH!
... AH!
TZOSH
TZOSH
TSCHAKK
TSCHAKK
TSCHAKK
TZOSH
TZOSH
TSCHAKK
ドスドスドスドドドドドッドス
DU BIST SCHON WIEDER WACH?
IHR SATSUMA-MÄNNER SEID ZÄHE KNOCHEN!
ICH HAB DIR DOCH EINE ORDENTLICHE ABREIBUNG VERPASST!
UH...

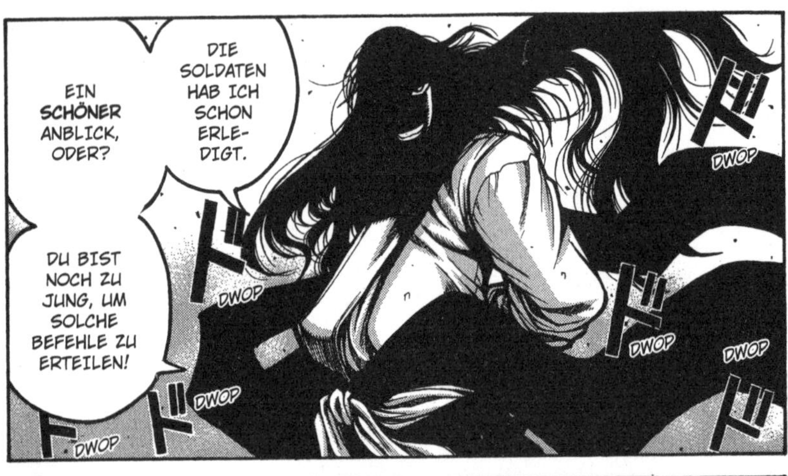
DIE SOLDATEN HAB ICH SCHON ERLEDIGT.
EIN SCHÖNER ANBLICK, ODER?
DU BIST NOCH ZU JUNG, UM SOLCHE BEFEHLE ZU ERTEILEN!
DWOP
DWOP
DWOP
DWOP
DWOP
DWOP
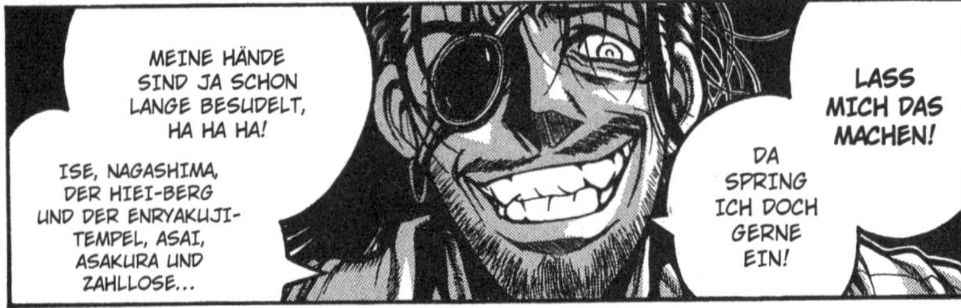
LASS MICH DAS MACHEN!
DA SPRING ICH DOCH GERNE EIN!
MEINE HÄNDE SIND JA SCHON LANGE BESUDELT, HA HA HA!
ISE, NAGASHIMA, DER HIEI-BERG UND DER ENRYAKUJI-TEMPEL, ASAI, ASAKURA UND ZAHLLOSE...
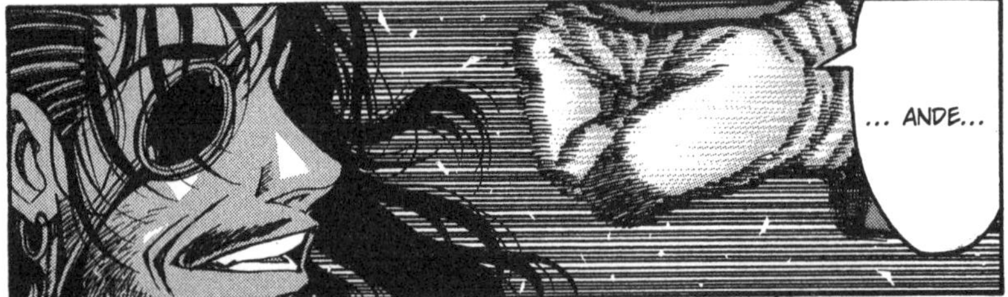
... ANDE...
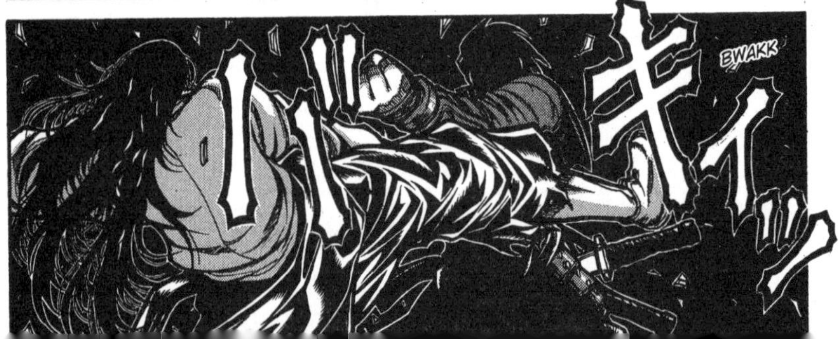
BWAKK

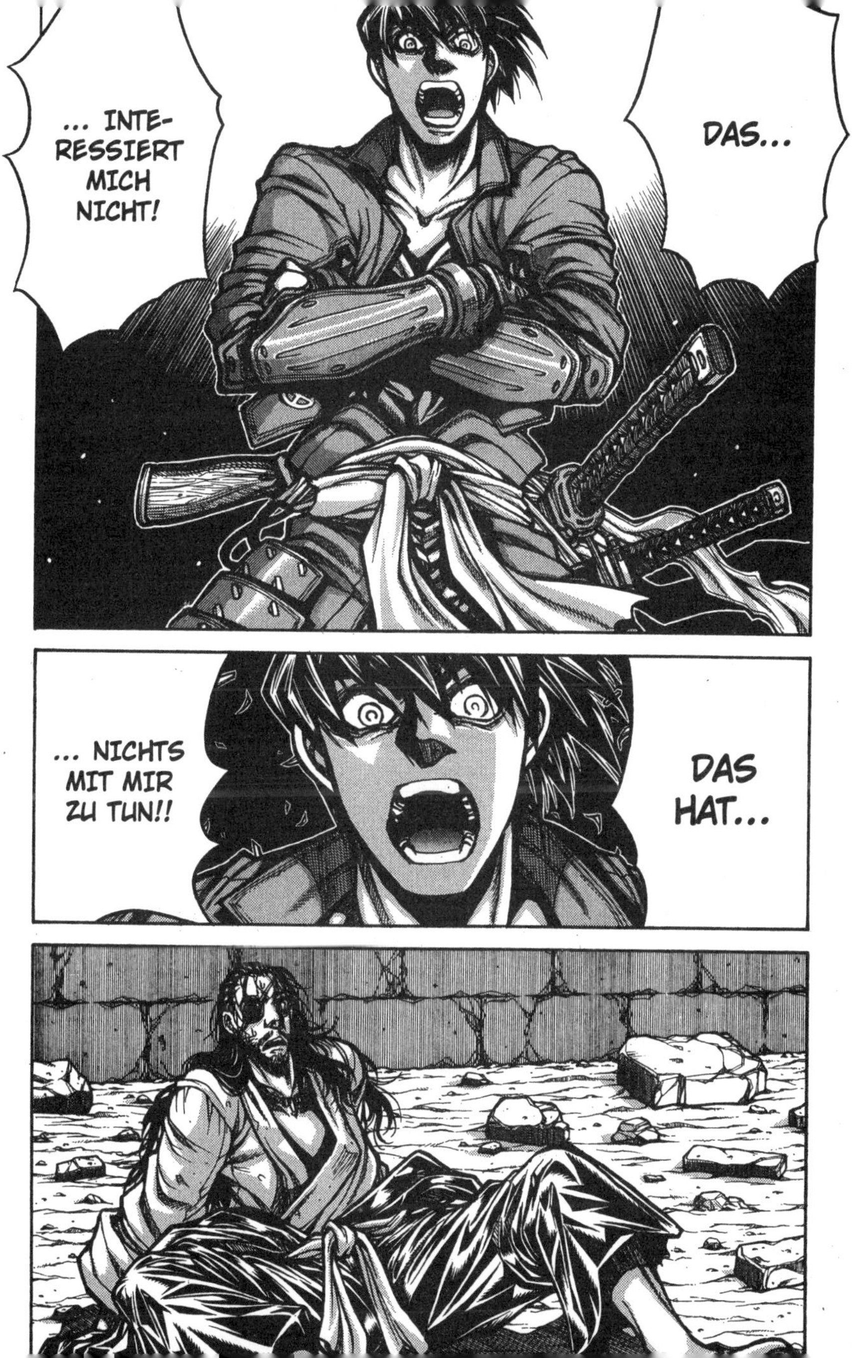

DAS...
... INTERESSIERT MICH NICHT!

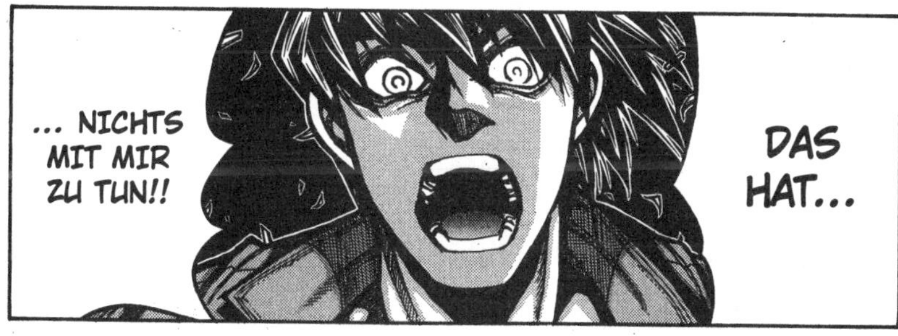

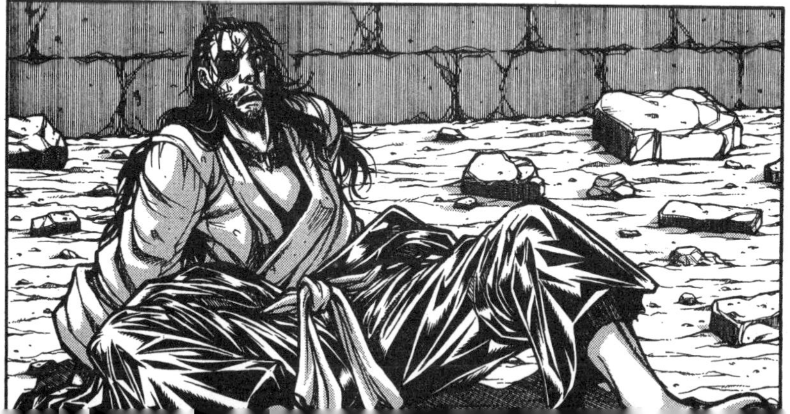

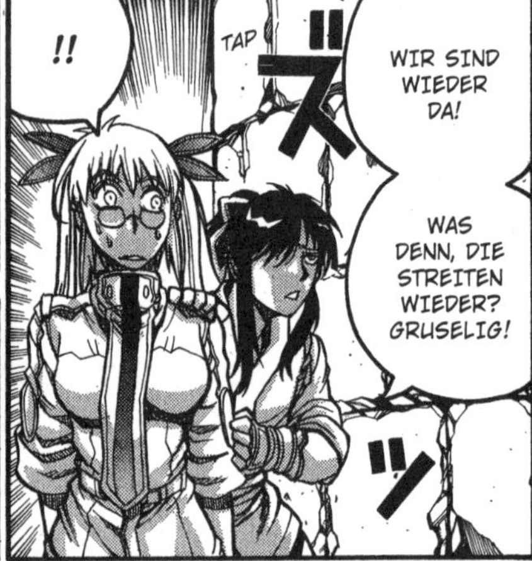

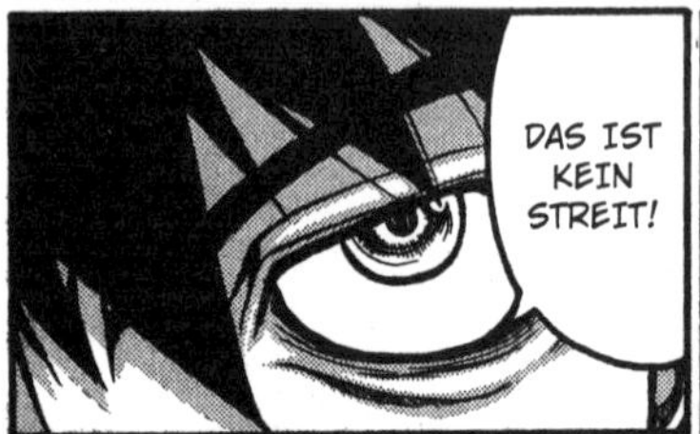

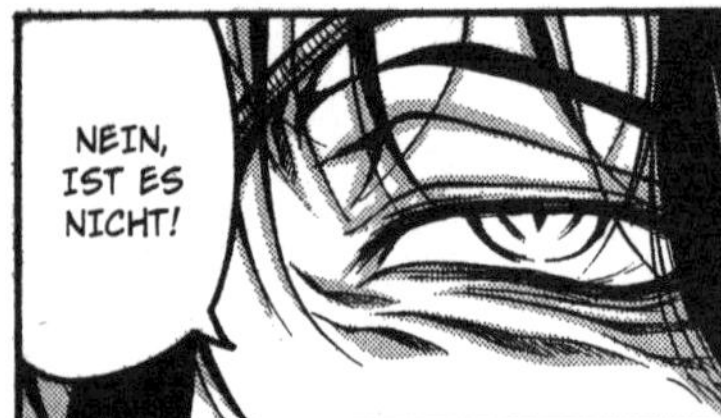

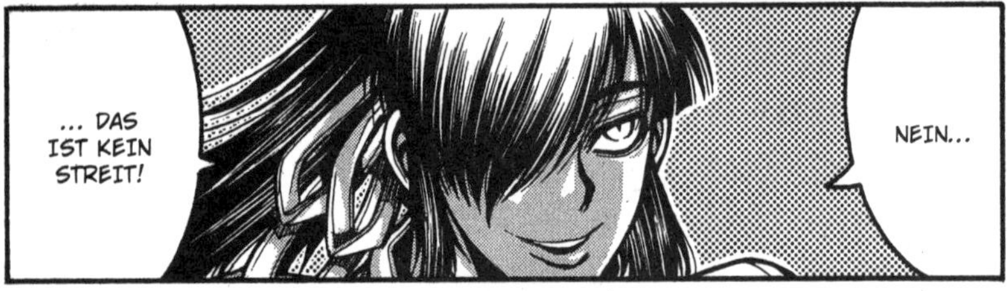

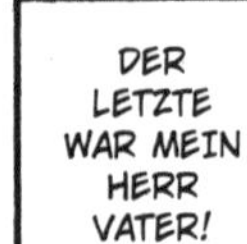

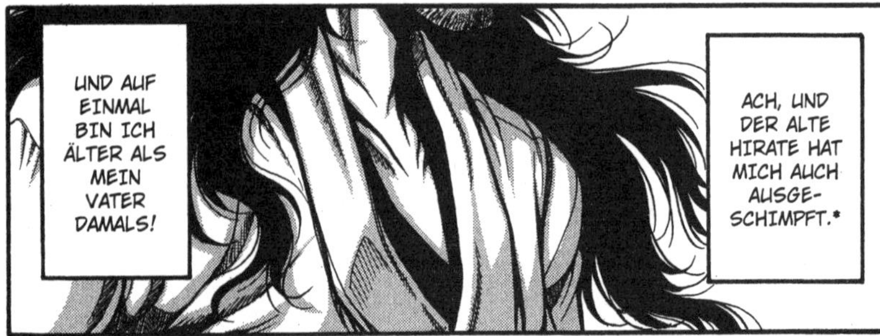

* HIRATE MASAHIDE WAR ODA NOBUNAGAS MENTOR.

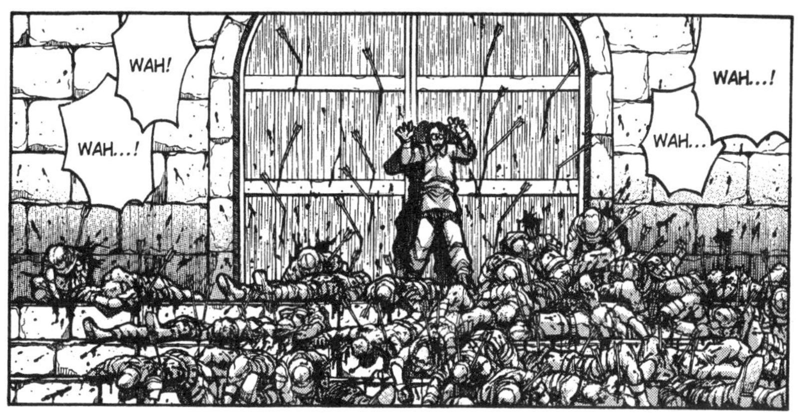
WAH...!
WAH...
WAH!
WAH...!

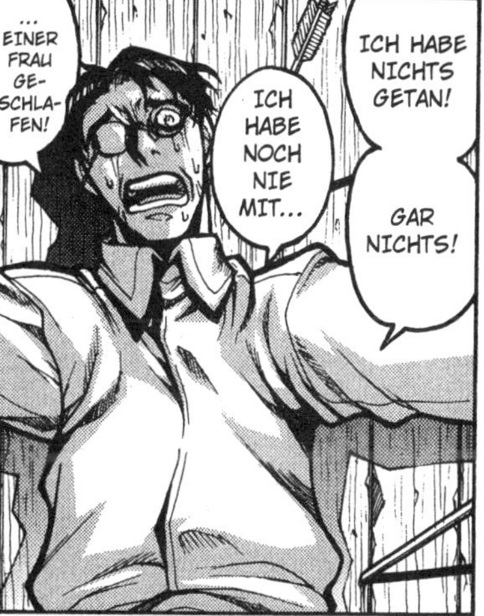
ICH HABE NICHTS GETAN!
GAR NICHTS!
ICH HABE NOCH NIE MIT...
... EINER FRAU GESCHLAFEN!

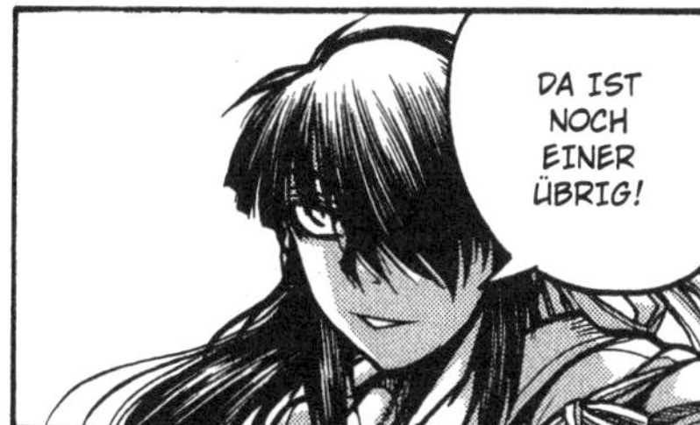
DA IST NOCH EINER ÜBRIG!

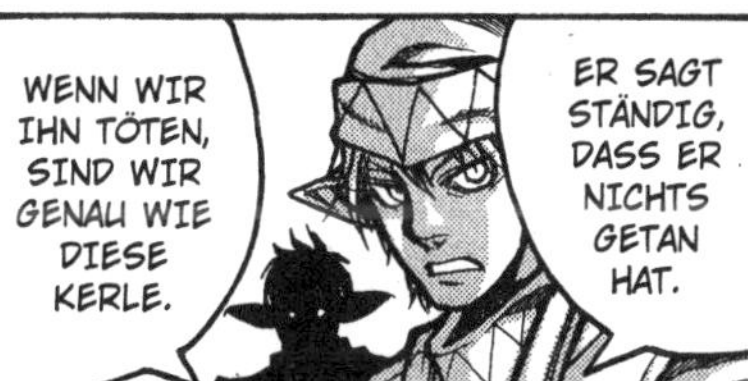
ER SAGT STÄNDIG, DASS ER NICHTS GETAN HAT.
WENN WIR IHN TÖTEN, SIND WIR GENAU WIE DIESE KERLE.

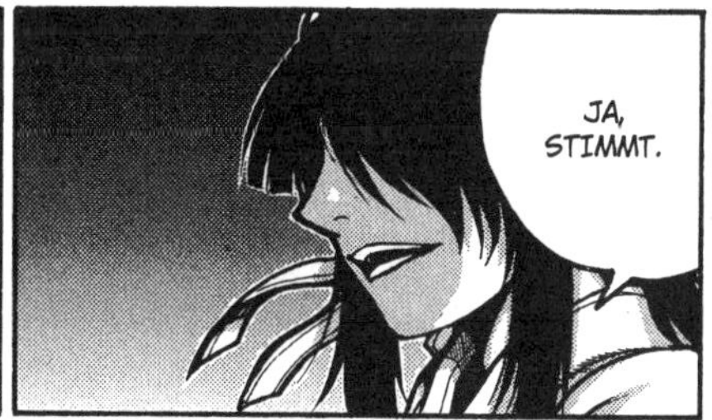
JA, STIMMT.

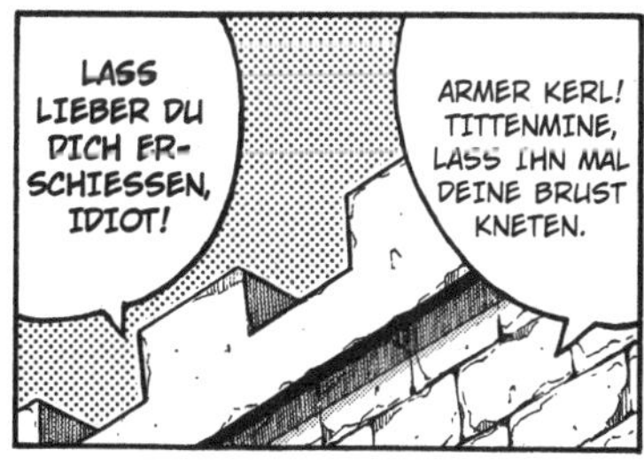
ARMER KERL! TITTENMINE, LASS IHN MAL DEINE BRUST KNETEN.
LASS LIEBER DU DICH ERSCHIESSEN, IDIOT!

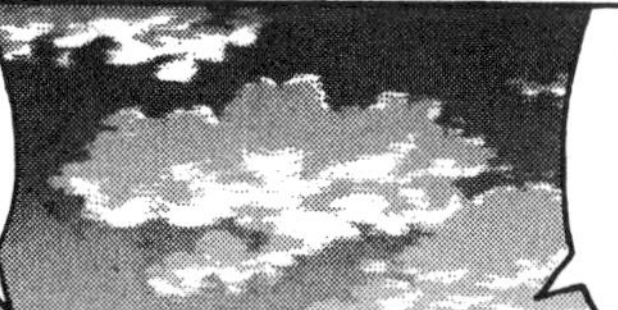
WIR REISSEN IHNEN DIE KÖPFE AB, UM SIE RITUELL ZU BESTATTEN.
SIE WAREN ABSCHEULICH, ABER NACH DEM TOD WERDEN IHRE SEELEN...
... ZU BUDDHAS, UND IHRE KÖRPER VERARBEITEN WIR ZU SCHIESSPULVER.

DIE KUNDE VON DEN DRIFTERN...

... ERREICHTE IN WINDESEILE DIE NACHBARDÖRFER.

"DIE DRIFTER HABEN EIN ELFENDORF GERETTET...

"... UND DEN STATTHALTER ÜBERFALLEN!"

UND ALS DIE VOM STATTHALTER GEFANGEN GEHALTENEN ELFENFRAUEN IN IHRE DÖRFER ZURÜCKKAMEN...

... WURDE BANGE UNSICHERHEIT ZU FREUDIGER GEWISSHEIT.

DIE JUNGEN FRAUEN BRACHTEN EIN GESCHENK MIT...

... DAS NOBUNAGA SORGFÄLTIG ERSTELLT UND IHNEN MITGEGEBEN HATTE.

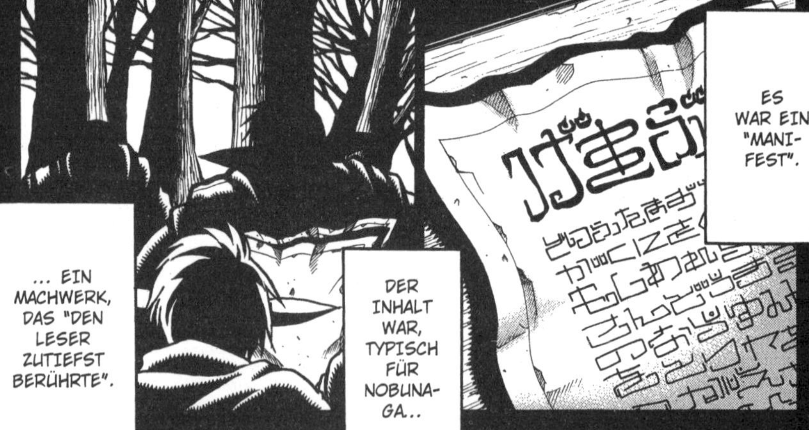

"IHR WOLLT...
"... EIN LAND?
"DANN GEBE ICH ES EUCH.
"REIHT EUCH EIN IN DIE FRONT!!
"UND WENN DER NÄCHSTE STATT-HALTER KOMMT?
"LASST IHR EUCH DANN WIEDER...
"... EURE FRAUEN WEGNEH-MEN?
"LASST IHR ZU, DASS SIE WIEDER ZUM SPIELZEUG DER MÄCHTIGEN GEMACHT WERDEN?"

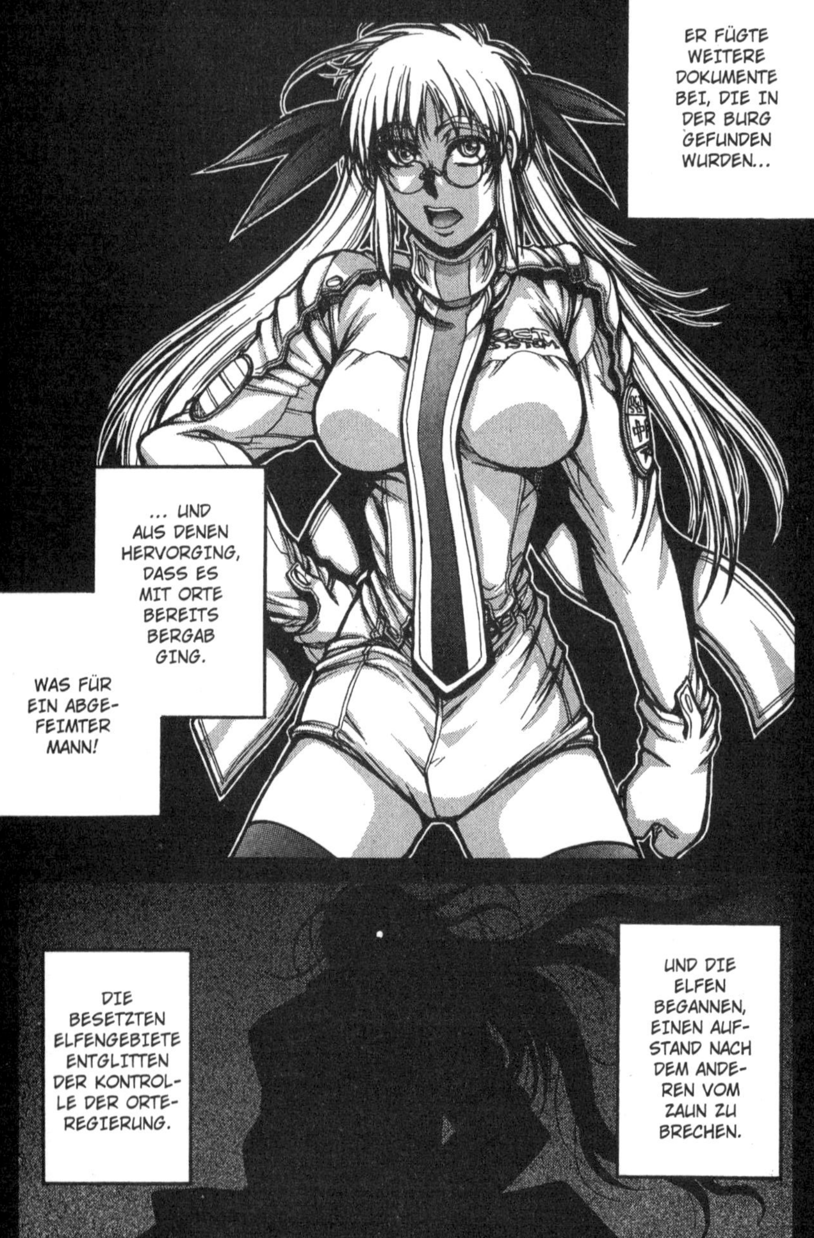
ER FÜGTE WEITERE DOKUMENTE BEI, DIE IN DER BURG GEFUNDEN WURDEN...
... UND AUS DENEN HERVORGING, DASS ES MIT ORTE BEREITS BERGAB GING.
WAS FÜR EIN ABGE-FEIMTER MANN!
UND DIE ELFEN BEGANNEN, EINEN AUF-STAND NACH DEM ANDE-REN VOM ZAUN ZU BRECHEN.
DIE BESETZTEN ELFENGEBIETE ENTGLITTEN DER KONTROL-LE DER ORTE-REGIERUNG.

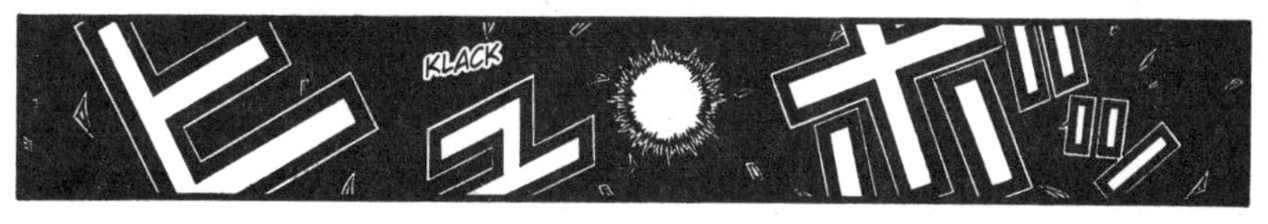
KLACK

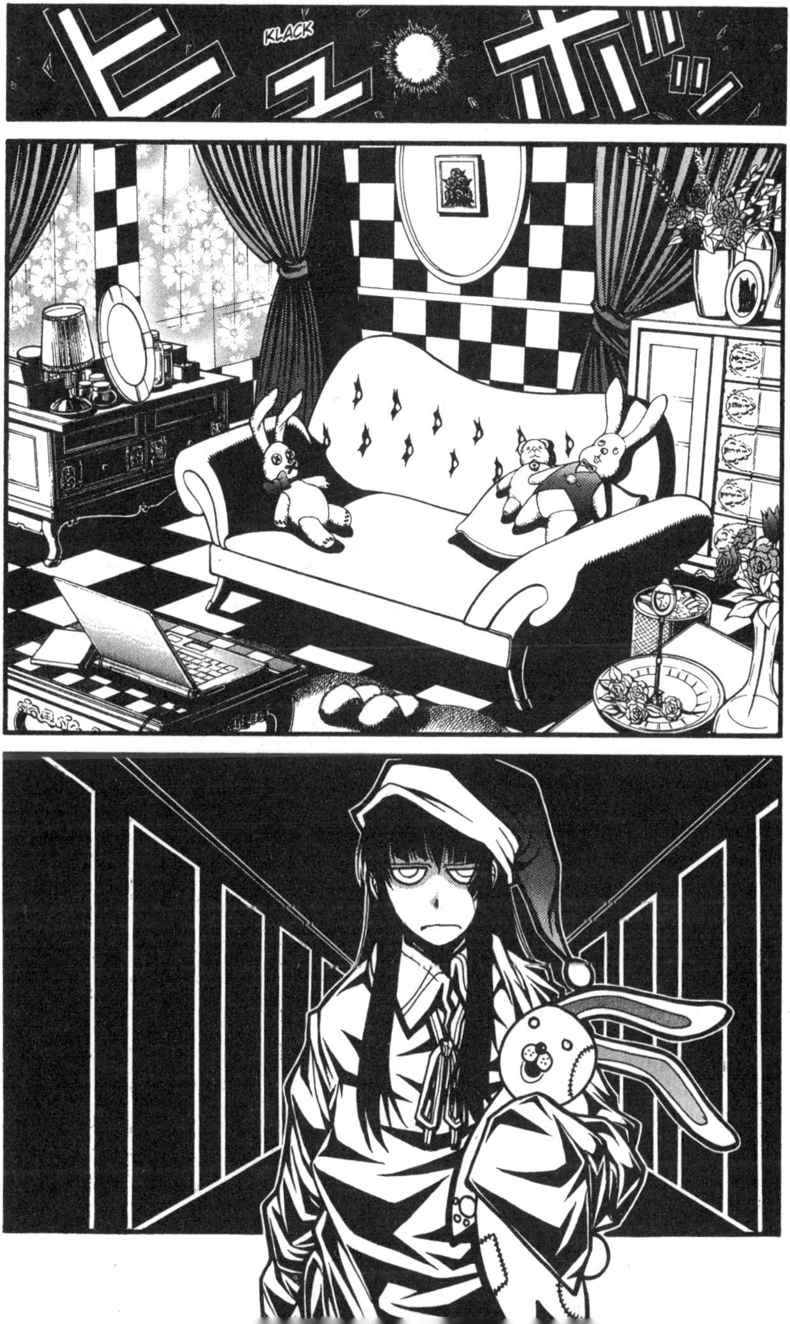

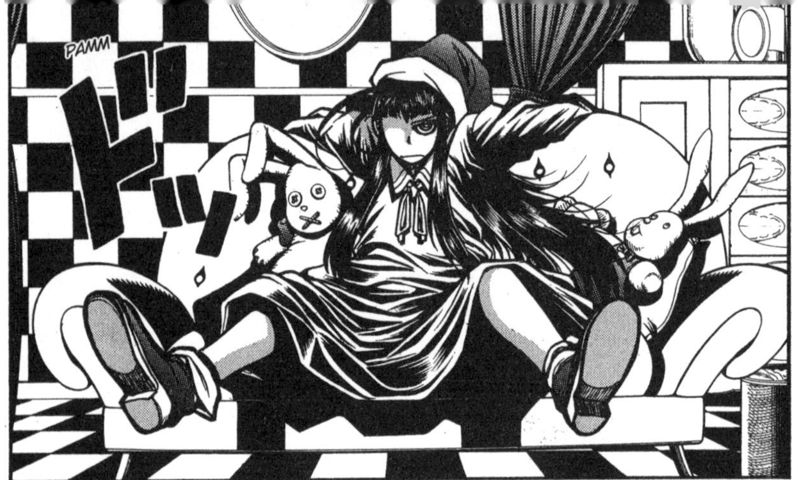
PAMM
ドドッ

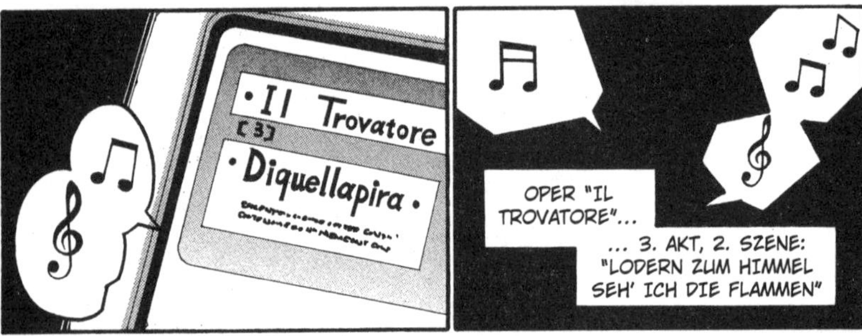
• Il Trovatore
[3]
• Diquellapira •
OPER "IL TROVATORE"...
... 3. AKT, 2. SZENE: "LODERN ZUM HIMMEL SEH' ICH DIE FLAMMEN"

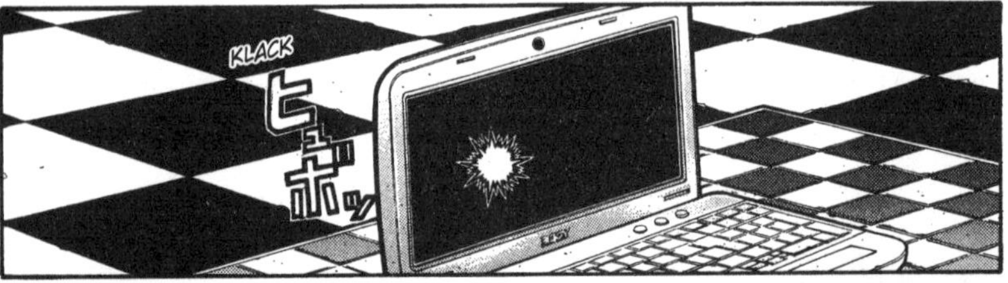
KLACK
EASY

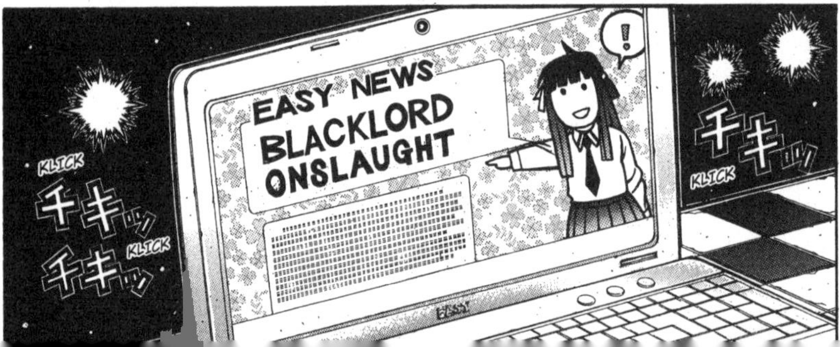
KLICK
チキッ
KLICK
EASY NEWS
BLACKLORD ONSLAUGHT
!
チキッ
KLICK
チキッ

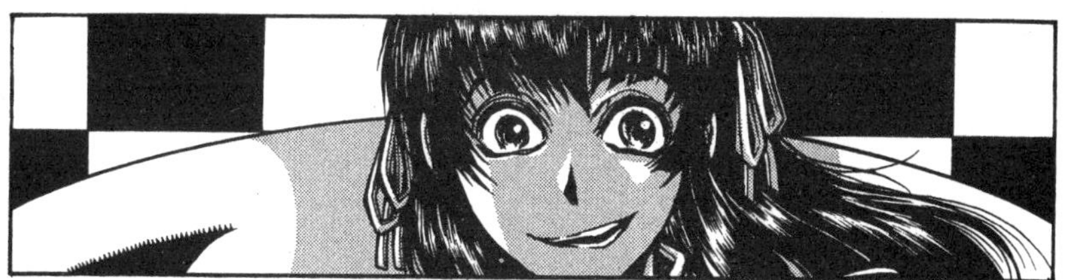
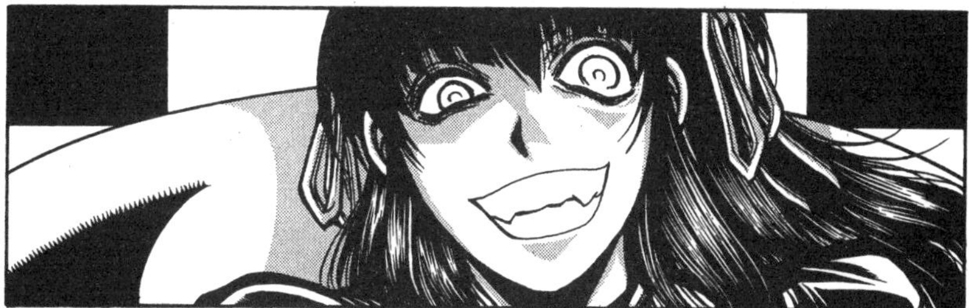
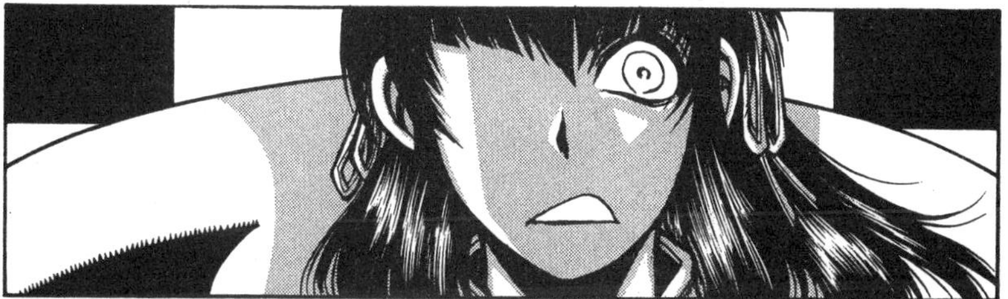
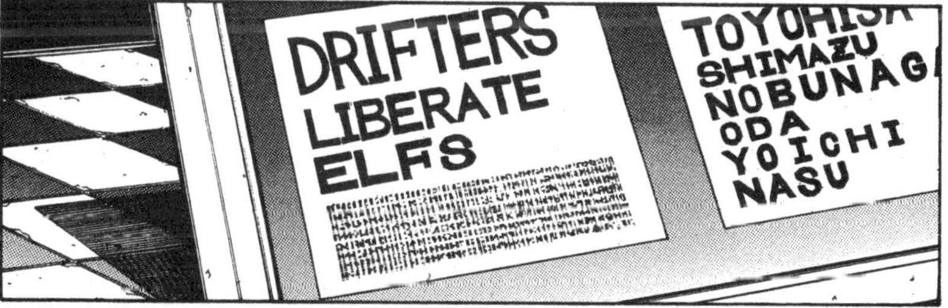
DRIFTERS
LIBERATE
ELFS
TOYOHISA
SHIMAZU
NOBUNAGA
ODA
YOICHI
NASU
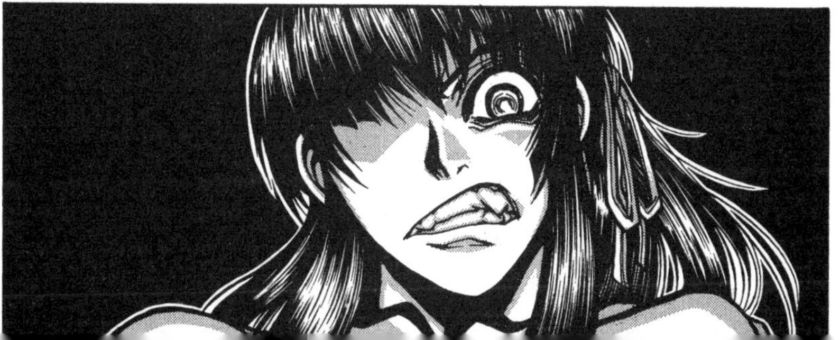

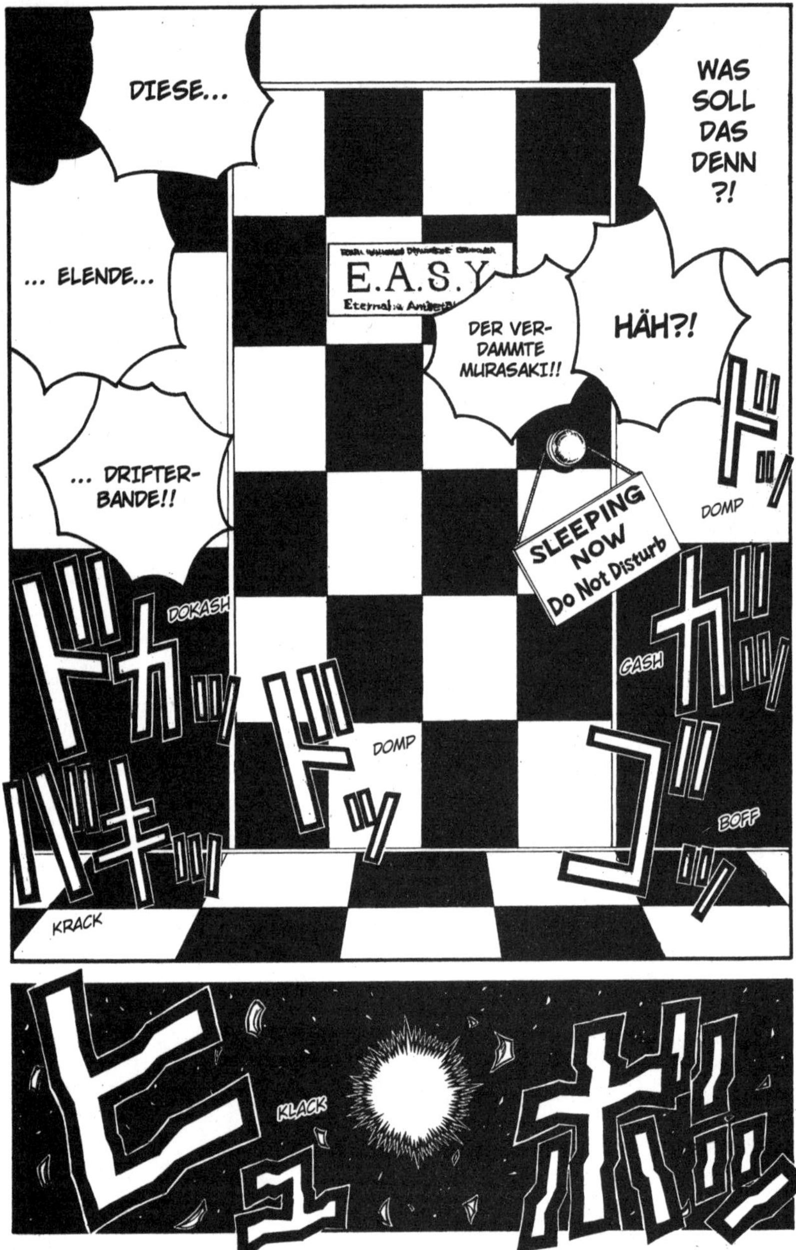

WAS SOLL DAS DENN ?!
HÄH?!
DER VERDAMMTE MURASAKI!!
DIESE...
... ELENDE...
... DRIFTERBANDE!!
E.A.S.Y.
SLEEPING NOW Do Not Disturb
DOMP
GASH
BOFF
DOMP
DOKASH
KRACK

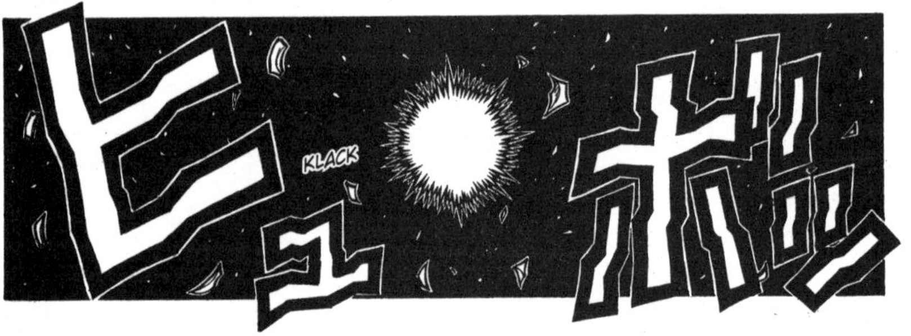

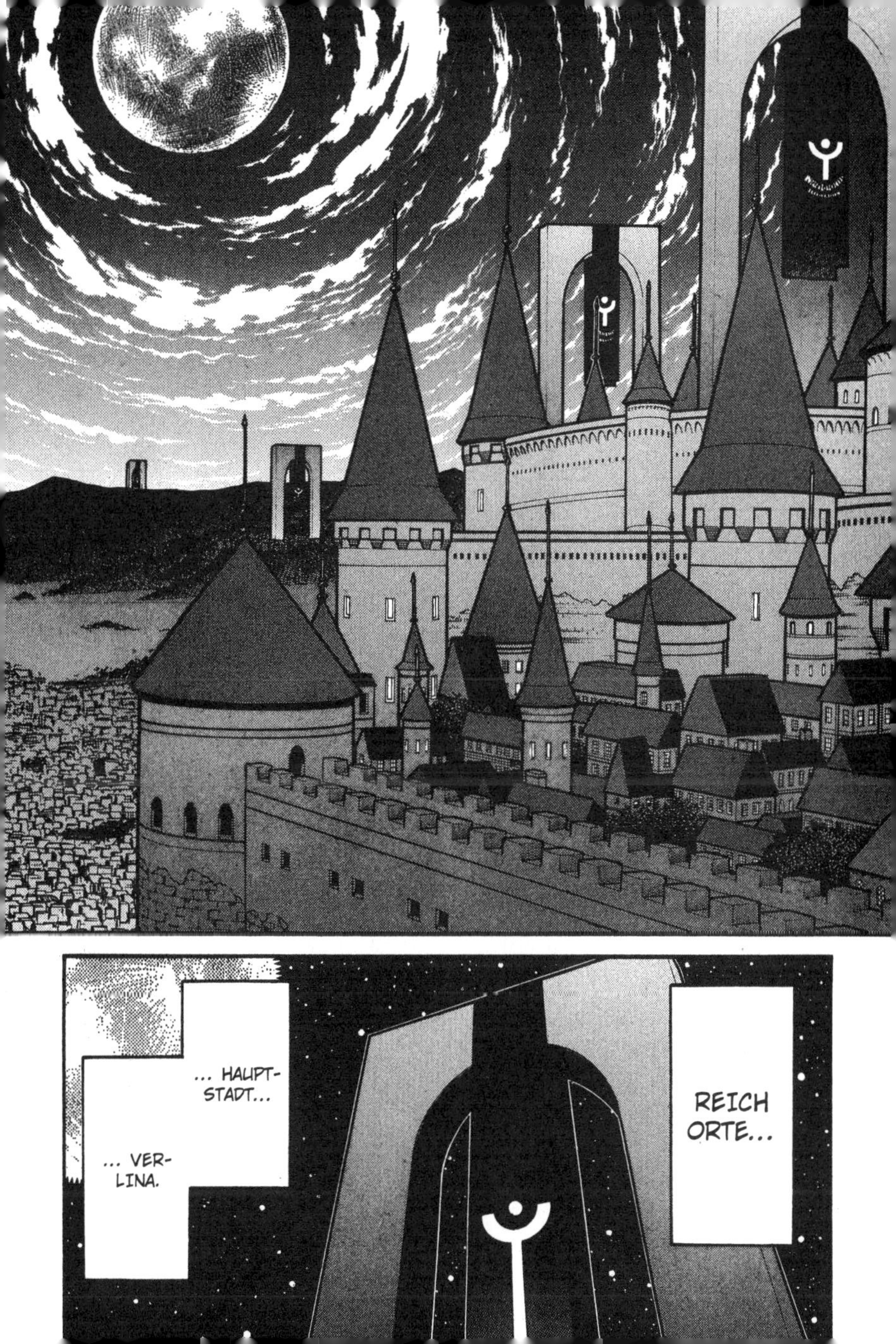

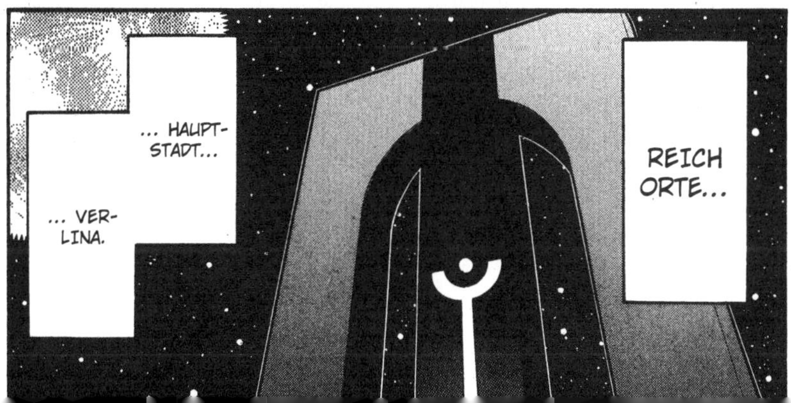
REICH ORTE...
... HAUPT-STADT...
... VER-LINA.

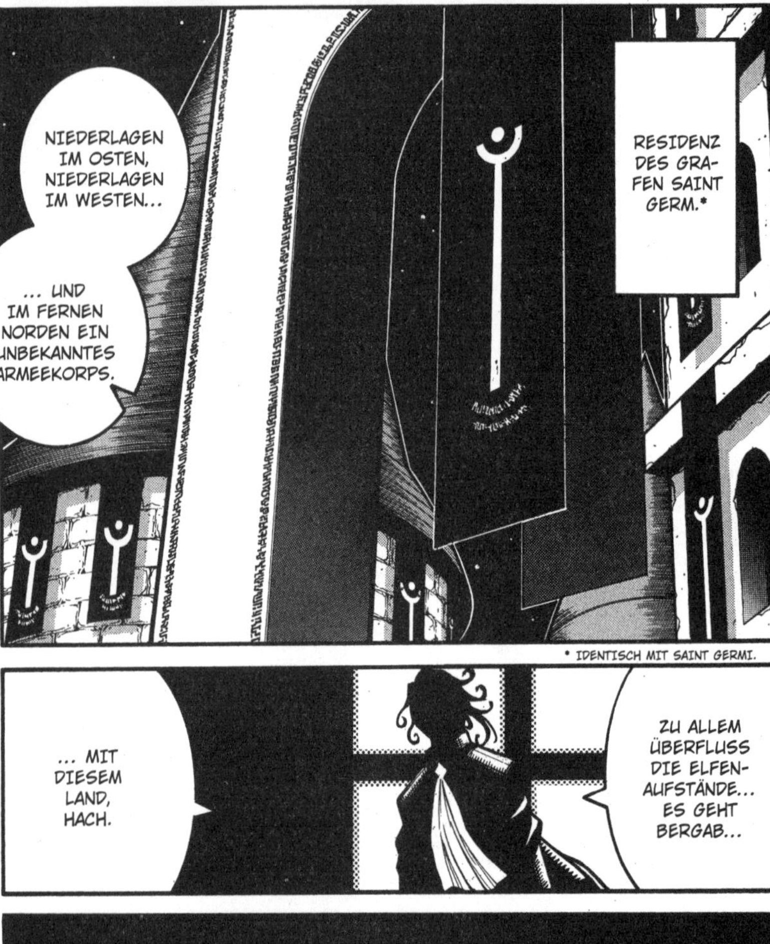

RESIDENZ DES GRAFEN SAINT GERM.*

NIEDERLAGEN IM OSTEN, NIEDERLAGEN IM WESTEN …

… UND IM FERNEN NORDEN EIN UNBEKANNTES ARMEEKORPS.

* IDENTISCH MIT SAINT GERMI.

ZU ALLEM ÜBERFLUSS DIE ELFENAUFSTÄNDE … ES GEHT BERGAB …

… MIT DIESEM LAND, HACH.

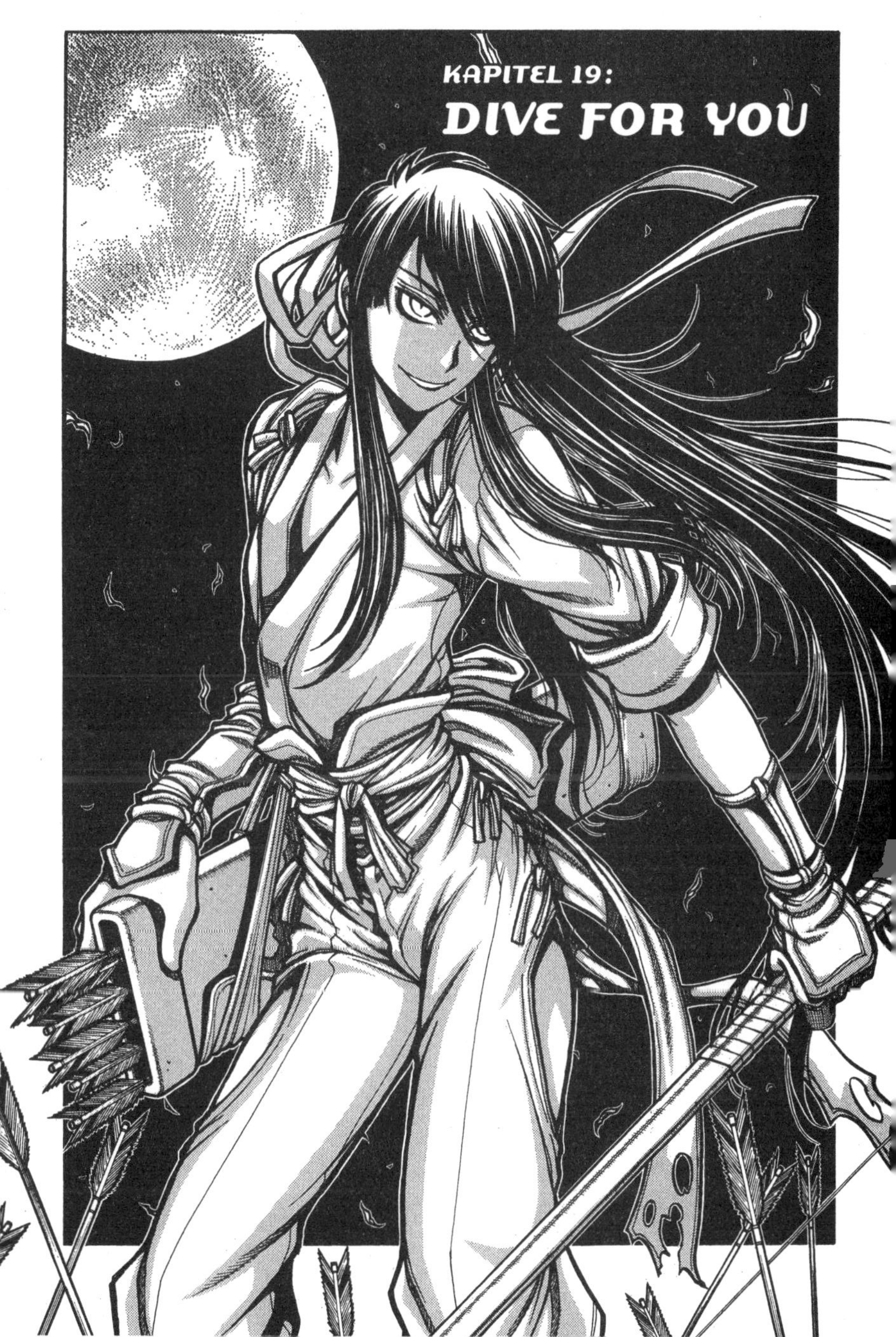
KAPITEL 19:
DIVE FOR YOU

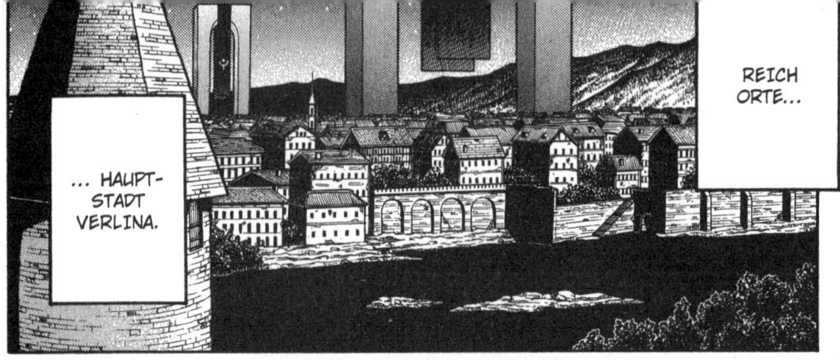
REICH ORTE...
... HAUPTSTADT VERLINA.

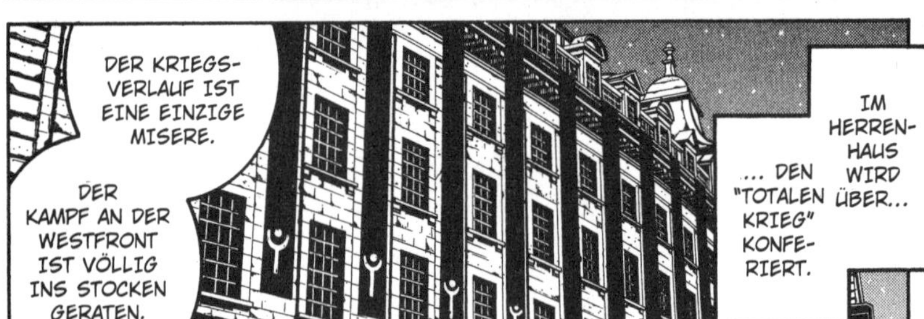
IM HERRENHAUS WIRD ÜBER...
... DEN "TOTALEN KRIEG" KONFERIERT.
DER KRIEGSVERLAUF IST EINE EINZIGE MISERE.
DER KAMPF AN DER WESTFRONT IST VÖLLIG INS STOCKEN GERATEN.

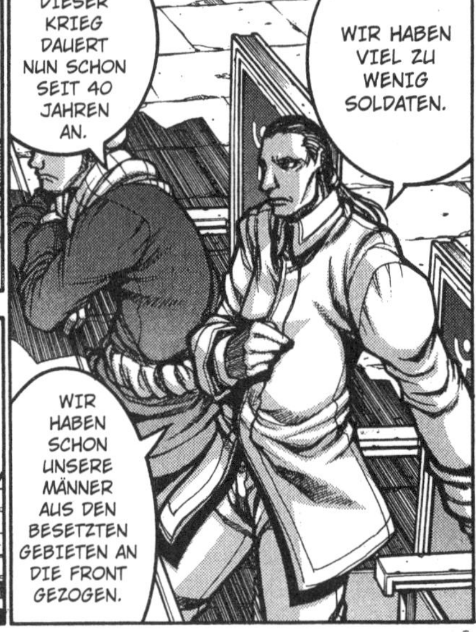
WIR HABEN VIEL ZU WENIG SOLDATEN.
UND DIESER KRIEG DAUERT NUN SCHON SEIT 40 JAHREN AN.
WIR HABEN SCHON UNSERE MÄNNER AUS DEN BESETZTEN GEBIETEN AN DIE FRONT GEZOGEN.

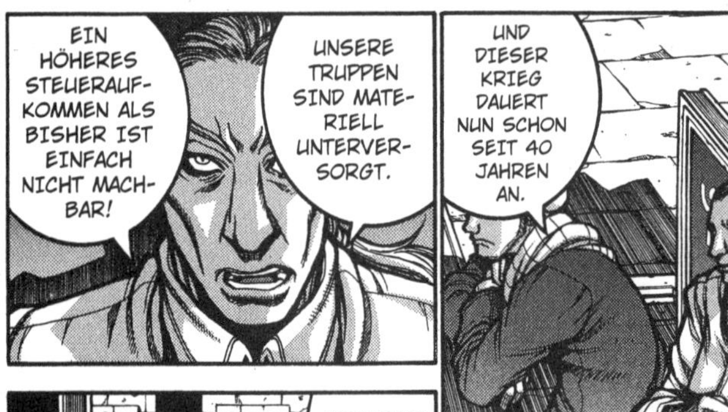
UNSERE TRUPPEN SIND MATERIELL UNTERVERSORGT.
EIN HÖHERES STEUERAUFKOMMEN ALS BISHER IST EINFACH NICHT MACHBAR!

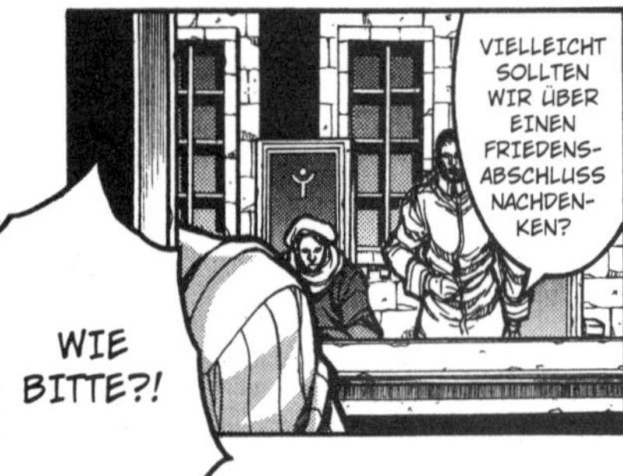
VIELLEICHT SOLLTEN WIR ÜBER EINEN FRIEDENSABSCHLUSS NACHDENKEN?
WIE BITTE?!

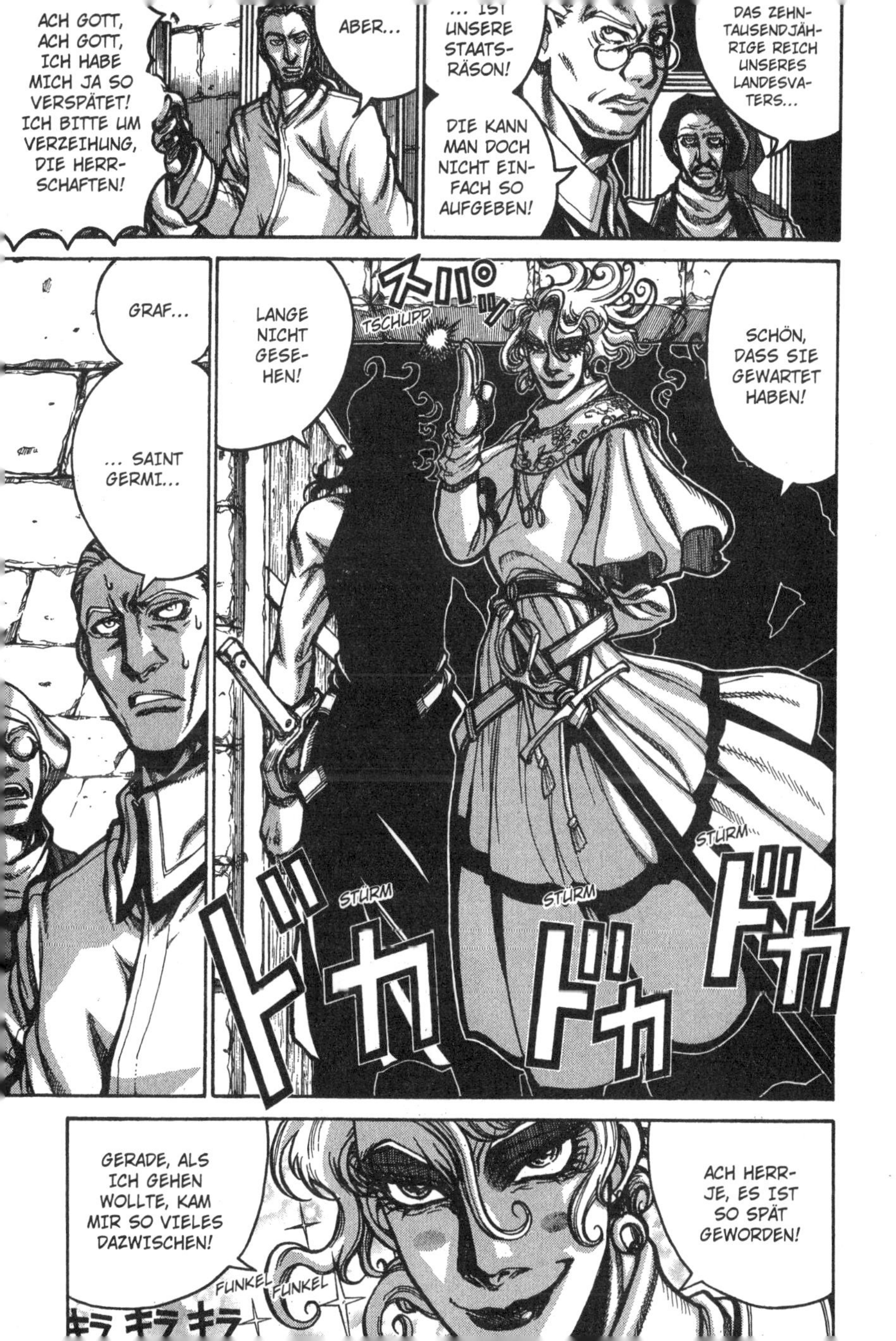

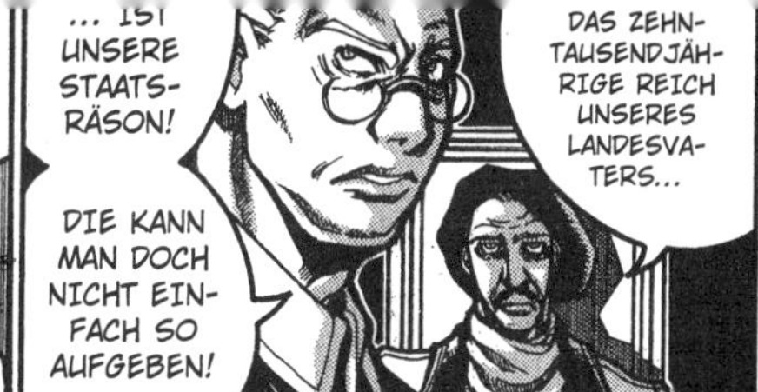

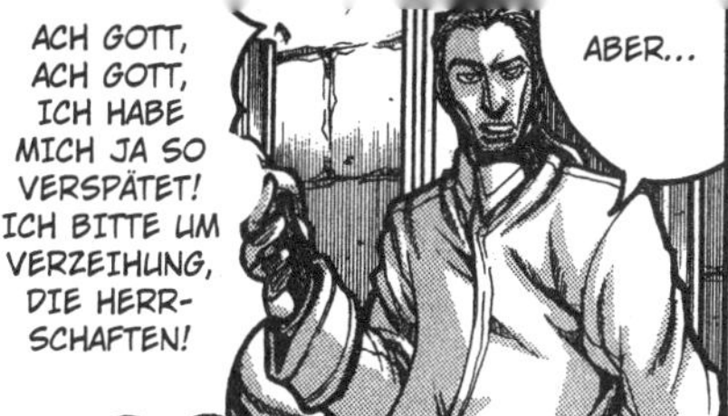

SCHÖN, DASS SIE GEWARTET HABEN!

TSCHUPP

LANGE NICHT GESEHEN!

STÜRM

STÜRM

STÜRM

GRAF…

… SAINT GERMI…

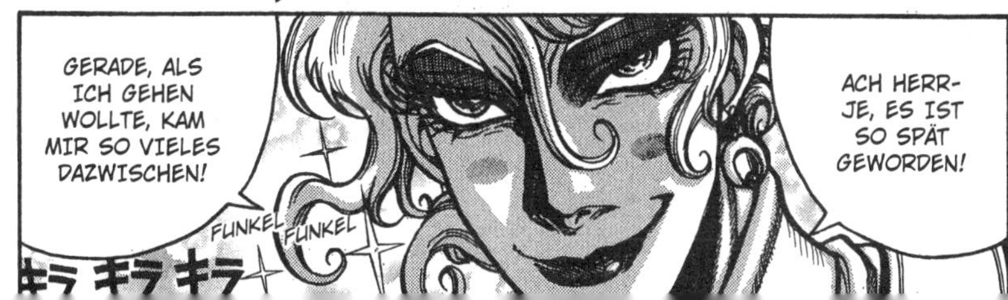

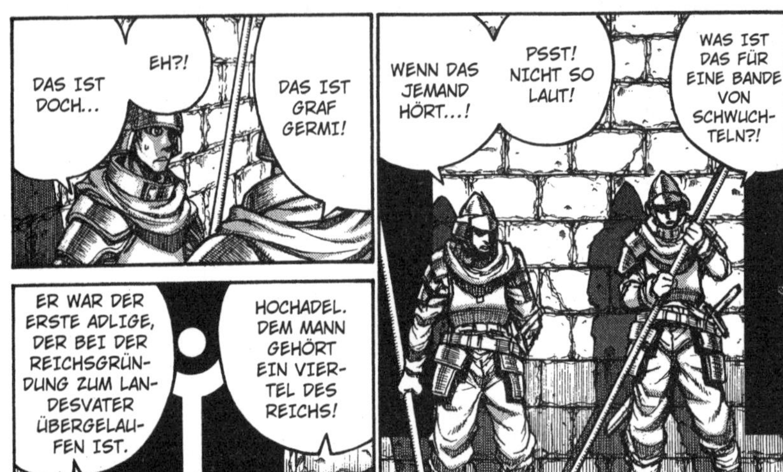
WAS IST DAS FÜR EINE BANDE VON SCHWUCH-TELN?!
PSST! NICHT SO LAUT!
WENN DAS JEMAND HÖRT...!
DAS IST GRAF GERMI!
EH?!
DAS IST DOCH...
HOCHADEL. DEM MANN GEHÖRT EIN VIER-TEL DES REICHS!
ER WAR DER ERSTE ADLIGE, DER BEI DER REICHSGRÜN-DUNG ZUM LAN-DESVATER ÜBERGELAU-FEN IST.

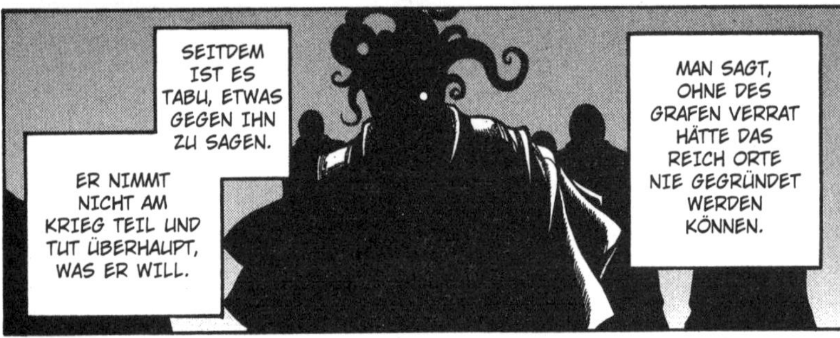
MAN SAGT, OHNE DES GRAFEN VERRAT HÄTTE DAS REICH ORTE NIE GEGRÜNDET WERDEN KÖNNEN.
SEITDEM IST ES TABU, ETWAS GEGEN IHN ZU SAGEN.
ER NIMMT NICHT AM KRIEG TEIL UND TUT ÜBERHAUPT, WAS ER WILL.

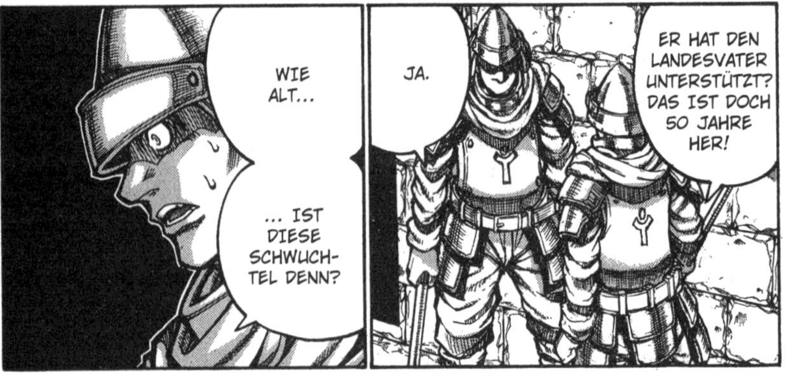
ER HAT DEN LANDESVATER UNTERSTÜTZT? DAS IST DOCH 50 JAHRE HER!
JA.
WIE ALT...
... IST DIESE SCHWUCH-TEL DENN?

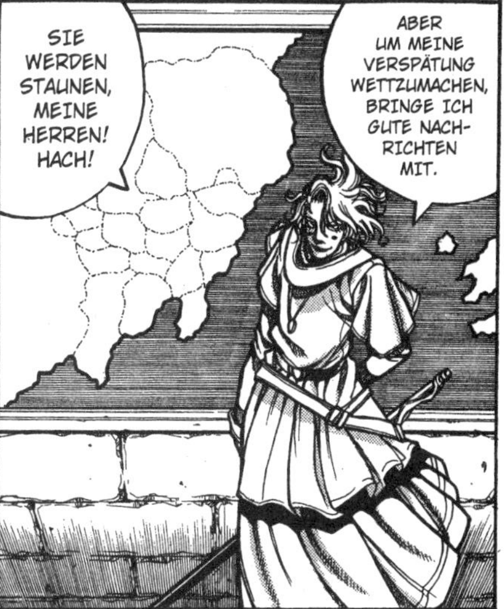
ABER UM MEINE VERSPÄTUNG WETTZUMACHEN, BRINGE ICH GUTE NACHRICHTEN MIT.
SIE WERDEN STAUNEN, MEINE HERREN! HACH!

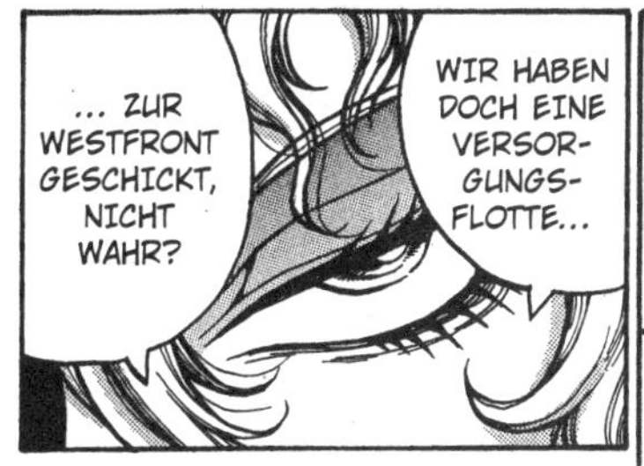
WIR HABEN DOCH EINE VERSORGUNGSFLOTTE…
… ZUR WESTFRONT GESCHICKT, NICHT WAHR?

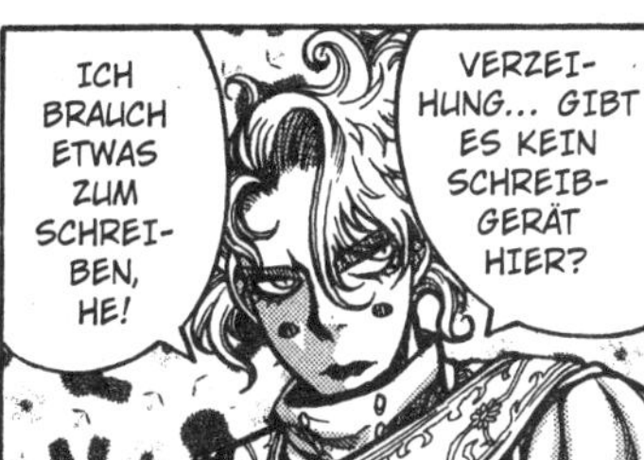
VERZEIHUNG… GIBT ES KEIN SCHREIBGERÄT HIER?
ICH BRAUCH ETWAS ZUM SCHREIBEN, HE!

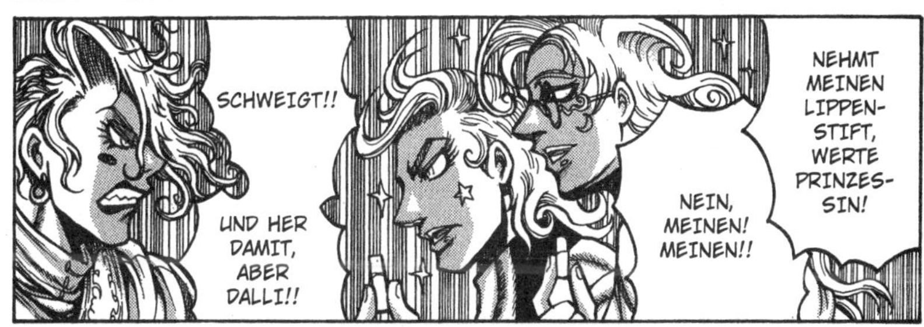
NEHMT MEINEN LIPPENSTIFT, WERTE PRINZESSIN!
NEIN, MEINEN! MEINEN!!
SCHWEIGT!!
UND HER DAMIT, ABER DALLI!!

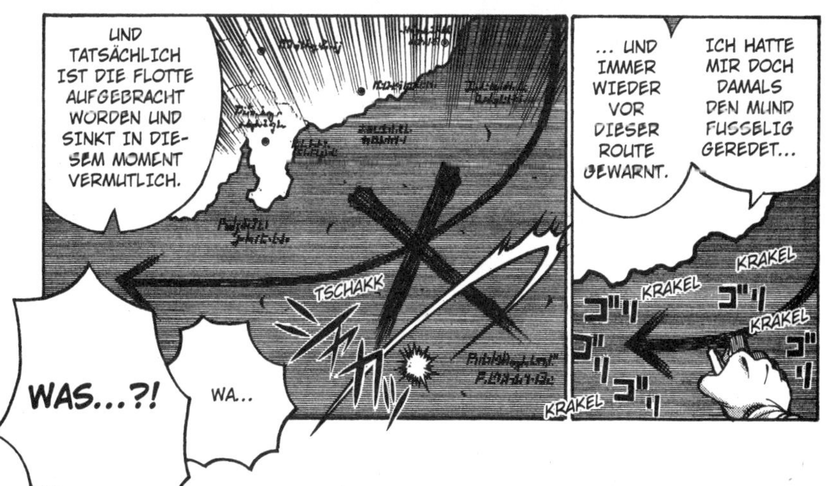
ICH HATTE MIR DOCH DAMALS DEN MUND FUSSELIG GEREDET…
… UND IMMER WIEDER VOR DIESER ROUTE GEWARNT.
KRAKEL
KRAKEL
KRAKEL
KRAKEL
UND TATSÄCHLICH IST DIE FLOTTE AUFGEBRACHT WORDEN UND SINKT IN DIESEM MOMENT VERMUTLICH.
TSCHAKK
WA…
WAS…?!

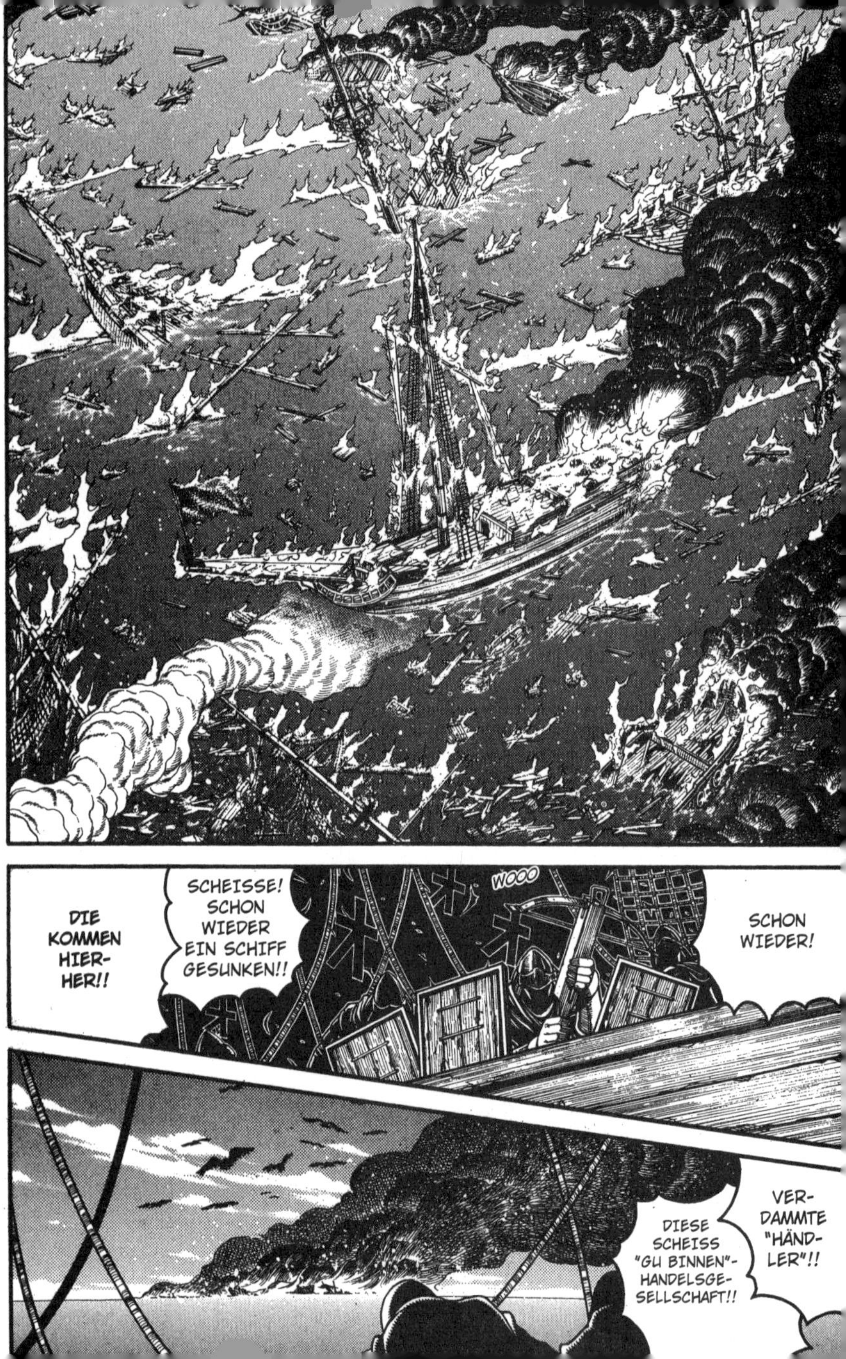

SCHON WIEDER!

WOOO

SCHEISSE! SCHON WIEDER EIN SCHIFF GESUNKEN!!

DIE KOMMEN HIER-HER!!

VER-DAMMTE "HÄND-LER"!!

DIESE SCHEISS "GU BINNEN"-HANDELSGE-SELLSCHAFT!!

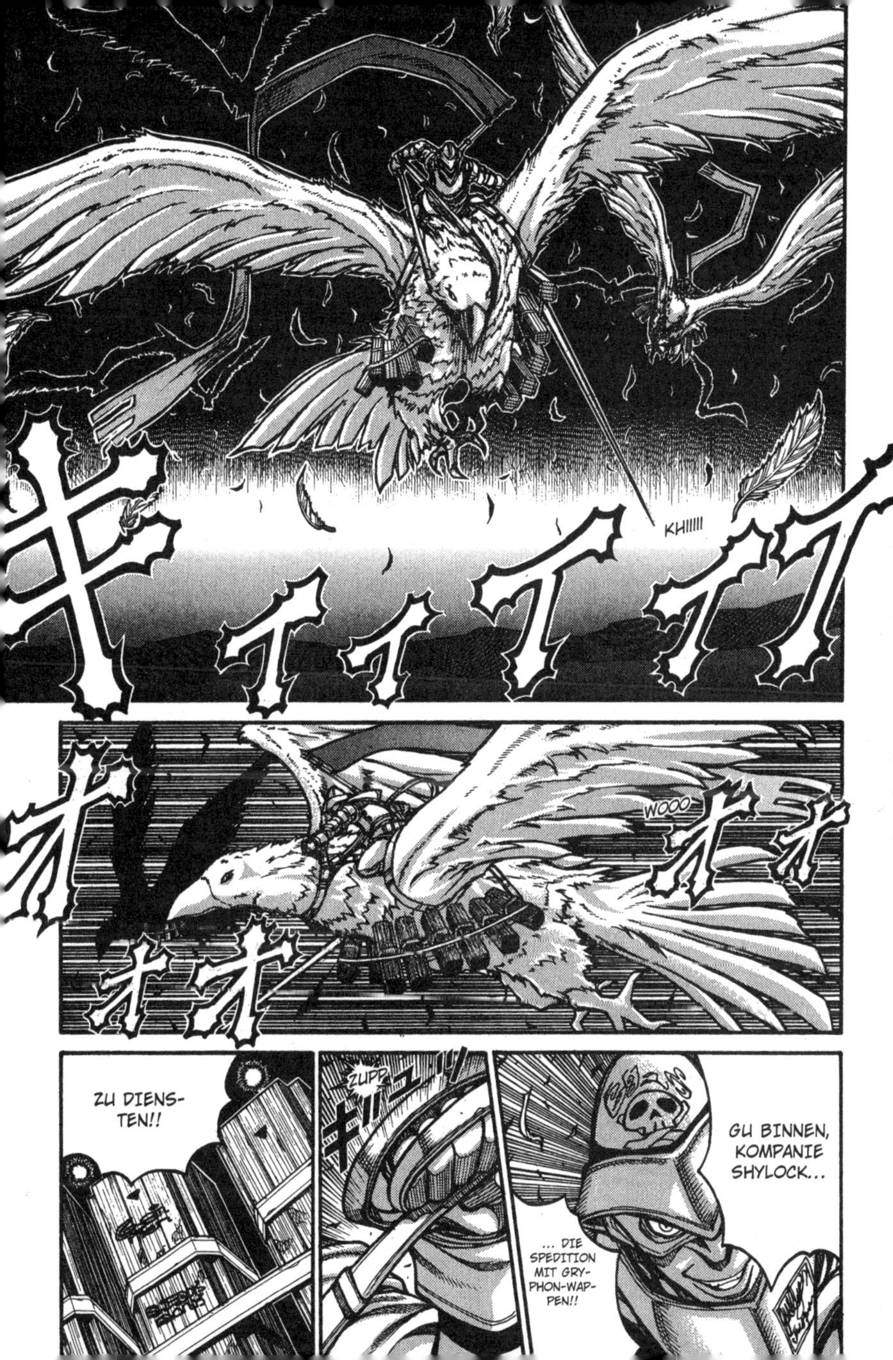
KHIIIII
WOOO
GU BINNEN, KOMPANIE SHYLOCK...
... DIE SPEDITION MIT GRY-PHON-WAP-PEN!!
ZUPP
ZU DIENS-TEN!!

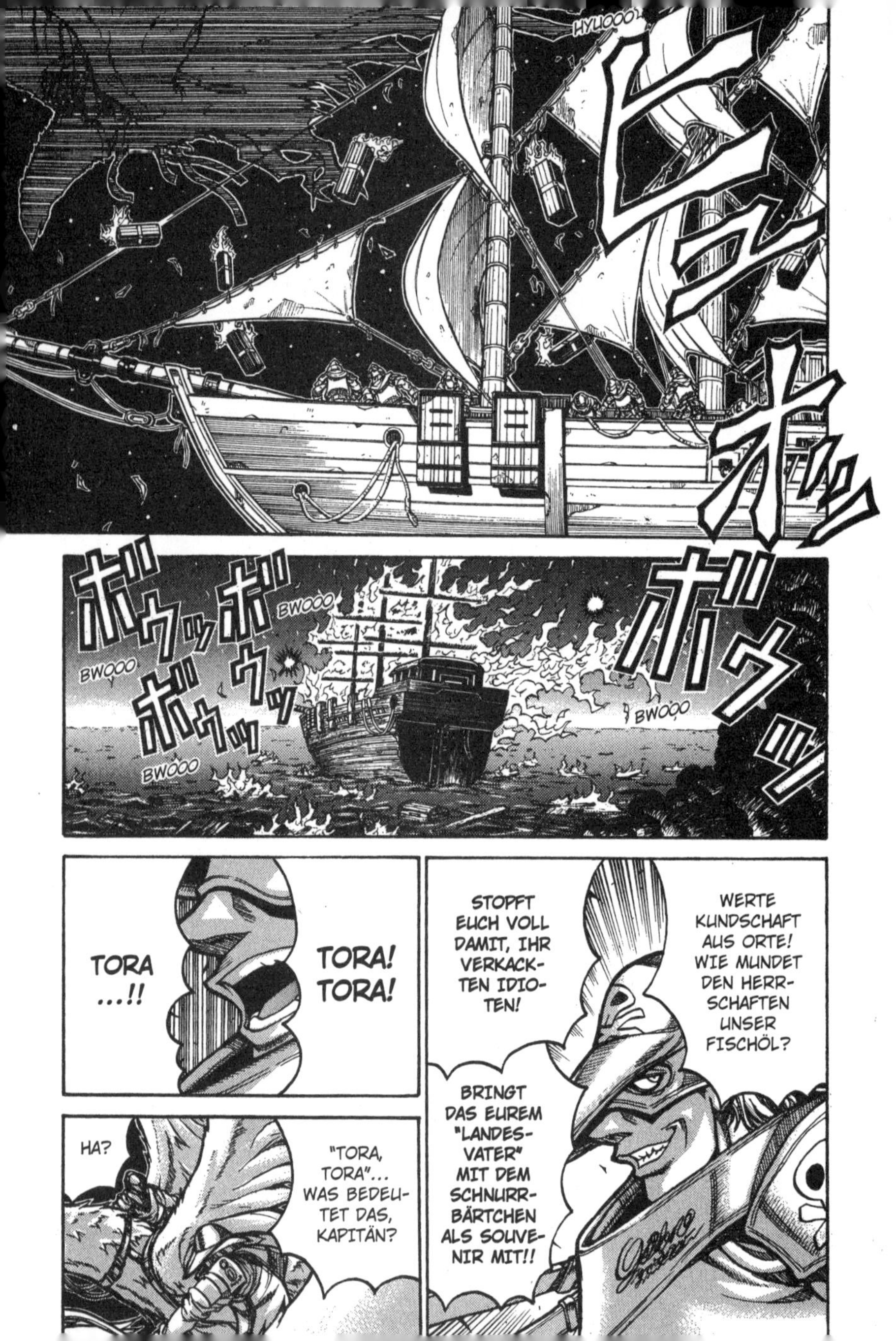

HYUOOO!

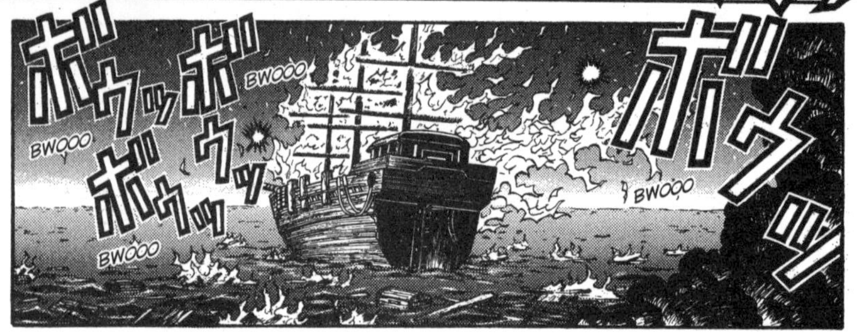
BWOOO
BWOOO
BWOOO
BWOOO

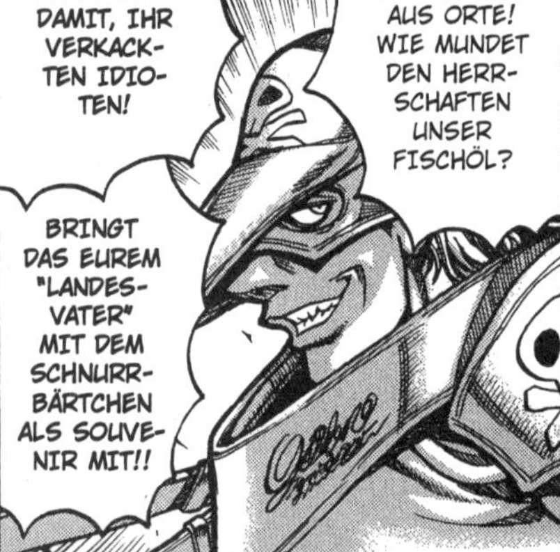
WERTE KUNDSCHAFT AUS ORTE! WIE MUNDET DEN HERRSCHAFTEN UNSER FISCHÖL?
STOPFT EUCH VOLL DAMIT, IHR VERKACKTEN IDIOTEN!
BRINGT DAS EUREM "LANDESVATER" MIT DEM SCHNURRBÄRTCHEN ALS SOUVENIR MIT!!

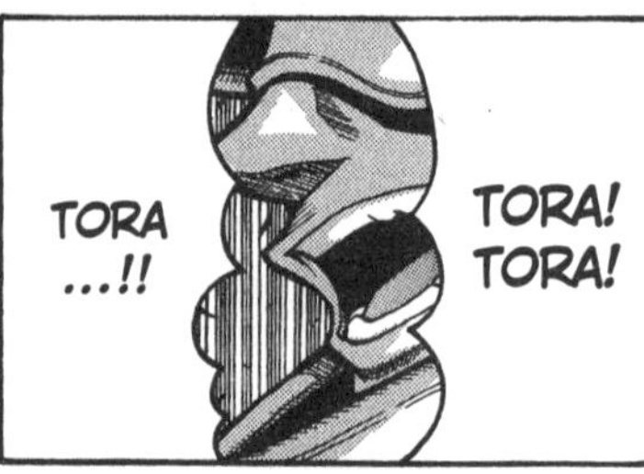
TORA! TORA!
TORA ...!!

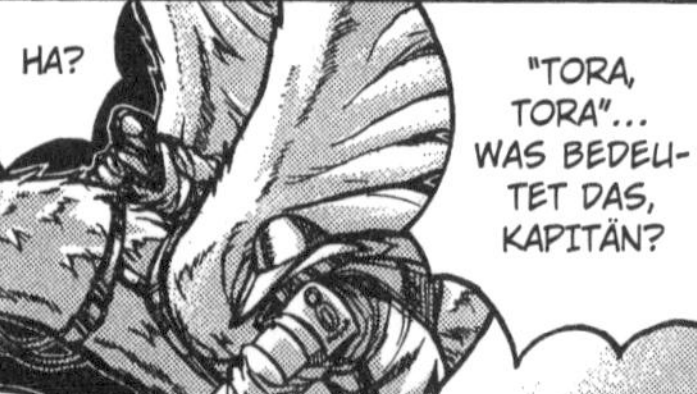
"TORA, TORA"... WAS BEDEUTET DAS, KAPITÄN?
HA?

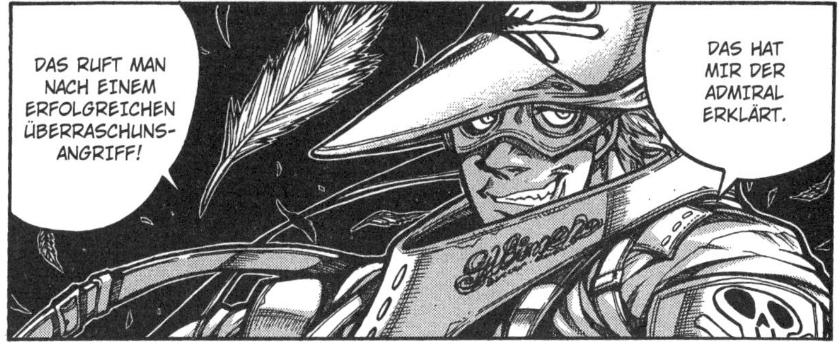
DAS HAT MIR DER ADMIRAL ERKLÄRT.
DAS RUFT MAN NACH EINEM ERFOLGREICHEN ÜBERRASCHUNS-ANGRIFF!

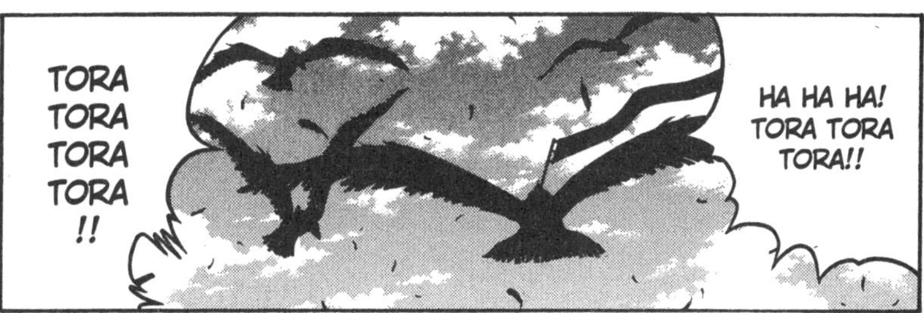
HA HA HA! TORA TORA TORA!!
TORA TORA TORA TORA !!

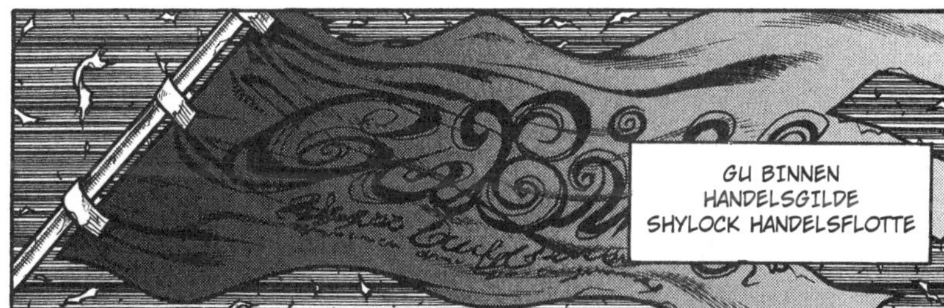
GU BINNEN HANDELSGILDE SHYLOCK HANDELSFLOTTE

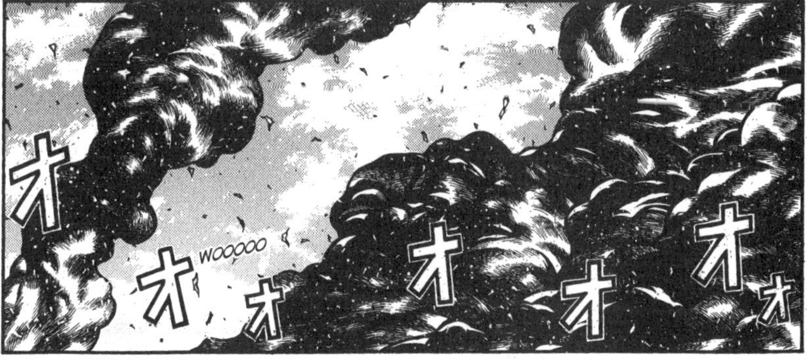
オ
オォ
WOOOOO
オ
オ
オォ

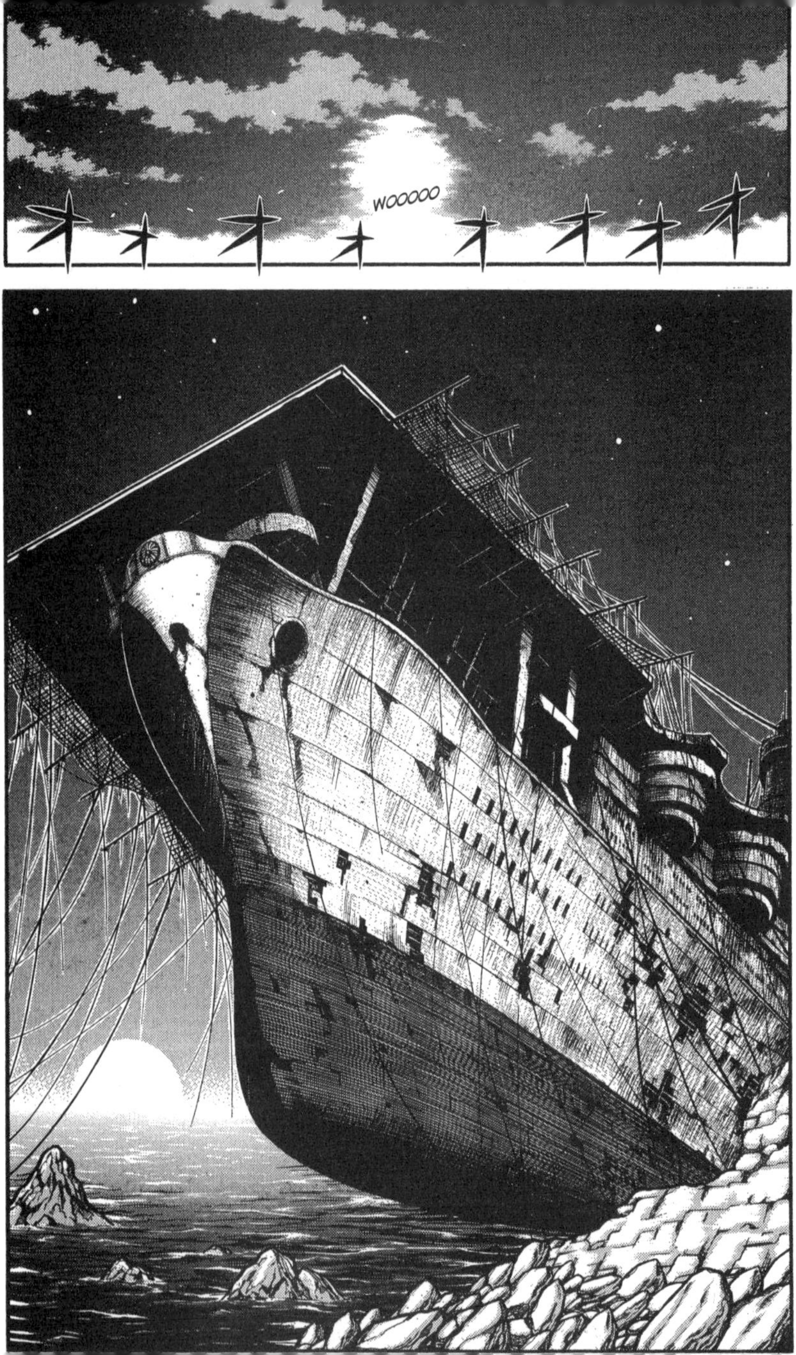

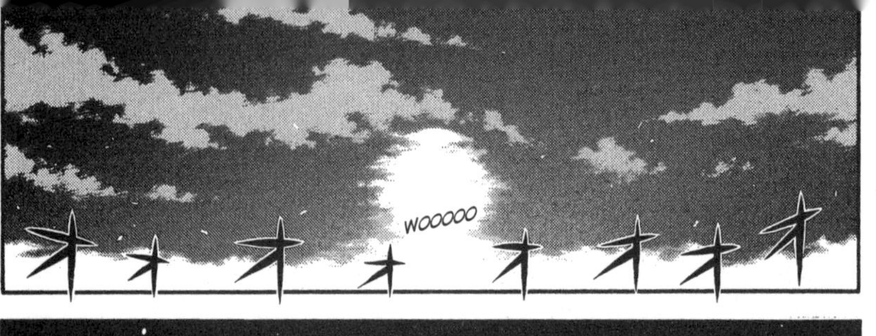
WOOOOO
オォオォオオォオ

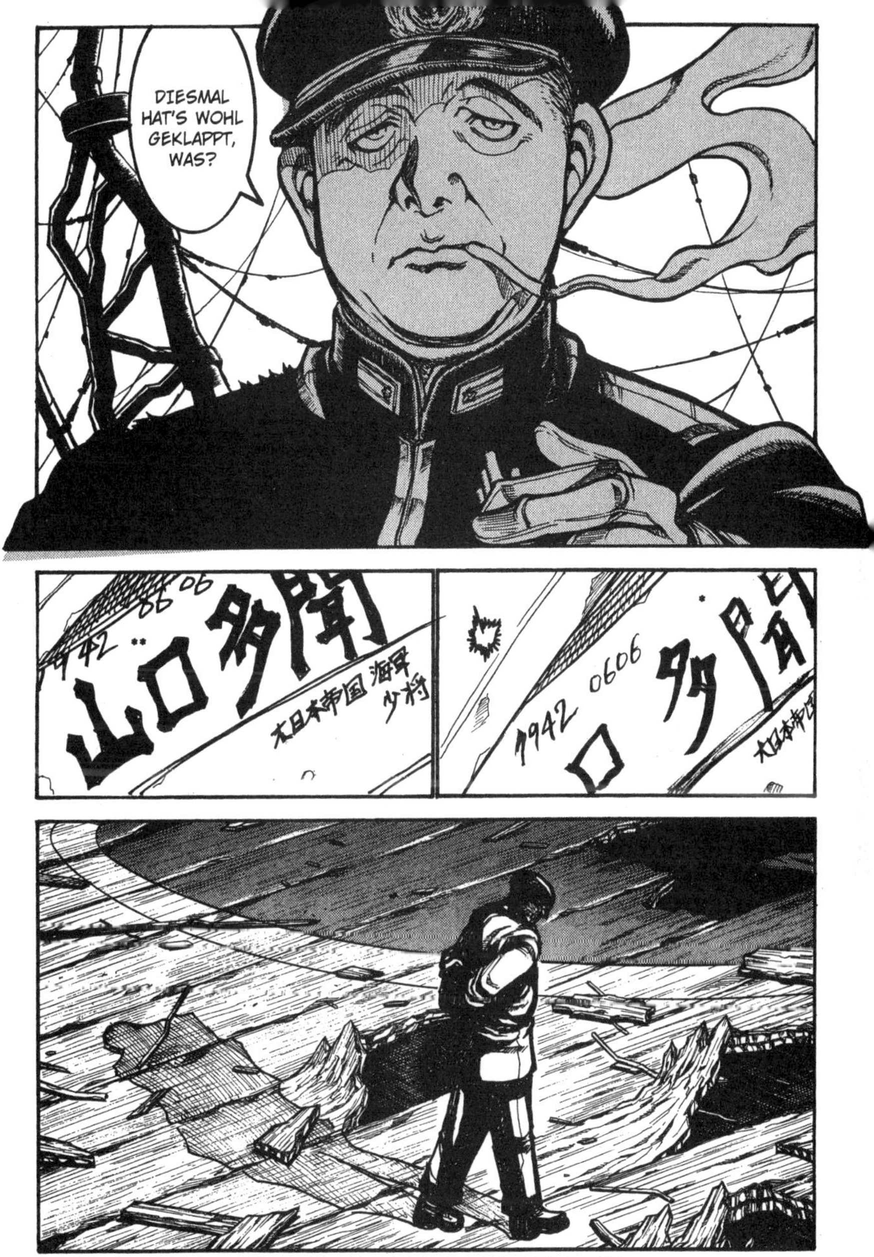

DIESMAL HAT'S WOHL GEKLAPPT, WAS?

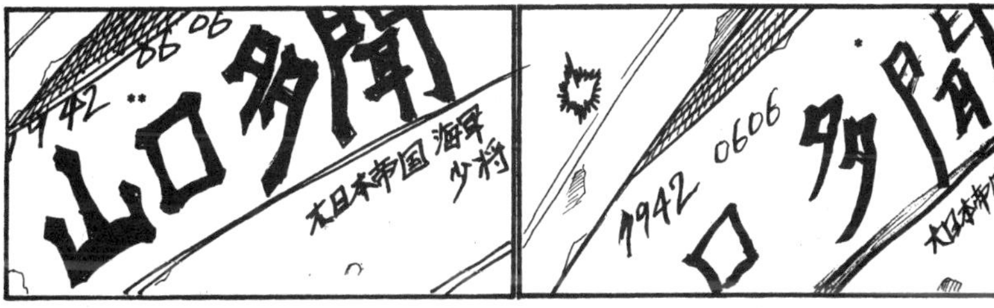

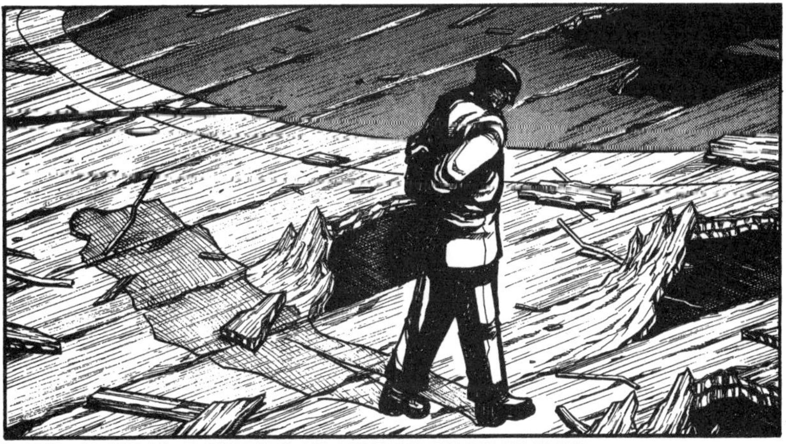

* YAMAGUCHI, TAMON ** KONTERADMIRAL DER KAISERLICH JAPANISCHEN MARINE

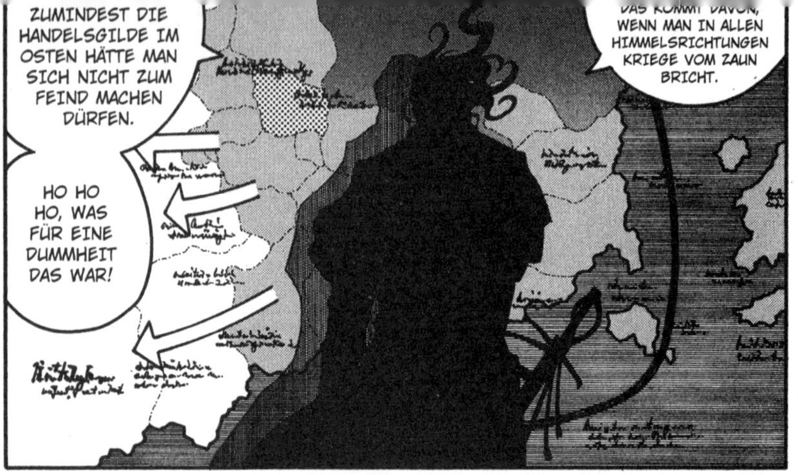
DAS KOMMT DAVON, WENN MAN IN ALLEN HIMMELSRICHTUNGEN KRIEGE VOM ZAUN BRICHT.
ZUMINDEST DIE HANDELSGILDE IM OSTEN HÄTTE MAN SICH NICHT ZUM FEIND MACHEN DÜRFEN.
HO HO HO, WAS FÜR EINE DUMMHEIT DAS WAR!

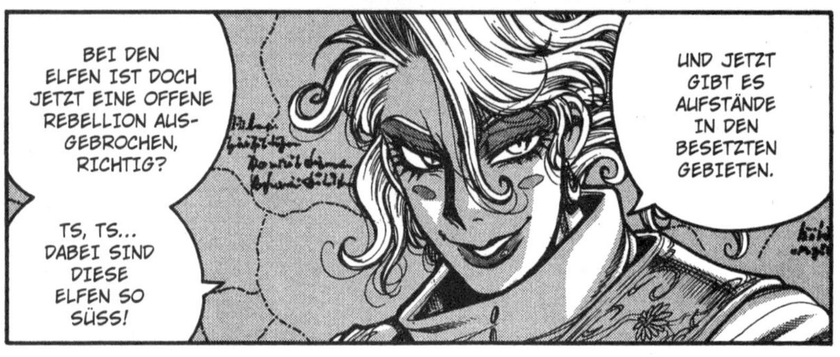
UND JETZT GIBT ES AUFSTÄNDE IN DEN BESETZTEN GEBIETEN.
BEI DEN ELFEN IST DOCH JETZT EINE OFFENE REBELLION AUSGEBROCHEN, RICHTIG?
TS, TS... DABEI SIND DIESE ELFEN SO SÜSS!

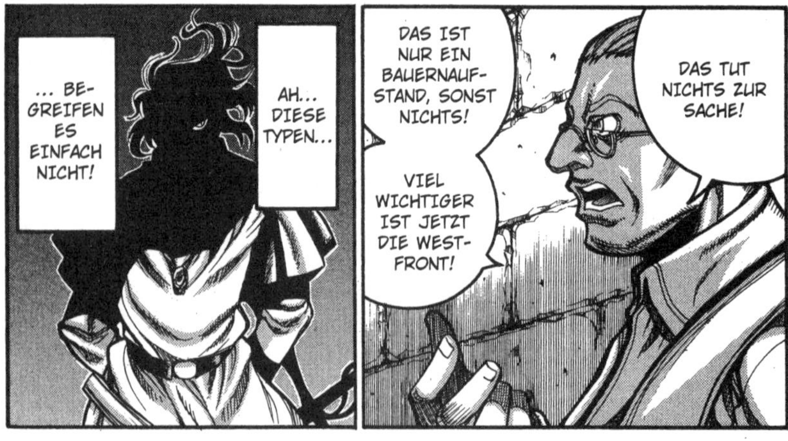
DAS TUT NICHTS ZUR SACHE!
DAS IST NUR EIN BAUERNAUFSTAND, SONST NICHTS!
VIEL WICHTIGER IST JETZT DIE WESTFRONT!
AH... DIESE TYPEN...
... BEGREIFEN ES EINFACH NICHT!

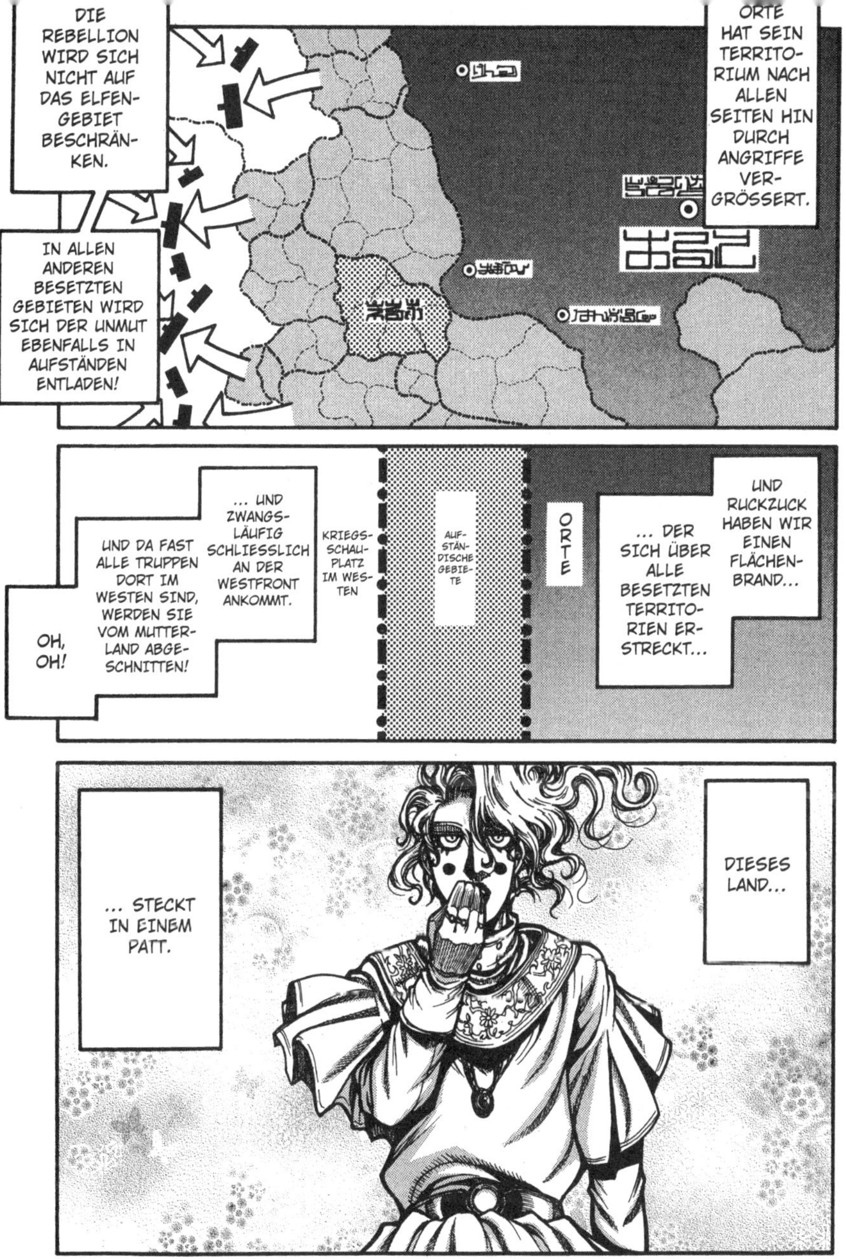
ORTE HAT SEIN TERRITORIUM NACH ALLEN SEITEN HIN DURCH ANGRIFFE VERGRÖSSERT.
DIE REBELLION WIRD SICH NICHT AUF DAS ELFENGEBIET BESCHRÄNKEN.
IN ALLEN ANDEREN BESETZTEN GEBIETEN WIRD SICH DER UNMUT EBENFALLS IN AUFSTÄNDEN ENTLADEN!
UND RUCKZUCK HABEN WIR EINEN FLÄCHENBRAND...
... DER SICH ÜBER ALLE BESETZTEN TERRITORIEN ERSTRECKT...
ORTE
AUFSTÄNDISCHE GEBIETE
KRIEGSSCHAUPLATZ IM WESTEN
... UND ZWANGSLÄUFIG SCHLIESSLICH AN DER WESTFRONT ANKOMMT.
UND DA FAST ALLE TRUPPEN DORT IM WESTEN SIND, WERDEN SIE VOM MUTTERLAND ABGESCHNITTEN!
OH, OH!
DIESES LAND...
... STECKT IN EINEM PATT.

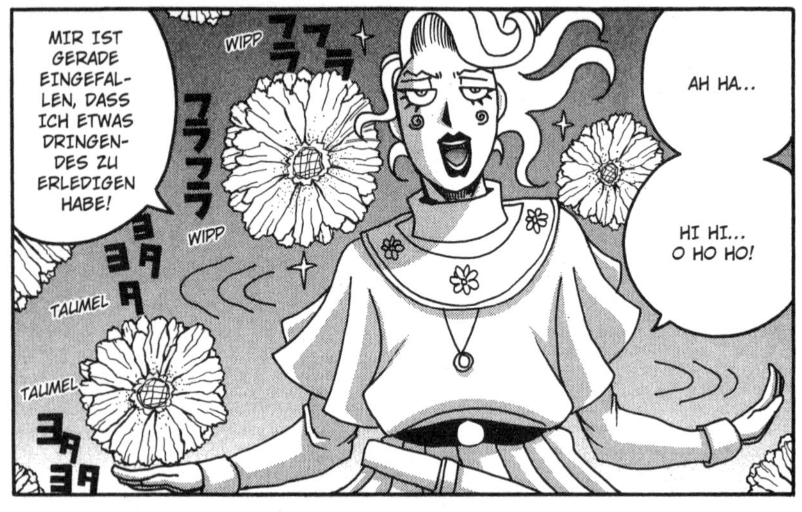
AH HA…
HI HI… O HO HO!
WIPP
MIR IST GERADE EINGEFALLEN, DASS ICH ETWAS DRINGENDES ZU ERLEDIGEN HABE!
WIPP
TAUMEL
TAUMEL

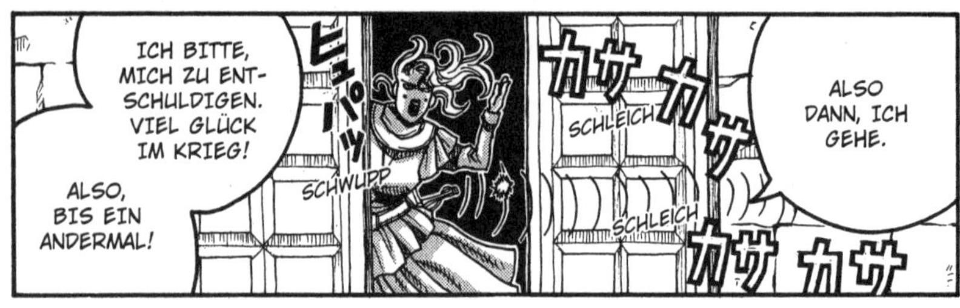
ALSO DANN, ICH GEHE.
SCHLEICH
SCHLEICH
SCHWUPP
ICH BITTE, MICH ZU ENTSCHULDIGEN. VIEL GLÜCK IM KRIEG!
ALSO, BIS EIN ANDERMAL!

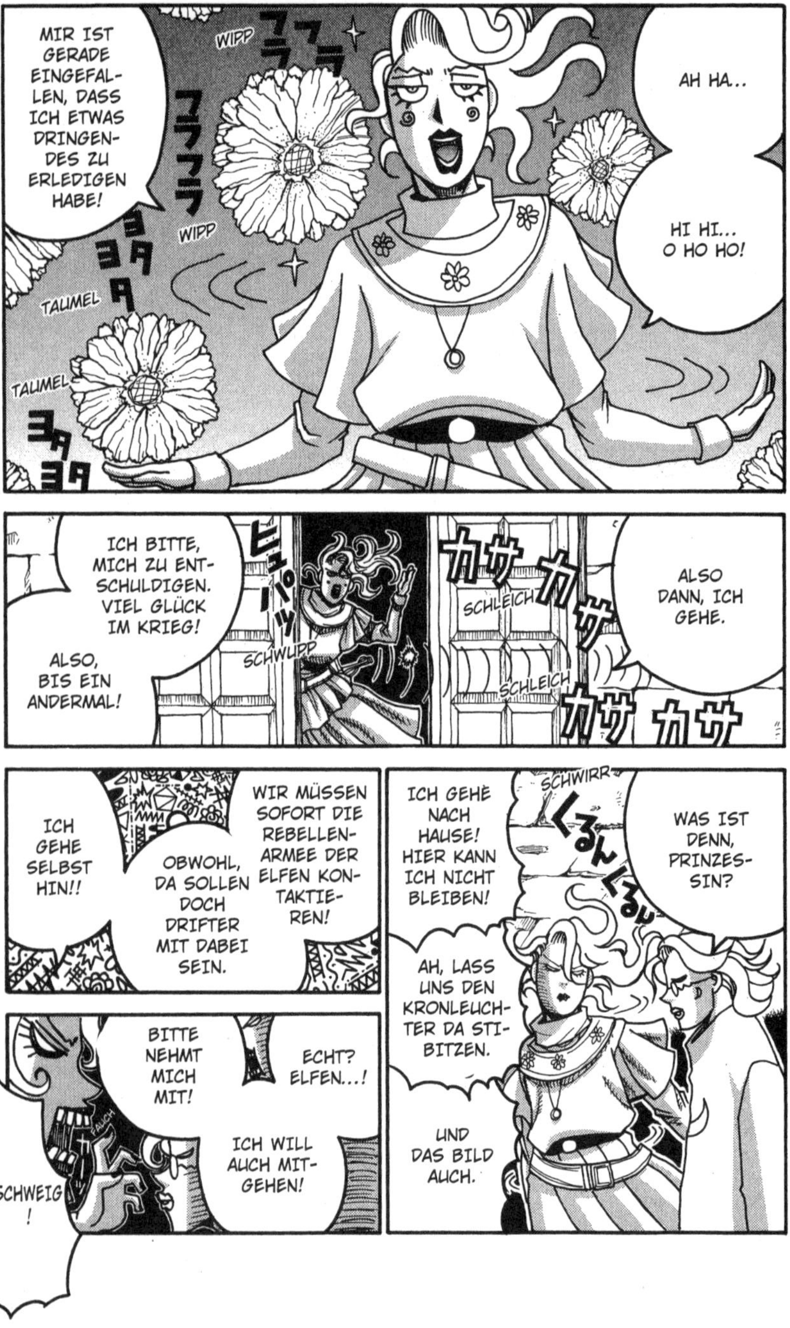

WAS IST DENN, PRINZESSIN?
SCHWIRR
ICH GEHE NACH HAUSE! HIER KANN ICH NICHT BLEIBEN!
AH, LASS UNS DEN KRONLEUCHTER DA STIBITZEN.
UND DAS BILD AUCH.
WIR MÜSSEN SOFORT DIE REBELLENARMEE DER ELFEN KONTAKTIEREN!
OBWOHL, DA SOLLEN DOCH DRIFTER MIT DABEI SEIN.
ICH GEHE SELBST HIN!!
ECHT? ELFEN…!
BITTE NEHMT MICH MIT!
ICH WILL AUCH MITGEHEN!
FAUCH
SCHWEIG!

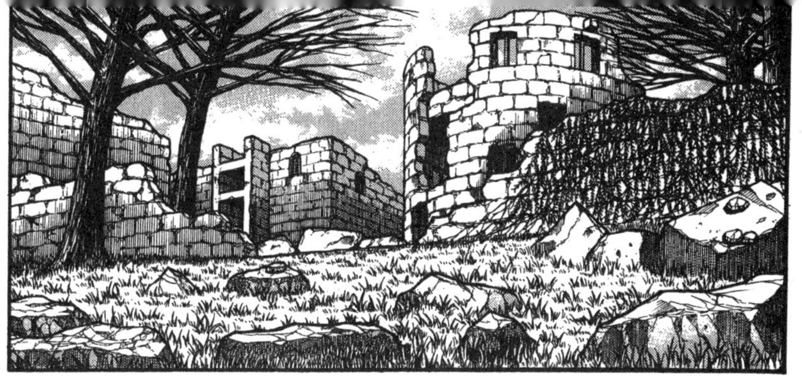

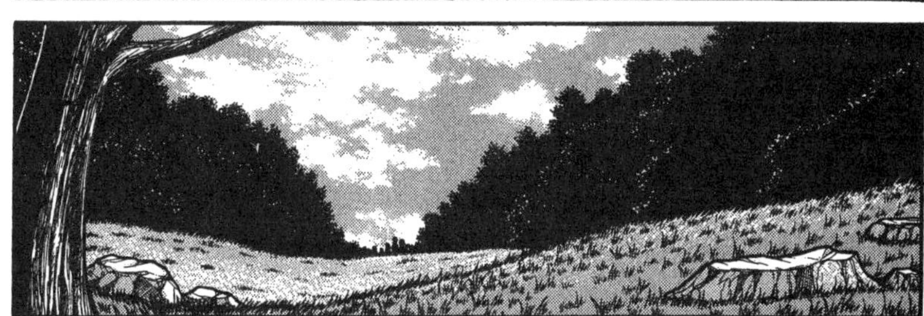

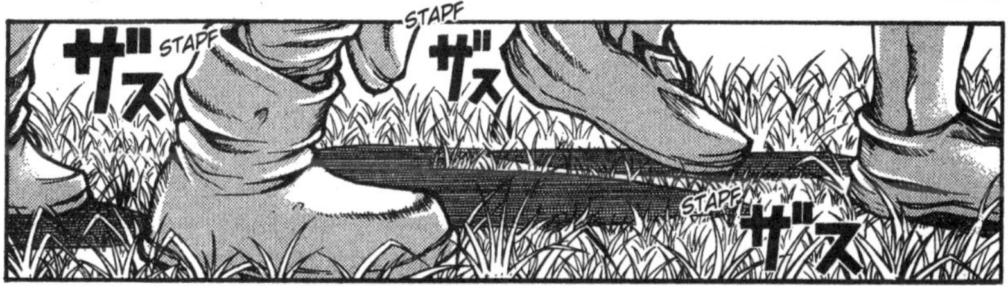
ザス
STAPF
STAPF
ザス
STAPF
ザス

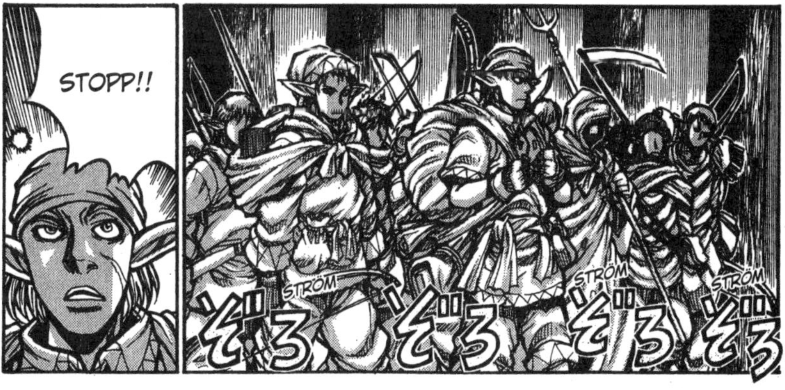
STOPP!!
STRÖM
STRÖM
STRÖM
ぞろ
ぞろ
ぞろ
ぞろ

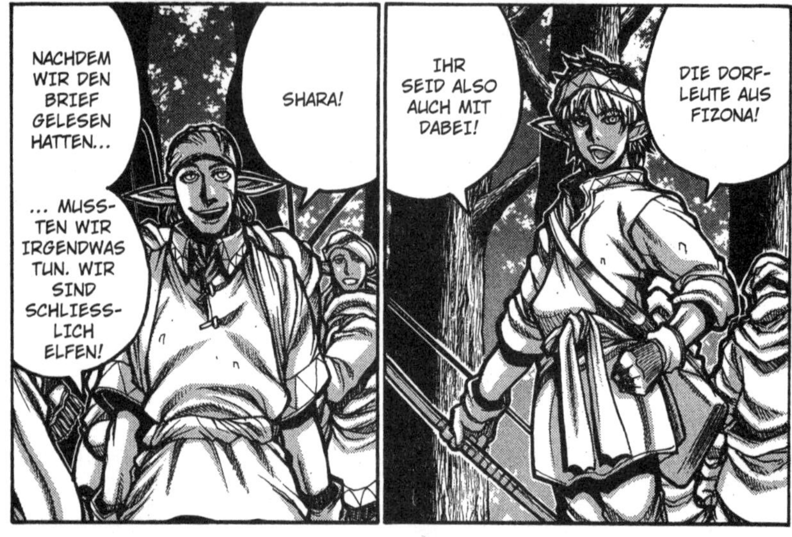
DIE DORFLEUTE AUS FIZONA!
IHR SEID ALSO AUCH MIT DABEI!
SHARA!
NACHDEM WIR DEN BRIEF GELESEN HATTEN...
... MUSSTEN WIR IRGENDWAS TUN. WIR SIND SCHLIESSLICH ELFEN!

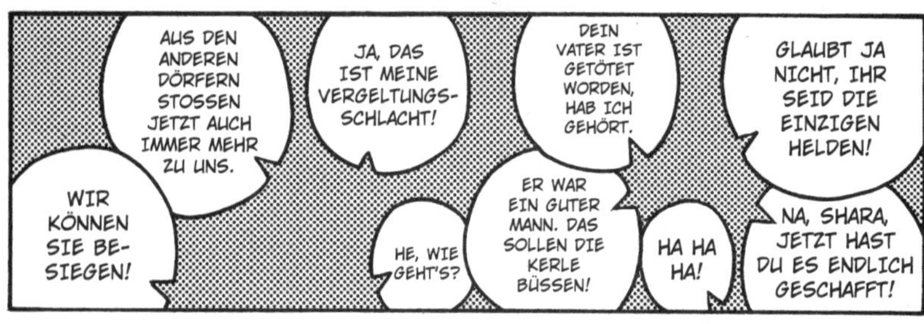
GLAUBT JA NICHT, IHR SEID DIE EINZIGEN HELDEN!
NA, SHARA, JETZT HAST DU ES ENDLICH GESCHAFFT!
DEIN VATER IST GETÖTET WORDEN, HAB ICH GEHÖRT.
HA HA HA!
ER WAR EIN GUTER MANN. DAS SOLLEN DIE KERLE BÜSSEN!
JA, DAS IST MEINE VERGELTUNGSSCHLACHT!
HE, WIE GEHT'S?
AUS DEN ANDEREN DÖRFERN STOSSEN JETZT AUCH IMMER MEHR ZU UNS.
WIR KÖNNEN SIE BESIEGEN!

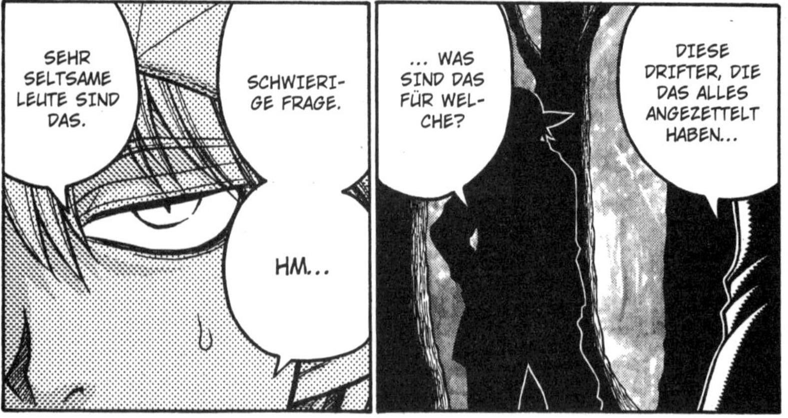
DIESE DRIFTER, DIE DAS ALLES ANGEZETTELT HABEN...
... WAS SIND DAS FÜR WELCHE?
SCHWIERIGE FRAGE.
SEHR SELTSAME LEUTE SIND DAS.
HM...

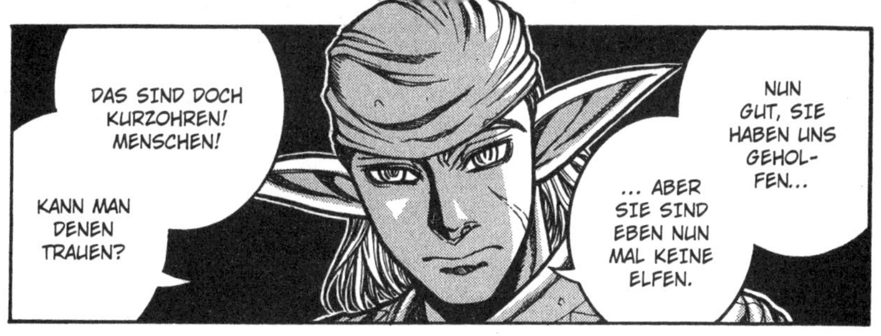
DAS SIND DOCH KURZOHREN! MENSCHEN!
KANN MAN DENEN TRAUEN?
NUN GUT, SIE HABEN UNS GEHOL-FEN...
... ABER SIE SIND EBEN NUN MAL KEINE ELFEN.

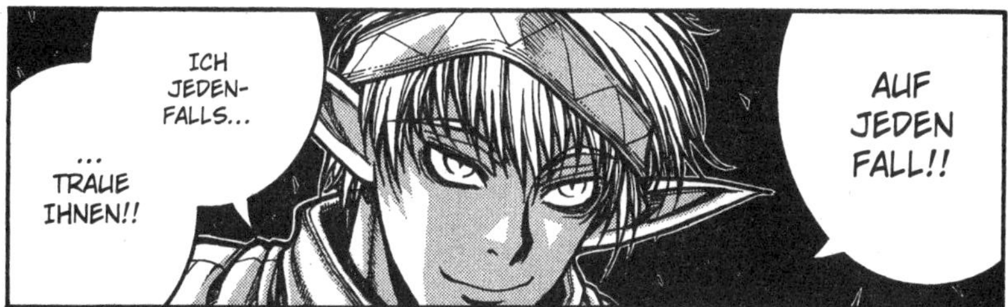
ICH JEDEN-FALLS...
... TRAUE IHNEN!!
AUF JEDEN FALL!!

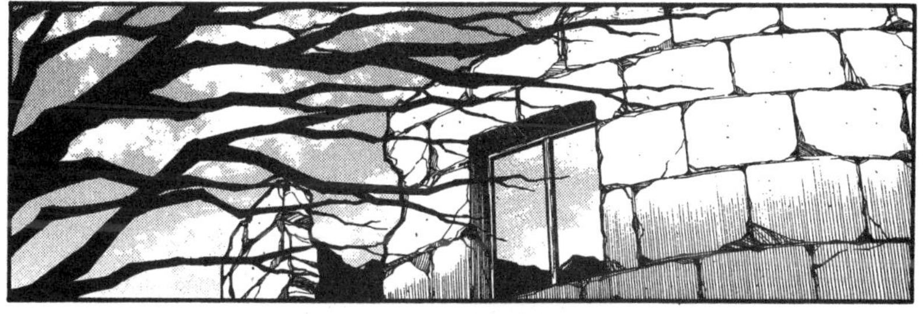

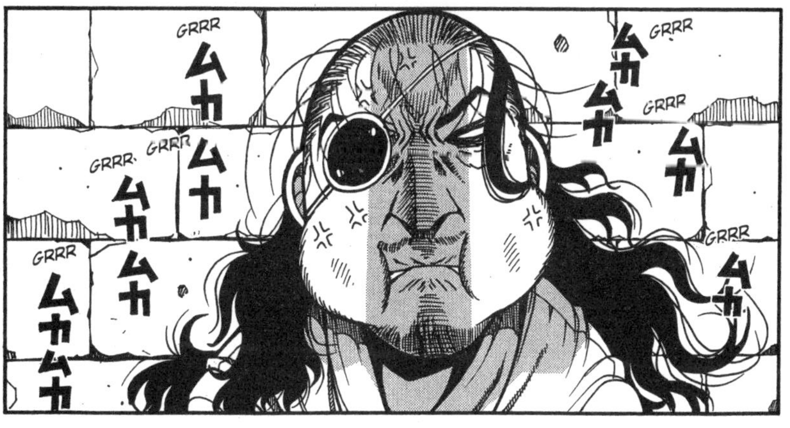
GRRR
ムカ
GRRR
ムカムカ
GRRR
ムカムカ
GRRR
ムカムカ
GRRR
ムカ
GRRR
ムカ

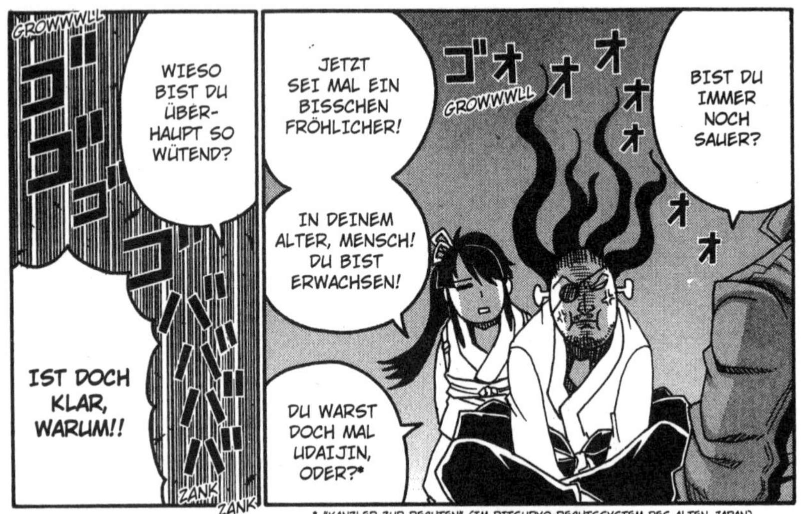

* "KANZLER ZUR RECHTEN" (IM RITSURYO-RECHTSSYSTEM DES ALTEN JAPAN)

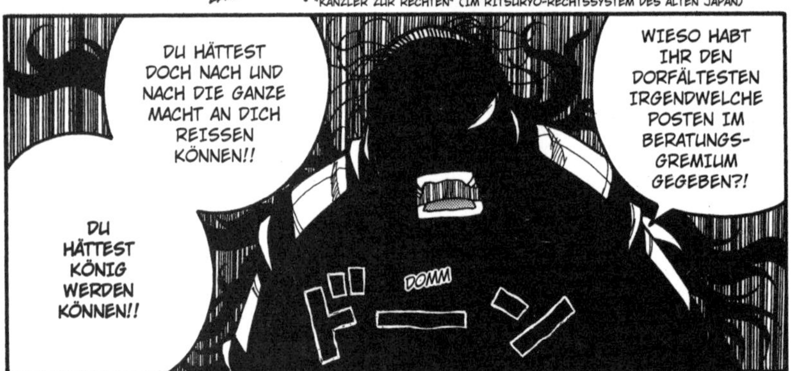

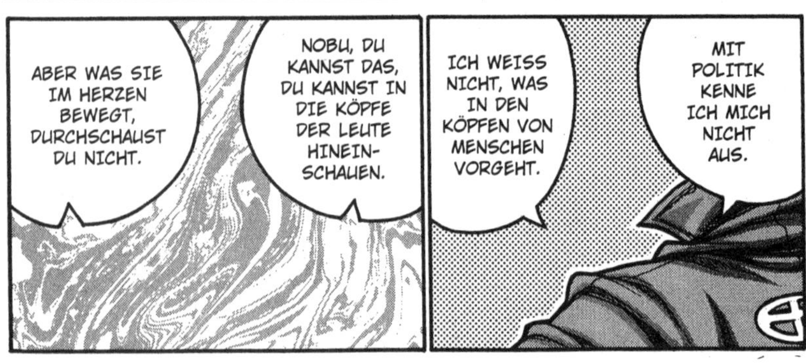

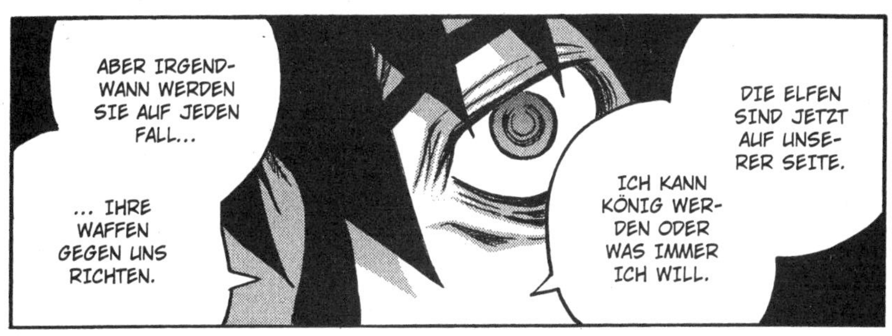

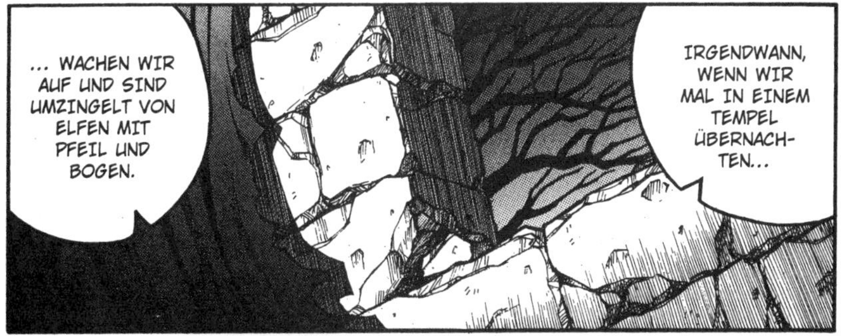

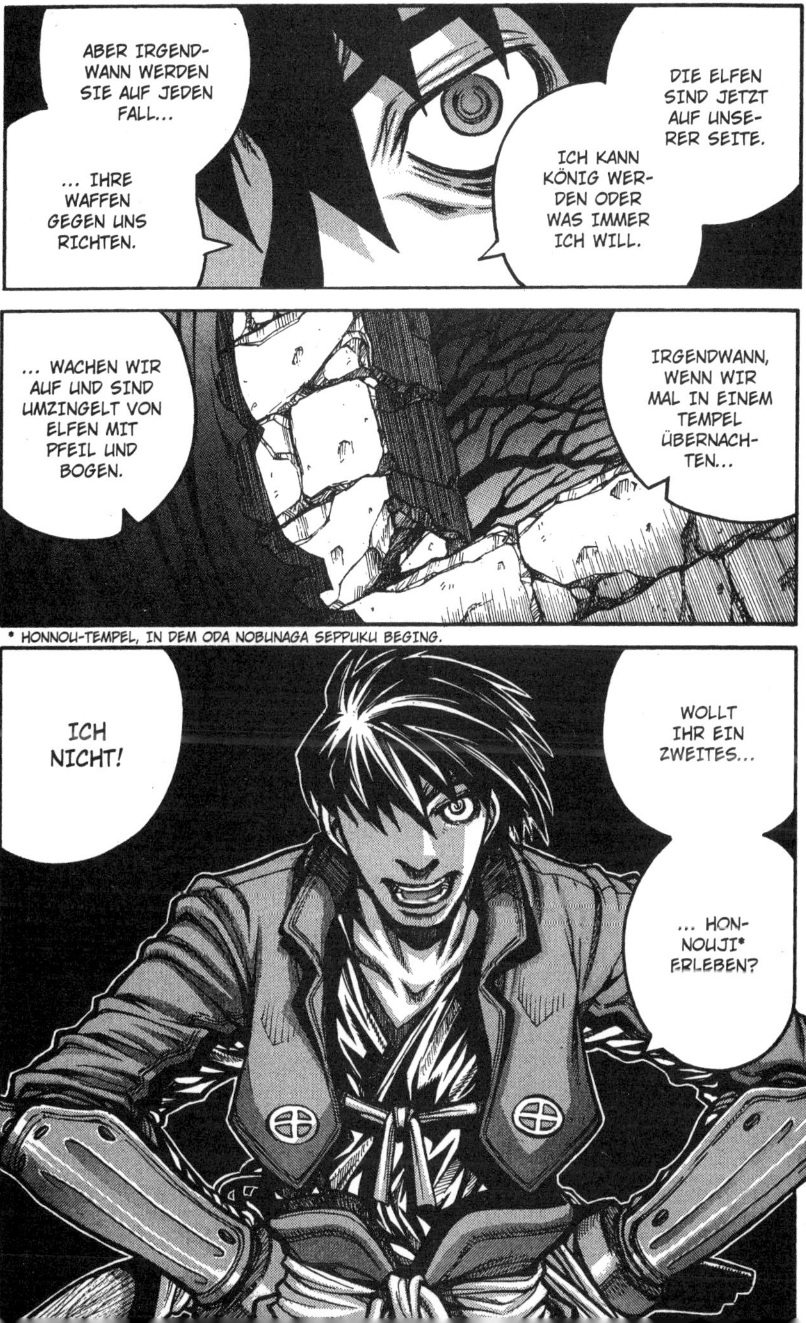

* HONNOU-TEMPEL, IN DEM ODA NOBUNAGA SEPPUKU BEGING.

WOLLT IHR EIN ZWEITES...

... HONNOUJI* ERLEBEN?

ICH NICHT!

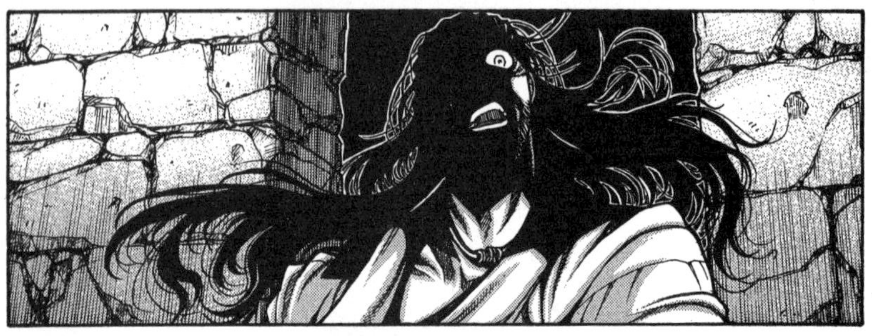

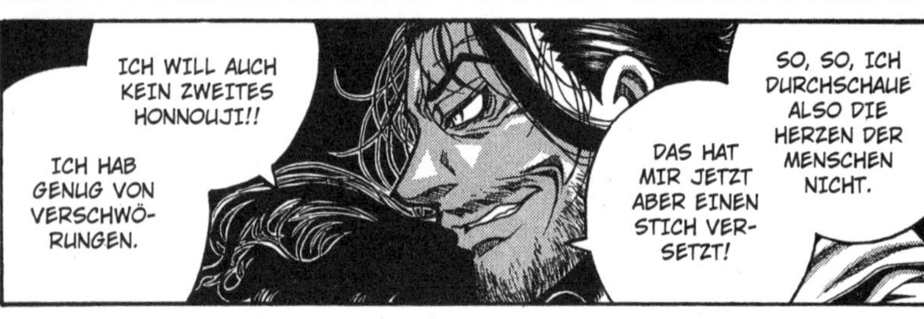

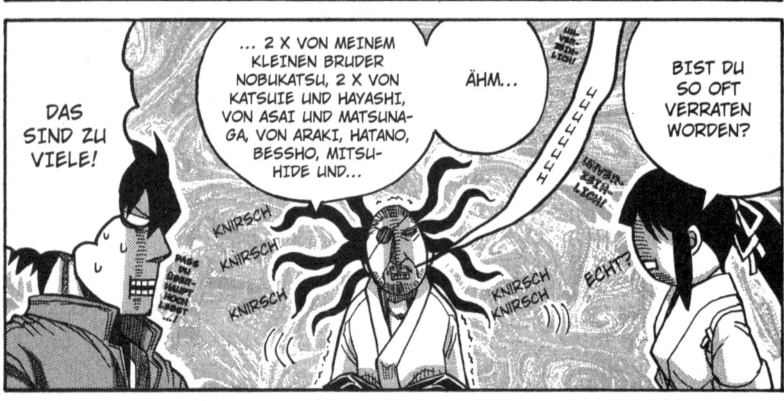

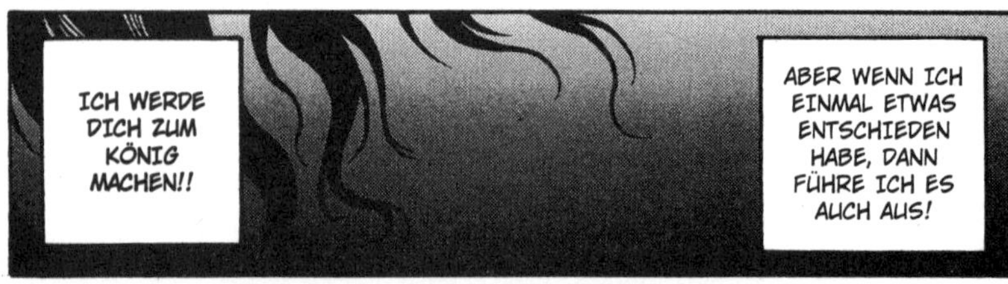

ENDE DES 19. KAPITELS

DRIFTERS
MAX

DRIFTERS
MAX

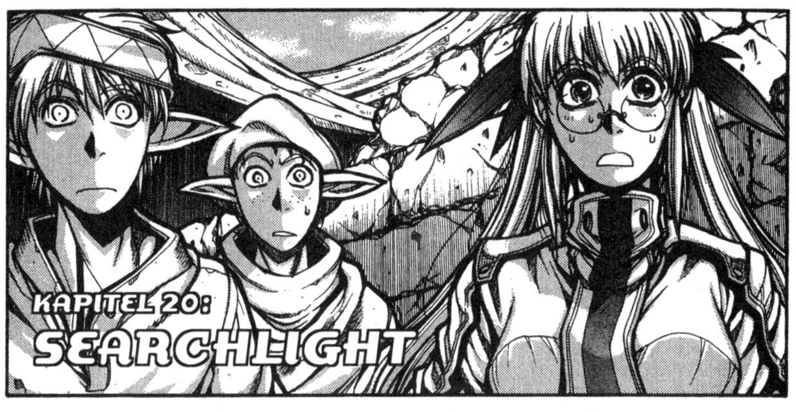
KAPITEL 20:
SEARCHLIGHT

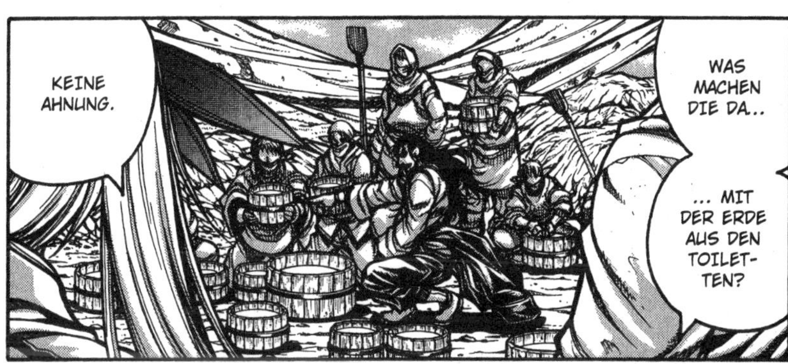
WAS MACHEN DIE DA...
... MIT DER ERDE AUS DEN TOILETTEN?
KEINE AHNUNG.

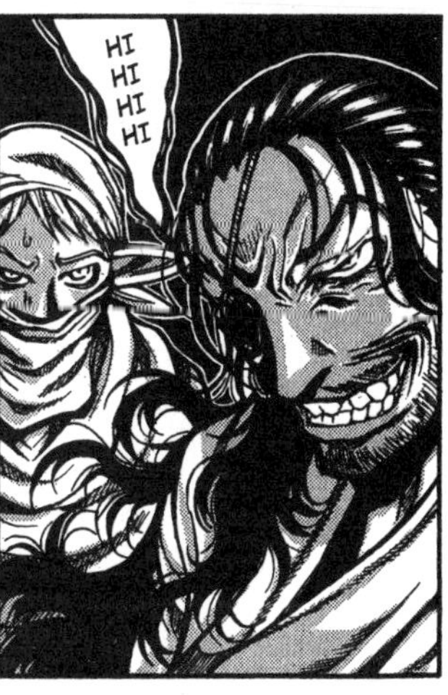
HI HI HI HI

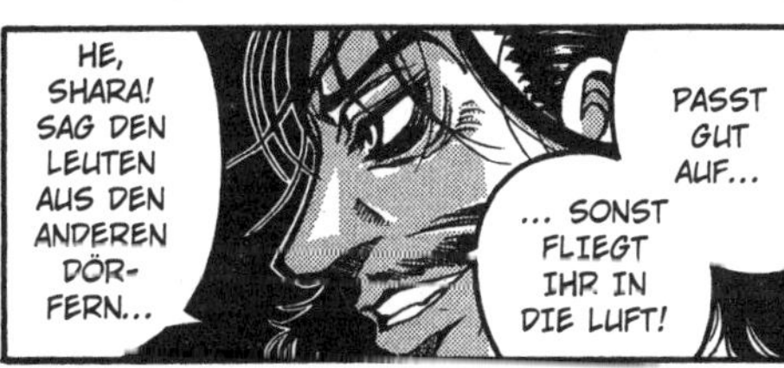
PASST GUT AUF...
... SONST FLIEGT IHR IN DIE LUFT!
HE, SHARA! SAG DEN LEUTEN AUS DEN ANDEREN DÖR-FERN...

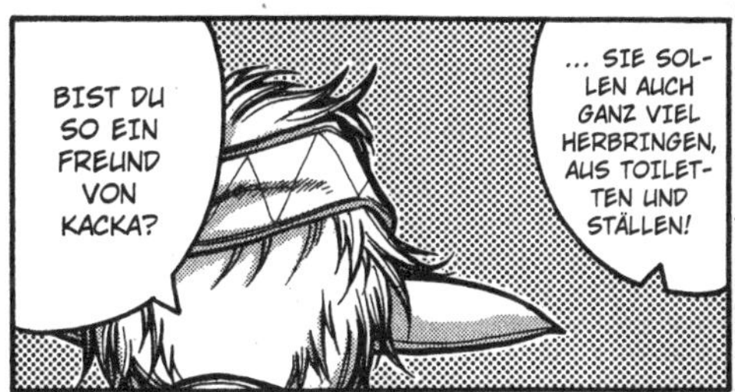
... SIE SOL-LEN AUCH GANZ VIEL HERBRINGEN, AUS TOILET-TEN UND STÄLLEN!
BIST DU SO EIN FREUND VON KACKA?

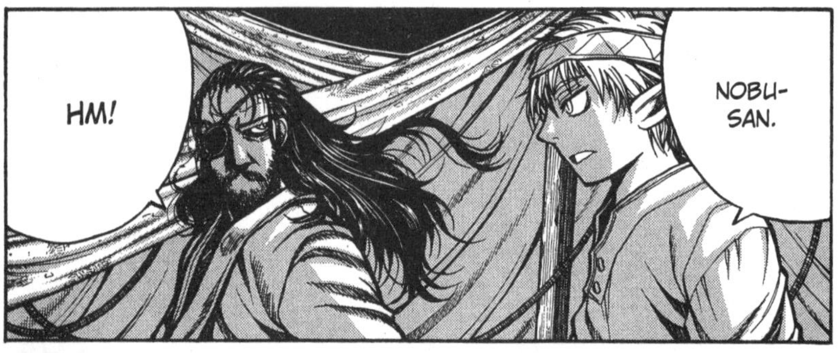

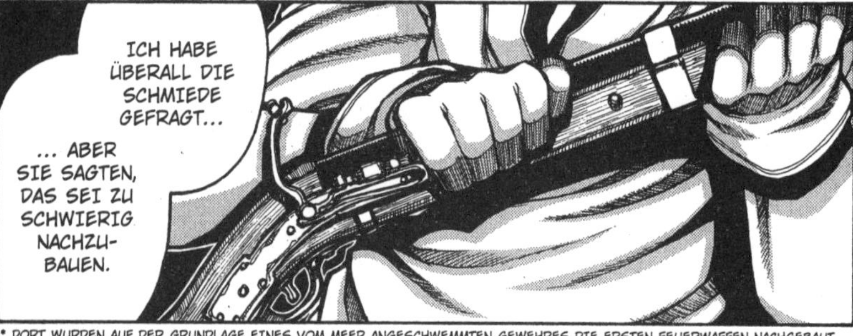

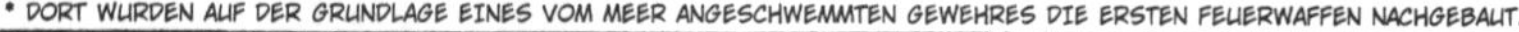
* DORT WURDEN AUF DER GRUNDLAGE EINES VOM MEER ANGESCHWEMMTEN GEWEHRES DIE ERSTEN FEUERWAFFEN NACHGEBAUT.

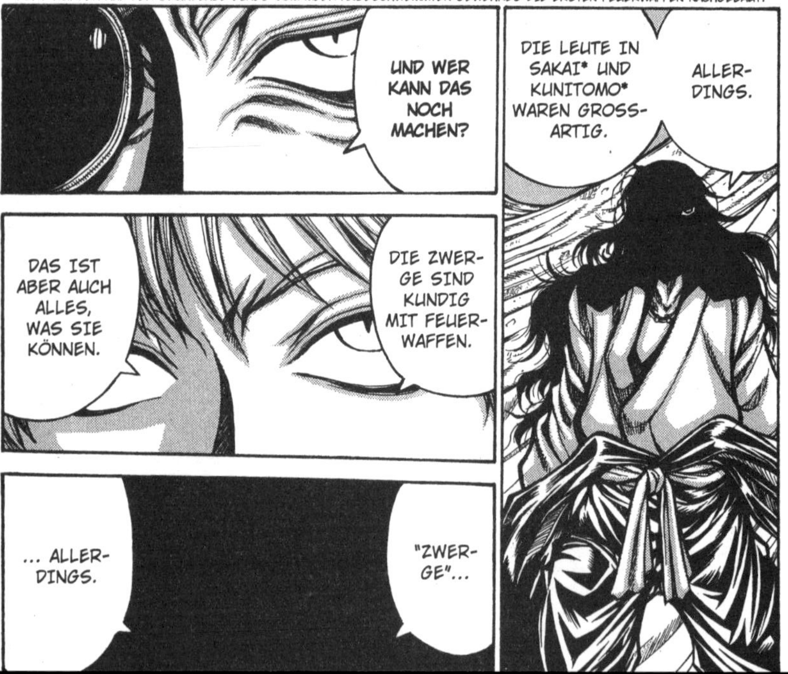

ALLERDINGS.

DIE LEUTE IN SAKAI* UND KUNITOMO* WAREN GROSSARTIG.

UND WER KANN DAS NOCH MACHEN?

DIE ZWERGE SIND KUNDIG MIT FEUERWAFFEN.

DAS IST ABER AUCH ALLES, WAS SIE KÖNNEN.

"ZWERGE"...

... ALLERDINGS.

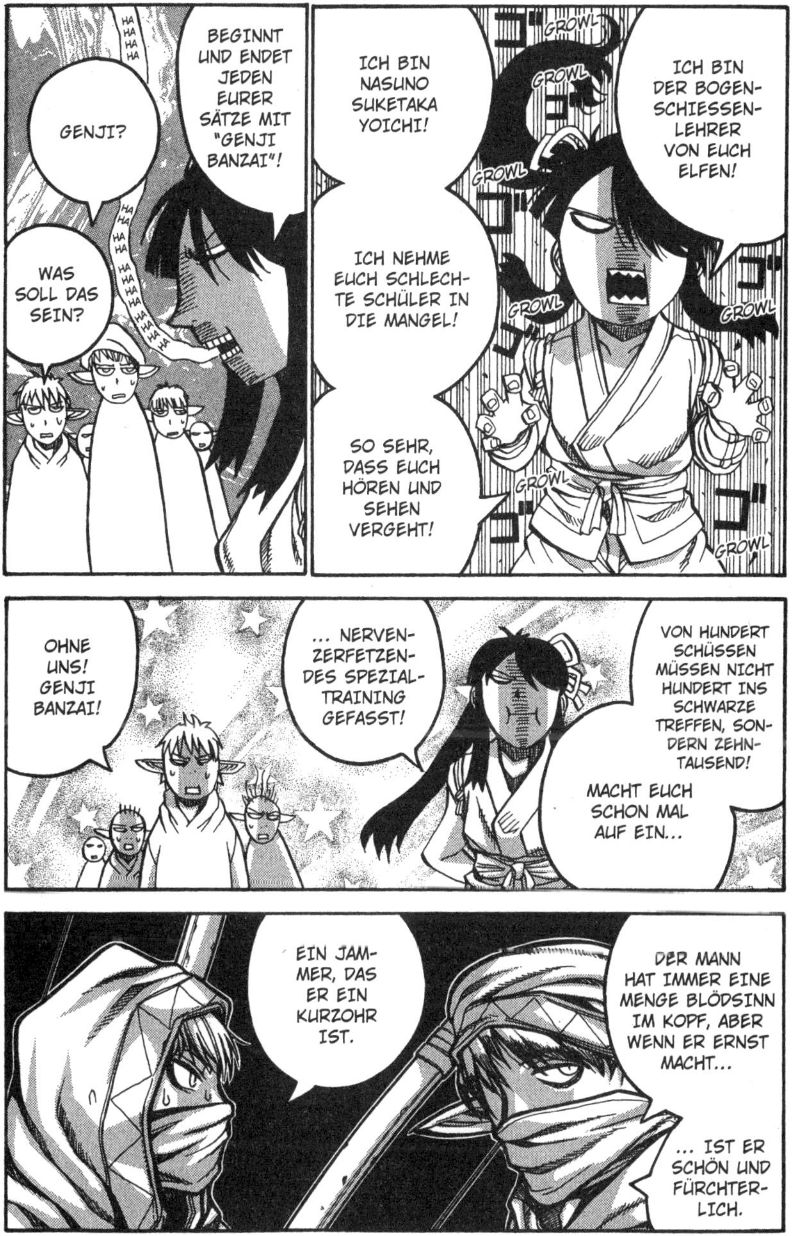

ICH BIN DER BOGEN-SCHIESSEN-LEHRER VON EUCH ELFEN!
GROWL
ICH BIN NASUNO SUKETAKA YOICHI!
ICH NEHME EUCH SCHLECH-TE SCHÜLER IN DIE MANGEL!
SO SEHR, DASS EUCH HÖREN UND SEHEN VERGEHT!
BEGINNT UND ENDET JEDEN EURER SÄTZE MIT "GENJI BANZAI"!
HA HA HA HA
GENJI?
WAS SOLL DAS SEIN?

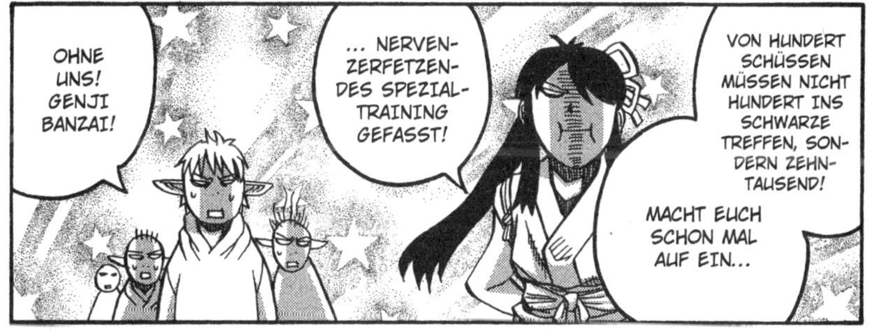

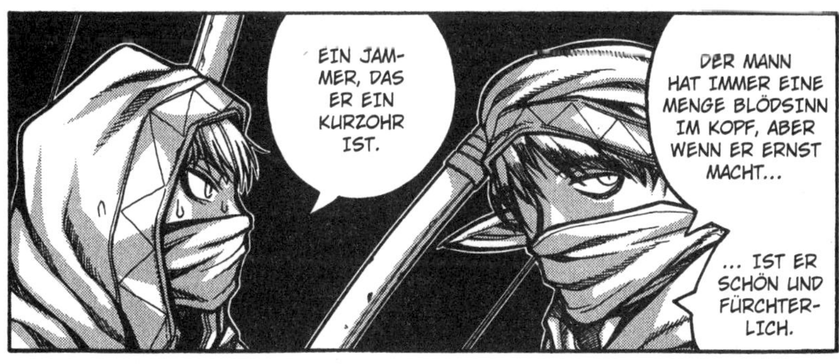

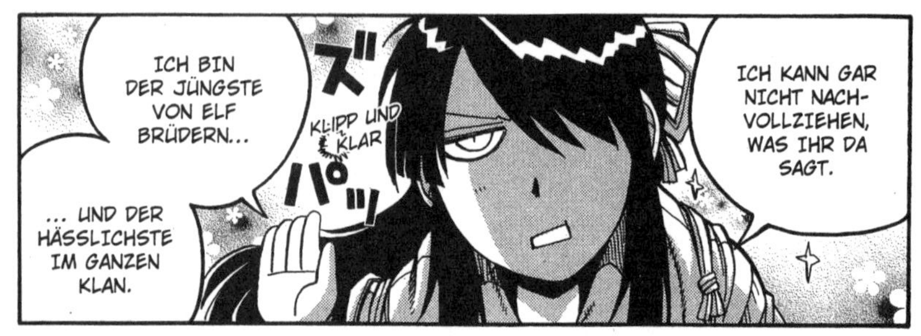
ICH KANN GAR NICHT NACH-VOLLZIEHEN, WAS IHR DA SAGT.
KLIPP UND KLAR
ICH BIN DER JÜNGSTE VON ELF BRÜDERN...
... UND DER HÄSSLICHSTE IM GANZEN KLAN.
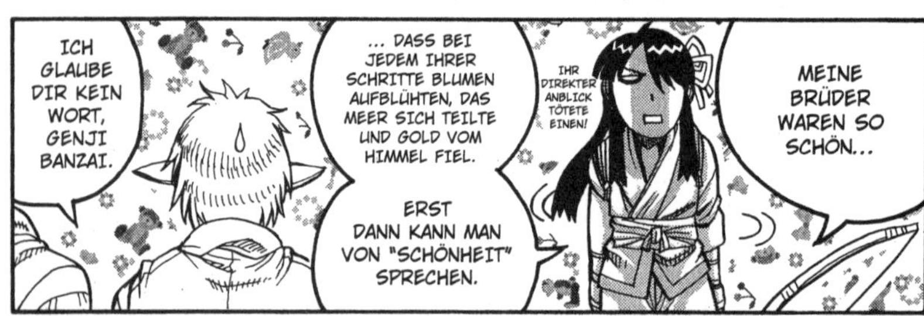
MEINE BRÜDER WAREN SO SCHÖN...
IHR DIREKTER ANBLICK TÖTETE EINEN!
... DASS BEI JEDEM IHRER SCHRITTE BLUMEN AUFBLÜHTEN, DAS MEER SICH TEILTE UND GOLD VOM HIMMEL FIEL.
ERST DANN KANN MAN VON "SCHÖNHEIT" SPRECHEN.
ICH GLAUBE DIR KEIN WORT, GENJI BANZAI.
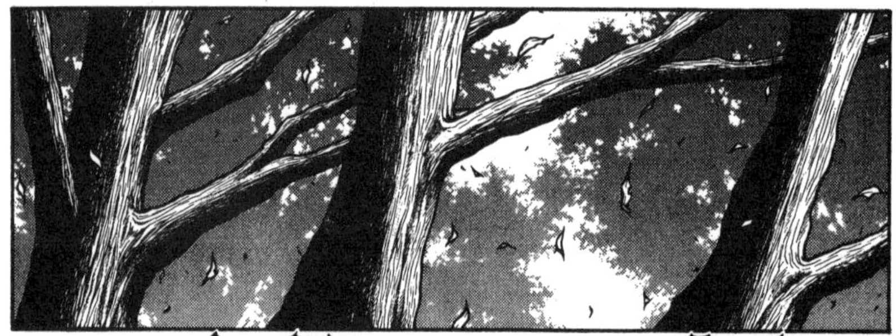
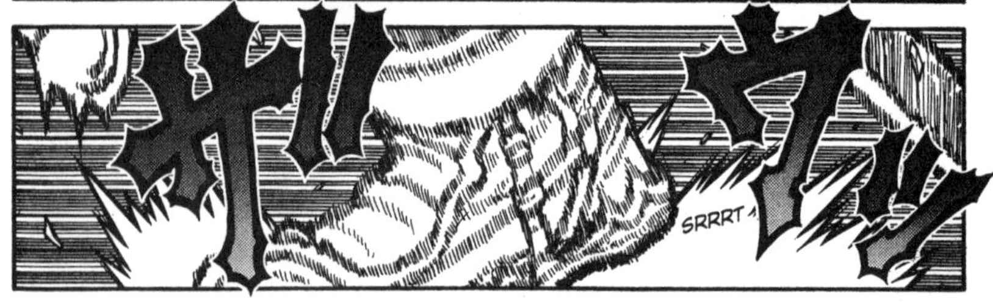
SRRRT
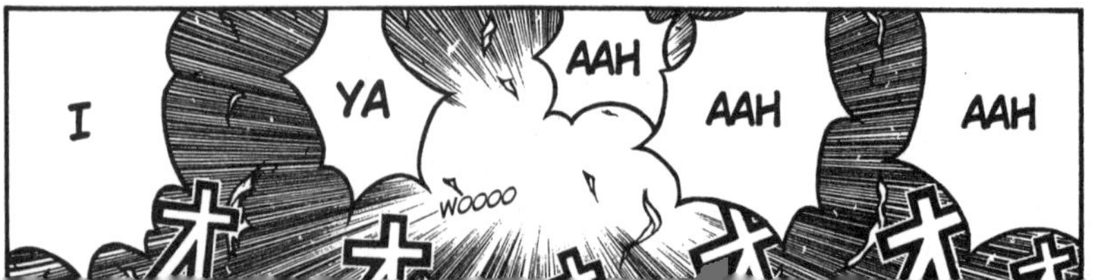
I
YA
AAH
AAH
AAH
WOOOO

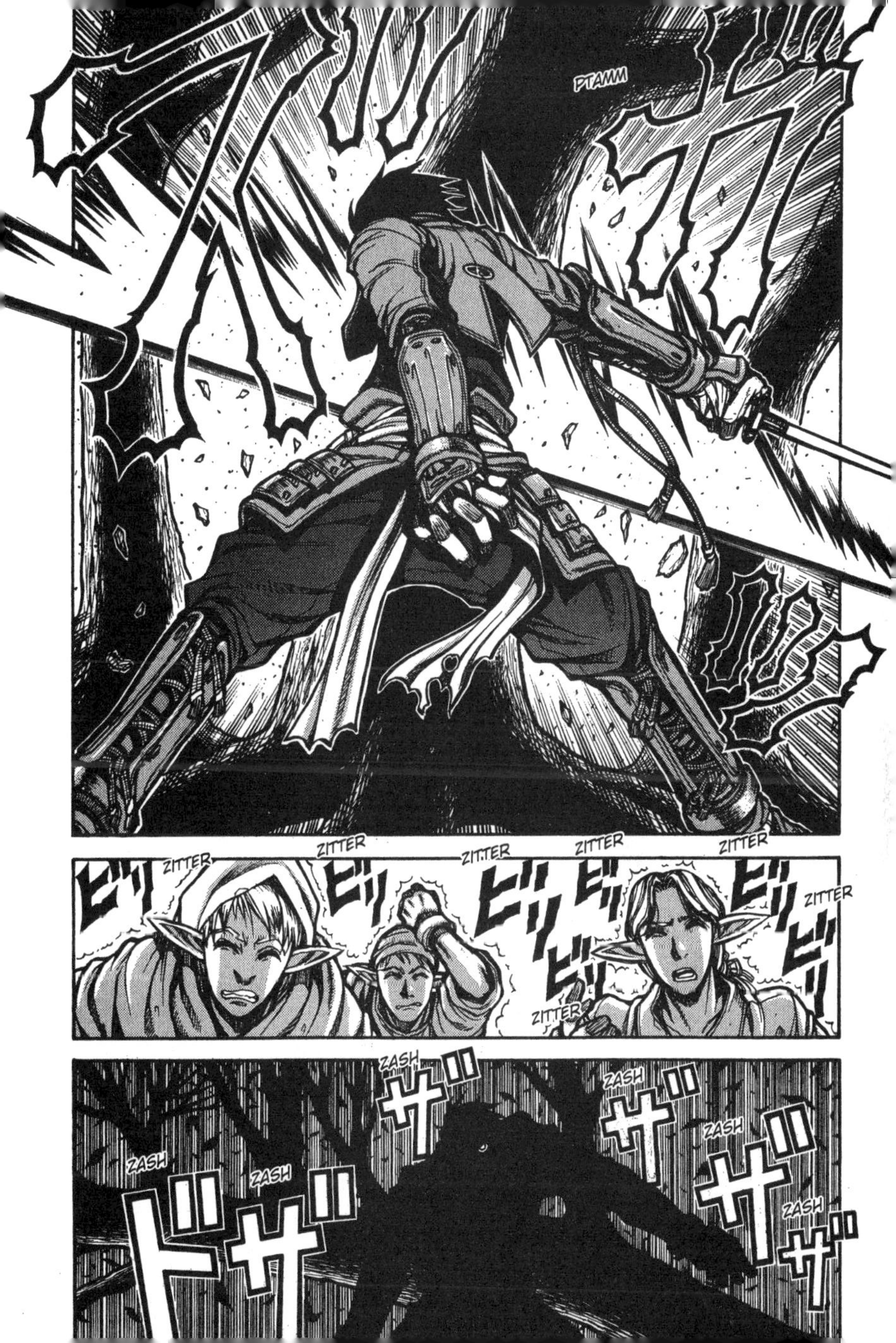

PTAMM

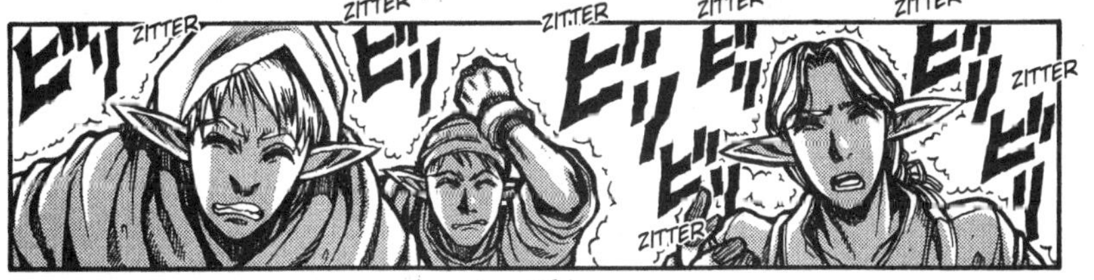
ZITTER
ZITTER
ZITTER
ZITTER
ZITTER
ZITTER
ZITTER

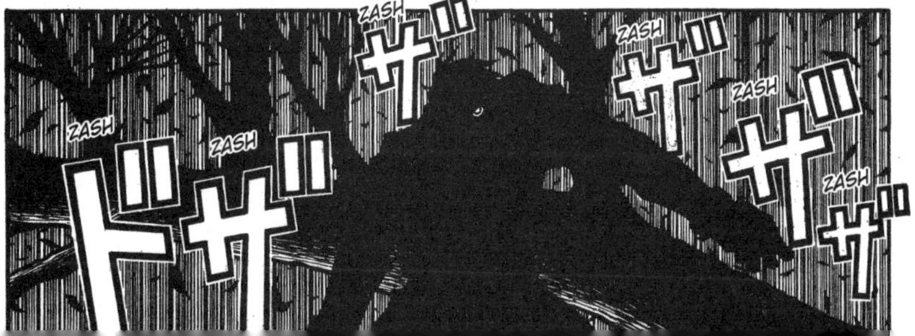
ZASH
ZASH
ZASH
ZASH
ZASH
ZASH

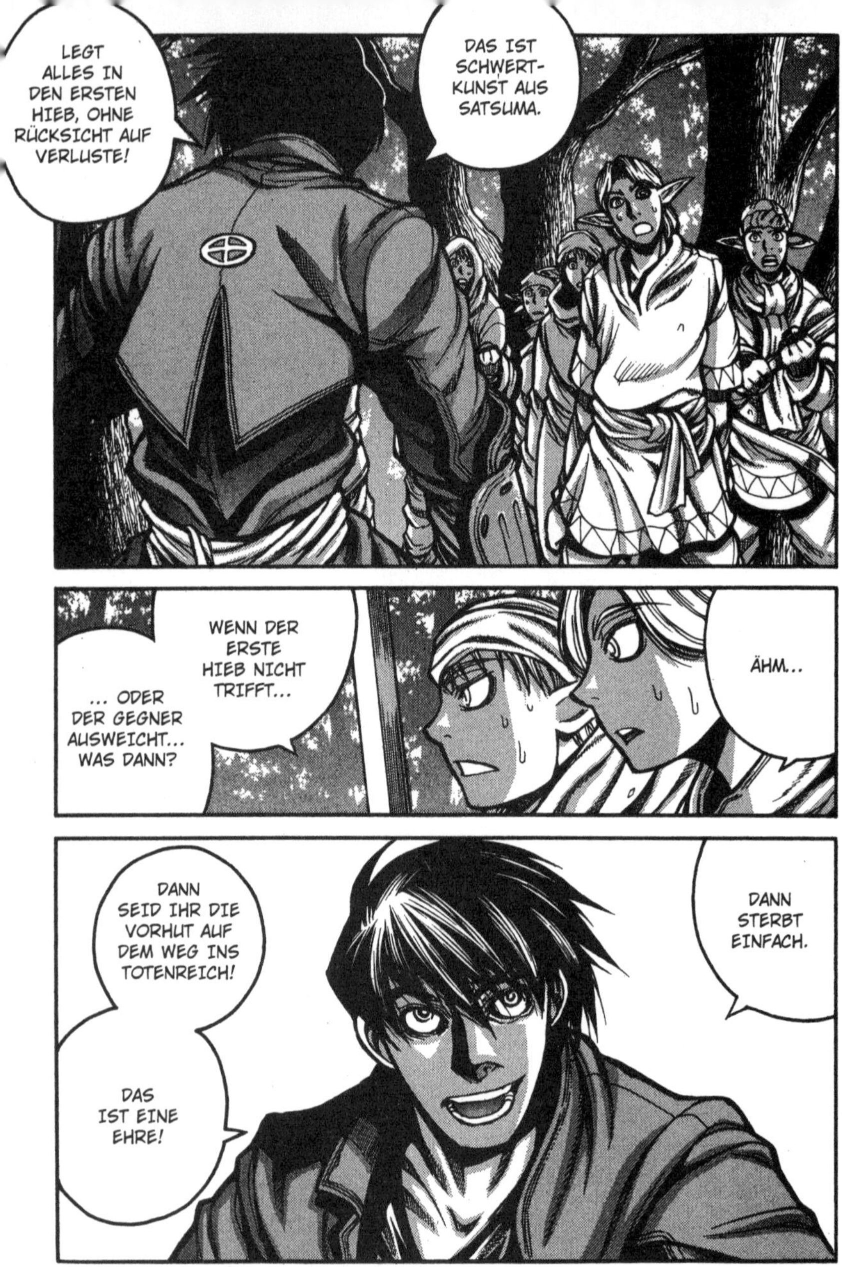

DAS IST SCHWERT-KUNST AUS SATSUMA.

LEGT ALLES IN DEN ERSTEN HIEB, OHNE RÜCKSICHT AUF VERLUSTE!

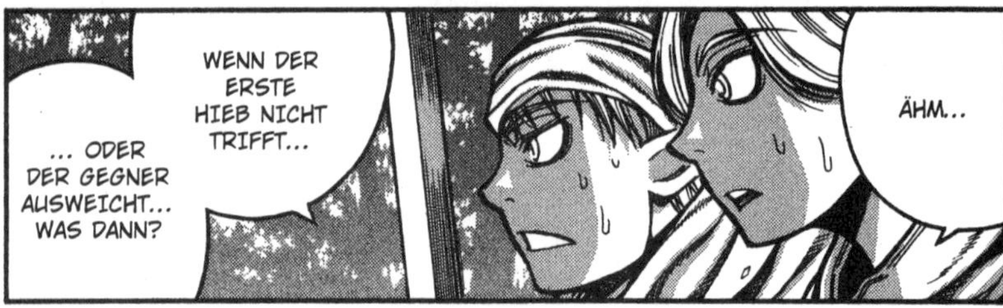

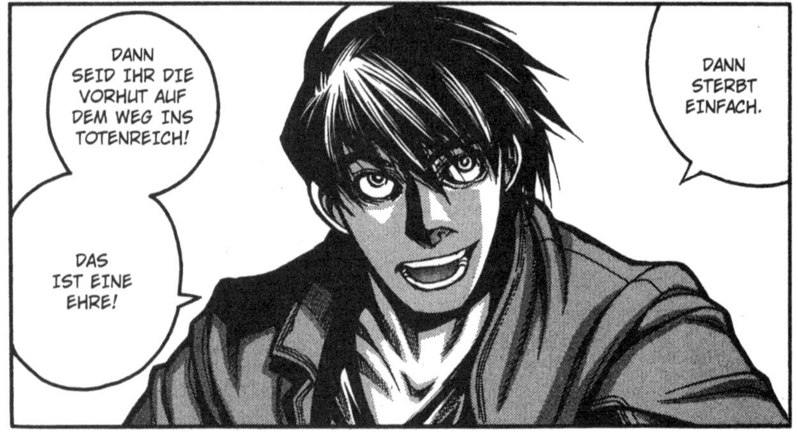

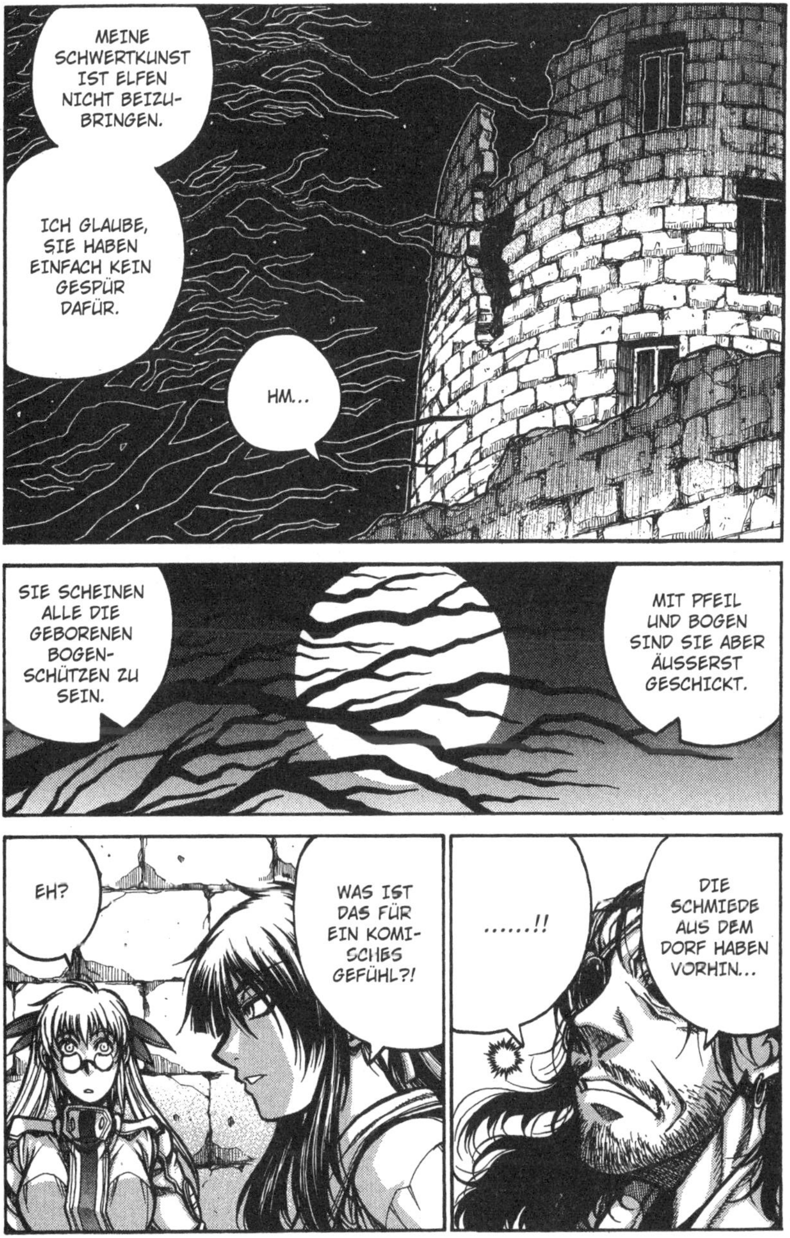

MEINE SCHWERTKUNST IST ELFEN NICHT BEIZUBRINGEN.
ICH GLAUBE, SIE HABEN EINFACH KEIN GESPÜR DAFÜR.
HM...

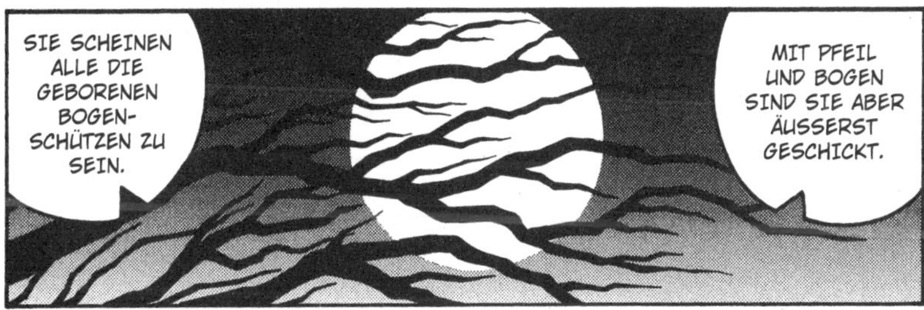

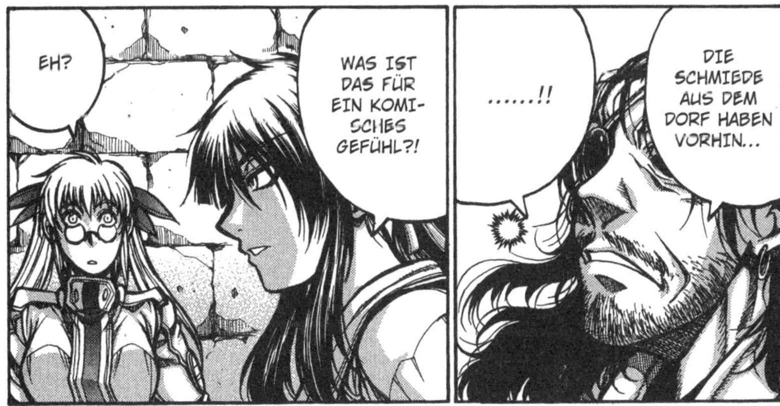

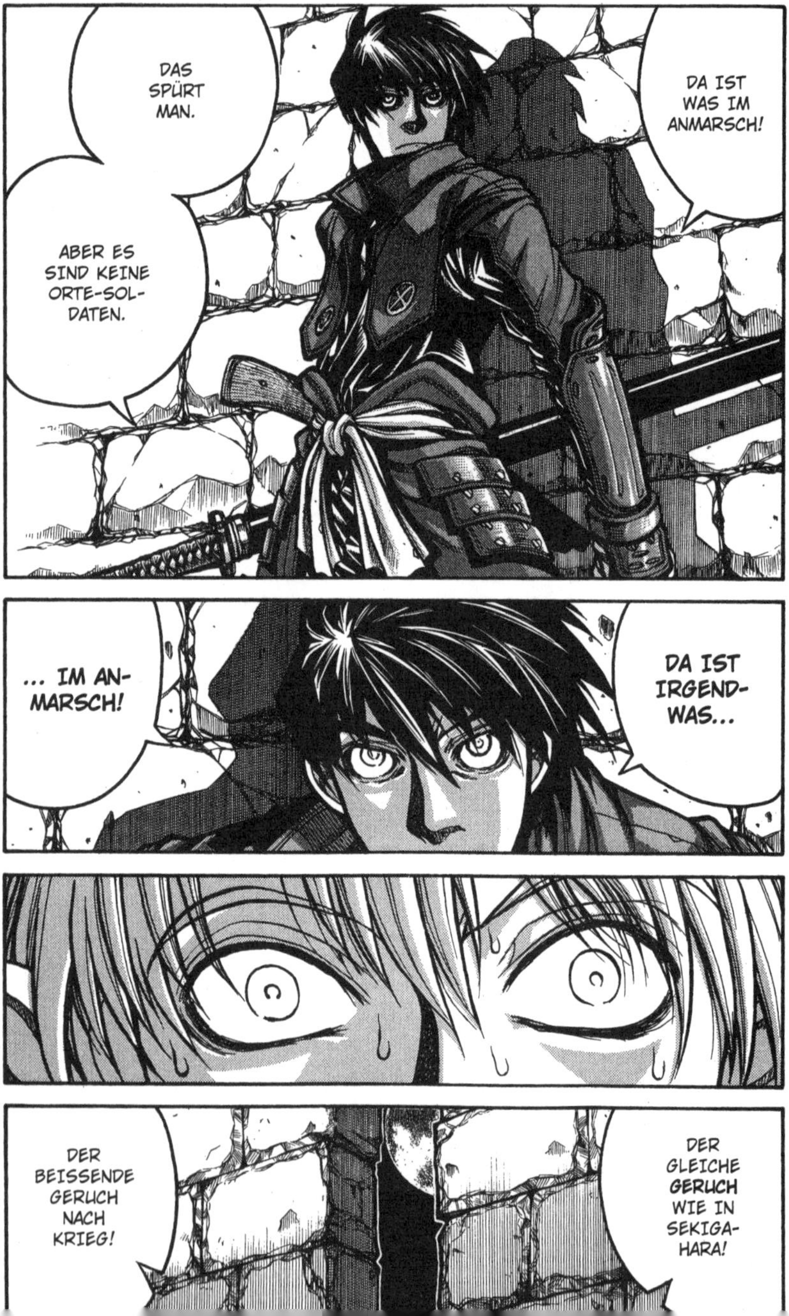

DA IST WAS IM ANMARSCH!
DAS SPÜRT MAN.
ABER ES SIND KEINE ORTE-SOLDATEN.

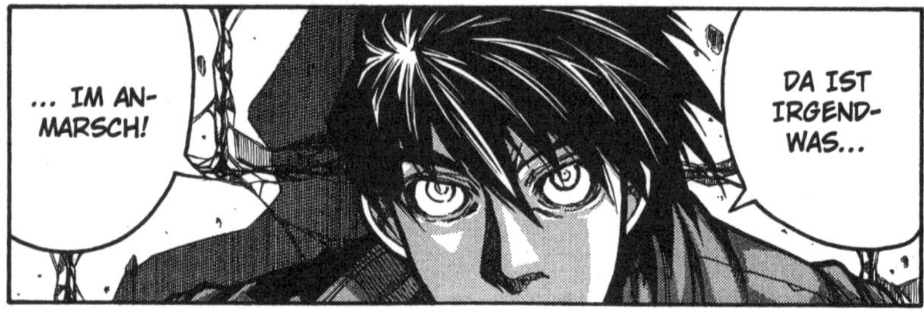

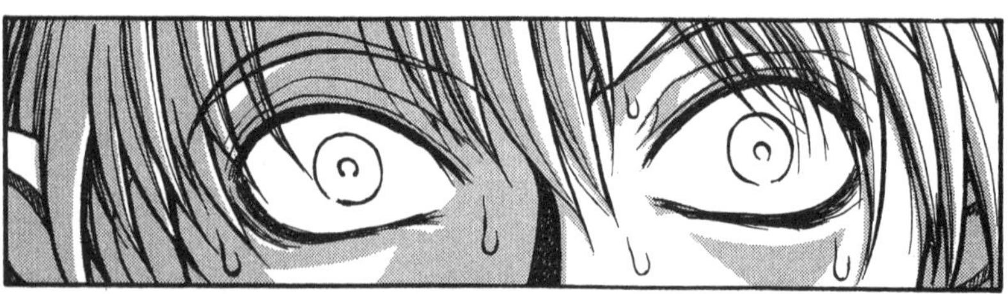

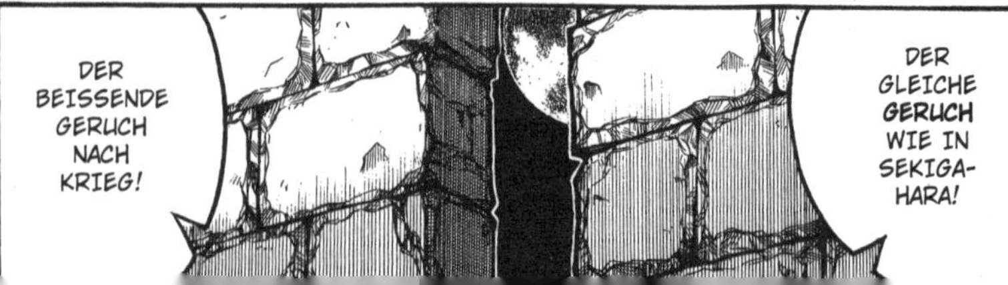

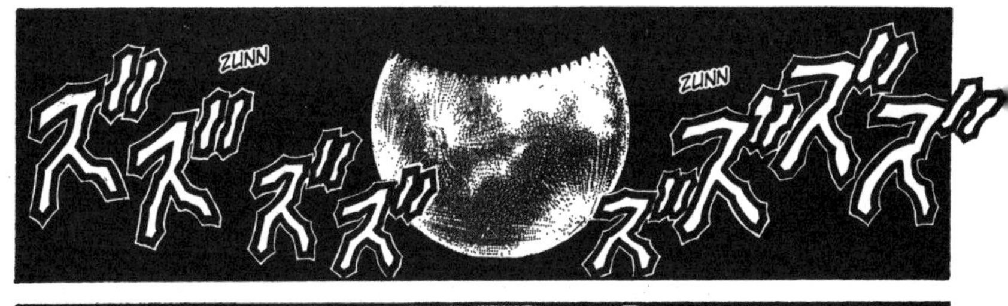

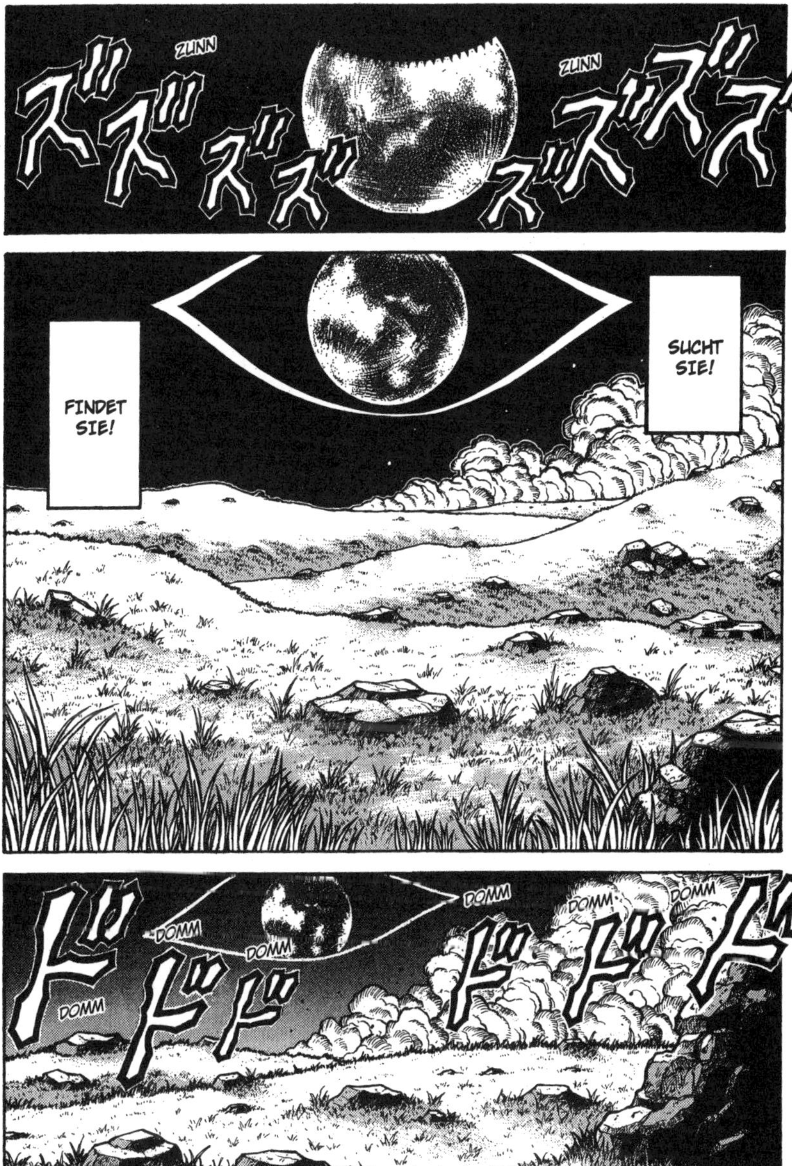

SUCHT SIE!

FINDET SIE!

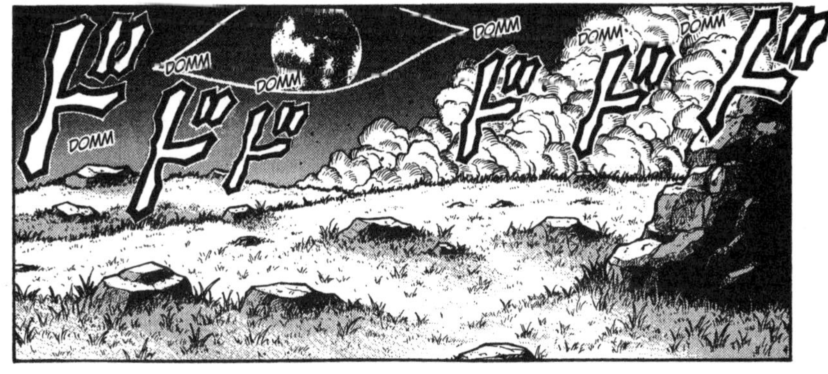

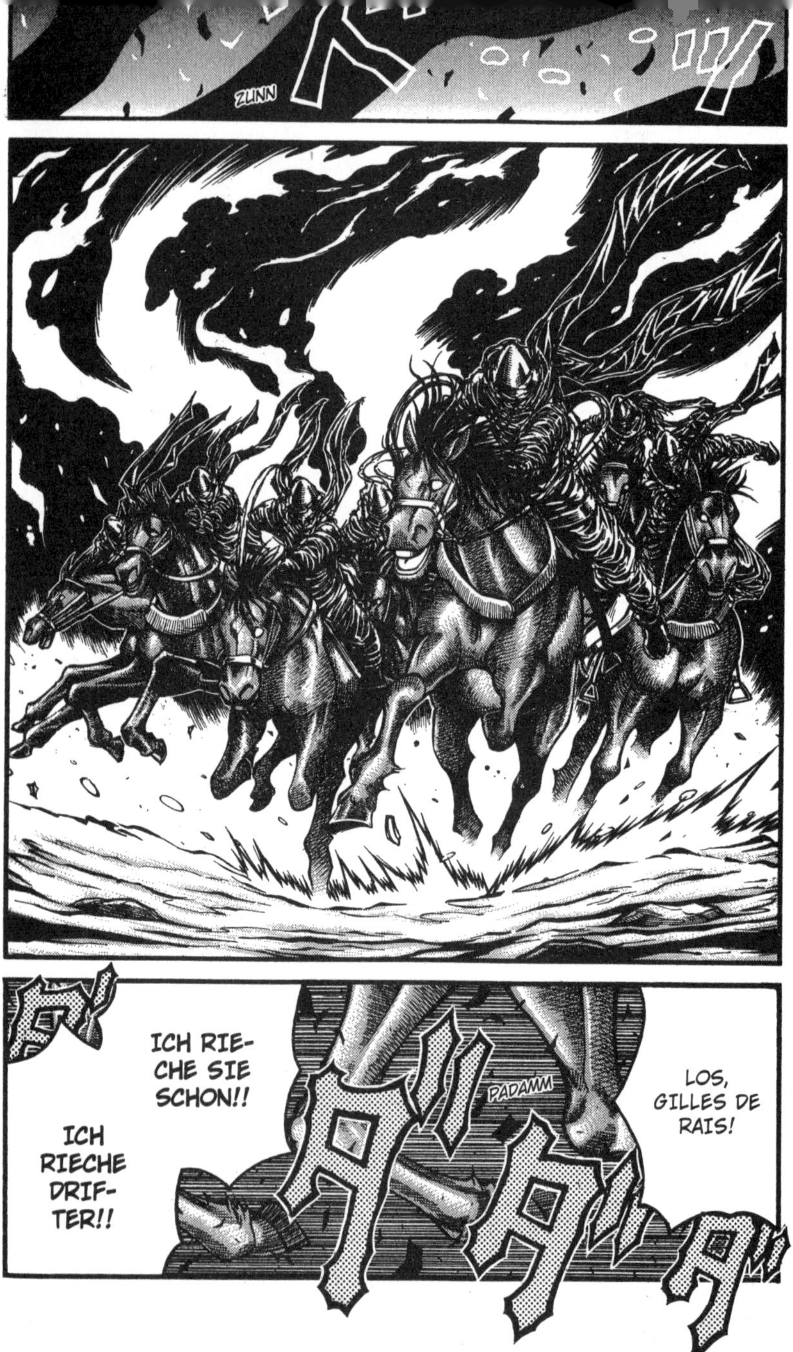

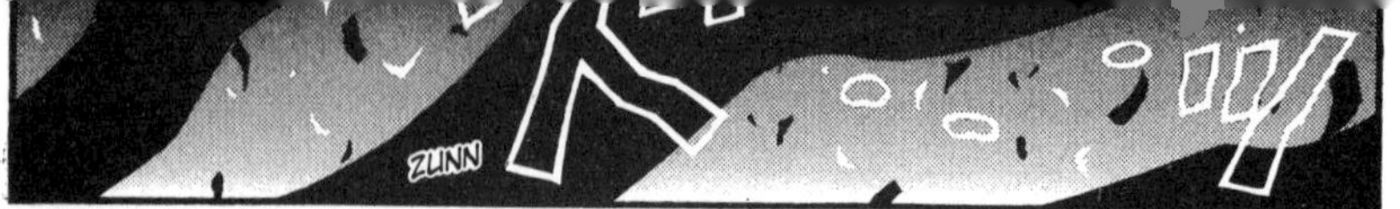
ZUNN

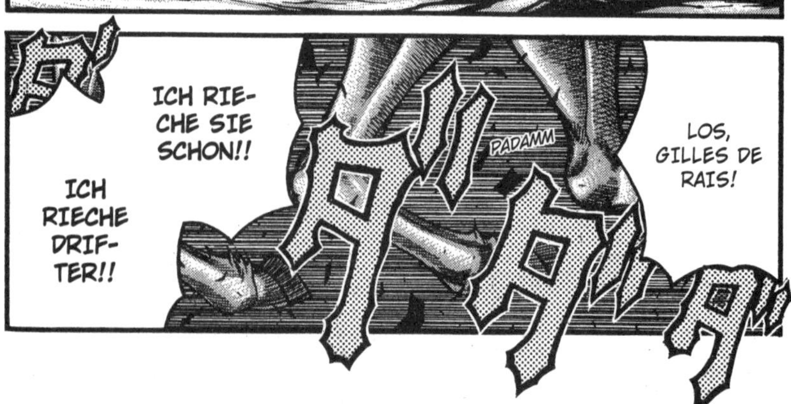
LOS, GILLES DE RAIS!
PADAMM
ICH RIECHE SIE SCHON!!
ICH RIECHE DRIFTER!!

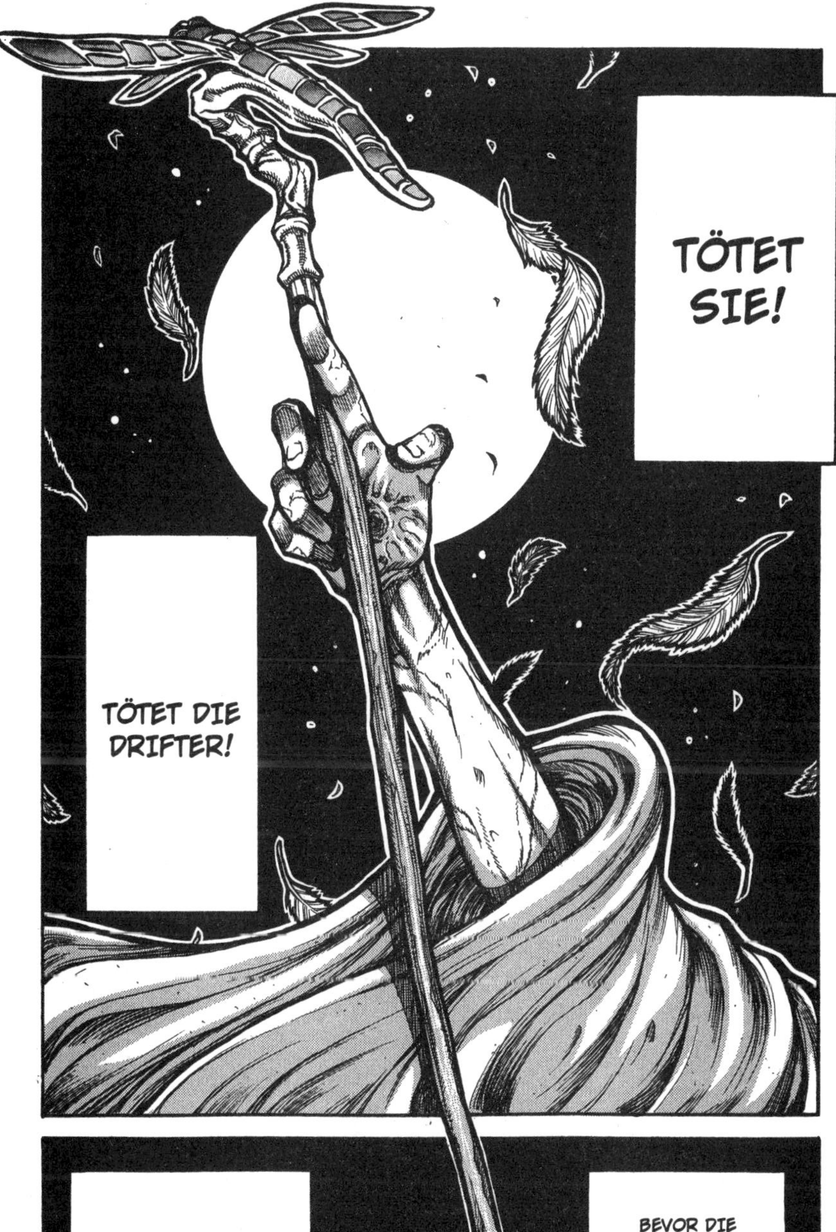
TÖTET SIE!
TÖTET DIE DRIFTER!
BEVOR DIE FEIGENBÄUME FRÜCHTE TRAGEN...
... STUTZT SIE!

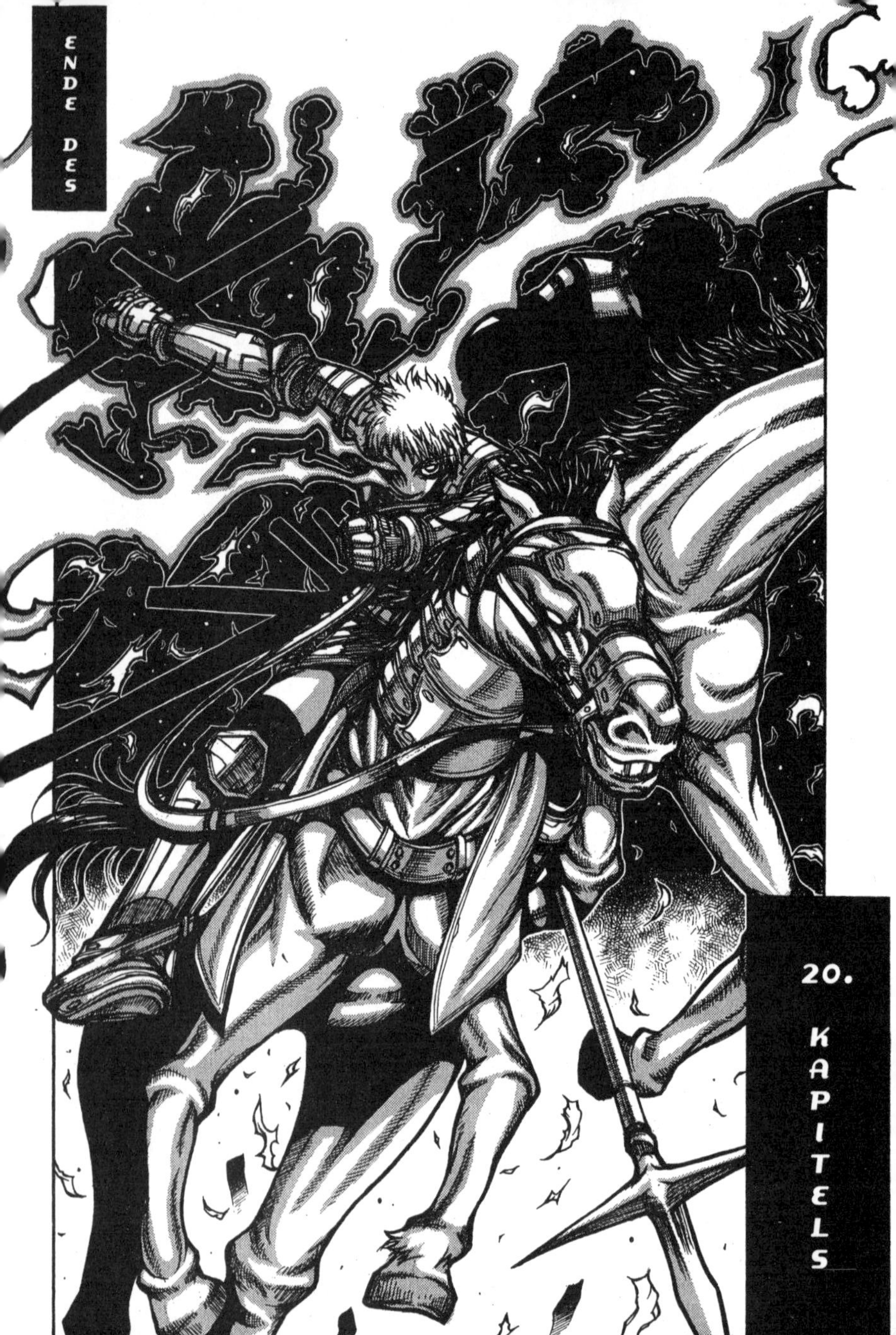
ENDE DES
20. KAPITELS

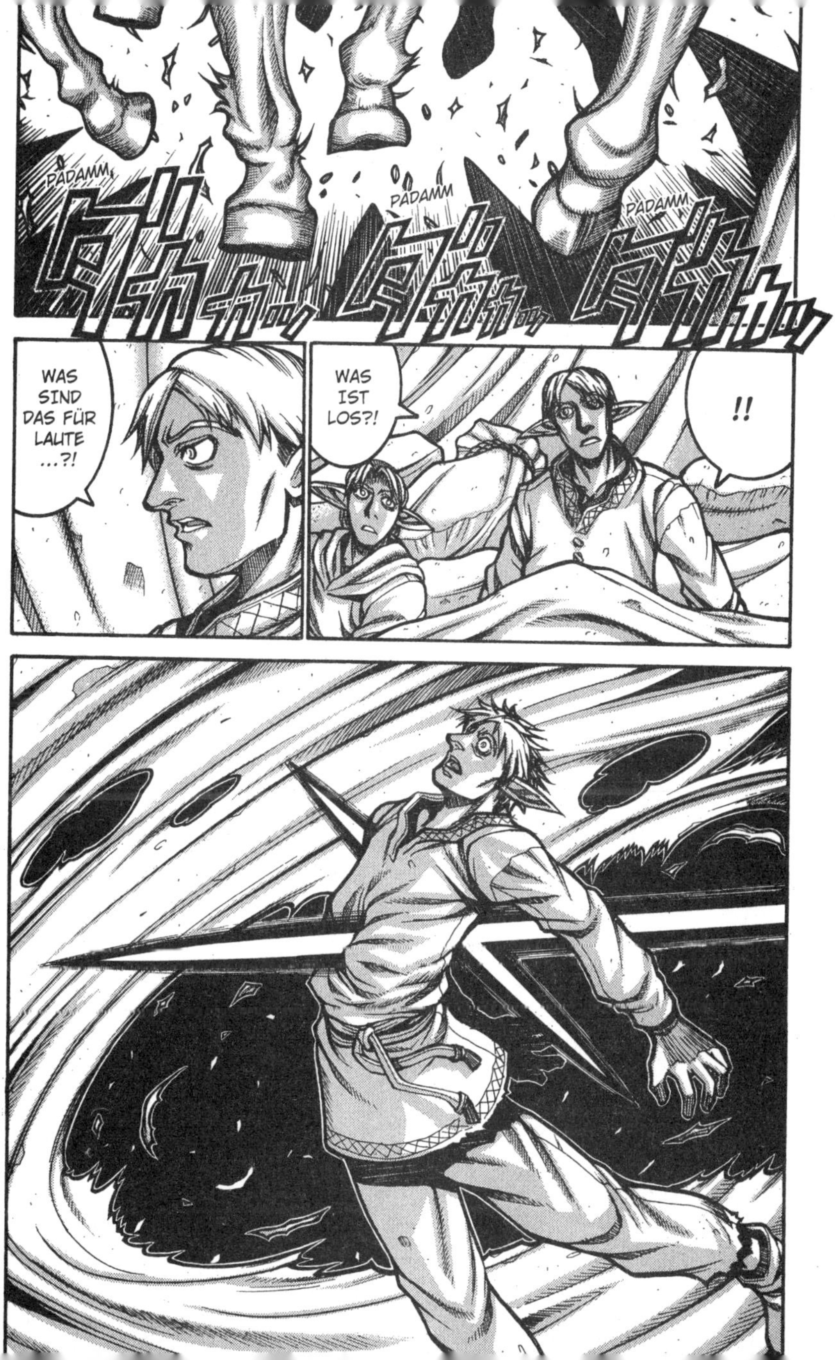

PADAMM
PADAMM
PADAMM
WAS SIND DAS FÜR LAUTE ...?!
WAS IST LOS?!
!!

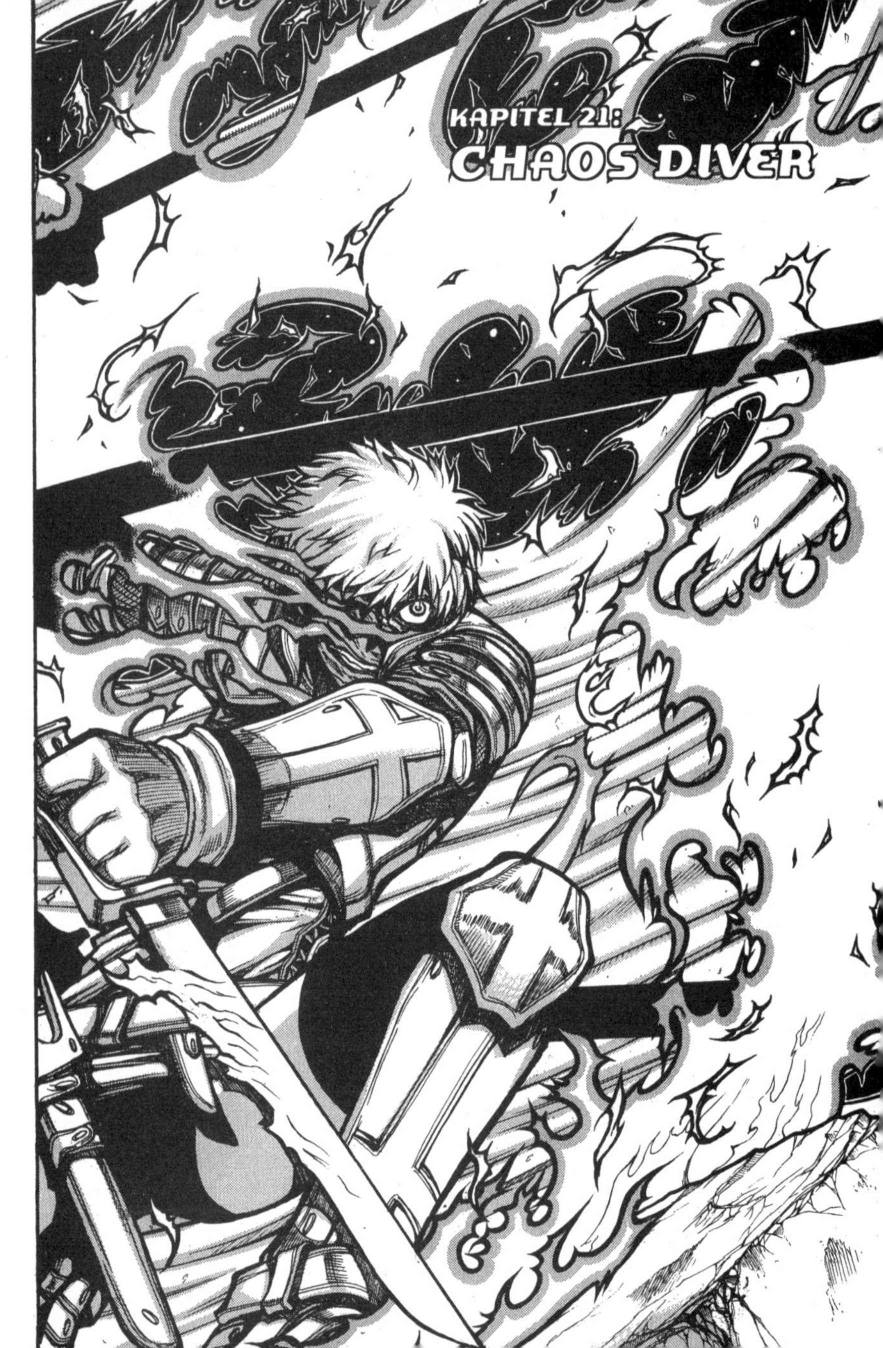
KAPITEL 21:
CHAOS DIVER

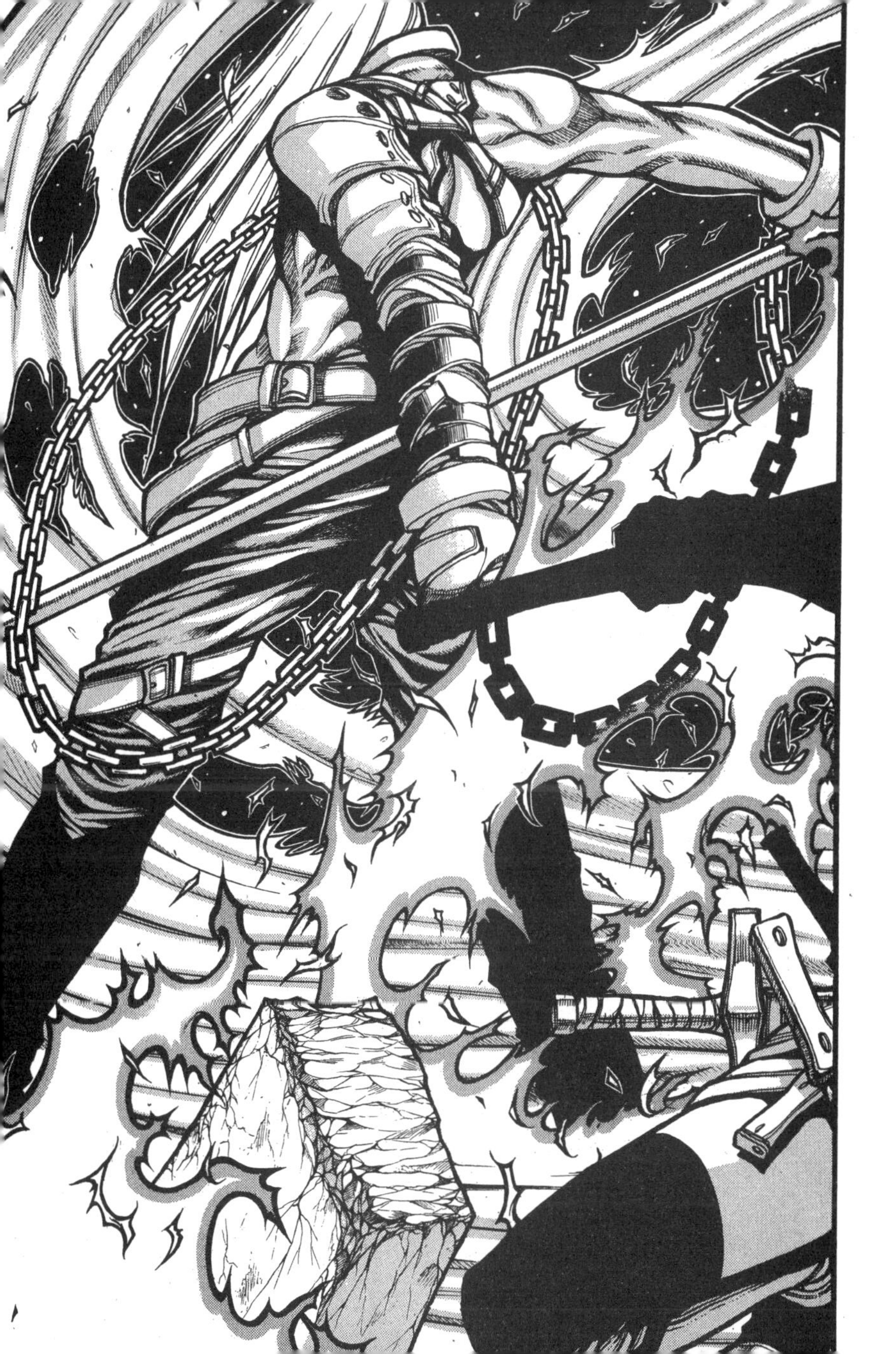

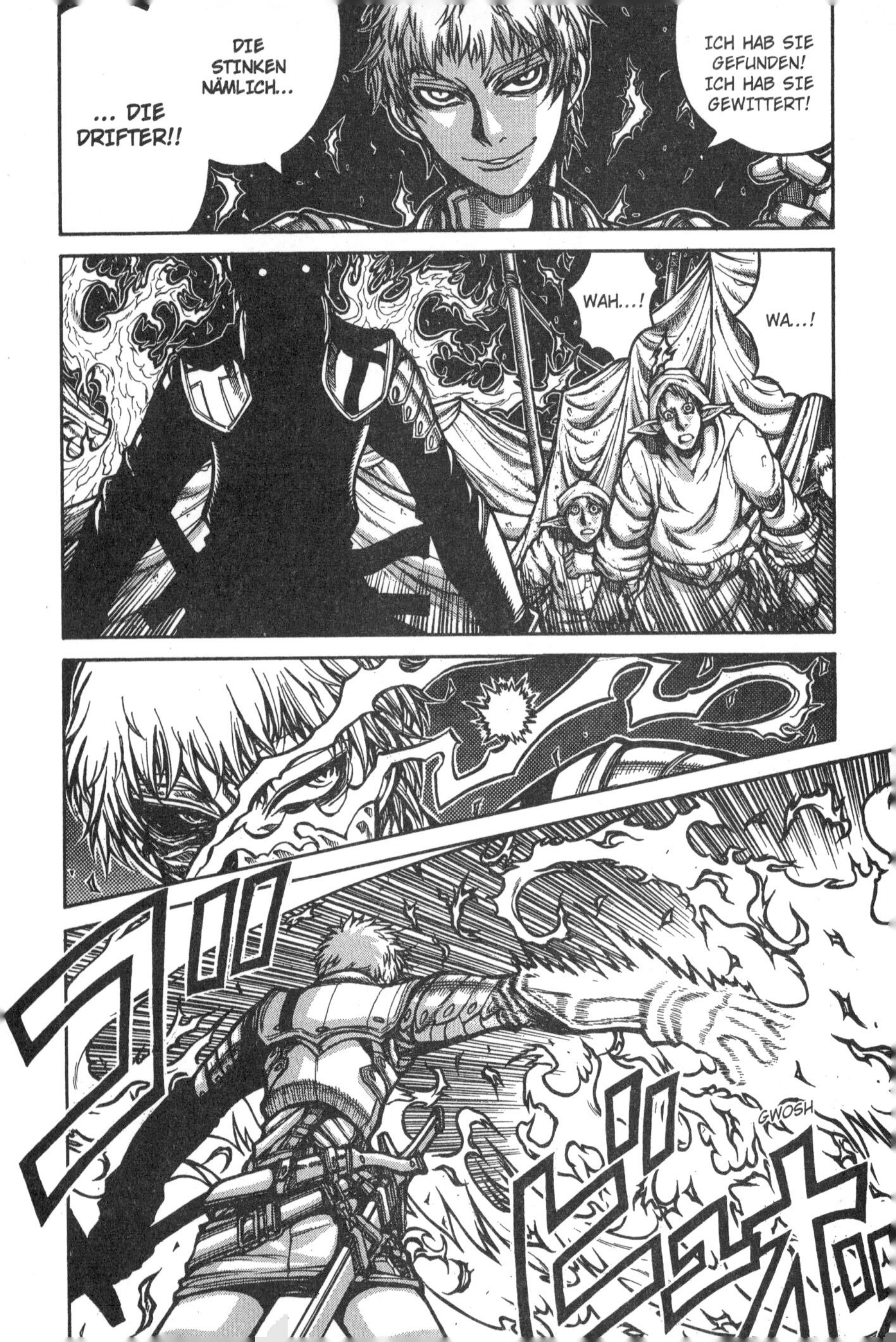

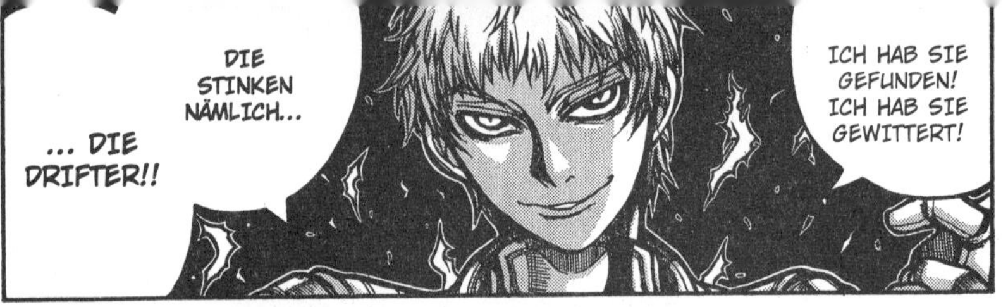
ICH HAB SIE GEFUNDEN! ICH HAB SIE GEWITTERT!
DIE STINKEN NÄMLICH...
... DIE DRIFTER!!

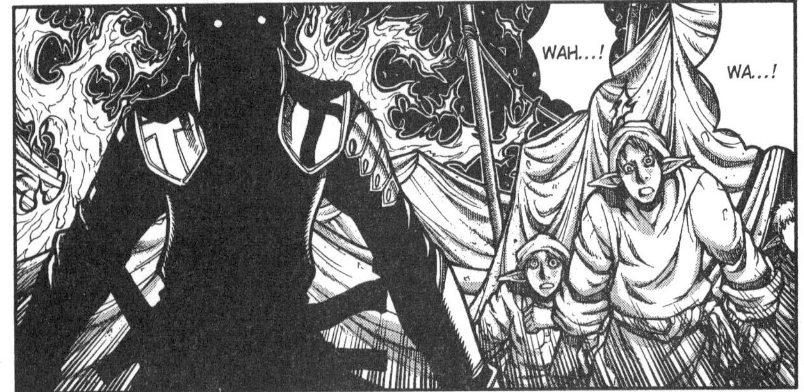
WA...!
WAH...!

GWOSH

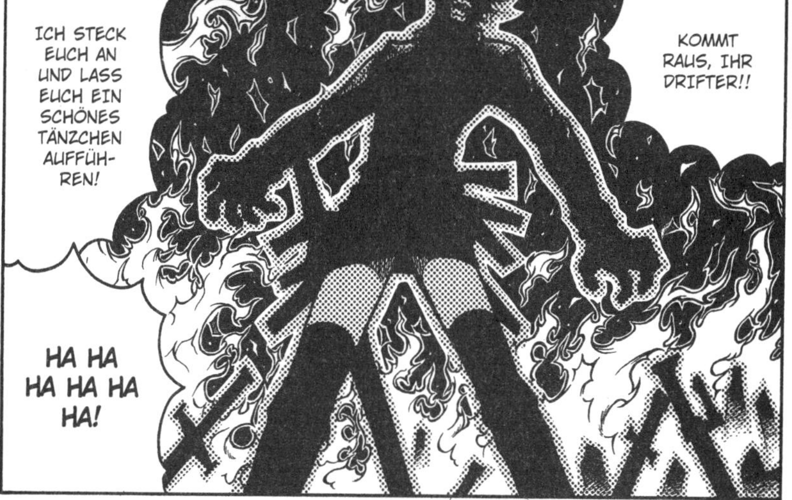
KOMMT RAUS, IHR DRIFTER!!
ICH STECK EUCH AN UND LASS EUCH EIN SCHÖNES TÄNZCHEN AUFFÜH-REN!
HA HA HA HA HA HA!

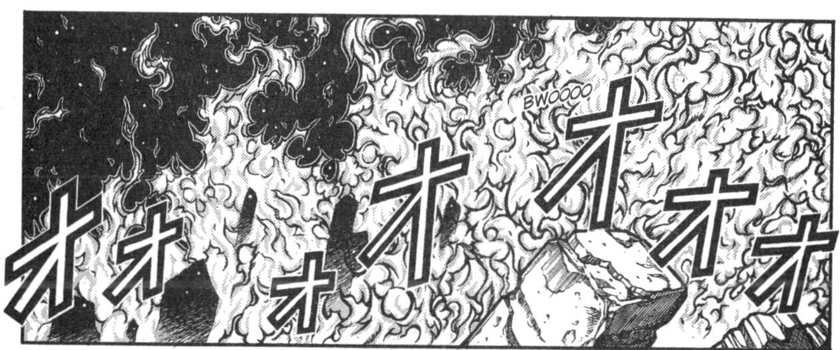
BWOOOO
オオォオオオオ

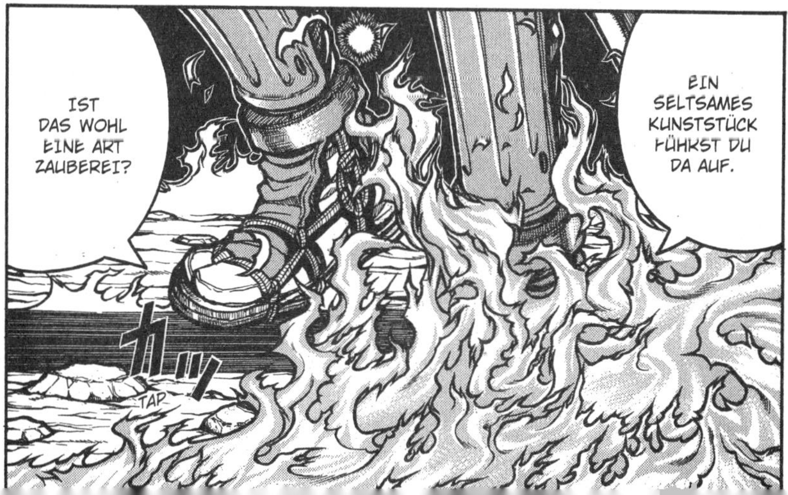
EIN SELTSAMES KUNSTSTÜCK FÜHRST DU DA AUF.
IST DAS WOHL EINE ART ZAUBEREI?
カッ
TAP

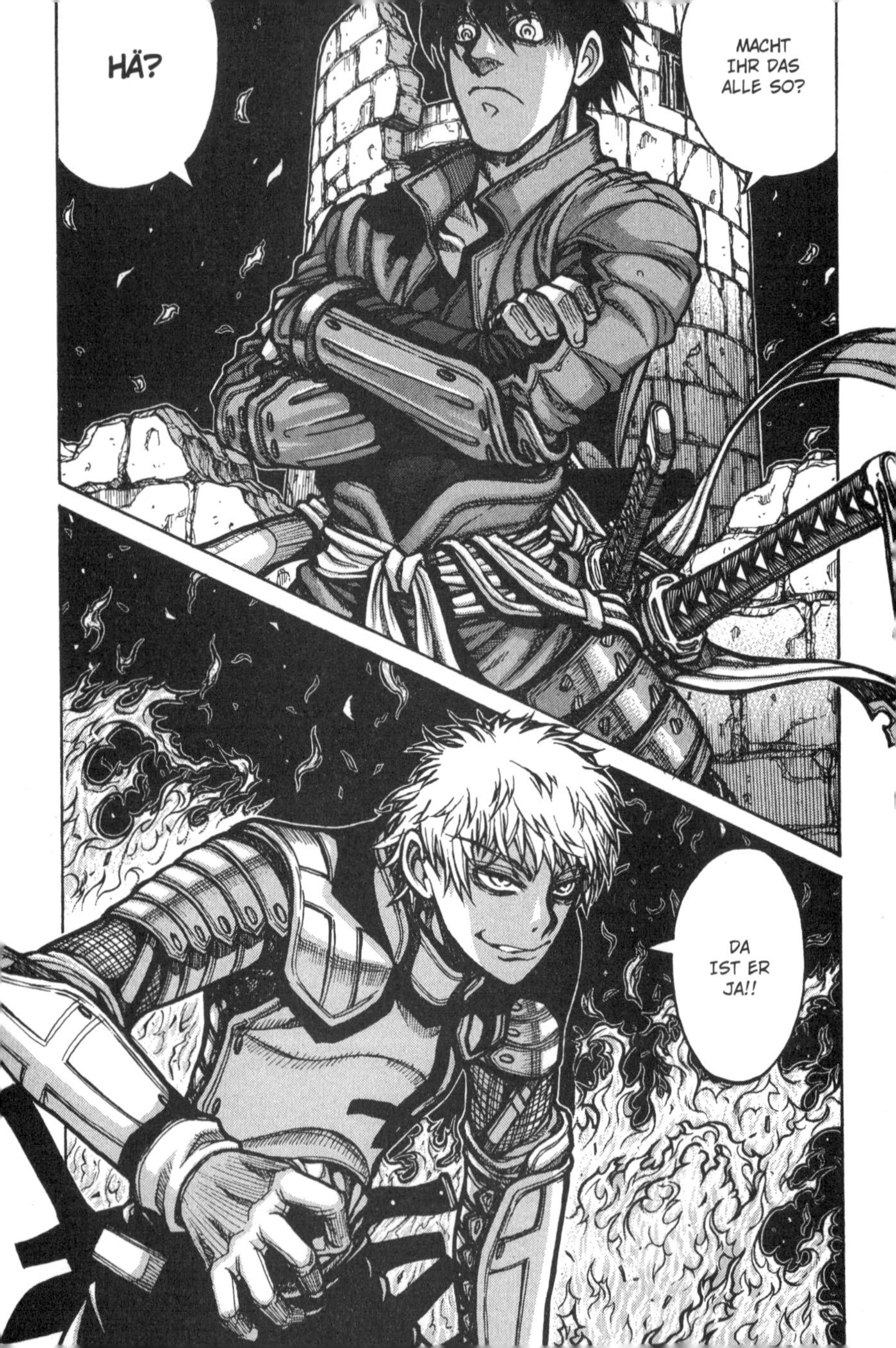
MACHT IHR DAS ALLE SO?
HÄ?
DA IST ER JA!!

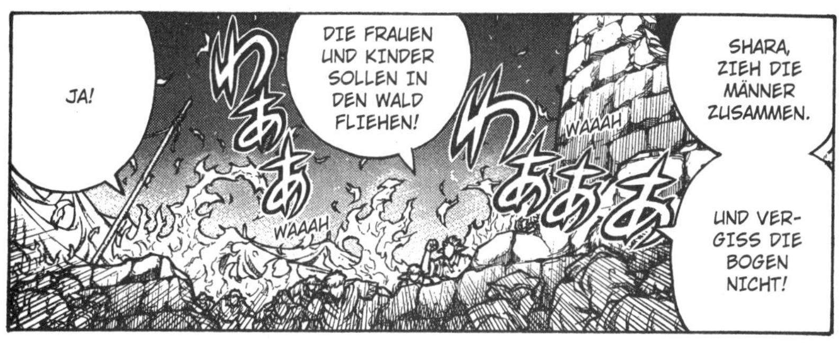
SHARA, ZIEH DIE MÄNNER ZUSAMMEN.
UND VERGISS DIE BOGEN NICHT!
わあああ
WAAAH
DIE FRAUEN UND KINDER SOLLEN IN DEN WALD FLIEHEN!
わあ
WAAAH
JA!

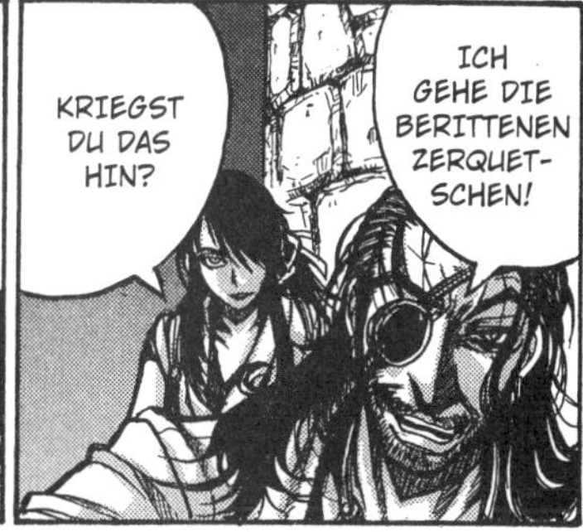
ICH GEHE DIE BERITTENEN ZERQUETSCHEN!
KRIEGST DU DAS HIN?

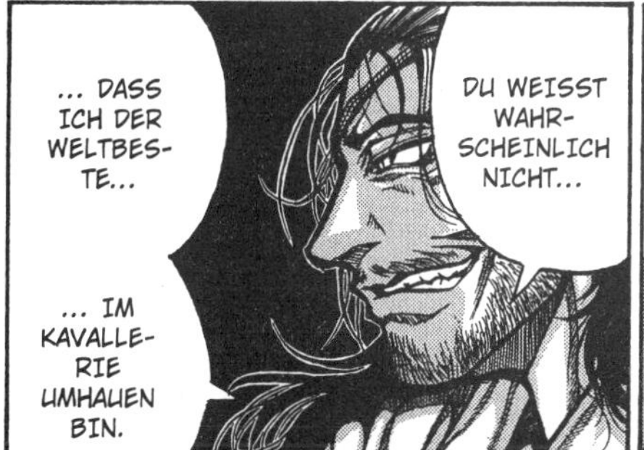
DU WEISST WAHRSCHEINLICH NICHT…
… DASS ICH DER WELTBESTE…
… IM KAVALLERIE UMHAUEN BIN.

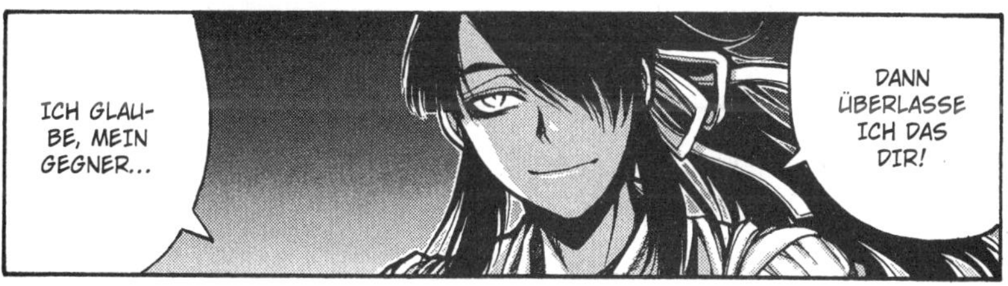
DANN ÜBERLASSE ICH DAS DIR!
ICH GLAUBE, MEIN GEGNER…

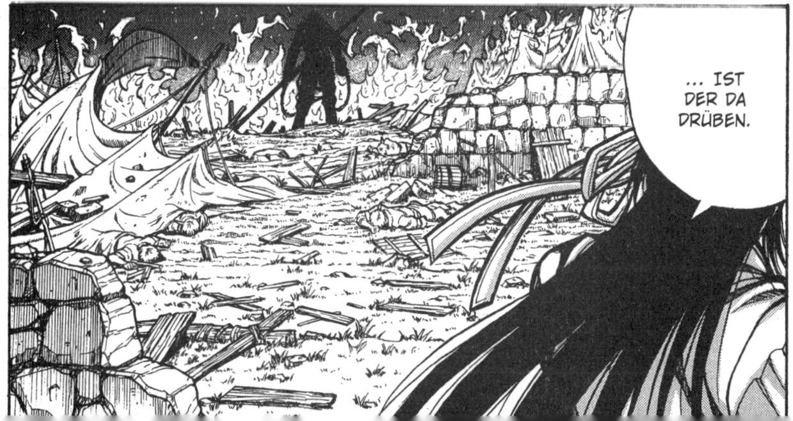
… IST DER DA DRÜBEN.

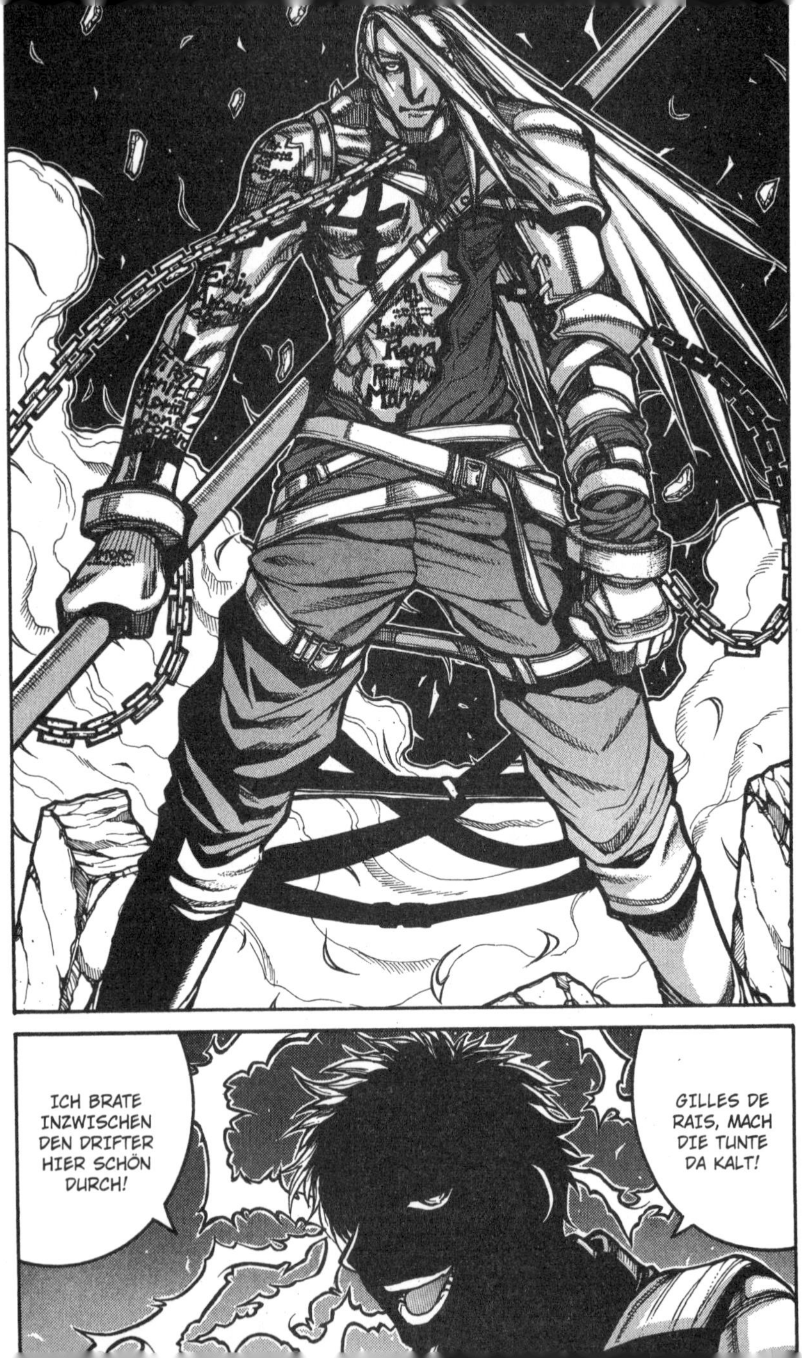

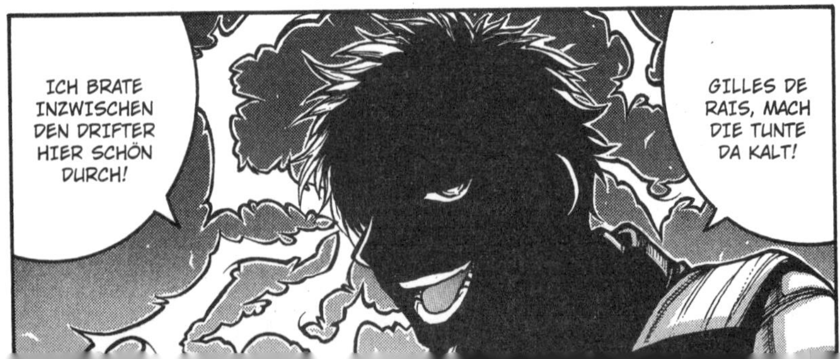
GILLES DE RAIS, MACH DIE TUNTE DA KALT!
ICH BRATE INZWISCHEN DEN DRIFTER HIER SCHÖN DURCH!

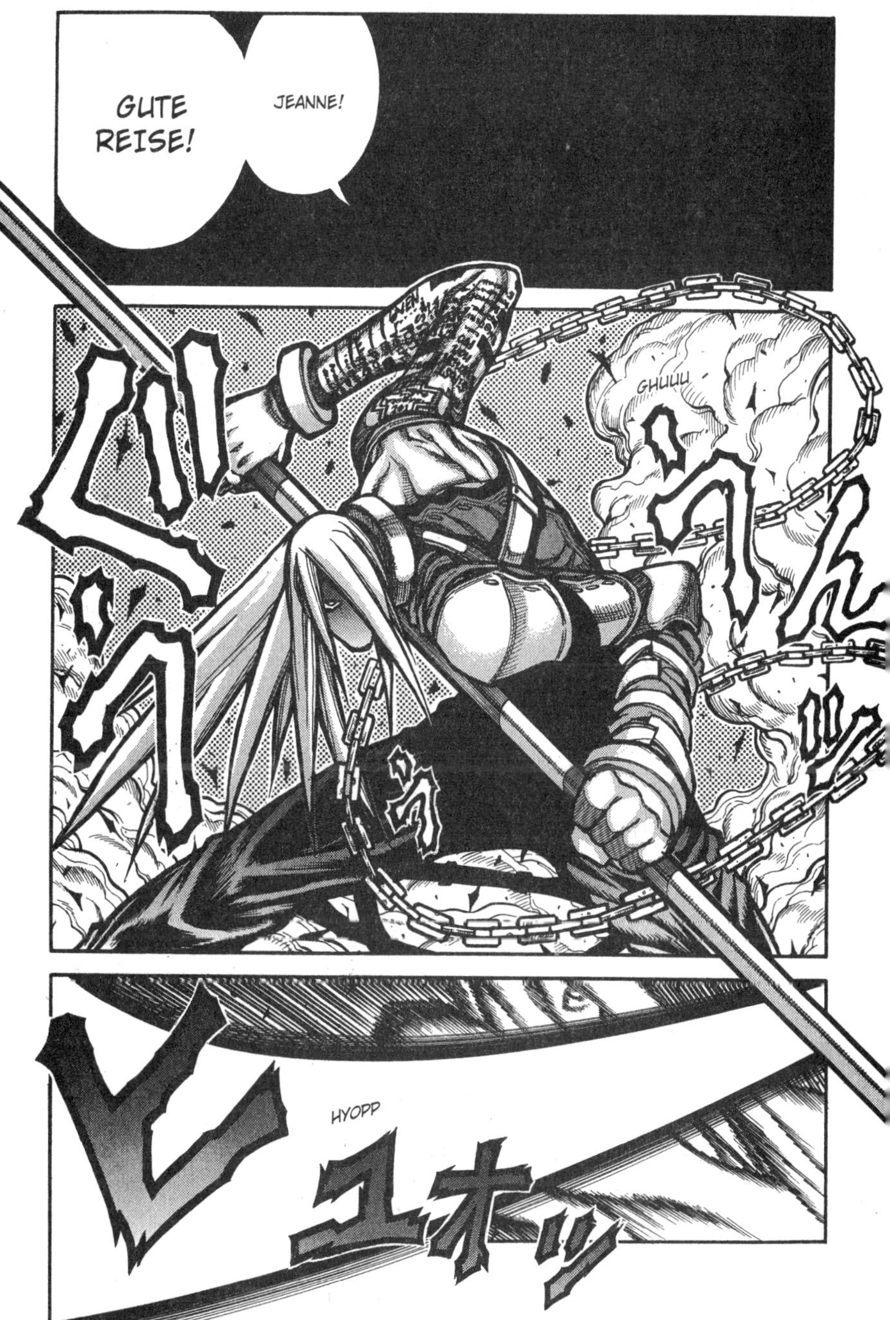

JEANNE!
GUTE REISE!
GHUUU
HYOPP

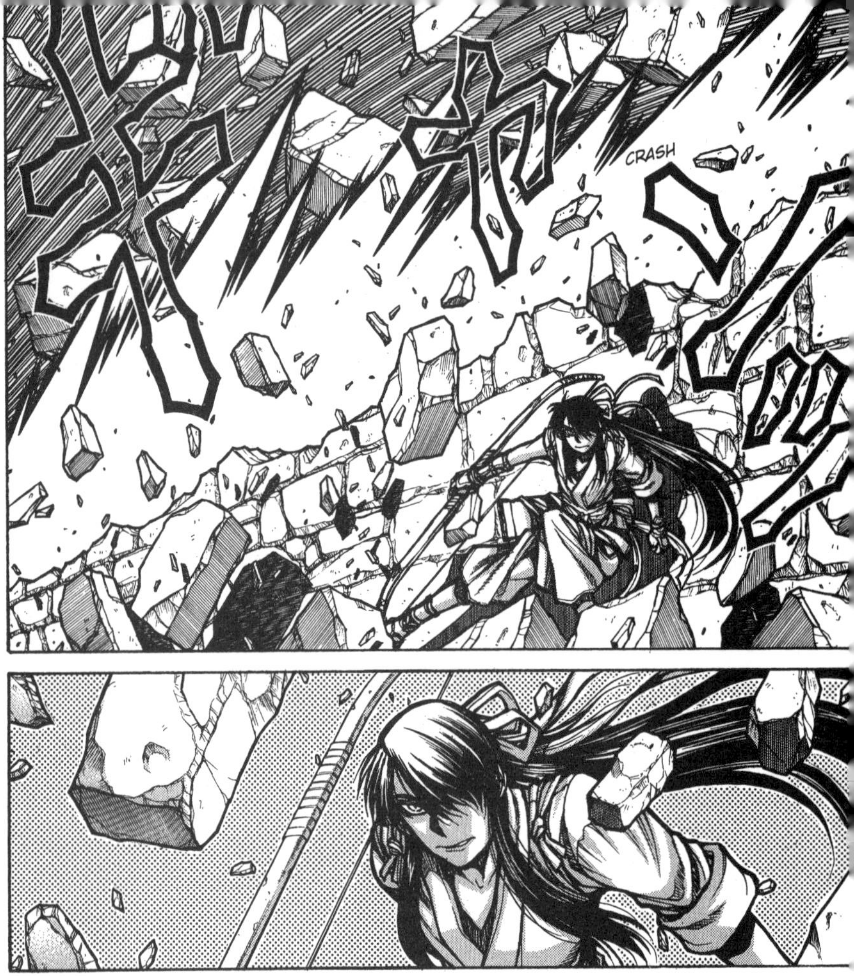

CRASH

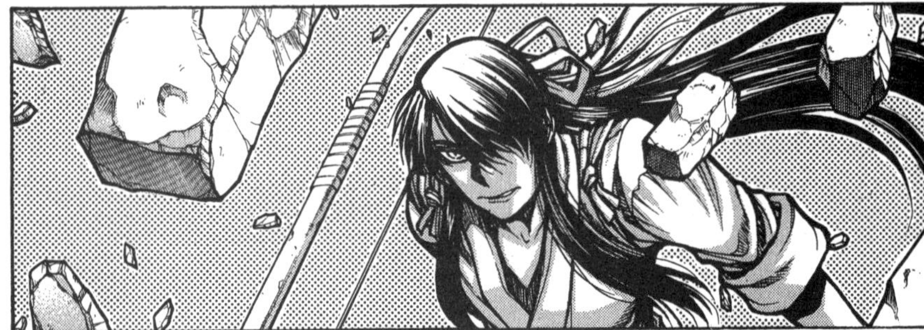

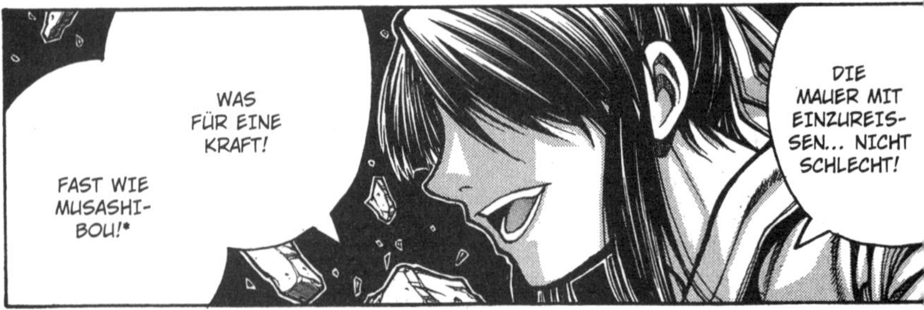

* MUSASHIBOU BENKEI, KRIEGERMÖNCH, 1155-1189

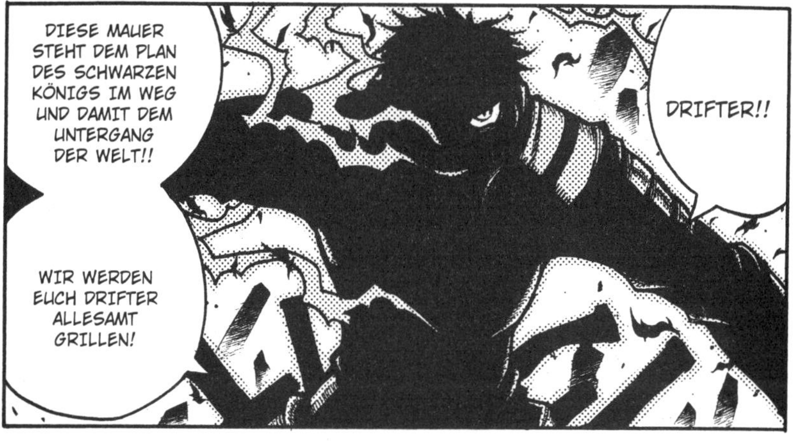
DRIFTER!!
DIESE MAUER STEHT DEM PLAN DES SCHWARZEN KÖNIGS IM WEG UND DAMIT DEM UNTERGANG DER WELT!!
WIR WERDEN EUCH DRIFTER ALLESAMT GRILLEN!

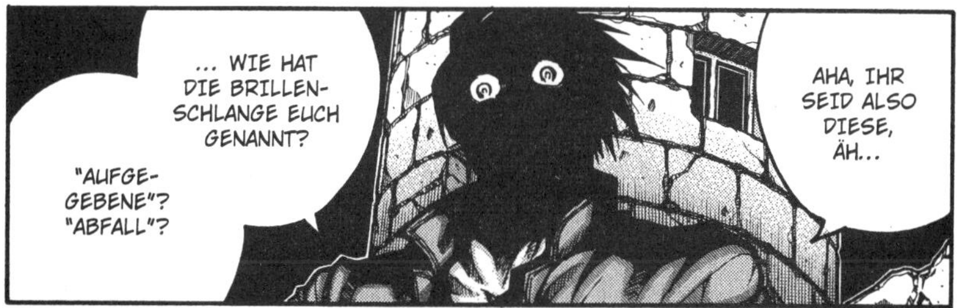
AHA, IHR SEID ALSO DIESE, ÄH...
... WIE HAT DIE BRILLEN-SCHLANGE EUCH GENANNT?
"AUFGE-GEBENE"? "ABFALL"?

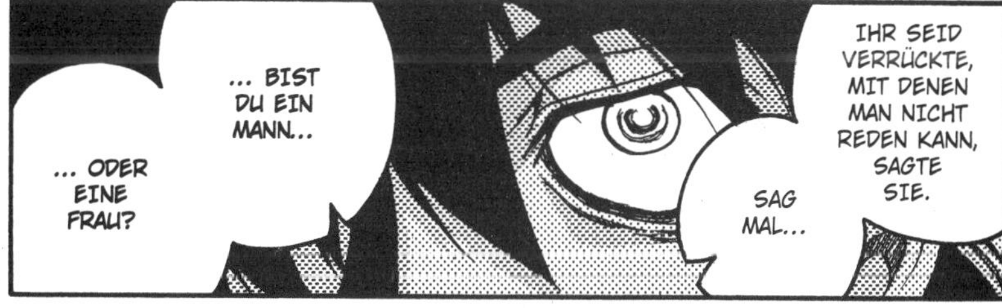
IHR SEID VERRÜCKTE, MIT DENEN MAN NICHT REDEN KANN, SAGTE SIE.
SAG MAL...
... BIST DU EIN MANN...
... ODER EINE FRAU?

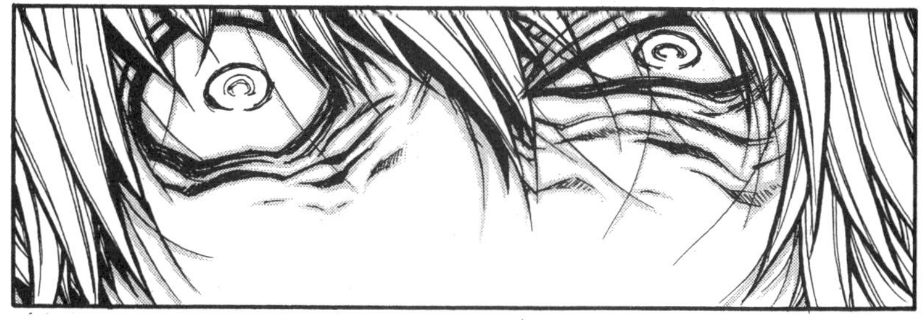

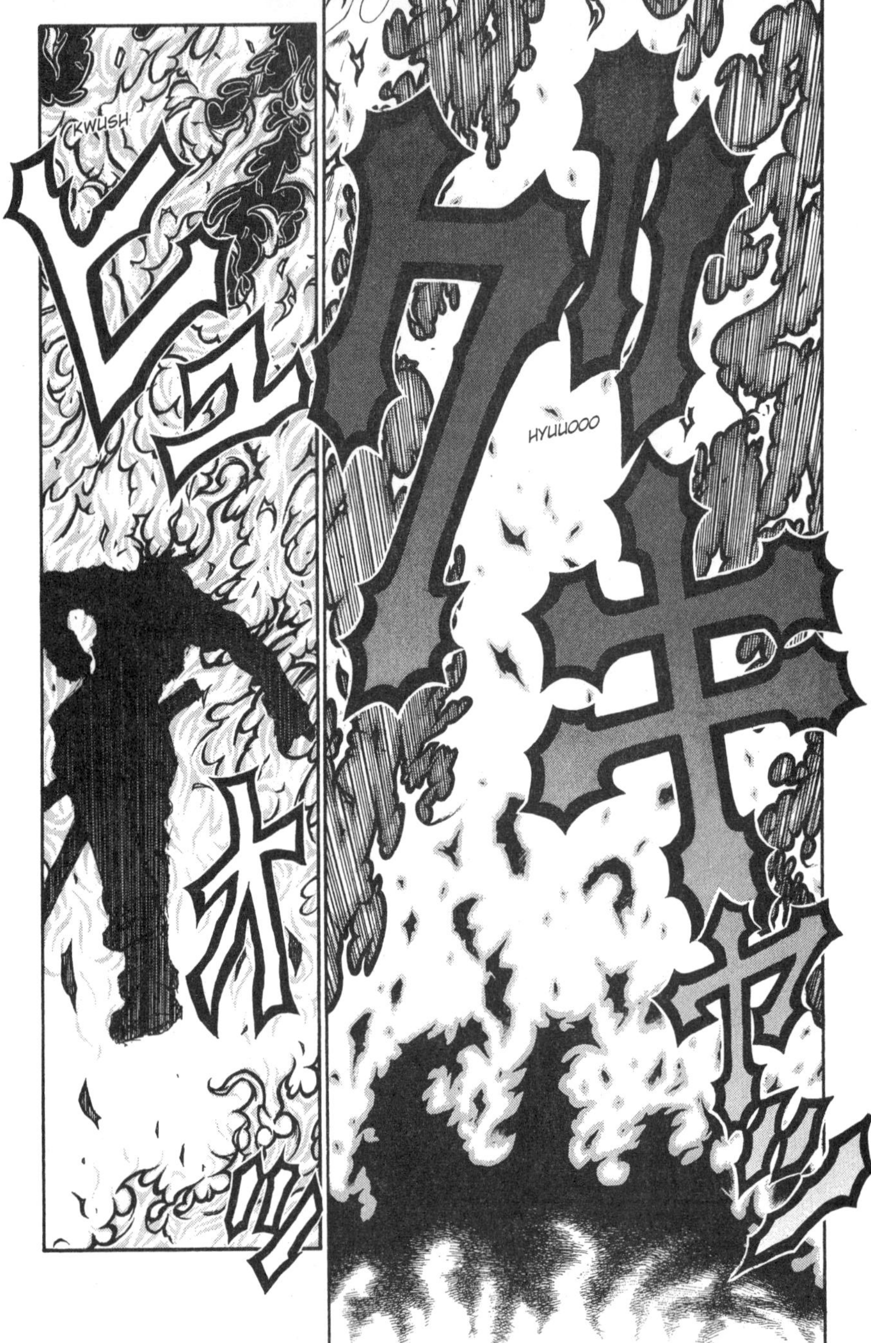
KWUSH
HYUUOOO

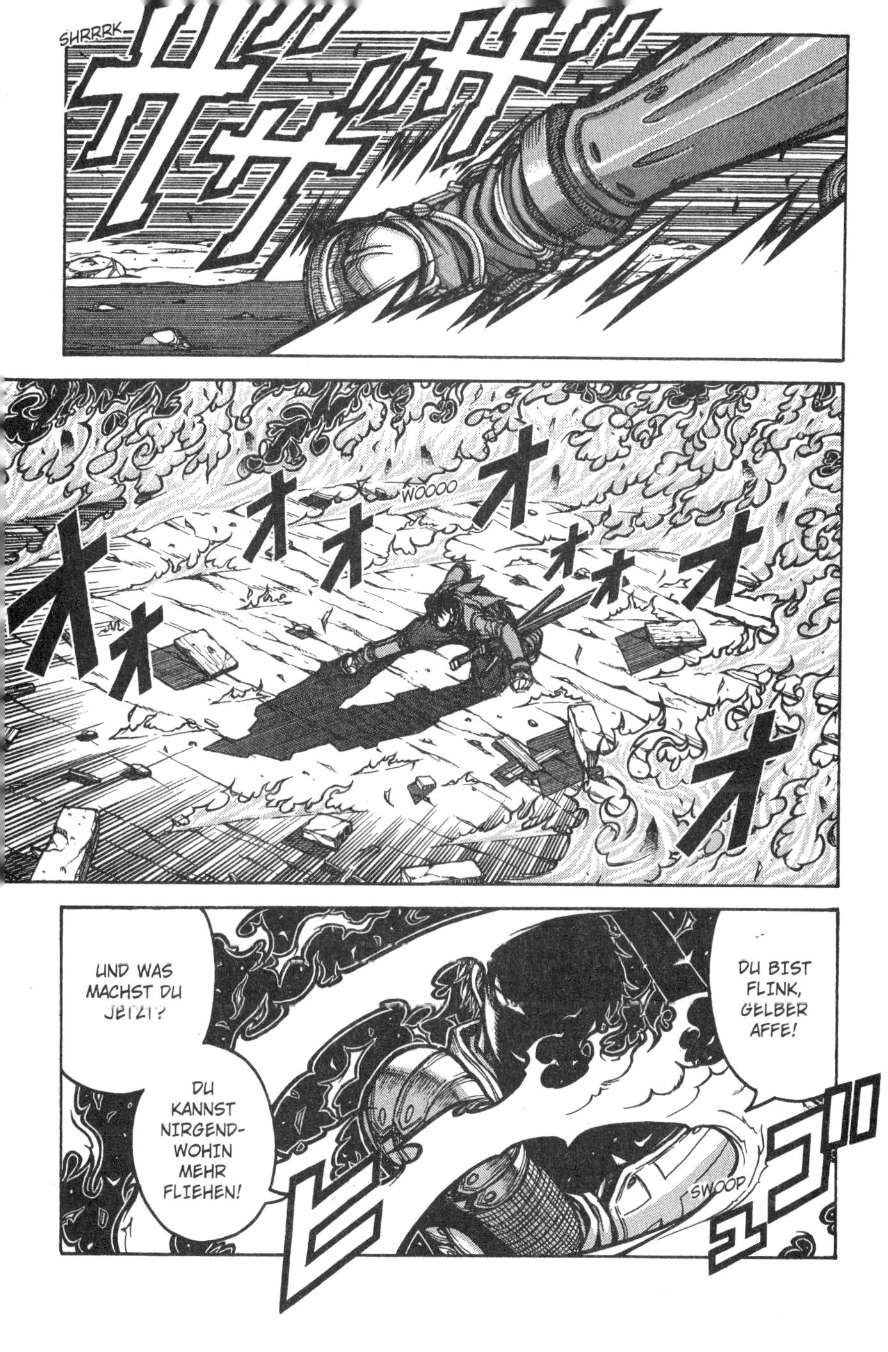

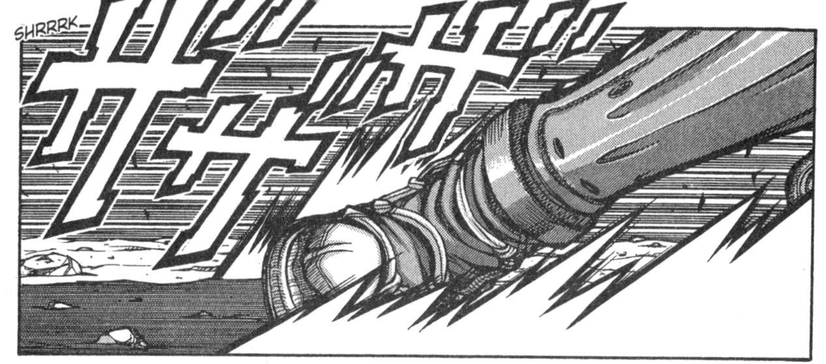
SHRRRK

WOOOO

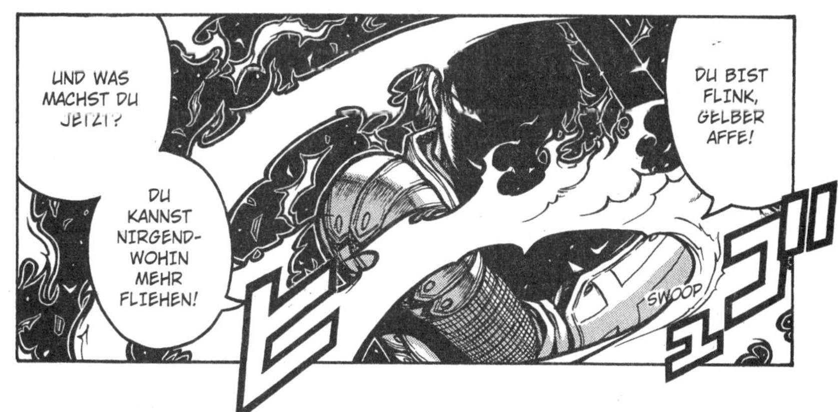
DU BIST FLINK, GELBER AFFE!
UND WAS MACHST DU JETZT?
DU KANNST NIRGENDWOHIN MEHR FLIEHEN!
SWOOP

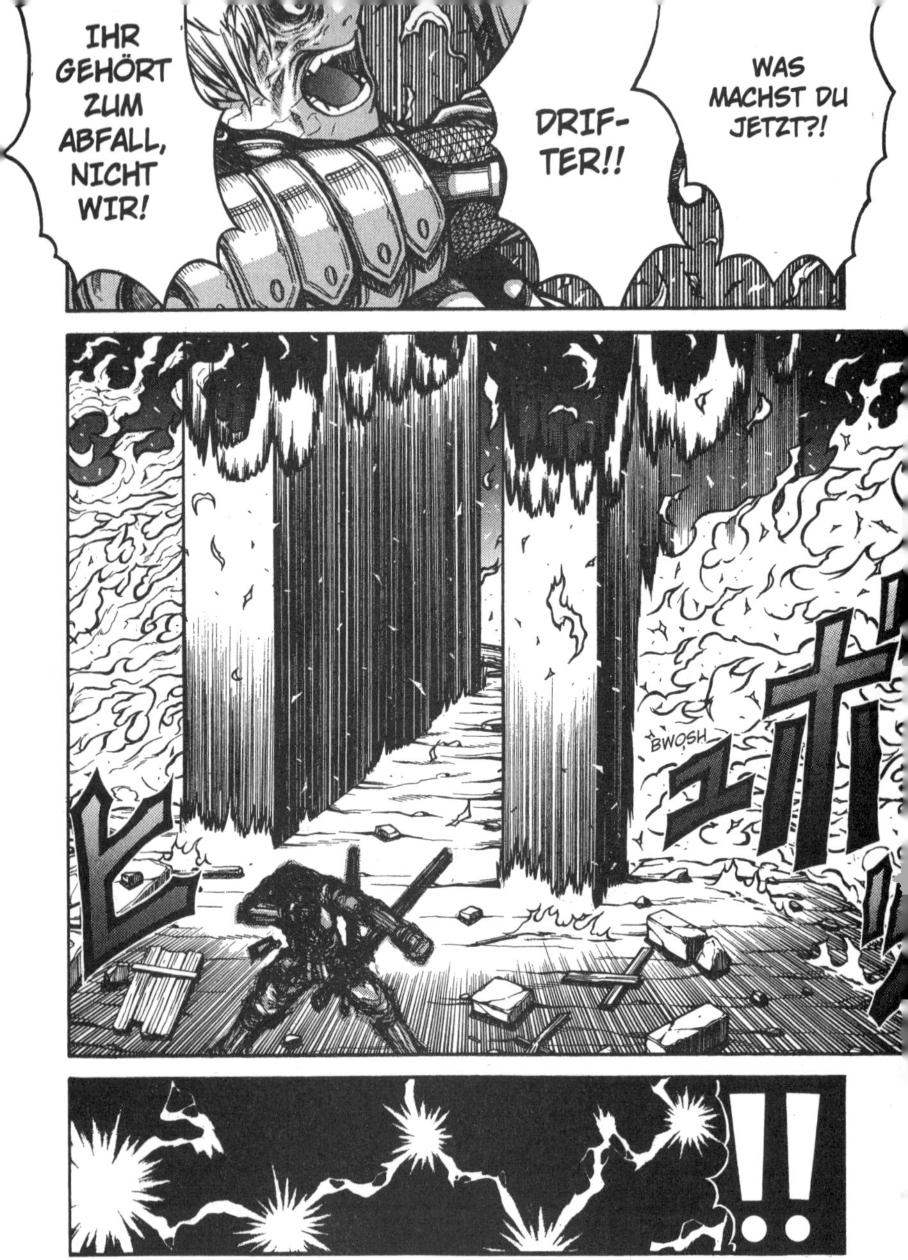

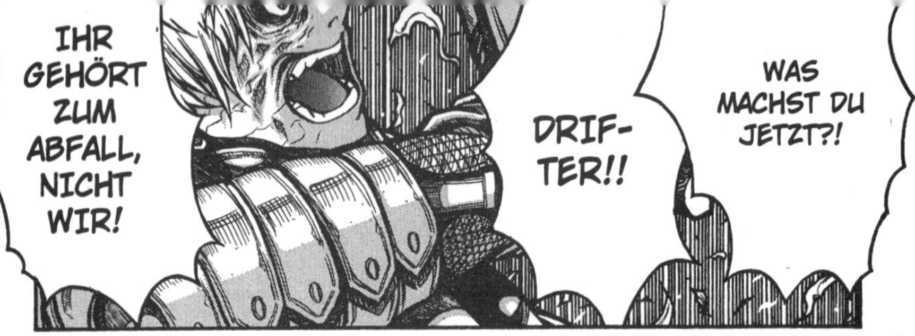
WAS MACHST DU JETZT?!
DRIF-TER!!
IHR GEHÖRT ZUM ABFALL, NICHT WIR!

BWOSH

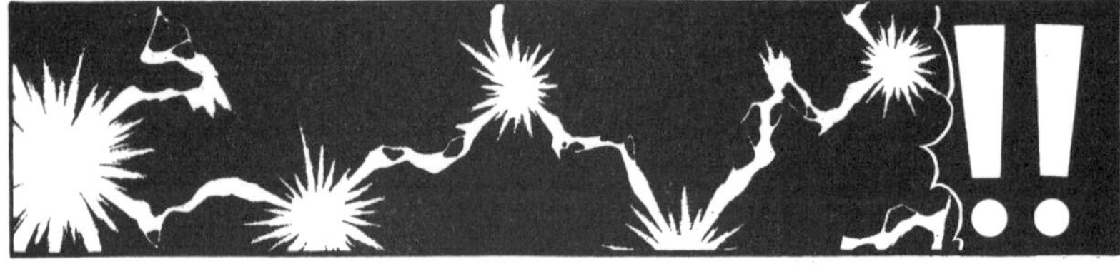
!!

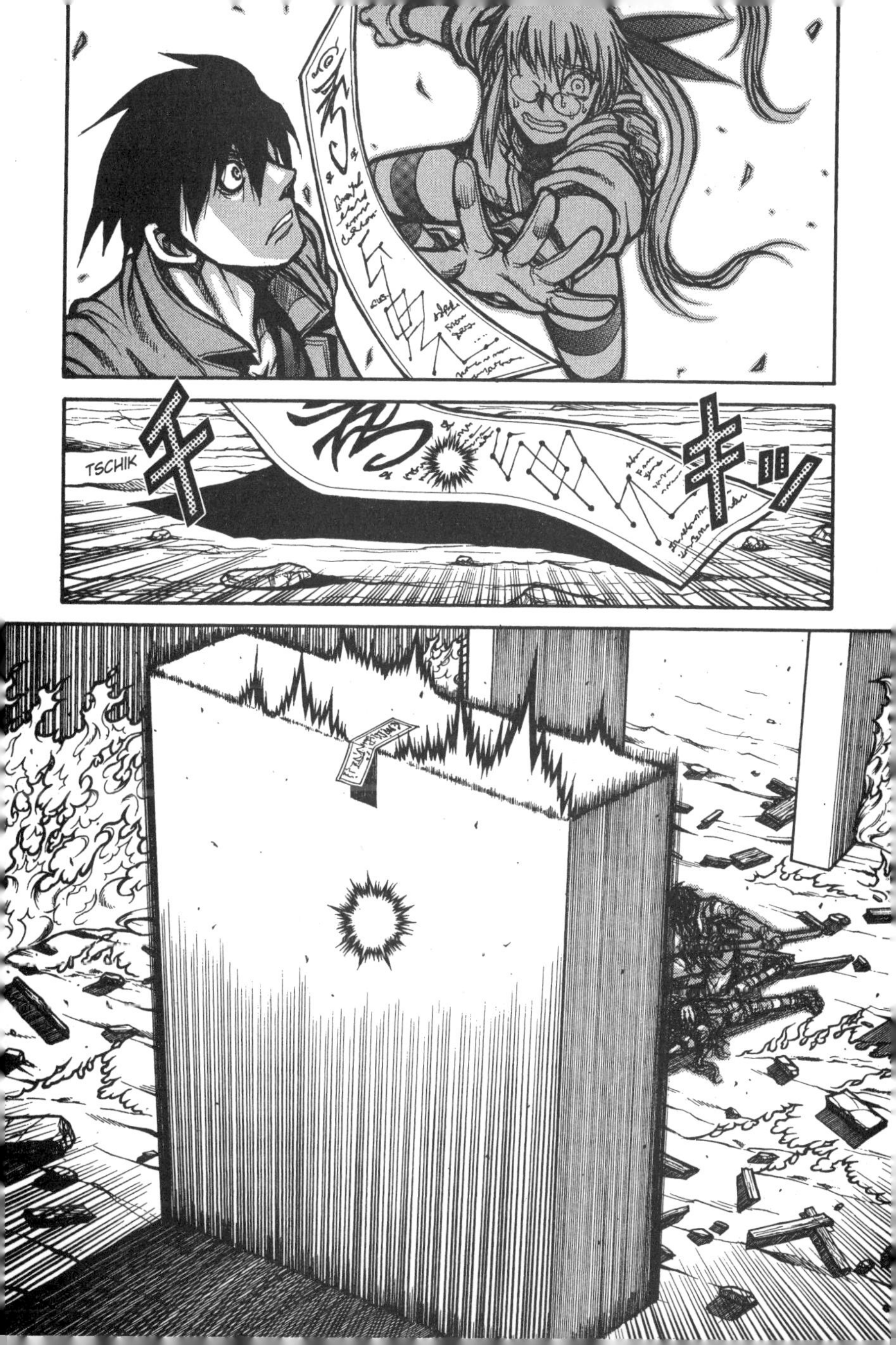

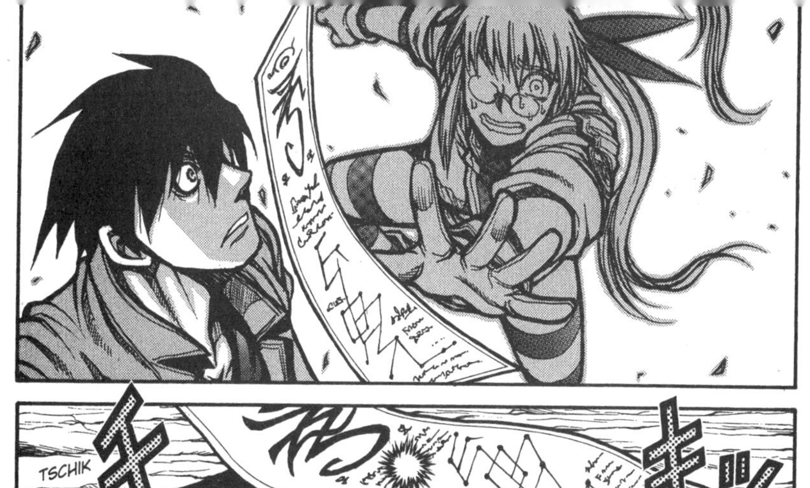

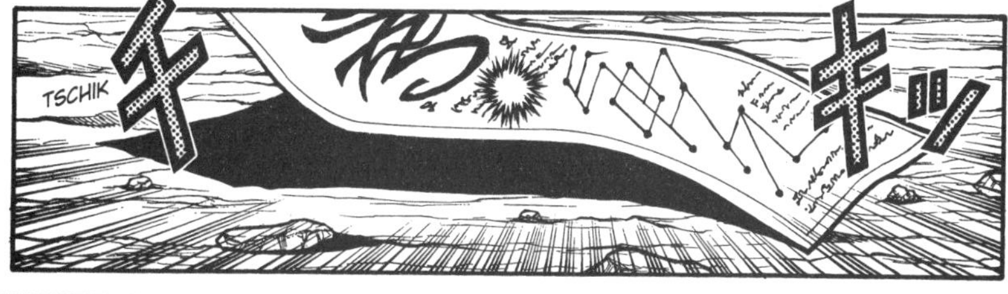
チ
TSCHIK
キッ

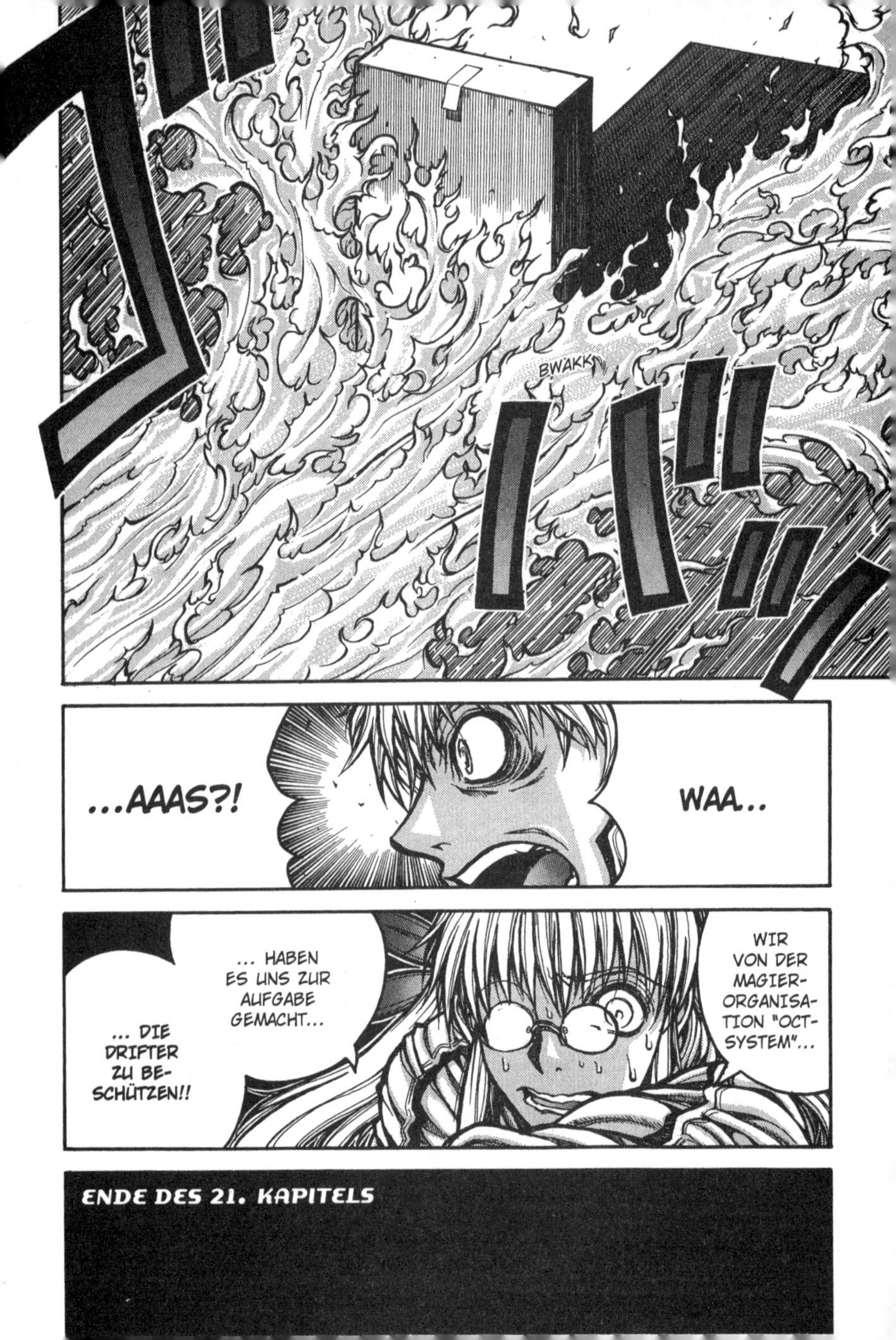

BWAKK

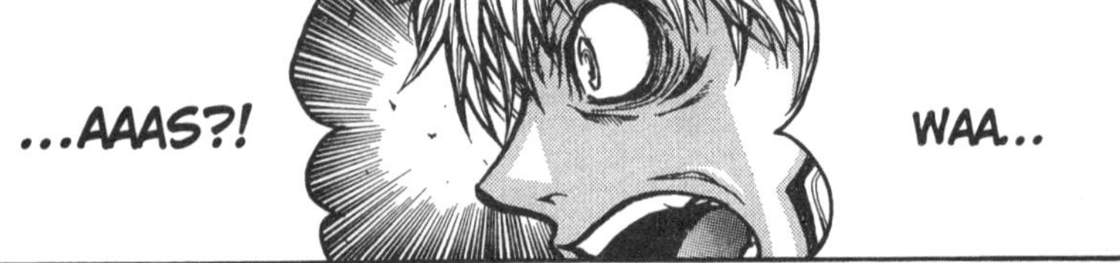

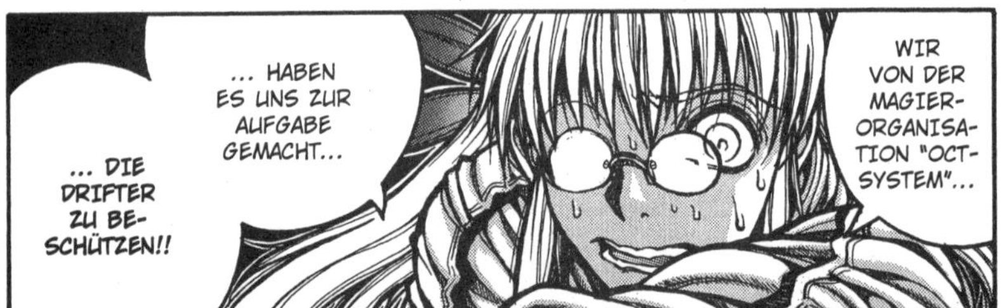

ENDE DES 21. KAPITELS

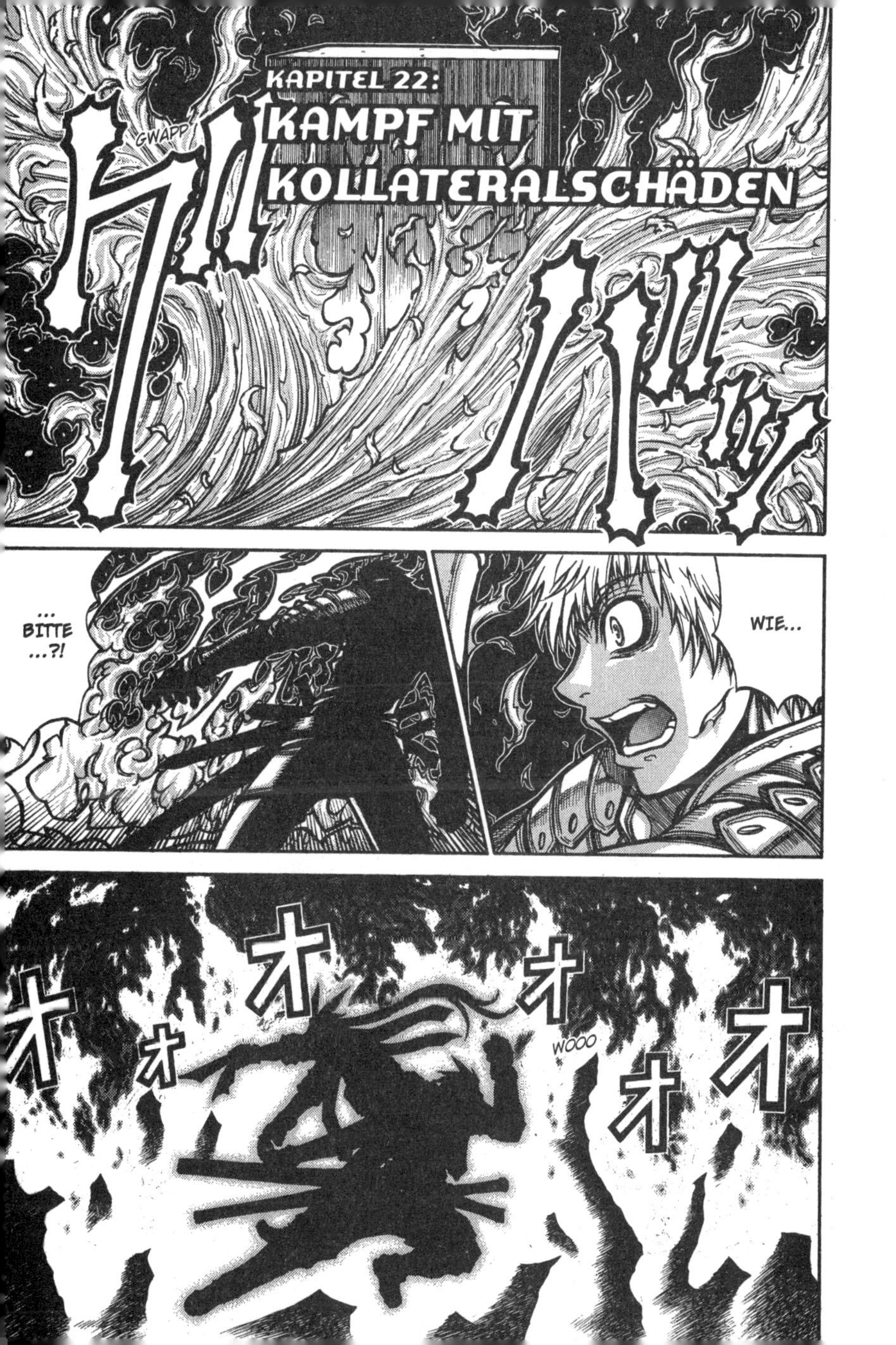

KAPITEL 22: KAMPF MIT KOLLATERALSCHÄDEN

GWAPP

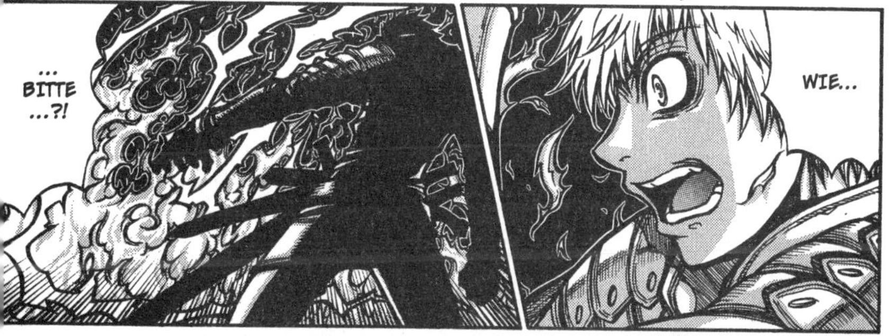

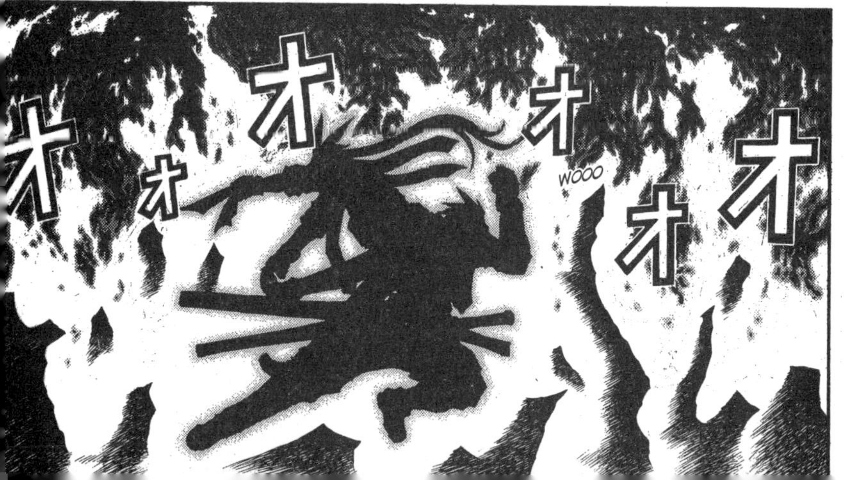

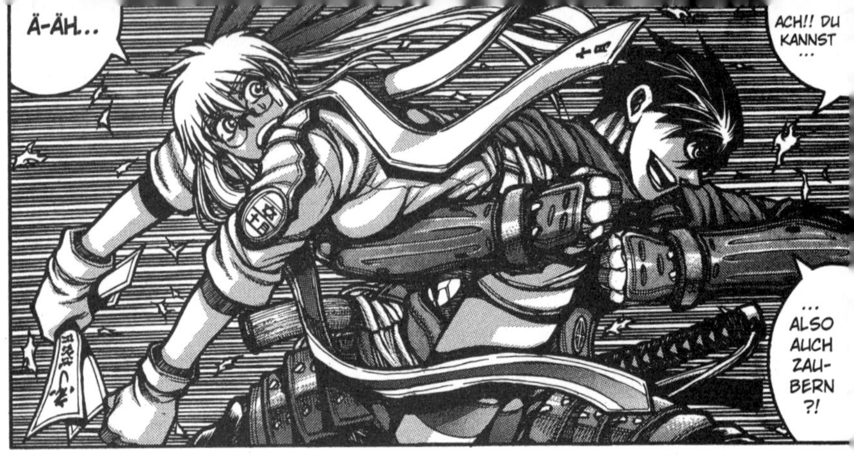

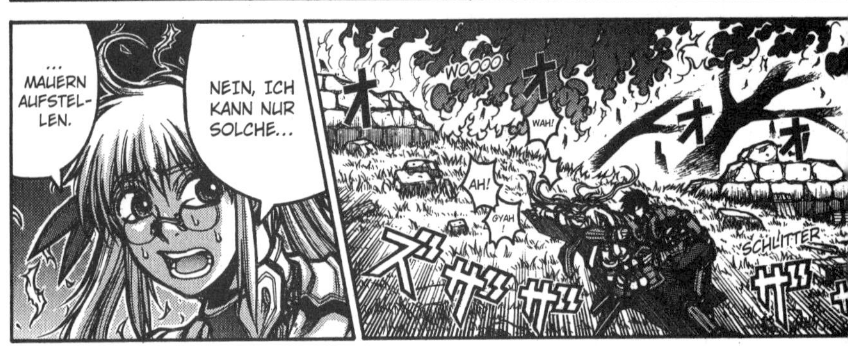

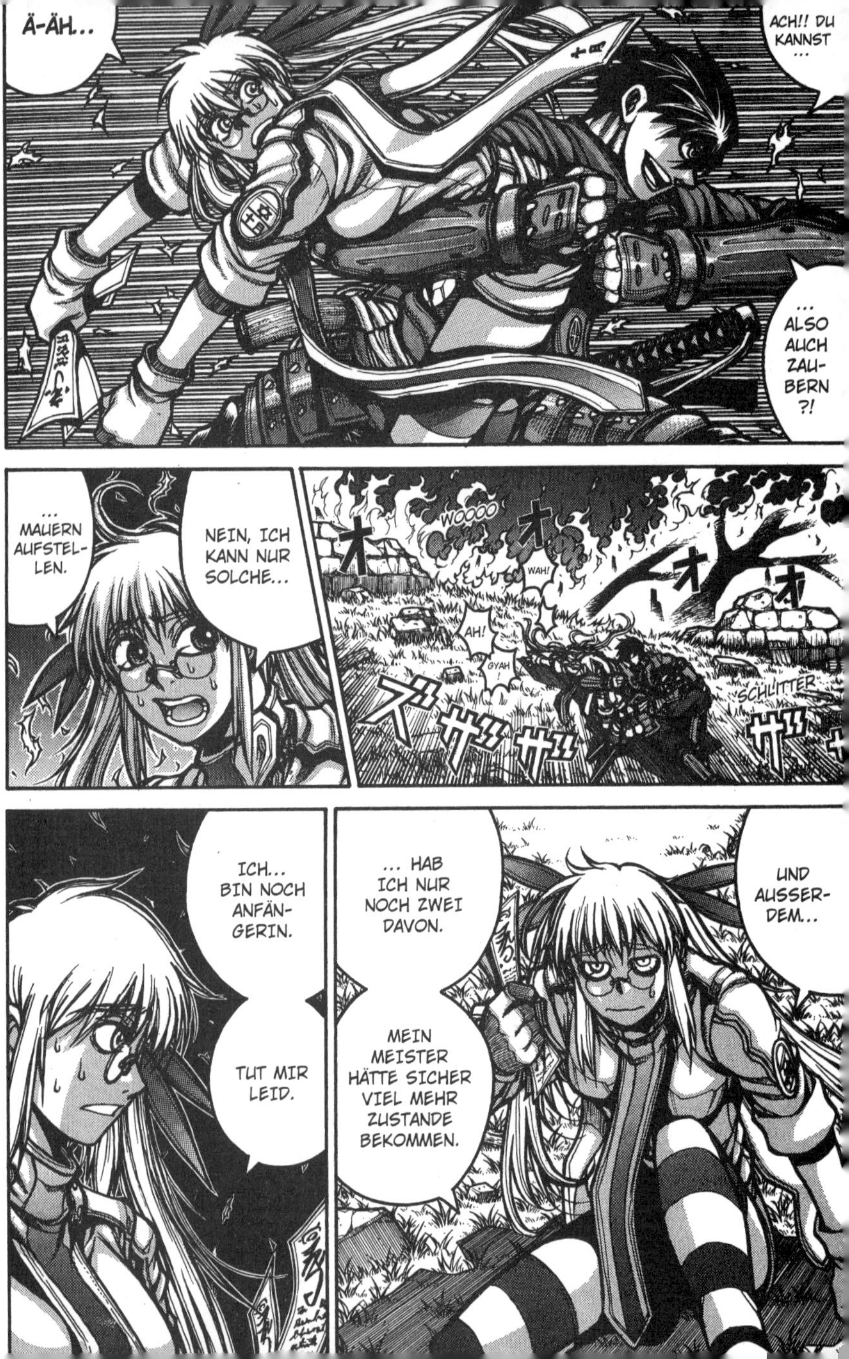

UND AUSSERDEM...

... HAB ICH NUR NOCH ZWEI DAVON.

MEIN MEISTER HÄTTE SICHER VIEL MEHR ZUSTANDE BEKOMMEN.

ICH... BIN NOCH ANFÄNGERIN.

TUT MIR LEID.

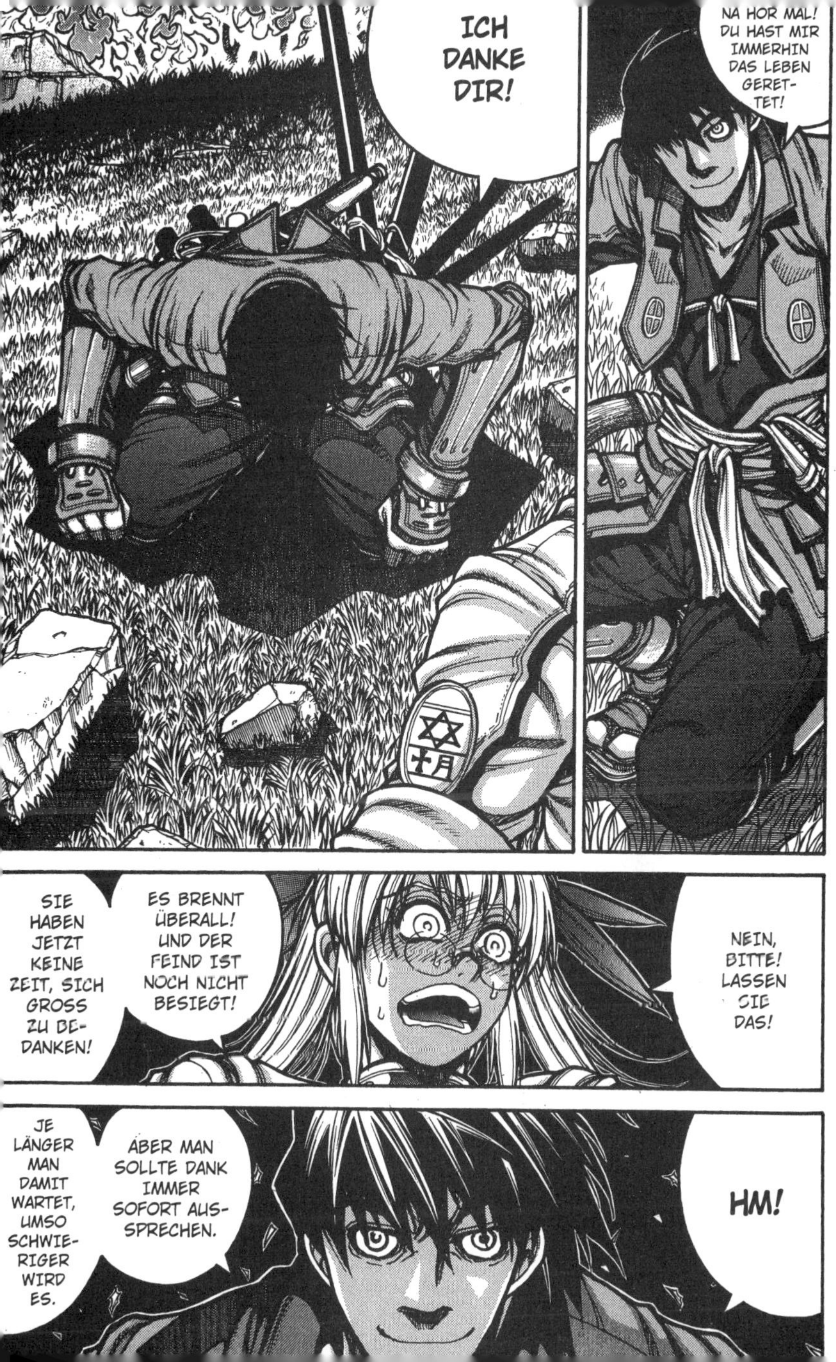

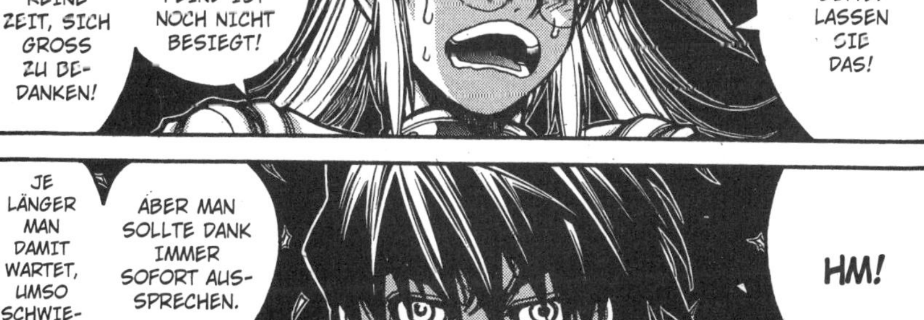

ICH DANKE DIR!
NA HOR MAL! DU HAST MIR IMMERHIN DAS LEBEN GERET-TET!
NEIN, BITTE! LASSEN SIE DAS!
ES BRENNT ÜBERALL! UND DER FEIND IST NOCH NICHT BESIEGT!
SIE HABEN JETZT KEINE ZEIT, SICH GROSS ZU BE-DANKEN!
HM!
ABER MAN SOLLTE DANK IMMER SOFORT AUS-SPRECHEN.
JE LÄNGER MAN DAMIT WARTET, UMSO SCHWIE-RIGER WIRD ES.

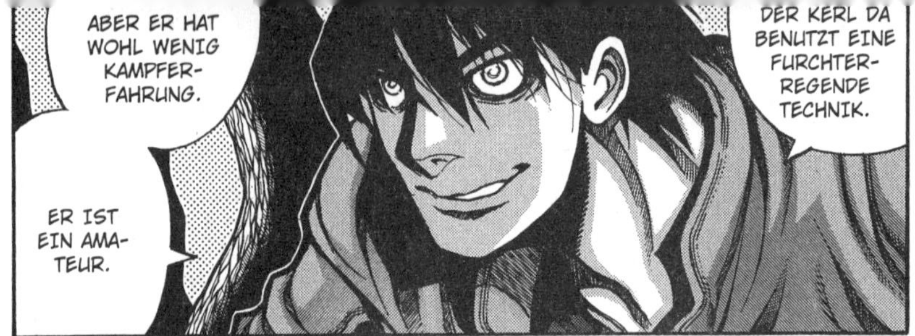
DER KERL DA BENUTZT EINE FURCHTERREGENDE TECHNIK.
ABER ER HAT WOHL WENIG KAMPFERFAHRUNG.
ER IST EIN AMATEUR.

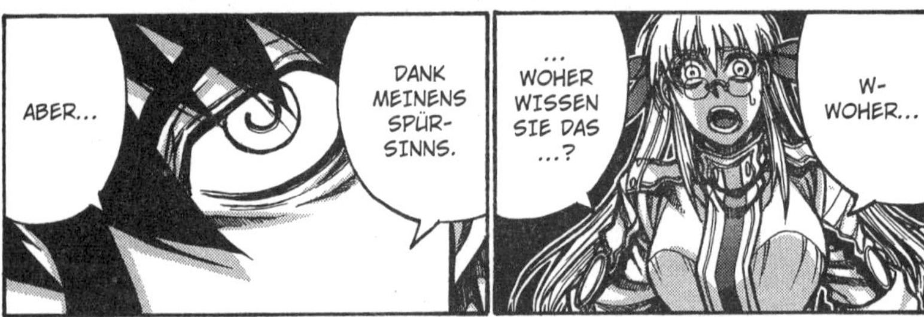
W-WOHER...
... WOHER WISSEN SIE DAS ...?
DANK MEINENS SPÜRSINNS.
ABER...

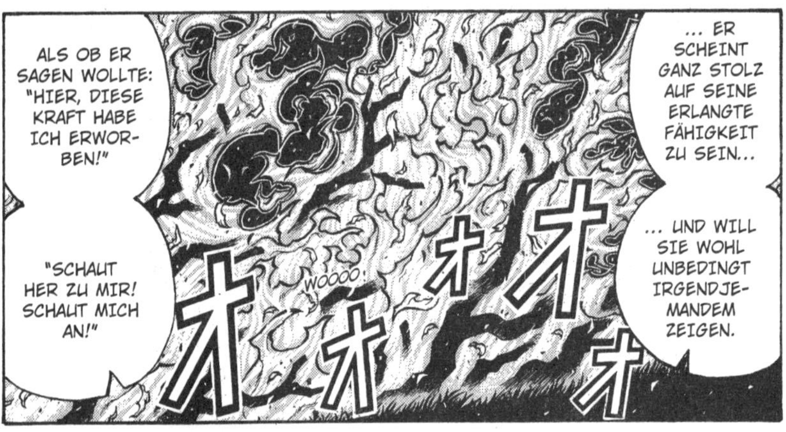
... ER SCHEINT GANZ STOLZ AUF SEINE ERLANGTE FÄHIGKEIT ZU SEIN...
... UND WILL SIE WOHL UNBEDINGT IRGENDJEMANDEM ZEIGEN.
オォォォォ
WOOOO
ALS OB ER SAGEN WOLLTE: "HIER, DIESE KRAFT HABE ICH ERWORBEN!"
"SCHAUT HER ZU MIR! SCHAUT MICH AN!"

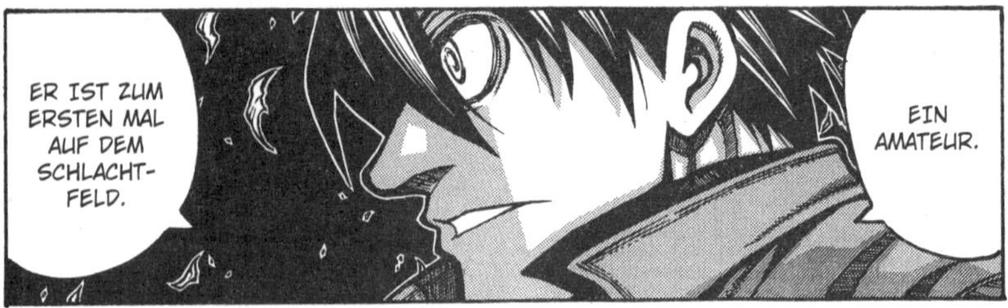
EIN AMATEUR.
ER IST ZUM ERSTEN MAL AUF DEM SCHLACHTFELD.

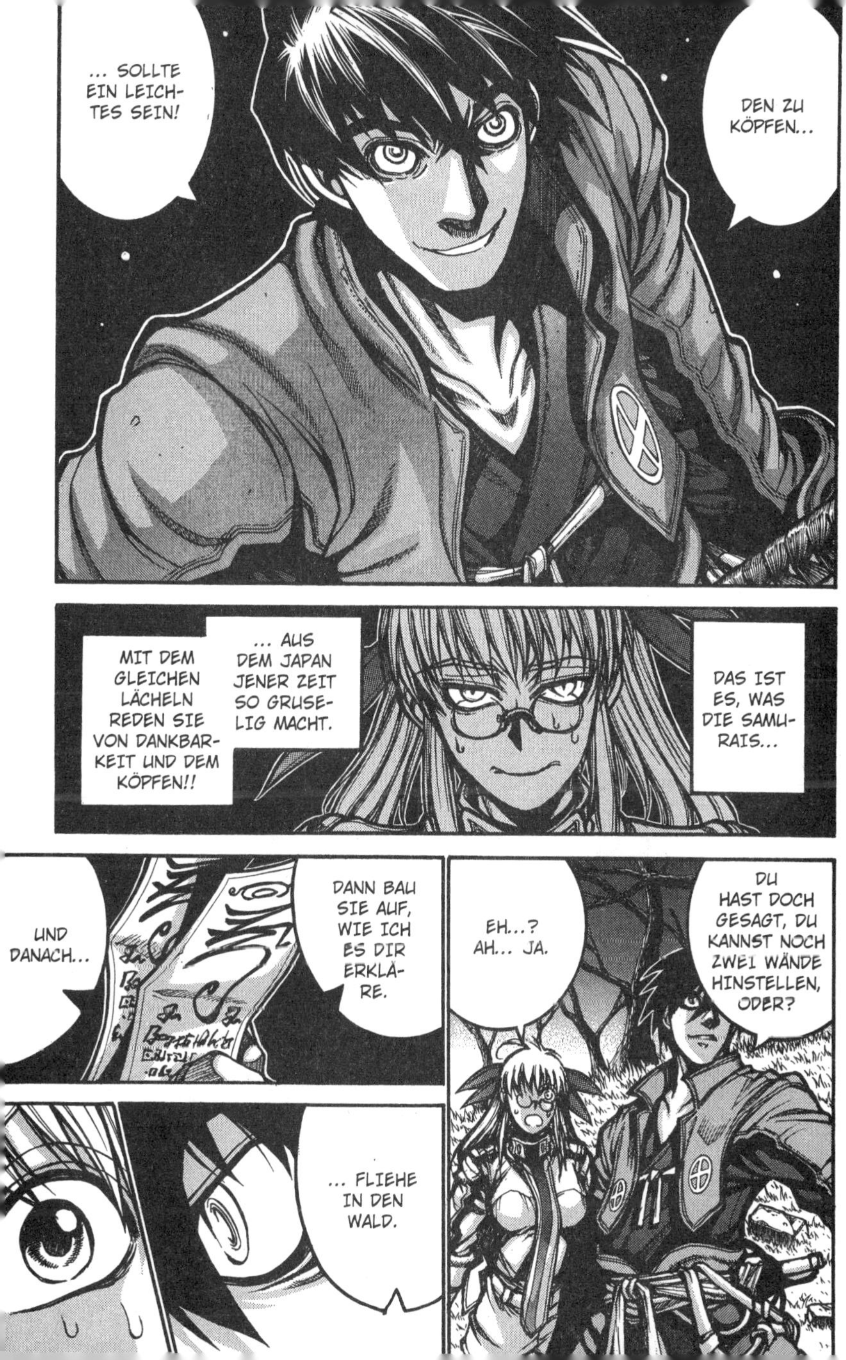

DEN ZU KÖPFEN...
... SOLLTE EIN LEICHTES SEIN!

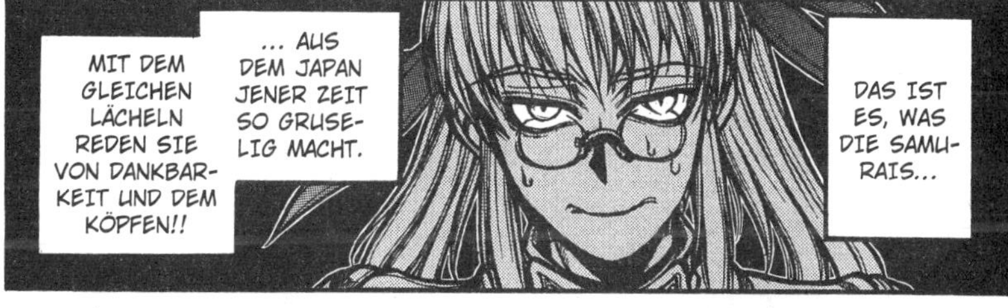

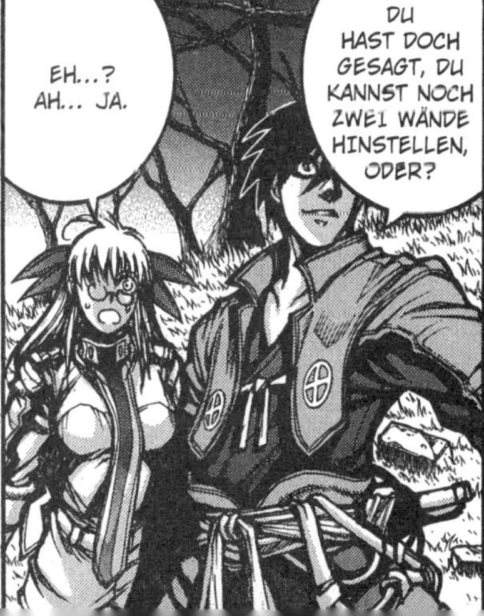

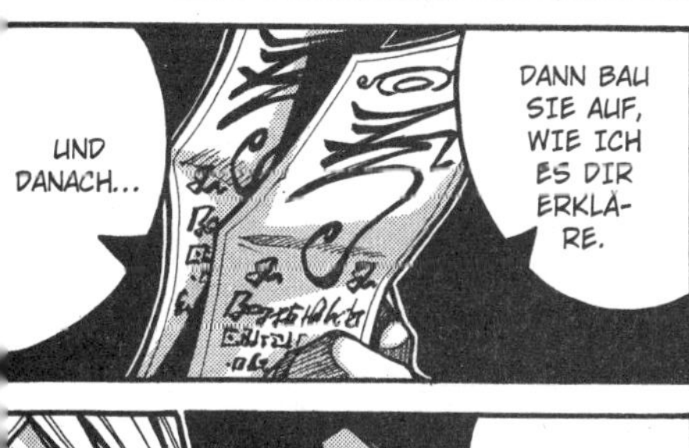

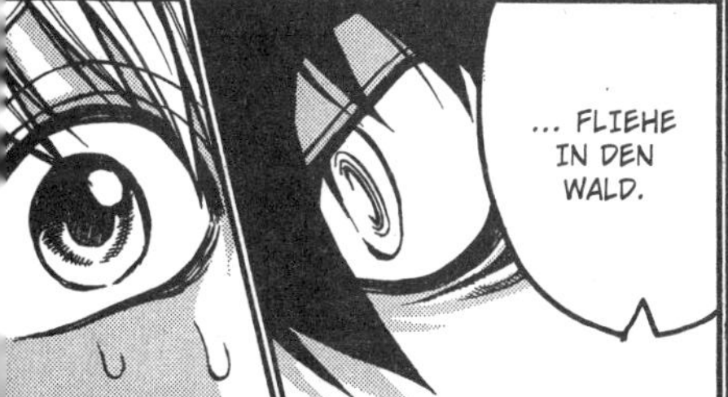

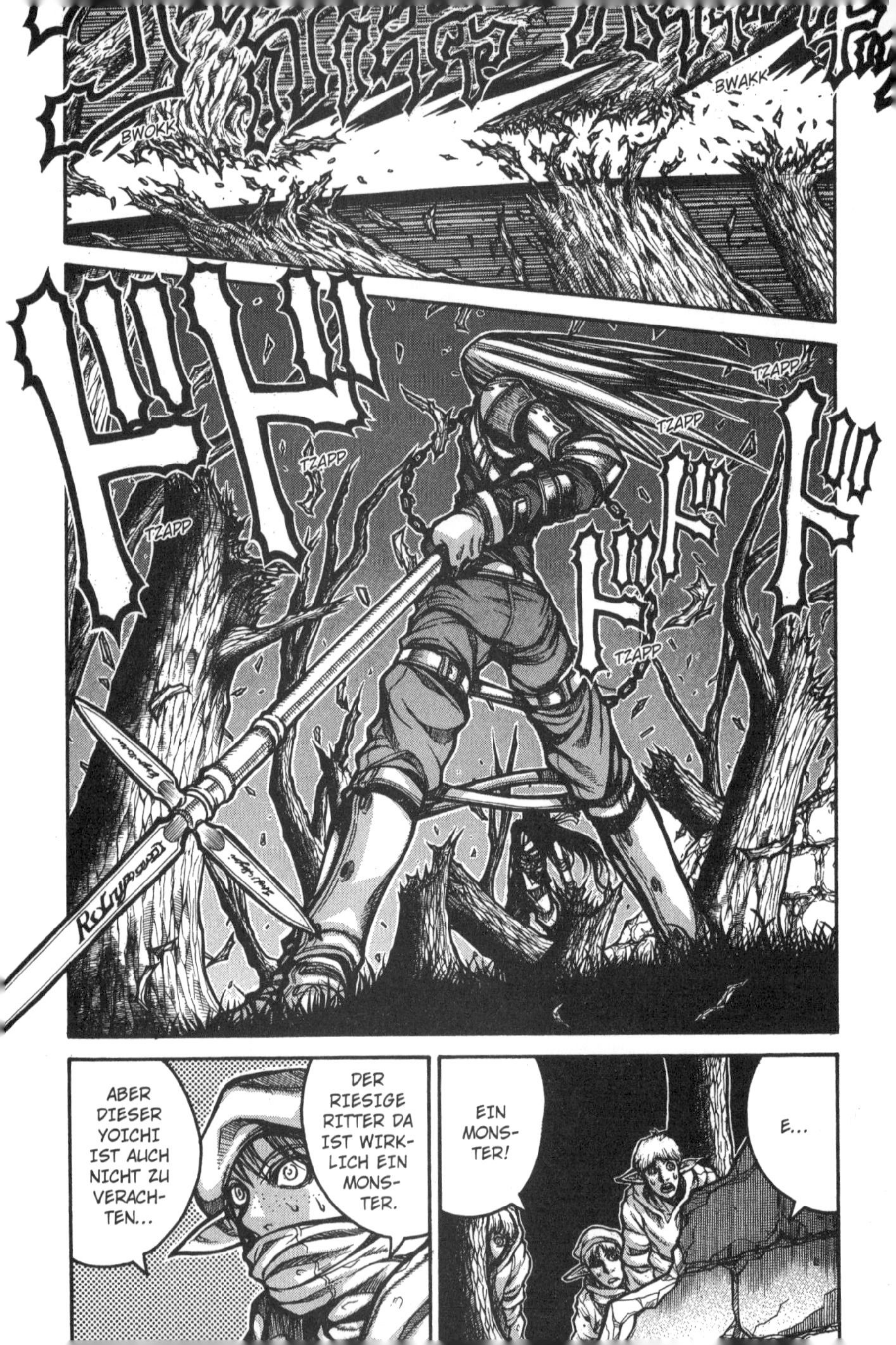

BWAKK
BWOKK
TZAPP
TZAPP
TZAPP
TZAPP
TZAPP

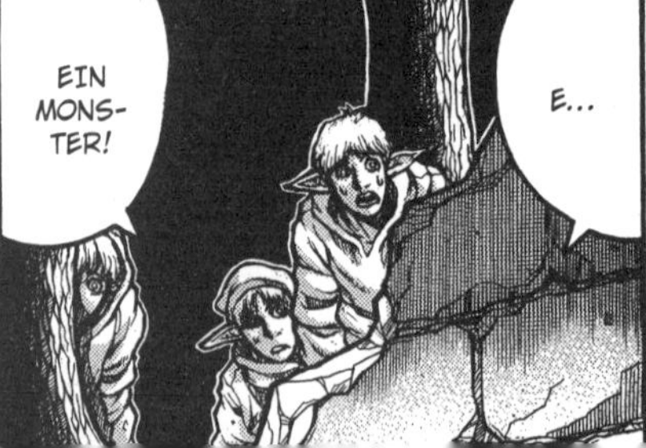

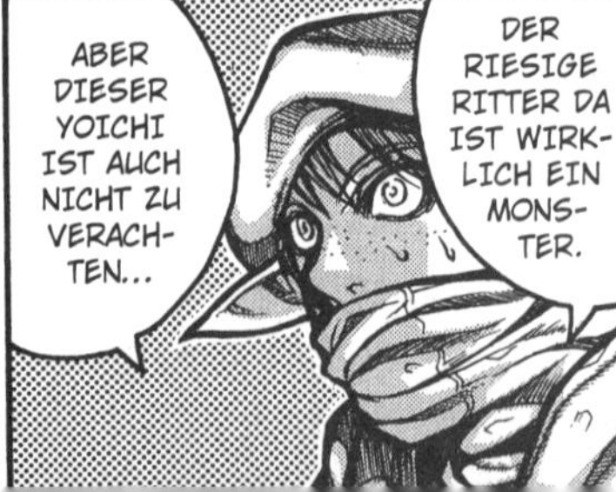

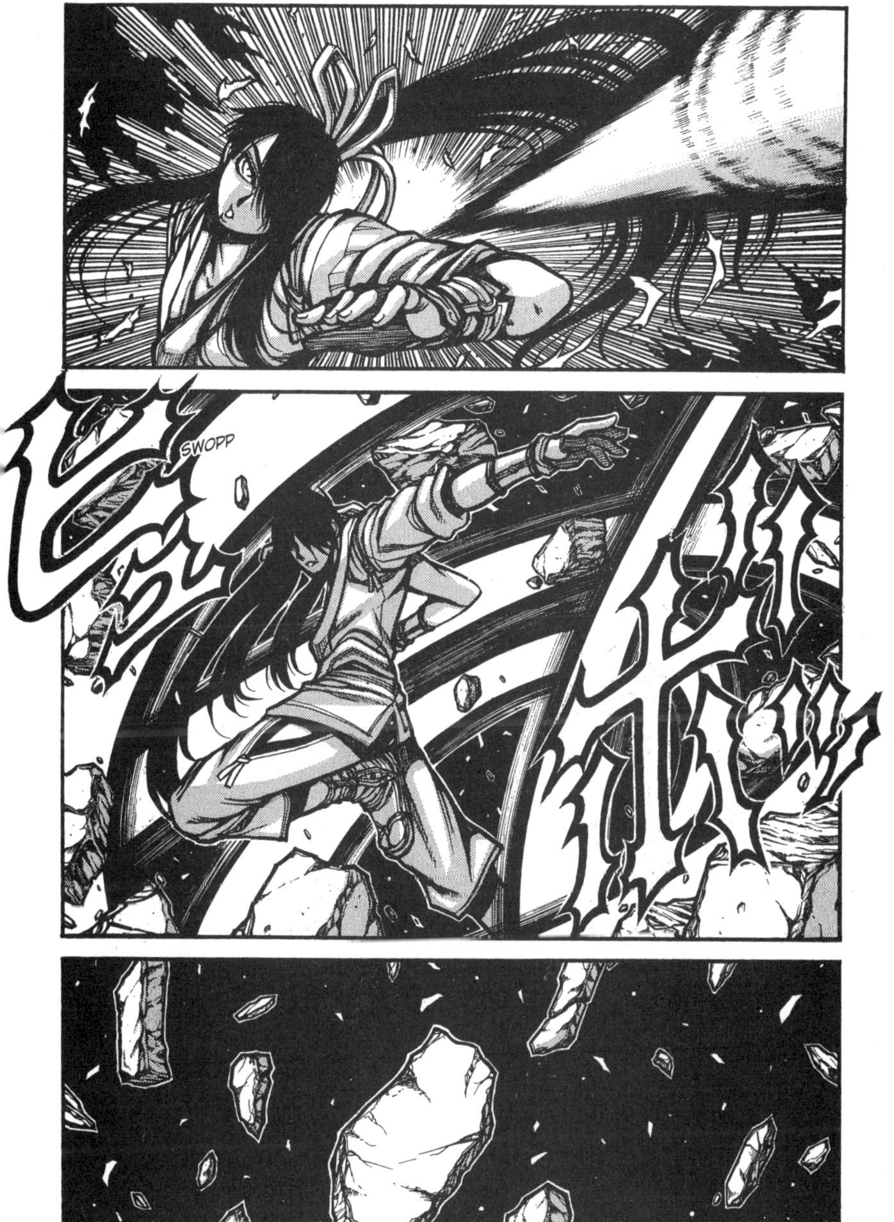

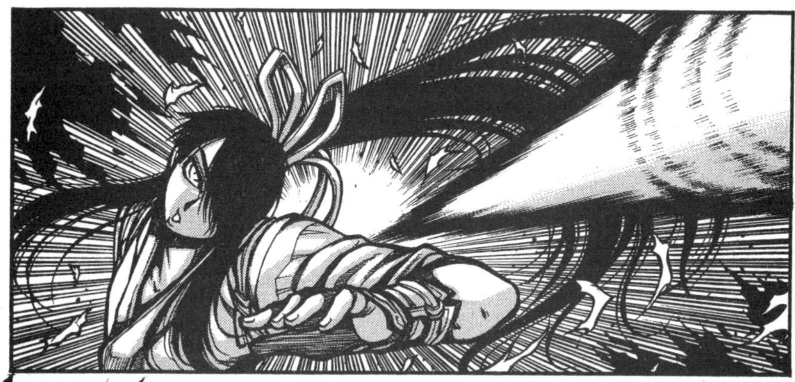

SWOPP

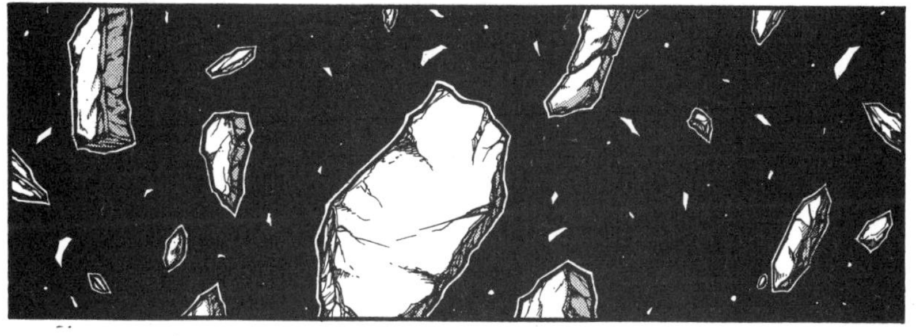

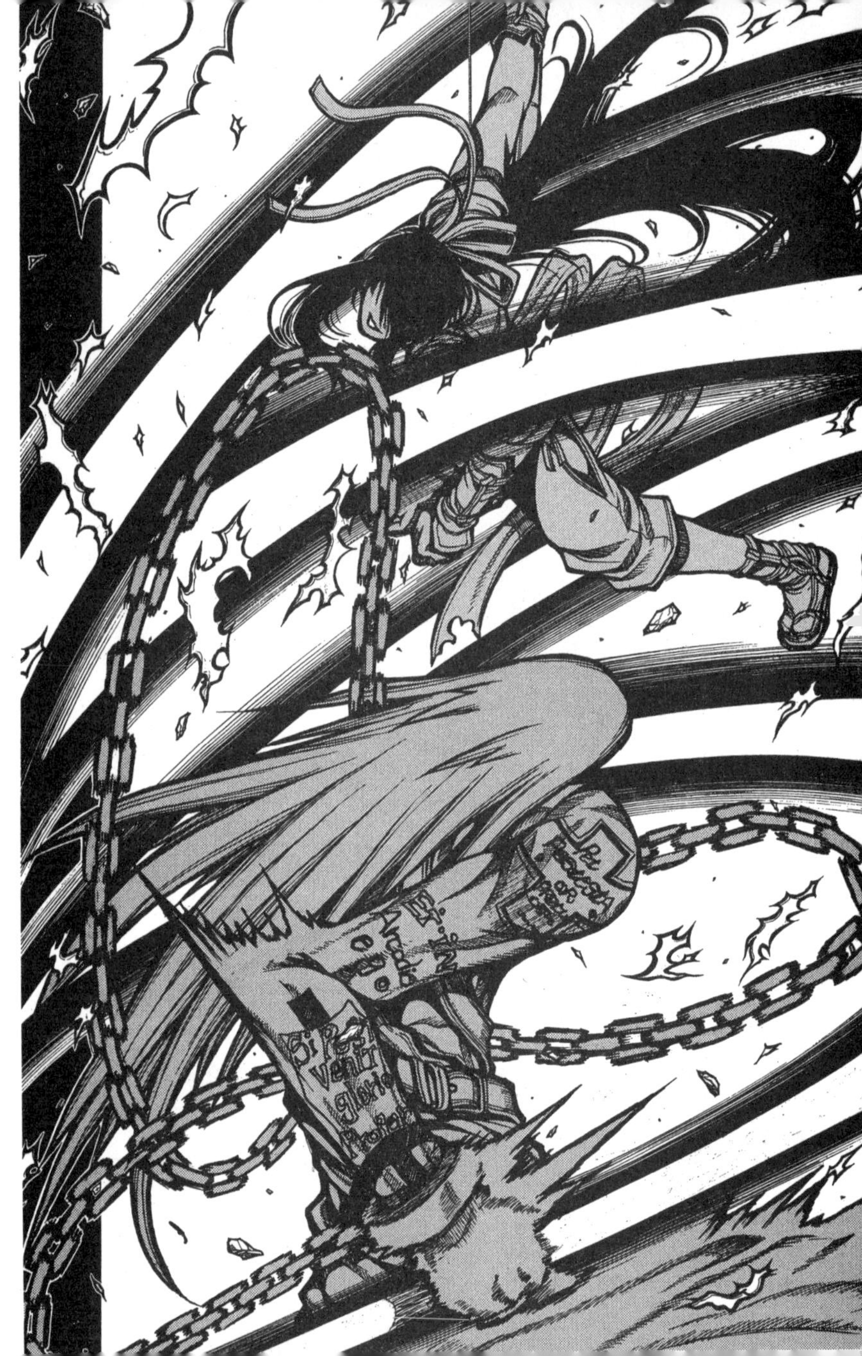

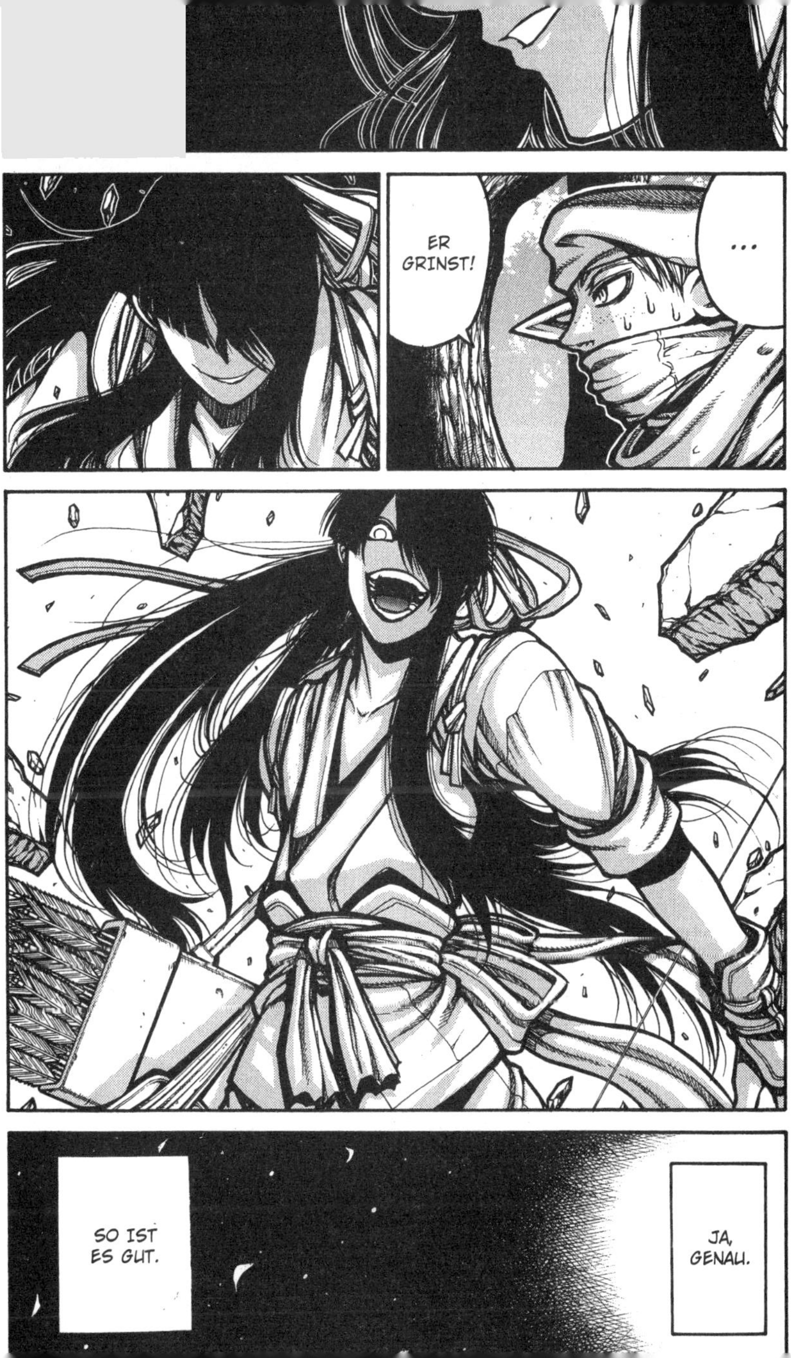

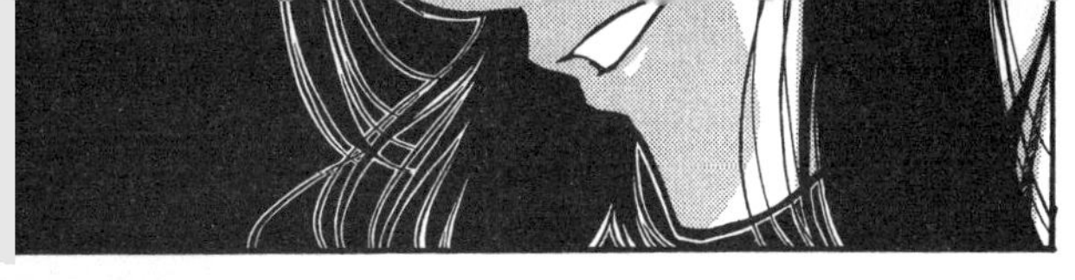

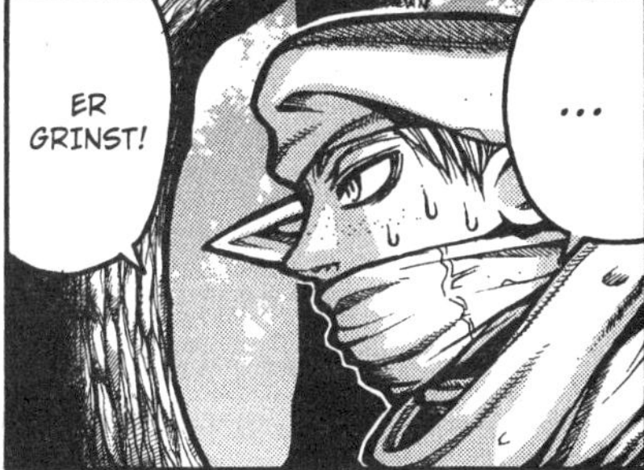
...
ER GRINST!

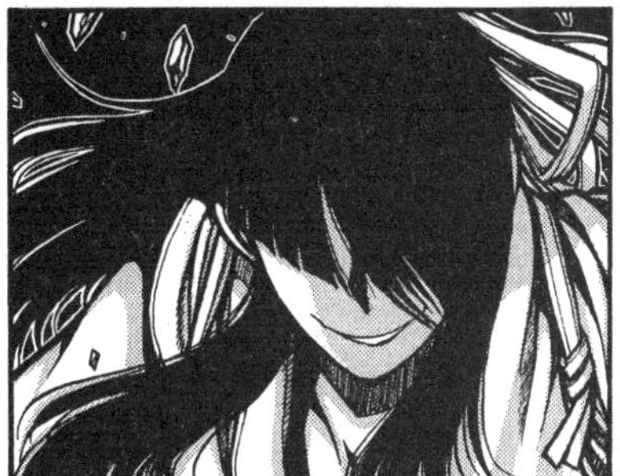

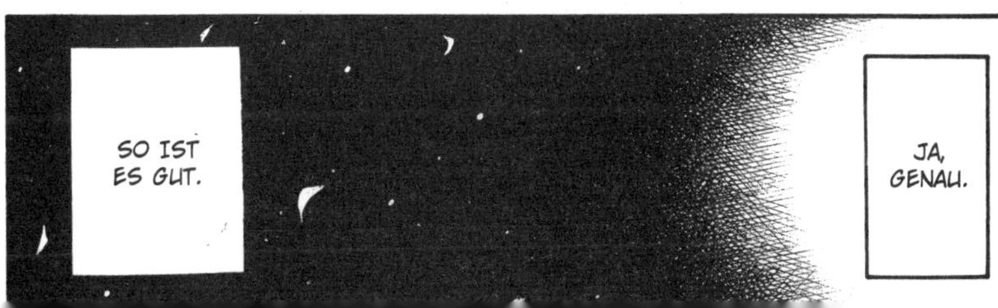
JA, GENAU.
SO IST ES GUT.

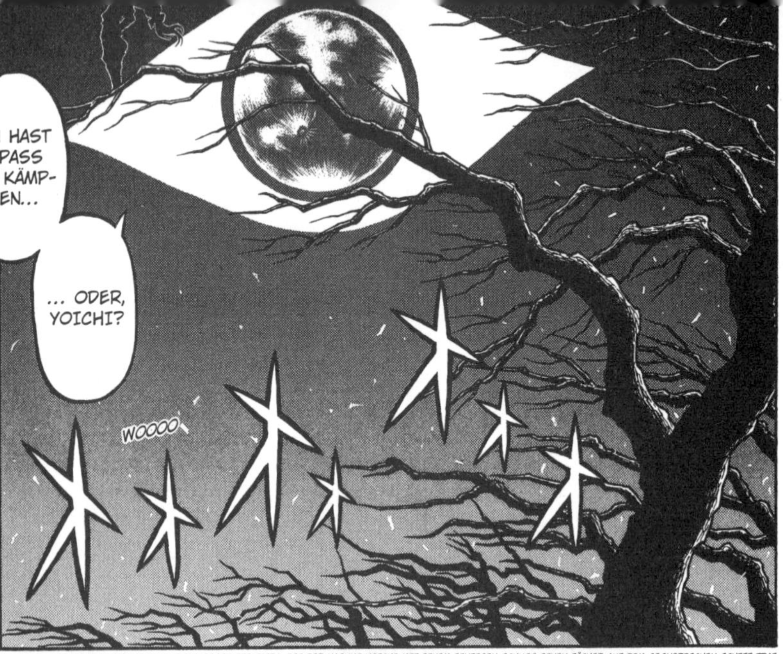

DU HAST SPASS AM KÄMPFEN...

... ODER, YOICHI?

WOOOO

* ANSPIELUNG AUF EINE EPISODE IM KRIEG GEGEN DIE TAIRA, BEI DER NASUNO YOICHI MIT EINEM EINZIGEN SCHUSS EINEN FÄCHER AUF DEM GEGNERISCHEN SCHIFF TRAF.

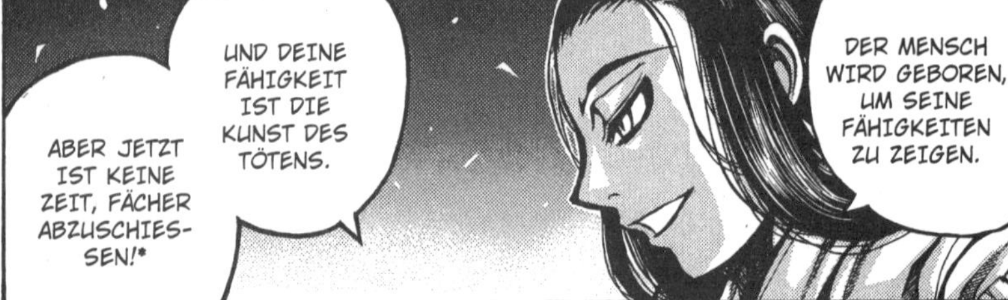

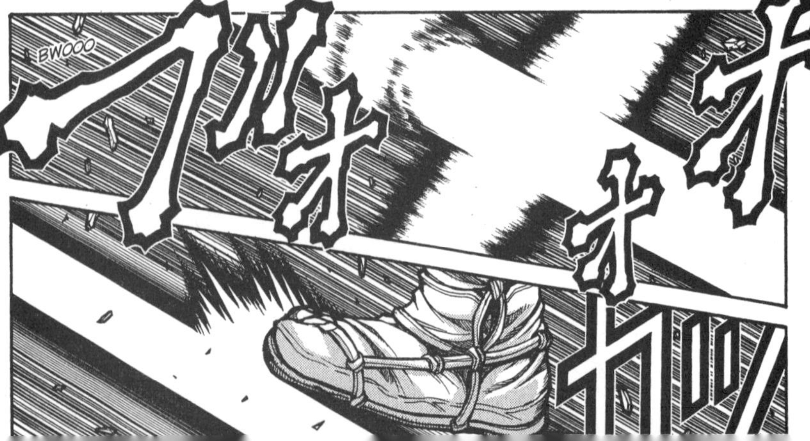

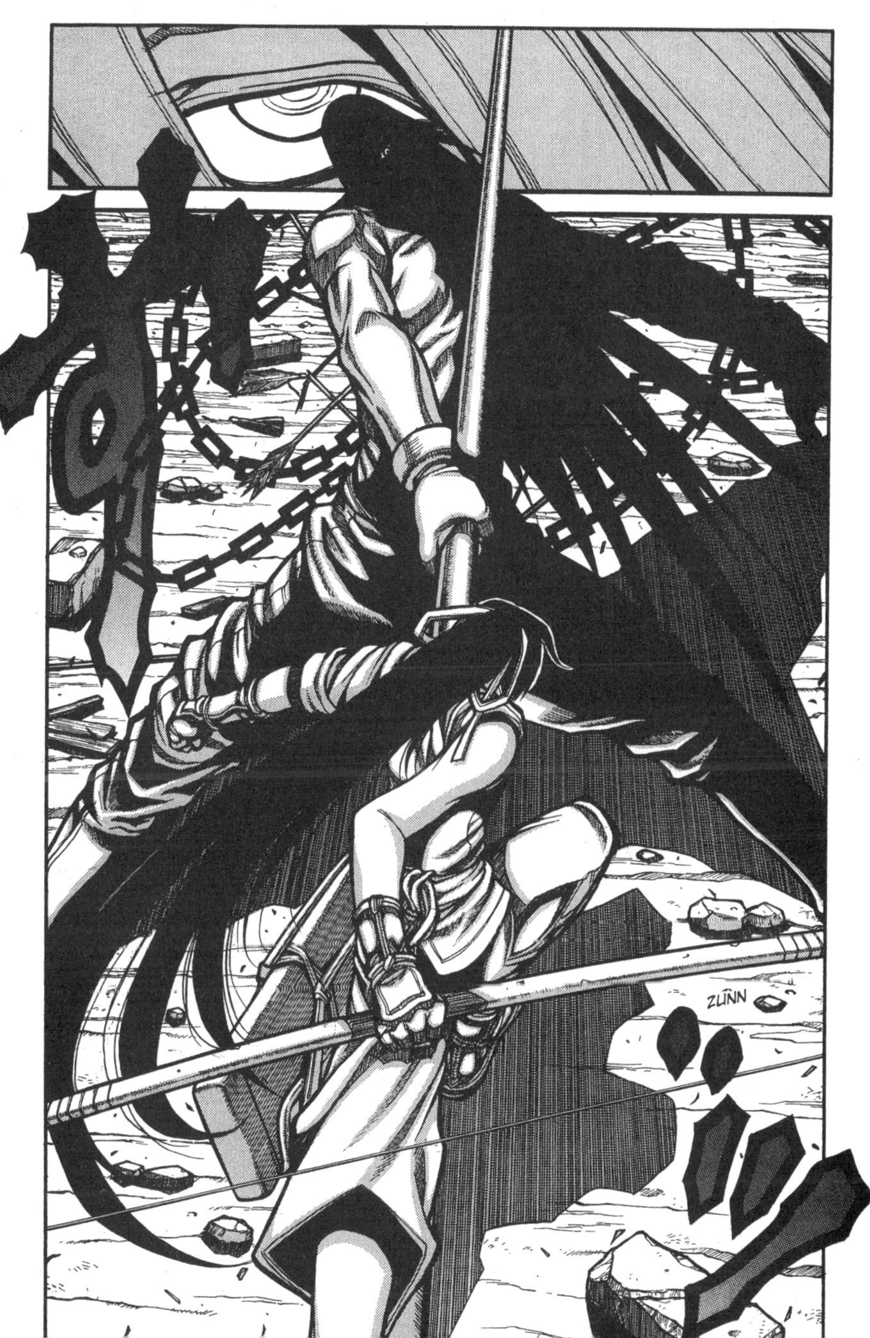
ZÛNN

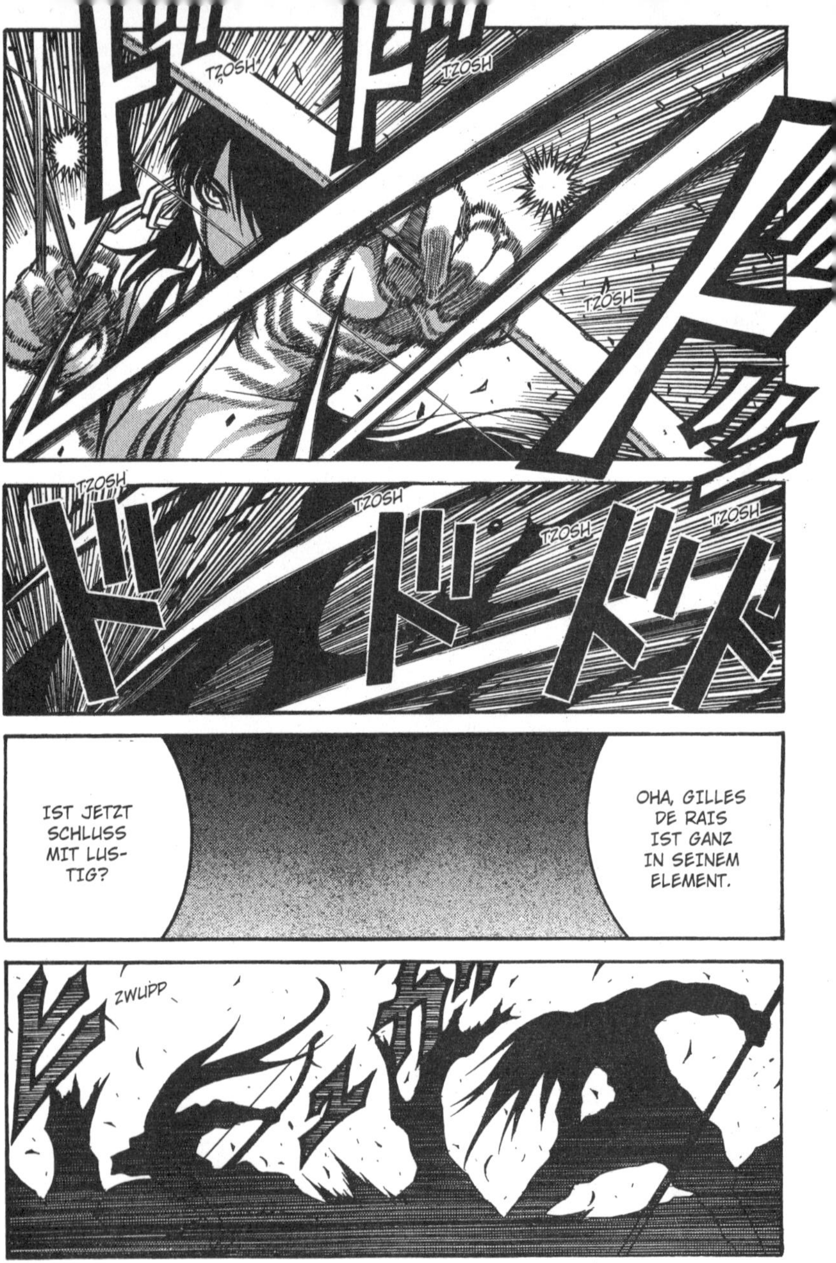

TZOSH

TZOSH

TZOSH

TZOSH

TZOSH

TZOSH

TZOSH

OHA, GILLES DE RAIS IST GANZ IN SEINEM ELEMENT.

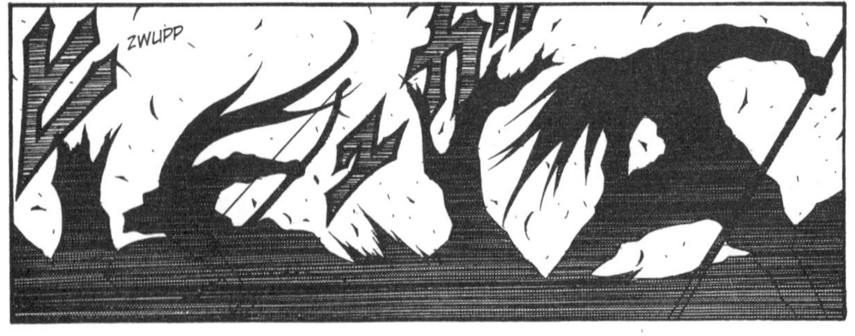

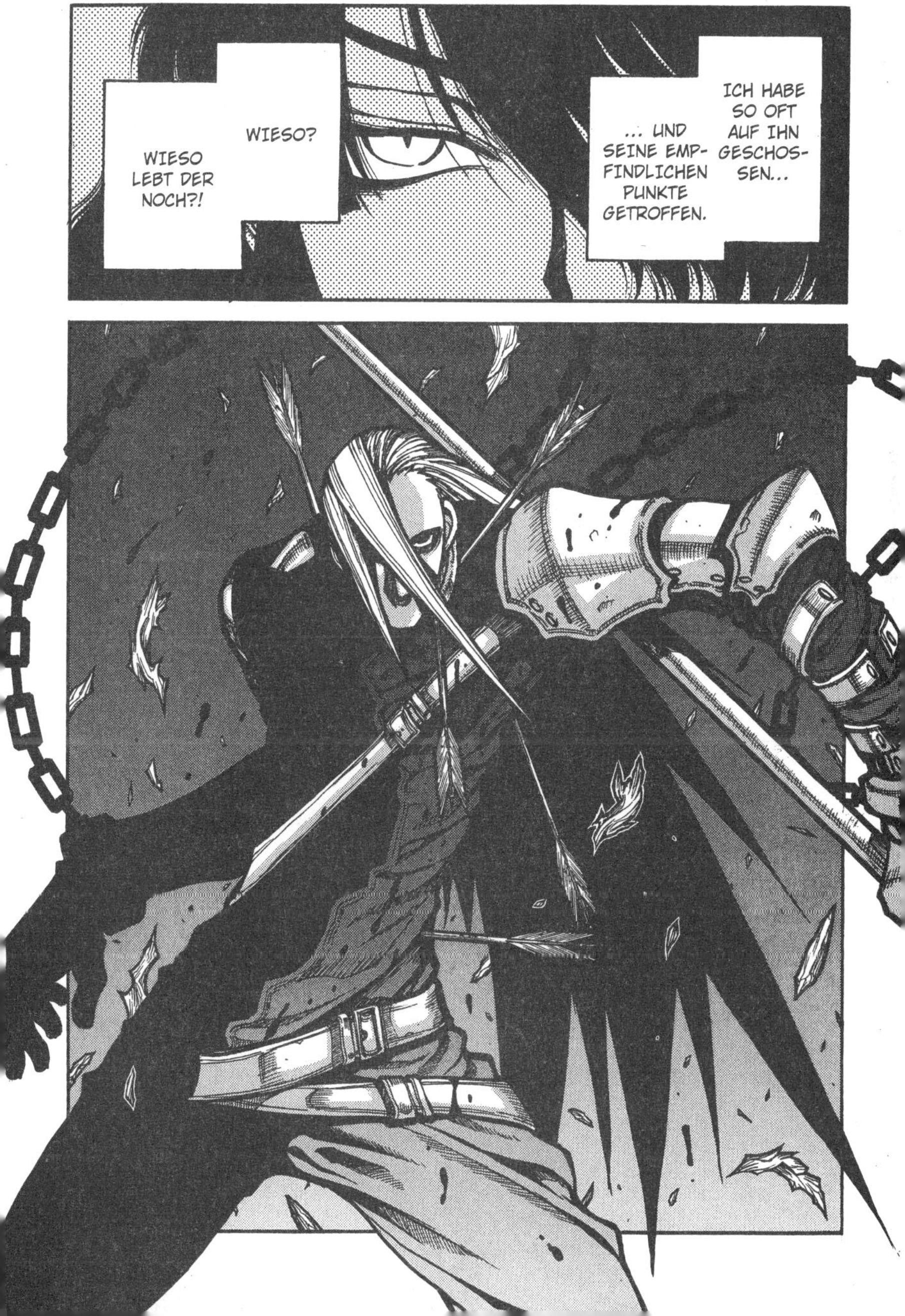

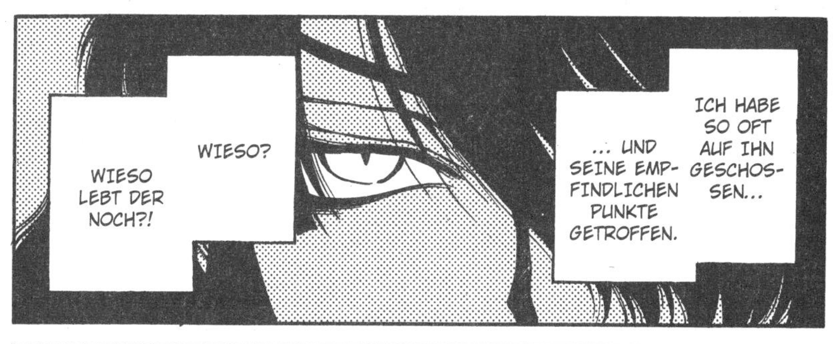
ICH HABE SO OFT AUF IHN GESCHOSSEN...
... UND SEINE EMPFINDLICHEN PUNKTE GETROFFEN.
WIESO?
WIESO LEBT DER NOCH?!

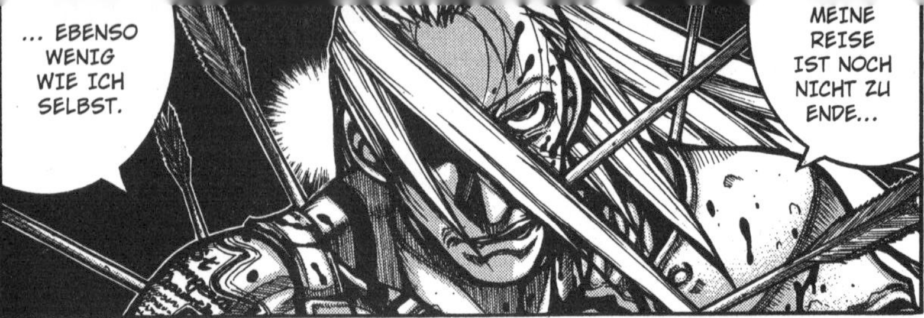
MEINE REISE IST NOCH NICHT ZU ENDE...
... EBENSO WENIG WIE ICH SELBST.

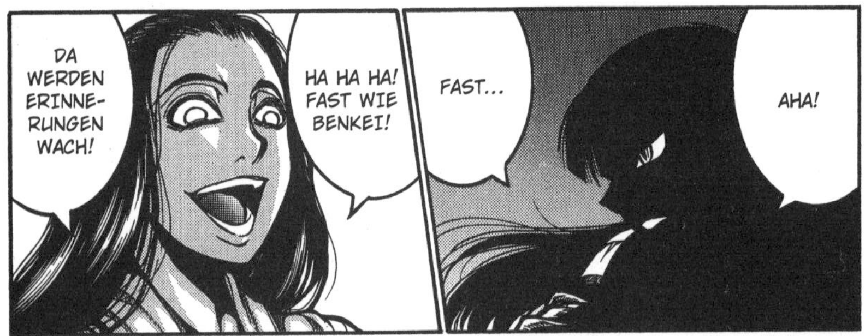
AHA!
FAST...
HA HA HA! FAST WIE BENKEI!
DA WERDEN ERINNE-RUNGEN WACH!

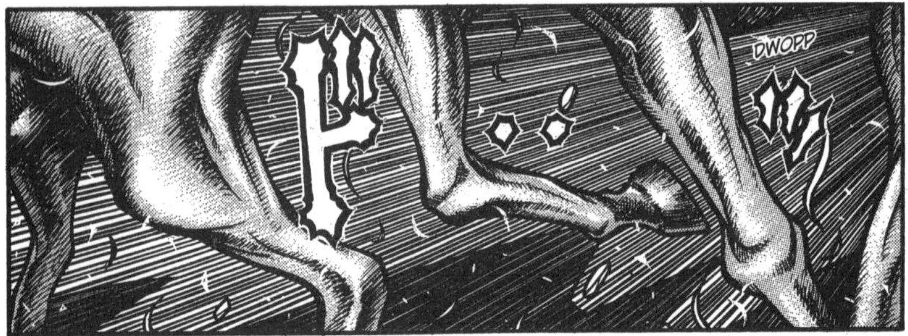
DWOPP

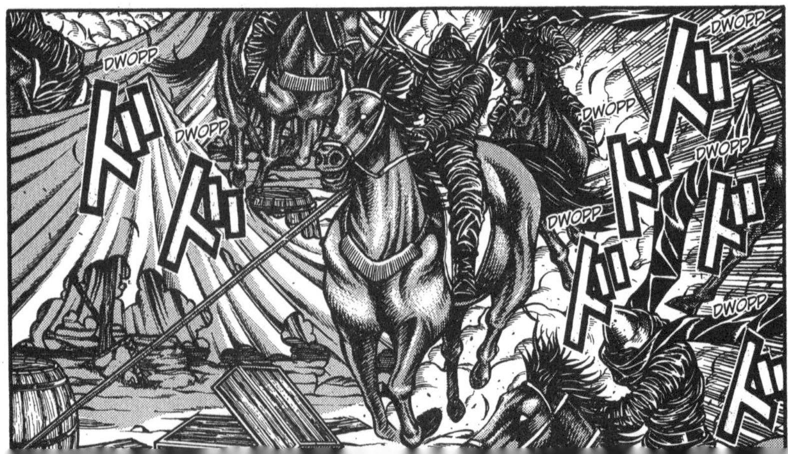
DWOPP
DWOPP
DWOPP
DWOPP
DWOPP
DWOPP
DWOPP

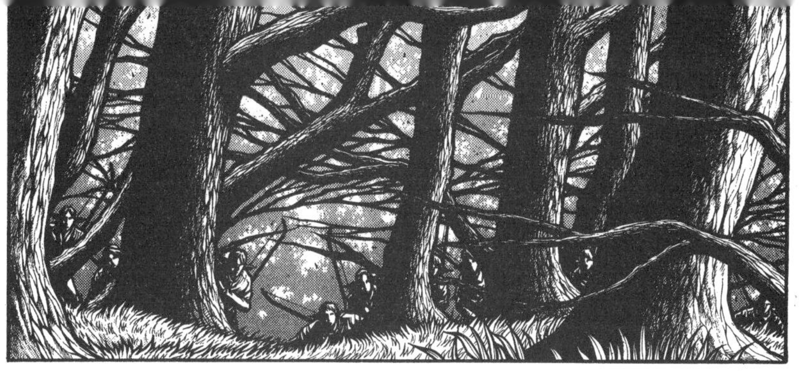

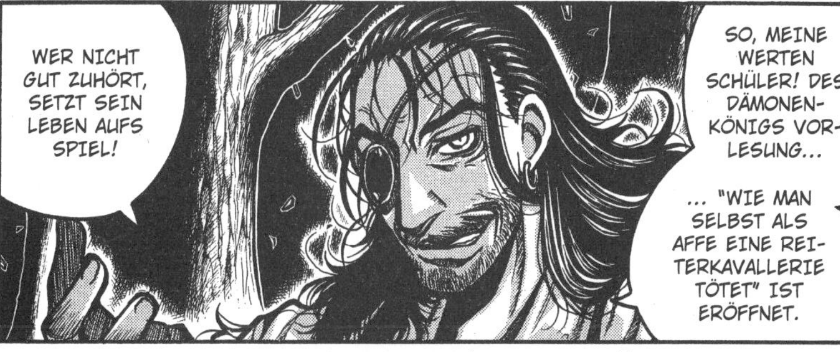
SO, MEINE WERTEN SCHÜLER! DES DÄMONENKÖNIGS VORLESUNG…
… "WIE MAN SELBST ALS AFFE EINE REITERKAVALLERIE TÖTET" IST ERÖFFNET.
WER NICHT GUT ZUHÖRT, SETZT SEIN LEBEN AUFS SPIEL!

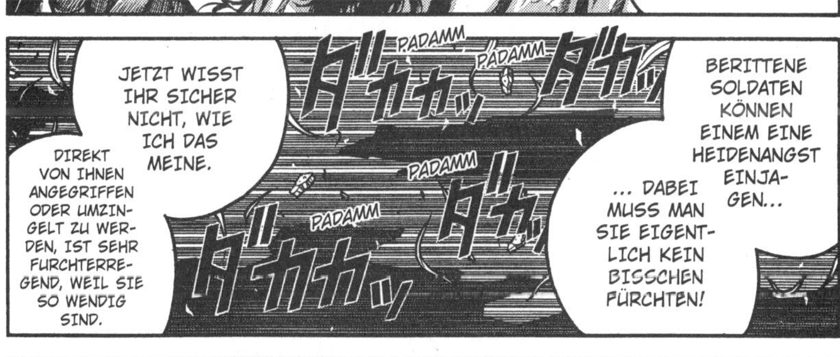
PADAMM
PADAMM
BERITTENE SOLDATEN KÖNNEN EINEM EINE HEIDENANGST EINJAGEN…
… DABEI MUSS MAN SIE EIGENTLICH KEIN BISSCHEN FÜRCHTEN!
PADAMM
PADAMM
JETZT WISST IHR SICHER NICHT, WIE ICH DAS MEINE.
DIREKT VON IHNEN ANGEGRIFFEN ODER UMZINGELT ZU WERDEN, IST SEHR FURCHTERREGEND, WEIL SIE SO WENDIG SIND.

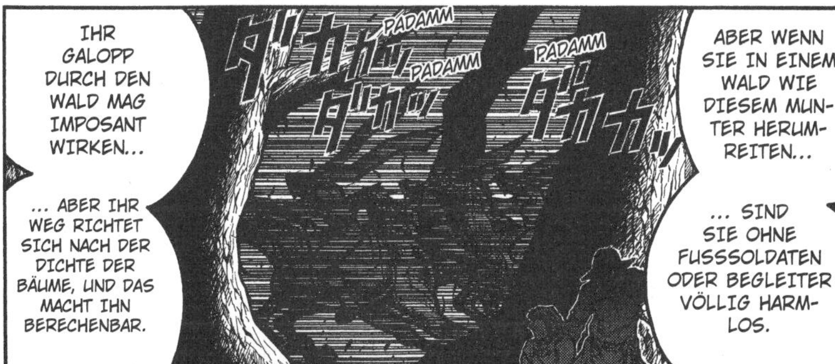
ABER WENN SIE IN EINEM WALD WIE DIESEM MUNTER HERUMREITEN…
… SIND SIE OHNE FUSSSOLDATEN ODER BEGLEITER VÖLLIG HARMLOS.
PADAMM
PADAMM
PADAMM
IHR GALOPP DURCH DEN WALD MAG IMPOSANT WIRKEN…
… ABER IHR WEG RICHTET SICH NACH DER DICHTE DER BÄUME, UND DAS MACHT IHN BERECHENBAR.

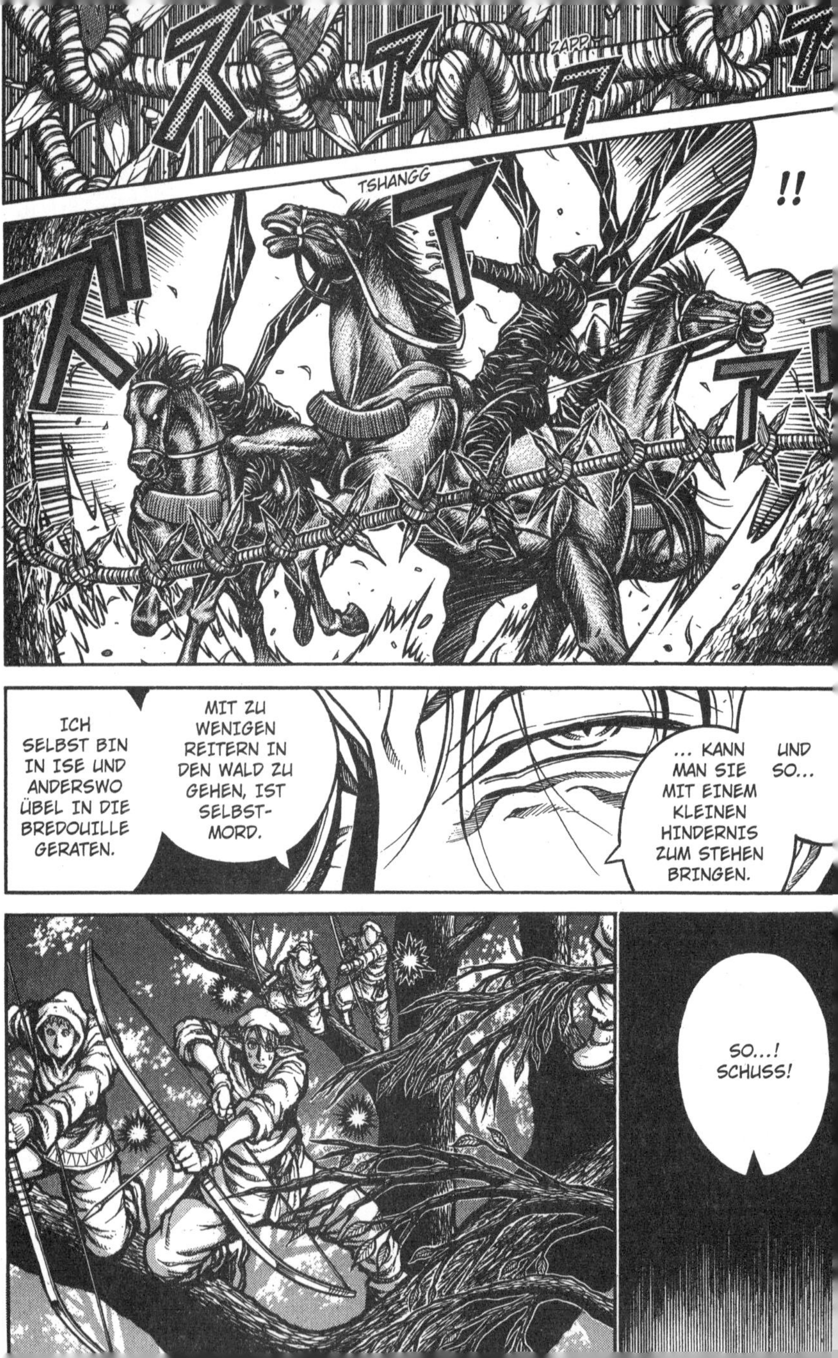

ZAPP
TSHANGG
!!

MIT ZU WENIGEN REITERN IN DEN WALD ZU GEHEN, IST SELBSTMORD.
ICH SELBST BIN IN ISE UND ANDERSWO ÜBEL IN DIE BREDOUILLE GERATEN.

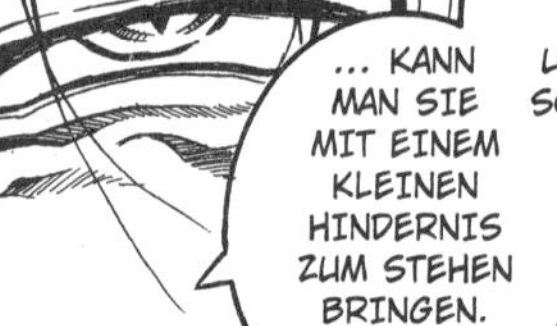

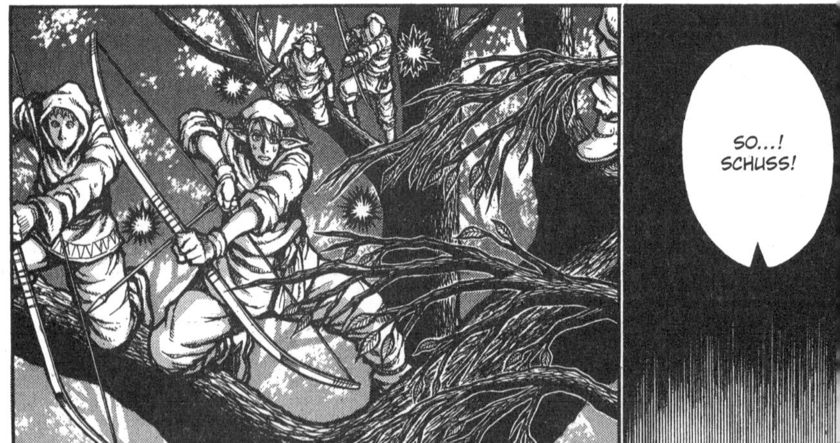

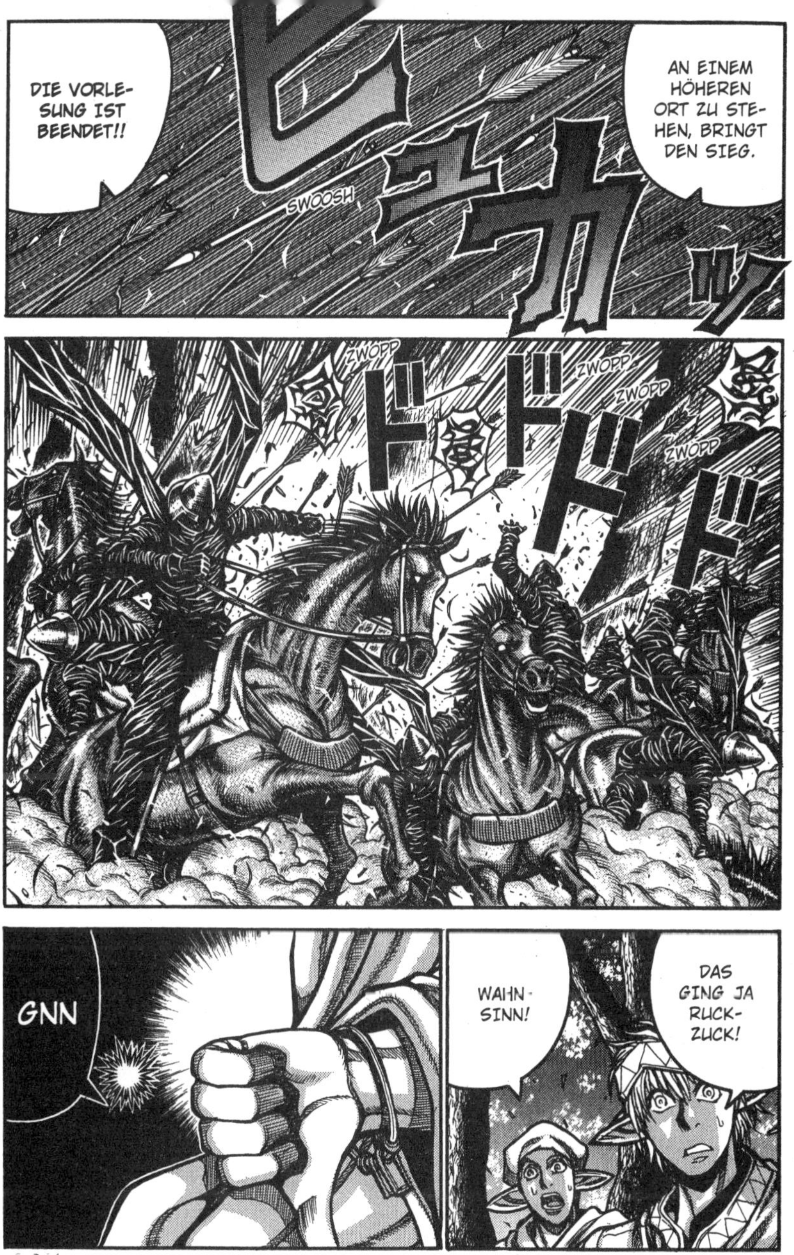

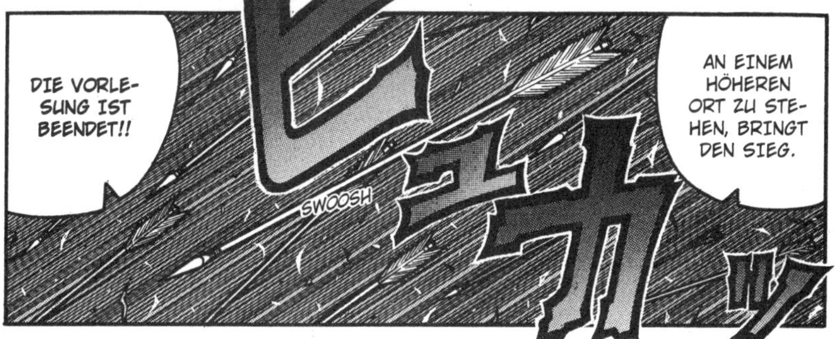

ZWOPP
ZWOPP
ZWOPP
ZWOPP

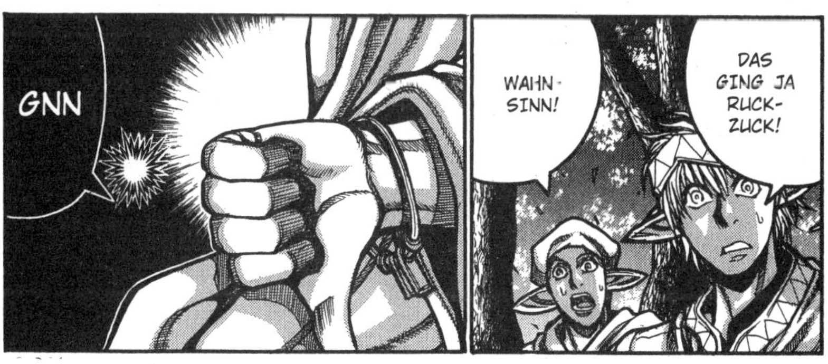

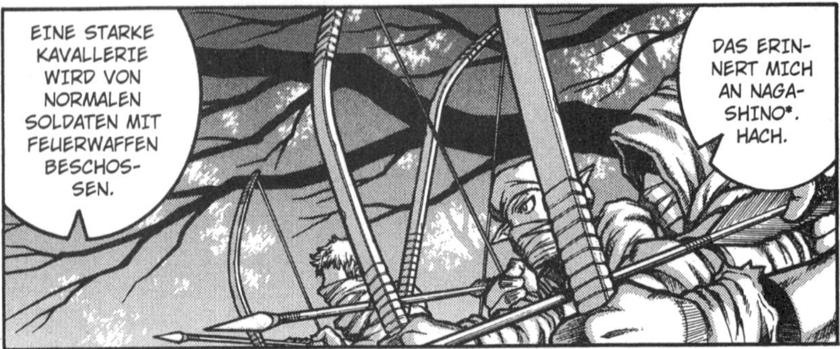

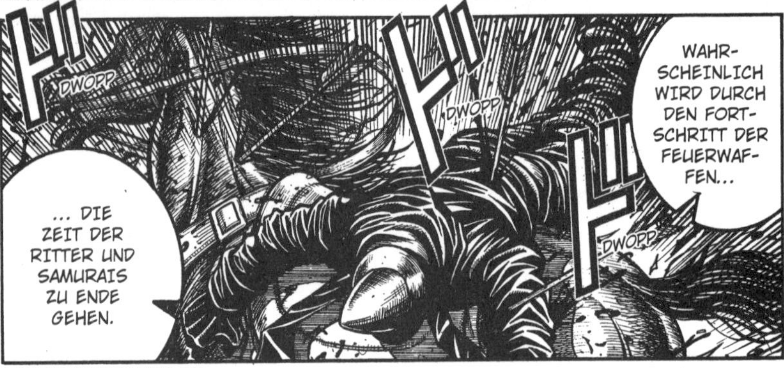

* SCHLACHT VON NAGASHINO, 1575

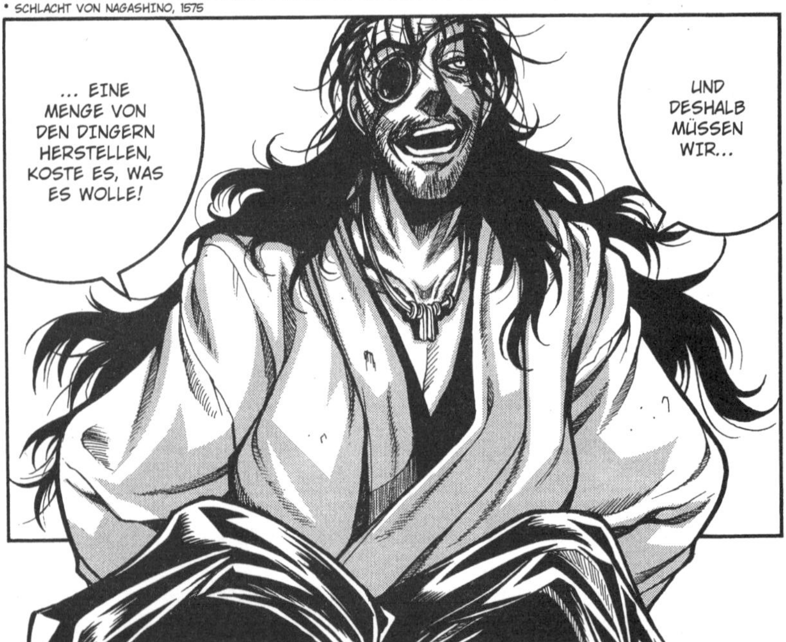

UND DESHALB MÜSSEN WIR...

... EINE MENGE VON DEN DINGERN HERSTELLEN, KOSTE ES, WAS ES WOLLE!

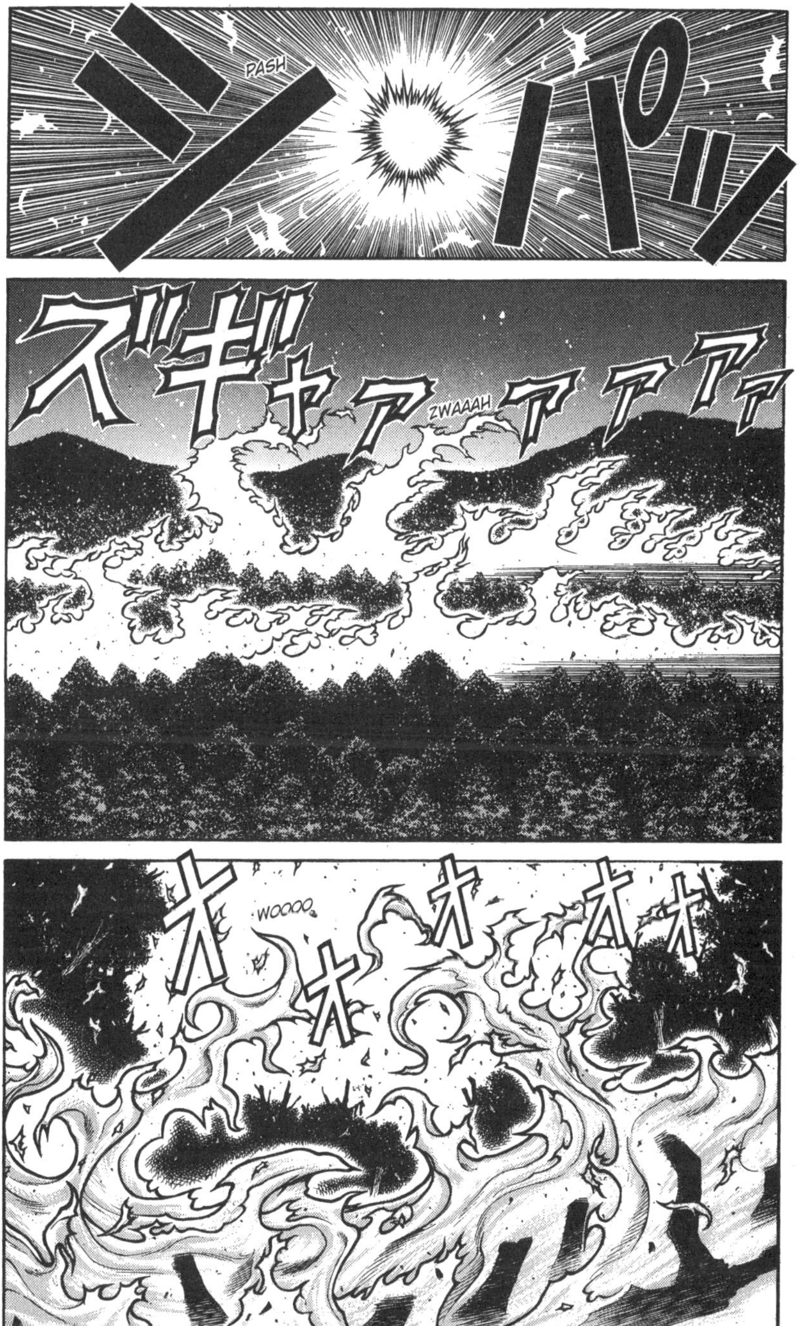

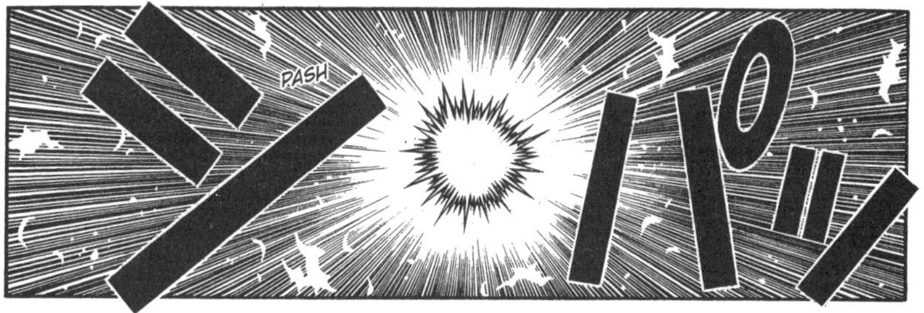
PASH

ズギャアアアァ
ZWAAAH

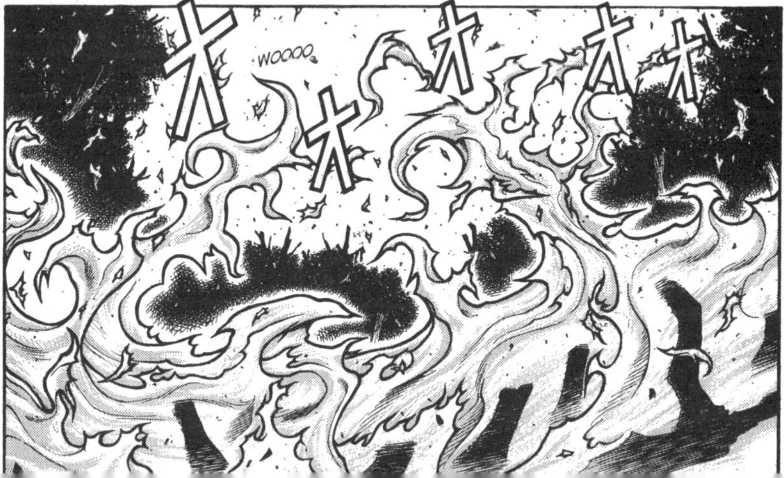
オオオオオオ
WOOOO

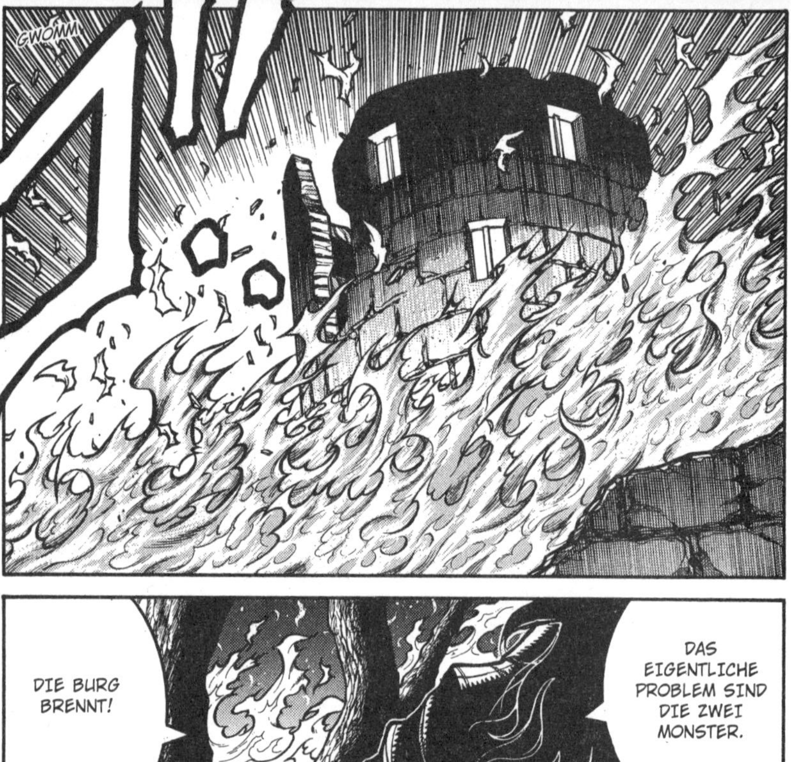

GWOMM

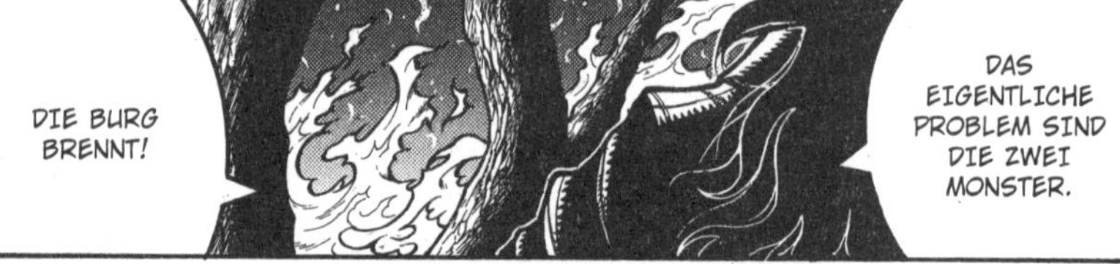

WO BIST DU?!

WOHIN HAST DU DICH VERKRO-CHEN?!

ENDE DES 22. KAPITELS

DRIFTERS MAX BAND 1 ENDE - LEST WEITER IN BAND 2!

DRIFTERS

MAX

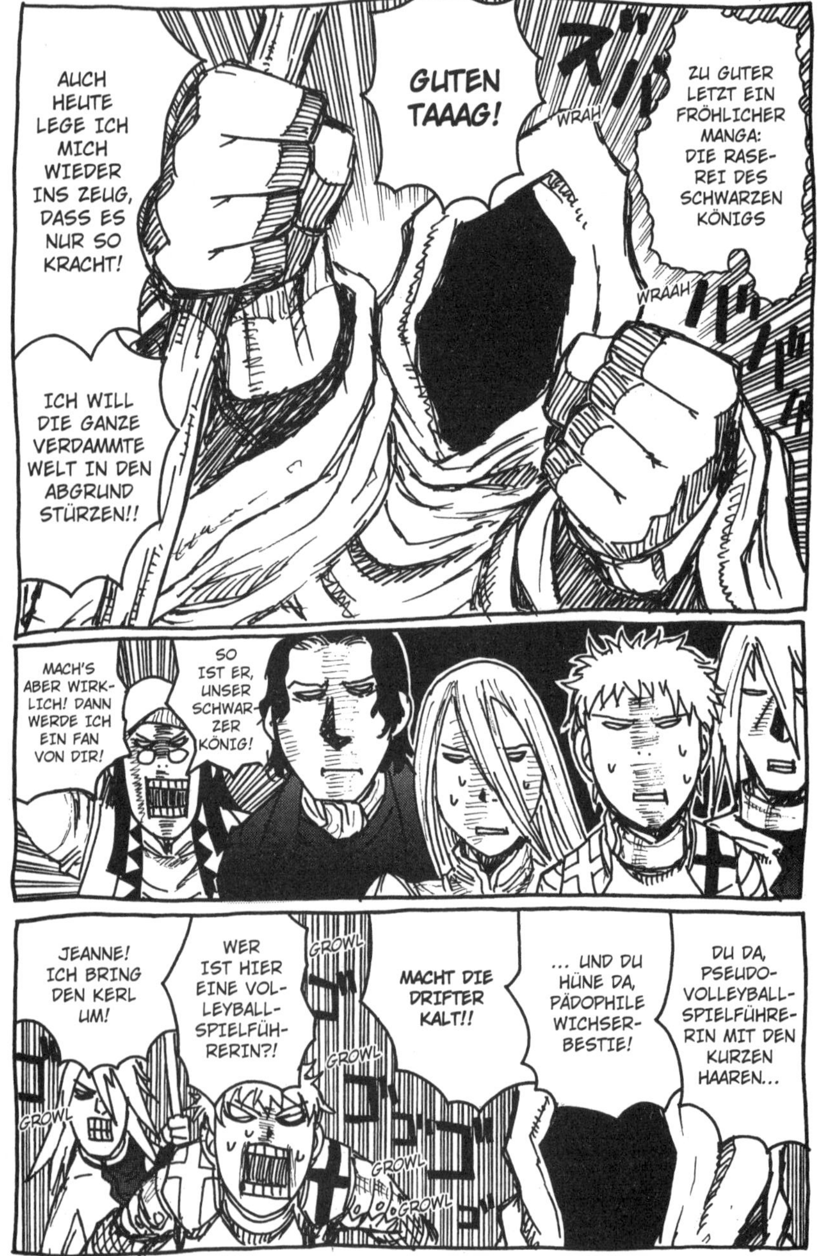
ZU GUTER LETZT EIN FRÖHLICHER MANGA: DIE RASEREI DES SCHWARZEN KÖNIGS
WRAH
GUTEN TAAAG!
AUCH HEUTE LEGE ICH MICH WIEDER INS ZEUG, DASS ES NUR SO KRACHT!
WRAAH
ICH WILL DIE GANZE VERDAMMTE WELT IN DEN ABGRUND STÜRZEN!!
SO IST ER, UNSER SCHWARZER KÖNIG!
MACH'S ABER WIRKLICH! DANN WERDE ICH EIN FAN VON DIR!
DU DA, PSEUDO-VOLLEYBALL-SPIELFÜHRERIN MIT DEN KURZEN HAAREN...
... UND DU HÜNE DA, PÄDOPHILE WICHSER-BESTIE!
MACHT DIE DRIFTER KALT!!
WER IST HIER EINE VOLLEYBALL-SPIELFÜHRERIN?!
JEANNE! ICH BRING DEN KERL UM!
GROWL
GROWL
GROWL
GROWL
GROWL

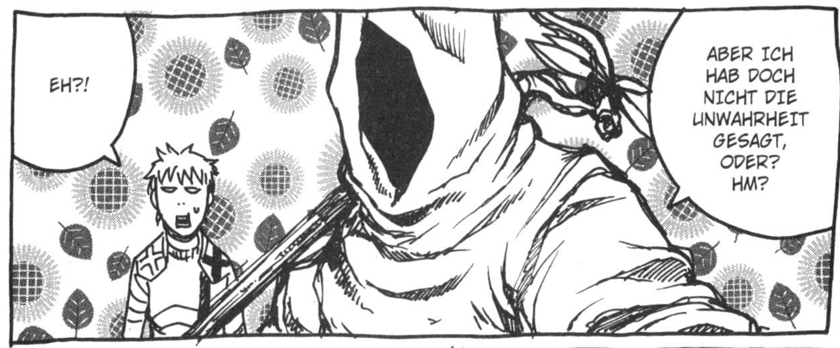
ABER ICH HAB DOCH NICHT DIE UNWAHRHEIT GESAGT, ODER? HM?
EH?!

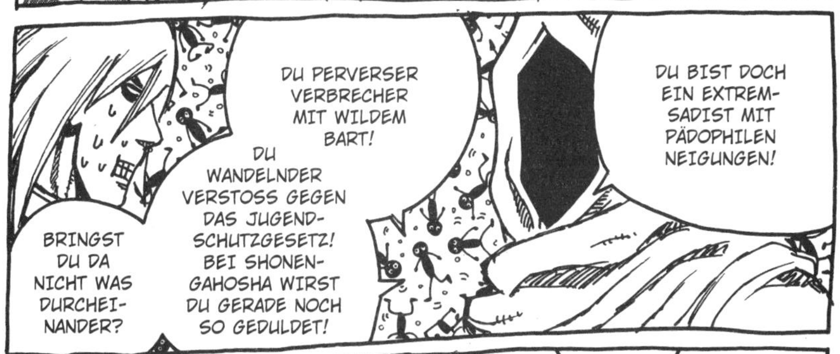
DU BIST DOCH EIN EXTREM-SADIST MIT PÄDOPHILEN NEIGUNGEN!
DU PERVERSER VERBRECHER MIT WILDEM BART!
DU WANDELNDER VERSTOSS GEGEN DAS JUGENDSCHUTZGESETZ! BEI SHONENGAHOSHA WIRST DU GERADE NOCH SO GEDULDET!
BRINGST DU DA NICHT WAS DURCHEINANDER?

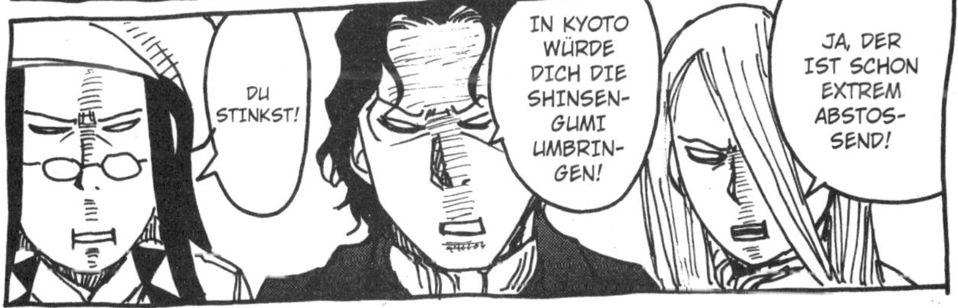
JA, DER IST SCHON EXTREM ABSTOSSEND!
IN KYOTO WÜRDE DICH DIE SHINSENGUMI UMBRINGEN!
DU STINKST!

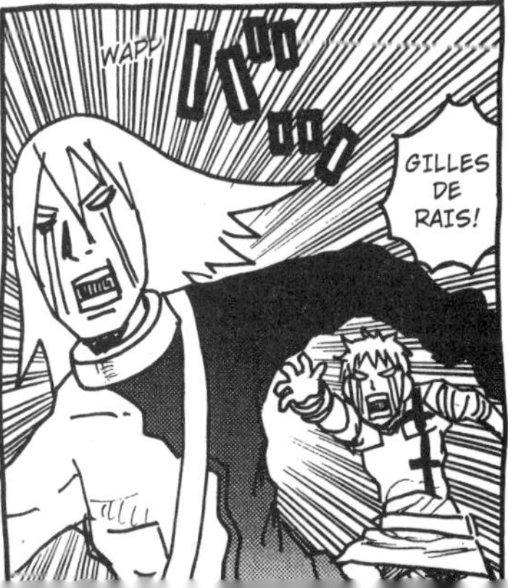
WAPP
GILLES DE RAIS!

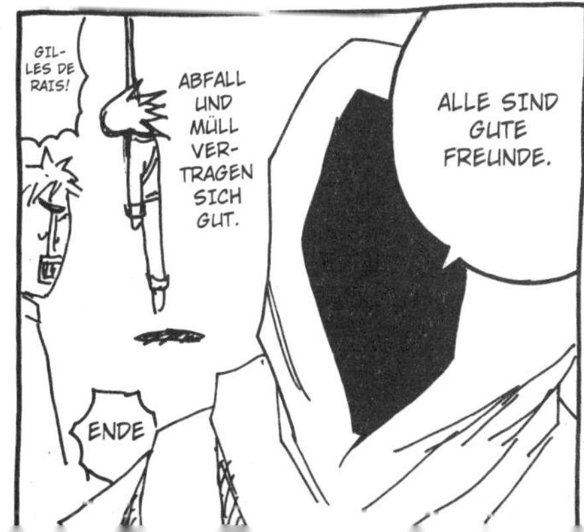
ALLE SIND GUTE FREUNDE.
ABFALL UND MÜLL VERTRAGEN SICH GUT.
GILLES DE RAIS!
ENDE

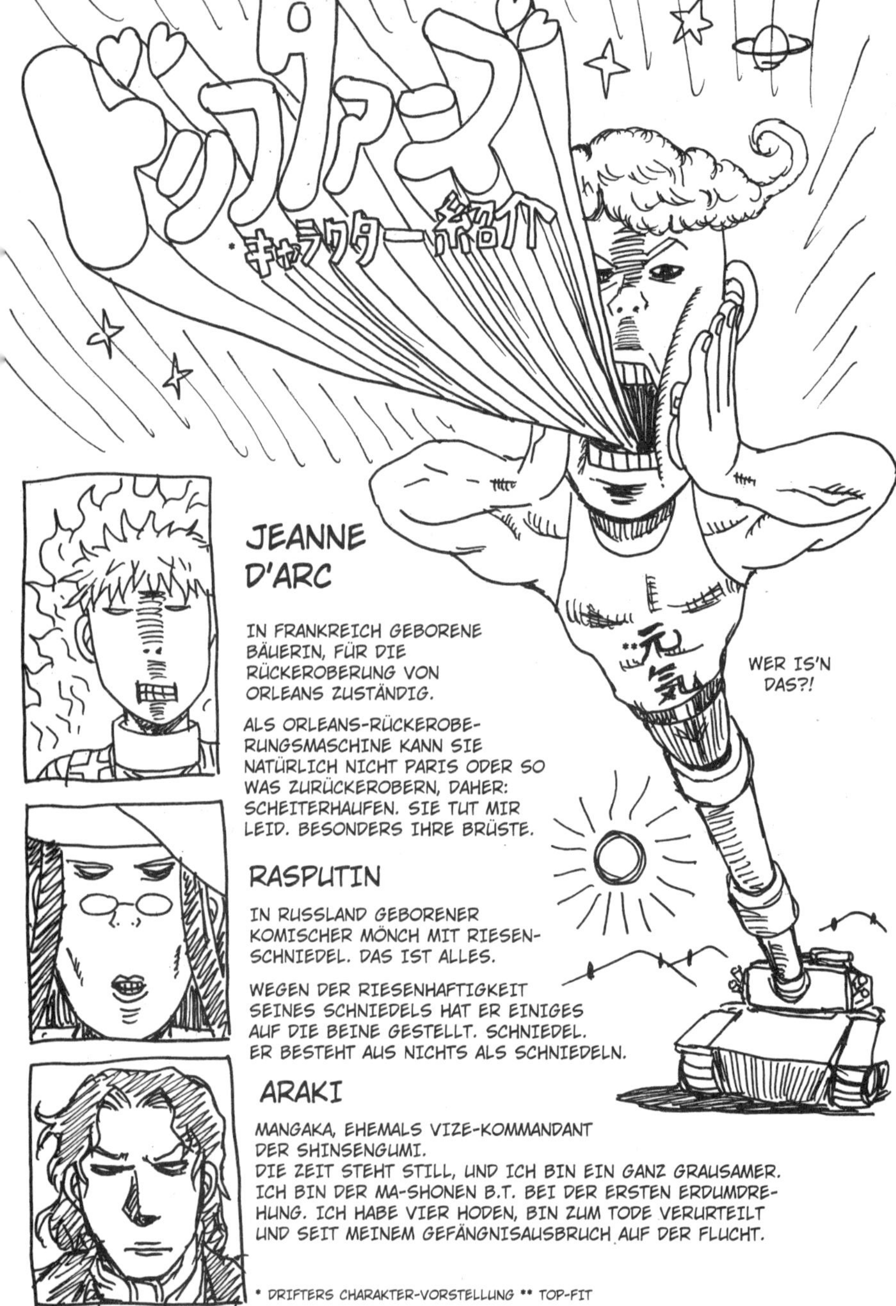

* DRIFTERS CHARAKTER-VORSTELLUNG ** TOP-FIT

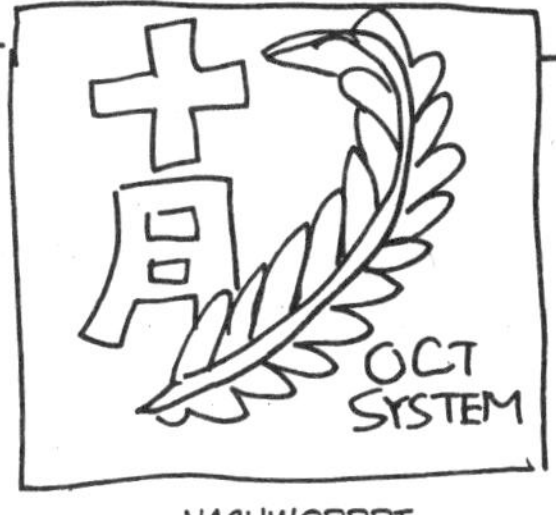

NACHWORRRT

- "EGAL WIE OFT IHR MICH SCHLAGT UND IN DIE EIER TRETET, ICH GEHE NICHT ZU BODEN!! AUFHÖREN!! AUFHÖREN, HAB ICH GESAGT!! IN DEN BAUCH!! BOXT MIR IN DEN BAUCH!! HEY... LASST DAS!! NICHT IN DIE EIER!! AUFHÖREN!!"
  (ADACHI-KU-DIALEKT. BEDEUTUNG: "GUTEN TAG, LEUTE".)

- SO, DAS WAR DER ZWEITE BAND VON "DRIFTERS". WIE HAT ER EUCH GEFALLEN?

- IN DIESEM JAHR WAR JA GANZ SCHÖN WAS LOS. JETZT MAL GANZ IM ERNST. SO KRASS, DASS MAN SICH FRAGT, OB JAPAN NOCH ZU RETTEN IST. KERNSCHMELZE IM ATOMKRAFTWERK... UNTER RADIOAKTIVER STRAHLUNG MANGAS ZU ZEICHNEN... WAS FÜR EINE APOKALYPTISCHE ZUKUNFT STEHT UNS WOHL NOCH BEVOR?

- SONST HAB ICH NICHTS ZU SAGEN.

- ABER DA HIER NOCH PLATZ IST, SING ICH EUCH EIN LIED.

- ZUR MELODIE VON "SUITE PRECURE":
  PRE, PRE, PRE, PRE. ZUR MELODIE VON PRECURE: PRE, PRE.
  JEDEN TAG JEDEN TAG FRESS ICH SÜSSES ZEUG.
  ODER ICH HAU 'NEN FEIND UM, JEDEN TAG.
  DAS IST JA WIE BEI CRYBABY SAKURA IN GAROUDEN?
  (DAS IST KEINE BELEIDIGUNG!) HIBIKI TRINKT INZWISCHEN
  EINEN HUMPEN ZUCKERSIRUP (GRUSEL!). WER HUMMY ZUM WEINEN
  BRINGT, KRIEGT ES MIT MIR ZU TUN! ZUM BEISPIEL CURE BEAT!
  TITTEN KNETEN. TITTEN KNETEN.
  TITTEN KNETEN, SUITE PRECURE.

DEMNÄCHST

DRIFTERS

MAX

BAND 2

AB NOVEMBER

Story & Zeichnungen
KOHTA HIRANO

Übersetzung
BURKHARD HÖFLER

Lettering
MONICA ROSSI

INHALT

Kapitel 1: Fight Song 001
Kapitel 2: Sprung in eine andere Zeit......................025
Kapitel 3: Der Teufel...041
Kapitel 4: Der Mond über der Burgruine 051
Kapitel 5: Fersenlaute 075
Kapitel 6: Der Hilflose 091
Kapitel 7: Hurry Go Round....................................111
Kapitel 8: Meine Armee – Einsatz im Morgengrauen............131
Kapitel 9: Burn My Dread 153
Kapitel 10: Mein Liebling ist Pilot..........................173
Kapitel 11: Samurai Heart.....................................191
Kapitel 12: Active Heart.......................................213
Kapitel 13: Stand up to the Victory 237
Kapitel 14: Ready Steady Go..................................257
Kapitel 15: Monkey Magic 275
Kapitel 16: Sucker...291
Kapitel 17: Ai o torimodose...................................309
Kapitel 18: Men of Destiny 327
Kapitel 19: Dive for You 351
Kapitel 20: Searchlight 373
Kapitel 21: Chaos Driver 385
Kapitel 22: Kampf mit Kollateralschäden 401

ACHTUNG!

Dieser Comic wird wie im Original gelesen:
von rechts nach links,
also fangt einfach von der anderen Seite des Buches an und stürzt Euch in die Welt von

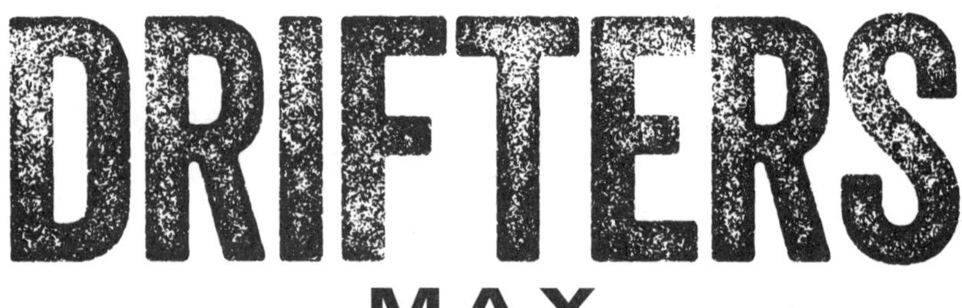

MAX

DRIFTERS MAX erscheint bei **PANINI MANGA**, Schloßstraße 76, D-70176 Stuttgart. DRIFTERS MAX wird unter Lizenz in Deutschland von PANINI Verlags-GmbH veröffentlicht. Druck: LEGO PRINT S.p.A. Direkt-Abos auf **www.paninimanga.de**. Geschäftsführer **Hermann Paul**, Publishing Director Europe **Marco M. Lupoi**, Finanzen/Logistik **Felix Bauer**, Marketing Director **Holger Wiest**, Marketing **Dr. Rebecca Haar, Jessica Langer**, Vertrieb **Alexander Bubenheimer**, PR/Presse **Steffen Volkmer**, Publishing Manager **Lisa Pancaldi**, Redaktion **Marlene Eggertsberger, Stephanie Jakob, Matthias Korn, Philipp Nakata, Sebastian Spietz, Daniela Uhlmann**, Übersetzung **Burkhard Höfler**, Proofreading **Genoveva Fincias Alonso, Monika Trost**, grafische Gestaltung **Rudy Remitti, Nicola Spano**, Art Director **Alessandro Gucciardo**, Redaktion Panini Comics **Elisa Panzani, Ludovica Ungari**, Repro/Packager **Alessandro Nalli** (coordinator), **Anna Boselli, Mario Da Rin Zanco, Valentina Esposito, Luca Ficarelli, Simone Guidetti, Linda Leporati, Fabio Melatti**.
ISBN 978-3-7416-3923-4

1. Auflage

Bibliografische Information der Deutschen Nationalbibliothek
Die Deutsche Nationalbibliothek verzeichnet diese Publikation in der Deutschen Nationalbibliografie; detaillierte bibliografische Daten sind im Internet über dnb.d-nb.de abrufbar.